國語史研究

南豊鉉

1935年 京畿道 出生
서울대학교 文理科大學 國文科 졸업
동 대학원 碩士, 博士
檀國大學校 名譽敎授
國語學會 代表理事, 會長
口訣學會 代表理事, 會長
韓國古文書學會 會長

著書
『借字表記法 研究』, 『國語史를 위한 口訣研究』
『瑜伽師地論의 釋讀口訣 研究』, 『吏讀研究』
『古代韓國語研究』, 『韓國語와 漢字・漢文의 만남』, 『古代韓國語 論攷』

論文
'中原高句麗碑文의 解讀과 그 吏讀的 性格에 대하여'
'韓國의 固有漢字' 등 160여 편

國語史硏究

초판 1쇄 인쇄 | 2014년 10월 13일
초판 1쇄 발행 | 2014년 10월 20일

지은이 | 남풍현
펴낸이 | 지현구
펴낸곳 | 태학사
등 록 | 제406-2006-00008호
주 소 | 경기도 파주시 광인사길 223
전 화 | 마케팅부 (031)955-7580~82 편집부 (031)955-7585~89
전 송 | (031)955-0910
전자우편 | thaehak4@chol.com
홈페이지 | www.thaehaksa.com

ISBN 978-89-5966-661-4 93710

이 도서의 국립중앙도서관 출판시도서목록(CIP)은 서지정보유통지원시스템 홈페이지
(http://seoji.nl.go.kr)와 국가자료공동목록시스템(http://www.nl.go.kr/kolisnet)에서
이용하실 수 있습니다.(CIP제어번호: CIP2014027961)

國語史研究

南豊鉉

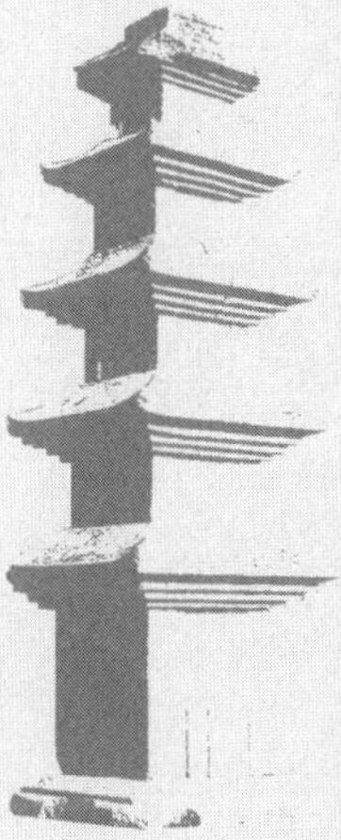

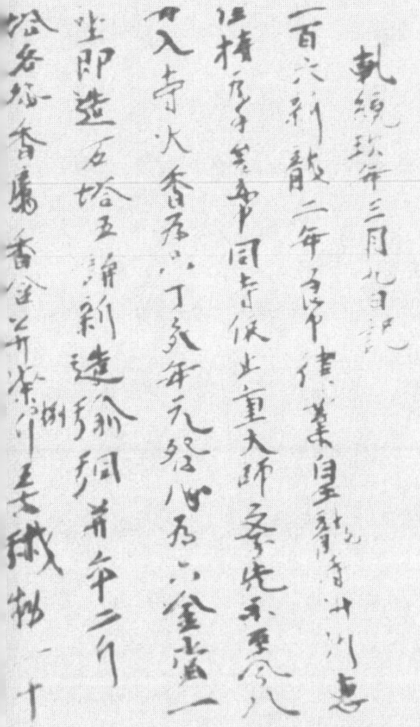

태학사

序

어영부영하다가 나이 80이 된 것 같다. 그동안 學緣이 있는 몇몇 사람들이 八旬紀念論文集을 내 보자는 의견이 나온 듯하다. 이 말을 전해 듣고 여러 사람들에게 勞苦를 끼치는 것보다는 이제까지 내가 쓴 글들을 모아 研究者들의 편의를 도모해 주는 것이 오히려 바람직한 것이 아닌가 하는 생각이 들었다. 그리하여 전에 쓴 글들을 모아 보니 3권으로 묶을 만한 量이 되었다. 이 글들을 수정하여 『韓國語와 漢字·漢文의 만남』과 『古代韓國語 論攷』의 出刊을 보게 되었다. 여기에 새로 출간하는 『國語史研究』는 세 번째로 묶은 것이다.

여기에 실린 글들은 1960年代에 쓴 것도 있지만 거의가 1990년대에 발표했던 것들이다. 이 시기에는 '國語學'이란 용어가 學界에 보편화되어 있었고 '韓國語學'이란 용어는 거의 쓰이지 않았다. 여기에 실린 글들에서도 '國語'란 용어가 주로 사용되었는데 이를 '한국어'로 수정하는 것은 번거롭기도 하고 글 쓸 당시의 생각과 멀어지는 감이 있어 이 論文集의 명칭도 『國語史研究』로 하게 되었다.

1990년대까지 저자는 國語史의 時代區分에 대하여 깊이 생각하지를 못하였다. 舊譯仁王經 釋讀口訣에 이어 1990년대에 字吐釋讀口訣 資料가 잇달아 나오고 2000년 여름에는 角筆로 써진 点吐釋讀口訣 資料가 대량으로 발굴되어 국어사 연구의 세계가 크게 넓어지게 되었다. 이와 함께 國語史의 時代區分도 새로 정해야 되겠다는 생각을 갖게 되었다. 특히 13세기 중엽까지의 釋讀口訣 資料가 보여 주는 언어현상과 그에 이어지는 14세기의 順讀口訣이나 15세기 국어와는 매우 큰 차이가 있음을 확인하게 되었다. 그리하여 13세기 중엽의 釋讀口訣 時代까지를 古代國語로 잡아야 한다는 믿음을 갖게 되었다. 이것은 과거의 시대구분과 크게 차이가 있는 것이지만 새로운 자료의 발굴에 따른 필연의 결과라고 하겠다. 그리하여 三國時代부터의 古代國語를 上古時代, 中古時代, 近古時代로 나누게 되었다. 이에 따라 前期中世國語도 13세기 후반 내지는 14세기 초 이후로 보게 되었다. 이 論文集에서 古代國語와 中世國語를 나눈 것은 이에 따른 것이다.

이 論文集의 글들을 정리하면서 이미 잊고 있었던 옛 論議들을 새로 再生하게 된 것이 많았다. 미숙한 면도 있지만 내가 걸어온 발자취를 더듬어 본 점에서 보람이 있었다고 하겠다. 이 정리가 끝나면 앞으로 古代國語에 대한 山積한 문제들을 풀어내는 일이 과제로 남아 있다. 이 과제를 푸는 작업을 계속 유지하고 싶은 것이 지금의 내 심정이다.

끝으로 이 책을 엮는 데 수고를 하여 준 李建植 교수와 趙殷柱, 朴相珍 博士에게 감사를 표하고 어려운 가운데서도 출판을 맡아 준 池賢求 사장님에게도 감사하여 마지않는다.

2014년 6월 30일
陽地原에서
著者 삼가 씀.

目次

序 ·· 5

제1부 古代國語篇

高麗時代의 文字와 言語 ··· 11

漢字·漢文의 受容과 借字表記法의 發達 ······························ 79

古代國語의 吏讀 ··· 107

借字表記法과 그 資料 ·· 129

借字表記法의 用字法에 대하여 ··· 163

借字表記法의 固有名詞表記法에 미친 中國의 影響 ·············· 177

『均如傳』에 대하여 ··· 185

密陽小台里 五層石塔 造成緣由記의 判讀과 解讀 ················· 195

借字表記 資料의 研究史(1985년 現在) ································ 213

제2부 中世國語篇

訓民正音의 創制目的 ……………………………………… 237

素谷本 楞嚴經의 順讀口訣에 대하여 ……………………… 265

『鄕藥集成方』의 鄕名에 대하여 …………………………… 283

中世國語의 擬聲擬態語 ……………………………………… 319

母音의 音聲象徵과 語辭發達에 대한 考察 ……………… 349

民間語源 數題 ………………………………………………… 381

16世紀初의 一明文 解讀 …………………………………… 399

16世紀 古文書의 吏讀文 解讀 二題 ……………………… 417

海南 埋香碑의 解讀 ………………………………………… 437

鄕札表記의 『詩經釋義』에 대하여 ………………………… 447

陶山書院本 『小學諺解』에 대하여 ………………………… 475

索引 …………………………………………………………… 493

제1부

古代國語篇

高麗時代의 文字와 言語

Ⅰ. 序言

고려시대는 신라의 문화를 계승하여 근 500년 동안 이어내려 오면서 찬란한 문화를 이룩했던 시대이다. 신라는 삼국을 통일함으로써 언어적인 통일을 이룩했고 한자・한문을 수용하여 이를 응용한 차자표기법을 발전시켰다. 신라시대의 차자표기인 향찰・이두・구결은 한문에 못지않게 널리 보급되어 사용되었던 것으로 추측되는데 고려는 이들을 그대로 계승하여 발전시켰다. 그러나 후대로 내려올수록 한문과 그 밖의 여러 언어와 접촉을 하면서 언어문자생활에 변화가 오게 된다. 그 가운데서도 한문의 영향이 가장 커서 한자어가 국어생활에 깊숙하게 침투하고 한문이 문어생활의 전반을 압도하게 되어 차자표기가 쇠퇴하여 가는 단계에서 朝鮮朝로 넘어가게 된다. 이 글은 이러한 변화가 일어나는 과정을 중심으로 고려시대의 言語文字生活의 실상을 드러내 보이고자 하여 쓰여지는 것이다.

Ⅱ. 文字生活

고려시대는 漢文과 借字表記의 2중적 문자생활이었다. 이것은 신라시대의 그것을 계승한 것이었으나 고려 초에는 후대에 비하면 한문의 사용 인구가 적었었고 그 수준도 떨어진다고 할 수 있다. 후대로 오면서 漢文使用 人口가 증가하였고 뛰어난 문장가들도 배출되었다. 이에 반하여 借

字表記는 신라시대부터 고려 초기에는 사용인구도 많았었고 그 범위도 넓었으나 후대로 오면서 그 영역이 한문에게 침식당하여 衰殘의 길을 밟았었던 것으로 보인다.

借字表記는 口訣, 吏讀, 鄕札, 固有名詞表記(어휘표기)로 나뉘어진다. 이러한 분류는 우리 先人들이 사용한 데 따른 것이기는 하지만 각기 사용되는 영역이나 문체에 있어서 차이가 있고 표기법상으로도 차이를 보여준다. 흔히 이들을 통틀어 吏讀라고 하는 경우도 있지만 이는 차자표기의 세부적인 특징을 살피기 어렵게 하므로 위와 같이 분류하는 것이 이해에 도움이 된다.

고려시대 全般을 통하여 우리 선인들이 새로이 접했던 외국문자는 契丹文字, 女眞文字, 回鶻文字, 八思巴文字(몽고문자) 등이다. 먼저 이들 문자와의 접촉상황을 이해하는 것이 다음에 설명할 한문과 차자표기의 사용을 이해하는 데도 도움이 될 것으로 생각되므로 간단히 설명하고자 한다.

거란문자는 大字와 小字의 두 종류가 있다. 大字는 神冊 5년(920) 정월에 처음으로 만들어 그해 9월에 반포하여 사용한 것이니 거란의 태조가 건국한지 14년 만에 만든 것이다.[1] 小字 역시 거란의 태조 때에 迭剌가 回鶻의 사신에게서 그 말과 글자를 배워 그를 본 따서 만든 것이다.[2] 이 문자는 중국 북방에서 200여 년 동안 사용되었으나 契丹(遼)이 멸망한 뒤(1125) 차츰 잊혀져 해독하는 사람이 없어졌다가 최근에 와서 차츰 해독의 실마리가 잡히어 가고 있는 문자이다.[3] 고려는 태조 때에 거란을 禽獸와 같은 나라로 여겨 배척하여 왔으나 成宗 12년(993) 거란의 내침을 받고 和議가 성립된 후 그 14년(995)에 童子 10명을 보내어 거란어를

---

1 神冊五年春正月乙丑 始制契丹文字. 九月 壬寅 大字成 詔頒行之. 『遼史』 卷2 太祖紀.

2 "迭剌 字云獨昆 …… 性敏給 …… 回鶻使至 無能通其言者. 太后謂太祖曰 '迭剌聰敏可使' 遣迓之. 相從二旬 能習其語與書 因制契丹小字. 數小而該貫." 『遼史』 卷64. 皇子表.

3 淸格爾泰外 共著, 『契丹小字研究』, 中國社會科學研究所, 1985 參照.

익히게 하였었다.[4] 이러한 학습에서는 분명 거란문자도 익혔을 것이다. 그러나 顯宗元年(1010)에 왕이 거란의 난을 피하여 羅州까지 가서 거란 병이 물러갔다는 河拱辰의 奏狀과 契丹前鋒元帥駙馬書를 받았을 때 駙馬 書는 거란자를 아는 사람이 없어 그 뜻을 알 수 없었을 만큼 이 글자가 보급되지를 못하였다.[5] 顯宗의 나주 피난 때는 극히 고단한 때여서 주위 에 이렇다 할 신하가 없을 때이기는 하지만 戰時에 적국의 문자를 해독 할 만한 신하가 왕의 주위에 없었다는 것은 그만큼 거란문자에 대한 관 심이 적었었다고 하겠다. 顯宗 13년 이후 거란과의 관계가 호전되어 사 신의 왕래가 잦았으나 거란문자에 대한 기록은 전연 찾아볼 수 없을 만 큼 이 문자에 대한 관심이 적었었다.

女眞文字도 大字와 小字의 구별이 있다. 大字는 完顔希尹이 만들어서 金의 太祖 天輔 3년(1119)에 반포하여 사용한 것이다. 小字는 熙宗 때에 창제되어 天眷 元年(1138)에 반포되어 皇統 5년(1145)에 처음으로 사용된 것이다. 이 문자들은 거란자와 한자를 기초로 하여 만든 것이다.[6] 거란이 금에 의하여 멸망된 후 고려는 거란 대신 금과 외교관계를 맺었고 그 관계가 원만하여 상호간에 큰 충돌이 없이 지냈다. 그러나 여진문자에 대한 관심이나 사용은 없었던 듯 아무런 기록이 없다가 高宗 12년(1225) 6월에 와서야 다음과 같은 기록이 보인다.

東眞人 周漢이 端昌鎭에 투항해 왔다. 그가 小字文書를 알고 있으므로 서울로 불러서 사람들로 하여금 傳習하게 하였다. 小字의 學問은 이에서

---

4 "是歲遣李知白 如契丹 獻方物. 遣童子十人於契丹 習其語"(『高麗史』 卷3 成宗 14年)'이 라 있고, 『遼史』에는 統和 14年條(高麗成宗 15年)에 "三月 庚戌 高麗復遣童子十人 來學本國 語"라고 있어 『高麗史』에 빠진 것을 補充하고 있다.

5 『高麗史』 卷94, 27, 智蔡文條 참조.

6 金啓孮(1984), 女眞文字研究槪況, 『中國民族古文字研究』, 中國民族古文字研究會編, 中國社會科學出版社 참조.

시작되었다.[7]

이로 보면 금의 여진문자가 창제되어 사용된 지 1세기 남짓한 동안 관심이 없다가 금이 망하기 8년 전에 처음으로 배우기 시작하였음을 알 수 있다.

이러한 사실들로 보면 거란문자와 여진문자에 대한 고려인들의 관심은 거의 없었던 것으로 보아도 좋을 듯하다. 이들 문자보다는 한문이 상호간의 의사소통에 주로 사용되었던 것이다.

回鶻文字는 成吉思汗이 13세기 초 畏兀人(회골인) 塔塔統阿로 하여금 태자와 諸王들에게 이 문자를 가르쳐 몽고어를 적게 함으로써 몽고인들이 사용하기 시작하였다. 이 문자를 흔히 회골식 몽고문이라고 칭한다.[8] 八思巴문자는 원의 세조(忽必烈)가 國師 八思巴에게 명하여 창제하도록 하여 1269년에 반포하여 사용하게 한 것이다. 당시에는 이를 蒙古新字, 蒙古字 또는 國字라고 하던 것을 근래에 와서 八思巴(蒙古)字라고 부르게 된 것이다.[9]

고려와 몽고는 가히 국경이 없다 하리만큼 밀접한 관계에 있었으므로 이 문자들의 사용도 많았던 것으로 믿어진다. 고려가 몽고자(八思巴字)를 처음 접하게 된 것은 元宗 14년(1273)인 것으로 보인다. 元宗 14년 정월에 元使가 詔文을 가지고 왔는데 그 글이 新制蒙古字를 사용한 것이어서 아무도 아는 사람이 없었다. 이에 사자가 이르기를 불곰가죽(火熊皮)을 구하는 것이라고 하였다[10]는 내용으로 보아 이때가 처음 八思巴字를 접한 것임을 알 수 있다. 新制蒙古字(八思巴字)가 행해진 지 4년 후의 일이니 당시의 麗·蒙 관계로 보아 빨리 전달된 것은 아니라 하겠다. 이

---

7 『高麗史』 卷22.

8 道布(1984), 回鶻式蒙古文硏究槪況, 『中國民族古文字硏究』, 362면 참조.

9 照那斯圖外(1984), 八思巴字硏究, 『中國民族古文字硏究』, 374면 참조.

10 『高麗史』 卷27, 36.

이후 고려에도 이 문자를 해독하는 譯者들이 많았을 것이나 당시의 지식인들에게는 큰 호감을 준 것 같지는 않다.

忠宣王이 燕京에 萬卷堂을 짓고 천하의 문사들과 함께 노닐 때 鮮卑僧이 上言하기를 八思巴가 몽고자를 만들어 국가를 이롭게 했으니 천하에 영을 내려 사당을 세워 孔子에 비견하도록 하여 달라고 청하였다. 이에 대한 회의를 할 때 國公인 揚安普가 힘써 그 주장에 찬성하였다. 이에 忠宣王이 揚安普에게 말하기를 '八思巴가 文字를 만들어 국가에 功이 있음으로 하여 그를 奉祀하는 것은 古典에 맞는 것이다. 그러나 하필 孔子에 比較하는가? 孔子는 百王의 스승으로 그를 奉祀하는 것은 德 때문이지 功 때문이 아니다. 後世에 異論이 있을까 두렵다'고 하였다.[11] 이러한 견해는 중원의 전통문화와 몽고의 신흥문화와의 대비에서 중원의 전통문화를 보다 더 높이 평가하는 고려인의 태도를 보여 준 것으로 해석된다. 한자와 몽고자에 대한 당시인들의 태도도 이러한 틀에서 이해해야 될 것이다.

回鶻字는 몽고인들이 八思巴字보다도 먼저 사용하던 문자이기 때문에 八思巴字가 만들어진 후에도 더 널리 사용되었었다. 元代에는 몽고어에 능통한 고려인이 많았으므로 이 문자도 그와 함께 사용되었을 것이나 기록상으로 나타나는 것은 忠宣王 때이다. 왕비인 薊國大長公主가 趙妃가 詛呪하여 왕으로 하여금 자기를 사랑하지 못하게 한다고 황태후에게 畏吾兒字의 書信을 보낸 것이 그것이다.[12]

간신 宋邦英은 그의 종제 宋璘과 함께 前王인 忠宣王을 싫어하였다. 그리하여 忠肅王을 설득하여 畏吾兒字 書信을 지어 元帝에게 보내어 前王의 還國을 막도록 하였다[13]는 기록이 있다. 이러한 사실들로 보면 원의

---

11 『高麗史』 卷34, 6~7.
12 『高麗史』 卷89, 13 참조.
13 『高麗史』 卷125, 13~14 참조.

황실 내에서도 사사로운 글을 쓸 때는 이 문자를 주로 사용한 것으로 보인다. 훈민정음이 창제되었을 때 그것이 왕실내의 私信에 자주 쓰여 물의를 빚었던 것과 비슷한 성질의 것으로 생각된다. 이 畏吾兒(回鶻)字는 조선조까지도 이어져서 역관들의 몽고어교과서가 이 문자로 쓰여 졌었다. 따라서 이 문자는 훈민정음창제에도 영향을 주었을 것으로 생각되는 것이다.

1) 漢文의 普及

이미 신라시대에도 한문은 전국적으로 보급되어 있었고 그 수준도 높았었다. 고려시대에 들어와서도 계속 보급되어 후기로 오면 문어생활의 全般을 압도하게 된다. 고려 초기는 물론, 중기까지만 하여도 우리말을 표기하던 借字表記는 넓은 범위에 걸쳐 사용되었지만 후기로 올수록 그 사용 영역의 많은 부분을 한문에 넘겨주게 되어 그 범위가 점차로 좁아지게 된다. 그리하여 고려 말 조선 초기에 오면 차자표기의 영역은 극히 좁아지게 되고 한문은 문어생활의 거의 전반을 압도하게 된다. 한문이 이와 같이 보급되게 된 것은 복합적인 여러 요인이 있었겠지만 외부의 강제된 힘에 의한 것이 아니라 당시인들이 문화적으로 상승하고자 하는 욕구가 가장 큰 원동력이었던 것으로 생각된다.

태조의 訓要十條에서 '우리나라가 예부터 唐의 제도를 존중해 왔지만 반드시 같을 필요는 없다'고 한 것은 成宗 때 崔承老의 상소문 속에 좀 더 구체적으로 부연되어 나타난다.

중국의 제도는 존중하지 않을 수 없다. 그러나 四方의 習俗은 각기 그 土性을 따르는 것이니 모든 것을 바꾸기는 어려울 것이다. 그 禮樂詩書의 가르침과 君臣父子의 道는 中國을 본받아 鄙陋한 것을 혁신해야 되지만 그 밖의 車馬, 衣服, 制度는 그 나라의 고유한 풍속에 따르는 것이 좋다. 사치와 검소가 中庸을 얻도록 하여야지 반드시 같을 필요는 없는 것이다.[14]

라고 하였다. 이는 태조의 훈요십조의 정신에 의거하여 중국의 사치풍조가 우리의 고유한 습속을 타락하게 할 것을 경계한 것이기도 하지만, 중국의 문물을 어떻게 수용할 것인가를 잘 말해 주고 있다. 당시의 지식인들은 儒敎思想에 바탕을 둔 중국의 문물을 수용하여 우리의 현실에 맞게 발전시키고자 한 것이지 중국의 것을 무비판적으로 받아들이고자 한 것이 아니었다. 따라서 한문에 대하여도 그 속에 담긴 사상적 가치를 중요시한 것이지 중국어 자체를 존중한 것이 아니었다. 당시인도 古典的인 文語로서의 漢文과 구어로서의 華語는 엄격히 구별하고 있었다.

한문은 심오한 철학사상이나 종교사상을 담고 있어서 당시로서는 지식인들의 욕구를 충족시킬 수 있는 가장 중요한 문어로 여겨졌지만 그 밖에도 널리 보급될 수 있는 요인들을 가지고 있었다.

그 하나는 국가의 체제가 정비되어 감에 따라 그에 해당하는 명칭들이 漢字語化 돼 간 것이다. 『高麗史』 百官志에

高麗太祖가 開國初에는 新羅・泰封의 制度를 參用하여 官을 設置하고 職分을 나누어 庶務를 맡도록 하였다. 그러나 그 官號에는 方言이 섞이기도 하였는데 草創期에 있어서 改革할 여가가 없었기 때문이라 하겠다. 2년에 三省, 六尙書, 九寺, 六衛를 세워 대략 唐制를 모방하였다. 成宗이 크게 制度를 새롭게 하여 內外의 官을 作定하니 안에는 省, 部, 臺, 院, 寺, 館, 局이 있고 밖으로는 牧, 府, 州, 縣이 있었으며 官에는 規律이 있고 位에는 定員이 있으니 이에 一代의 제도가 비로소 크게 갖추어지게 되었다.[15]

---

14 "華夏之制 不可不遵 然四方習俗 各隨土性 似難盡變 其禮樂詩書之敎 君臣父子之道 依法中華 以革鄙陋 其餘車馬衣服制度 可因土風 使奢儉得中 不必苟同."『高麗史』卷93, 16.

15 "高麗太祖 開國之初 參用新羅泰封之制 設官分職 以詣庶務 然其官號 或雜方言 蓋草創未暇革也. 二年立三省・六尙書・九寺・六衛略倣唐制. 成宗大新制作 定內外之官. 內有省部臺院寺司館局 外有牧府州縣 官有常守 位有定員 於是一代之制 始大備."『高麗史』卷76, 1, 百官一.

또 文官散階에 대해서는

　國初에는 官階에 있어 文武를 나누지 않았다. 大舒發韓, 舒發韓, 夷粲,
蘇判, 波珍粲, 韓粲, 閼粲, 一吉粲, 級粲은 新羅의 制度이다. 大宰相, 重副,
台司訓, 輔佐相, 注書令, 光祿丞, 奉朝判, 奉進位, 佐眞使는 泰封의 제도이
다. 太祖는 泰封의 임금이 마음대로 고치어 백성이 익히어 알지 못하니 모
두 新羅의 제도를 따르되 오직 名義를 쉽게 알 수 있는 것만 泰封의 제도를
따르게 하였다. 얼마 후에 大匡, 正匡, 大丞, 大相의 號를 썼는데 成宗 14年
에 비로소 文武官을 나누었다. ……[16]

이로 미루어 보면 고려 초까지만 하여도 固有語 官階名이 그대로 쓰이
다가 한자어로 대체되어 갔음을 알 수 있다. 물론 신라시대에도 唐制에
의한 한자어 관직명이 쓰였고 태봉의 왕이 한자어 명칭을 대폭 새로 만
들었던 것으로 보아, 관직명의 한자어화는 이미 신라시대부터 진행되어
왔으나 고려 초에 이르면 이들이 완전히 한자어화되어 갔음을 알 수 있
다. 이는 한자의 영역이 그만큼 확대되어 갔음을 말하여 주는 것이다.
지명에 있어서도 건국 직후에는 고유어지명이 다량으로 쓰였다.

曹物郡　　　高思葛伊城　　　烏於谷城　　　北彌秩夫城　　　甘彌縣

등의 고유어 지명이 『太祖實錄』에 나타난다.
고려시대의 殷豊縣은 본래 赤牙縣이었던 것을 景德王이 殷正縣으로

---

　16 "國初官階不分文武 曰大舒發韓. 曰舒發韓 曰夷粲 曰蘇判 曰波珍粲 曰韓粲 曰閼粲
曰一吉粲 曰級粲 新羅之制也. 曰大宰相 曰重副 曰台司訓 曰輔佐相 曰注書令 曰光祿丞 曰
奉朝判 曰奉進位 曰佐眞使 泰封之制也. 太祖以泰封主任情改制 民不習知 悉從新羅 唯名義
易知者從泰封之制 尋用大匡正匡大丞大相之號. 成宗十四年 始分文武官……"『高麗史』卷
77, 44~45.

고친 것이다. 그러나 그로부터 200년이 지난 태조 때의 첩문인 醴泉鳴鳳寺慈寂禪師碑의 陰記(941)를 보면 赤牙縣이 그대로 쓰이고 있다. 景德王이 개명하였음에도 부구하고 고려 초까지 고유어로 된 縣名이 국가의 공식문서에 그대로 쓰이고 있음을 보여 주는 것이다. 『高麗史』 지리지에서는 태조 23년에 비로소 州府郡縣의 이름을 고쳤다고 하고 成宗이 또 州府郡縣名과 關驛江浦의 호칭을 고쳤다고 하였다. 본래 지명은 대단위를 나타내는 것일수록 먼저 한자어화하여 간 것이지만 이 시대에 오면 縣名은 물론 關驛江浦의 명칭도 한자어화하여 갔음을 말하여 주고 있다.

인명에 있어서도 『太祖實錄』에는 많은 인명들이 성씨가 없이 쓰이고 있음을 볼 수 있다. 그러다가 『光宗實錄』에 오면 거의가 성씨와 함께 기록되고 있다. 이것은 태조 때에는 성씨의 구별이 큰 중요성을 띠지 않았었으나 차츰 신분제도가 확립되어 가면서 성씨를 중시하게 되었던 것으로 보인다. 이 역시 중국식 제도를 따른 것이고 인명이 한자어화하여 가는 경향을 말하여 주는 것이다. 이밖에 禮制, 兵制, 刑制 등 각종 제도가 정비되어 갔는데 이들의 골격이 중국의 그것을 토대로 하여 정비된 것이었으므로 이에 따른 명칭들이 자연 한자어화하였다.

이러한 제도의 정비가 명칭의 한자어화를 촉진하여 한문의 보급에 상승작용을 한 것이지만, 한문의 보급을 직접적으로 촉진한 것은 역시 學校와 科擧制度였다.

학교는 태조가 13년 西京에 행차하여 創置했고 별도로 학원을 세워 六部의 생도를 모아 가르쳤으며 후에 醫卜 二業을 겸하여 두었다.[17] 중앙에는 이보다 앞서 이미 학교가 있었을 것임은 쉽게 추측할 수 있다.

成宗은 여러 州郡縣에 명하여 자제들을 뽑아 서울에 와서 학업을 익히도록 하였다. 5년에는 여러 州에서 보낸 학생들 가운데서 돌아가기를 희망하는 207인은 돌려보내고 머물기를 희망하는 53인은 머물도록 하였

---

17 『高麗史』 卷74, 24~5.

다. 6년에는 경서에 통하고 전적을 열람한 자를 뽑아 經學·醫學博士로 삼아 12목에 각기 한 사람씩을 보내어 長吏와 백성들의 가르칠 만한 아이들을 가르치고 훈계하도록 하였다.[18] 그리고 각 州郡縣에서 明經에 힘쓰고 孝悌로 이름이 났으며 醫方에 쓸 만한 사람은 지방의 官長이 구체적으로 기록하여 京師에 천거하는 것을 恒式으로 삼았다.[19]

經學·醫學 博士를 보내면서 내린 成宗의 敎旨 가운데 다음과 같은 말은 당시인들이 학문에 대하여 어떠한 인식을 가지고 있었는가를 잘 말해 주고 있다.

> 여러 州郡縣의 長吏나 百姓이 학문을 가르칠 만한 아들이 있으면 訓戒하고 師資를 독실하게 해야 할 것이다. 혹 그 부모가 國風을 알지 못하고 家産만 경영하여 다만 오늘의 이익만 보고 장래의 영화를 생각지 못하여, 말하기를 '학습한들 무엇하며 독서하여도 이익이 없다. 오히려 編柳에 방해될 뿐이니 오직 섶나무를 지게 하는 것이 낫다'고 한다면 그 아들은 평생토록 이름이 나지 못할 것이요 그 어버이는 영화로움을 얻지 못할 것이다. …… 이제 만약 螢窓에서 힘써 공부하고 鱣肆(講堂)에서 經을 밝히며 孝悌에 이름이 나고 醫方이 족히 쓸 만하면 그 牧宰나 知州縣官은 具錄하여 京師에 薦貢하라.[20]

이러한 교지는 당시 백성들이 학문의 필요성을 절실히 느끼지 못하고 있었음을 말하여 줄 뿐 아니라 한문의 보급도 그만큼 미약하였었음을 말

---

18 위와 같음.
19 위와 같음.
20 "應其諸州郡縣 長吏百姓有兒可敎學者 合可訓戒 勉篤師資. 儻其父母 未識國風 爲營家産 只見今朝之利 不思他日之榮 謂學習何爲 讀書勿益 却妨編柳 唯要負薪 其子則沒齒無聞 其親則榮身莫得 …… 若有螢窓勵志 鱣肆明經 孝悌有聞 醫方足用 可其牧宰知州縣官 具錄薦貢京師." 『高麗史』 卷3, 12.

하여 주는 것이다. 이러한 백성들의 인식은 국가의 통치체제와도 직결되는 것이므로 成宗은 興學과 移風易俗으로 유교적인 통치체제를 이룩하는 데 힘썼던 것이다. 그리하여 成宗 8년에는 문관으로서 제자가 10인 이하인 자는 임기가 차서 자리를 옮길 때 奏聞하여 褒賞하거나 貶黜하게 하라 하고 또 12목의 경학박사가 한 사람의 문생도 赴試하는 자가 없으면 비록 임기가 찼더라도 다시 유임하도록 하여 그 효과를 내도록 책임 지우고 이를 참작하여 官階를 주는 것을 恒式으로 삼으라 하였다.[21] 또 9년에는 교지를 내려 羅末의 쇠퇴기에 없어진 儒家의 典籍·文書들을 크게 보충하여 兩京의 府藏에 비치함으로써 스승과 학생들이 쉽게 책을 구하여 볼 수 있게 하였고 또 西京에는 修書院을 설치하여 史籍을 抄書하여 備藏토록 하였다.[22] 11년에는 科場을 열어 기예를 겨루고 會府(初試)를 열어 인재를 가리매 省試에 나아가는 자는 많아도 과거에 급제하는 자는 적으니 이것은 배우고자 하여도 學舍와 師長이 없어 재조가 精研되지 못한 때문이라 하고 有司로 하여금 勝地를 가려 學舍를 세우고 田莊을 급여하여 학문을 연마토록 하라고 하였다. 또 국자감도 創置하였다.[23] 14년에는 文을 業으로 삼는 선비가 과거에 급제한 뒤에는 공무에 끌려서 事業을 폐하니 50세 이하자로 知制誥를 지내지 못한 자는 한림원에서 출제하여 매월 詩 3편과 賦 1편씩을 지어 올리게 하고 外任에 있는 문관은 詩 30편과 賦 1편씩을 歲末에 올리도록 하였다.[24]

成宗의 이러한 치적은 유학을 진작시키고 문풍을 크게 일으킨 것이니 이것은 한문을 보급하고 진작시키는 데도 크게 공헌한 것이다.

睿宗 4년에는 國學에 周易, 尙書, 毛詩, 周禮, 戴禮, 春秋, 武學을 학습하는 七齋를 두었다. 14년에는 국학에 養賢庫를 세워 선비를 기르는 비

---

21 『高麗史』卷74, 25.
22 『高麗史』卷3, 22.
23 위의 책 卷3 및 卷74, 26.
24 위의 책, 卷3, 28a.

용을 제도적으로 마련하였다. 仁宗朝에 式目都監에서 學式을 상정하여 학생의 자격을 출신성분에 따라 國子學生, 大學生, 四門學生으로 나누어 그 수를 각각 300명으로 하였고 工商樂名 등의 賤事者나 그 밖의 신분이 좋지 않은 사람은 입학을 불허했다. 律學, 書學, 算學은 국자학에서 학습하였는데 그 신분적 제약은 완화하였다. 이 三學에는 博士와 助教를 두었다. 경전은 周易, 尙書, 周禮, 禮記, 毛詩, 春秋의 左氏傳, 公羊傳, 穀梁傳을 각각 一經으로 삼고 孝經과 論語는 반드시 兼하여 通하게 하였다. 또 이를 익히는 것과 함께 算과 時務策을 익히고 여가에는 書를 익혔다. 이와 아울러 國語, 說文, 字林, 三倉, 爾雅를 익히게 하였다. 仁宗 5년에는 諸州에 詔를 내려 학교를 설립하고 교육의 길을 넓히게 하였다.

私學은 文宗朝에 崔沖이 설립한 文憲公徒를 비롯하여 12公徒가 있어 衣冠子弟로 과거에 응시하려는 자는 반드시 여기에 들어와 학습하였다. 이때에 와서 고려의 文風은 최고조에 이르렀던 것으로 보인다.

科擧制度는 光宗 9년에 後周의 大理評使로서 귀화한 雙冀의 말을 들어 처음으로 설치하고 그로 하여금 進士를 뽑도록 함으로써 시작되었다. 『高麗史』 選科志(卷73,1)에서는 이에 대하여

　　삼국 이전에는 科擧의 법이 없었다. 太祖가 무엇보다 먼저 학교를 세웠으나 科擧로 取士할 겨를이 없었다. 光宗이 雙冀의 말을 들어 과거로 선비를 뽑았으니 이로부터 文風이 비로소 흥하였다.[25]

고 하였다. 光宗 때의 과거과목은 詩, 賦, 頌과 時務策으로서 진사를 취하였고 明經과 醫卜의 業에서도 取士하였다. 穆宗 15년에는 여러 州縣으로 하여금 製述業은 五言六韻詩 一首, 明經業은 五經을 각 一机씩 시험

----

　25 "三國以前 未有科擧之法 高麗太祖 首建學校 而科擧取士 未遑焉. 光宗用雙冀言 以科擧選士 自此文風始興"(卷73, 選擧一).

보여 국자감으로 보내도록 하면 국자감에서 다시 시험을 보여 入格者를 과거에 응시케 하였다. 文宗 2년에는 각 州縣에서 보낸 製述·明經業者들 중에서 違格者가 나오면 그 지방의 試貢者를 죄 주었으나, 醫業은 모두 시험을 보도록 하였다. 이러한 제도는 지방에까지 한문을 보급시키는 구실을 하였음을 보여 주는 것이다. 仁宗 14년에는 製述業, 明經業, 明法業, 明算業, 明書業, 醫業, 地理業, 何論業의 응시과목과 시험방법을 정한다. 이로써 多方面의 漢文이 전국으로 보급되어 갈 수 있는 길이 제도적으로 마련되었고 또 이러한 제도에 의하여 급속도로 한문이 전파되어 가게 되었음을 알 수 있다.

학교나 과거제도와 같은 儒家的 漢文普及 裝置와 쌍벽을 이루면서 한문을 보급한 것이 佛家의 한문보급이다. 신라시대의 한문보급은 유가보다도 오히려 불가의 영향이 더 컸었던 것으로 생각되는데 고려시대에 들어와서도 어느 영향이 더 크다고 하기 어려울 만큼 佛家에서의 한문보급의 영향이 컸었던 것으로 생각된다.

고려의 歷代 王들은 모두 불교신자들이어서 크건 작건 佛家의 발전에 관심을 기울였다. 그 가운데서도 定宗이 그 元年(946)에 7만 석의 곡식을 여러 大寺院에 공납하여 佛名經寶와 廣學寶를 설치하여 불법을 학습하는 것을 권장하였다.[26] 이것은 儒家에서의 학교설치에 비견되는 것으로 祈福的인 신앙보다는 학문적인 신앙을 장려한 것으로 생각된다.

역대의 왕들은 사찰을 창건하기도 하고 기존의 사찰들을 중수하기도 하거나 행차하여 財物供養들을 아끼지 않곤 하였다. 이로 인하여 식자들의 비판과 저항을 받기도 하였지만[27] 이러한 불교의 진작은 많은 출가인

---

26 又以穀七萬石 納諸大寺院 各置佛明經寶 及廣學寶 以權學法者(『高麗史』 卷2, 25a).

27 成宗에게 올린 崔承老의 時務策 가운데는 다음과 같은 것이 있다.
'절에서 백성들에게 이자놀이를 하여 해가 갈수록 이자가 늘어 백성들을 괴롭히고 있으니 이를 금지하도록 할 것. 世俗 사람과 京鄕의 중들이 각기 절 짓기를 경쟁하여 州郡의 長吏로 하여금 民役을 징발하므로 백성들이 심히 괴로워 하니 이를 엄히 금하여 勞役을

들을 낳았고 이들은 한문을 통하여 경전과 계율을 익힘으로써 漢文의 普及에 크게 기여했다. 이러한 저변을 바탕으로 경전에 대한 많은 註疏와 著述들이 나오게 되었다. 顯宗朝의 初雕大藏經, 肅宗朝의 續大藏經, 高宗朝의 再雕大藏經은 불교문화의 집대성으로 신앙적 차원에서도 큰 의의가 있지만 한문 보급면에 있어서도 중요한 의미를 띠는 것이라 하겠다. 이밖에도 寺刊本經典이나 寫經들 그리고 學僧들의 註疏는 오늘날 인멸되어 전하는 것이 희소하지만 이들도 한문보급의 차원에서 보면 한문을 통한 심도 있는 문어생활이 전국적으로 보편화되어 있었음을 말하여 주는 것이다.

한문이 보급된 또 다른 요인은 그 국제적인 기능을 들 수 있다. 한문은 단순한 중국인의 문어로서 그치는 것이 아니라 당시에 있어서는 국제적인 문자로서 기능하였던 것이다.

고려시대에도 '以小事大는 列國之通規'라는 원칙을 외교상 적절히 수행하였다. 그리하여 왕이 즉위하면 중원의 책봉을 받는 것이 당시의 관례였다. 태조가 16년 3월에 後唐의 책봉을 받은 것을 비롯하여 역대의 왕들이 거의 다 後晋, 後周, 宋, 契丹(遼), 金, 元 등의 책봉을 받았다. 이때에 오고 간 冊封詔文과 回謝文은 예의와 품격을 갖춘 한문이었다. 고려에서 이 방면에 유능한 사람으로 꼽힌 이는 周佇, 朴寅亮, 愼安之 등

없앨 것. 三敎는 각기 그 業으로 하는 것이 있으니 이들을 혼동해서 하나로 해서는 안된다. 佛敎는 修身의 根本이고 儒家는 나라를 다스리는 근원이다. 修身은 來生을 위한 것이요, 나라를 다스리는 것은 오늘에 힘쓸 일이다. 오늘은 至近하고 내생은 至遠한데 가까운 것을 버리고 먼 것을 구하니 이 또한 잘못이 아닌가'라고 비판하였다.(『高麗史』 卷93, 2~19). 또 仁宗 8년(1130) 7月條에는 有司에서 國學의 費用이 과다하여 그 生徒를 줄여야 한다는 주장이 있자 이에 대하여 "國學의 모든 학생이 대궐에 나아가 글을 올리기를 …… 이제 國學의 生徒 수가 200인에 불과한데, 有司가 재물을 소비한다 하여 이를 삭감하고자 한다 하니, 어찌 우리 임금이 道理와 선비를 존중하는 뜻이겠습니까? 또 佛家의 寺刹을 보면 중앙과 지방에 두루 가득하여 일반백성으로 사역을 피하여 도망쳐서 배불리 먹고 편안히 사는 자가 몇 千인지 萬인지 모르는데 有司가 이런 것은 생각지 못하고 세상을 도우려고 공부하는 사람을 쫓아내려 하는 것은 공정하고 지극한 言論이 아닙니다."라고 비판하였다. 『高麗史節要』.

이 있었다.[28]

成宗 때 거란이 우리 국경을 지나 여진을 친 일이 있었다. 여진은 '고려가 契丹과 함께 生口를 擄掠한다'고 宋에 무고하였다. 고려의 韓遂齡이 宋에 갔을 때 황제가 여진이 보낸 告急木契를 보이며 본국에 돌아가면 俘虜들을 돌려보내라고 말하라고 하였다. 거란병이 쳐온다는 여진의 木契는 고려에도 두 차례나 보내왔었다고 한다.[29] 이 木契의 내용은 한문으로 되어 있었던 것으로 구어로는 의사가 통할 수 없는 3국의 대화가 한문으로는 통하고 있음을 말하여 주는 것이다.

顯宗이 契丹主의 침입을 피하여 나주까지 갔을 때 밤중에 거란병이 들어온다는 誤報로 소동이 있었다. 그러나 기실은 거란병이 이미 퇴병하였다는 契丹前鋒元帥駙馬書와 河拱辰의 奏狀을 가지고 온 신하들이었다. 이 때 河拱辰의 奏狀으로 이 사실을 알았으나 駙馬의 글은 거란자를 아는 자가 없어서 그 뜻을 알 수 없었다고 한다.[30] 亂時여서 신하들이 흩어져 버린 피난지였기 때문이기도 하였겠지만 한문 이외의 외국문서는 그 중요성에도 불구하고 이해되기가 힘들었음을 말하여 주는 것이다.

고려와 몽고(元)의 외교적인 문서도 역시 한문이었다. 그런데 元宗 14년 정월에는 元使가 新制蒙古字를 사용한 조서를 가지고 왔는데 아는 사람이 아무도 없었다. 사자가 이르기를 불곰(火熊) 가죽을 구하는 내용이라고 하였다.[31] 이것은 원의 신문자가 고려에까지 공식적으로 전달되지 않은 탓도 있지만 한문 이외의 글들은 당시에는 보편성이 부족했음을 말

---

28 周佇 宋溫洲人 穆宗時 隨商舶來 學士蔡忠順知其有才 密奏留之…… 性謙恭 文翰交聘辭命多出其手. 『高麗史』 卷94, 31.

朴寅亮 …… 文宗朝登策. …… 寅亮文詞雅麗 南北朝告奏表狀 皆出其手.(卷95, 17~8)

愼安之 字元老 亦宋開封人 …… 安之事睿仁二朝 …… 善醫藥 曉漢語 凡移南北朝文牒多出其手. 卷97, 10~11).

29 『高麗史』 卷3, 9, 成宗 4년조 참조.

30 『高麗史』 卷94, 27 참조.

31 『高麗史』 卷27, 36.

하여 주는 것이기도 하다. 그러나 고려와 몽고 간에는 몽고어로 된 문서도 왕래하였다. 忠烈王 6년에 왕이 원의 중서성에 上書하기를 右承旨 趙仁規는 蒙·漢語에 밝아 조정의 詔旨와 上司文字를 명백히 번역하여 틀림이 없이 한다고 하여 牌面을 賜하고 王京의 脫脫禾孫(驛傳官) 겸 推考官 頭目에 충당하게 해 달라고 한 기록이 있다.[32] 여기서 몽고어와 그 문어가 양국의 공식 문어로 사용되기도 한 것을 알 수 있다. 그러나 국제적인 공용문서는 역시 한문이어서『高麗史』의 기록을 보면 몽고와 일본, 고려와 일본 간의 문서가 모두 한문으로 되어 있음을 볼 수 있다.

한문은 異民族의 국가 간에만 쓰인 것은 아니었다. 고려의 왕건과 후백제의 견훤이 패권을 겨룰 때 서로 주고받은 서신도 한문으로 되어 있다. 이 시대에는 차자표기가 발달되어 있어서 우리말 서신이 가능했던 것으로 믿어지지만, 서신의 내용으로 보아 한문으로 교환했던 것임을 알 수 있다. 자국의 권위의식을 한문의 권위를 빌어 나타낸 것으로 이해된다.

한문의 보급은 문물제도의 발전과 궤를 같이하는 것이어서 그 영향은 우리 문화의 根底에까지 깊이 미쳤다. 그러나 한문을 학습하는 선비의 입장에서 한문의 기능을 생각해 보면 문예적인 기능과 학문적 기능으로 크게 나누어 볼 수 있다. 여기서 문예적 기능이 변모해 간 과정을 검토하면 한문의 보급정도를 가늠해 볼 수 있다.

李齊賢의 光宗에 대한 贊에서 雙冀가 과거를 설치한 것은 광종이 文으로써 풍속을 교화하려는 뜻에 보탬이 없었다고는 말할 수 없으나, 浮華之文을 주창하여 후세에 큰 폐단을 남겼다고 하였다.[33] 이는 초기의 과거제도가 문예적인 한문을 중시하는 방향으로 흘렀음을 말하는 것이다.『高麗史』에서 왕이 詩文을 지었거나 신하들과 화답한 기록을 보면 顯宗

---

32 『高麗史』卷1, 21~24.
33 『高麗史』卷2, 31.

이전의 왕들은 직접 시문을 지었다는 기록이 없다. 顯宗이 즉위하기 전에 溪水詩와 詠小蛇詩를 지었다는 기록이 있고 20년(1029) 9월 幸次路上에서 重陽詠菊詩를 지어 翰林學士 以下에게 보이고 즉시 和答하여 올리라는 영을 내린 것이 한 번 있을 뿐이다.[34] 앞에서 본 바와 같이 顯宗이 玄化寺를 창건하고 신하들과 화답한 한시에 대한 기록은 여기에 빠진 것으로 보아 기록상의 누락도 있겠지만 후대 왕들의 기록에 나오는 것과는 비교가 되지 못할 정도로 적은 것이다. 왕이 직접 시문을 짓거나 신하들에게 지어 올리도록 명한 기록은 文宗, 肅宗, 睿宗 등의 기록에 자주 나타나는데 그 가운데서도 睿宗은 재위 17년간 자신이 직접 시를 지어서 신하들에게 보이거나 和進하도록 한 것이 모두 30여회나 된다. 이러한 사실이 한문의 보급정도를 직접적으로 말하는 것은 못되지만 문예적인 한문의 수준이 높았었음을 말하여 준다 하겠다. 睿宗은 淸讌閣과 寶文閣을 설치하여 문신과 더불어 六經을 강론하여 학문에도 게을리 하지 않았다.

고려가 문을 숭상하는 것은 중국에서도 인정돼 文宗 때에는 宋帝가 사신을 보낼 때 詞臣들을 뽑아서 조서를 擇하게 한 다음 그 가운데서 나은 것을 선택하였으며 使者와 書狀官도 반드시 文으로써 시험을 보이고서 보냈다고 한다.[35]

고려인의 문예적 역량은 고려 중기에 들어서면 매우 높은 수준에 도달하게 되어 국제적으로도 이름을 떨치는 문사들이 많이 나오게 된다.

朴寅亮이 文宗 34년(1080) 戶部尙書 柳洪을 奉使하여 宋에 갔을 때, 宋人이 그와 동행한 金覲과 그의 尺牘, 表狀, 題詠을 보고 칭찬을 마지않다가, 드디어는 小華集이라는 두 사람의 시문집을 간행하였다.[36]

---

34 『高麗史』 卷4, 1 및 卷5, 13.
35 『高麗史』 卷9, 4.
36 위의 책, 卷95, 18.

金仁存은 睿宗 廟庭에 配享된 名臣이다. 어려서 등과하여 兵部員外郎으로 있을 때 遼의 사신으로 온 學士 孟初의 接伴使가 되었다. 孟初가 그 年少함을 보고 자못 가볍게 보았는데, 하루는 말을 나란히 하여 교외로 나가게 되었다. 마침 눈이 내리기 시작하여 보이는 것이 없고 말발굽 소리만이 들리었다. 이 때 孟初가 '馬蹄踏雪乾雪動'이라고 부르자 金仁存이 이에 즉시 응하여 '旗尾飜風烈火飛'라고 하였다. 孟初가 놀라 참으로 천재라 하고 정이 날로 도타워져 서로 唱和하였고 떠날 때에는 金帶까지 풀어 선물했다.[37]

金富儀(初名 富轍)는 금의 사신 韓昉이 왔을 때 그 館伴이 되었다. 韓昉은 시에 능해서 함께 唱和하여 왕복한 것이 수십 편이었는데 富儀가 조금도 막힘이 없어 韓昉이 그 기민함에 감복하였다. 후에 內侍 崔孝溫이 金나라에 갔을 때, 韓昉의 아들이 묻기를 우리 아버님이 일찍이 고려인 金富儀는 異人이라고 말하였는데 지금 無恙하냐고 하였다. 그가 卒했다는 말을 듣고는 오랫동안 탄식하여 마지않았다 한다.[38]

金富佾이 樞密院使 王韶를 따라 宋에 갔을 때 표문을 지었는데 그 措辭가 雅麗하여 宋帝가 다시 內臣을 보내어 칭찬하였다. 또 일찍이 八關致語口號를 지었다. 睿宗이 보고서는 크게 기뻐하여 이것을 상용하고 바꾸지 말라고 하였다. 宋의 樂人 夔中立이 귀화하여 樂官을 지내다가 돌아가서는 帝前에서 이것을 誦하였다. 후에 李資諒이 들어가니 宋帝가 누가 이것을 지었느냐고 묻고 비록 僭越한 말이 있긴 하지만 진실로 훌륭한 문장이라 하였다 한다.[39]

金黃元은 古文으로서는 해동 제일이라고 하였다. 遼의 사신이 왔을 때 內宴의 口號를 지었는데 '鳳銜綸綍從天降 鼇駕蓬萊渡海來'란 구절이 있었

---

37 위의 책, 卷96, 3~4.
38 위의 책, 卷97, 5.
39 위의 책, 卷97, 1~2.

다. 遼使가 경탄하여 全篇을 베껴 돌아갔다.[40]

金富軾은 『三國史記』의 撰者로 유명하지만 문장가로도 유명하였다. 宋의 사신 路允迪이 왔을 때 그가 館伴이 되었었다. 사신을 따라 온 徐兢이 金富軾이 屬文을 잘하고 古今樂에 통한 것과 그의 사람 됨됨이를 보고 『高麗圖經』을 지을 때 그의 世家를 실었다. 돌아가 황제에게 아뢰니 이 책을 출판하도록 하여 널리 전파했다. 이로 말미암아 그 이름이 천하에 알려져 후에 그가 사신을 따라 宋에 갔을 때 이르는 곳마다 예우를 받았다.[41]

武臣亂 후에 문신들이 변을 당하여 한때 문예가 침체되었으나 오래지 않아 한림별곡에서 보여 주는 바와 같은 名士가 다시 나타난 것은 문예의 전통이 이미 武臣亂 이전에 확립되어 있어 일시적인 침체를 쉽게 극복할 수 있었던 것으로 이해된다.

원대에 와서 중원과의 교류는 가히 국경이 없다 하리만큼 빈번하여졌다. 이에 따라 중원의 문물이 고려에 미치는 영향이 크게 증대하게 되었는데, 문예면에 있어서의 영향도 따라서 커지게 되었다. 忠宣王이 燕京에서 萬卷堂을 꾸미고 천하의 문사들과 함께 노닐 때 우리나라에 그만한 사람이 없다는 것은 수치라 하고 李齊賢을 불러 들였다. 李齊賢이 그들과 상종하면서 학문이 더욱 발전되어 그들의 칭탄을 금치 못하게 하였고 西蜀으로 奉使하여 갔을 때는 이르는 곳마다 부른 노래가 인구에 회자되었다고 한다.[42] 또 元에 制科가 생긴 후로 恭愍王 때까지 登第된 사람은 安震, 崔瀣, 安軸, 李穀, 李仁復, 趙廉, 安輔, 尹安之, 李穡, 賓于光 등이었다. 이 가운데 李穀, 李穡 부자는 元에 머물러서 벼슬하는 동안 그 곳에서 문명을 날렸는데 이들의 文詞는 당시 중국의 명가에 손색이 없었다고

---

40 위의 책, 卷97, 6.
41 위의 책, 卷98, 19.
42 위의 책, 卷110, 21.

한다.[43] 이러한 사실들은 高麗의 漢文文藝가 시대가 흐름에 따라 보다 더 중국에 못지않을 만큼 높은 수준에 이르렀음을 말하여 주는 것이다.

2) 口訣

口訣은 한문에 토를 달아 읽는 한국의 독특한 漢文讀法이다. 이 구결은 釋讀口訣과 順讀口訣로 크게 나뉜다. 석독구결은 한문을 우리말로 풀어서 읽는 것이고 순독구결은 한문을 그 어순대로 읽어 내려가다가 구두에 해당되는 곳에 우리말의 토를 넣어 읽는 것이다. 석독구결은 삼국시대부터 이미 존재하였을 것으로 믿어지는데 이때에는 토표기가 발달하지 않아 암송되는 구결이었을 것이다. 이것이 7세기경에 토표기가 발달하여 문자화되었을 것으로 추정된다. 현재로서는 의상의 '華嚴經講義'를 그 제자들이 集錄하였다고 전하는 『要義問答』(일명 錐洞記)과 『一乘問答』(일명 道身章)이 석독구결로 쓰여진 최고의 것으로 믿어진다. 이들은 7세기 후반에 쓰여진 것으로 현재는 그 원형대로 전하지 않지만 본래는 '雜以方言했다(우리말이 섞이었다)'는 大覺國師 義天의 말로 미루어 보아 석독구결이 주종을 이루는 문체였을 것으로 믿어지는 것이다.[44] 설총이 '以方言讀九經'했다든가(『三國史記』) '以方音 …… 訓解六經文學(『三國遺事』)'했다는 것도 석독구결로 儒家의 경서를 훈해한 것을 말하여 주는 것이다. 이러한 기록들은 7세기 후반에는 석독구결의 토표기가 이미 발달되어 있었음을 말하여 주는 것인데 그 이후 이 구결은 경전(佛經과 儒經) 학습의 중요한 수단이 되어 왔었다.

고려시대 前半期에도 신라의 석독구결이 계승되어 널리 사용되었던 사실은 여러 기록을 통하여 추정할 수 있다. 앞에서도 보아온 바와 같이 현재 전해지고 있는 均如의 記釋이 모두 우리말이 섞여 있었던 것을 소

---

43 金庠基, 『高麗時代史』, 683면.

44 拙稿(1988), 釋讀口訣의 起源에 대하여, 『국어국문학』 100호, 국어국문학회 참조.

거했다는 跋記가 있고 이것은 석독구결을 주로 이용한 사실을 말하여 주는 것으로 추정되는 데서 우선 그와 같이 생각할 수 있다.

대각국사가 지적한 梵雲, 眞派, 靈潤등의 저술도 均如의 그것과 같은 方言本임을 추정케 하는데 이 역시 석독구결이 당시에 보편화되어 있었음을 말하여 주는 것이다. '薛聰이 九經을 우리말로 읽어서 후생을 訓導하여 지금도 學者들이 그를 宗主로 삼고 있다'는 『三國史記』의 기록이나, '薛聰이 六經文學을 우리말로 訓解한 것을 지금도 明經을 業으로 하는 이가 傳受하여 끊이지 않는다'고 한 『三國遺事』의 기록도 고려시대에 석독구결이 보편적으로 사용되고 있었음을 말하여 주는 것이다.

이와 같이 高麗 前半朝에 보편적으로 사용되던 석독구결은 시대의 흐름에 따라 서서히 쇠퇴해 갔던 것으로 믿어지는데 13세기 중엽까지의 자료가 현재 남아 전하고 있다.

고려시대의 석독구결로서 현재 전하는 것은 둘이 있다. 하나는 앞에서 말한 均如의 釋華嚴教分記圓通鈔에 두 줄 남짓한 것이 전하는 것이고 다른 하나는 舊譯仁王經의 낙장 5매에 표기된 석독구결이다.

먼저 釋華嚴教分記圓通鈔의 구결을 여기 옮겨 보면 다음과 같다.

或有如佛性隱闡提人隱有丂亦善根人隱无如好尸丁 或有如佛性隱善根人隱有丂亦闡提人隱无如好尸丁

이를 우리말 어순으로 다시 배열하면

或 佛性隱 有如 闡提人隱 有丂亦 善根人隱 无如 好尸丁. 或 佛性隱 有如 善根人隱 有丂亦 闡提人隱 无如 好尸丁

와 같이 된다. 이것을 다시 한글로 고쳐 쓰면 다음과 같이 된다.

或 佛性은 잇다. 闡提人은 두여 善根人은 없다 홀뎌. 或 佛性은 잇다. 善根人은 두여 闡提人은 없다 홀뎌

와 같이 될 것이다. 이 석독구결은 960년(現德 7, 光宗 11)에 이루어진 것을 1251년(高宗 38) 方言(우리말)을 소거하고 大藏經補板으로 넣기 위한 板下本을 만들 때 이 부분의 토만을 삭제하지 않은 것이다.[45] 이 구절은 사람들이 흔히 이와 같이 잘못 해석하는 경우가 있어 그 잘못이라는 것을 보여 주기 위하여 든 예문이기 때문에 방언 부분인 토를 삭제할 수 없어 보존된 것이다.

이 구결은 均如時代의 토를 그대로 옮겨 적은 것으로 믿어진다. 이 구결에 나타나는 '好/호'자는 均如의 普賢十願歌에만 나타나는 것으로 다른 차자표기 자료에서는 '乎/호'로 나타나는 점이 단적으로 이 사실을 말하여 준다. 따라서 이 자료는 비록 두 줄 남짓한 적은 분량이지만 석독구결의 구체적인 용례를 10세기 중엽까지 끌어 올려 준다는 점에서 매우 중요한 가치를 갖는다.

그러나 이 구결에는 어순을 표시하는 장치가 없고 차자도 약체자가 아닌 정자로만 쓰였다는 점에서 그 당시에 일반적으로 쓰이는 석독구결의 모습을 보여주는 것이라고 하기가 어렵다.

고려시대 석독구결의 다양한 모습을 생생하게 보여 주는 것은 舊譯仁王經 口訣이다. 이 구결은 1346년에 복장된 불상의 복장물로서 발견된 것으로 그 판본이나 어법으로 보아 13세기 전반기에 이루어진 것으로 추정되는 것이다.[46] 이 구결은 『舊譯仁王經』 상권 17매 가운데 5매(2, 3, 11, 14, 15)만이 전하는 낙장이기는 하지만 이 시대의 자료가 영성한 우리에게는 더 할 수 없이 귀중한 정보들을 제공하여 준다.

---

45 安秉禧(1987), 均如의 方言本 著述에 대하여, 『國語學』 16, 國語學會 참조.
46 拙稿(1987), 舊譯仁王經 釋讀口訣의 年代, 『東洋學』 15, 檀大東洋學研究所 참조.

이 구결은 한문 행의 좌우에 묵서로 토를 기입하여 이 토의 위치와 逆讀点으로써 한문을 우리말의 순서로 새겨 가면서 읽는 방법을 보여주는 것이다. 예를 들면 다음과 같다.

(A) 復ᄼ ㄱ 有ㄴナ쇼 他方ㄷ 不央ㅣㅌㄷ 可ㅌᄼㄱ 量ノ호 衆

(縱書를 橫書로 옮긴 것이므로 위쪽의 토가 우측, 아래쪽의 토가 좌측에 있는 토임)

이의 독법은 먼저 우측에 토가 붙은 구성소를 읽어내려 가다가 점(역독점)이 찍힌 구성소를 만나면 위로 올라가 좌측에 토가 붙은 구성소를 읽고 이 구성소에 점이 또 있으면 다시 위로 올라가 좌측에 토가 붙은 구성소를 읽는데 점이 없으면 내려와 우측에 토가 붙은 구성소를 읽는 것이다. 위의 구절을 읽어 보면 우측에 토를 가진 '復ᄼㄱ'을 먼저 읽고 두 번째도 우측에 토를 가진 '他方ㄷ'을 읽는다. 세 번째도 역시 우측에 토를 가진 '量ノ호'을 읽게 되는데 이 구성소에 역독점이 있으므로 위로 올라가 좌측에 토를 가진 '可ㅌᄼㄱ'을 네 번째로 읽는다. 이 구성소에도 점이 있으므로 다시 위로 올라가 좌측에 토를 가진 '不央ㅣㅌㄷ'을 다섯 번째로 읽는다. 이 구성소에는 점이 없으므로 아래로 내려와 우측에 토를 가진 '衆'을 여섯 번째로 읽는다. 이 구성소에도 역독점이 있으므로 다시 위로 올라가 좌측에 토를 가진 '有ㄴナ쇼'를 일곱 번째로 읽는 것이다. 이와 같이 순차적으로 읽어 내려갈 때는 우측에 토가 있는 구성소를, 거꾸로 역독할 때는 좌측에 토가 있는 구성소를 읽는 매우 단순한 원칙에 의하여 한문을 우리말의 어순으로 바꾸어 읽는 방법을 표시하고 있다.
 (A)의 구를 이 원칙에 따라 우리말의 순서로 재배열하면 다음 (B)와 같이 된다.

(B) 復ᄼㄱ 他方ㄷ 量ノ호 可ㅌᄼㄱ 不央ㅣㅌㄷ 衆 有ㄴナ쇼

이 구결의 기입토를 표기한 차자는 모두 51자로 조사되었다. 이 차자들은 획이 단순한 것은 全字가 그대로 쓰였으나 획이 좀 많은 것은 약체자로 쓰였다. 약체자는 차자의 앞부분을 따오느냐 뒷부분을 따오느냐에 따라 동일한 차자라도 그 자형을 달리 하는 예가 있다. 이 구결에서는 '羅'자의 약체자를 그 앞부분을 딴 '罒'자를 쓰고 있는데 후대의 구결들에서는 '羅'자의 속자인 '罖'의 뒷부분을 딴 'ㅅ' 또는 '丶'를 사용하고 있어 차이를 보인다. 또 차자의 해서체에서 따오느냐 초서체에서 따오느냐에 따라서도 차이가 생긴다. '是/이'자의 약체는 이 구결에서는 초서체의 앞부분을 딴 '刂'자가 쓰이고 있으나 후대의 구결에서는 해서체의 뒷부분을 딴 '乀'자가 쓰이고 있어서 차이를 보인다. 이러한 약체자 가운데는 오랜 동안 사용되어 오는 동안에 그 正字와의 관계가 끊어져 기원을 알 수 없는 자형도 간혹 있지만 대체로는 위에서 설명한 원칙과 문맥, 그리고 후대의 구결에 쓰인 것을 참고하면 그 정자를 추정할 수 있다. 이에 따라 (B)의 구에 쓰인 약체자를 정자로 옮기면 다음 (C)와 같이 된다.

(C) 復爲隱 他方叱 量乎音 可叱爲隱 不知是飛叱 衆 有叱在彌

밑줄을 그은 부분이 기입토의 약체자를 정자로 옮긴 것이다.

이 토는 국어의 조사나 어미를 나타내고 때로는 앞의 말의 말음을 첨기한 것도 있다. '有叱在彌'의 '叱'이 有의 訓 '잇-'의 말음 'ㅅ'을 첨기한 것이다.

이와 같이 토가 문법적 기능어들이나 말음첨기를 나타내기 때문에 이를 표기한 차자들은 假字(표음자)가 주로 쓰인다. 이에 반하여 한문의 본래의 구성소들은 讀字(표의자)가 된다. 따라서 석독구결의 토를 정자로 고쳐 놓으면 이를 표기한 구조는

讀字(表意字) + 假字(表音字)

의 구조가 된다. 이 구조는 향찰의 표기구조와 일치하는 것이다. 일례로 처용가의 다음과 같은 구를 보면,

東京 明期 月良 夜入伊 遊行如可

에서 밑줄을 긋지 않은 부분은 讀字이고 밑줄을 그은 부분이 假字인데 이를 간략하게 표시하면 어절의 표기구조는 '讀字 + 假字'가 되어 석독구결의 토를 정자로 바꿔 놓은 구조와 일치한다.

(C)의 구를 표기한 글자들의 用字法을 보면 다음과 같이 분류할 수 있다.

音讀字: 他方,　　量,　　　衆
訓讀字: 復/또,　不/안,　有/잇,　可/짓,　爲/ᄒᆞ-.
音假字: 隱/ㄴ,　叱/ㅅ,　乎/호,　音/ㅁ,　矢/디,　彌/며.
訓假字: 是/이,　飛/ᄂᆞ,　在/겨.

이에 따라 (C)를 한글표기로 옮겨 적으면 다음 (D)와 같이 된다.[47]

(D) 또혼　他方ㅅ　量홈　짓혼　안디이놋　衆　잇겨며.

여기 나타난 '짓혼', '안디이놋', '잇겨며'와 같은 표현은 15세기의 문법에는 나타나지 않는 것이어서 이 구결이 15세기보다는 훨씬 앞선 시기에 이루어진 것임을 보여주는 것이다.

15세기 이후의 구결자료에서는 順讀口訣과 釋讀口訣의 잔영이 함께

---

47 拙稿(1986), 舊譯仁王經의 口訣에 대하여, 『國語學新研究』(若泉金敏洙教授華甲紀念), 塔出版社 참조.

쓰인 것을 발견할 수 있다. 이 석독구결은 대체로 간경도감의 불경언해에서 언해부분을 참고하여 표시한 것이 대부분인데, 여기에는 한문의 어순을 표시하는 '一, 二, 三, 三(四), 三(五), 六 또는 ' '과 같이 한문의 어순을 표시하는 부호가 쓰인 것을 발견할 수 있다. 이러한 부호는 일본의 漢文訓讀法에서도 발견되는 것인데, 양국 간의 문화적인 교류를 감안하면 훈민정음이 창제되기 이전에는 舊譯仁王經口訣과는 계통을 달리하는 釋讀口訣이 또 있었을 것임을 추정케 한다.[48]

한문의 학습방법은 먼저 한문을 한자음대로 直讀을 한 다음 이를 우리말로 새기는 과정을 밟는 것이 고대부터의 방법이었을 것으로 생각된다. 한문의 새김이 석독구결로 발전한 것임은 앞에서 보아온 바이지만 漢文의 音讀(直讀)과 釋讀口訣이 융합되어 새로이 발달한 것이 順讀口訣이다. 이 구결은 한문을 음독해가면서 그 구두에 해당되는 곳에 우리말의 조사나 어미를 삽입하여 읽는 것이므로 한문을 順讀하면서 그 뜻을 바로 파악할 수 있을 뿐만 아니라 암송하는데도 효과적인 것이어서 석독구결보다는 한 차원 높은 수준에서 발달된 구결이다. 따라서 이 구결은 석독구결보다 후대에 발달한 구결로 보지 않을 수 없지만, 아직 그 정확한 발생 시기에 대한 의견은 구구하여, 삼국시대, 통일신라시대(설총), 고려시대 등의 견해가 있다. 이 가운데 석독구결과 한문직독의 융합이 순독구결을 발전시킨 것이라고 보면 그 시기는 고려에 들어와서도 상당 기간이 흐른 12세기경에 발달한 것으로 보아야 할 것이다.

현재 고려시대의 順讀口訣에 대해서 언급한 기록은 『世祖實錄』에

今禮曹 廣求本國先儒所定四書五經口訣 與鄭夢周詩口訣

---

48 이 글이 발표된 후 2000년 여름에 点吐釋讀口訣이 발굴되어 字吐釋讀口訣과는 계통이 다른 구결이 있음이 확인되었고 나아가서 日本의 漢文訓讀法과의 차이를 좁힐 수 있게 되었다.

이라 한 것이 가장 오래된 기록으로 생각된다.[49] 본국의 先儒가 정한 사서오경의 구결은 반드시 고려시대의 구결이라고 단정하기가 어렵지만 鄭夢周의 詩經口訣은 고려시대의 것이 틀림없으니 고려 말에 順讀口訣이 있었음은 분명하다 하겠다. 『增補文獻備考』에는 '우리나라의 經書口訣과 釋義는 中國에는 없는 것인데 薛聰에게서 始發하여 鄭圃隱(夢周), 權陽村(近)에서 이루어졌다'고 한 朴世采의 견해를 들어 놓았다.[50] 여기서의 구결은 鄭夢周와 權近의 경서구결을 말한 것으로 생각되고 釋義는 설총의 석독구결을 염두에 둔 것으로 생각된다.

순독구결이 고려 말에 있었음은 분명하지만 어느 시대까지 더 소급할 수 있을까는 쉽게 단정하기가 어렵다. 이 문제와 관련하여 설총의 업적에 대한 『帝王韻紀』의 설명은 특별한 의미를 갖는 것으로 생각된다. 『三國史記』에서는 설총의 업적에 대하여 '以方言讀九經, 訓導後生 至今學者宗之'라 했고 『三國遺事』에서는 이를 '以方音 通會華夷方俗物名 訓解六經文學 至今海東業明經者 傳受不絶'이라고 했던 것을 『帝王韻紀』에서는 '弘儒薛候製吏書 俗言鄕語通科隷'라고 하였다. 이 이후 설총은 訓解六經文學했다는 설은 없어지고 이두를 지었다는 설로 바뀌게 된다. 이와 같이 李承休에 와서 설총의 업적에 대한 해석이 달라진 것은 경서의 독법에 있어 큰 변화가 생긴 것에 유래하는 것으로 생각되는 것이다. 즉 李承休 이전에는 석독구결에 의한 독법이 주류를 이루다가 순독구결이 새로 발달하게 됨으로써 이러한 변화가 온 것으로 생각되는 것이다. 『帝王韻紀』는 忠烈王 때(1275~1308)에 간행된 것이니 13세기 후반에 儒家에서는 석독구결보다 순독구결이 우세하게 사용되었던 것이 아닌가 한다.

순독구결의 발달에 대한 간접적인 증거로 삼을 수 있는 것은 방언(우리말)으로 쓰인 문장을 한문으로 윤색·수정한 사실들이다. 이는 大覺國

---

49 『世祖實錄』 卷37, 24a.
50 『增補文獻備考』 卷243. 藝問攷二, 歷代著述 참조.

師 義天이 '義湘의 錐洞記와 道身章이 章句가 鄙野하고 雜以方言해서 後
代에 반드시 潤色해야 할 것이다'라고 한 데서 이미 나타나지만 錐洞記가
실제로 한문으로 윤색되기는 高宗 때 李藏用의 손에 의해서 이루어진다.
李奎報에 의하여 王輪寺丈六像靈驗收拾記가 한문화된 것도 역시 高宗 때
(1225)의 일이다. 羅代鄕言으로 되었다고 하는 五臺山寺迹을 閔漬가 한
문으로 수정한 것은 이보다 늦은 忠烈王 때(1307)이다. 均如의 記釋이 현
재 우리가 볼 수 있는 한문본으로 윤색된 것은 記釋에 따라 차이가 있긴
하지만 역시 高宗 때인 13세기 중엽부터이다. 均如에서부터 이 시기까지
이 記釋이 전해 내려온 과정을 一乘法界圖圓通記의 跋記를 통하여 보면
다음과 같다.

法界圖는 義湘祖師가 講述한 一乘妙旨로서 三十句偈를 포함한다. 이는
玄關의 영험한 열쇠이며 法海의 宗源이다. 옛 圓通首座 均如大師가 摩訶岬
藪의 白雲房에서 光宗朝 戊午(958) 7월에 法界圖文을 演說하였다. 副師는
靈眼法師이었고 重副師는 法凝法師였으며 記錄者는 國賢法師이었다.
그 후 辛丑 7月 日(1001年)에 金生寺住持 法瑢法師가 그 所說을 記寫하
여 大藏에 넣었다. 후에 尙州 勝長寺의 玄如法師가 毘摩邏方丈인 文莊스
님의 藏本에 의하여 二卷으로 飜譯(漢讀)하여 惠保라고 이름하였다. 이 記
釋은 興敎師의 學人 惠保가 展轉한 것을 記錄하였으니 玄如法師가 均如大
師의 廣說을 보지 못하였기 때문에 飜譯에 어긋남이 있었다. 壬寅歲(1242?)
에 金生寺住持인 首座 印元이 古藏에서 法瑢法師가 記寫한 이 記釋의 方
言本 한 권을 찾아내어 後進들에게 流轉시켰다. 般龍寺比丘 日幢이 二本을
詳校하여 上下卷으로 만들어 法界圖圓通記라고 이름하였다. 그 후 이 記釋
이 法要라는 이름으로 전하여졌다. 學者들이 다투어 찾고자 하나 다만 寫本
만이 있고 板本이 없으므로 널리 流轉시킬 수 없어 혹시 오래 전하지 못할
까 두려웠다. 이제 坐講闍利인 興王寺敎學이고 海印寺 住持이며 僧統인
天其가 諸德과 더불어 이 記釋을 詳定하여 三卷으로 만들어 임금의 制可를

받아 板을 새기어 廣布하니 奉福이 無窮하여라.

至元 24年(1287) 5月 日에 前摠郎 金晅用晦가 跋文을 짓고 金城寺住持
인 三重大師 永曇이 썼다. 大藏都監開板이다.

이 내용을 다시 정리하면 均如의 연설을 기록한 國賢法師의 글(958년)
과 그 후 金生寺大藏에 정리하여 넣은 法瑢法師의 글(1001년)은 우리말로
적은 것이었다. 뒤에 玄如法師가 漢譯한『惠保』는 어긋남이 있었는데 日
幢比丘가 法瑢法師의 방언본과 이 책을 詳校하여 만든『法界圖圓通記(法
要)』가 전하여졌었다. 그 후 天其[51] 등이 詳校하여 오늘날 우리가 볼 수
있는 모습으로 만든 것임을 알 수 있다.

이를 보면 大覺國師의 시대인 11세기 말까지는 석독구결을 바탕으로
하는 우리말의 표기가 활발했었을 것으로 추정되고 그 이후부터는 이들
의 漢譯化가 서서히 진행되다가 13세기경에는 이 漢譯化가 적극적으로
진행된 것임을 알 수 있다. 이러한 한역화는 한문의 보급에서 나왔고 한
문의 보급화에 따라 順讀口訣이 발달하여 한문보급을 더욱 촉진한 것으
로 보면 순독구결은 睿宗·仁宗 때인 12세기 전반기에는 발달되어 있었
던 것이 아닌가 한다.[52]

다음에는 순독구결이 불가와 유가 중에 어디서 먼저 발달했을까가 문
제로 제기된다. 그러나 고려시대에는 유·불 양가의 구별이 심하지 않았
던 때이므로 발달의 시초가 그 어느 쪽이라고 단정하기는 쉽지 않을 듯
하다. 일례로 崔冲의 文憲公徒는 매년 여름 歸法寺의 승방을 빌어 여름
공부를 하였다는 것이나 崔瀣(1287~1340)의 拙藁千百에서는 '우리나라
옛 풍속에 남자는 나이 어려서 반드시 스님을 따라 句讀를 익혔다'[53]고

---

51 天其는 현재 전하는 均如의 記釋을 大藏經補板에 漢譯 내지는 校正하여 넣은 장본인
이다.

52 초기의 順讀口訣은 釋讀口訣을 완전히 탈피하지 못하여 釋讀的인 요소를 다분히
지니고 있었던 것으로 보인다.

한 것을 보면 불가에서 먼저 발달했을 가능성을 배제할 수 없다. 그러나 순독구결은 科學를 위한 학습과 밀접한 관계가 있을 것으로 생각되므로 그 어느 쪽에서 먼저 발달하였다고 쉽게 단정하기는 어렵다.

고려시대의 순독구결은 고려시대의 간본들에서 확인하여 발굴해야 되겠으나 현재까지 확인된 것은 두 종류에 불과하다. 그 하나는 至大 2년(1309)에 간행된 家藏本의 楞嚴經이고 다른 하나는 崔怡의 誌記를 가진 南明集으로 1239년이나 그에서 멀지 않은 시기에 간행된 것으로 믿어지는 刊本이다. 楞嚴經의 구결은 14세기 초에 기입된 고려시대 구결이다. 차자는 약 80자 정도가 쓰였는데 대개는 약체자들이다. 이 가운데 특징적인 것만 몇 들어 보면 다음과 같다.

1) ㅌ(飛)/ᄂᆞ, ᄂᆞᆯ	2) ㅅ/드, ᄃᆞᆯ
3) 朩(等)/ᄃᆞ, ᄃᆞᆯ	4) ㅗ/자
5) 㐧(第)/자	6) 矢(知)/디
7) ケ(彌)/며	8) ㇏(是)/시
9) 所(所)/소	10) ㅏ(良)/아
11) ソ(亦)/여	12) ㄹ/이
13) 刂(是)/이	14) 尸/호
15) 十(中)/긔	

1)은 흔히 'ᄂᆞ'음 표기에 쓰이는 것이지만 이 구결에서는 'ᄂᆞᆯ'음 표기에도 적지 않게 쓰였다. 2)는 '드, ᄃᆞ, ᄃᆞᆯ'음 표기에 쓰이는데 '드'음 표기의 경우는 과거시제어미의 표기에도 사용되었다. 3)은 2)와 같은 음을 표기하는 等의 약체자로 이두문에서는 흔히 발견할 수 있는 차자이지만 구결

53 東方故俗 男子幼年 必從僧 習句讀, 『拙藁千百』 卷2, 故密直宰相閔公行狀. 黃浿江, 新羅鄕歌硏究, 『國文學論集』 7·8 合輯, 檀大國文科, 136면 참조.

에서는 처음 발견되는 것이다. 이 구결의 연대가 비교적 이른 시기의 것임을 말해 주는 차자의 하나다. 4)는 'ㆍ ㄴ ㅗ ㅓ/홀저긔'에만 사용된 것이다. ㅗ은 '저'음이나 '자'음을 나타내는 데 그렇게 읽히는 이유는 알 수 없다. 5)는 舊譯仁王經에 한번 쓰여 그 독음을 추정할 수 없었던 것인데 이 구결에 여러 번 쓰여 그 독법과 정자를 추정할 수 있게 된 것이다. 'ㅣ ㅣ ㅸ ㅓ/혼 저긔'에 쓰였는데 ㅸ는 第자의 초서체로 그 訓 '자히'에서 '자, 저'음의 표기에 쓰였다. 4)의 'ㅗ'과 같은 음을 나타낸다. 6)의 ㅊ는 地의 약체자 ㆍ와 수의적으로 교체되어 쓰였는데 舊譯仁王經口訣에서는 이 자형만이 쓰였다. ㆍ보다 先代의 차자를 이 구결이 사용하고 있음을 보여준다. 7)은 이 구결과 舊譯仁王經口訣(이하 舊仁)에서 사용된 것이다. 후대에는 같은 彌자의 약체자라도 ㅈ자가 사용되었다. 8)은 후대의 구결에서는 '이'음을 표기하는 것인데 이 구결에서는 '시'음의 표기에 자주 쓰였다. 동일한 '是'자에서 따온 13)의 'ㅔ'가 '이'음을 나타내는데 이것은 석독구결에서 써 오던 것이다. 'ㅔ /이'는 15세기 초까지도 사용되었으나 'ㅔ(利)/리'에 밀려 없어지게 되었다. 9)는 그 용례가 드문데 15세기에도 사용된 차자이다. 10)은 '아'음을 표시하는 것으로 '良'의 뒷부분을 딴 것이다. 그 초서체의 앞부분을 딴 'ㅎ'와 함께 쓰였는데, 이 구결에서만 볼 수 있는 자형이다. 11)은 亦자의 뒷부분을 딴 것으로 그 앞부분을 딴 'ㅡ'자와 함께 쓰였다. 이 구결에서 처음 보는 자형이다. 12)의 ㄷ도 이 구결에서 처음 사용된 것으로 계사 '이'음의 표기에 주로 쓰였다. 14)는 'ㄹ/호'로도 쓰였다. 흔히 'ㅣ(乎)'자가 쓰이는데 이 차자가 쓰인 것은 드문 예이다. 15)는 '中'자의 초서체에서 단순화된 것으로 舊譯仁王經口訣의 그것과 일치하는 자형이다.

이들 자형들은 비교적 이른 시기의 구결의 모습을 보여주는 것이어서 舊譯仁王經口訣에 연대적으로 가장 가까운 모습을 보여 준다.

이 구결에 사용된 토 역시 15세기 국어로는 설명하기 어려운 형태들을 많이 보여 준다. 몇 예만 열거하면 다음과 같다.

ㅋ ㄷ ㅣ(衣叱多)/읫다

ソ ㅗ 소 ㄷ ㅣ(爲亦舍叱多)/ᄒᆞ여샷다

ソ ㄱ ㅗ 十(爲隱亦中)/ᄒᆞᆫ여긔

ソ ㅈ ㄱ 月 ㅗ(爲奴隱月亦)/ᄒᆞ논ᄃᆞ녀

ソ 乙 上 十(爲乙上中)/ᄒᆞᆯ저긔

ノ 乙 ㅈ 十(乎乙第中)/홀저긔

ソ ㅅ ㅎ(爲彌兮)/ᄒᆞ며히

ㅏ ㄴ ㄴ(戶尼尼)/호니니

이들의 기능에 대한 구체적인 논의가 앞으로 진행되면 고려시대 국어의 문법을 밝히는데 공헌하게 될 것이다.

이 구결은 순독구결이면서 석독구결의 잔영을 보여준다. 'ㅅ ㄱ(羅隱)/란'은 이두문에서 '乙良'으로 쓰이던 것인데 이 구결에서도 자주 나타난다.

前ㅅ 責以動ㅡ 爲身ソㅅ 以動爲境<u>ㄹ ㅅ則 ㄱ</u> 身心眞妄乙 未辯虛實ソㅅ(卷2, 1a)

여기에 쓰인 'ㄹ ㅅ則 ㄱ'은 '이란'으로 읽히는 것으로 원문의 '則'은 읽지 않는 不讀字임을 보여주는 예이다. 이와 같은 예로 'ㅅ者 ㄱ'이 있다.

四義ヽ 成就ㅊㄴ 汝復應知<u>ㅅ者 ㄱ</u> 結成上義ソㅅ 復起下文也ノㄴㅅ(卷2, 11)

여기서의 'ㅅ者 ㄱ'도 '(이)란'으로 읽히는 것으로 역시 원문의 '者'는 읽히지 않는 不讀字가 된다. 이들 '則'과 '者'는 석독구결에서도 不讀字로 현토되지 않는 것이다. 석독구결의 영향이 순독구결이 발달하는 초기에 미쳤었음을 보여주는 단적인 예이다.

고려판 남명집의 구결은 14세기의 것으로 추정되고 있다.[54] 차자는 모두 57자가 쓰였는데 다른 자료에서 전혀 발견되지 않는 것도 있다. 이는 '火/ㅂ'와 같은 음을 나타내는 것임은 분명하나 그 정자의 추정은 매우 어렵다. 토 가운데 고려시대에만 쓰인 문법을 보여주는 것은 다음과 같다.

1) ノ1ㅡ(乎隱亦)/혼여

2) ノヒㅡ(乎尼亦)/호니여

3) ᄯ厼1ㅅㅡ(爲舍隱入亦)/ㅎ샨ᄃ녀

4) ᄯ乙1(爲乙隱)/홀ᄋ

5) ᄯ乙ㅡ1(爲乙亦多)/홀여다

6) ᄯ1ᄽ(爲隱以)/혼ᄋ로

7) ᄯヒノ1(爲尼乎隱)/ㅎ니 혼

8) ᄯス彡(爲彌ㅎ)/ㅎ며히

이들에 대한 연구는 앞으로 고려시대의 문법을 연구하는데 기여하게 될 것이다.

3) 鄕札

향찰은 오늘날의 우리에겐 매우 익숙해진 용어이지만 문헌상으로는 『均如傳』의 崔行歸 序文에 오직 한 번 쓰인 용어이다.

唐文은 帝網이 交羅한 것과 같아서 우리나라에서 쉽게 읽지만, 鄕札은 梵書를 連布한 것과 같아서 저 나라에서는 알기가 어렵다.

---

54 金斗燦(1987), 「高麗版 南明集의 口訣硏究」, 檀國大大學院 참조.

이 글의 문맥으로 보아 향찰은 한문(唐文)에 대한 우리글이란 뜻으로 쓰였지만 현재는 '鄕歌'와 같이 우리말을 전면적으로 표기한 글'이란 뜻으로 쓰이고 있다. 전면적인 우리말의 표기라 하더라도 향찰은 차자표기이니만치 한글과 같이 완벽하게 우리말을 표기하는 단계에까지 발전하지는 못하였다. 그리하여 전면적이란 표현에도 정도의 차이가 있어서 한글 표기 정도의 완벽한 우리말의 표기에서부터 표의자들만을 우리말의 어순으로 배열하는 표기에 이르기까지 여러 단계가 있을 수 있다.[55]

향찰의 범위를 어떻게 잡는가 하는 것도 아직 定論이 선 것은 아니다. 향가의 표기문자가 향찰이란 데는 異論이 있을 수 없으나 均如의 方言本 '圓通記'가 향찰이란 견해가 일찍부터 있어 왔으며,[56] 鄕藥救急方의 鄕名 表記도 향찰표기의 계통을 이은 것으로 본 견해가 있다.[57] 실용적인 산문의 표기인 吏讀文을 제외한 우리말의 의사표현방식을 통틀어 鄕札이라고 하는 것이 온당할 것이다.

고려시대의 향찰은 신라시대의 그것을 계승하여 그 前半期에는 문어 생활에서 큰 비중을 차지하였던 것을 확인할 수 있다.

均如의 향가는 현재 普賢十願歌 11수만이 전하지만, 이밖에도 그의 시가가 더 있었음을 알려 주는 기록이 있다. 均如의 十句章圓通記의 跋文을 보면 이 글은 본래 모두 방언에다 古訓이고 歌草로 베꼈던 것인데 후세에 歌草한 글이 없어져 그 뜻을 알기가 어렵게 되었다고 하였다. 여기서 歌草한 글이란 普賢十願歌와 같이 경전의 내용을 노래로 쉽게 풀이한 향찰표기로 생각된다. 현재 전하고 있는 均如의 圓通記들은 均如의 講說을 그의 제자들이 기록한 방언본이었다. 이는 석독구결을 위주로 한 기록물로 생각되지만 총체적으로는 향찰에 속하는 글이다. 大覺國師가 지

---

55 鄕歌 가운데서 表意字들만을 우리말의 語順으로 배열한 예는 '身語意業無疲厭'(禮敬諸佛歌), '衆生界盡我懺盡'(懺悔業障歌) 등을 들 수 있다.

56 染在淵(1959), 均如大師硏究, 『中央大論文集』 4 참조.

57 拙著(1981), 『借字表記法硏究』, 檀大出版部 참조.

적한 梵雲, 眞派, 靈潤등의 글도 이러한 방언본으로 보면 이 시대의 향찰 표기는 크게 유행하고 있었던 것으로 보아 틀림이 없다.

蔡忠順이 쓴 玄化寺碑陰記(1022년)도 같은 사실을 말하여 준다. 顯宗이 玄化寺를 창건하고 考妣 二親의 眞影을 안치하게 되었을 때, 왕이 군신과 더불어 漢詩로 讚을 지어 板寫하여 붙임과 아울러 친히 지은 鄕風體歌와 11인의 신하가 지은 慶讚詩腦歌도 板寫하여 붙였다는 사실이 그것이다. 왕의 鄕風體歌와 11인의 慶讚詩腦歌는 향찰표기법으로 기록되었다고 보지 않을 수 없는 것으로 佛僧이 아닌 조정의 군신이 향찰을 사용한 것을 말하여 주는 것이다. 이는 鄕札表記法이 高麗의 知識人들 사이에서 보편적으로 사용되고 있었음을 말하여 주는 것이다.

睿宗이 그 15년(1120) 西京의 八關會에서 申崇謙과 金樂의 假像을 보고 그 충절에 감복하여 지었다는 悼二將歌가 향찰로 기록되어 현재 전하고 있거니와 이는 12세기 초에 향찰이 사용된 실례를 보여주는 것이다. 毅宗 때 鄭敍가 지은 鄭瓜亭曲은 현재 『樂學軌範』에 한글로 실려 전하는 것이지만 이 노래가 十句體 鄕歌의 형식을 취했다는 점에서 보면 본래는 향찰로 기록되었던 것임을 추정할 수 있다. 이는 12세기 후반의 일이다.

王輪寺丈六像靈驗修拾記는 李奎報가 1225년에 쓴 것이다. 본래 이 靈驗遺記는 모두 方言俚語로 쓰여졌던 것을 相國淸河崔公(崔瑀)의 명을 받아 李奎報가 한문으로 고친 것이다. 이 丈六像은 997년에 조성된 것이라 하니 이 靈驗遺記는 10세기와 13세기 사이에 쓰여진 것이다. 여기서는 李奎報와 崔瑀가 모두 이 方言俚語로 쓰인 내용을 읽고 이해하였다는 점도 중요하다.[58] 李奎報의 南行月日記를 보면, 列郡의 풍토와 산천의 形勝이 기록할 만한 것인데, 창졸간에 歌詠으로 나타내지 못할 경우에는 이를 간략하게 短牋・片簡에 쓰되 方言과 俗言을 섞어 쓰기도 하였다고 하였다.[59] 이러한 備忘에 쓰인 방언속언이 어떠한 표기법이었는지 단언하

<hr/>

58 『東國李相國全集』 卷25, 1 이하 참조.

기는 어려우나 앞의 靈驗遺記를 해득할 수 있었다는 사실과 함께 생각해 보면 그도 향찰표기에 익숙해 있었다고 보아야 할 것이다.

鄕藥救急方은 13세기 중엽 大藏都監에서 간행한 것이다. 그 향명표기는 비록 단편적인 단어의 표기이지만 향찰표기의 일종이다. 13세기 말에는 『三國遺事』가 편찬되었다. 여기에는 羅代의 향가와 방언에 관한 기록들이 실려 있다. 이 향가는 당시에도 부분적으로는 난해한 곳이 있었을 것이나 編者 一然은 그 내용을 거의 다 파악하고 실었던 것이다. 一然이 향찰을 사용할 줄 아는 지식인이었음을 의심할 수는 없을 것이다. 五臺山寺迹에 붙인 閔漬의 跋文은 1307년에 쓰여진 것이다. 이 五臺山의 古稽가 모두 羅代鄕言으로 되어 있던 것을 沙門의 請을 받아 漢譯하였다는 사실을 밝히고 있다. 그렇다면 14세기 초에도 羅代鄕言으로 된 향찰을 해독할 수 있었음을 말하여 주는 것이다.

13세기 후반 이후 향찰로 글을 지었다는 직접적인 기록은 확인되지 않으나 당시인들이 향찰을 해독할 수 있었다는 사실은 향찰표기법이 이 시대까지 지속적으로 지식인들 사이에 계승되고 있었음을 말하여 주는 것이다. 그러나 13세기에 접어들면서 차자표기법이 전반적으로 한문에 압도되어 그 사용영역이 축소되어 갔음은 앞에서 이미 언급한 바와 같다.

고려 초에서부터 고려 말까지 향찰이 지속적으로 사용되어 왔지만 현재 고려시대의 향찰자료는 극히 적은 양만이 전한다. 均如의 普賢十願歌 11수, 睿宗의 悼二將歌 1수, 그리고 鄕藥救急方의 향명표기가 그것이다. 『三國遺事』의 향가는 신라시대의 향찰로 보아야 하고 景幾何如歌도 향찰로는 볼 수 있으나 우리말의 표기는 다른 향찰표기법에 나타나는 것에 비하여 그 양이 극히 적다.

이제 普賢十願歌와 鄕藥救急方의 향명표기를 중심으로 향찰표기법의 특징을 살펴보기로 하자. 먼저 普賢十願歌에서 禮敬諸佛歌의 첫 구절의

---

59 『東國李相國全集』 卷23, 7 이하 참조.

표기를 보면 다음과 같다.

心未 筆留 慕呂白乎隱 佛體 前衣

이는 어절별로 띄어 쓰고 假字(表音字)로 표기된 곳에는 밑줄을 그은 것이다. 각 어절을 단위로 하여 그 독법을 검토하면 다음과 같다.

'心未'에서 '心'은 훈독자로 'ᄆᆞᅀᆞᆷ'으로 읽힌다. '未'는 음가자로 '미, 믜'로 읽힌다. '미'의 'ㅁ'은 '心(ᄆᆞᅀᆞᆷ)'의 말음을 첨기한 것이고 '의'는 속격조사이다. 따라서 '心未'는 'ᄆᆞᅀᆞᆷ + 믜'로 표기되었으나 읽으면 'ᄆᆞᅀᆞ미'가 된다.

'筆留'의 '筆'은 훈독자로서 '붇'으로 읽히고 '留'는 음가자로서 '로'로 읽힌다. '留/로'는 조격조사로서 매개모음 '으'를 취하는 것이지만 향찰에서는 이의 표기를 생략하므로 '筆留'는 '붇으로'로 읽힌다.

'慕呂白乎隱'의 '慕'는 擬訓讀字로서 '그리-'로 읽히는데 '畫'의 뜻을 나타낸다. '呂'는 음가자로서 '그리-'의 말음을 첨기한 것이다. '白'은 훈독자로서 'ᄉᆞᆲ'으로 읽히는데 15세기의 겸양법어미 'ᄉᆞᆸ'에 해당되지만 이 시대에는 조동사로 쓰인 것이다. '乎'와 '隱'은 모두 음가자로서 '오'와 'ㄴ'음을 나타낸다. 따라서 이 어절은 '그리ᄉᆞᆲ온'으로 읽힌다.

'佛體'에서 佛은 훈독자로 '부텨'로 읽히고 體는 음가자로 '佛/부텨'의 말음을 첨기한 것이므로 佛體는 '부텨'로 읽힌다.

'前衣'의 前은 훈독자인지 음독자인지 분명하지 않으나 讀字(表意字)인 것만은 분명하다. 훈독자로 읽으면 '앒'이 된다. '衣'는 음가자로 '의'로 읽히므로 '前衣'는 '앒의'로 읽을 수 있다. '의'는 처격조사이다.

이와 같이 이 구절을 어절을 단위로 하여 읽으면 '讀字(表意) + 假字(表音字)'의 구조로 표기된 것을 알 수 있다. 이를 석독구결과 대비하여 보면 讀字 부분은 한문의 원문에 해당하고 假字 부분은 토에 해당하는 것을 알 수 있다. 실제로 假字들은 석독구결의 토표기에 사용하는 차자와 일치하고 있다. 이로 보면 독해의 수단으로 사용하던 釋讀口訣을 표현의 수단으로 응용한 것이 鄕札임을 알 수 있다.

어절을 단위로 하여 '讀字 + 假字'의 구조로 표기하는 것이 향찰표기의 주류를 이루는 표기법이지만, 향찰표기가 이 표기법만으로 일관하는 것은 아니다. 假字만으로 한 어절을 이루도록 표기하는 예도 普賢十願歌에는 적지 않게 나타난다.

比良 夫作 沙毛叱等耶 / 이아 부질 사못돈야(이에 떳떳함을 삼았네. (禮敬諸佛歌))

에서 '夫作', '沙毛叱等耶' 등이 그러한 표기이다. 이밖에도

逸留去耶(廣修供養歌)

伊於衣波(廣修供養歌)

毛叱所只(隨喜功德歌)

於內(隨喜功德歌)

毛冬(請轉法輪歌)

烏乙反隱(請轉法輪歌)

居得 丘物叱邱物叱(恒順衆生歌)

沙音賜焉逸良(恒順衆生歌)

仁伊而也(總結無盡歌)

于音毛(總結無盡歌)

등이 더 있다. 이러한 표기들 가운데는 해독하기 어려운 경우도 여럿 있다. 또

衆生界盡 我懺盡(懺悔業障歌)

은 음독자들을 우리말의 순서로 배열한 것으로 삼국시대부터 이어져 내려오는 표현법이며 표기법이다.

皆佛體置(常隨佛學歌)
皆吾衣修孫(普皆廻向歌)

의 '皆'는 '모둔'으로 읽히는 것이어서 '皆隱'으로 표기되어야 할 것인데 假字 '隱'의 표기가 생략되어 훈독자만을 나열하는 표기가 되었다. 이러한 표기도 향찰표기법의 하나이다.

이와 같이 보면 향찰표기법은 '讀字 + 假字'의 표기구조가 주류를 이루지만 假字만으로의 표기, 음독자만으로의 표기, 훈독자만으로의 표기들이 혼합된 표기임을 알 수 있다. 이러한 표기법은 삼국시대에서부터 발달한 여러 표기법이 향찰표기에서 융합된 것임을 말하여 주는 것이다. 13세기 중엽에 표기된 鄕藥救急方의 향명표기에서도 이와 같은 여러 표기법을 찾아볼 수 있다.[60]

(1) 訓讀字 + 假字

蛇音置良只菜實/ㅂ얌두러기ㄴ몰삐(蛇床子)
鳥伊麻/새삼(菟絲子)
楊等柒/버들옷(大戟)
影亇伊汝乙伊/그르메너흘이(蠷螋)

밑줄을 그은 차자가 앞의 훈독자의 말음을 첨기한 차자들이다.

---

60 拙著(1981), 『借字表記法硏究』, 檀大出版社, 235~251면 참조.

鷄矣碧叱/닭의볏(鷄冠)

狼矣牙/일히의엄(狼牙)

魚矣食/고기의밥(浮萍)

등은 훈독자에 속격을 나타내는 음가자가 연결된 것으로 '訓讀字 + 假字'
의 일반적인 표기구조를 보여주는 것이다.

(2) 假字만의 표기

所乙/솔(丹毒)

包來/보리(大麥)

道羅次/도랏(桔梗)

伊屹烏音/이흘옴(通草)

加火左只/더블자기(菌蔯蒿)

升古亇伊/됫고마리(蒼耳)

향약구급방에서 이 표기는 비교적 많이 쓰였다. 이 경우 음가자와 훈
가자의 구별은 의식하지 않고 사용된다.

(3) 音讀字만의 표기

犳尾草(威靈仙)

蛇脫皮(蛇蛻)

朝生暮落花子(牽牛子)

등이 있다. 비교적 사용빈도가 낮다. 이 경우 음독자의 어순은 국어의
어순이다.

(4) 訓讀字만의 표기

狄小豆/되퐂(決明子)

蛇避草/ㅂ얌두러기플(芎藭)

苽茱/외ᄂ물(地楡)

馬尿木/믈오좀나모(蒴藋)

精朾草/솝서근플(黃芩)

水靑木皮/믈프레나모거플(秦皮)

이 표기는 비교적 많이 사용되었다. 현재 전하고 있는 향가의 표기에서는 이 예가 적게 나타나지만, 향가표기의 초기 단계에서는 이러한 표기가 많이 사용되었을 것으로 추측된다.

이상의 네 가지 표기법이 융합된 향찰표기법은 이미 신라시대부터 쓰여 왔던 것으로 고려시대에도 그대로 계승되었던 것이다. 그러나 후대로 내려오면서 한문이 보급되고 석독구결이 쇠퇴해 가자 따라서 쇠퇴하여 고려 말경에는 이 표기법이 담당했던 영역은 좁았던 것으로 믿어진다.

4) 吏讀

이두란 용어는 광의와 협의의 두 개념으로 쓰여 왔다. 광의의 이두는 차자표기 전반을 가리키는 것으로 한자를 빌어 우리말을 표기하는 문자라는 개념으로 쓰인다. 협의의 이두는 차자표기 가운데 실용적인 산문, 즉 이두문에 쓰인 우리말을 가리킨다. 여기서는 협의의 개념으로 쓴 것이다. 이두문은 행정문서에 주로 쓰였지만 민간에서도 매매문서, 서간, 조성기, 발원문 등에 널리 쓰였다.

이두란 용어는 조선왕조 초기의 기록에 비로소 나타난 것이고 고려시대의 기록에서는 『帝王韻紀』에 吏書라고 한 것이 유일한 것이다. 이서와 이두는 용어상의 차이는 있지만 그 기원을 모두 설총에게 두고 있는 점

에서는 같다. 따라서 『帝王韻紀』가 쓰여진 忠烈王 때에는 이미 이두라는
개념이 성립되어 있었다고 보아야 할 것이다.

이와 같이 이두라는 용어는 후대에 성립되었다고 하더라도 그 기원은
멀리 삼국시대까지 올라간다. 이두표기의 초기적인 형태가 삼국시대의
금석문에 자주 나타나고 신라통일 후에는 이 형태에 吐表記가 응용되어
보다 정밀하게 우리말을 표기할 수 있는 표기법으로 발전한 것을 볼 수
있다. 고려시대의 이두는 신라시대의 이두를 계승하였으나 우리말의 표
기를 한층 정확하게 표기할 수 있는 표기법으로 발전하였다.

고려시대의 기록 가운데서 이두에 대해 말해 주는 것은 『帝王韻紀』에
서 吏書를 설총이 제작했다는 설 이외에는 별로 없다. 다만 成宗 6년
(987) 8월에 '李夢游에게 명하여 中外의 奏狀과 行移公文式을 詳定케 하
였다[61]는 기록은 주목할 만하다. 이 당시의 공문서는 대개 이두로 기록
된 것으로 믿어지기 때문이다. 이 기록은 고려시대 문서양식이 이때에
와서 틀이 잡혔음을 말하는 것이다.

고려시대의 이두자료로서 현재 전하는 것은 56점이 알려져 있다.[62] 이
들은 금석문, 고문서등과 후대의 刊本이나 寫本에 실려 전하는 것으로
작성연대가 분명한 것이 43점이나 된다. 양적으로 풍부하다고는 할 수
없어도 고려 초에서부터 말기까지 걸쳐 있기 때문에 그 발달사를 조감할
수 있게 해 준다. 이는 차자표기법의 발달을 이해하는 데도 이바지할 수
있는 것이다.

이 자료 가운데 대표적인 것 몇을 뽑아 검토하여 보기로 한다.

醴泉鳴鳳寺의 慈寂禪師凌雲塔碑陰記는 941년(太祖 24)에 쓰여진 것으
로 고려시대의 이두 가운데서는 가장 이른 것이다. 都評省에서 洪俊和尙

---

61 乙卯 命李蒙游 詳定中外奏狀及行移公文式. 『高麗史』 卷3, 10b.

62 李丞宰(1989), 『高麗時代의 吏讀에 대한 研究』, 서울大大學院 博士學位論文, 10~12
면 참조.

衆徒의 右法師에게 내린 첩문에 근거하여 이 사찰(鳴鳳寺)을 조성한 경위를 기록한 것이다. 따라서 이 碑陰記는 우선 고려 초기의 국가공문서의 하나인 첩문의 양식을 보여준다는 점에서 중요하다. 이 이두문의 내용을 단락을 지어 보이면 다음과 같다.

(A) 都評省帖洪俊和尙右法師

(B) 師矣 啓以 僧矣段 赤牙縣 □山中 新處所 元 聞爲 成造爲內臥亦在之
白賜

(C) 縣以 入京爲 使臥 金達舍 進置 右寺原 問內乎矣 大山是在以 別地主
無亦 在彌 衆矣 白賜臥乎 皃如 加知谷 寺谷中 入 成造爲賜臥亦之
白臥乎 味 及白 節中

(D) 敎旨 然丁 戶丁矣 地段(?) 知事者 國家大福處爲 成造爲 使賜爲 敎

(E) 天福四年歲次己亥八月一日 省史臣光

(F) 五年辛丑八月卄一日 允 國家以 山院名 幷 十四郡縣契乙 用 成造令
賜之[63]

(A)에서 (E)까지가 사찰을 짓도록 하라는 내용을 담은 첩문이고 (F)는 이를 근거로 절을 짓게 된 경위를 추가로 적은 것이다. (A)는 이러한 문서에서 제목과 같은 성격을 띠는 것으로 첩문을 내리는 주체와 이를 받는 대상을 밝힌 것이다. (B)는 (D)에서 교지(판결)를 내리는 근거를 밝힌 것으로 右法師가 縣에 所志를 올린 내용이다. (C)는 縣에서 (B)의 所志를 받고 그 내용과 함께 縣의 의견을 덧붙여 중앙관서에 보고한 내용이다. (D)가 (B), (C)에 근거하여 왕이 교지를 즉, 판결을 내린 내용이다. (E)는 교지를 내린 연월일과 문서출납의 담당자를 밝힌 것이다.

---

63 이 吏讀文의 判讀은 拙稿(1976), 高麗初期의 帖文 - 慈寂禪師凌雲塔碑陰銘과 吏讀,
『국어국문학』 72・73호 참조

이러한 문서양식은 신라의 그것을 계승한 것으로 생각되지만 이 계통의 신라문서가 현재 전하는 것이 없어 구체적으로 비교하여 볼 수 없는 것이 유감이다.

이 이두문의 어순은 제목에 해당하는 (A)만이 한문의 어순이고 (B)이하는 완전히 국어의 어순이다. 밑줄을 그은 부분이 吐인데 이를 제외하면 모두 讀字(表意字)들이다. 행정적인 이두문이므로 음독자가 많이 쓰였지만 훈독자들도 적지 않게 쓰였다. 훈독자를 앞에서부터 차례로 열거하면 다음과 같다.

元/비릇	使/브리-	進/낫-
白/숣-	無/없-	皃/짓
問/묻-	味/맛	及/밋-
入/들-	幷/아ᄫ로	用/ᄡ-
節/디위	在/겨-	

이들 가운데 '元, 在, 白, 使, 節, 幷'은 신라시대부터 사용되어 후대에까지 계승된 것이고 '皃, 味, 用'은 여기에 처음 나타난 것으로 후대의 이두문에 자주 쓰인 것이다. 이들도 신라시대부터 쓰였을 가능성이 매우 높은 것으로 믿어진다.

吐에 쓰인 격조사는 다음과 같다.

矣/의(속격)	乙/(으)ㄹ(대격)
中/긔(처격)	以/(으)로(조격)

이 가운데 속격조사와 대격조사는 신라시대 이두에서는 발견되지 않던 것이 여기에 처음 나타난 것이다. 그만큼 이 시대의 이두문의 토표기가 신라시대보다 정밀해진 것이다.

어미의 표기에 있어서도 신라시대보다 훨씬 정밀해진 것을 확인할 수 있다. 일례로 신라시대의 이두문 가운데서 토표기가 긴 것은 竅興寺鍾銘(856)의 '願爲內米者/願ᄒᆞᆫ안든'의 4자와 '成內飛也/일이아ᄂᆞ다'의 3자가 고작이었다. 이에 비하여 이 이두문에 쓰인 '成造爲內臥乎亦在之'는 7자이고 '成造爲賜臥亦之'는 5자나 된다. 이러한 토의 길이가 절대적인 척도라고 할 수는 없다 하더라도 토표기에 있어 정밀도가 신라시대보다 높아진 것은 부정하기 어렵다. 그러나 토표기가 정밀해졌다 하더라도 필요한 어미를 완벽하게 모두 표기한 것은 아니다. 훈독자 '入'과 '用'은 접속어미를 취하는 것으로 후대의 이두나 향찰에서는 '良(아/어)'를 현토하였었다. '幷'도 '以(로)'를 현토해야 할 것이다. 이들은 생략하여도 쉽게 재생하여 읽을 수 있는 것이기는 하나, 이들이 생략됨으로써 '寺谷中入成造', '山院名幷十四郡縣契'와 같은 표기가 됨으로써 결과적으로 '讀字 + 讀字'의 표기구조가 되어 초기적인 이두문의 표기형태가 되었다. 이것은 접속어미의 표기가 이두에서는 아직 발달하지 않았기 때문에 나타난 현상이라고 생각되는데 이는 신라시대의 이두에서 고려시대 이두로 넘어오는 과도기적 현상일 것으로 생각된다. 이 이두문에서 과도기적 현상을 보여주는 또 다른 예가 '之'자의 쓰임이다. 이 차자는 삼국시대의 이두문에 이미 쓰이기 시작하여 신라 말까지 자주 사용된 것이다. 이는 '也', '矣'자와 교체되어 사용된 것으로 국어의 종결어미 '-다(-이라)'를 표기한 것이다. 고려시대에는 이 이두문과 星州石佛坐像背銘(967)에 쓰이고 자취를 감추었는데 이는 成宗 6년(987)에 '李夢游에게 명하여 公文書式을 詳定'한 결과이다.

若木淨兜寺五層石塔造成記는 1031년(顯宗 22)에 쓰여진 문서이다. 11세기의 이두자료로서는 가장 풍부한 내용을 담고 있는 조성기이다. 이 문서는 조탑기이므로 다음과 같은 양식을 갖추고 있다.

(A) 제목

(B) 발원자와 발원내용

(C) 造塔 經緯

(D) 施主들과 시주내역

(E) 造塔 任員의 명단

이러한 양식은 신라시대의 불가조성기에서부터 이어져 내려오는 것이다. 다만 그 배열순서나 내용기술의 精細함에 있어 차이가 있다. 이 조성기는 기술의 정세함에 있어 그 어느 것보다도 뛰어나 풍부한 내용을 보여주어 가치가 크다.

이 조성기의 제목은 초기적 이두문의 형태를 띠고 있다. 특히

高麗國 尙州界 知京山府事 任若木郡內 巽方在 淨兜寺 造塔 形止記

에서 巽方在(巽方에 있는)의 在자의 위치가 우리말의 어순으로 두드러진 것이다. 이는 음독자를 우리말의 어순으로 배열한 것으로 초기적 이두문에서부터 이어져 내려온 것이다.

발원문은 신라시대에는 대체로 이두문으로 표현하던 것인데 여기서는 한문의 문체를 위주로 하고 있다. 비교적 긴 문장인데 일부만 소개하면 다음과 같다.

長吏等賴此妙因 憑斯善事 災殃不染 福壽增長 處處同歡 人人樂業 隣兵電滅 上國益安 百穀豊登 萬民和泰

(C)가 전형적인 이두문으로 근 800자에 가까운 긴 글이다. 이 글 가운데는

遷世爲/ᄒ-	修善僧	繼願成畢爲/ᄒ-
勸善爲/ᄒ-	隨願僧俗	

등과 같이 한문의 어순에 따른 구조가 쓰였다. 그러나 이들은 차용어(외래어)로 볼 수 있으므로 이 이두문은 전반적으로 국어의 어순에 의하여 표현된 것이다.

훈독자들도 비교적 많이 쓰였다.

成是/일이-	不得/몯실	事/일
幷以/아ᄇ로	白/ᄉᆞᆲ-	元/비릇
石/돌ᇂ	了兮/못히-	用良/쓰아
審是/술피-	有/잇-	味/맛
處/곧	追乎/좇오-	立是/세-
令是/ᄒᆞ이-	陪白/모리ᄉᆞᆲ-	邀是/뫼-
順可只/좇옴직	至兮/니를히	加于/더욱
右/오힌		

등이 그것이다. 이 가운데는 말음을 첨기한 차자로 '是/이', '兮/히', '以/로', '只/기'가 보인다. 말음첨기는 이미 8세기의 이두문에 보이기는 하나 그 후의 이두문에서는 발견되지 않던 것이다. 앞의 慈寂禪師凌雲塔碑陰記도 말음첨기가 나타남직한 예들이 있었으나 쓰이지 않다가 이 조성기에 와서 비교적 많은 예가 나타난 것이다.

격조사에 있어서도 앞의 慈寂禪師碑陰記에 나타난 '矣/의(속격), 乙/ㄹ (대격), 中/긔(처격), 以/로(조격)' 외에 '亦/이(주격), 之/ㅅ(무정물의 속격)'가 나타나고 처격은 '良中/아긔'와 '亦中/여긔'로 분화되어 나타난다. 후치사도 '己只/ᄭᅵ지, 념丁/넘녀, 用良/쓰아' 등이 발견된다.

어미 중심의 토표기도 정밀화된 것을 발견할 수 있는데

排立令是白內乎矣
陪到爲賜乎事亦在等以
邀是白內叱乎亦在彌

에서 토표기의 긴 연결체가 나타나고 있다. 凌雲塔碑陰記에서는 쓰이지
않았던 접속어미 '-良/아'도 이 이두문에서는 '用良/쓰아'에서 볼 수 있다.
다음의

寺代內 應爲 處追于 立是白乎 味 了在乎等用良(寺의 垈地 안의 마땅한
곳을 따라 세울 뜻을 (보고하는 것을) 마치었으므로)

에서 밑줄 그은 부분은 모두 고유어로 읽히는 부분으로서 우리말의 표기
법이 이미 충분히 발달되어 있었음을 볼 수 있다.

이 이두문의 훈독자표기, 조사, 어미 등의 토표기를 볼 때 고려시대의
이두문 표기법은 이 시대에 와서 이미 완성되어 있었음을 확인할 수 있
다. 이 이후의 이두문에서는 이두의 목록을 더 발굴할 수는 있어도 표기
법상의 새로운 진전은 없었던 것으로 보인다. 오히려 이 이후의 이두문
은 套式化되기 시작하여 이두문만의 특수한 보수성이 굳어져 간 것으로
생각된다.

尙書都官貼으로 알려진 詹書樞密院事 柳璥의 衛社功臣錄卷은 1262년
(元宗 3)에 내려진 것이 文化柳氏嘉靖譜에 실려 전한다.[64] 현재 전하고 있
는 대표적인 고려시대의 공문서라고 할 만한 것으로 풍부한 이두의 용례
를 보여 준다. 이 문서의 양식은

(A) 題目

---

64 許興植(1982), 1262년 尙書都官貼의 分析, 『韓國學報』 第 27輯, 一志社 참조.

(B) 功績內容

(C) 褒賞內容

(D) 年記와 擔當官員(署經)

으로 되어 있다. 이 가운데 (B)와 (C)가 이두문으로 쓰인 것이다. 그런데
(B)와 (C)의 문체가 차이가 있어서 (B)는

再造王室 復整三韓<u>令只白乎</u> 功業 重大 帶礪難忘<u>教事是良尒</u> ……

崔忠獻<u>亦</u> 聚類結黨<u>爲</u> 殺活專權<u>爲旀</u> 竊弄國柄<u>爲</u> 無君之始<u>爲如乎</u> 事是
<u>去 有乙</u> …….

與民爭利<u>爲</u> 魚物<u>乙</u> 盡奪輸入<u>爲如乎</u> <u>等用良</u> 萬民失業殫盡<u>爲</u> ……

와 같이 한문식 표현이 많다. (C)에서도

參職超授	許初入仕	謀作大事
輔翊國家	伏奉宣旨	出納所司

등과 같이 한문식 표현이 섞여 있긴 하나 대개가 우리말의 어순을 따르
고 있다.

直子 一名乙良 東西班 勿論 七品. 直子無<u>在如亦中</u> 內外孫 甥姪 女婿中
一名<u>乙</u> 東班<u>是去等</u> 九品, 西班<u>是去等</u> 校尉 <u>爲等如</u> 差備<u>爲良於爲</u> <u>敎矣</u>. 田
丁<u>乙良</u> 各 田畓 幷 五十結, 奴婢 幷 十口式<u>以</u> 賜給<u>爲良於爲</u> <u>敎是齊</u>. 丘史
三人<u>乙良</u> 眞拜, 把領五人<u>乙良</u> 許初入仕<u>爲良於爲</u> <u>敎矣</u>, 比<u>亦中</u> 父祖 別<u>爲</u>
<u>所 有在</u> 員將等<u>乙良</u> 己身<u>分</u> <u>不喩</u> 子孫<u>良中</u> <u>至亦</u> 臺省政曹式目史館 幷只
許通<u>爲良於爲</u> <u>敎是齊</u>.

에서 보면 거의 완전히 우리말의 어순으로 되어 있음을 확인할 수 있다. 문체상 훈독자보다는 음독자가 주로 쓰일 곳이기는 하나 '幷 五十結', '幷 十口'와 같이 '幷'을 음독자로 사용한 것은 주목할 만하다. 이 이두문에 쓰인 이두는 주로 吐이고 훈독자로 표기된 이두는 적은 편이다. 이는 음독자표기가 주류를 이루고 있기 때문일 것이다. 이것은 이 당시의 이두가 한문화되어 가는 경향을 보여 주는 것으로 해석할 수 있는 것이다.

이러한 경향은 至元 18년(1281)의 松廣寺 奴婢文書에서도 찾아 볼 수 있다.[65] 이 고문서는 修禪社(松廣寺)主 乃老(圓悟國師)가 노비들을 물려주기 위하여 관에 올린 所志이다. 한문식 어순도 간혹 있긴 하나 전반적으로는 우리말의 어순이다. 그러나 이두는 주로 토에 套式的으로 쓰이고 表意部分은 음독자가 주로 쓰이고 있다.

右 古次左婢矣 長所生 逸三奴矣 身乙良 同生弟 別將 梁弼矣 身亦 傳持 使用爲遣 出父亦中 賜給事 是後良中沙 □長爲乎 所生奴 巾三矣 身以 矣亦 中 仰使內如乎在乙 矣 發願修補爲 本社 安㵢爲乎 丹本大藏寶良中 右 巾 三矣 身乙 所生 幷以 屬令是白去乎在等以 爭望爲行 隔 有去等 禁止爲遣 鎭長 屬社 令是良於事

에서 이두는 淨兜寺造塔記에 나타나지 않은 것이 있긴 하나 전반적으로는 그 표현법에서 발전된 것이 없다. 오히려 음독자표기에서 새로운 표현들이 많이 나타나고 있다. 이것은 圓悟國師가 한문에 정통한 지식인인데 말미암는다고 하겠으나 이러한 지식인들에 의한 이두 사용이 증가하면서 이두는 套式化되고 한문식 표현이 이 문체의 주류를 이루어 가게 되었던 것으로 믿어진다. 그리하여 고려 말에 이르면 이두문은 한문에 토를 단 것에 매우 가까운 문체로 변천되어가고 이두문으로 주로 쓰이던

---

65 拙稿(1974), 13世紀 奴婢文書와 吏讀, 『檀國大 論文集』 8輯 참조.

조성기들이 대폭 한문으로 바뀌어 가게 되었던 것이다.

Ⅲ. 言語

고려시대의 국어는 신라시대의 국어를 계승한 것이다. 신라시대는 경주방언 중심의 언어였다가 고려시대는 개성방언 중심의 언어로 바뀌긴 했지만 큰 테두리에서 보면 한 민족의 언어였으므로 한 언어구조체를 그 다음 세대의 언어구조체가 계승한 것으로 보아 무리가 없다. 실제로 향가나 이두자료를 통하여 보아도 신라어와 고려어 또는 15세기 국어가 문법적으로나 어휘론적으로 서로 계통이 이어지는 것임을 확인할 수 있다. 음운론에 있어서도 이러한 현상이 일치할 것임은 추측하기에 어렵지 않다.

고려시대인의 언어생활을 이해하는 데는 음운구조나 문법구조를 논의하기보다는 어휘론적인 특징을 살펴보는 것이 이 글의 목적에 부합된다. 음운이나 문법은 언어의 구조적인 측면은 보여주어도 문화적인 측면은 보여주지 못하므로, 언어생활을 이해하기 위해서는 문화적인 내용을 보여주는 어휘적인 면을 살피는 것이 효과적이다.

어휘적인 면에 대한 고찰은 크게 양면으로 나누어 살피는 것이 효과적이다. 그 하나는 고유어에 대한 것이고 다른 하나는 외래어 즉 차용어에 대한 것이다. 이들에 대한 시대적인 변화를 살피면 고려시대 언어생활의 변모도 아울러 살필 수 있을 것으로 생각된다.

1) 固有語

고려시대의 국어자료로 고유어의 형태를 가장 많이 보여주는 것은 1103년이나 1104년에 宋의 孫穆에 의하여 편찬된 『鷄林類事』이다. 여기에 실린 350여 항목은 고유어와 한자어로 나누어 볼 수 있는데 또 고유어는 15세기까지 계승되는 것이 있고 그 사이에 소멸된 것이 있다. 먼저

15세기까지 계승된 고유어들을 열거해 보면 다음과 같다.[66]

漢捺(하늘, 天)	契(히, 日)	姐(돌, 月)
屈林(구룸, 雲)	孛纜(ᄇ롬, 風)	嫩(눈, 雪)
嫩耻(눈디, 雪下)	率(서리, 霜)	河屯(ᄒ돈, 一)
途孛(두블, 二)	酒(세ᄒ, 三)	迺(네ᄒ, 四)
打戌(다솟, 五)	逸戌(여슷, 六)	一急(닐굽, 七)
逸答(여듧, 八)	雅好(아홉, 九)	喧(열, 十)
戌沒(스물, 二十)	實漢(셜혼, 삼십)	麻刃(마손, 四十)
舜(쉰, 五十)	逸舜(여쉰, 六十)	一訓(닐흔, 七十)
逸頓(여든, 八十)	鴉訓(아흔, 九十)	醞(온, 百)
阿慘(아춤, 旦)	稔宰(나지, 午)	占捺(져믈, 暮)
烏捺(오늘, 今日)	母魯(모뢰, 後日)	轄希(ᄒ, 土)
孛(블, 火)	每(뫼ᄒ, 山)	突(돌ᄒ, 石)
沒(믈, 水)	烏沒(우믈, 井)	骨(곶, 花)
南記(남긔, 木)	帶(대, 竹)	監(밤, 栗)
鮓子南(잣남ㄱ, 松)	渴來(ᄀ래, 胡桃)	坎(감, 柿)
敗(비, 梨)	暗(암ᄒ, 雌)	喙(닭, 鷄)
漢賽(한새, 鷺)	弼陀里(비두리, 鴿)	渴則寄(가치, 鵲)
賽(새, 雀)	監(범, 虎)	燒(쇼, 牛)
突(돝, 猪)	家稀(가히, 犬)	鬼尼(괴〈고니, 描)
此(쥐, 鼠)	末(ᄆ롤, 馬)	渴翅(갗, 皮)
愾(게, 蟹)	批勒(벼록, 蚤)	把指(바지, 工匠)
故作(고쟈, 倡人之子)能(나, 我)		漢丫秘(한아비, 祖)

66 姜信沆(1980), 『鷄林類事「高麗方言」研究』, 成均館大出版部에 의거하였다. ( ) 속
의 한글표기는 『鷄林類事』에 해당하는 후기중세국어이고 한자는 중국어이다.

丫祕(아비, 父)	丫彌(어미, 母)	丫查祕(아자비, 伯叔)
丫子彌(아즈미, 叔伯母)	丫兒(아ᅀᅳ, 弟)	丫姐(아돌, 男兒)
寶姐(皆, ᄇ돌, 女兒)	丫加(아가, 父呼其子)	漢丫祕(한아비, 舅)
丫村丫姐(아촌아돌, 孫)	漢丫彌(한어미, 姑)	丫子彌(아즈미, 姨妗)
麻帝(마리〈마디)	榇翅(눚, 面)	嫩(눈, 眼)
嫩步[涉](눈섭, 眉)	愧(귀, 耳)	邑(입, 口)
你(니, 齒)	蝎(혀, 舌)	榇翅沒朝動(ᄂ치 몯됴흔)
榇翅朝動(ᄂ치됴흔, 面美)	門(몸, 身)	擺(비, 腹)
遜(손, 手)	潑(발, 足)	遜時蛇(손시서, 洗手)
漢菩薩(흰ᄡᆞᆯ, 白米)	酥孛(술〈수블, 酒)	蘇甘(소곰, 鹽)
酥孛麻蛇(수울 마셔, 飮酒)	密祖(며주, 醬)	姑記(고기, 魚肉)
蘇孛打里(수울다리-, 煖酒)	畿林(기름, 油)	本道安理麻蛇(본더 아니마셔)
泥根沒(니근믈, 熟水)	時根沒(冷水)	那論(누런, 黃)
擺咱(비ᄎ-, 飽)	區戌(구슬, 珠)	沒涕里(믈드리, 染)
歲(쇠, 鐵)	三(삼, 麻)	作(자ㅎ, 尺)
及(깁, 絹)	背(뵈, 布)	抹(말, 斗)
毛施(모시, 苧)	泥不(니블, 被)	質背(돌외〈돌뵈, 紫)
珂背(ᄀ외〈ᄀ비, 袴)	安海珂背(안해ᄀ외, 褌)	雌孛(저울〈저블, 秤)
盛(신, 鞋)	背成(보션, 襪)	刀(되, 升)
板榇(바ᄂᆞᆯ, 針)	漢(흰, 白)	擺(비, 船)
枯孛(골〈고ᄇᆞᆯ, 匱)	聚笠(슈룹, 傘)	割(갈ㅎ, 刀子)
孛采(부채, 扇)	蓋[渴](갇, 笠)	割子蓋(ᄀ개, 剪刀)
苾(빗, 梳)	頻希(빈혀, 莀)	孛南木(블나모, 柴)
養支(양지, 齒刷)	窣(솓, 鬲)	活索(활소, 射)
楪至(뎝시, 楪)	大耶(대야, 盂)	阿則家囉(안즈거라, 坐)
戌(술, 匙)	皮盧(벼로, 硯)	孫烏囉(손오라, 客至)
皮離受勢(비리쇼셔, 借物)	密翅易成(며치이셔, 問物多少)	薩羅(사라, 存)

濮(붇, 鼓)	乞林(그림, 畫)	沒審(므슴, 問此何物)
活(활, 弓)	烏羅(오라, 來)	都囉(도라, 凡呼取物)
朴(바, 索)	孫集移室(손집이실, 有客)	朱幾(주거, 亡)
胡根(효근, 小)	及欣(기픈, 深)	楪則(ㄴ족-, 低)
那奔(노픈, 高)	釁何支(흔ᄒ디, 多)	

이들은 우리의 생활주변에서 흔히 사용되는 말이다. 중국인이 우리말을 그들의 한자음으로 轉寫한 것이어서 완벽한 표기에 이를 수는 없었을 것으로 생각되지만 12세기 국어의 생활용어가 15세기의 그것에 일치한다는 것을 충분히 보여주는 것이다.

한편 15세기의 국어의 정보를 가지고는 이해하기 어려운 단어들도 보여준다.

行身(商)	雅數那(盆)	漢吟(妻)	己顯(碗)
朴擧(飯)	連音打(走)	菩薩(綾)	黑根(大)
密頭目(麥)	馳馬(椅子)	垂(紙)	

이들은 전사되어 오는 과정에서 와전된 것도 있을 것으로 추측되기는 하나 15세기 이후의 단어들과는 맥락을 짓기가 어려운 것이다. 그러나 그 수에서는 15세기 국어와 계통이 닿는 단어보다 훨씬 적어서 12세기 초와 15세기 중엽사이의 약 3세기 반 동안의 변화가 그렇게 심하지 않았음을 말하여 준다. 이 3세기 반 동안은 대륙에서 거란, 금, 몽고, 명의 교체가 있었고, 특히 몽고가 미친 영향은 막심한 것이었음에도 불구하고 우리 고유어에 미친 영향은 미미했었던 사실을 확인시켜 주는 것이다. 이러한 사실은 15세기 국어를 기초로 하여 해독한 향가나 이두의 훈독들이 비교적 안심할 수 있는 해독이 될 수 있음도 아울러 말하여 주는 것이다.

고려시대의 고유어가 계통상 거의 그대로 15세기 국어로 이어지는 사실은 鷄林類事보다는 뒤지지만 13세기 중엽의 鄕藥救急方에서도 확인할 수 있다. 몇몇 예만 들어보면 다음과 같다.[67]

〈鄕藥救急方〉	〈15세기어〉
叱乙根/즐불휘(葛根)	츩불휘
結次邑笠根/민줍갇불휘(京三綾)	민자깃불휘
鷄矣碧叱/둙이볏(鷄冠)	둙이볏
板麻/널삼(苦蔘)	쁜너삼불휘
天叱月乙/하눐둘(括蔞)	하늘 드래
木麥/모밀(蕎麥)	모밀
解菜/히치(薤)	부치
影亇伊汝乙伊/그르메너흘이(蠬螋)	그르메너흐리
居兒乎/겁휘(蚯蚓)	겁위
道羅次/도랏(桔梗)	도랏

이들은 15세기 국어와 형태상 완전히 일치하지 않는 것도 있지만 계통상 서로 이어지는 것이다. 이상에 든 단어들은 계통이 서로 이어지는 것 가운데 극히 일부만을 임의로 들어 본 것이다. 이밖에도 鄕藥救急方에는 근 100단어가 15세기의 그것과 계통상 일치하고 있다. 그러나 계통이 이어지지 않는 것도 근 20여 단어나 된다. 몇 예만 들어 보면 다음과 같다.

〈鄕藥救急方〉	〈15세기어〉
狄小豆/되꽃(決明子)	초결명

---

67 解讀은 拙著(1981), 『借字表記法硏究』, 檀大出版部에 의거하였다.

塔菜/탑ᄂᆞ물(戒火)	집우디기
蛇避草/ᄇ얌두러기플(蕗蕮)	궁궁이
狼矣牙/일히의엄(狼芽草)	낭아초
夫背也只木/부븨 야기나모(木串子)	모관쥬
見甘介/보둘개(?)(蘩蔞)	둙의십가비

이밖에도 서로 계통이 이어지지 않는 15, 6단어가 더 있다. 鄕藥救急方의 향명표기 140여 단어 중 20여 단어가 15세기어와 계통이 이어지지 않는 것은 비교적 많은 양이라고 할 수 있다. 그러나 이것은 약초명이라는 특수성 때문인 것으로 보인다. 식물명은 방언에 따라 차이가 나고 또 약초명은 중국어의 간섭을 쉽게 받을 수 있어 한자어로 대체되기가 쉽기 때문이다.

『高麗史』에도 적은 양이지만 고유어에 대하여 기록한 것이 있다. 앞에서 우리는 顯宗의 꿈 이야기에서 鷄鳴聲을 '高貴位'로, 砧響을 '御近'으로 해석한 것을 보고 고려시대의 의성어가 현대의 그것과 크게 차이가 없음을 볼 수 있었다.

『高麗史』世系에는 '道詵이 世祖의 松嶽南第를 보고 '기장(穄)'을 심을 밭에 삼(麻)을 심었다고 하였는데 '기장'은 王의 우리말과 서로 비슷하기 때문에 太祖가 姓을 王氏로 하였다'는 金寬毅의 說을 인용하고 이에 대한 李齊賢의 비판을 싣고 있다. 고려시대에 왕을 '긔ᄌ'라고도 하였었음을 말하여 주는 것이다. 이 단어는 광주판 천자문에 왕의 훈과 음을 '긔ᄌ왕'이라고 한 것과 맥락이 닿는 것이다.[68] 그러나 이는 이미 15세기에는 소멸된 단어여서 일반 문헌에는 나타나지 않는다.

고려 태조는 25 아들을 두었다. 그 가운데는 資利君이라는 아들이 있

---

68 李基文(1982), 百濟語 硏究와 관련된 몇 問題,『百濟硏究』(開校 30周年特輯號), 충남대학교 百濟硏究所 및 『國語語彙史硏究』, 東亞出版社, 1991 참조.

었는데 '資利/즈리'는 우리말로서 '막내(季子)'라는 뜻이라고 한다.[69] 일찍 죽어서 그 본명은 잊혀지고 兒名만 전한 것인데 당시에는 '資利/즈리'라는 보통명사를 兒名에 부치어 고유명사로 조어하였음을 말하여 준다. 이 단어는 후기 중세국어의 '즐다(細小)'의 古形에서 파생된 명사로 생각되지만 15세기 이후의 문헌에는 나타나지 않는다.

'阿志/아지'는 일반적으로 女兒를 가리키는 말로 이미 삼국시대부터 써온 듯, 金庾信의 妹氏이고 太宗의 왕비인 文明皇后의 兒名(小名)이 '阿之'였다. 고려시대에도 이 단어는 궁중에서 왕녀의 이름으로 쓰여 光宗의 딸에 阿志君이 있었고 顯宗의 第八女도 阿志이었다.[70] 이 역시 보통명사가 고유명사로 굳어진 것이다. 그런데 조선조에는 이 단어가 궁중에서 유모의 별칭으로 쓰였고[71] 왕녀는 '阿只(氏)/아기(씨)'로 불렸다. 女兒를 '阿只/아기'로 부른 것은 고려 말에도 이미 있었으니 海南尹氏宗孫家의 至正 14년(1354)의 노비문서에 '大阿只'라는 婢女의 이름이 보인다.

상대로 올라갈수록 인명은 고유어로 지어져서 赫居世/블거니, 居柒夫/거칠부(荒宗), 異斯夫/이스부(苔宗) 등과 같은 삼국시대 위인의 이름이 있거니와 후대로 오면 상류층 남자의 이름은 한자어화하여 고유성을 상실해 간다. 그러나 여자의 경우는 이름이 없어 어렸을 때의 호칭이 장성해서도 그대로 이름이 되는 수가 많다. 阿志, 阿只가 그러한 예에 속하는 것임은 앞에서 보아왔거니와 그 밖에도 여인의 이름에서 고유어인명을 종종 발견할 수가 있다.

甄萱의 孼妻의 이름이 '姑比'로 기록되었는데 이는 '麗'의 뜻인 '곱다'에서 지어진 것으로 생각된다.[72] 松廣寺奴婢文書(1281)에는 婢女의 이름이 '古次左'로 나온다. 이는 아마도 '곶(花)'에서 온 이름으로 생각된다. 海南

---

69 『高麗史』 卷90, 1~2 및 4b 참조.
70 『高麗史』 卷88, 16a 및 卷90, 2a. 卷91, 22a 참조.
71 『端宗實錄』 卷6, 1a의 '阿之'에 대한 註에 '俗稱內乳媼爲阿之'라고 하였다.
72 『高麗史』 卷2, 8b. 참조.

尹氏宗孫家奴婢文書에는 婢女의 이름으로 '吾火伊'가 나온다. 이는 아마도 '내블이'로 읽힐 것으로 '내가 부리는 者'의 뜻일 것이다. 이러한 類의 인명은 이밖에도 많이 있을 것이지만 아직 정리가 되지 않고 있다. 이러한 작명법은 조선조에도 계승되어 최근까지도 사용되었다. 시대별로 변천해 간 과정을 밝히는 작업이 국어사연구에서 기대되고 있다.[73]

2) 借用語

국어 속의 차용어의 대부분은 중국어에서의 차용이다. 중국어는 口語와 文語가 기원전 아주 이른 시기부터 접촉하기 시작하여 최근까지도 지속적으로 접촉하여 왔으므로 그 접촉양상에 따라 다양한 차용어를 국어에 제공하였다. 고려시대의 중국어 차용어도 이러한 접촉 양상에서 파악해야 되므로 잠시 뒤로 미루고 그 밖의 언어와의 접촉과 그 결과에 대하여 먼저 검토해 보기로 한다.

거란은 고려가 건국 초부터 접촉한 국가였으나 고려 太祖의 訓要十條에서 보여주는 바와 같이 禽獸之國으로 취급하여서 그 접촉이 긴밀하지 못하였다. 成宗 14년(995)에는 童子 10인을 보내어 거란어를 학습하게 하였다. 그 후 거란의 침입과 격퇴가 있었고 和會가 성립되어 사신의 내왕이 잦았고 方物을 교환한 것이 근 200년간 지속되었다. 따라서 거란어로부터의 차용어가 없었다고 보기는 어려우나 현재 확인된 것은 전연 없는데 이의 확인은 앞으로의 과제다.

女眞이 거란을 멸망시키고 金을 세워 고려와의 사신 왕래가 잦았고 方物의 교환도 많았으나 역시 金國을 통하여 들어온 차용어는 확인되지 않는다. 『高麗史』에는 귀화한 女眞人에 대한 기록이 다수 나타나고 내왕한 여진인의 인명도 수없이 기록되어 있다. 顯宗 3년 2월에는 여진 酋長 麻

---

73 이 方面의 연구가 崔範勳(1977), 『漢字借用表記體系研究』, 東國大 韓國學研究所에서 이루어졌다. 그러나 高麗時代 人名의 예가 적은 것이 아쉽다.

尸底가 30姓 부락의 자제들을 거느리고 와서 말을 바쳤다는 기록이 있고 그에 이어 30姓을 열거하여 놓고 있다.[74] 그러나 막상 우리 국어의 생활 용어 속에 수용된 예는 확인되어 있지 않다. 다만 현재의 함경도지역이 고려시대에는 여진의 땅이어서 이 지역에 관한 기록이 龍飛御天歌에 나타나는 것이 몇 있어 고려 말 여진어의 흔적을 볼 수 있다.[75] 龍飛御天歌 第53章에는 移闌豆漫[이란투먼]이 太祖(이성계)가 潛邸時에 항상 시위했다고 하였다. 그 註에 보면 移闌(이란)은 '三'의 뜻이어서 伊闌豆漫은 세 萬戶와 같은 뜻이라고 한다. 여기서 고려 말에 쓰였던 伊闌(三)과 豆漫(萬)의 여진어 단어와 그 합성어를 확인할 수 있다. 또 李豆蘭을 비롯한 여러 사람의 벼슬이 '猛安[밍간]'인데 이는 千夫長으로 조선조의 千戶 벼슬과 같은 것이라 하였다. '斡合[워허]'는 鏡城府 남쪽 120리에 있는 지명으로 둥근 돌이 2백여 장이나 우뚝 솟아 있는 곳이다. 그 속어에서 돌을 '斡合[워허]'라 하므로 붙여진 이름이라 하였다. 紉出闊失[니춰시]는 진주가 생산되는 지명으로 그 속어에 진주를 紉出闊失라 하므로 붙여진 이름이라 한다. '唐括[탕괴]'는 百戶와 같은 말이라 하니 여기서 百을 가리키는 여진어도 얻게 된다. 이 가운데 '豆漫'은 오늘날 豆滿江의 고유명사로 전하고 있으나 그 어원을 아는 사람은 거의 없다. 鍾城의 옛이름은 童巾(퉁컨)이었었는데 이는 鍾을 뜻하는 것으로 이 지역에 童巾山이 있었기 때문에 지어진 명칭이라 한다.[76] 후기 중세국어에 나타난 '우틔(裳)'는 여진어 etuku(衣, 衣裳)에서 온 것으로 함경도방언 [ut'i], 황해도방언 [ut'e], 강원도방언 [ut'y]가 같은 어원에서 온 것이라는 주장이 있는데 그 가능성이 높다.[77] 그렇다면 고려시대의 차용이라고 보아야 할 것이다.

여진어의 차용은 양적으로 극히 빈약한 데 비하여 몽고어는 양적으로

---

74 『高麗史』 卷4, 11 참조.
75 李得春(1984), 朝鮮語中的滿語借詞與同源成分, 『民族語文』 總第25期 참조.
76 李基文(1872), 『國語史槪說』, 塔出版社 102면 참조.
77 李得春, 앞의 책 참조.

도 풍부하고 다양하다. 먼저 후기 중세어의 한글자료에 나타난 것을 보면 이들은 주로 말과 매 그리고 군사용어들이다.[78]

아질게몰(兒馬)	악대(犍犕)	절다몰(赤馬)
간쟈몰(線臉馬)	가라몰(黑馬)	고라몰(土黃馬)
구렁몰(栗色馬)	고돌개(靴)	오랑(肚帶)

등은 말에 관한 말들이다.

익더귀(兎鶻)	갈지게(黃鷹)	궉진(白角鷹)
나친(鴉鶻)	보라매(秋鷹)	숑골(海靑)
도롱태(弄用兒)		

등은 매에 관한 말들이다.

고도리(骨業頭)	오노, 오니(筈)	바오달(營)
사오리(凳)	텰릭(帖裏)	

등은 군사에 관한 단어들이다. 이밖에

타락(酡酪)	슈라(水剌, 御飯)

등은 음식에 관한 몽고어 차용어이다.

이들은 15세기 이후의 기록에 남은 몽고어 차용어이지만 『高麗史』나

---

78 李基文(1964), Mongolian Loan-words in Middle Korean, *Ural-Altaische Jahrbücher* 35 및 앞의 책, 100~101면.

그 밖의 고려시대 문헌에도 적지 않은 몽고어 차용어가 나타난다.[79]

必闍赤(bičyeči, 文史主管者)

達魯花赤(darughachi, 鎭守官)

禿魯花(tuluge, 質子)

波吾赤(bakhurchi, 旅客을 맡은 군대)

阿加赤(akhachi, 주거자를 맡은 衛兵)

八加赤(balgachi, 食庫를 맡은 군대)

花尼赤(khonichi, 牧羊者)

忽赤(忽只, 火里赤, khorchi, 箭筒을 맨 호위병)

時波赤(sibauchi, 飼鷹者)

速古赤(sigurchi, 군주의 의복 등을 터는 侍者)

站赤(zamchi, 驛傳)

照(詔)羅赤(zarochi, 관청의 下隷)

脫脫禾孫(togtokhasun, 교통요지의 驛傳官)

于達赤(亏丹赤, udenchi, 司門人)

那演(nojan, 上官)

愛馬(aimag, 部隊)

伊里干(irgen, 聚落)

怯怜口(ke ling kou, 공주의 私屬人)

등은 몽고의 제도에 따라 고려에도 설치되거나 영향을 미쳤던 제도나 관직명이다. 이 가운데는 조선조까지 이어진 것이 있었다.

忠烈王 때부터 원의 공주를 왕후로 맞이하면서 특히 궁중생활에서 몽

---

79 白鳥庫吉, 高麗史に見えたろ蒙古語の解釋, 『東洋學報』 18-2 및 金庠基(1961), 『高麗時代史』, 東國文化社 참조.

고의 풍속을 따르게 되었다. 이에 따라 몽고의 풍속이나 생활용품에 대한 단어들도 차용되었다.

怯仇兒(kekul, 몽고식 開剃, 辮髮)

姑姑(kuku, 몽고 貴女의 冠)

察剌(chara, 注酒器)

察渾(chakhun, 杯)

孛兒扎(bolzar, 許婚酒, 姻婭合歡의 의식)

設比兒(ceber, cibir, 왕후가 분만하면 문에서 入賀者 웃옷을 벗기는 것, 邪穢를 배제하는 뜻이 있음)

忠宣王妃 薊國大長公主가 忠宣王 5년(1313)에 원으로부터 돌아올 때 가지고 온 車服의 성대함은 前世에 없었던 일이라고 한다. 그 器名은 모두 몽고어라고 하는데[80] 옮겨 보면 다음과 같다.

只里麻鍾子   孛欒只鍾子
銀札思麻   番瓶
察渾盞兒   猪觜濾子
胡蘆

이 가운데는 한자어도 있으나 이는 몽고식 한자어로 생각된다.

원의 풍습과 말들은 고려인들에게 생소하여 처음에는 거부감을 주었으나 여러 대를 거치는 동안 자연스럽게 수용되어 국어화된 것이 적지 않다. 이질적인 문화이기는 하였으나 그를 수용한 만큼 고려인들의 세계관도 넓어진 것이라 하겠다.

---

80 『高麗史』 卷89, 15b(列傳 卷第二. 后妃二) 참조.

고려시대의 중국어 차용어는 구어와의 접촉에 의하여 차용된 직접차용어와 문어를 통하여 차용된 간접차용어로 나누어진다. 직접차용어는 매우 이른 시기부터 국어에 차용되었을 것이나 국어에 수용되면서 그 어원을 상실하여 고유어화하였기 때문에, 오늘날 우리가 확인할 수 있는 단어의 수는 많지 않다. 후기 중세어 문헌에 한글로 표기된 단어 가운데서 우리는 고려시대에 차용되었을 것으로 추정되는 중국어 직접차용어를 찾아볼 수 있다.

뎧(笛)	숗(俗)	슝(褥)

등은 괄호 속의 한자음을 모델로 하여 차용된 단어들로 입성 'ㄱ'이 약화되어 'ㅎ'의 단계에 있을 때 차용된 것이다. 우리의 전통적 한자음이 唐代에 차용되어 입성을 유지하고 있음을 감안하면 이 단어들은 이보다 뒤지는 신라 말이나 고려 초에 차용된 것으로 추측되는 것이다.

노, 로(羅)	듀셕(鍮鉐)	보빅(寶貝)
비단(匹段)	비편(彼便)	ᄌᆞ가(自家)
ᄌᆞ디(紫的)	차(茶)	차반(茶飯)
쳔(錢)	쳔량(錢糧)	죠(燭)
퉁(銅)	호병(華瓶)	훠(靴)

등은 괄호 속 한자어의 근세 중국어음을 모델로 하여 차용한 것으로 15세기 문헌에 한글로 표기된 것이다. 이들은 모두 생활주변에서 사용되는 단어들로 元代에 차용된 것으로 추정된다.

15세기에 중국을 가리키던 '江南'이란 단어는 비록 한자어지만 元代에 차용된 직접차용어로 보인다. 이 단어는 南宋이 양자강 이남에 위치하여 원과 대립하였기 때문에 생긴 말로 『高麗史』에 보면 忠烈王 이후에 비로소 나타나기 시작한다. 남송이 망한 다음 그 지역과의 교역이 많았기 때문에 당시 유행했던 단어로 믿어지는 것이다.[81] 忠惠王의 後官 銀川翁主는 商人 林信의 딸로 그 아비가 사기장사를 하였기 때문에 沙器翁主라는 칭호가 있었다고 한다.[82] 沙器는 磁器를 모델로 차용된 직접차용어로 추정된다.

간접차용어는 한자어인데, 경서나 문학작품 등 중국의 전통적 고전을 학습하면서 차용된 것과 이두문과 같은 실용문을 통하여 차용된 것으로 다시 나누어 볼 수 있다.

『鷄林類事』에는 12세기 초의 기록임에도 불구하고 적지 않은 한자어를 보여준다.

天動(雷)	*千(千)	萬(萬)	*年(年)
*春(春)	*夏(夏)	*秋(秋)	*冬(冬)
*田(田)	*海(海)	*江(江)	*溪(溪)
*泉(泉)	羊(羊)	*鹿(鹿)	主事(吏)
姉妹(娣)	*心(心)	銅(銅)	*絲(絲)
錦(錦)	袍(袍)	腰帶(帶)	*裙(裙)
*靑(靑)	*黑(黑)	眞紅(紅)	食床(卓子)
墨(墨)	*立(立)		

등이 그것이다. 이 가운데 *표를 붙인 것은 15세기에도 고유어가 주로 쓰이던 단어여서 12세기 당시에 보편적으로 쓰이던 단어라고 할 수는 없다. 아마도 당시의 어떤 특수계층에서 사용되던 것을 기록한 것이 아

---

81 忠烈王 17년 6월부터 江南米를 운반해다가 賑恤했다는 기사가 보이고(『高麗史』卷30, 27b) 忠烈王妃 齊國大長公主가 松子, 人蔘 등을 江南에 보내어 후한 이익을 얻었다는 기사가 보인다.(『高麗史』卷89, 4a)

82 『高麗史』卷89, 26a 참조.

닌가 한다. 그렇더라도 350여 항목 가운데서 30여 단어가 한자어라는 것은 당시 지식인들의 계층에서는 적지 않은 한자어가 이미 고유어와 경쟁을 하고 있었다는 사실을 말하여 주는 것이다.

鄕藥救急方에도 많은 약초명이 한자어로 쓰이고 있음을 보여준다.

菊花	藍柒	芍藥	茅錐	石葦
茅香花	旋覆花	澤漆	牽牛子	芭蕉
茴香子	牡丹皮	五加皮	拘杞	茯笭
黃蘗	梔子	水楊	楓	大棗

이밖에도 한자어 약초명이 더 있으나 略한다. 이들은 중국의 本草學에서 개발된 약초의 명칭으로 우리나라에서 생산되는 것이라 할지라도 그 명칭이 없어 한자어로 쓰일 수밖에 없는 것이다. 그러나 이 약초명 가운데는 일찍부터 보편화되어 고유어와 같이 익어진 것도 적지 않게 나타난다.[83]

廻之木/횟나모(槐)	厚菜/후치(韮)
海菜/히치(蕹)	數要木/수유나모(山茱萸)
者里宮/쟈리공(章柳根)	注也邑/주엽(皂莢)
旦貴草/당귀초(當歸)	靑台/쳥디(靑黛)
木串子/모관ᄌ(無患子)	芳荷/방하(薄荷)
生鮑甲/심보겁질(石決明)	鳩目花/구목화(瞿麥)
洗心/셰심(細辛)	鼠厭木/쥐염나모(皂莢)

이들은 괄호 속의 한자어를 모델로 하여 차용한 한자어가 대중화된

---

83 拙著(1981), 『借字表記法 硏究』, 檀大出版部, 168면 이하 참조.

것으로 이 책에는 향명 또는 俗云이라 하여 고유어화하였음을 말하여 주는 것인데, 모두 차자로 표기되었다. 醫術이 보급되면서 본초학의 향명들도 함께 대중화된 것으로 믿어진다. 한편 이 鄕名 가운데는 번역차용어도 확인된다.

牛膝草/쇼무릎플(牛膝)	狼矣牙/일히의엄(狼牙草)
雄鳥屎/수새똥(雄雀矢)	漆矣母/옷이어싀(漆姑)
粘米/출뿔(糯)	黑鷄/검둙(烏鷄)
黃密/누른밀(黃蠟)	天叱月乙/하눐둘(天爪)
勿叱隱提阿/믈슨둘애(馬兜鈴)	所邑朽斤草/숍서근플(腐腸)
金非陵音/쇠비름(馬齒莧)	楊等柒/버들옷(澤漆)
蛇音置良只菜實/비얌두러기ᄂ 몰삐(蛇床子)	
蒲槌上黃紛/부들마치우횟누른ᄀᄅ(蒲黃)	

등이 그것이다. 이들은 대체로 괄호 속의 약초명을 번역하여 차용한 것이다. 이 가운데는 본초학에 대한 깊은 지식을 가지고 번역한 것도 있다. 이들은 아마도 漢文을 釋讀하는 관습에서 차용되었을 것으로 생각된다. 다른 자료에서는 좀처럼 확인하기 힘든 고려시대의 번역차용어라는 점에서 가치가 크다.

이상의 차용어들은 모두 문어를 통하여 들어온 것으로 믿어지는데 불가의 용어들도 대체로 한문을 통하여 차용된 것이어서 현재로서는 범어를 통하여 직접 차용한 단어들은 확인되지 않는다. 普賢十願歌에 나타난 범어계통 불교용어들을 들어보면 다음과 같다.

佛體	南無佛	須彌	菩提	佛

이들은 범어를 중국에서 音譯하여 차용한 것을 한문을 통하여 받아들

인 것이다. 다만 '佛體/부텨'는 한문에 없는 것이어서 범어에서 직접 차용한 것으로도 생각해 볼 수 있으나 범어 'buddha'와는 거리가 있어 단정하기 힘들다.

舊譯仁王經 釋讀口訣을 보면 12세기 중반경의 지식인(승려)이 경전의 해석에서 한자어를 어떻게 수용하고 있는가를 살필 수 있다.[84]

變 ﹍(ᄒᆞ)-   化 ﹍(ᄒᆞ)-   集會 ﹍(ᄒᆞ)-
思 ﹍(ᄒᆞ)-   放 ﹍(ᄒᆞ)-   震動 ﹍(ᄒᆞ)-
生疑 ﹍(ᄒᆞ)-   行 ﹍(ᄒᆞ)-   쏨 ﹍(ᄒᆞ)-

등은 우리말에 없는 말로 차용하지 않으면 안 될 한자어들이다.

現 ﹍(ᄒᆞ)- (나토-)   量 ﹍(ᄒᆞ)- (혜-)
坐 ﹍(ᄒᆞ)- (앉-)   異 ﹍(ᄒᆞ)- (다ᄅᆞ-)
來 ﹍(ᄒᆞ)- (오-)   入 ﹍(ᄒᆞ)- (들-)
照 ﹍(ᄒᆞ)- (비취-)   出 ﹍(ᄒᆞ)- (낳-)
下 ﹍(ᄒᆞ)- (ᄂᆞ리-)   生 ﹍(ᄒᆞ)- (낳-)
文 ﹍(ᄒᆞ)- (묻-)   作 ﹍(ᄒᆞ)- (짛-)

등은 15세기에도 괄호 속의 단어와 같은 고유어가 있음에도 불구하고 한자어를 차용한 것이다. 당시의 지식인은 우리말과 한문을 자유롭게 구사할 수 있는 兩言語 幷用人이어서 이러한 일시적인 차용을 쉽게 할 수 있었던 것이다. 이러한 결과는 우리말에 고도의 사고력을 바탕으로 조어된 새로운 단어들을 대량으로 제공하여 당시인들의 정신생활을 풍부히 할 수 있도록 하였으며 결과적으로 문화적인 수준을 높여 준 것이다.

---

84 편의상 用言의 예만을 들어 당시의 釋讀 傾向을 살피기로 한다.

이두문은 사회적 지배층으로부터 일반 서민에 이르기까지 넓은 범위에서 사용되는 것이기 때문에 여기에서 사용된 것은 쉽게 대중의 언어 속으로 침투하게 된다. 이 차용어는 중국어문에서 직접 차용된 한자어도 많이 쓰였지만 韓國漢字語도 새로이 조어되어 자주 쓰였다. 淨兜寺造塔記에 쓰인 한국한자어를 몇 들어보면 다음과 같다.

石練	乞供納米	物業	導行
繼願成畢爲(ㅎ)-	計會爲(ㅎ)-	分析爲(ㅎ)-	仍請爲(ㅎ)-
陪到爲(ㅎ)-	出納爲(ㅎ)-		

이 가운데는 '導行, 計會爲(ㅎ)-, 出納爲(ㅎ)-'와 같이 관용적으로 쓰인 것도 있지만 이 글을 작성하면서 새로이 조어한 것이 대부분이다.

松廣寺奴婢文書에는 '傳持'란 말이 나온다. 이는 '유산과 같은 것을 전수하여 執持한다'는 말이 줄어서 된 한국한자어인데 이 단어를 釋譜詳節(24,4b)에서는 한글 '뎐디'로 표기하고 있다. 15세기의 한글표기는 곧 속어로 취급한 것이니 이두문에서 조어된 한자어가 속어로 굳어져서 대중화되었음을 보여 주는 예이다.

고려 말 조선 초에 와서 이두문이 행정문서로서만 차츰 그 명맥을 유지하게 되어가면서 고려시대에 조어된 용어들이 투식적으로 쓰이게 되었다. 따라서 조선조에 사용된 이두들은 삼국·신라시대부터 사용되어 오던 용어들도 있지만 그 대부분은 고려시대의 조어들로 보아도 좋을 것으로 생각된다.

▌『韓國思想史大系 3』, 韓國精神文化硏究院, 1991. 10. 31.

漢字・漢文의 受容과 借字表記法의 發達

I. 序言

한 言語社會가 文字言語(文語)를 갖게 된다는 것은 文化的으로 발달된 言語生活을 영위할 수 있는 계기가 마련되었음을 뜻한다. 우리 先人들이 비록 固有한 文字와 文語는 아니지만 漢字・漢文을 일찍부터 수용하여 文語로 사용했었다는 것은 이러한 의미에서 文化史的으로 큰 의의를 띤다. 우리 先人들은 여기서 한걸음 더 나아가서 이 文語를 基礎로 하여 우리 言語를 표기할 수 있는 借字表記法을 발전시켰다. 이 借字表記法은 漢字를 수입한 여러 民族 가운데서 가장 먼저 발달한 것으로 우리 民族 의 傳統文化開發의 한 역량을 보여 주는 것이라 하겠다. 한편 借字表記法 은 일찍부터 日本으로 전파되어 그들의 音節文字인 假名의 성립을 보게 한 것이다. 漢字・漢文의 이러한 傳播・發達의 과정은 마치 수메르 (Sumer)의 表語文字인 楔形文字가 앗시리아(Assyria)人을 거처 古代 페르 시아에 와서 音節文字로 발달하는 것과 類型上으로는 같다.[1] 그러나 우 리의 借字表記法의 發達은 우리의 特殊한 狀況下에서 발달한 것이어서 類型上의 一致가 곧 內在的 事實과도 일치한다고 하기는 어려울 것으로 생각된다.

우리는 借字表記法의 發達過程을 研究하기에는 充分하진 못하지만 그

---

1 Holger Pedersen(1967), *The Discovery of Language*, translated by J. W. Sparga, Indiana University Press, pp.148~166 參照.

發達의 脈絡을 連結해 볼 수 있는 資料를 갖고 있다. 本稿에서는 이 資料들을 通하여 迫究해 볼 수 있는 借字表記法의 發達을 가져오게 한 背景, 그 表記法의 體系, 時代的으로 이 體系가 發達해 온 過程을 보여 주는 特徵的인 差異, 그리고 이 表記法과 日本의 借字表記法과의 關係에 대하여 考究해 보고자 한다.

Ⅱ. 借字表記法의 背景

借字表記法이라면 흔히 文字만을 聯想하기 쉽다. 그리하여 借字表記는 漢字만을 빌어서 우리말을 表記한 것으로 생각하기 때문에 그 發達의 本領을 把握하는데 障碍를 받아 왔던 것으로 믿어진다. 그러나 借字表記法은 漢字만을 借用 對象으로 한 것이 아니라 그 漢字가 쓰인 漢文을 基底로 하여 發達한 것이다. 借字表記의 文章構造는 漢文을 媒介로 하지 않고는 說明할 수 없는 特徵을 보여 주고 있다. 우리의 借字表記文章은 漢字보다는 오히려 漢文의 韓國化가 借字表記法의 發生과 發達契機를 만들었다고 하는 것이 說明을 容易하게 할 만큼 漢文과 密接한 關係에 있다.

이 땅에 漢文이 언제 들어와서 文語로서의 地位를 굳혔는지는 確實하지 않다. 漢四郡時代보다도 이전인 紀元前 一世紀頃에는 漢人들이 이 땅에 大量으로 流入되었고 韓半島의 中部地方에 位置하였던 辰(衆)國이 中國에 보내는 外交文書를 作成할 수 있을 만큼 漢文이 이미 들어와 있었음을 알 수 있다.[2] 이러한 漢文이 漢四郡時代에는 보다 더 널리 普及되었

---

2 『史記(卷115) 朝鮮列傳(卷55)』에 다음과 같은 記錄이 있다.
至孫右渠 所誘漢亡人滋多, 又未嘗入見, 眞番旁衆(辰)國欲上書見天子, 又擁閼不通, 元封二年漢史涉何誘右渠 終不肯奉詔
이와 같은 記錄은 漢書와 後漢書에도 보인다. 여기서의 衆國은 辰國의 잘못이다. 그 位置는 震檀學會編 『韓國史』에 의거했다. 이 책에서는 漢文의 使用을 韓氏朝鮮時代부터일 것으로 推測하고 있다.(568면)

을 것은 推測하기에 어렵지 않다. 이렇게 流入·普及된 漢文은 三國의 建國初期에는 文語로서의 基盤을 다지고 있었던 것으로 믿어진다. 三國史記 高句麗本紀(嬰陽王 11年條)에 '國初始用文字, 時有人記事一百卷, 名曰 留記'라고 한 것이 이러한 事實을 뒷받침하여 준다. 좀 더 時代를 내려와 國家的 教育機關인 太學을 세워 貴族子弟들을 教育하기 始作한 小獸林王 2年(A.D. 372)에 오면 漢文은 文語로서의 움직일 수 없는 地盤을 確固히 하였을 것으로 믿어진다. 이러한 狀況은 半島의 南 쪽에 위치한 百濟와 新羅에 있어서도 비록 時期的으로 늦긴 하지만 同一하게 展開되어 왔던 것으로 알려져 있다.[3]

漢文이 이 땅에서 文語로서 成立되었음은 우리의 言語生活을 自然 二重的인 것으로 만들었다. 文語로서는 漢語를 바탕으로 성립된 漢文을 쓰고 口語로서는 漢文과는 그 構造를 전연 달리하는 國語를 쓰게 된 것이다. 이들 사이의 干涉이 借字表記法을 發達시키는 重要한 動力이 되었던 것이다.

漢文은 그 背景에 水準 높은 漢文化를 가지고 있었다. 中原에서 이루어진 宗教·思想·文物 등의 文化的 內容이 이 땅의 知識人들에게 傳授되고 知識人들은 이러한 知識의 吸收에 게을리 하지 않았으므로 自然 漢文은 社會的인 優越性(prestige)을 더해 가게 되었다. 여기에 우리의 古代文化는 外來文化와의 接觸이 單調로웠다. 中國文化와의 接觸 以外에는 이렇다 할 만한 다른 文化와 接觸할 機會가 없었다. 佛教文化와의 接觸이 있었으나 이것은 中國文化에 일단 同化된 形態로 輸入되었으므로 오히려 漢字·漢文의 權威를 더 높여주는 結果가 되었다. 이러한 狀況은 漢文의 使用을 長久하게 持續시켰을 뿐만 아니라 그 權威가 後代로 내려올수록 더 높아져 가는 結果를 만들었다. 借字表記法이 漢文을 背景으로 發達했으면서도 어느 程度의 水準에까지 이르러서는 그 以上의 發展을

---

3 震檀學會編(1970), 『韓國史 古代編』, 乙酉文化社, 8版, 568면 이하 參照.

보지 못하고 오히려 衰退해 간 重要한 要因도 여기에 있는 것으로 믿어진다.

口語와 文語의 異質的인 言語構造, 文化接觸의 單調로움과 漢文使用의 長久한 持續 그리고 그 權威, 이것이 借字表記法의 發生과 그 發達의 限界를 짓는 背景이었던 것으로 생각된다.

漢文의 構成要素로서 借用된 漢字는 文字로서의 特性을 가지고 있다. 一般的으로 漢字는 表意文字이고 漢文은 이 表意文字로서 表記되는 것으로 理解하고 있다. 大局的인 見地에서 이 見解는 옳은 것이다. 그러나 漢文은 반드시 表意文字만으로 表記된 것은 아니다. 漢人들도 外國語로부터 들어오는 借用語를 表記하기 위해서는 漢字를 表音文字로 利用하지 않을 수 없었다. 假借字로 불리는 이 文字들은 漢字의 音만을 利用하고 그 意味는 無視되는 것이다. 때로는 中國語에 없는 外國音을 表記하기 위하여 새로운 文字를 만들기도 하였다. 漢語에는 없는 梵語의 'ra'를 表記하기 위하여 '羅'에 'ㅁ'를 붙여 '囉'字를 만든 것과 같은 것이다.[4]

漢字는 表意文字가 그 基本이지만 借用語나 固有名詞를 表記하기 위하여서는 假借라는 方法에 의해 表音文字로 利用되기도 하였던 것이다. 表音文字로 使用되는 漢字는 時代와 個人에 따라 定해진 것은 아니지만 대체로 그 輪廓은 어림잡을 수가 있다. 特히 佛經飜譯에 使用되는 表音字들과 反切에 使用되는 表音字들은 頻度가 높게 나타나는 것들로서 그 범위가 어느 정도는 한정되는 것이다. 이들과 借字表記法의 발생과는 밀접한 관계가 있었던 것으로 믿어지는 것이니 漢文을 構成하는 主流가 表意文字이지만 表音文字를 排除하지 않는다는 사실은 우리의 借字表記法을 理解하는데도 기억해 두어야 할 사항이다.

漢字는 漢語를 表記하기 위하여 發生한 表意文字로서 形·音·意에 그 特徵들이 나타난다. 字形에는 表意文字性이 反映되어 形 자체가 語意

---

4 周法高(1970), 中國語的借字, 『中國語文研究』, 京都: 中文出版社, 100면.

를 暗示한다. 六書 가운데 象形·指事·形聲·會意의 構成原理가 그것
이다. 이 원리가 字意를 엄격하게 지시하지 못한다고 하여 漢字를 表語
文字라고도 하지만 漢字에 있어 字形과 字意와의 관계는 無視할 수가 없
다. 한 言語를 表記함에 있어서 字數가 적을 때는 問題가 다르지만 數萬
의 字形이 存在할 때 그 字形이 表意性을 띠는 것은 오히려 合理的일 것
으로 생각된다. 우리의 借字表記에 漢字의 이러한 性質이 反映되어 일단
表音文字로 차용되어 표기되던 것을 表意性을 賦與하여 代替한 例들이
있다. 이러한 現象은 우리의 借字表記法을 오히려 複雜하게 한 것이다.

漢字音은 中國語의 單音節性을 反映하여 一字一音節을 原則으로 한다.
그러나 이것은 漢語의 構造에 맞는 音節이어서 外國語를 表記하기 위하
여서는 그 音節의 音價가 變質되기도 한다. 梵字의 'sta'를 '瑟砒'로, 'sva'
를 '濕縛'으로 表記한 例들이 있다.[5] 이는 우리의 漢字音에서 보면 漢字의
音節末子音을 脫落시킨 것으로 보인다. 이러한 表記法이 우리의 借字表
記法의 漢字音 利用에 어떤 影響을 미쳤던 것으로 생각된다.

漢字音은 일찍부터 國語의 音韻體系에 同化되었다. 그러나 이 同化는
漢語의 音節을 모델로 한 것이기 때문에 비교적 複雜한 音節構造를 가진
國語의 모든 音節을 表記할 수가 없었다. 이것이 우리의 借字表記法을
表意文字와 表音文字의 混合表記에 머무르게 하는 重要한 한 要因이 된
것으로 믿어진다.

漢字의 字意는 中國의 文化와 그 言語構造에 바탕을 둔 것이다. 漢文
이 輸入되어 이를 利用한 表記生活이 始作되면서 漢字의 字意가 우리의
文化的 狀況에 맞는 뜻으로 변질되는 예는 言語接觸의 必然的인 現象으
로 당연히 있을 수 있는 것이다. 그러나 이보다 더 重要한 것은 漢字의
訓의 성립이다. 이것이 借字表記法의 構造와 發達에서 중요한 구실을 하

---

5 周法高(1964), 佛教東傳對中國音韻學之影響, 『中國語文論叢』, 臺北, 正中書局, 圓明字
輪四十三字諸經譯文異同表 參照.

였던 것이다.

Ⅲ. 借字表記法의 表記體系

借字表記法이 어떠한 順序로 發達해 왔는가를 알기 위해서는 먼저 그 體系를 把握해 두는 것이 理解에 편하다. 借字表記法은 新羅末 高麗初에 오면 그 發達의 頂點에 達한다. 그 頂點에 達한 表記가 곧 鄕札이란 名稱으로 불리고 있는 鄕歌表記이다. 三國遺事의 鄕歌는 新羅에서 創作된 것이지만 文字로 記錄된 年代가 13世紀 後半이다. 均如傳의 普賢十願歌는 그 創作年代가 비록 뒤지지만 10世紀의 表記로 보아 無妨할 것이다. 이 表記를 用字法과 文章表記構造로 나누어서 보기로 한다.

鄕歌表記의 用字法은 다음과 같이 넷으로 나누어진다. 音讀, 音假, 訓讀, 訓假가 그것이다.[6] 이것은 漢字의 音·意 어느 쪽을 借用하느냐에 따라 音과 訓으로 나뉘고 이것을 各各 漢字의 原意에 따라서 사용했는가 그렇지 않으면 原意를 無視하고 단순히 音의 符號로 使用했는가에 따라 讀과 假로 나뉜다. 즉 讀은 借字를 音으로 읽든 訓으로 읽든 文脈에서 그 原意를 살려서 借用한 借字이고 假는 그 原意를 無視하고 表音符號로만 使用한 借字이다. 이것은 漢字가 가지고 있는 音·意 兩面과 그것이 國語表記에 同化되어 表音文字化했는가 그렇지 않고 表意文字性을 그대로 지니고 있는가에 따라 分類한 것이다. 즉,

---

6 이 體系는 梁柱東(1942), 『古歌研究』, 59~60면의 用字法에서 義訓讀과 義訓借를 消去하고 術語를 바꾼 것이다.

漢字(借字)
音 → 音讀 : 音으로 읽고 원뜻도 살림
音 → 音假 : 音으로 읽되 表音符號로만 씀
意 → 訓讀 : 訓으로 읽고 원뜻도 살림
意 → 訓假 : 訓으로 읽되 表音符號로만 씀

로서 圖式化할 수 있다. 用字法에는 讀과 假의 中間에 드는 것이 있다. 이것은 이 네 개의 用字法에 의하여 借用된 이후 二次的으로 民間語源的인 類推에 의하여 發展된 것이다. 이 네 가지 用字法은 借字法의 基本이 되는 것이고 讀과 假의 中間에 서서 曖昧한 것은 그 基本原則에서 副次的으로 發達한 것이기 때문에 發達의 契機를 把握하기 위해서는 같은 次元에서 다룰 性質의 것이 아니다.

普賢十願歌의 한 句節을 이 用字法에 따라 分類해 보면 다음과 같다.

心未 筆留 慕呂白乎隱 佛體 前衣

心未 : 訓讀 + 音假(ᄆᅀᆞ매)
筆留 : 訓讀 + 音假(부드로)
慕呂白乎隱 : 訓讀 + 音假 + 訓讀 + 訓假 + 音假(그리ᄉᆞᆸ온)
佛體 : 訓讀 + 音假(부텨)
前衣 : 音讀 + 音假(前의)

이는 한 語節을 單位로 끊어 그 用字法을 分類해 본 것이다.[7] 이렇게 놓고 보면 語節을 單位로 하여 讀字가 쓰이는 位置와 假字가 쓰이는 位置

---

7 '慕呂-'의 '慕'가 '그리-'로 읽히는 것이 讀이냐 假이냐의 問題가 있어 讀과 假의 中間에 드는 것이라고 할 수 있으나 여기서는 讀으로 취급하였다.

가 特徵的으로 드러난다. 즉 語節의 첫머리는 讀字가 오고 그 뒤에 假字가 오는 構造이니 語節의 意味部는 讀字로 표기하고 그 뒤에 이어지는 形式部는 假字로 표기하는 構造이다. 이를 公式으로 표시하면 '讀 + 假'의 構造이다.

이 讀 + 假 構造에서 假字表記로 나타나는 부분은 두 가지 機能으로 나누어 볼 수 있다. 그 하나는 '心未', '慕呂'에서 볼 수 있는 것과 같이 假字들이 訓讀字의 末音과 관계된 것이다. '心'은 'ᄆᆞᅀᆞᆷ'으로 訓讀되는 것이어서 다음에 處格의 '이/의'만 표기해 주어도 無妨한 것이다. 여기에 '이/의' 대신 '未'를 쓴 것은 'ᄆᆞᅀᆞᆷ + 매'가 되어 'ㅁ'音 표기가 重複된 것으로 나타난다. 그러나 '未'는 '心(ᄆᆞᅀᆞᆷ)'의 語末音 'ㅁ'과 處格을 표기한 末音添記로서 '心未'는 'ᄆᆞᅀᆞ매'를 표기한 것이지 'ᄆᆞᅀᆞᆷ매'를 표기한 것이 아니다. '慕呂-'에서도 같은 현상을 볼 수 있다. '慕'만으로도 '그리-'가 되는 것인데 그 語末音節 '리'를 '呂'가 다시 重複表記하고 있다. 이 '呂'도 訓讀末音添記로서 '慕呂-'는 15세기의 '그리-'에 對應하는 表記인 것이다. 이 末音添記法은 엄격하게 지켜져 그 規則이 예외 없이 적용되는 것은 아니다. 末音添記는 그 앞에 오는 借字가 訓으로 읽히느냐, 音으로 읽히느냐를 구별하게 해 준다. '心未'의 경우는 '心'이 訓讀되는 것임을 나타내 주는 것이고 '前乃(저나) 전에)'의 경우는 '前'이 音讀되는 것임을 나타내 준다. 그러나 末音添記의 發生動機는 音節境界 意識의 發現에 있었던 것이다. 즉 '心未'는 音節境界가 'ᄆᆞ + 숨 + 애'로 되는 것이 아니라, 'ᄆᆞ + ᅀᆞ + 매'로 되는 것임을 보여주는 것이다. 末音添記法은 그 先行音節이 開音節로 끝남을 나타내 주는 경향이 있다. 表記法에서 音節意識과 形態素意識 중 어느 것이 작용하느냐 하는 문제는 개인에 따라서 또는 같은 사람이라 하더라도 표기하는 瞬間에 따라서 달라지는 것이다. 借字表記法은 이러한 恣意性을 制約하는 힘이 부족하였었다.

借字表記法의 假字部分이 나타내는 또 하나의 기능은 語節이 그 文章에서 취하는 文法的 關係를 보여주는 것이다. 이는 孤立語인 漢語의 構造

를 基盤으로 하여 발달한 表意文字의 機能을 살려서는 膠着語인 우리 國語의 機能語들을 원만하게 표기할 수 없는 데서 발달한 것이다. 借字表記法은 기실 이 가자부분의 표기가 실현됨으로써 本格的인 表記體系의 機能을 발휘할 수 있게 된 것이다. 이 부분의 표기에 사용되는 借字들은 원칙적으로 假字들이지만 漢語의 虛辭字들 가운데 國語의 機能語에 對應될 수 있는 것은 讀字로서도 쓰일 수가 있다. 이는 借字表記法의 發達에 관계된 문제로서 後述될 것이다.

語節의 後尾部分이 假字나 漢語의 虛辭字들로 構成되는 原因은 孤立語와 膠着語의 構造的 差異에서도 說明될 수 있다. 그러나 이것은 言語構造의 類型에 따라서 漠然하게 說明할 수 있을 뿐이고 具體的으로 이러한 表記가 成立된 動機를 說明할 수는 없는 것이다. 이에 대하여 具體的언 解答을 提示해 주는 것이 『舊譯仁王經』上卷의 落張 5枚에 기입된 釋讀口訣이다. 이 口訣은 13세기에 記入된 것으로 추정되어 年代만으로 보면 후대의 것이지만 그 表記法이 鄕札表記法과 일치한다는 點에서 借字表記法의 發達에 대하여 중요한 示唆를 하는 것이다. 이 口訣은 原文이 漢文이지만 그 原文 行間의 左右에 記入한 吐의 位置와 그 吐의 機能으로서 그 한문을 우리말로 새겨 읽도록 표시한 자료이다.[8] 그 原文의 構成素들을 吐가 指示한 대로 우리말의 順序로 排列하고 略體로 된 借字들을 正楷體로 바꿔 써 놓으면 그 構造는 곧 鄕札의 表記構造와 一致하는 것이 된다. 즉 漢文의 本來의 構成素들은 原則的으로 讀字로 읽히게 되고 거기에 첨가된 토의 부분은 假字로 읽히게 되는 것이다. 이는 鄕札表記에 나타나는 語節의 語頭部分은 構造上 釋讀口訣의 漢文構成素에 一致하고 後尾部分은 釋讀口訣의 吐에 一致하는 것이 된다.

이러한 一致는 우연의 所致라고만 볼 수는 없는 것이다. 釋讀口訣과

---

8 南豊鉉·沈在箕(1976), 舊譯仁王經의 口訣硏究(其一), 『東洋學』 6輯, 檀國大 東洋學硏究所, 40~44면.

鄕札間에 影響의 授受가 있었음을 의심할 수 없게 하는 것이다. 현재의
釋讀口訣 資料는 13世紀인 後代의 것이지만 이는 資料의 인멸(湮滅)에
기인하는 것이고 實際로는 鄕札보다 먼저 발달했다고 보아야 借字表記法
의 資料들이 보여주는 여러 事實을 合理的으로 說明할 수 있는 것이다.
漢文은 이미 三國時代에 文語로서 그 位置를 確固히 하였고 그에서 發達
한 借字表記法은 항상 漢文에 대하여 從的인 位置에 있었던 點, 또 借字
表記法은 漢文 文章構造에 대한 最小限의 知識이 있어야만 使用할 수 있
으며 漢文을 배우자면 자연 口訣을 익히게 된다는 點 등은 釋讀口訣이
鄕札보다 앞서 存在했어야 한다는 當爲性을 말하여 주는 것이다. 이러한
점에서 筆者는 借字表記法과 漢文의 受容을 密接한 關係 위에 놓고 口訣
의 發達過程이 借字表記法의 발달을 主導해 온 것으로 보는 것이다.

　吏讀文과 鄕札은 表記法上으로는 차이가 없는 것이다. 다만, 言語表現
樣式에 있어 차이가 있어 吏讀文은 雜種言語的인 性格을 띠지만 鄕札은
全面的인 國語를 表記한 것이라는 點에서 差異가 있을 뿐이다.[9] 따라서
吏讀文에서 漢文의 要素를 除外하면 바로 鄕札의 表記法을 찾을 수 있는
것이다. 鄕札資料는 10세기 이후의 記錄이 남아 있지만 吏讀資料는 三國
期에서부터 近代까지의 자료가 남아 있어 年代順으로 脈絡을 이어 볼 수
있는 것이다. 이 글에서는 三國期부터 新羅統一 직후 8世紀까지의 資料
를 중심으로 그 發達過程을 追求해 보고자 한다.

Ⅳ. 借字表記法의 發達

　우리가 確認할 수 있는 資料로서 볼 때 借字表記法은 語彙表記에서부
터 始作된 것으로 나타난다. 이 方面의 이른 시기의 資料는 廣開土大王碑
(A.D. 414)이다. 이 碑文은 漢文으로 構成되어 있지만 그 가운데 100餘

---

　9 拙稿(1979), 丹陽新羅赤城碑의 語學的 考察, 『檀國大 論文集』 13號, 13~16면.

個의 우리의 固有名詞 表記에서 音을 이용한 借字의 數가 80餘字가 나온다. 이들 表記에 대해서는 앞으로 綜合的인 檢討가 있어야 하겠지만 우선 그 윤곽만 보더라도 몇 가지 特徵的인 事實을 찾아 볼 수 있다. 첫째, 이 表記에 사용된 한자들은 漢人들이 그들의 借用語表記나 固有名詞表記에 사용한 漢字들과 공통되고 있다는 사실이다. 일례로 '鄒牟王'의 '鄒字는 當時 中國에 流行했다고 하는 反切의 上字로도 쓰인 것이었으나 그 用例는 드물고, 본래는 漢語에서도 地名表記에 쓰인 것이다. 孔子의 出生地의 名稱에 쓰인 것이니 古代부터의 假借字였을 것이고 그 배경에는 儒敎的인 色彩가 있는 것이다. '牟'는 反切에서는 使用되지 않던 것으로 佛家에서 梵語借用語表記에 쓰던 假借字이다.[10] 이밖에도 佛家의 借用語表記에 쓰던 借字들을 많이 볼 수 있어서 高句麗人들이 이 方法을 受容한 것임을 알 수 있고 이 표기에도 時代的인 어떤 積層이 있는 것으로 생각된다. 둘째, 이 借字들은 百濟와 新羅에서 쓰던 借字들과도 공통되며 더 나아가서 日本에서 쓰던 借字들과도 공통된다.[11] 이것은 偶然이라고만 볼 수 없을 것이고 百濟와 新羅는 물론, 日本까지도 高句麗의 借字表記와 關聯性을 가진 것임을 말해 준다.

그러나 이 表記들이 高句麗人들에 의해서 이루어진 것이라고 하여 韓國化되었다고 하기는 어렵다. 이 語彙들은 우리의 固有名詞들을 표기한 것이지만 漢文에 쓰였으니 결과적으로는 漢文 構成素의 하나이다. 또 '北夫餘'의 '北', '大朱留王'의 '大'와 '王', '利殘國'의 '國', '模盧城'의 '城' 등은 漢文의 造語法에 의하여서도 添加될 수 있는 것들이어서 國語的인 것이라고 볼 수만은 없는 것이다.

이 語彙表記가 韓國化되었음을 보여주는 증거는 高句麗와 百濟의 現存

---

10 莊惠芬編著(1964), 『廣韻切語今讀表』, 臺北: 廣文書局에 보면 '鄒'字가 反切上字로 쓰인 例가 하나 나오고 '牟'자는 그 용례가 나타나지 않는다.

11 李崇寧(1955), 新羅時代의 表記法 體系에 관한 試論, 『서울大論文集』 2輯에서 이 問題는 論及된 것이다.

資料에서는 확인하질 못하였다. 三國期의 新羅資料에서야 믿을만한 증거를 찾을 수 있으니 '波珍干支'가 그것이다. 이 表記는 6세기의 기록으로 추정되는 蔚州川前里書石追銘과[12] 眞興王十年代 記錄으로 確實視되는 丹陽新羅赤城碑[13]에 나타나는 것이니 6세기 중엽 이전의 表記이다. '波珍'은 '바돌'로 읽히어 '海'에 대응하는 점, 『三國史記』 기타의 地名表記에서 '珍'이 '돌'로 읽히는 점, 『日本書紀』에서 'ハトリ'로 註音하고 있는 점들로 보아 '바돌'로 읽힘을 의심할 수 없는 것이다.[14] '珍'이 '돌'로 읽히는 것은 漢字音으로서는 不可能하고 訓으로 읽어야만 可能한 것이다. 用字法上으로 訓假字인 것이다. 이는 純粹한 韓國的인 讀法으로 漢人들은 解得할 수 없는 것이다.

語彙表記에서 이 訓假字를 확인함으로써 漢字音을 이용한 固有名詞表記字들도 音假字가 될 수 있음을 확인하게 되는 것이다. 이 訓假字의 確認은 중요한 새로운 정보를 제공해 준다. 이미 이 시대에 漢字의 訓이 성립되어 있다는 사실을 알려주는 것이다. 漢字의 訓은 漢字의 뜻에 해당되는 國語의 單語를 대응시키는 것이니, 현재 우리가 볼 수 있는 千字文의 訓이 그 대표적인 것이다. 이 訓은 漢文의 構成素들을 우리말로 새기는 과정에서 생기는 것이어서 漢文의 釋讀法 즉 釋讀口訣이 형성된 것을 전제로 하는 것이다. 釋讀口訣은 초기에는 吐가 발달되지 않아 圓滿한 表記는 不可能하였지만 國家的 敎育機關이 設立된 시대에는 적어도 口傳되는 口訣은 成立되어 있었다고 보아야 할 것이다. 이 釋讀口訣에서 漢文의 基本語彙와 國語의 基本語彙가 대응을 보이게 되어 漢字의 訓이 형성되었을 것이다. 이 訓은 한 漢字에 대하여 몇 개의 訓이 대응하다가 후대로 오면서 千字文의 訓과 같은 一對一의 訓도 생겨났을 것이다. 이

---

12 黃壽永編著(1976), 『韓國金石遺文』, 一志社, 26~36면.
13 『史學誌』第12輯, 檀國大學校 史學會, 1978 參照.
14 梁柱東, op.cit., 707~8면.

시대에는 아직 이러한 段階까지는 이르지 못하였을 것으로 생각된다. 訓假字 '珍'의 확인은 訓의 성립과 아울러 釋讀口訣의 成立을 알려주는 重要한 事實의 確認인 것이다.

新羅의 이 訓假字表記는 文化的으로 高句麗의 後進이었고 借字表記 자체가 高句麗와의 脈絡을 같이 하고 있는 사실과 現存 新羅 最古의 기록에서부터 나타난다는 사실을 감안하면 高句麗에서부터 받아들였을 가능성이 큰 것이다.

語彙表記에서 假字들이 사용되었다 하여 이것이 文章表記로 이어져서 假字만을 이용하는 全面的인 國語表記의 借字表記法이 성립되었음을 의미하지는 않는다. 文章表記를 위해서는 다른 次元의 契機가 必要했던 것이다. 현재 우리가 가지고 있는 資料는 그러한 文章表記를 보여주지 않을 뿐만 아니라 그것이 존재했을 可能性도 찾아보기 어렵다. 三國期의 資料들은 語彙表記를 제외하고 假字들의 使用例를 보여주지 않고 文章表記에 使用되는 借字들은 讀字가 主가 되고 있다. 후대에 와서 吐가 발달됨으로써 假字들의 사용이 文章表記에 나타나지만 이것은 어디까지나 吐라는 위치에 나타나는 것이다. 즉 意味部는 讀字로 表記되어 語節의 頭部에 나타나고 文法的 形式部는 假字들로 表記되어 語節의 後尾部에 나타나는 것이다. 이 讀字들의 사용은 借字表記法이 발달되었어도 當時 文語로서의 位置를 確固히 하고 있는 漢文의 拘束을 完全히 脫皮하지 못하고 있음을 말하는 것이다. 또 假字들만으로 國語를 表記하자면 國語의 音節을 모두 表記할 만한 假字들이 있어야 한다. 그러나 音節構造가 國語와 다른 漢語를 바탕으로 하여 형성된 漢字音은 그것이 國語의 音韻體系에 同化되었어도 國語의 모든 音節을 표기할 수는 없는 것이다. 現在의 資料는 이 難點을 克服한 痕迹을 보여주지 않는다.

이러한 사실들로 볼 때 文章表記의 始源은 다른 次元에서부터 추구하지 않을 수 없다. 이 방면의 자료로는 일찍부터 高句麗의 城壁石刻銘이 알려져 있다. 現在 네 개가 알려져 있는데 그 중 하나를 예로 들어 고구해 보기로 한다.

丙戌十二月中 漢城下 後卩小兄 文達節 自此西北行涉之(丙戌 十二月중
에 漢城 下의 後部 小兄 文達이 監督, 여기서부터 西北方을 받음).[15]

이 기록은 『海東金石苑』의 추정에 聯關시켜 보면 長壽王代로서 그 丙
戌은 446年이다. 이 가운데 '中'자의 용법은 일찍부터 漢文으로서는 어색
하고 吏讀的인 要素가 있다는 견해가 제기되어 있는 것이다.[16]

'文達節'도 역시 漢文으로서는 語順이 不自然스러워 '節' 다음에 어떤
어조사를 補充하여야 할 것 같다. '節'이 '指揮監督'의 뜻으로 쓰이는 것도
高句麗的인 用法에 기초를 둔 것으로 생각된다. '西北行'도 한국어의 어
순이지만 '行'이 方向의 뜻을 나타내는 것도 역시 高句麗的인 用法에 말
미암는 것으로 생각된다. '涉之'의 '涉'이 '受'의 뜻으로 쓰였다는 것은 解
讀上의 宿題로 남겨 놓는다 하더라도 文의 終結辭로 '之'가 쓰인 것은 注
目할 것이다. 이는 新羅側의 이 系統 文體에 特히 자주 나타나고 후대에
는 吐로 발달했기 때문이다. 高句麗語의 終結語尾에 對應시켜 釋讀하던
漢文習得의 慣習이 反映된 것으로 볼 수 있는 것이다.

高句麗의 이 系統 文體는 이들 넷밖에는 확인된 것이 없어서 그 전모
를 추측하기는 어렵지만 漢文의 釋讀에서 國語語辭에 對應시키던 漢字들
로 보이는 것이 나타난다는 점이 중요하다.[17] 또 '中', '節, '之'는 新羅의

---

15 鮎貝房之進(1972)의 解讀에 따랐음. 『雜攷 - 俗字攷, 俗文攷, 借字攷』, 東京: 國書刊
行會影印, 366～372면.

16 李弘稙(1954), 延壽在銘新羅銀合杅에 對한 一, 二의 考察, 『崔鉉培還甲紀念論文集』,
사상계사.

17 廣開土大王碑는 原則的으로는 漢文으로 쓰인 것이다. 그러나 大王의 諡號 '國岡上廣
開土境平安好太王'은 高句麗식 漢文이라고 한다(震檀學會編, 『韓國史 古代編』, 570면). 여기
서의 '土'의 用法은 最近 發見된 中原高句麗碑의 '新羅土內'의 '土'의 用法과 一致하는 것으
로 高句麗的 用法에 의한 것으로 보여 注目을 끈다. 이는 現存하는 이 系統 文體의 上限線

吏讀文에서도 발견되는 것이어서 이러한 文體가 高句麗에서 新羅로 擴散된 것임을 보여 주는 것이다.

百濟 吏讀文의 形態는 현재 確認된 것이 없다. 固有名詞表記借字에서 高句麗의 것과 共通된다는 점과 百濟前部銘標石에서 '上卩前卩 □自此以 □□□' 등이 보이는 바[18] '卩'는 '部'字의 略體로 高句麗 城壁石刻銘의 字形과 일치하는 점으로 볼 때 이 계통의 文體에도 影響의 授受關係가 있었을 것을 推測해 볼 수 있을 뿐이다.

新羅의 初期的 吏讀文 資料는 같은 三國期이면서도 양적으로 高句麗보다 많다. 또 이 資料들은 初期 吏讀的인 形態들을 보다 分明히 보여주고 있다. 高句麗에 비해 문화적으로 後進이었던 新羅가 오히려 이 系統의 文體를 效果的으로 受容 發展시켰던 것으로 생각된다. 高句麗에서는 漢文이 文語로서의 基盤이 강화된 다음 借字表記法을 스스로 개발하여 발전시켰다면 新羅는 漢文의 基盤이 약한 상태에서 高句麗에서 開發된 漢文釋讀法과 그에 부수되는 借字表記法이 同時에 들어온 것으로 推測해 볼 수 있다. 新羅의 借字表記法은 이 새로운 與件에서 發展的으로 成長했던 것이 아닌가 한다.

5세기 말 내지 6세기 초의 新羅 最古의 記錄으로 추정되는 蔚州川前里書石 原銘을 보면 漢文式 語順과 더불어 國語語順의 구절들이 나온다. '以下爲名誓書石谷/이하는 誓書石谷이라 이름하다'는 漢文의 表現이다. 다음의 '善石得造/좋은 돌을 얻어 만들다.', '幷遊友妹麗德光妙於史郎安郎三之/함께 노닌 벗은 매인 麗德光妙, 於史郎, 安郎의 셋이다' 등은 分明한 國語語順을 보여준다. 6세기 中葉(眞興王 10年代, 540)의 丹陽新羅赤城碑에서도 漢文式 語順과 더불어 '(前)者更赤城烟去使之/(前)者는 다시 赤城烟으로 가서 使할 것이다.', '國法中分與/國法에 따라서 나누어 준다.' 등

을 끌어 올릴 수 있는 것으로 생각된다.

18 黃壽永編著, op.cit., 52면.

國語語順의 句節이 나온다.[19] 또 여기에는 '事, 節, 之, 中, 更, 白, 使' 등 韓國化된 固定意味로 쓰이는 語辭들도 나온다. 이들은 後代에 吏讀文의 套語로 쓰이는 것으로 그 初期的인 것이다. 國語語順이나 韓國化된 語辭의 뜻들은 그 배경에 漢文의 釋讀法 즉 初期的인 釋讀口訣을 기초로 하고 있다고 보아야 할 것이다. 漢文이라고 하는 한 文語의 規則을 깬다는 것은 人間의 保守的인 觀念의 存在를 염두에 두고 생각할 때 쉬운 일은 아닌 것이다. 더욱이 이것이 社會的인 勢力을 가진 文體로서 擴散되어 나가는 것이 組織的인 敎授方法에 의하지 않고 自然發生的인 힘에 의한 것일 때 그 基礎가 되는 힘을 생각하지 않을 수 없는데, 그 힘을 釋讀口訣이라고 보아야 그 擴散의 合理性을 說明할 수 있게 된다. 國語語順의 代表的인 文體로 알려져 있는 壬申誓記石銘에서 이 事實은 더욱 굳어진다. 이 文體는 一見 純粹國語語順인 것 같지만 '若國不安 大亂世 可容行誓之'의 '若'이나 '可容'은 漢文式 語順에다 漢文式 語意인 것이다. 따라서 이 記錄을 우리말로 옮겨 놓으면 그것은 우리의 口語가 아니라 漢文의 飜譯文에 가까운 文語的인 表現이 된다. 이는 釋讀口訣에서 얻은 言語能力을 가지고 記述한 사실을 말하여 주는 것이다.

6세기 後半의 記錄으로 推定되는 南山新城碑銘(591)은 國語的 語順임은 물론, '作, 節, 以, 者, 敎, 事, 爲, 令, 之' 등의 吏讀들을 짧은 文面임에도 불구하고 多量으로 보여준다. 이 吏讀들은 國語로 읽혔음은 물론, 후세에도 그대로 계승된 것이다. 이 碑銘을 보면 이 吏讀文體가 行政의 文體로서 움직일 수 없는 확고한 기반을 가지고 있었음을 느끼게 한다. 이는 漢文의 背景이 없어진다 하더라도 그 스스로 成長할 수 있는 基盤을 이미 確立하여 놓고 있음을 뜻한다.

그러나 6世紀末까지의 文章表記에서는 文法關係를 보여주는 假字들의 사용을 발견할 수 없다. 前記한 吏讀文字들도 漢文과 國語의 二言語對應

---

19 拙稿(1979), op.cit., 參照.

에 바탕을 둔 訓讀字들이다. 개중에는 文法關係를 보여주는 借字들도 있으나 이는 讀字의 範圍에서 사용된 것이지 假字로서 사용된 것이 아니다. 이는 借字表記法이 口頭로만 傳承되는 釋讀口訣을 바탕으로 하여 發達하여 왔음을 뜻한다. 6世紀末까지도 釋讀口訣을 具體的으로 記錄할 수 있는 吐表記는 존재하지 않았거나 存在하였어도 顯著하지 못하여 이 表記에 본격적으로 적용되지 못했던 것으로 보인다. 이러한 관점에서 볼 때 최근에 발견된 新羅華嚴經寫經造成記는 借字表記法의 발달에 대하여 중요한 새 정보를 제공해 준다.[20] 이 造成記는 天寶 14年(755)인 8세기 中葉, 新羅의 三國統一 以後 近 1세기, 世代數로 약 3세대를 거친 新羅文化 最盛期의 기록이다. 그 保存狀態가 良好하여 一字의 누락도 없이 생생한 原型대로의 文面을 보여 줌으로써 이제까지 字形의 不分明으로 曖昧하였던 이 시대 金石文의 吏讀文들이 지니고 있던 疑問點들도 해결해 줄 수 있는 자료이다. 일례로 이보다 10年 앞서 記錄된 无盡寺鐘銘도 이와 같은 表記法을 보여 주는 資料이나 이에 比하면 斷片과 같은 것이어서 解讀上 曖昧하던 것이 이 資料가 나옴으로써 올바른 解讀의 可能性을 찾을 수 있게 된 것이다.

이 造成記는 크게 세 부분으로 나눌 수 있다. 각 部分은 각기 表記法과 文體에서 特徵的인 性格을 띠고 있다. 이 세 부분을 (A), (B), (C)로 나누어 다음에 옮겨 적는다.

〈A〉
天寬十三載甲午八月一日 初 乙未載二月十四日 一部 周 了 成內之 成內願旨者 皇龍寺緣起法師 爲內賜 第一 恩賜 父願 爲內弥 第二 法界一切衆

---

20 文明大(1979), 新羅華嚴寫經과 그 變相圖의 硏究,『韓國學報』第14輯, 一志社, 27~64면.
黃壽永(1979), 新羅景德王代의 白紙墨書華嚴經,『歷史學報』第八十三輯 參照.

生 皆成佛道欲 <u>爲以</u> 成<u>賜乎</u> 經 成<u>內</u> 法<u>者</u> 楮根<u>中</u> 香水散<u>尒</u> 生長令<u>內弥</u>
然後<u>中</u> 若楮皮脫<u>那</u> 脫皮練<u>那</u> 紙作伯士<u>那</u> 經寫筆師<u>那</u> 經心匠<u>那</u> 佛菩薩像
筆師走使人<u>那</u> 菩薩戒授令<u>弥</u> 齊食<u>弥</u> 右諸人等 若大小便<u>爲哉</u> 若臥宿<u>哉</u> 若
食喫<u>哉爲者</u> 香水用<u>尒</u> 沐浴令<u>只但</u> 作作處<u>中</u> 進<u>在之</u> 經寫時<u>中</u> 並淳淨<u>爲內</u>
新淨衣 褌水衣 臂衣 冠 天冠等 莊嚴令<u>只者</u> 二青衣童子 灌頂針捧<u>弥</u>又青衣
童子着 四伎樂人等 並伎樂<u>爲弥</u> 又 一人 香水 行道<u>中</u> 散<u>弥</u> 又 一人 花 捧
行道<u>中</u> 散<u>弥</u> 又 一法師 香爐 捧 引<u>弥</u> 又 一法師 梵唄 唱 引<u>弥</u> 諸 筆師等
各 香花 捧<u>尒</u> 右念行道<u>爲</u> 作處<u>中</u> <u>至者</u> 三歸衣<u>尒</u> 三反 頂禮<u>爲內</u> 佛菩薩華
嚴經等 供養<u>爲內</u> 以後<u>中</u> 坐<u>中</u> 昇 經 寫<u>在如</u> 經心 作<u>弥</u> 佛菩薩像 作時<u>中</u>
青衣童子 伎樂人 等 除 余 淳淨法<u>者</u> <u>上同之</u> 經心內<u>中</u> 一收舍利<u>尒</u> 入<u>內如</u>

(※ 下線은 吐)

〈B〉

我念誓願盡未來	所成經典不爛壞
假使三災破大千	此經與空不散破
若有衆生於此經	見佛聞經敬舍利
發菩提心不退轉	修普賢因速成佛

〈C〉

紙作人 仇叱珎兮縣黄珎知奈麻 經筆師 武珎伊州 阿干奈麻 異純韓舍 今
毛大舍 義七大舍 孝赤沙彌 南原京 文莫沙彌 卽曉大舍 高沙夫里郡 陽純奈
麻 仁年大舍 屎烏大舍 仁節□ 經心匠 大京 能吉奈麻 亏古奈麻 佛菩薩像筆
師 同京 義本韓奈麻 丁得奈麻 先得舍知 豆烏舍 經題筆師 同京 同智大舍
六頭品 父 吉得阿飡

(A)를 現代語로 옮기면 다음과 같다.

天寶 十三年 甲午 八月 一日에 시작하여 (이듬해인) 乙未年 二月 十四日에 一部를 두루(빠짐없이) 마치어 이루었다(造成하였다). 造成하올 發願은 皇龍寺 緣起法師가 만드시었으니, 첫째는 恩惠를 주신 아버님의 願을 위한 것이며, 둘째는 法界一切衆生皆成佛道케 하고자 하심으로써 造成하시었거니와, 經을 造成하는 法은 닥나무뿌리에 香水를 (매번) 뿌려서 生長시키며 然後에 楮皮脫이나 脫皮練이나 紙作伯士나 經寫筆師나 經心匠이나 佛·菩薩像筆師의 走使人이나 菩薩戒를 주도록 하며 齋를 먹으며, 이와 같은 여러 사람들이 大小便을 하거나 臥宿하거나 음식을 먹고 마시거나 하면 香水를 써서 沐浴시키어야만 여러 만드는 곳에 나간다. 經寫時에는 모두 淳淨한 新淨衣, 褌水衣, 臂衣, 冠, 天冠들로 莊嚴시킨 두 靑衣童子가 灌頂針을 받들며 또 靑衣童子에 붙여 네 伎樂人들이 모두 伎樂을 하며 또 한 사람은 香水를 行道에 뿌리며 또 한 사람은 꽃을 받들어 行道에 뿌리며 또 한 法師는 香爐를 받들어 이끌며 또 한 法師는 梵唄를 불러 이끌며 여러 筆師들은 각기 香花를 받들어 右念行道하여 만드는 곳에 이르면 三歸衣씩 3번 頂禮하고 佛·菩薩 花嚴經들을 供養한 以後에 자리에 올라 經을 썼다. 經心을 지으며 佛菩薩像을 지을 때에는 靑衣童子와 伎樂人들을 除하고 나머지 淳淨法은 위와 같다. 經心 안에 一收의 舍利씩 넣는다.

이는 可能한 限 直譯한 것이다. 表現 가운데 漢語文法的인 要素가 없지 않으나 거의 自然스러운 國語文章들로 構成되었다. 佛教用語 등 漢字語가 들어 있으나 이들은 借用語로써 國語語彙로 計算되는 것이다.

글 (A)가 國語文章으로 表現된 것과는 對照的으로 글 (B)는 漢文으로 表現되어 있다. 글 (B)가 漢詩의 律格으로 보아서는 不完全하지만 이는 佛經에서 볼 수 있는 偈頌에 해당하는 것이다. 일례로 法華經을 보면 먼저 散文으로서의 經文이 있고 그 다음이 內容을 韻文인 偈頌으로 反復하고 있다. 이 造成記의 構成은 形式上 이러한 佛教的인 變文의 體制에 따른 것이다. (A)와 (B)의 문체는 社會的인 品格으로 보아 同等한 位置에 있음을 말하는 것이다. 이것은 (A)가 漢文과의 거리가 매우 가까운 것을 뜻하는 것이니 이것은 (A)가 釋讀口訣과 밀접한 관계에 있기 때문인 것으로 생각된다.

(C)는 語彙表記이다. 寫經造成에 참여한 사람들을 職責, 出身地, 人名, 官位의 順으로 열거하고 있다. (A)와는 表記法上 特徵的인 대조를 보이고 있다. 이는 특히 地名表記와 人名表記에서 顯著하다. (A)의 語節表記는 原則的으로 讀·假의 構造인데 (B)의 地名表記나 人名表記는 假字만의 表記이거나 假·讀의 構造로 나타나는 것이다. (C)의 이 表記는 高句麗의 廣開土大王碑銘 이래 여러 金石文에 나타나는 固有名詞表記와 大差가 없는 것이다. 固有名詞도 대체로는 그 語源이 있는 것이어서 漢譯이나 訓讀字表記가 可能한 것이다. 예를 들면 '異斯(伊史)夫'를 '苔宗'으로 表記하는 것과 같은 可能性이 (A)의 表記構造로 보아 이 時代에는 이미 있었던 것이다. 그럼에도 불구하고 固有名詞表記에서만 유독 '假·假'나 '假·讀의 表記가 나타나고 있는 것은 歷代로 내려오는 慣習을 그대로 保守하고 있는 것임을 말한다. 따라서 (A)와 (C)는 용도에 따라서 두 가지 表記構造가 공존하고 있음을 보여주는 것이다. 이 構造는 三國期에서부터 극히 후대에까지도 그대로 지속되었던 것이다. 후대에는 間或 (A)의 表記가 (C)에 適用되기도 하고 (C)의 表記가 (A)에 適用되기도 하였으나 그 주류에는 변함이 없었던 것이다.

이제 (A)의 表記法에 대하여 좀 더 구체적으로 檢討할 차례가 되었다. (A)에서 가장 주목할 사실은 吐와 略體字의 출현, 그리고 그 語順이다. 앞서 소개한 原文의 밑줄 친 부분이 吐에 해당하는 部分이다. 이 部分은 語節의 後尾部에 添加된 것으로 主로 文法的 關係를 나타내는 部分이다. 이를 表記한 借字는 訓讀字와 假字로 나뉜다. 訓讀字로 사용된 것은 '之, 者, 爲, 以, 中, 在'이다. 이들 吐에 쓰이는 訓讀字들은 原則的으로 漢文에서 文法關係를 나타내는 虛辭字들에 한한다는 制約을 갖는다. 이들은 三國期의 文章表記에서도 쓰여 오던 것들로서 國語의 文法的 機能語와 쉽게 대응되는 虛辭字들이다. 이들은 吐로 쓰이면서 이미 假字化의 길을 밟고 있음을 보여주고 있다. '作作處中 進在之'의 '中'은 漢文에서의 機能과 比較해 보아도 完全한 離脫로 보이지는 않는다. 그러나 '然後中 …… 菩薩戒 授令弥'의 '中'은 漢文의 語法으로서는 용납되기 힘든 것이다.

이는 假字化의 길로 보다 깊이 들어선 것이다. 이러한 사실은 吐에서 訓讀字로 쓰이는 借字들은 國語의 表記(表音化)에 그 主要機能이 있어서 母體였던 漢文의 支配를 쉽게 離脫하는 傾向이 있음을 말하여 준다. 이에 比하면 語節의 頭部에 쓰이는 讀字들은 漢文의 支配를 쉽게 벗어나지 못하거나 그 速度가 더디다. 이것은 吐에 使用되는 訓讀字와 語頭에 사용되는 訓讀字가 同一한 次元에서 쓰인 것이 아님을 의미한다.

吐에 사용된 假字들은 訓假字와 音假字로 나뉜다. 訓假字는 '內, 尒, 乎, 如'가 그것이고 音假字는 '賜, 弥, 那, 哉, 只'가 그것이다. 이들 중에는 이미 그 淵源을 把握할 수 없는 것이 있어서 假字인 것만은 분명하지만 音에 의한 것인지 訓에 의한 것인지 曖昧한 것이 있다. 이 문제를 細論할 여유는 없으므로 여기서는 접어둔다.

이 假字들이 어떠한 과정을 거쳐서 또 어떤 根據를 바탕으로 하여 假字化하여 吐表記에 쓰인 것인지 생각해 볼 문제들이 많다. 그러나 '弥', '那', '只'는 이미 삼국시대에도 固有名詞表記에 쓰이던 音假字이다. 이로 볼 때 吐表記에 사용된 借字들은 삼국시대부터 쓰이던 虛辭字들과 固有名詞表記에 쓰이던 音假字가 主軸을 이루고 여기에 第三의 借字들이 가해진 것임을 알 수 있다. 삼국시대부터 平行線을 이루던 語彙表記와 文章表記에 사용되던 借字表記法이 여기 와서 비로소 합류됨을 볼 수 있게 된다.

이 造成記는 吐의 표기에서 略體字 '尒'을 확인시켜 줌으로써 借字表記法의 發達史를 考究하는 데 또 하나의 공헌을 한다. 이 略體字는 永川菁堤碑貞元銘(798)에도 이미 나와 있던 것이다. 그러나 그것이 당시로서는 유일한 예였을 뿐만 아니라 判讀에 의문이 있어 新羅時代에 略體字가 있었다는 證據로 삼기에는 躊躇스러웠던 것이다. 이제 이 碑文보다도 앞서는 시기의 자료에서 그 略體字가 확인된 것이다. 이 '尒'는 '금() 곰'으로 읽히는 것으로 機能上 15세기의 語末添辭 '-곰'과 일치한다. 이는 '彌'의 略體이다. '彌'는 音으로서는 '며'로 읽히고 訓으로서는 動詞 '금다'로 읽혔던 것으로 推定된다. 같은 漢字의 音과 訓이 차용되는 예는 借字表記法에서 흔히 볼 수 있는 것이다. '尒'는 '彌'字의 後尾部를 딴 것으로 '彌'의 俗字 '弥'는 이 造成記에도 나타나고 있어서 이 事實을 뒷받침해 준다.

略體字는 語彙表記에서는 三國期의 資料에서도 나온다. 高句麗城壁石刻銘과 百濟前部標石銘에 나오는 '卩(部)'가 그 예이다. 均如傳의 '艹(菩薩)'도 後代의 資料이기는 하지만 그 淵源은 매우 오랠 것이다. 이러한 略體字는 본래 速記의 便宜를 위하여 發生한 것이다. 그러나 이 略體字가 借字表記法에서 價値를 發揮하게 되는 것은 口訣字로서 사용되면서부터이다. 口訣의 吐表記는 漢文으로 된 原文의 行間에 손으로 記入하는 것이기 때문에 劃數가 복잡한 借字는 正字로 쓰기가 어려운 것이다. 또 이 吐表記는 口演하는 것을 받아쓰거나 其他의 理由로 速記를 要할 때에 이 略體字는 매우 편리한 것이다.

후대의 자료를 보면 口訣의 吐에는 正楷體와 草書體가 혼용된다. 正楷體로 쓰거나 草書體로 쓰거나 그 劃數가 단순할 때는 全字가 쓰이고 劃數가 複雜할 때 略體가 쓰인다. 略體는 全字의 部分을 摘取하되 그 全字의 앞부분을 따거나 뒷부분을 따거나 둘 중의 하나다. 特殊한 경우 'ㄲ(←邑)'과 같이 中間部分을 딴 듯이 보이는 경우도 있으나 그것은 '邑→巴→ㄲ'의 과정을 밟은 것이다. 이 略體法은 이 略體가 楷書體와의 관계를 항상 유지하도록 한다. 후대의 기록들을 보면 이것이 公的인 記錄에 나타날 경우, 예를 들면 印刷의 경우는 原則的으로 正楷體로 되돌아간다. 古文書에 나타난 吏讀文의 경우 下情上達인 所志에서는 原則的으로 正楷體를 쓴다. 그러나 그 裁決文과 같이 上意下達일 경우는 略體로 쓰인 예를 볼 수가 있다. 이러한 사실들은 略體와 正楷體 사이에 緊密한 관계가 유지되고 있음을 말하는 것이다. 그러나 이 略體가 慣習化하여 오랜 기간을 거치는 동안에 그 正楷體와의 관계가 끊어져서 그 淵源을 상실한 것도 있다. ㄹ音表記의 '尸'는 이러한 예에 속하는 것이다. 이 造成記의 '氽'은 그 淵源을 喪失했기 때문에 나온 것이라기보다는 音假字인 '旀'와의 混同을 막기 위하여 略體로 表記한 것으로 믿어진다.

略體 '氽'이 吐表記에 사용된 것은 借字表記法이 口訣을 바탕으로 하여 발달한 것임을 뒷받침해 주는 중요한 證據의 하나가 된다. 또 이 造成記의 略體字는 한 예에 불과하지만 그 배후에서는 略體字의 사용이 많았었음도 推測할 수 있게 한다. 이것은 日本의 訓點資料에서 사용된 약체자보다도 약 1세기가 앞서는 것으로 影響의 授受關係가 있었음을 암시한다. 日本의 訓點資料 중 最古의 것은 783年 및 788年에 新羅本과 唐本에 의해서 校合했다는 識語가 있는 '華嚴經刊定記卷第五'라고 한다. 여기에 語順을 표시하는 數字와 逆讀點(返点)이 있다고 한다.[21] 이 역독점은 後代의 것이지만 우리의 資料에서도 확인되는 것이다.[22] 이후 9세기 초에 오코토(オコト)點이 나타나는데 여기에 略體字가 나타난다. 이는 우리의 舊譯仁王經 口訣의 表記法과 原理가 類似한 것이다. 舊譯仁王經 口訣은 비록 13세기의 자료로 推定되지만 그 表記原理는 鄕札에 適用되었고 이 造成記의 表記法도 같은 원리에서 나온 것이므로 그 形成時期는 7세기에서 8세기 사이로 推定할 수 있다. 日本의 약체자와 우리의 약체자는 字形의 類似에도 불구하고 讀法이 다르다. 그러나 이것은 古來로부터의 借字使用의 差에 기인하는 것이고 略體의 摘取法은 같은 原理이다. 이 略體의 字形은 日本 假名字形의 母體가 된 것이다. 아마도 日本의 訓點法은 新羅 佛經의 釋讀口訣表記에서 傳授된 것이 아닌가 한다. 文法構造가 거의 一

---

21 築島 裕(1972), 古代の文字, 『講座國語史』 2(音韻史, 文字史), 東京: 大修館, 333면.
22 安秉禧, 口訣과 漢文訓讀에 대하여, 『震檀學報』 第41號, 153면 이하 및 南豊鉉·沈在箕(1976), op.cit., 153면 參照.

致하는 言語構造에다 類似한 借字表記法을 사용해 오던 日本은 우리의 釋讀口訣 表記의 원리가 쉽게 수용될 수 있는 基盤이 갖추어져 있었던 것이다. 一般的으로 日本의 借字表記는 百濟의 影響을 받은 것으로 믿어지고 있다. 그러나 統一新羅와 日本은 새로운 차원에서의 文化的 交流가 있었던 것으로 생각되는 것이다.

이 造成記의 語順은 거의 完全한 國語語順이다. 그러나 이것은 口語的인 表現은 아니다. '法界一切衆生皆成佛道'는 國語文章 속의 引用句라 하더라도 '若楮皮脫那 脫皮練那……'와 '若大小便爲哉 若臥宿哉 若食喫哉爲者'의 '若'은 漢文文法의 用法이다. 따라서 이는 漢文飜譯과 같은 文體를 보여 주는 것이니 釋讀口訣의 文體와 一致하는 것이다.

우리는 여기서 壬申誓記石銘의 文體를 상기해 볼 필요가 있다. 壬申誓記石銘의 文體는 비록 吐의 표기는 없지만 語順이나 飜譯文體的인 性格에서 이 造成記와 일치하는 것이다. 壬申誓記石銘은 內容上 儒家的인 性格을 지닌 것이다. 이러한 事實은 儒家나 佛家의 文體가 같은 背景인 釋讀口訣에서 발달한 것임을 뜻하는 것이다.

이 造成記는 吐의 표기에 있어 아직은 初期的인 단계에 있다. 어절의 후미에서 필요로 하는 文法的 機能語들의 표기가 생략되어 있는 것이다. 主格表記와 對格表記가 省略되어 있을 뿐만 아니라 보조어간들의 표기도 철저하지 못한 것으로 보인다. 이러한 不完全한 표기의 내용은 讀字와 讀字間의 관계에서 파악할 수밖에 없다. 아직도 暗示的인 表記法의 段階를 벗어나지 못하고 있는 것이다. 이 表記法의 暗示的인 要素는 후대에 와서 많이 克服은 되었어도 完全한 克服은 되지 못하였던 것이다.

V. 結論

1970년대에 와서 借字表記法에 관계된 중요한 자료들이 발굴되었다. 舊譯仁王經(上)의 落張 五枚에 기록된 釋讀口訣, 蔚州川前里書石銘, 丹陽

新羅赤城碑銘, 新羅華嚴經寫經造成記 등은 借字表記法의 연구에 새로운 地平을 제시하는 자료들이다. 이 자료들과 기왕에 알려졌던 자료들을 종합하면 우리의 借字表記法을 7세기의 공백을 제외하고는 각 세기별로 記述할 수 있는 기초는 마련된 것으로 생각된다.

本稿는 이러한 자료들을 토대로 삼국시대부터 8세기까지의 借字表記法을 개관한 것이다. 이 글에서는 文字 그 자체보다도 漢文과의 관계를 더 중시하였다. 漢字보다도 漢文과의 관계를 파악하지 않고는 借字表記法이 발달하는 契機를 이루는 原動力을 파악할 수 없는 것으로 믿어지기 때문이다.

漢文의 學習은 原文의 音讀과 축자적인 해석, 그리고 그 文理에 대한 해설의 과정이 初期부터 있었던 것으로 믿어진다. 이 解釋 過程이 발달하여 釋讀口訣을 이룬 것이다. 釋讀口訣은 스승과 제자 사이에 수수되는 일정한 漢文解釋法으로 여기에는 漢文의 정확한 해석과 그 내용을 파악하는 哲學的인 견해가 담겨지는 것이다.

이 釋讀口訣은 高句麗에서 國家的 敎育機關이 설립된 4세기 후반에는 이미 형성되어 있었던 것으로 추측된다. 이 釋讀口訣의 형성으로 漢字에 대한 일정한 訓이 성립되어 가고 한문의 어순이 國語語順化되는 토대가 마련되었던 것이다. 이것이 文章表記에 반영된 것이 初期的 吏讀文으로 추정되는 것이다.

그러나 삼국시대의 문장표기에서는 吐의 존재가 발견되지 않는다. 新羅의 三國統一 후인 8세기 중엽의 자료에서 비로소 吐 表記가 나타나는데 그것은 漢文의 飜譯文體的인 성격을 띤 표기여서 釋讀口訣에서 발달한 것임을 보여주고 있다. 이 사실은 釋讀口訣의 吐表記가 7세기에서 8세기에 걸치는 어느 시기에 발달한 것임을 말하여 준다. 이 시기는 곧 薛聰의 시기와 일치하는 것이어서 借字表記法의 발달에 그가 중요한 역할을 했다는 史書들의 기록과 대체로 일치한다. 그러나 薛聰이 吐의 表記法을 창안했다기보다는 經書의 標準的인 口訣을 확립하는 가운데서 그

때까지 雜多하게 分岐되어 있던 吐의 表記를 정리했다고 보는 것이 옳은 것으로 믿어진다.

吐의 構成은 삼국시대의 借字表記文章에서 文法的인 機能을 보여주던 虛辭字, 固有名詞를 주축으로 한 語彙表記에 쓰이던 音假字, 그리고 第三의 要素로 되어 있다. 이 사실은 語彙表記와 文章表記가 平行線을 달리다가 이 吐表記에 와서 합류됨으로써 借字表記法의 발달에 새로운 紀元을 이루었음을 뜻하는 것이다.

語彙表記에 이용되는 音假字는 高句麗, 百濟, 新羅는 물론 日本의 그것도 공통성을 지니고 있다. 이는 漢文構成素인 漢字의 假借法을 이용한 것이라 하여 三國과 日本이 제각기 중국으로부터 직접 受容한 것이라고 보기는 어렵다. 高句麗에서부터 발달하여 전파된 것으로 봄이 옳을 것으로 생각된다.

語彙表記에서의 訓假字의 등장은 6세기 중엽과 그보다 앞서는 것으로 추측되는 두 金石文에서 확인된다. 이것은 漢字의 訓과 나아가서는 釋讀口訣의 成立을 확인시키는 증거가 된다. 또 漢文의 假借字들이 우리의 假字로 化하였음도 알리는 한 표지도 되는 것이다.

語彙表記法에서 假字들이 대량으로 나타난다고 하여 이것이 바로 文章表記로 이어졌을 것이라는 추정은 不可能하다. 文化的인 與件은 차치하고라도 漢字의 音節構造가 國語의 音節構造를 모두 표기할 수 없기 때문이다. 이것은 國語의 音節構造가 漢字의 音節構造보다 복잡한데 基因하는 것으로 우리의 借字表記資料는 이 난점을 극복한 흔적을 보여주지 않는다. 이 점에 있어서 우리의 借字表記法과 日本의 그것과는 여건을 달리한다. 日本語의 音節構造는 단순하여 모든 音節을 假字로 표기할 수 있어서 日本語를 全面的으로 표기할 수 있는 表音文字化의 가능성이 일찍부터 있었던 것이다.

日本에서는 5세기에서부터 7세기까지는 音假字(萬葉假名)가 固有名詞表記에만 사용되다가 8세기에 들어와서 文章表記에도 사용된다.[23] 이것은 우리의 語彙(固有名詞)表記法에 해당하는 것이 문장표기에 이용된 것이다.

한편 新羅의 吏讀文 表記에 대비되는 日本의 宣命書에서 吐에 가까운 표기가 보인다. 그 最古의 것은 7세기 말이라 한다.[24] 그러나 이것은 假字만의 사용이어서 新羅의 吐와는 성격을 달리한다. 新羅의 吐表記는 6세기까지 차자표기문장에 사용되었고 國語의 機能語에 쉽게 대응되는 漢文의 虛辭字들이 사용되어 釋讀口訣에서 왔다는 것을 脈絡을 지어 說明할 수 있는 것이다. 그러나 日本의 宣命書의 吐에 유사한 부분은 假字만의 사용이다. 이것은 口訣의 吐와는 관계없이 固有名詞表記의 가자가 직접 사용될 수 있는 것임을 말하여 주는 것이어서 우리의 吐와는 脈絡을 달리하는 것이다.

吐表記에서 略體字 '尒'의 출현은 日本假名의 字形이나 그 발달과 연관시켜 볼 때 중요한 의미를 띤다. 新羅時代의 略體는 이 한 예만이 확인된 것이나, 우리 자료의 성격으로 볼 때 그 배후에 많은 사용이 있었음을 추측하게 하는 것이다. 이것이 吐表記에 사용된 것은 口訣에서 사용되었었던 것을 암시하고 口訣表記는 日本의 訓點이나 오코토(オコト)點과 原理上 계통을 같이하는 것이다. 日本의 이 表記原理는 8세기 말에 발생하여 9세기에는 발달되어 널리 쓰이고 10세기에는 平假名과 片假名의 字形을 이루는 原動力으로 작용한 것이다.

日本과 우리의 借字表記法은 그 原理에 있어서 共通性을 지니고 있다. 그리고 그 發達의 契機가 되는 原理의 발생은 우리의 것이 자료의 양이 부족함에도 불구하고 日本보다 한 시대 앞서서 나타나고 있다. 이것은 우리의 借字表記法의 原理가 적어도 9세기까지는 日本의 借字表記에 影響을 미쳤음을 말하여 주는 것이다. 그러나 우리의 借字表記는 讀·假構

---

23 築島 裕, op.cit., 372면.
24 Ibid., 382~383면.

造를 主軸으로 하는 混合表記에 머물다가 그 文化的인 傳統을 15세기에 와서 訓民正音에 이어주고 特殊한 文語인 吏讀表記로 衰退하였다.

이에 비하면 이른 시기인 10세기에 와서 日本은 音節文字의 字形과 함께 表記體系가 확립되어 表音文字表記體系가 완성되었다. 이러한 차이는 두 言語의 音節構造의 차이에도 基因하지만 言語外的인 條件도 있는 것이다. 즉 우리의 借字表記法은 均如傳의 普賢十願歌가 表記될 段階에서는 音節末子音 表記方法이 대두되어 假字化(音節文字化)의 길이 열렸었던 것이다. 그럼에도 불구하고 混合表記의 段階에 머물렀던 것은 다른 社會的인 與件도 있었겠지만 借字表記法의 배후에 있었던 漢文의 影響이 컸었던 것으로 보지 않을 수 없는 것이다. 이러한 점에서 볼 때 漢文은 借字表記法을 발생시키는 契機를 마련해 주었지만 한편 그 發達을 制約하는 요소로 작용했던 것으로 생각되는 것이다.

▌ 韓國古代文化와 隣接文化와의 關係, 『報告論叢』 18卷 1號, 韓國精神文化硏究院, 1980. 2014년 3월 8일 修訂.

古代國語의 吏讀

Ⅰ. 序言

이 글은 통일신라시대의 국어인 고대국어의 吏讀를 주로 그 文法形態를 중심으로 정리하고자 한 것이다.

이 시대의 吏讀資料는 모두 21편이 발굴되었다. 이를 年代順으로 열거하면 다음과 같다.

1. 甘山寺彌勒菩薩像造成記(719, 약칭 〈감산사미륵〉)

2. 甘山寺阿彌陀如來像造成記(720, 약칭 〈감산사아미〉)

3. 關門城石刻(7세기 말 또는 722)

4. 上院寺鐘銘(725)

5. 无盡寺鐘銘(745)

6. 新羅華嚴經寫經造成記(755, 약칭 〈화엄사경〉)

7. 新羅帳籍(758 추정)

8. 日本 正倉院所藏 新羅出納帳(758 추정)

9. 正倉院의 毛氈 貼布記(8세기 중엽, 약칭 〈첩포기〉)

10. 永泰二年銘石毘盧遮那佛造像記(766, 약칭 〈비로자나불〉)

11. 葛項寺石塔造成記(785-798, 약칭 〈갈항사탑〉)

12. 永川菁堤碑貞元銘(798, 약칭 〈청제비〉)

13. 禪林院鐘銘(804)

14. 昌寧仁陽寺碑銘(810)

15. 安養中初寺幢竿石柱記(827)

16. 菁州蓮池寺鐘銘(833)

17. 竅興寺鐘銘(856)

18. 咸通銘禁口銘(865)

19. 禪房寺塔誌石銘(879)

20. 英陽石佛坐像光背銘(889)

21. 松山村大寺鐘銘(904)

이 자료들을 필자는 수년에 걸쳐 해독하여 몇 차례에 걸쳐 발표한 바 있다.[1] 그러나 이들을 종합적으로 정리하는 기회를 아직 같지 못했으므로 이 글에서 정리해 보고자 한다. 이 시대의 이두에는 實辭들을 나타내는 訓讀字들도 나타나지만 그 語形을 보여 주지 않아 고대국어의 모습을 밝히는 데는 한계가 있다. 吏讀는 주로 文法的 形態를 가리키는데 고대국어의 이두는 직접 후대의 이두에 이어져 그 어형도 밝힐 수 있으므로 고대국어의 모습을 밝히는 데도 중요할 뿐 아니라 吏讀文을 이해하는 데도 도움이 된다.

위에 든 吏讀文들의 表記法은 크게 2가지로 나누어 볼 수 있다. 하나는 삼국시대부터 내려오는 것으로 漢字를 우리말의 순서로 배열하고 토는

---

1 이 시대의 이두를 해독하여 발표한 글은 다음과 같다.

(1) 1983年 1月; 昌寧仁陽寺碑의 吏讀文 考察, 『國文學論集』 11輯, 檀國大, 3~35면.

(2) 1989年 12月; 永泰二年銘 石造毘盧遮那佛 造成記의 吏讀文 考察, 『新羅文化』 5輯, 東國大學校 新羅文化研究所, 5~25면.

(3) 1991年 10月; 新羅 禪林院鐘銘의 吏讀文 考察, 『徐在克先生 回甲紀念論叢』, 계명대학교출판부, 291~301면.

(4) 1991年 10月; 新羅 華嚴經寫經 造成記에 대한 語學的 考察, 『東洋學』 21輯, 檀國大 東洋學研究所, 1~30면.

(5) 1991年 12月; 无盡寺鐘銘의 吏讀文 考察, 『李承旭先生 回甲紀念論叢』, 69~80면.

(6) 1992年 7月; 正倉院 所藏 新羅帳籍의 吏讀 研究, 『中齋張忠植博士 華甲紀念論叢』 人文社會科學篇, 31~52면.

(7) 1993年 3月; 新羅時代 吏讀文의 解讀, 『季刊書誌學報』 9, 韓國書誌學會, 3~45면.

사용하지 않은 것이다. 다른 하나는 이 이두문의 중간 중간에 우리말의
조사나 어미를 나타내는 토를 넣은 것이다. 후자가 統一新羅시대부터 나
타나는 것이다. 전자의 것으로 비교적 긴 내용을 담은 것은 昌寧仁陽寺碑
銘과 安養中初寺幢竿石柱記이다. 〈중초사당간석주기〉의 본문과 그 해석
을 보여 통일신라시대에 쓰인 初期的인 吏讀文의 모습을 보기로 한다.

寶曆二年歲次丙午 八月朔六辛丑日 中初寺東方僧岳 一石分二得 同月二
十八日 二徒作初 奄 九月一日 此處至 丁未年 二月三十日 了成之.
[해석] 寶曆 2年(826) 八月이 시작되어 엿새째인 辛丑日에 中初寺 東方의
僧岳에서 한 돌을 나누어 둘을 얻었다. 同月 28일에 二徒가 만들기 시작하
여 문득(빠르게도) 9月 1日에 (돌이) 이곳에 이르렀다. 丁未年(827) 2月 30日
에 마치어 이루었다(造成을 마치었다).

토가 쓰인 이두문은 甘山寺阿彌陀如來像造成記(720)가 현재로서는 가
장 이른 것이다. 이 이두문도 대체로는 한자를 우리말의 순서로 배열하
였는데 다음과 같이 토가 나타나고 있다.

後代追愛人者 此善助在哉 /後代에 追憶하여 사랑하는(追慕하는) 사람은
이 善業을 도울진저.

의 '哉'가 그것이다. 이는 願望을 나타내는 종결어미 '-저'를 표기한 것이
지만 華嚴經寫經에서는 연결어미로도 쓰여 그 後代形과 기능상 일치한
다. 고려시대의 이두에서는 이 토가 齊자로 대체되었고 이것이 조선조말
까지 계승되어 널리 쓰였다.[2]

---

2 拙稿(1991), 新羅時代 吏讀의 '哉'에 대하여, 『國語學의 새로운 認識과 展開』(金完鎭先生 回甲紀念論叢), 民音社 참조.

초기적인 이두문과 토가 쓰인 이두문의 용도상의 차이는 분명치 않다. 〈화엄사경〉과 같이 토가 비교적 많이 들어간 이두문이 있는가 하면 〈감산사불상〉과 같이 한두 개의 토만이 들어간 이두문이 있고 〈중초사당간석주기〉와 같이 토가 전혀 들어가지 않은 이두문도 있다. 이들이 공존하는 것이 오히려 이 시대 이두문의 특징이라고 하겠다. 다만 그 어순은 우리말의 어순이어서 조선시대의 이두문과 같이 한문의 어순이 섞여 쓰인 예는 극히 드물다.

위에 든 吏讀資料 가운데 華嚴經寫經, 新羅帳籍, 毘盧遮那佛像, 菁堤碑貞元銘, 禪林院鐘銘, 竅興寺鐘銘 등은 비교적 많은 토가 사용된 이두문이다. 이 당시의 이두의 여러 형태들을 보여 주는 것이어서 이 글에서는 여기에 나타나는 것을 주로 하여 정리하기로 한다.

Ⅱ. 古代國語 吏讀의 文法形態

위에 열거한 자료에 나타나는 이두를 助詞, 語尾, 準文法形態로 나누어서 그 용례를 들어가며 설명하기로 한다.

1) 助詞

이 시대 이두에는 다음과 같은 助詞만이 나타난다.

格助詞; 之/ㅅ	中/긔	以/로
補助詞; 者/은	那(乃)/(이)나	尒/금

이들은 실제로 있었을 조사의 일부분만을 보여 주는 것으로 생각된다. 그러나 그 기능이 후대의 것에 직접 이어지고 있는 점에서 가치가 크다.

(1) 之/ㅅ

經之 成內 法者 / 經의 이룬 法은〈〈화엄사경〉〉

이 '之/ㅅ'의 용례는 하나만이 확인된다. 無情物體言의 屬格을 나타내
는 조사인데 여기서는 對格的인 속격으로 쓰였다. 고려시대에는 叱자가
주로 쓰이고 之자가 쓰인 것은 淨兜寺造塔形止記(1031)의 '寺之段/寺ㅅ
단'이 확인된다. 이밖에 之자가 音假字로 쓰인 예는 鄕藥救急方에서도 발
견된다.[3]

(2) 中/긔
中은 삼국시대부터 처격조사에 대응하는 표기로 쓰여 오던 것이다. 그
러나 한문의 용법에 벗어나는 용법이 아니어서 토로 보기에는 어려움이
있었던 것이다.

ㄱ) 楮根中 / 닥나무 뿌리에
ㄴ) 然後中 / 然後에
ㄷ) 以後中 / 以後에

위의 예는 〈화엄사경〉에 쓰인 것으로 한문의 용법에서 벗어나는 것이
어서 국어의 처격조사로 쓰인 토임을 확인시켜 주는 것이다. 이 조사는
이밖에도 많은 용례가 나타난다. 고려시대에도 '中/긔'가 쓰인 예가 있으
나 '良中/아긔()아희)'가 주로 쓰이고 口訣에서는 '衣/이, 의'와 '衣中/의
긔'도 쓰였다.

---

3 廻之木/횟나모(槐), 之乃/지내(蜈蚣).

(3) 以/로

ㄱ) 法界一切衆生 皆成佛欲 爲賜以 成賜乎 / 法界一切衆生이 皆成佛하
게 하고자 하심으로 이루시었거니와〈화엄사경〉

ㄴ) 嫐姉妹 三人業以 成在之 / 嫐姉妹 三人의 業으로 이루었다〈갈항사
탑〉

以는 삼국시대부터 쓰여 오던 차자이다. 조격조사로 쓰였는데 원인을
나타내는 데 주로 쓰였다. 이밖에도 신라시대의 용례가 더 있다. 朝鮮朝
末까지의 이두에서도 사용빈도가 높은 조사이다.

신라시대에는 주격, 유정물체언의 속격, 대격, 호격 등이 나타나지 않
는다. 이들은 고려시대의 이두에 와서 비로소 나타난다. 고대국어에 이
러한 조사가 없었다고 보기도 어렵지만 그렇다고 이미 존재했다고 보기
도 어렵다. 자료의 출현을 기다려야 할 것이다.[4]

(4) 者/(♀/으)ㄴ

ㄱ) 成內 願旨者 皇龍寺緣起法師 爲內賜 / 이룬 願旨는 皇龍寺의 緣起
法師가 만드셨으니(〈화엄사경〉)

ㄴ) 余 淳淨法者 上 同之 / 나머지의 淳淨法은 위와 같다〈화엄사경〉

ㄷ) 嫐者 零妙寺 言寂法師在旀 / 오라비는 零妙寺의 言寂法師이며〈갈항
사탑〉

者는 주제를 나타내는 보조조사이다. 삼국시대에도 쓰인 예가 있다.

---

4 〈三國遺事〉의 鄕歌에 이 조사들이 나오는 것을 보면 이두 자료에 나타나지 않는 것은
이두가 초기적 이두문에서 발달하였다는 특성과 자료의 제약에 말미암는 것으로 보인다.

신라시대의 용례도 비교적 많은 편이다. 고려시대 이후의 차자표기에서
는 '隱/은'으로 대체되었다.

(5) 那/(이)나

ㄱ) 若 楮皮脫那 脫皮練那 紙作伯士那 …… 走使人那 菩薩戒 授 令㫆
/ 혹 楮皮脫이나 脫皮練이나 紙作伯士나 …… 走使人이나 보살계를
받도록 시키며〈화엄사경〉

ㄴ) 豆溫愛郎靈神那 二僧等那 …… 一切 皆 三惡道業 滅尔 / 豆溫愛郎
의 靈神이나 二僧들이나 …… 一切 모두 三惡道業을 滅하여금〈비로
자나불상〉

ㄷ) 種種 施賜 人乃 見聞隨喜爲賜 人乃 皆 無上菩提 成內飛也 / 種種으
로 布施하신 사람이나 見聞隨喜하신 사람이나 모두 無上菩提를 이
루옵는 것이다.〈규홍사종〉

이 조사는 여러 체언을 열거하고 그 중의 하나가 선택됨을 나타낼 때
쓰이는 조사이다. '是那로 표기되어야 할 것이나 '是/이'를 표기한 예는
발견되지 않는다. '那의 약체자인 乃자가 이미 8세기의 자료에 나타난다.

(6) 尒/금

ㄱ) 經心內中 一收 舍利尒 入內如 / 經心 안에 一收의 사리씩 넣는다
〈화엄사경〉

ㄴ) 切火 押梁 二郡 各□人尒 起使內之 / 切火, 押梁 두 郡에서 가각
□人씩 동원하여 부리었다〈청제비〉

이 조사는 均割의 뜻을 나타내는 보조사로 현대어의 '씩'과 같은 기능

을 한다. 15세기국어에 이어지는 조사이다.

2) 語尾

終結語尾는 다음과 같은 것이 나타난다.

之/다   如/다   也/다   矣/다   哉/지

(7) 之 / 다

이 차자는 삼국시대부터 널리 쓰여 오던 평서법종결어미이다. 고려 초
10세기 말까지 쓰이고 그 이후는 '如/다'가 대신 쓰였다. 비교적 많이 쓰
인 이두인데 몇 용례를 들면 다음과 같다.

ㄱ) 一部 周 了 成內之 / 한 부를 두루 마치어 이루었다. ⟨화엄사경⟩
ㄴ) 並 前內視令 節 植內之 / 모두 전의 內視令 때에 심었다. ⟨신라장적⟩

(8) 如 / 다

'之/다'와 같은 기능을 하는 평서법종결어미로 8세기에서부터 나타나
조선시대말까지 사용된 이두이다.

ㄱ) 以後中 坐中 昇 經 寫在如 / 이후에 자리에 올라가 경을 썼다. ⟨화엄사
경⟩
ㄴ) 觀音巖中 在內如 / 觀音巖에 두었다. ⟨비로자나불상⟩

(9) 也 / 다

'之'나 '如'와 같은 기능을 하는 평서법종결어미이다. 한문을 釋讀할
때 '也'자가 우리말의 '-다'로 해석되므로 삼국시대부터 '之'가 쓰일 자리
에 대신 쓰여 왔다.

皆 無上菩提 成內飛也 / 모두 無上菩提를 이루옵는 것이다.〈규흥사종〉

여기에 쓰인 飛는 'ᄂ'로 읽히는 이두이므로 그 뒤에 쓰인 也도 '-다'로 읽지 않을 수 없다. 그러나 신라시대에는 비교적 드물게 쓰인 吏讀이다.

(10) 矣 / 다

후대의 이두에서 '矣'는 '-디'로 읽히는데 신라의 이두에서는 평서법종결어미 '-다'로도 사용되었다.

竅興寺 鐘 成內矣 / 竅興寺의 종이 이루어졌다.〈규흥사종〉

이 문맥에서의 矣는 토인 內자의 뒤에 쓰였으므로 우리말로 읽어야 하는데 이 시기의 다른 조성기에서 이 자리에는 '之'나 '也'가 오므로 그와 같은 '-다'로 읽어야 함을 보여 준다.

(11) 哉 / 지

哉는 균여전의 향가에서는 '制'자로도 쓰였고 고려시대 이후의 이두와 석독구결에서는 齊자로 대체되어 조선조말기까지 쓰였다. 願望, 勸誘, 敍述의 뜻을 나타내는 종결어미이다.

後代 追愛人者 此善 助在哉 / 후대에 (고인을) 추모하여 사랑하는 사람은 이 善業을 도왔으면 한다.〈전출〉

이 이두는 뒤에서 보는 바와 같이 접속어미로도 쓰였다.
접속어미는 다음과 같은 것이 쓰였다.

旅 / 며   哉 / 지   者 / 은   亦 / (아)금   但 / 이   欲 / 과   矣 / 디

(12) 旀/며

이 이두는 彌의 속자로 고대에는 그 음이 '며'였기 때문에 국어의 병렬
연결어미 '-며'를 표기하는 데 사용되어 왔다.

　　　二 靑衣童子 灌頂針 捧旀 …… 四 伎樂人等 竝 伎樂爲旀 又 一人 香水
行道中 散旀 / 두 靑衣童子灌頂針을 받들며 …… 네 伎樂人들이 함께 기악
하며 또 한 사람이 香水를 行道에 뿌리며〈화엄사경〉

과 같이 쓰여 현대국어의 '-며'의 용법과 차이가 없다. 이밖에도 쓰인 예
들이 여럿 있다.

(13) 哉/지

앞에서 본 바와 같이 종결어미로도 쓰였으나 병렬의 연결어미로도 쓰
였다.

　　　若 大小便爲哉 若 臥宿哉 若 食喫哉 爲者 / 만약 대소변을 하거나 누워
자거나 먹고 마시거나 하면〈화엄사경〉

후대의 이두문에서도 이 哉의 후대형인 齊가 종결어미와 연결어미에
두루 쓰였는데 그 초기적인 모습을 이 자료들은 보여 주는 것이다.

(14) 者/은

이 이두는 주제의 보조사로도 쓰이는데 앞의 예문

　　　若 臥宿哉 若 食喫哉 爲者〈〈화엄사경〉〉

에서 보는 바와 같이 가정(조건)의 뜻으로도 쓰인다. 이 '爲者'는 '호온'으

로 읽힐 것으로 추정되는데 '혼'의 '-ㄴ'은 동명사어미이고 뒤의 '者/ㄴ'이
조건의 뜻을 나타내는 조사이다. 고려시대의 석독구결에서 '隱/ㅣ(은)'이
동명사어미 '-ㄴ'과 결합하여 이와 같은 기능을 나타내는 예가 확인된다.

(15) 厼/(아)금
고려시대 이후의 자료에서는 '良厼/아금', '衣厼/의금'으로 표기된다.
신라시대에도 '-아금'의 형태로 쓰였을 것인데 표기는 '厼'자로만 하였다.
'하여서', '하여 가지고'의 뜻을 나타낸다.

ㄱ) 諸 筆師等 各 香花 捧厼 右念行道爲 作作處中 至者 / 여러 筆師들이
각각 향과 꽃을 받들어서 오른쪽으로 念하면서 行道하여 짓는 곳에
이르면〈화엄사경〉
ㄴ) 自 毘盧遮那是等 覺 去世爲厼 誓內之 / 스스로 毘盧遮那인 것을 깨
닫고 去世하도록 誓願한다〈비로자나불상〉

과 같이 쓰였다.

(16) 但
이 이두는 현대 국어에서는 '오직'으로 해석되는 것인데 신라시대에는
문맥상 어미에 해당하는 위치에 쓰였다.

右 諸人等 若 大小便爲哉 …… 若 食喫哉 爲者 香水 用厼 沐浴令只但
作作處中 進在之 / 위의 여러 사람들이 만약 대소변을 하거나 …… 만약
먹고 마시거나 하면 향수를 써서 목욕시키어야만 만드는 곳에 나아간다〈화
엄사경〉

이 예문에 쓰인 '令只但'의 但이 그것이다. 이 문맥에서는 但을 '오직'

으로 해석하면 뜻이 통하지 않는다. 고려시대의 釋讀口訣에서는

五欲 ; …… 自樂 ; 大名稱 ; ノ仝し 求 ソ 5 ソ 1 ヒ 7 不 朱 刂 但 八 永 ㅗ 衆
生 5 苦し 減 5 5 / 五欲과 …… 自樂과 大名稱과 하는 것들을 구하지 않고
오직 길이 중생의 괴로움을 멸하며〈신역화엄경권14,12-13〉

과 같이 쓰여 但자의 앞에 '刂/이'가 오는 예들이 나타난다. 이 '刂/이'가
한문의 但의 뜻에 해당하는 국어의 형태이다. 15세기 이후에는 이 형태
가 없어졌지만 신라시대부터 고려시대까지 쓰이던 접속어미이다.

(17) 欲/과
15세기의 '-고져'에 해당하는 어미인데 〈화엄사경〉에 어미로 쓰인 용
례가 나타난다.

法界 一切 衆生 皆 成佛欲 爲賜以 成賜乎 / 法界의 一切 衆生이 모두
成佛하게 하고자 하시므로 이루시었음〈화엄사경〉

이 欲의 훈이 고려시대의 석독구결에서는 'ㅅ/과'로 나타난다.

菩提心 ㄴ 功德 し 顯示 ソ [欲]ㅅ ソ ニ ア ㅅ ᅳ 故 호 / 菩提心의 공덕을 顯示
하시고자 하시므로〈화엄경권14,20-24〉

에 쓰인 '[欲]ㅅ ソ ニ ア ㅅ ᅳ/과 호실ㄷ로'의 'ㅅ/과'가 그것으로 이 시대의
석독구결에서는 흔히 볼 수 있는 형태이다.

(18) 矣
이 이두는 앞에서 종결어미로 쓰인 예를 본 바 있다. 고려시대의 이두

와 구결에서는 이 차자가 접속어미 '-다'로 쓰인 예를 자주 볼 수 있지만 신라시대의 이두에서는 다음의 한 예에서 그 가능성을 볼 수 있을 뿐이다.

袱堤 傷故 所內使以 見令賜矣〈청제비정원명〉

여기서의 '矣'도 종결어미와 거의 같아서 '-다'로 읽힐 가능성을 배제할 수 없다.

動名詞語尾는 '乎/온'이 쓰였다.

(19) 乎/온

이 '乎/온'은 '오'로도 읽히는데 신라시대에는 '온'으로 읽히는 예만 둘 확인된다. '-온'의 '-오'는 의도법보조어간이고 'ㄴ'이 동명사어미이다. 앞에서 예로 든

法界 一切 衆生 皆 成佛欲 爲賜以 成賜乎〈화엄사경〉

에 쓰인 '乎/온'의 'ㄴ'이 동명사어미로 문장을 종결시킨 경우에 쓰인 것이다.

紫草里 施賜乎 古 鐘金 / 紫草里께서 布施하신 묵은 종쇠〈선림원종명〉

에 쓰인 '乎/온'의 'ㄴ'은 명사의 수식에 쓰인 동명사어미이다. 이두에서는 동명사어미 '-ㄴ'을 따로 표기한 예를 보여 주지 않는다. 다른 어미와 결합된 형태로 나타날 뿐이어서 문맥에 따라 이 형태를 재생해야 한다. 동명사어미 '-ᄝ/ㄹ'이 아직 나타나지 않는 것도 이두표기의 특수성과 자료의 제약에 말미암는 것이다.

3) 補助語幹

종래 先語末語尾라고 불리던 형태를 補助語幹이라고 한다. 다음과 같은 형태가 쓰였다.

去   飛/ㄴ   賜/ㅅ

(20) 去/거

이 이두는 다음과 같이 쓰인 예가 하나 발견될 뿐이다.

願旨是者 法界有情 皆 佛道中 到內去 誓內 / 願旨인 것은 法界有情이 모두 불도에 이르기를 다짐한다〈선림원종명〉

여기 쓰인 '到內去 誓內'의 去는 현대어로 해석하면 동명사어미로밖에는 볼 수 없다. 그러나 고대국어에서는 보조어간이 어말에도 쓰이는 문법이 있는데 이 去가 그 문법을 보여 주는 것이다. 그러나 고려시대의 이두자료에서도

不喩去 有等以/안디거 잇드로(아닌 것이 있으므로)

와 같이 去가 어말에 쓰인 예들이 있고 석독구결에서는 이들 보조어간이 어말에 쓰이는 예들을 자주 볼 수 있다.[5]

---

5 종래 이 보조어간을 '선어말어미'라고 하여 왔는데 고대국어에서는 이들이 어말에도 쓰이는 것으로 보아 잘못된 문법 용어임을 알 수 있다. 선어말어미라는 용어는 교착어인 우리말의 문법에는 어울리지 않는 용어이다.

(21) 飛/ᄂ

이는 현재시제를 나타내는 보조어간으로 고려시대와 조선시대까지도 구결에서는 자주 쓰인 것이다. 신라시대 이두에는 다음의 2 예가 쓰였다.

ㄱ) 過去爲飛賜 豆溫哀郎 願 爲 / 돌아가신 두온애랑의 원을 위하여〈비로자나불상〉

ㄴ) 願爲內等者 …… 皆 無上菩提 成內飛也 / 오직 원하는 것은 모두 無上菩提를 이루는 것이다.〈규흥사종명〉

앞 예의 '爲飛賜/ᄒᄂᄉ'에서는 '飛/ᄂ'와 '賜/ᄉ'의 배열순서가 15세기 국어와 달리 나타난다. 보조어간의 배열순서가 시대에 따라 달라짐을 보여 주는 예이다.

(22) 賜/ᄉ

주체존대의 보조어간으로 吏讀뿐만 아니라 鄕歌와 釋讀口訣에서도 자주 사용되었다.

ㄱ) 思仁大角干 爲賜 / 사인대각간이 삼으시어〈무진사종명〉

ㄴ) 法界 一切 衆生 皆成佛欲 爲賜以 成賜乎〈前出. 화엄사경〉

ㄷ) 乙未年 烟見賜 節 / 乙未년에 烟을 보셨을 때에〈신라장적〉

ㄹ) 過去爲飛賜 豆溫哀郎 願 爲〈前出. 비로자나불상〉

ㅁ) 所內使以 見令賜矣〈前出. 청제비〉

이 예들을 보면 賜는 어말어미와 같이 쓰인 예들이 있으나 이는 吏讀에서 語尾의 表記가 발달되지 않은 데에 말미암은 것이다. 따라서 이두에서는 이 보조어간에 이어지는 어말어미를 재생하여 읽고 해석해야 한다. 〈무진사종명〉의 '爲賜'는 부사형이므로 어말어미 '-아/어'를 보충하여

'ᄒᄉ야'로 읽어야 할 것이고 〈신라장적〉의 '見賜'는 동명사어미 '-ㄴ'이나 '-ㄹ'을 보충하여 '보손'이나 '보술'로 읽어야 할 것이다. 이 밖의 예들도 문맥에 따라 어말어미의 보충이 있어야 할 것이다. '賜'의 어형은 후대의 '시'에 대응하지만 고대에도 賜가 '시'로 읽혔다는 說은 증명되지 않은 것으로 보인다. 賜의 전통적인 한자음에 따라 'ᄉ'로 읽는다.

4) 接尾辭

接尾辭는 다음과 같은 것이 쓰였다.

令/이　　　兮/히　　　于/오,우　　　知, 智/디　　　里/리

(23) 令/이

令자는 고려시대의 석독구결에서 사동사 '시기-'와 사동접미사 '-이-'로 읽힌 예들이 확인된다. 신라시대의 이두에서는 〈청제비정원명〉의 '見令賜矣/보이ᄉ온ᄃᆡ'에서 이 접미사가 '-이-'로 읽혔음을 볼 수 있다.

(24) '兮/히'와 '于/우'

부사파생 접미사로 '兮/히'와 '于/우'가 이 시대의 이두에 나타난다. 正倉院의 첩포기에

追兮/좇히
追于/조초

가 나타나는데 각각 한 예씩만 나타나지만 末音添記의 성격을 띠는 것이어서 주목되는 것이다. 고려시대의 이두에서는 흔히 발견되지만 8세기 중엽의 자료에서 그 용례가 확인되는 것이어서 귀중하다. '兮/히'는 '亐/우'의 이체자일 가능성도 있다.

(25) '知,智/디'는 남성에게 쓰이는 존대법 접미사이다.

    黃珍知 奈麻〈화엄사경〉

    同智 韓舍〈화엄사경〉

이 접미사는 삼국시대의 신라의 인명에서는 支와 함께 널리 쓰이던 접미사였는데 통일 신라에서는 드물게 쓰였다.

(26) '里/리'는 주로 여성을 높이기 위하여 쓰이는 접미사이다.

    官肖里, 古巴里(古寶里), 古老里(古路里)〈감산사불상〉

    紫草里〈선림원종〉

5) 助動詞
조동사는 다음과 같은 形態가 쓰였다.

    在/겨   內/아   爲/ᄒ   令只/시기

(27) 在/겨-

이는 후대에는 그 기능을 '有/잇-'에 넘겨주고 없어진 단어이다. 15세기에는 존대법어미 '-시-'가 접미되어 화석화된 동사 '겨시-'가 그 흔적만을 보여 주는 것이지만 고대에는 사용빈도가 매우 높은 단어이다. 이 단어는

    ㄱ) 觀音巖中 在內如 / 관음암에 둔다(연태2년불상)

와 같이 본동사로도 쓰였지만 대개는 조동사로 다른 동사의 어간에 연결

되어 시간의 지속이나 완료를 나타낸다.

ㄴ) 願 助在 衆 / 願을 도운 衆〈무진사종〉

ㄷ) 作作處中 進在之 / 짓는 곳에 나간다〈화엄사경〉

여기에 쓰인 '助在/돕견', '進在/낫겨' 등은 동사의 어간과 어간이 결합된 모습을 보여 주는 것이다. 계사 '是/이'와 '在/겨'가 결합하여 '是在/이겨-'로 쓰이는 예들도 있는데 이는 뒤에서 검토하게 될 것이다.

(28) 內/아

'內/아'는 신라시대의 이두에서 많은 용례를 보여 준다. 종래 이 內의 형태와 기능에 대하여 많은 고심들을 하여 왔었는데 최근에 와서 그 의문의 해결을 보게 되었다. 즉 이 '內/아'는 동사로 '어질다, 착하다'의 뜻을 갖는 語辭인데 이것이 문법화하여 '존자의 존재, 행위, 또는 指示에 대하여 합당하다고 생각하는' 합당법의 조동사로 발전한 것이다. 따라서 이 '內/아'는 겸양법의 조동사로도 쓰인 것이다. 본래 동사 '아는 '良'자의 훈이어서 이 '良/아'가 향가와 석독구결에서 널리 쓰였는데 신라시대의 이두와 일부 차자표기에서는 '內'자를 주로 써왔다.[6]

그 쓰임을 〈화엄사경〉에서 보면 다음과 같다.

ㄱ) 一部 周 了 成內之 / 일이아다.

ㄴ) 第一 恩 賜 父 願 爲 爲內㫈 / 삼아며

ㄷ) 經心內中 一收 舍利尒 入內如 / 넣으아다

---

6 南豊鉉(2011), 古代韓國語의 謙讓法 助動詞 '白/솗'과 '內/아'의 發達, 『口訣研究』 26, 口訣 學會 참조.

ㄱ)은 華嚴經의 寫經을 완성하였다는 내용으로 '成內之'의 內는 이 華嚴經에 대한 겸양표현을 나타내는 것이다. ㄴ)은 이 寫經의 造成을 발원한 緣起法師가 父願에 대하여 겸양을 나타낸 것이다. ㄷ)은 舍利에 대하여 겸양을 나타낸 것이다. 이들 문맥에서 內는 발원자가 그 행위를 실행하는 것을 '합당하다고 생각하는 마음'으로 하였음을 나타내는 것이 一次的인 의미이고 이것이 발전하여 겸양의 표현이 된 것이다.

(29) 爲/ᄒᆞ

'爲/ᄒᆞ'는 중세국어의 문법에서는 접미사로 보아 왔지만 고대국어의 문법에서는 조동사로 쓰인 것이다. 따라서 '淳淨爲/淳淨ᄒᆞ-', '供養爲/供養ᄒᆞ-'와 같은 문맥에서 '爲/ᄒᆞ'는 조동사로 한문의 동사를 한국어로 수용하는 기능을 한 것으로 보아야 한다. 고대국어에서는 접속어미가 없이 동사의 어간과 어간이 결합하여 접속되는 문법이 널리 쓰였던 것이다.

다음의 예들은 중세국어의 조동사 'ᄒᆞ-'와 같은 분포를 보이는 것이다.

ㄱ) 皆 成佛欲 爲賜以(前出, 〈화엄사경〉)
ㄴ) 若 臥宿哉 若食喫哉 爲者(前出, 〈화엄사경〉)

ㄱ)의 '爲/ᄒᆞ'는 접속어미 '-欲/과'에 이어지는 조동사이고 ㄴ)의 '爲/ᄒᆞ'는 '臥宿'과 '食喫'의 동작을 포괄하는 조동사로 쓰인 것이다.

(30) 令只/시기-

'令只/시기'도 '爲/ᄒᆞ'와 같은 조동사로 보아야 한다. '沐浴令只/목욕시기', '庄嚴令只/장엄시기-'와 같이 쓰였다.

繫辭는 '是/이'가 쓰였다.

(31) 是/이-

ㄱ) 內物是在之 / 안의 물건이다〈비로자나불상〉
ㄴ) 願旨是者(前出, 〈선림원종〉)

등에 쓰인 '是在/이겨-'와 '是者/인온'에 쓰인 '是/이-'에서 그 쓰임을 볼
수 있다. 이밖에도 그 용례는 많이 나타난다. 고려시대의 구결에서는 계
사 '이-'가 표기상 생략되는 것을 자주 볼 수 있는데 신라시대의 이두에서
도 같은 사실이 확인된다.

娚者 零妙寺 言寂法師在旀 姉者 照文皇太后 君妳在旀 / 오라비는 零妙
寺의 言寂法師이며 누이는 照文皇太后 君妳 이며〈갈항사탑〉

의 '在旀'는 '是在旀'에서 是의 표기가 생략된 것이다.

6) 準文法形態

국어에는 實辭와 문법형태의 중간에 드는 단어들이 있다. 대개 실사가
문법화하는 중간 과정에 있는 것이다. 고대국어의 이두에도 그러한 과정
을 보여 주는 형태들이 적지 않게 확인되는데 이를 準文法形態라 하기로
한다. 이러한 형태로는 다음과 같은 것을 들 수 있다.

等/ᄃ   初/비릇   元/비릇   而/마리여

(32) 等/ᄃ, 들
이는 의존명사로 고대국어에서는

ㄱ) 自毘盧遮那是ㅏ 覺 去世爲尒 / 스스로가 비로자나인 것을 깨닫고

去世하도록〈비로 자나불상〉

ㄴ) 願爲內等者 / 오직 원하는 것은〈규흥사종〉

에 쓰인 '是ㅊ/인 둘'과 '爲內等者/ㅎ안 둔'의 용례가 있다. 이는 비록 두
예에 불과하지만 고려시대의 석독구결과 이두문에 널리 사용된 것으로
보아 이 시대에도 널리 사용되었던 것으로 볼 수 있다.

(33) 初/비릇

이는 '언제 시작하여(부터) 언제까지'라는 표현에서 '시작하여(부터)'의
뜻을 나타낸다.

甲午 八月一日 初 乙未載 二月十四日 一部 周了成內之 / 甲午년 8월
1일에 시작하여 乙未年 2월 14일 한 部를 두루 마치어 이루었다〈화엄사경〉

에 쓰인 初는 '비릇'으로 읽고 '시작하여'의 뜻을 나타낸다. 이러한 표현
이 좀 더 문법화하여 '(언제)부터'의 뜻을 나타내는 형태로 발전한다. 여
기서는 그러한 단계에까지는 이르지 않은 것으로 보이지만 해석상 주의
를 요하는 이두이다.

(34) 元/비릇

二月十二日 元 四月十三日 此間中 了治內之 / 2월 12일에 시작하여 4월
13일, 이 사이에 마치어 수리하였다.〈청제비정원명〉

와 같이 쓰였다. 어느 기간의 시작을 나타내는 동사가 준문법형태로 발
달한 것이다. 후대의 이두에서는 '元叱', '始叱'로 표기하고 '비릇'으로 읽
고 있다. '初/비릇'과 같이 동사 '비릇-'에서 부사로 파생되었다가 '부터'의

뜻을 나타내는 준문법형태로 발달한 것이다.

(35) 而/마리여

이는 후대의 이두에서 '而亦/마리여'로 나타나 역접의 뜻을 나타내는
접속사와 '而叱/말잇'으로 표기하고 '하면'의 뜻을 나타내는 접속사로 쓰
인 이두이다. 신라시대에는

　　前內視令節 植內是而 死白栢子木十三 / 前의 內視令 때에 심었었지만
　　죽은 것으로 보고 하옵는 잣나무는 13주임.〈신라장적〉

와 같이 쓰인 예가 있다. '是而'는 '-인 마리여'로 읽히는데 현대어로는 '-
인 것이지만'의 뜻으로 풀이된다.

Ⅲ. 結語

이상 신라시대의 이두문 21점에 나타나는 이두를 문법형태를 중심으
로 모아서 整理하였다. 이밖에도 후대의 이두에 이어지는 명사와 동사들
도 있으나 여기서는 생략하였다.

이제까지 정리한 34항의 이두는 고대국어의 전 모습을 보여 주는 것
은 아니지만 우리가 현재 확인할 수 있는, 당시에 기록된 자료에 직접
쓰인 것이란 점에서 매우 소중한 것이다. 앞으로 좀 더 많은 자료가 나와
서 이를 보완하게 되기를 바란다.

▌『古文書研究』9·10, 韓國古文書學會, 1996. 10. 30.
　2014년 3월 18일 修訂.

借字表記法과 그 資料

Ⅰ. 序論

借字表記法은 한자를 이용하여 우리말을 표기하는 방법이어서 漢字借用表記法이라고도 한다. 이 표기법은 한자가 우리나라에 들어온 직후에 발달하였을 것으로 추정된다. 한자가 漢나라 때에 이 땅에 들어온 것으로 보면 이론적으로는 이미 그 시대에 차자표기법도 있었다고 할 수 있다. 그러나 현재 남아 있는 가장 이른 시기의 차자표기 자료는 414년에 이루어진 廣開土大王碑를 전후한 시기에 쓰여진 것들이다. 그 이후 19세기 말까지 1400여 년이라는 긴 세월 동안 이 표기법이 사용되어 왔다. 이는 소중한 우리 민족의 유산이고 韓國語의 중요한 연구자료이다.

차자표기 자료는 吏讀, 口訣, 鄕札, 語彙表記로 분류된다.

이두는 散文인 實用文에 쓰인 우리말이나 우리말 표현을 가리킨다. 이미 高句麗에서부터 사용되었음이 확인되었는데 이것이 新羅로 전파되었고 高麗時代와 朝鮮王朝時代로 계승되어 19세기 말까지 사용되었다. 鄕札은 한국어를 전면적으로 표기한 것으로 詩歌(鄕歌)나 經典의 釋義를 표기하는 데 사용되었다. 이는 新羅時代에 이미 발달하여 高麗時代를 거쳐 朝鮮王朝 후기까지도 사용되었다. 口訣은 한문에 국어의 助詞와 語尾가 주가 되는 吐를 넣어 읽는 漢文讀法이다. 이는 釋讀口訣과 順讀口訣로 나뉜다. 석독구결은 한문에 토를 넣어 그 한문을 우리말로 해석하여 읽는 방법이고 順讀口訣은 한문을 한문의 語順대로 음독하면서 그 句讀에 해당하는 곳에 우리말의 吐를 넣어 읽는 방법이다. 석독구결은 고려시대와 조선 초기의 것이 전하고 순독구결은 高麗時代부터 朝鮮朝를 거쳐 현재까지도 사용되고 있다. 語彙表記는 固有名詞, 官等名 등 한문으로는 표시하기 어려운 한국어의 단어들을 표기한 것이다. 다른 차자표기자료나 한문에 섞여 쓰이기도 하고 목록과 같은 형태로 쓰이기도 하였다. 이는 한국인이 한자를 이용하여 문자생활을 시작한 초기부터 발생했을 것으로 추정되는데 이 역시 19세기 말까지 사용되었다.

차자표기법은 통일신라시대와 고려시대에는 매우 활발하게 사용되었던 것으로 보인다. 그러나 현재 남아 있는 자료는 九牛一毛에 불과하다고 하여도 과언이 아닐 만큼 적은 양이다. 조선시대에 들어와 借字表記法은 漢文에 밀려 사용이 제약되었으나 현재 남아 있는 자료는 고려시대보다는 훨씬 많다. 자료의 질이 한글 자료를 따르기 어렵지만 조선조말까지 다양한 방면에서 사용되어 왔으므로 그 가치가 크다. 이러한 자료들에 대한 어학적인 연구는 이제 출발에 불과하다고 할 수 있으므로 무한한 鑛脈이 아직 발굴되지 않은 채 남아 있는 셈이다. 앞으로 자료의 발굴과 연구에 우리의 奮發이 요구되는 분야이다.

Ⅱ. 借字表記法의 原理

표기법은 문자체계와 그 운용으로 이루어진다. 차자표기법도 이 원리에 의하여 논하게 된다.

한자는 表語文字이면서 음절문자이다. 따라서 이를 학습하자면 그 픕과 뜻에 해당하는 訓을 분리하여 익히게 된다. 이에 따라 한자를 빌려 우리말을 표기하는 데는 일찍부터 한자의 픕과 訓을 이용하여 왔다. 이를 이용할 때는 그 글자의 본래의 뜻을 살려 사용하는 경우와 본래의 뜻은 버리고 그 음만을 이용하는 경우가 있다. 전자를 讀의 원리라 하고 후자를 假의 원리라고 한다.[1] 讀은 한문을 읽을 때 한자가 가지고 있는 본래의 뜻대로 이해하는 것과 같이 우리말의 표기에서도 그 원뜻대로 사용된다는 뜻이고 假는 한문에서 한자를 假借字로 사용하는 것과 같이 그 한자의 뜻은 버리고 음이나 훈을 빌린다는 뜻에서 쓰는 것이다. 그리하여 한자로부터 우리말의 표기에 차용되는 차자는 音과 訓, 讀과 假의 원리에 의하여 차용되는데 이를 借字의 用字法이라고 한다. 이 용자법에서 차자의 文字體系가 나온다. 이 과정을 도표로 보이면 다음과 같다.

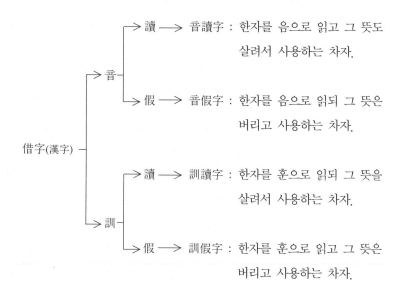

借字(漢字)

音
讀 ⟶ 音讀字 : 한자를 음으로 읽고 그 뜻도 살려서 사용하는 차자.
假 ⟶ 音假字 : 한자를 음으로 읽되 그 뜻은 버리고 사용하는 차자.

訓
讀 ⟶ 訓讀字 : 한자를 훈으로 읽되 그 뜻을 살려서 사용하는 차자.
假 ⟶ 訓假字 : 한자를 훈으로 읽고 그 뜻은 버리고 사용하는 차자.

音讀字는 한글로 쓴 문장에서 한자어를 한자로 표기하는 것과 같다. 현대어의 '가정', '생활' 등과 같은 말을 '家庭', '生活'과 같이 한자로 표기하는 것이 곧 음독자이다. 이 표기에 쓰인 한자들은 그 글자가 가지고 있던 원뜻대로 쓰인 것이다. 13세기 중엽에 쓰인 鄕藥救急方의 鄕名 표기를 보면 芭草, 冬瓜, 茄子 등으로 표기한 것을 볼 수 있다. 이들은 중국어에서 차용한 우리말의 단어를 음독자로 표기한 것이다. 이와 같이 음독자표기어는 한문에서 들어온 것이 대부분이지만 우리말의 어법에 따

---

1 이하의 내용은 拙著(1981), 『借字表記法 硏究』, 檀大出版部를 참조할 것.

라 조어된 것도 있다. 삼국시대의 이두문인 壬申誓記石에 나오는 '天前書
(하느님 앞에 맹세한다)'는 음독자들을 우리말의 순서로 나열한 표기다.
『新羅華嚴經寫經造成記』(755)에 나오는 '楮皮脫(저피탈: 닥나무 껍질을 벗
기는 사람)'이나 '脫皮練(탈피련: 벗긴 껍질을 다듬는 사람)'은 음독자들을
우리말의 어순으로 나열하여 조어한 것이다.

　한문이 보편화된 시대에 한문을 떠나서 音讀字의 體系를 따로 독립시
켜 설정하기는 어렵다. 한문의 용어가 그대로 우리말에 들어올 수 있기
때문이다. 그러나 국어에서의 한자어 차용은 중국어를 그대로 쓰는 것이
아니므로 그 범위에서 음독자들의 수가 제약된다고 할 수 있다.

　訓讀字는 『鄕藥救急方』에서 角/뿔(沙蔘矣角/사슴이뿔), 鷄/둙(鷄矣碧叱
/둙이볏), 麻/삼(板麻/널삼), 冬/겨슬(冬沙伊/겨슬사리) 등과 같이 쓰인 것
을 볼 수 있다. 이들은 訓으로 읽으면서 그 뜻도 살려서 사용한 것이다.
훈은 한자와 우리말이 대응하는 범위에서 이루어진다. 한자에 대응하는
우리말이 없으면 그 한자는 訓이 있을 수가 없다. 이러한 점에서 훈독자
는 음독자보다는 制約을 더 받아 그 수가 한정된다. 그러나 훈독자의 수
가 얼마나 될까 하는 것은 아직 측정할 수 없다.

　音假字와 訓假字는 비록 字形은 한자를 빌린 것이지만 우리말을 표기
하는 표음문자이다.

　『鄕藥救急方』에서 음가자들의 쓰임을 보면 '阿次加伊/아ᄎ가리, 居毛
伊/거뫼, 屈召介/굴조개' 등과 같다. 여기에 쓰인 阿/아, 次/ᄎ, 加/가, 伊/
이, 居/거, 毛/모, 屈/굴, 召/조, 介/개 등은 그 한자의 뜻을 버리고 음만
을 이용한 것이다. 音假字는 한자가 音節文字이므로 거의가 1자 1음절이
다. 다만 우리말의 음절말자음을 나타내기 위하여 '只/ㄱ, 隱/ㄴ, 乙/ㄹ,
音/ㅁ, 邑/ㅂ, 叱/ㅅ' 등의 차자가 쓰이기도 하였다.

　音假字는 우리말의 음절에 대응하는 차자이므로 그 수가 제한되어 비
교적 한정된 문자체계를 만들 수 있다. 그러나 같은 음을 다른 글자로
표기하는 同音異字가 많고 같은 글자가 다른 음을 표기하는 同字異音도

있을 수 있는데다가 시대와 개인, 또는 이두나 구결 등에 따라 차자를 달리 쓸 수가 있으므로 한글과 같은 엄격한 문자체계는 아니다.

『鄕藥救急方』에 쓰인 訓假字를 보면 加/더(加火左只/더블자기), 等/들(楊等枲/버들옺), 味/맛(豆也味次/두여맛), 月/둘(天叱月乙/하눐둘), 置/두(置等ㅅ只/두드러기), 火/블(只火乙/기블), 休/말(刀古休伊/됫고말이) 등이 있다.

音假字와 訓假字는 한자의 음과 훈을 빌렸다는 차이가 있을 뿐 표음문자인 점에서는 같다. 그리하여 音과 訓의 차이는 消去하고 '假字'라고만 부르기도 한다. 音讀字와 訓讀字도 한데 묶어 부를 때는 '讀字'라고 한다. 즉 讀字는 표의문자이고 假字는 표음문자이다. 훈으로 읽는 차자는 음으로 읽는 차자보다 그 수가 적은 것이 원칙이다. 그러나 漢文을 釋讀하던 신라와 고려시대에는 훈으로 읽는 차자가 비교적 많이 쓰였으나 漢文의 音讀이 보편화된 고려시대 후반부터는 훈으로 읽는 차자의 수가 차츰 줄어든다.

借字 가운데는 假字가 표의성을 띠는 경우가 있고 반대로 讀字가 표음성을 띠는 경우가 있다. 이는 한자가 본래 표의문자이므로 표음자와 표의자의 중간적 성격을 띠는 용법이다. 이를 擬의 原理라 하고 각 차자에 擬字를 붙여 擬音假字, 擬訓假字, 擬音讀字, 擬訓讀字로 분류할 수 있다.

『鄕藥救急方』에는 瞿麥의 향명을 鳩目花라고 하였다. 鳩目은 瞿麥의 차용어인 '구목'의 표기이므로 鳩자와 目자는 음가자임이 분명하다. 그러나 鳩目은 '비둘기의 눈'이란 뜻이 되고 이는 이 약초가 밀 종류의 씨를 맺는 점과 뜻이 통한다. 瞿麥의 씨가 밀 종류의 씨를 맺는다면 그 씨는 비둘기의 눈과 유사한 것이기 때문이다. 또 이 시대의 식물을 나타내는 향명에서 비둘기와 같은 야생 조류를 은유의 수단으로 사용하면 대개 작은 것을 상징하므로 이 표기는 이 씨가 작다는 뜻을 나타내기 위한 것이기도 하다. 따라서 鳩와 目은 음가자로 보아야 하지만 순수한 음가자라기보다는 표의성을 가미한 擬音假字인 것이다. 擬音假字는 음가자의 목록에 들어가긴 하지만 특수한 경우에 쓰이므로 널리 쓰이지는 못한다.

『鄕藥救急方』에서 皂莢의 향명은 '注也邑/주엽'으로 표기된다. 이는 皂莢의 차용어를 표기한 것이다. 이것이 '鼠厭木/쥐염나모'로 표기되기도 한다. 鼠/쥐는 훈가자이고 厭은 음가자이다. 그러나 이는 이 식물이 '2자 남짓하게 작은 것이 약재로 좋고 벌레가 먹은 구멍이 있어 사람들이 접근하기를 싫어한다'라는 특성이 있어 이를 나타내기 위하여 작다는 뜻의 '鼠/쥐'와 싫어한다는 뜻의 '厭'자가 선택된 것이다. 따라서 '鼠/쥐'는 訓假字이지만 擬訓假字이고 厭도 音假字이지만 擬音假字인 것이다. 이들 擬假字들은 표음자임은 분명하지만 일반적으로 사용되는 가자의 체계에서는 사용되지 않는 것이어서 사용빈도가 매우 낮다.

靑黛는 눈썹을 그리는 염료인데 고려시대에는 그 재료인 藍(쪽풀)을 가리키는 속어로 쓰이기도 하였다. 『鄕藥救急方』에서는 이 속어를 靑台로 표기하였다. 靑은 靑黛의 靑에서 온 것이니 '푸르다'는 뜻이 분명한 음독자이다. 그러나 靑은 黛와 결합하면 뜻이 분명하지만 台와 결합하면 그 본래의 뜻이 약화되어 표음자의 성격을 띠게 된다. 이런 점에서 이 靑은 擬音讀字라고 할 수 있다. 普賢十願歌의 禮敬諸佛歌에 쓰인 '心未筆留 慕呂白乎'의 '慕/그리-'는 訓讀字이다. 그러나 그 漢譯歌를 보면 '畵/그리-'의 뜻으로 쓰인 것이다. 어원적으로는 '그리-(慕)'가 '畵(그리-)'의 뜻에서 온 것으로 생각되지만 이 문맥에서 '그리-'는 畵의 뜻이므로 慕(그리-)의 표의성은 그만큼 약화된 것이다. 이런 점에서 慕는 擬訓讀字라고 할 만한 것이다.

이 擬의 개념으로 쓰이는 차자는 표의문자와 표음문자가 혼용되는 표기법에서 양자의 경계를 엄격히 지킬 수 없는 데서 나온 것이다. 그러나 이 擬字는 讀이나 假와 같이 필수적으로 사용되는 것이 아니라 讀과 假의 원리가 1차적으로 적용되어 문자체계가 이루어진 뒤에 부수적으로 나타나는 현상이므로 隨意的인 것이다.

이 차자들은 어절을 단위로 볼 때 '독자 + 가자'의 순서로 쓰인다. 즉

독자(표의자)가 앞에 오고 가자(표음자)가 뒤에 온다. 處容歌의 한 구를 예로 들어 살펴보기로 하자.

東京 明期 月良 夜入伊 遊行如可
동경 붉긔 둘아 밤들이 놀니다가

에서 '東京'은 음독자만으로 쓰인 것이므로 독자가 어절의 앞에 온 것이다. '明期'에서 '明'은 '붉-'으로 읽히는 훈독자이고 '期'는 '긔'로 읽히는 음가자여서 이 어절은 '독자 + 가자'의 구조이다. '月良'에서 '月'은 '둘'로 읽히는 훈독자이고 '良'은 '아'로 읽히는 훈가자여서 이 역시 '독자 + 가자'의 구조이다. '夜入伊'에서 '夜'는 '밤'으로 읽히는 훈독자이고 '入'도 '들-'로 읽히는 훈독자인데 '伊'는 '이'로 읽히는 음가자이므로 이는 '독자 + 독자 + 가자'의 구조이지만 크게 보면 '독자 + 가자'의 구조를 보여주는 것이다. '遊行如可'는 '遊'가 '놀-'로 읽히는 훈독자, '行'도 '니-'로 읽히는 훈독자인데 '如'는 '다'로 읽히는 훈가자, '可'는 '가'로 읽히는 음가자여서 역시 독자가 앞에 오고 가자가 뒤에 이어지는 구조를 보여준다. 예외가 없지 않으나 향가는 원칙적으로 '독자 + 가자'의 구조로 표기됨을 볼 수 있다.

'明期'에서 '明'의 훈이 '붉'이어서 어말에 'ㄱ'음이 있는데 '期/긔'에 'ㄱ'음이 또 있어 'ㄱ'음이 중복되어 있다. 이는 '明/붉'의 'ㄱ'음을 '期/긔'의 'ㄱ'음이 첨가하여 기록한 것이다. 따라서 이는 '붉긔'로 표기되었지만 실제로는 '불긔'로 읽힌다. 이는 차자표기법에서 흔히 나타나는 현상으로 末音添記라고 한다. 이는 앞 차자의 末音을 뒤의 차자가 또 添加하여 表記한다고 하여 붙여진 이름이다. 이는 表記者들이 음절경계를 분명히 의식하지 못한 데서 나온 현상이라 하겠지만 표의문자와 표음문자가 혼용되는 表記體系에서는 흔히 나타나는 현상이다. 그러나 이 末音添記에 의하여 借字로 表記된 單語의 語形을 추정하는 데 도움을 받기도 한다.

차자표기법의 이러한 표기구조는 현대국어의 표기법에서 대부분의 漢

字語를 漢字로 쓰고 조사나 어미는 한글로 쓰는 것과 유사하다. 즉 음독
자나 훈독자는 表意字인 讀字이므로 漢字語에 해당하고 음가자나 훈가
자는 表音字인 假字로서 한글과 같은 것이다. 다만 漢字와 假字가 자형
이 같아서 구별이 안되는 점, 현대국어의 표기법에서 漢字語는 音讀字만
이 쓰이지만 차자표기법에서는 訓讀字도 쓰이는 점, 한글은 음소문자이
지만 차자표기법의 假字는 音節文字인 점에서 차이가 있다. 우리의 차자
표기법은 음독자와 훈독자를 모두 사용하고 그 사이에 음절문자인 假名
(가나)를 사용하는 日本語의 表記法과 같은 것으로 보면 이해하기가 쉽
다.

Ⅲ. 借字表記 資料

차자표기는 삼국시대부터 19세기 말까지 오랜 기간 사용되었으므로
그 자료도 그만큼 풍부할 것으로 보아야 한다. 그러나 모든 역사적인 자
료가 上代로 올라갈수록 稀少해지는 것과 같이 우리의 차자표기 자료도
그 예외는 아니다. 오히려 상대로 올라갈수록 다른 민족의 경우보다 더
회소하여진다고 할 수 있다. 그리하여 삼국시대의 자료는 그 수가 극히
적은 양이 전하고 통일신라, 고려, 조선 시대로 내려오면서 차츰 증가하
여 간다. 이 자료들을 吏讀, 鄕札, 口訣, 語彙表記로 나누어 개관하여 보
기로 한다.

1) 吏讀

吏讀는 고구려에서부터 이미 발달하였음이 분명하다. 그 자료는 현재
전하여 오는 삼국시대의 비문 가운데 매우 이른 것으로 알려진 廣開土大
王碑(414)에도 이미 나타나고 있다. 그 문맥이 한문의 어순으로는 해석
되지 않고 우리말의 어순으로 보아야 뜻이 통하는 것이 있고 이 시대의
이두문에 흔히 나타나는 '之'자가 문장의 종결형태로 쓰인 것이 그것이

다. 廣開土大王碑는 고구려의 전형적인 한문이라고 할 수 있는데도 그 가운데 이두적인 표현이 나타난다는 점은 고구려의 문자생활에서 이두의 세력이 매우 컸었음을 말하여 주는 것이다. 그러나 고구려의 이두문으로 현재 전하여 오는 것은 다음의 몇 예에 불과하다.[2]

1) 平壤高句麗城壁刻字A(446년?) 2) 平壤高句麗城壁刻字B(446년?)

3) 平壤高句麗城壁刻字C(449년?) 4) 平壤高句麗城壁刻字D(449년?)

5) 瑞鳳塚銀合杅銘(451년?) 6) 中原高句麗碑銘(5세기 후반)

이 연대는 모두 추정된 것이므로 학자에 따라 6세기 중엽으로 추정하는 견해도 있다. 1), 2), 3), 4)는 평양성에서 발견된 것이지만 5)는 경주의 瑞鳳冢에서 발견되었고 6)은 충북 충주시(당시 中原郡)에서 발견되었다. 이들은 초기적인 이두문을 보여주는 것으로 국어의 어순을 보여주며, 처격조사에 해당하는 '中'자와 어말어미에 해당하는 '之'자의 사용을 보여준다. 6)은 이밖에도 '節/＊디위'자를 보여주고 있어 고구려의 이두문과 신라의 이두문의 계통이 서로 이어짐을 확인하는 데 중요한 구실을 한다.

百濟의 이두문은 불행히 확인된 것이 없다. 다음의 자료가 이두문일 것이라는 견해가 있다.

7) 百濟七支刀銘(369년?)

8) 百濟武寧王陵出土銀釧銘(520년경?)

---

2 고대국어의 이두자료는 宋基中・南豊鉉・金永鎭 共編(1994), 『古代國語語彙集成』, 韓國精神文化研究所의 「金石文・古文書 語彙集成」의 목록 및 徐鐘學(1995), 『吏讀의 歷史的 研究』, 영남대학교 출판부를 참고할 것.

7)은 일본에 전해 오는 것으로 백제의 것이라 추정하고 있는데 그것이 이두문으로 보기에는 의문이 있고 8)은 그 어순이 완전히 국어적인 어순이다. 최근에 백제의 木簡에서 吏讀的인 표현들이 확인되고 있어 백제에도 이두문이 널리 쓰였을 가능성이 높아지고 있다.

新羅의 삼국시대 자료는 3국 중 가장 많이 전한다. 현재까지 발굴된 것을 추정된 연대순으로 정리하면 다음과 같다.

9) 迎日冷水里碑(503년?)   10) 蔚珍鳳坪新羅碑(524년?)

11) 蔚山川前里書石原銘(525년?)   12) 蔚山川前里書石追銘(539년?)

13) 丹陽新羅赤城碑銘(540년대)   14) 戊戌塢作碑銘(578년?)

15) 南山新城碑銘 其一~其七(591년?) 16) 明活山城作城碑銘(611년?)

17) 壬申誓記石銘(552년 또는 612년?)

이들은 한문의 어순과 우리말의 어순이 섞여 쓰이거나 완전히 우리말의 어순으로만 쓰인 것으로 나눌 수 있다. 9), 10), 11), 12), 13)이 전자이고 14), 15), 16), 17)이 후자인데 후자는 漢字를 완전히 우리말의 어순으로 배열한 것이어서 따로 誓記體吏讀라고 부르는 이도 있다. 14)와 15)는 訓讀字들을 우리말 어순으로 배열한 이두문을 보여 주는 것이다. 이두로는 처격조사의 '中', 조격조사의 '以', 주제의 첨사 '者', 평서법 종결어미의 '之'가 쓰였다. 특히 中자와 之자의 쓰임은 고구려의 그것과 같은 것이어서 고구려의 영향이 신라에 미쳤음을 보여주는 것이다. 다만 9)에서는 之자가 쓰일 자리에 '耳', '爾'자가 쓰여 고구려의 영향을 받기 이전의 문체를 보여주는 것이 아닌가 한다. 이밖에도 후대의 이두와 계통이 닿는 事, 節, 幷, 爲, 敎, 在 등이 쓰였다. 이 시대의 이두문은 문법적 요소의 표기에도 讀字(表意字)만이 쓰였고 假字(表音字)가 쓰인 예를 보여주지 않는다. 앞에 든 이두들도 모두 한문의 문법에 어그러지지 않는 讀字로 쓰인 것이다. 이러한 점에서 이를 俗漢文이라 칭하는 견해도 있다.

그러나 이러한 현상은 이 시대에 吐의 표기가 발달하지 못하였음을 말하여 주는 것으로 이두의 범주에서 벗어나는 것은 아니다. 이 특성이 통일신라시대의 이두에도 계승되는 점을 잊어서는 안 될 것이다.

통일신라시대의 이두문은 현재 21종이 전하고 있다.[3] 이들을 연대순으로 열거하면 다음과 같다.

1) 甘山寺彌勒菩薩像造成記(719년)

2) 甘山寺阿彌陀佛像造成記(720년)

3) 關門城石刻(722년?)   4) 上院寺鐘銘(725년)

5) 无盡寺鐘銘(745년)   6) 華嚴經寫經造成記(755년)

7) 正倉院所藏 新羅帳籍(758년?)

8) 正倉院所藏 新羅出納帳(758년 전후)

9) 正倉院所藏 毛氈의 貼布記(8世紀 中葉)

10) 永泰2年銘 石造毘盧遮那佛 造成記(766년)

11) 葛項寺石塔記(785~798년)   12) 永川菁堤碑貞元銘(798년)

13) 禪林院鐘銘(804년)   14) 昌寧仁陽寺碑銘(810년)

15) 中初寺幢竿石柱記(827년)   16) 菁州蓮池寺鐘銘(833년)

17) 竅興寺鐘銘(856년)   18) 咸通銘禁口銘(865년)

19) 禪房寺塔誌石銘(879년)   20) 英陽石佛坐像光背銘(889년)

21) 松山村大寺鐘銘(904년)

이들은 碑銘, 鐘銘 등의 金石文과 古文書에 기록된 것이다.[4] 내용상으

---

3 拙稿(1993), 新羅時代의 吏讀資料, 『國語史資料와 國語學의 研究』(安秉禧先生回甲紀念論叢), 서울대 大學院 國語研究會編, 文學과 知性社 참조.

4 최근에 새로운 이두문 자료가 2종 발견되었다. 하나는 慶南 昌寧邑 觀龍寺의 石佛座臺銘(776)에 새긴 조성기이고 다른 하나는 江原道 東海市의 三和寺 鐵佛造成記(9세기)이다. 전자는 토가 쓰인 것이고 후자는 어순을 국어의 순서로 한 초기적인 이두문이다. 이밖에

로는 造成記가 주종을 이루는데 日本의 正倉院 소장 문서는 村落의 帳籍 (7), 出納帳(8), 메모帳(9)이다. 12)는 저수지를 수리한 기록이고 14)는 승려의 공적을 장부식으로 기록한 것이다. 이러한 사실들은 이두문이 실용문으로서 사용된 영역이 넓었음을 말하여 주는 것이다.

이 가운데는 한자를 우리말의 어순으로 배열한 초기적인 이두문과 새로이 발달한 吐가 사용된 이두문이 있다. 1), 3), 4), 14), 15)가 前者이고 그 나머지가 後者이다. 이두의 토는 구결의 영향을 받아 발달한 것으로 생각된다. 이 토는 조사나 어미와 같은 국어의 문법형태를 假字로 표기한 것을 확인함으로써 비로소 발달되어 있었던 것으로 볼 수 있다. 삼국시대의 이두문에도 문법형태가 사용되었지만 모두 讀字로 쓰인 것이고 假字로 쓰인 것은 아직 확인되지 않는다. 즉 吐의 발달을 보여주지 않는다. 현재 최초의 토로 확인되는 것은 2)의 甘山寺阿彌陀佛像造成記에 쓰인 '哉/지'이다. 이는 후대 이두의 '齊'자로 이어지는 것이다. 따라서 이 조성기가 쓰여진 720년이 현재로서는 이두에 토가 쓰인 최초가 된다. 이 토가 쓰인 이두문의 발달이 삼국시대의 이두에서 통일신라시대의 이두로 발달한 중요한 특징이 된다. 이들 이두문 가운데 토가 다양하게 쓰여 가장 많은 문법형태를 보여주는 것은 6)의 華嚴經寫經造成記이고 8), 10)의 이두문도 다양한 형태와 문체를 보여준다. 그러나 16), 18), 19), 20), 21)은 한두 개의 이두를 보여주고 그것도 다른 이두문에 이미 나온 것이어서 자료적 가치가 떨어진다. 이 시대의 대표적인 이두문인 華嚴經寫經造成記의 한 구절을 소개하면 다음과 같다.

經 寫 時中 並 淳淨爲內 新淨衣 褌水衣 臂衣 冠 天冠等 庄嚴令只者 二 青衣童子 灌頂針 捧㖿, 又 青衣童子 着 四 伎樂人等 並 伎樂爲㖿, ······ 又 一法師 梵唄 唱 引㖿

木簡에 기록된 이두문도 알려져 있다.

이를 현대어로 옮기면 다음과 같다.

經을 베낄 때에 모두 淳淨한 新淨衣, 褌水衣, 臂衣, 冠, 天冠 들로 庄嚴시킨 두 靑衣童子가 灌頂針을 받들며 또 靑衣童子에 붙어 네 伎樂人들이 모두 伎樂하며, …… 또 한 法師가 梵唄를 불러 이끌며

밑줄 친 부분이 토인데 이와 함께 이두를 뽑아 그 음을 표시하면 다음과 같다.

中/긔, 긔   爲內/ᄒ아-   令只者/시긴   -旀/며
等/ᄃ, 돌   竝/다ᄆ기   爲旀/ᄒ며

이 가운데 假字는 '只/기, 旀/며'이다.
高麗時代의 이두 자료는 약 60여 종이 전하는데 앞으로도 더 발굴될 가능성이 있다. 그 가운데 중요한 것만 들면 다음과 같다.[5]

1) 鳴鳳寺慈寂禪師凌雲塔碑陰銘(941년)

2) 校里磨厓藥師坐像銘(977년)

3) 醴泉開心寺石塔記(1010년)

4) 若木淨兜寺五層石塔造成形止記(1031년)

5) 通度寺國長生石標銘(1085년)

6) 尙書都官貼文(1062년)

7) 密陽小台里石塔造成記(1109년)

8) 松廣寺奴婢文書(1281년)

9) 鄭仁卿政案(13세기 후반, 忠烈王朝)

---

5 李丞宰(1992), 『高麗時代의 吏讀』, 太學社刊 및 徐鐘學(前揭書) 참조.

10) 淸州牧官文書(1349년)

11) 海南尹氏奴婢文書(1354년)

12) 白巖寺貼文 1, 2, 3(1357년~1378년)

13) 南氏奴婢文書(1382년)

14) 高麗末 和寧府 및 開京戶籍文書(1390~91년)

15) 張戩所志(1385년)

이밖에 최근에 새로 나온 이두자료로 佛國寺無垢淨光塔重修記(1024년)
와 佛國寺西石塔重修形止記(1038년)가 있다.

이들도 각종의 造成記와 行政文書 들로 주로 實用文에 이두가 쓰였음
을 보여주는 것이다. 이 시대의 이두문은 행정문서로서 그 표현 양식이
확립되었던 것으로 믿어진다. 초기에는 신라시대에 쓰던 이두문의 양식
을 그대로 계승한 것으로 보인다. 그러다가 成宗 6년(987)에 와서 공문서
양식을 詳定하도록 하였는데 이 문서는 대개가 이두문이니 이 이후 이두
문 양식도 일정한 문서의 規式을 갖게 되었을 것으로 믿어진다.

고려시대로 들어오면서 신라시대보다는 이두의 표현양식이 훨씬 치밀
해진다. 이는 토의 길이로 짐작해 볼 수 있는데 신라시대의 가장 긴 이두
토는 竅興寺鐘銘의 '願爲內等隱/ㅎ안둔'의 4자(밑줄 친 부분)이었으나 鳴
鳳寺慈寂禪師碑에서는 '成造爲臥乎亦在之/ㅎ누온여겨다'와 같이 7자로
된 예가 나온다. 이는 이 당시의 토표기가 口語에서 발음되는 형태를 거
의 그대로 기록할 만큼 발달하고 있음을 말하여 주는 것이다.

고려 전기에는 이두의 표현이 비교적 자유로웠던 것인데 문서의 양식
이 정해지면서 투식으로 굳어져 고려 후기로 내려오면 현실 언어와는 거
리가 있는 古語들이 쓰였다. 부분적으로는 古語的인 표현이 새로 개신된
표현으로 대체되어 갔지만 死語化한 고려시대의 국어가 조선 후기까지
이어지는 예가 흔히 있다. 조선 시대의 이두인데도 조선 시대의 국어로
보기를 주저하는 이유가 여기에 있다.

여기에 淨兜寺五層石塔造成形止記의 한 부분을 들고 번역하면 다음과 같다.

郡百姓光賢<u>亦</u> 天禧三年己未十月日 …… 三界迷魂 四生惡業 承玆造塔 惣得生天之願<u>以</u> 石塔五層<u>乙</u> <u>成是白乎</u> 願 表<u>爲遣</u> <u>成是不得爲乎</u> 天禧六年 歲次壬戌五月初七日 身病<u>以</u> <u>遷世爲去在乙</u> (郡百姓 光賢이 天禧三年己未 (1019) 十月日 …… 三界迷魂 四生惡業이 이 造塔에 의지하여 惣得生天하 게 하여 달라는 願으로 石塔 五層을 이루옵는 願을 表하고 (미처) 이루옵지 못하온 天禧 6年 歲次 壬戌(1022) 五月初 七日에 身病으로 遷世하였거늘)

밑줄 친 부분이 이두이다. 이를 뽑아 정리하면 다음과 같다.

亦/이(주격조사)　　　　　　以/로(조격조사)
乙/을(대격조사)　　　　　　成是白乎/일이숣온(이루온)
爲遣/ㅎ고(하고)
成是 不得爲乎/일이 몯실ㅎ온(이루지 못한)
爲去在乙/ㅎ거견을(하였거늘)

朝鮮 前期의 이두 자료 역시 고려시대보다는 많은 편이다. 이 시대에 는 典籍類의 이두 자료가 4종이나 전해 온다.

1) 大明律直解(1395년)　　　2) 養蠶經驗撮要(1415년)
3) 新刊農書輯要(1517년)　　4) 牛馬羊猪染疫病治療方(1541년)

1)은 明太祖가 제정한 明나라의 법률을 이두문으로 번역한 것이다. 총 30권, 600여 면의 大作인데다 원문인 한문을 이두문으로 번역한 것이어 서 이두의 다양한 기능을 비교적 쉽고 정확하게 파악할 수 있게 하여

주는 자료이다. 2)는 元나라의『農桑輯要』에서 養蠶에 관계된 것을 뽑아 이두로 번역한 것이다. 원문인 한문이 있고 이를 이두로 번역하였다. 3)은 중국의『農桑輯要』의 내용에서 농사에 관한 내용을 우리나라의 실정에 맞게 발췌하여 이두문으로 번역한 것이다. 본래는 養蠶經驗撮要와 같이 태종 때에 번역되었을 것으로 추정되는데 1517년에 安東에서 다시 간행한 것을 필사한 것이 현재 전한다. 따라서 그 이두는 16세기 이전의 것으로 믿어진다. 4)는 가축의 병을 치료하는 방문을 그 원문인 한문과 한글로 된 언해문과 이두 번역문을 함께 실은 것이다. 이 자료들은 양이 풍부하다는 점도 중요하지만 이두가 문서가 아닌 著述에 쓰인 점이 주목된다. 이두문이 법률과 농사에 관한 해설문에 쓰여 이두의 폭넓은 용도를 보여주는 것이다. 이러한 번역서나 저술류는 고려시대에도 있었을 것으로 생각되지만 전하는 것이 없다.

조선전기의 고문서에도 이두는 널리 쓰였다. 그 중 15세기의 중요한 것만 일부 들기로 한다.[6]

1) 李和開國功臣錄券(1392년)
2) 太祖賜給芳雨土地文書(1392년)
3) 張寬開國元從功臣錄券(1395년)
4) 沈之白開國元從功臣錄券(1397년)
5) 南誾遺書(1398년 이전)   6) 張哲定社功臣錄券(1398년)
7) 趙溫賜牌文書(1399년)   8) 馬天牧佐命功臣錄券(1401년)
9) 太祖賜給畎致家垈文書(1401년)   10) 鄭悛告身(1403년)
11) 張戩妻辛氏同生和解文記(1404년) 12) 金務許與文記(1429년)

---

6 吳昌命(1995),「朝鮮前期 吏讀의 國語史的 硏究 - 古文書 자료를 중심으로」, 단국대학교 대학원 박사학위 논문 및 朴盛鐘(1996),「朝鮮初期 吏讀資料와 그 國語學的 硏究」, 서울대 대학원 박사학위 논문과 鄭求福 外(1997),『朝鮮前期古文書集成』, 國史編纂委員會 참조.

13) 權明利許與文記(1443년)　　　14) 琴嵒別給文記(1447년)

15) 李遇陽許與文記(1452년)　　　16) 鄭從雅牟佤金海差帖(1478년)

17) 金淮妻盧氏許與文記(1479년)　　18) 金光礪男妹和解文記(1480년)

19) 柳自汾妻柳氏家舍賣買明文(1487년)

20) 張戠妻辛氏所志(1427년)　　　21) 河源(龜童)所志(1461년)

22) 金孝盧粘連文記(1464년)　　　23) 田養智妻河氏粘連文記(1469년)

24) 金孝之妻黃氏繼後立案(1480년)

　이밖에도 현재 정리되어 학계에 알려진 이두문서들이 더 있으나 생략
하였다. 이 자료는 양으로 보면 15세기 백년간의 것이 고려시대 500년의
것을 능가하고 있다. 그러나 이는 시대적으로 현대에 가까운데 기인하는
것이며 실제로 이두가 사용된 영역은 축소되었다. 일례로 고려시대까지
만 하여도 佛家의 造成記에서는 이두를 많이 썼으나 조선조에 들어오면
이들이 모두 한문으로 대체되었다. 또 朝謝帖이나 告身, 差帖 등의 官文
書들도 본래는 이두문으로 쓰였던 것인데 조선조에 들어오면서 한문으
로 대체되어 갔다. 이두의 영역은 한글로 대체된 것이 아니라 한문으로
대체되어 간 것이 이 시대의 상황이다.
　16세기에 들어오면 이두문 자체가 변하게 된다. 즉 이두문의 내용부
분은 한문으로 쓰이고 이두는 토에 주로 쓰여 한문에 토를 단 듯한 문체
로 바뀌어 간다. 사회적으로는 이두를 사용하는 계층이 따로 성립되어
한문은 이른바 양반 계층에서, 이두문은 중인 계층에서, 언문은 兒女子
나 서민계층에서 사용하는 경향이 강해져 갔다.
　17세기 이후에 이두가 쓰인 고문서의 자료는 매우 풍부한 편이다. 각
종의 賣買明文, 所志類, 成給文, 分財記, 立案文, 關文, 上言文, 告目 등
다양한 양식의 문서에 이두들이 나타난다. 이러한 자료는 韓國精神文化
硏究院을 비롯한 여러 기관에서 古文書集成으로 간행하여 우리가 쉽게
얻어 볼 수 있다.

이 시대의 이두 자료 가운데 주목할 것은 이두의 학습서들이다. 열거하면 다음과 같다.

1) 吏文(1658년)　　　　　　　　2) 吏文大師(17-18세기)

3) 典律通補(1786년)　　　　　　4) 古今釋林의 羅麗吏讀(1789년)

5) 吏文襍例(18세기 이후)　　　　6) 儒胥必知(19세기)

7) 五洲衍文長箋散稿의 語錄辯證說(19세기)

1), 2)는 이두문에 쓰이는 중요한 漢文成語와 이두를 뽑아서 그 讀音을 표시한 것으로 비교적 이른 시기에 이루어진 저술이다. 3), 5), 6)은 이두문의 文例를 예시한 다음 이두의 독음을 한글로 표시한 것이다. 3)과 6)은 이두의 문례 이외에 이두의 목록을 만들어 이를 자수별로 분류하여 배열하고 그 독음을 단 것을 첨부하였다. 4)와 7)은 이두만을 모아서 자수별로 분류하여 배열하고 그 독음을 달고 간혹 주석도 한 것이다.

이들은 이두의 독음을 한글로 표시하였으므로 우리로 하여금 이미 死語化한 吏讀의 讀法을 알 수 있게 하여 주는 중요한 자료이다. 그 독법이 와전된 것도 있고 또 그 어형은 15세기 이전의 것이면서 발음은 17세기 이후의 것으로 바뀐 것도 있어 이용상 주의를 요하는 것이 있으나 오늘날 우리가 추정하는 이두의 어형은 많은 양이 이 학습서들에 의하여 밝혀진 것이다.

조선시대 후기로 오면 이두는 중인 계층의 사람들에 의하여 이미 사어화한 고어를 보수적으로 사용한 것이다. 그러다가 19세기 말 갑오경장으로 言文一致의 운동이 일어나고 國漢混用의 문장이 대두되면서 사라지게 되었다.

2) 鄕札

鄕札 자료로 우선 들 수 있는 것은 『三國遺事』에 실린 향가 14수이다.[7]

1) 慕竹旨郎歌	2) 獻花歌
3) 安民歌	4) 讚耆婆郎歌
5) 處容歌	6) 薯童謠
7) 禱千手觀音歌	8) 風謠
9) 願往生歌	10) 兜率歌
11) 祭亡妹歌	12) 彗星歌
13) 怨歌	14) 遇賊歌

이들은 많은 사람들에 의하여 해독이 시도되었으나 그 해독이 각기 다르다. 같은 작품이 여러 사람에 의하여 해독되었으면서도 그 해독이 각기 다르다는 것은 해독이 안 되었다는 것과 같은 것이다. 해독을 뒷받침하는 자료에 대한 기초적인 연구가 없는 해독작업은 무모한 일이 된다는 사실을 명심할 필요가 있다.

이 작품들의 언어가 어느 시대의 언어인가를 고증하는 것이 매우 중요한 작업이면서도 이에 대한 깊은 배려가 없었다. 이 노래들이 지어진 시대는 작품에 따라 각기 다르다. 멀리는 삼국시대인 眞平王 때에서부터 가까이는 9세기 후반 憲康王 때까지 걸친 것이다. 이것이 작품이 이루어진 당시에 기록된 것이 아니라 12세기 후반 『三國遺事』가 저술된 때에 와서야 문자로 정착된 것이다. 따라서 이 작품들이 신라시대의 언어를 반영하였다고 하기가 어렵다. 오히려 이 작품을 문자화한 一然이 이 노래의 내용을 이해하고 『三國遺事』에 실었다고 보아야 하기 때문에 13세기 후반의 국어를 나타낸 것도 있다. 아마도 處容歌와 薯童謠는 13세기의 언어를 다분히 반영하는 것으로 보인다. 그러나 그 밖의 작품들은 그 문법으로 볼 때 8, 9세기의 신라어를 반영하고 있는 것으로 보인다.

『三國遺事』의 원본은 조선 초기에 간행된 것인데 그 원본의 全秩이

---

7 鄕歌의 개별 명칭은 梁柱東 선생이 붙인 것에 따른다.

전하지 않고 16세기의 중간본이 전하고 있어 와전된 부분도 없지 않을 것이다. 그러나 이를 바로잡을 만한 근거를 찾기가 어렵다. 이러한 점을 고려하여 이들 작품의 언어를 고대국어로 추정하는 데는 세심한 고증이 필요하다. 현재 이 향가들의 문법을 뒷받침하는 자료로 고려시대의 釋讀口訣이 계속 발굴되고 있다. 이의 연구를 통하여 이 작품들의 언어를 고증하면 많은 부분에서 새로운 해석이 가능해 질 것이다.

『均如傳』에 실린 普賢十願歌는 11수의 향가로 이루어진 것이다.

1) 禮敬諸佛歌   2) 稱讚如來歌

3) 廣修供養歌   4) 懺悔業障歌

5) 隨喜功德歌   6) 請轉法輪歌

7) 請佛住世歌   8) 常隨佛學歌

9) 恒順衆生歌   10) 普皆廻向歌

11) 總結无盡歌

이 향가는 고려 光宗 때인 10세기 중반에 지어진 것이므로 고려시대의 국어를 반영한 귀중한 자료이다. 한 작가에 의하여 동시에 지어진 작품이므로 흩어져 있던 것을 수합한 삼국유사의 향가보다는 일관성이 있다. 또 崔行歸의 漢譯詩가 붙어 있고 40卷本『華嚴經』에 바탕을 둔 노래이기 때문에 그 내용을 뒷받침하는 근거가 확실하다. 이러한 점은 이 향가를 해독하기가『三國遺事』의 것보다는 훨씬 유리함을 말하여 주는 것이다.

그러나 이 노래는 지어진 지 100여 년 후인 1075년에 赫連挺이 편찬한 『均如傳』에 실려 전하던 것을 13세기 중엽의 승려인 天其가 간행한 것이다. 따라서 와전된 부분도 없다고 할 수 없다. 근래에 와서 誤字로 고증된 것 중에는 상당한 說得力을 갖는 것이 있다. 이러한 점에서 이 자료의 原典批判도 염두에 두고 이용하여야 한다.

고려시대의 향가로 전하는 것에 睿宗이 지은 '悼二將歌'가 있다. 1120

년(睿宗 15)에 지어진 것이지만 1636년의 刊記를 가진 『平山申氏世譜』에 실린 '太師開國壯節 行狀 및 跋'에 실려 전한다. 申欽의 跋에 의하면 이 行狀은 壬亂前에 널리 유포되어 있었으나 亂으로 인하여 거의 없어지게 된 것을 후손이 수습한 것이라 한다. 와전이 있을 가능성을 배제할 수 없으나 표기법이나 언어사실이 12세기의 것을 전하는 것으로 보인다.

이밖에도 고려 말의 고승 懶翁和尙(1320~1376)이 지었다고 하는 「僧元歌」가 있다. 차자를 이용하여 우리말을 완전히 표기하였으나 18세기 이후에 문자화되었고 18세기 이후의 언어상을 보여주는 것이어서 고려시대의 국어자료로는 볼 수 없다. 이와 같이 고려시대의 작품이라고 하는 차자표기 자료에 申得淸이 지었다고 하는 「歷代轉理歌」가 있다. 역시 18세기 이후의 언어상을 보이는 것이다. 이러한 작품들은 향찰이 18세기 이후에도 존재하였다는 사실을 보여주는 점에서 의의가 있는 것이다.

차자표기로 된 고려가요에 景幾體歌가 있다. 고려 高宗 때에 諸儒가 지었다고 하는 翰林別曲과 安軸(1282~1348)이 지은 關東別曲과 竹溪別曲이 그것이다. 한자어들을 우리말의 순서로 열거하고 끝에 '……景 幾 如何/景 긔 엇더ᄒ닛고'를 붙이는 형식의 노래인데 고려 말의 국어를 나타내는 자료로서는 뚜렷한 것이 없어 국어학적으로는 관심을 끌지 못한다.

향찰로서 새로이 주목해야 할 것은 記(記釋) 또는 釋義이다.

『均如傳』에서는 균여가 남긴 記釋을 10종 열거하고 있다. 그 가운데 현재 전하는 것은 「一乘法界圖圓通記」, 「十句章圓通記」, 「釋華嚴旨歸章圓通記」, 「華嚴經三寶章圓通記」, 「華嚴經敎分記圓通鈔」 등 5종이다. 이들은 한문으로 되어 있으나 그 跋記를 보면 모두 方言 또는 新羅의 古語가 섞여 있었던 것인데 후대에 그 방언을 삭제하고 간행한 것임을 알 수 있다. 일찍이 梁在淵 선생은 이것이 곧 향찰이라고 하였다. 이 記釋은 균여의 강의를 그 제자들이 集錄한 것으로 원문에 대한 풀이와 註解가 동시에 들어가게 되는데 그 가운데는 한문구도 없을 수 없으나 우리말의 표현이 主를 이루었던 것으로 믿어지는 것이다.

이러한 記釋은 매우 이른 시기부터 존재했었음을 알 수 있다. 大覺國師 義天이 편찬한『新編諸宗敎藏總錄』에는 義湘大師의『華嚴經』강의를 結集한『要義問答』2卷(일명 錐穴問答)과『一乘問答』2卷을 들고 '당시의 集錄者가 문체가 좋지 못하여 章句가 鄙野하고 方言이 섞여 있으니 장래의 君子가 마땅히 潤色을 가해야 할 것'이라고 하였다.『要義問答』은『三國遺事』에서는 錐洞記라고 이름하고 '智通(이 책의 集錄者)이 義湘의 親訓을 받은 것이므로 말이 妙訓에 다다른 것이 많다'고 하였다. 이들 역시 본래는 균여의 記釋과 같은 향찰의 문장일 것이다. 현재 전하지 않음이 아쉽다.

이 기석과 전통을 같이 하는 것이 儒家의 經典釋義이다. 현재 차자표기로 된 경전석의로는『詩經釋義』의 刊本이 전한다. 이는 16세기 말 柳希春이나 栗谷 李珥에 의하여 쓰여진 것으로 추정되는 것이다.『詩經』가운데 난해한 부분을 해석하여 이를 차자로 표기한 것이다. 완전한 우리말 문장을 표기한 鄕札로 고려시대부터 내려오는 차자표기의 전통을 계승한 흔적을 보여준다. 그 한 부분을 소개하면 다음과 같다.

葛覃二 伊爲伊 刈爲也 伊爲伊 濩爲也

이는『詩經』의 葛覃章인 "葛之覃兮 施于中谷 維葉莫莫 是刈是濩 爲絺 爲綌 服之無斁"에서 밑줄 그은 '是刈是濩'의 뜻을 풀이한 것이다. 이 詩 가운데 이 부분이 난해하여 특별히 釋義를 붙인 것이다. 한글로 옮기면

이히 刈흐야 이히 濩흐야

가 된다. 해석하면 '이에 비어, 이에 삶아'가 되는 것으로 완전한 우리말 문장이다. 이와 같은 자료로 차자표기의『書經釋義』도 있으나 행방을 알

수 없다. 이러한 자료들은 향찰이 신라나 고려시대에만 존재하였던 표기법이 아니라 조선시대에도 계승된 것이었음을 말하여 주는 것이다.

3) 口訣

구결은 한문이 이 땅에 들어와 체계적인 학습이 이루어진 시기에는 이미 성립되어 있었을 것으로 추측된다. 먼저 한문을 音讀하고 이어서 釋讀하는 방법은 일찍부터 이루어져 있었을 것이다. 이 釋讀은 暗誦에 의하여 계승되어 내려오다가 후대에 와서 토의 기입방법이 발달했을 것이다. 삼국시대에 토가 없이 한자만을 우리말의 어순으로 배열한 吏讀文의 존재는 暗誦하는 釋讀口訣이 형성되어 있어 이를 토대로 발달하였을 것으로 생각되는 것이다. 이 토의 기입 방법이 어느 때에 발달했을까 하는 것은 확인할 수 없으나 현재로서는 삼국통일 시대에서 그리 멀지 않은 시기에 발달한 것이 아닌가 추측된다.

현재 구결의 토를 기입한 것을 알려 주는 믿음직한 이른 기록은 앞에서 말한 義湘의『要義問答』(錐穴問答)과 一乘問答이다. 이들에 方言이 섞여 있었다는 것은 均如의 記釋에 釋讀口訣이 섞여 있는 것으로 보아 여기에도 섞여 있었을 것으로 믿게 하는 것이다.『華嚴經』을 강의하자면 여러 가지로 해석할 수 있는 難解句를 우리말로 釋讀하여 그 표준이 되는 해석을 보여 준 다음 주석하는 것이 원칙이기 때문이다. 이러한 경전의 記釋이 방언으로 기록되었다는 것은 석독구결의 토가 문자로 기록되었음을 말하는 것이기도 하다. 종래 薛聰이 九經 또는 六經文學을 우리말로 읽었다고 하는『三國史記』와『三國遺事』의 기록을 그가 구결을 지은 것으로 해석하여 왔다. 薛聰에 대한 이 기록은 그가 석독구결로 경전을 해석하였음을 말하는 것으로 이해되는데 義湘의 著述은 이보다 한 세대 앞서는 것이어서 이 시대에 석독구결의 吐 表記가 존재하였음을 강력하게 말하여 주는 것이기도 하다.

현재 발굴된 고려시대의 석독구결은 다음의 6종이다.[8]

1) 釋華嚴敎分記圓通鈔의 釋讀口訣(10세기 중엽)

2) 華嚴經疏 卷35(11세기 말 내지 12세기 초로 추정)

3) 華嚴經 卷14(12세기 초 내지 12세기 중엽으로 추정)

4) 合部金光明經 卷3(13세기 초로 추정)

5) 舊譯仁王經 上卷(13세기 중엽으로 추정)

6) 瑜伽師地論 卷20(1246년 이후인 13세기 중반으로 추정)

1)은 균여의 저술로 본래 우리말이 섞여 있던 것을 한문으로 고친 것인데 2행 남짓한 부분이 석독구결로 남아 있다. 균여가 10세기 중엽에 활동하였으므로 그 연대를 비교적 분명하게 추정할 수 있다. 비록 양은 적지만 10세기 중엽의 석독구결이 실존함을 보여주는 것이어서 매우 중요하다. 2)는 대각국사 의천이 중국에 유학하고 돌아올 때 그 稿本을 얻어 그곳 사람에게 板刻을 부탁하고 귀국한 다음 그 판을 배로 실어 온 것이라 한다. 따라서 이 판본은 『續大藏經』보다도 앞서는 것이니 그 釋讀口訣도 이에서 멀지 않은 시대에 쓰여진 것으로 추정된다. 5)는 종래 12세기 중엽에 이루어진 것으로 보았으나 최근의 연구는 그 언어와 표기법의 연대가 3)이나 4)보다 뒤지는 것으로 판단되어 13세기 중엽의 것으로 본 것이다. 6)은 1246년 『再雕大藏經』으로 간행된 것이다. 그 구결은 이보다 뒤질 것으로 보아 13세기 중, 후반의 것으로 추정된다.

이들의 언어는 매우 보수적이어서 비록 13세기 후반에 쓰여 진 구결이라 하더라도 12세기보다도 앞서는 국어를 반영하는 것이 있다. 이는 13세기 후반에 이루어진 高麗時代의 『楞嚴經』의 順讀口訣과 비교하면 현저하게 드러난다. 후자의 언어는 15세기 국어보다 고형을 보여주는데도 고려시대 석독구결의 문법보다는 현저하게 개신된 모습을 보여준다.

---

8 白斗鉉(1997)의 「高麗時代 口訣의 文字體系와 通時的 變遷」, 『아시아 諸民族의 文字』, 태학사에 이 자료들이 정리되어 있다.

고려시대의 釋讀口訣은 토를 한문의 左右 行間에 기입하고 逆讀點을 찍어 표시하였다. 『舊譯仁王經』의 釋讀口訣에서 한 구절을 예로 보이면 다음과 같다.

復ソㄱ 有七ナろ 他方七 不矢リㅌ七 可七ソㄱ. 量ノㅎ· 衆·

이의 讀法은 먼저 오른쪽에(여기서는 위쪽) 토가 붙은 構成素부터 읽어 나가다가 역독점이 있으면 위로 올라가 왼쪽에 토가 붙은 구성소를(여기서는 아래쪽) 읽는다. 그 구성소에 역독점이 또 있으면 다시 위로 올라가 왼쪽에 토가 붙은 구성소를 읽고 역독점이 없으면 아래로 내려와 오른쪽에 토가 붙은 구성소를 읽는다. 이와 같이 하여 이 구절을 韓國語의 순서로 배열하면 다음과 같다.

復ソㄱ　他方七　量ノㅎ　可七ソㄱ　不矢リㅌ七　衆　有七ナろ

이 句節의 약체자를 正字로 고치면 다음과 같다.

復爲隱　他方叱　量乎音　可叱爲隱　不知是飛叱　衆　有叱在旀

이 표기구조는 어절을 기준으로 보면 '讀字+假字'의 구조가 되는데 이는 곧 鄕札의 표기구조와 일치하는 것이다. 이러한 점에서 이 釋讀口訣이 母胎가 되어 향찰이 발달한 것으로 보는 것이다.

석독구결의 종류는 이밖에도 다른 계통의 것이 있다. 조선조의 불경들에서는 순독구결과 함께 석독 표시가 있는 구결을 종종 발견할 수 있다. 여기서는 역독점이 없고 대신 一, 二, 三, 四, 五, 六 등의 숫자로 어순을 표시하고 있다.

2000년 여름에는 角筆로 기입된 点吐釋讀口訣이 새로 발견되었다. 이는 漢字를 四角形으로 보고 그 4변의 안과 밖을 等分하여 25 위치를 정하고, 각 위치에 点이나 線 그리고 점과 선을 조합한 25종의 부호를 기입하여 吐를 나타낸 釋讀口訣이다. 현재까지 조사된 이 구결자료는 다음과 같다.

1. 華嚴文義要訣; 8世紀 中葉 推定. 日本의 傳來 資料.
2. 晋本華嚴經 卷20; 9~10世紀 推定. 誠庵古書博物館藏.
3. 瑜伽師地論 卷3(初雕大藏經); 11世紀前半 推定. 湖林博物館藏.
                〃 卷5, 卷8(初雕大藏經);   〃   誠庵古書博物館藏.
                〃 卷8(〃);   〃   日本京都의 南禪寺藏
4. 周本華嚴經 卷6, 卷22, 卷36, 卷57; 11世紀後半 推定. 誠庵古書博物館藏.
                〃 卷33, 卷34;   〃   湖林博物館藏.
5. 法華經 卷1; 10世紀~11世紀 推定. 延世大圖書館藏.
6. 合部金光明經 卷3; 13世紀初로 推定. 個人所藏.

이 点吐釋讀口訣의 点吐는 全卷에 걸쳐 거의 빠짐없이 기입되어 있다. 이들은 点吐만 가지고 그 독법을 표시하고 字吐는 일체 사용하지 않는 특징을 가지고 있다. 위의 合部金光明經 卷3은 字吐釋讀口訣과 点吐釋讀口訣이 함께 쓰인 자료인데 이들은 각기 독립적으로 사용되어 혼용되는 일이 없다. 자토와 점토가 혼용된 구결은 舊譯仁王經과 함께 腹藏되었던 法華經 卷7(修德寺藏)의 낙장 2매에서 유일하게 확인되었을 뿐이다.

고려시대부터 조선 초까지의 순독구결은 다음과 같은 자료가 알려져 있다.

1) 素谷本 楞嚴經(전 朴東燮本)(14세기 초)
2) 南權熙本 楞嚴經(14세기 전반?)

3) 祇林寺本 楞嚴經(15세기 초)

4) 宋成文本 楞嚴經(15세기 초)

5) 奎章閣本 楞嚴經(14세기 말에서 15세기 초)

6) 高麗版 南明集(14세기 후반)

7) 파리 國立圖書館本 直指心體要節(14세기 말 내지 15세기 초)

8) 尹炯斗本 佛說四十二章經(14세기 말에서 15세기 초)

9) 嚴仁燮本 梵網經(14세기)

10) 國立圖書館本 梵網經(14세기)

11) 韓國精神文化研究院本 梵網經(14세기)

12) 一簑文庫本 圓覺略疏注經(14세기에서 15세기 초)

13) 誠庵古書博物館本 詳校正本慈悲道場懺法(14세기 말)

14) 高麗末의 慈悲道場懺法(14세기)

1), 2), 3)은 한문구성소를 음독하는 것이 원칙이지만 者, 則, 故는 '(으)ㄴ', '(으)ㄴ', '(며)ㄴ', '드로'로 훈독도 하였다. 석독구결에서 순독구결로 넘어오는 과도기적인 현상을 보여주는 것이다. 1)과 2)는 口訣資料叢書 제1집으로, 3)은 그 제2집으로, 4)는 그 제3집으로 영인되었다. 6)은 원본이 분실되고 복사본만이 전한다. 13)은 季刊『書誌學報』제11과 제12에 영인되었다. 이들은 구결연구의 표준서가 될 만한 것이다. 이밖에도 고려 말과 조선 초에 걸치는 구결자료는 더 있지만 연구되지 않아 여기서는 생략한다.

刊經都監에서 간행한 불경언해의 한글 口訣은 종래부터 내려오던 구결을 대폭 개정한 것이다. 이것이 佛家의 표준적인 구결이 되어 이 이후의 佛經口訣은 비록 차자로 기입한 것이라도 거의가 이 구결을 移記한 것이다. 따라서 15세기 후반의 佛家口訣은 간경도감 계통의 구결과 대조하여야 기록 당시의 바른 언어상을 밝힐 수 있을 것이다. 현재 15세기 이후의 구결자료는 많은 양이 전하고 있지만 이러한 연구 작업이 이루어져 있지 않아 적극적인 연구가 늦어지고 있다.

이 시대의 佛家口訣로 특기해야 할 것은 인쇄토를 가진 『地藏經』이다. 현재 1558년의 간본이 가장 이른 것인데 이 이후 많은 복각본이 간행되었다. 토는 간혹 略體字로도 되어 있지만 대개가 正字로 기입되어 약체자의 정자를 밝히는 중요한 근거가 된다.

고려시대와 조선 초의 儒家口訣은 아직 발굴된 것이 없다. 기록상으로는 鄭夢周와 權近, 世祖의 구결이 있었다고 하나 현재 전하는 것이 없다. 실제로 고려시대 이전의 儒家 구결은 당시의 과거제도를 고려할 때 많은 양이 존재했었을 것이지만 전하는 것이 없어 유감이다.

16세기에 간행된 儒家口訣 자료는 다음과 같다.[9]

1) 乙亥字本 書傳大文(16세기 중엽)   2) 童蒙先習(1587년)

3) 童蒙須知(16세기 후반)   4) 朱子增損呂氏鄕約諺解(1517년)

5) 正俗諺解(1517년)   6) 重刊警民編諺解(1579년)

7) 書傳大文 頭註本(壬辰亂 직전)   8) 周易大文(壬辰亂 이전)

9) 詩正文(16세기)   10) 心經附註(16세기 후반)

1)~9)의 자료는 토가 인쇄된 것이다. 1)~6)은 원문의 行間에 인쇄되었고 7)~9)는 欄上에 인쇄되었다. 이 印刷吐는 대체로 정자로 쓰였으나 약체자가 섞이기도 하였다. 10)은 기입토로 된 구결인데 임진란 때에 일본으로 건너가 蓬左文庫에 소장된 것이다. 7), 8), 9)는 15세기에 이루어진 구결이 傳承된 것일 가능성이 높다.

17세기 이후의 유가경전에 토가 들어 있는 자료는 매우 많다. 그러나 그 계통이 밝혀지지 않았고 국어사적인 가치도 검토되지 못하였다. 19세기경에 오면 한문소설에도 구결이 사용된 것을 볼 수 있다. 三國志, 한문

---

9 安秉禧(1977), 『中世國語 口訣의 研究』, 一志社 참조.

본 九雲夢, 水湖志 등의 구결이 그것이다. 이는 구결이 한문 독해의 보조 수단으로 널리 보급된 결과이다.

4) 語彙表記

차자의 語彙表記는 固有名詞表記라고도 불러 왔다. 한국의 고유명사를 한자로 표기하는 과정에서 차자표기가 발달하였다고 보기 때문에 이 용어가 널리 사용되었다. 그러나 차자표기의 발생초기에서부터 고유명사뿐만 아니라 官等名과 같은 보통명사들도 차자로 표기하였고 후대로 오면 고유명사가 아닌 단어들이 차자로 표기되어 目錄化된 것이 있기 때문에 고유명사표기라는 용어 대신 어휘표기라는 용어를 쓴다. 그러나 고유명사표기라는 명칭이 널리 쓰일 만큼 고유명사표기가 차자표기의 중요한 자료라는 점도 잊어서는 안 된다.

우리의 固有名詞를 차자로 표기한 예는 한문이 이 땅에 들어와 사용되기 시작한 초기부터 있어 왔다고 보아야 한다. 즉 차자표기는 고유명사표기에서부터 시작되었다고 보아야 할 것이다. 이른 시기의 고구려 자료인 廣開土大王碑(414)에는 新羅와 百濟 등의 국명은 물론 차자표기의 人名과 地名이 많이 나타난다. 삼국시대의 이두자료에 고유명사가 나타나는 것은 물론이려니와 한문식의 비문에도 고유명사 자료는 흔히 나타난다.

高句麗의 冬壽墓誌(357?), 鎭墓北壁墨書(408?), 好太王壺杅銘(415?), 中原高句麗碑銘(449?) 등의 한문자료는 물론, 백제의 武寧王誌石銘(520), 沙宅智積碑銘(654?) 등의 한문자료, 신라의 삼국시대 이두문은 물론 眞興王巡狩碑와 같은 한문자료에서도 고유명사나 官名들을 흔히 발견할 수 있다. 이들은 고유명사들이어서 그 어원적 의미가 확인되지 않는 것이 대부분이지만 그 시대의 일차 자료라는 점에서 매우 중요한 가치를 갖는다. 일례로 丹陽新羅赤城碑에는 '伊史夫智'라는 인명이 나오고 眞興王巡狩碑에는 '居七夫智'라는 인명이 나오는데 이들은 『三國史記』에서 '苔宗', '荒宗'으로 나타나서 '伊史'와 '居七'이 중세국어의 '잇(苔)', '거츨-(荒)'의 古

形임을 말하여 준다. 蔚州川前里書石追銘에는 신라의 관명 '波珍干支'가 나오는데 이는 후대에는 '海湌'으로 표기되어 '波珍/바돌'이 海를 뜻하는 단어임을 알 수 있게 한다.

우리 고유어를 나타내는 차자표기 자료들은 통일신라시대의 금석문, 고문서, 木簡 등의 기록에서도 많은 양을 찾을 수 있고 고려시대의 같은 자료에서도 당시에 쓰이던 생생한 자료를 발견할 수 있다. 이들은 우리의 국어 단어가 시대적으로 어떻게 변천해 왔는가를 살피는 데 중요한 자료가 된다.[10]

『三國史記』와 『三國遺事』는 고대국어의 많은 어휘를 보여주어 매우 중요하게 다루어진다. 특히 『三國史記』의 권34에서부터 권37까지의 地理志에 나오는 삼국의 지명은 이 계통 어휘의 集成이다. 이 가운데 景德王 16년(757)에 종래부터 사용되어 오던 舊地名을 新地名으로 改名한 것을 함께 열거한 것이 주목된다. 신지명은 고유어로 된 舊地名에 근거하여 한자어로 조어한 것이 많기 때문에 이 둘의 대조는 이 시대 단어의 어형과 어원을 밝히는 중요한 자료가 된다. 일례로 永同郡은 '本 吉同郡'이라 하였는데 이는 경덕왕이 개명한 永同郡은 '본래는 吉同郡'이었다는 뜻이다. 여기서 예로부터 써 오던 '吉'은 永의 뜻을 갖는 '길-'이었음을 알 수 있다. 또 이러한 자료는 후대에 잊혀 진 단어를 재구할 수도 있게 한다. '買忽一云水城'에서 삼국시대의 단어인 '水'의 뜻을 나타내는 '買/미'와 '城'의 뜻을 나타내는 '忽/홀'을 재구할 수가 있는 것 등이 그것이다.[11]

『高麗史』와 『高麗史節要』도 한문문장이지만 고유어의 자료를 제공하는 문헌으로 소홀히 다룰 수 없는 자료이다.

고려시대 이후 국어의 단어를 제공하는 또 다른 자료는 鄕藥名을 알려

---

10 宋基中·南豊鉉·金永鎭 共編(1994), 『古代國語語彙集成』, 韓國精神文化研究院 참조.

11 이러한 地名研究는 李基文(1968), 「高句麗의 言語와 그 特徵」, 『白山學報』 4, 白山學會를 참조.

주는 醫學書들이다.[12]

1) 鄕藥救急方(13세기 중엽?)   2) 鄕藥採取月令(1431년)
3) 鄕藥集成方(1433년)   4) 村家救急方(1571~1573년)

이들은 한문으로 쓰여진 것이지만 그 鄕藥名은 민간에서 사용하는 우리말을 차자로 표기한 것이다. 일례로 우리 고유어의 '도토리'를 '猪矣栗'이라고 표기하였는데 이는 '猪/돝', '矣/의', '栗/밤'과 같이 읽히어 '돝의 밤'을 표기한 것이다. 이러한 향명들은 『救急簡易方』과 같은 諺解書에 한글로 표기되어 있어 그를 바탕으로 어형을 추정할 수 있다. 이 자료는 이 계통의 단어가 고려시대부터 시대별로 발달하여 온 모습을 보여주는 것이어서 치밀한 연구를 기다리는 것이다.

조선시대의 어휘를 알려주는 차자표기의 중요한 자료는 『朝鮮王朝實錄』이다. 이는 그 내용이 방대한 만큼 많은 차자표기의 고유어들을 보여준다. 이 가운데는 고대국어 시대부터 쓰여 오다가 현대에는 없어진 단어들도 나타난다. 앞으로 이에 대한 정밀한 연구는 국어사 연구에 많은 새로운 정보를 제공할 것으로 믿어진다.

조선조의 왕실에서 기록한 각종의 儀軌 속에는 차자로 표기된 물품의 이름이 다량으로 나타난다. 이 명칭은 藏書閣 소장의 고문서에는 한글로 표기된 것이 있어 그 어형을 추정하는 데 도움을 받을 수 있다. 이밖에 차자표기의 어휘들은 18세기 이후의 語源論者들에게 중요한 논의의 대상이 되었으므로 그들의 저서에서도 찾을 수 있다. 丁若鏞의 『雅言覺非』와 같은 뛰어난 저술 속에도 차자표기 자료가 다루어지고 있어 유용한 정보를 얻을 수 있다. 黃胤錫의 『頤齋遺藁』에 실린 華音方言字義解, 李義鳳의 『古今釋林』에 실린 東韓譯語, 저자를 알 수 없는 『東言攷略』

---

12 拙著(1981) 참조.

등도 이러한 점에서 주목할 저술이다.

Ⅳ. 結語

차자표기는 적어도 1500년의 역사를 가진 우리 선인들의 文字表記이다. 이 자료가 上代로 올라갈수록 양이 빈약하여지는 것은 모든 역사적인 자료가 갖는 한계라고 할 수 있다. 그러나 삼국시대부터 고려시대까지의 자료는 실제로 사용되었던 양에 비하면 너무도 빈약한 양이 남아 있다. 다만 최근에 새로 발굴되는 자료가 적지 않아서 이 방면 연구에 활력을 불어넣고 있다. 1970년대 이후 삼국시대부터 조선 초까지의 이두 자료와 고려시대와 조선 초의 구결자료들이 발굴되어 이 방면 연구자들이 鼓舞되어 있다. 이에 따라 국어사의 체계적인 기술은 종래 훈민정음 창제 이후에서 현재는 12세기까지 소급할 수 있게 되었다. 신라시대의 국어도 비록 한정된 내용이지만 일차자료인 이두를 통하여 확실한 사실을 기초로 기술할 수 있게 되었다.

차자표기 자료는 표음문자와 표의문자가 혼용된 것이므로 정확히 해독하여 그 어형을 추출해 내기가 어려운 단점이 있다. 이를 극복하기 위하여서는 다양하고도 풍부한 자료가 있어야 하지만 현재는 한정된 양의 자료가 한정된 범위에서 발굴되었을 뿐이다. 이에 비하면 15세기 이후의 한글자료는 그 질이 우수할 뿐 아니라 양적으로도 풍부한 셈이다. 한글 자료를 통하여 얻은 지식이 차자표기 자료의 연구에도 절대적으로 필요하다. 후기 중세국어에 대한 지식이 없이 고려시대와 그 이전의 국어를 연구한다는 것은 불가능한 일이다. 따라서 차자표기 자료에 대한 연구를 위하여서도 15세기의 한글 자료에 대한 연구가 선행한다는 사실을 분명히 인식해야 한다.

그러나 15세기 이후의 국어연구도 한글 자료만이 전부는 아니다. 차자표기 자료도 적지 않은 양이 전하고 있어서 이를 배제한 국어사 연구는 不具가 될 수밖에 없다. 현재 차자표기 자료의 연구는 15세기 이전의 것을 소화하는 데도 벅찬 형편이지만 앞으로 15세기 이후의 연구도 그에 못지않게 중요하다는 사실을 깨닫고 접근해야 할 것이다. 차자표기 자료는 15세기 이후의 자료라 하더라도 한글 자료에 못지않게 중요한 가치를 갖는 것이다.

　무한한 광맥이 아직 발굴되어 있지 않고 연구되지도 않은 채 남아 있다는 사실을 다시 한번 강조하고 싶다. 앞으로의 분발이 요구된다.

▌『國語史研究』(午樹 田光鉉·宋敏 先生의 華甲을 紀念하여), 國語史研究會, 태학사, 1997. 1.
　2014년 3월 13일 修訂.

借字表記法의 用字法에 대하여

I. 序言

漢字를 이용하여 우리말을 표기하던 漢字借用表記法을 줄여서 借字表記法이라 하고, 이 借字表記法에서 漢字를 이용하는 방법을 用字法이라 한다. 借字表記法을 통하여 訓民正音 이전시대의 국어를 밝히자면 우선 이 用字法에 대한 이해가 요구된다. 그러나 이 用字法은 비교적 복잡한 편에 속하는 것이어서 그를 통하여 言語的 事實을 밝히는 데는 해결되어야 할 많은 難題들이 개재되어 있다. 그러나 用字法이 복잡한 편에 속한다고 하더라도 借字表記 資料 전반을 조감(鳥瞰)하여 보면 表記體系로서 一貫하는 법칙을 가지고 있다.

이 體系와 法則에 대해서는 이미 先學들에 의하여 밝혀진 바가 있다. 그러나 그 체계는 鄕札이라는 제한된 범위에서 수립된 것이어서 借字表記法 전반에 걸쳐 설명할 수 있는 體系와 法則이 되지 못하였다. 또 그 體系는 한 시대의 단면만을 대상으로 하여 파악된 것이기 때문에 각 用字法들 사이에 맺어지는 관계와 表記構造에서 운영되고 있는 動的인 法則에까지 맥락을 잇지 못하고 있다. 用字法에 대한 이러한 靜的인 파악은 용자법 자체를 복잡하게 만들며 나아가서는 借字表記 資料들을 誤釋하는 결과를 낳을 수도 있는 것이다. 현재의 상황에서 借字表記資料에 대한 完全한 解讀을 기대할 수는 없어도 用字法의 體系와 이들을 운영하는 법칙에 대해서는 그 윤곽을 밝힐 수가 있게 되었다. 이 法則은 앞으로 구체적인 細部法則에 의하여 情密化되어야 하겠지만 일단 그 限界를 그

어 놓아서 誤釋으로 나갈 수 있는 방향을 제약할 수는 있을 것으로 생각된다.

이 글에서는 이미 梁柱東에 의하여 분류되었던 用字法을 보다 단순하면서도 전체를 포괄할 수 있는 體系로 묶고, 이 用字法들이 借字表記의 構造에서 운영되는 法則을 밝힌 다음 借字表記法에서 그와 같은 用字法이 나오게 된 역사적인 과정을 고구해 보고자 하는 것이다.

Ⅱ. 用字法의 體系

梁柱東은 鄕歌에 나타나는 借字表記法의 用字法을 다음과 같이 분류하였다.[1]

一. 義字

　1. 音讀: 善化公主主隱

　2. 訓讀: 去隱春

　3. 義訓讀: 今日此矣

　　　　　　何如爲理古

二. 借字

　1. 音借: 薯童房乙

　2. 訓借: 民是

　3. 義訓借: 遊行如可

그는 이 用字法에 대하여 다음과 같이 설명하고 있다.[2]

---

1 梁柱東(1942), 『古歌硏究』, 博文書館, 60면.
2 Ibid., 59면.

二十五首의 詞腦歌는 周知하는 바와 같이 全部 漢字로 記寫되엿는데, 用字法은 義字와 借字로 大別된다. 廣義로 보면 一切의 漢字가 모다 借字 아님이 아니나, 여긔 이른바 「借字」란 義字가 漢字를 原義대로 쓴 것임에 反하야 漢字의 原義와는 關係됨이 업시 그 音訓만을 빌어 我語를 表記함을 이르는 것이다.(윗점은 筆者)

이 설명에서 우리는 義字와 借字의 개념을 파악할 수 있으나 각 用字法에 대한 설명이 없이 용례만을 보이고 있어서 이 用字法들의 相互關係가 분명치가 않다. 여기서 筆者 나름으로 파악한 각 用字法에 대한 설명을 하여 보기로 한다.

音讀은 漢字를 音으로 읽으면서 그 뜻도 原意대로 사용하는 것이니 국어 속에 借用된 넓은 意味의 漢字借用表記이다. '善化公主'가 그 예인데 '公主'는 借用語이고 '善化'는 漢語의 語法을 바탕으로 하여 國語 속에서 造語된 二次的인 借用語이다. 우리가 흔히 말하는 漢字語表記가 用字法 上 音讀字로 나타나는 것이다.

訓讀은 '去'를 '가'로 읽고 '春'을 '봄'으로 읽는 것과 같이 漢字를 우리말로 새기어 읽되 문맥에서 그 漢字의 原意를 살려서 사용하는 것이다. 意味上으로는 漢文과 國語의 二言語對應의 범위에서 사용되는 것이다.

義訓讀은 '今日'을 '오늘'로 읽고 '何如'를 '엇다'로 읽는 것과 같이 주로 두 자 이상으로 된 漢字語를 우리말로 읽고 뜻도 그 漢字語가 가지고 있는 原意대로 읽는 것이다. 이것은 訓讀이 漢字 한 자를 單位로 하여 새김에 반하여 두 자 이상의 漢字語를 한 單位로 하여 국어로 새긴다는 점에서 차이가 있다. 그러나 義訓讀은 용례가 많지 않을 뿐더러 漢文의 常用語와 우리 國語의 常用語의 대응이라는 제약을 두고 생각해야 할 것이므로 이 제약만 두면 用字法의 體系化를 위하여 訓讀에 넣어서 사용하는 것이 편리하다.

여기서 術語의 名稱에 대하여 생각해 보고 넘어가기로 한다. 梁柱東은

類概念語를 '義字'로 하고 그에 속하는 種概念語들을 音讀, 訓讀, 義訓讀이라 하였다. '義'와 '讀'은 같은 概念語로 쓸 수 있으나 그것이 基礎하고 있는 의미는 다른 것이다. '義'는 漢字의 意味라는 뜻으로 쓴 것이고, '讀'은 漢字를 읽으면서 原意대로 뜻을 파악한다는 뜻이다. 따라서 이들 중 하나를 택하여 통일하는 것이 術語의 概念을 명확하게 하고, 用字法의 相互關係를 파악하는 데 편리하다. 筆者는 '讀字' 쪽을 택하기로 한다. '讀'이 用字法이 발달한 과정을 설명하고 借字表記構造를 動的으로 파악하는 데 편리한 術語이기 때문이다.

借字는 漢字를 音으로 읽되 그 原意는 버리고 表音符號로만 사용하는 것이다. 즉 '薯童房乙'의 '乙'과 같이 그 原意를 버리고 우리말의 'ㄹ'音 表記에 쓰는 것과 같은 것이다.

訓借는 漢字를 訓으로 읽되 역시 그 原意는 버리고 우리말의 表音符號로 사용하는 것이다. 즉 '民是'에서 '是'는 그 訓에 따라서 '이'로 읽지만 그 原意인 代名詞로서의 機能은 전연 무시되고 '이'음을 나타내는 表音文字로만 사용되는 것과 같은 것이다.

義訓借는 筆者로서는 訓借와 구별을 할 수가 없다. 梁柱東은 例로서 '遊行如可'의 '如'를 '다'로 읽고 義訓借라 하였으나 이는 현재로서는 그 뜻과는 관계가 없는 表音符號로 밖에 파악되지 않는다. 그 밖에 '年數(살)', '念(ㅅ)' 등을 義訓借라 하였으나 그의 解讀에 따르면 訓借로밖에는 이해가 되지 않는다. 用字法 가운데는 訓讀과 訓借의 중간에 드는 것이 있다. 예를 들면 '心未筆留 慕呂白乎隱'의 '慕呂'를 '그리-'를 表記한 것으로 볼 때, 이 '그리-'를 '畫'의 뜻으로 볼 것인가 '慕'의 뜻으로 볼 것인가에 따라 訓借와 訓讀으로 갈릴 수 있는 것이다. 이 兩者 중 어느 하나라고 단정하기가 어려운 데에 문제가 있다. 이를 '畫'의 뜻으로 본다고 하더라도 '慕'의 뜻인 '그리-'와 同語源일 수 있다는 가능성을 배제할 수 없으므로 '慕'와의 有緣性이 살아 있는 것으로 볼 수도 있는 것이다. 따라서 완전한 訓借라고 하기가 어려운 것이다. 아마도 이러한 예를 義訓借라

할 수 있을 것이다. 그러나 이는 訓讀에서 訓借로 넘어가는 과정을 넣어서 動的으로 파악하면 설명될 수가 있다. 이에 따라 梁柱東의 借字를 筆者는 音借와 訓借만으로 나눈다.

여기서 다시 術語의 名稱에 대한 조정을 할 필요가 생긴다. 梁柱東도 "廣義로 보면 一切의 漢字가 모다 借字 아님이 아니나, 여긔서 이른바 借字란…"하고[3] 前提를 한 다음 狹義의 借字로서의 用字法을 설명한 바와 같이 借字表記法이란 말에 쓰인 '借字'란 術語와 用字法上에서 쓰는 '借字'란 術語는 그 개념이 다른 것이다. 概念이 다른 術語를 같은 名稱으로 부름으로써 개념의 혼란을 초래하는 폐단이 있어 실제 사용상 불편이 크다. 그리하여 筆者는 用字法上에서 써오던 '借字'는 '假字'라 부르기로 한다.[4] 그리하여 梁柱東의 音借字는 音假字, 訓借字는 訓假字라 부르게 된다.

이제 筆者가 再調整한 用字法을 體系化하여 보이면 다음과 같다.

一. 讀(字)

　1. 音讀(字)

　2. 訓讀(字)

二. 假(字)

　1. 音假(字)

　2. 訓假(字)

이 체계는 用字法이 音, 訓, 讀, 假의 네 법칙에 의하여 이루진 것임을

---

3 Loc. cit.

4 이 '假'란 用語는 訓民正音 鄭麟趾序文에 '昔新羅薛聰 始作吏文 官府民間 至今行之 然皆假字而用 或澁或窒…'이라고 한 데서 볼 수 있는 바와 같이 '借'와 같은 뜻으로 이미 쓰여 온 바가 있다.

보여 준다. 이 體系는 中國語表記文字로서 본래부터 지니고 있던 表意文字性과 韓國語를 表記하기 위하여 韓國化한 表音文字性이 折衷되어 이루어진 것이다. 따라서 이 體系의 운영은 表記構造에서 動的으로 파악하지 않으면 안 된다. 때에 따라서는 音讀字가 訓讀字로 읽혀도 意味傳達의 結果는 같을 수가 있다. 또 訓讀과 訓假의 限界가 不分明할 수도 있고, 音假字가 音讀字로 굳어버릴 수도 있는 것이다. 또 같은 借字라도 쓰이는 위치와 경우에 따라, 또는 시대에 따라서 用字法上 달리 읽힐 수가 있는 것이다. 이러한 動的인 原理는 言語記號의 兩面性인 音·意를 구비하고 있는 漢字의 특성에 漢文學習이란 韓國的인 文化現象과 中國語와 國語의 接觸現象이 複合되어 오랜 동안의 改新을 거치면서 이루어진 것이다. 그리하여 현재로선 이 원리에 의하여 표기된 資料들을 解讀하여 訓民正音 이전의 國語를 再構한다는 것은 至難한 作業으로 여겨지고 있다. 그러나 用字法의 限界가 音·訓·讀·假의 범위 안에 있다는 사실을 확인하는 것은 이 原理가 애매성으로 전락하는 폭을 줄일 수 있고 나아가서 그 形成過程을 추적하여 그에 대한 우리의 知識이 넓혀지면 그 曖昧性의 폭은 훨씬 더 좁혀질 수 있을 것으로 생각된다.

Ⅲ. 用字法과 借字表記法의 構造

用字法의 動的인 原理가 曖昧性으로 전락하는 것을 막아줄 수 있는 것으로서 借字表記의 構造가 있다. 用字法은 表記構造에서 비교적 규칙적으로 운영되고 있다. 이 用字法이 鄕歌表記에서 추출된 것이니 鄕歌 중에서 비교적 무난한 解讀이 가능한 處容歌에서 이 用字法이 어떻게 운영되고 있는가를 살피기로 하자.

東京 明期 月良 夜入伊 遊行如可

에서 用字法을 語節單位로 보면 다음과 같다.

1. 東京: 音讀 + 音讀(東京)
2. 明期: 訓讀 + 音假(볼긔)
3. 月良: 訓讀 + 訓假(둘아)
4. 夜入伊: 訓讀 + 訓讀 + 音假(밤들이)
5. 遊行如可: 訓讀 + 訓讀 + 訓假 + 音假(놀니다가)

여기서 각 어절의 表記構造가 그 頭部는 讀字들로 이루어져 있고 後尾部는 假字들로 이루어져 있음을 발견할 수 있다. 이를 달리 말하면 '鄕歌의 表記構造는 原則的으로 語節을 單位로 하여 '讀 + 假'의 構造로 되어 있다'고 할 수 있다. 이의 예외도 있으나 전반적으로는 이 법칙에 의하여 표기되고 있음을 鄕歌 전체를 검토하면 認定하지 않을 수 없게 된다.
이 法則은 吏讀表記構造에서도 나타남을 볼 수 있다.

國朝以 誅流員將矣 奴婢等乙 公私分屬令是 事/國朝로부터 誅流員將의 奴婢들을 公私分屬시킨 일(松廣寺 至正 18年 奴婢文書, 1281)

에서 각 語節 별로 用字法을 보면 다음과 같다.

國朝以: 音讀 + 音讀 + 訓假(國朝로)
誅流員將矣: 音讀 + 音讀 + 音讀 + 音讀 + 音假(誅流員將의)
奴婢等乙: 音讀 + 音讀 + 訓讀 + 音假(奴婢들올)
公私分屬令是: 音讀 + 音讀 + 音讀 + 音讀 + 訓讀 + 訓假(公私分屬시킨)
事: 訓讀(일)

吏讀에서는 音讀字 즉 漢字語句가 많이 나타나는 것이 특징이라 할 수 있으나, 그 基本 表記構造는 역시 '讀 + 假'의 구조임을 볼 수 있다.

한편 이 表記構造는 口訣에서도 같은 法則으로 나타남을 볼 수 있어 주목되는 것이다. 舊譯仁王經 釋讀口訣을 國語의 語順으로 배열하고 略體字를 正楷體字로 고치어 보이면 다음과 같다.[5]

復爲隱 他方叱 量乎音 可叱爲隱 不知是飛叱 衆 有叱在彌 / 또한 他方의 헤아림이 可하지 아니한(헤아릴 수 없는) 衆이 있으며

밑줄을 친 부분이 이 釋讀口訣에서 吐로 記入되었던 것이다.

이 吐를 표기한 借字는 원칙적으로 假字로 읽히고 있는 것이 우리의 주목을 끄는 것이다. 이는 鄕札과 吏讀의 '讀 + 假'의 구조와 口訣의 '漢文構成素 + 吐'의 구조가 서로 일치함을 볼 수 있게 하여 주는 점에서 중요한 의의를 띤다. 이는 借字表記構造에서 讀字가 頭部에 오고 假字가 後尾部에 오는 사실을 해명해 주는 것이니, 곧 借字表記法이 口訣을 바탕으로 하여 발달하였음을 말하여 주는 것이다.

口訣은 漢文構成素에다 吐를 添記하여 우리말로 읽도록 하는 것인데 漢文構成素는 주로 槪念語이고 吐는 이 槪念語에 연결되어 그 文法的 관계를 나타내는 形式部이다. 이 口訣이 釋讀될 때 槪念語인 漢文構成素는 '讀'으로 읽힌다. 그러나 吐는 膠着語인 우리말의 특성인 形式部를 表記하는 것이므로 孤立語表記에나 맞는 漢字의 音・意 양면을 살려서는 원만하게 표기할 수가 없다. 吐를 표기하기 위해서는 漢字를 이용하는 한 假字를 이용하지 않을 수 없을 것이다. 이것이 口訣에서 '讀 + 假'의 構造를 형성한 결과로 나타난 것이다. 借字表記法은 당시에 어느 정도 知識을 갖춘 사람들이 사용하던 表記法이고 이들은 최소한 初步的인 漢文學

---

5 Cf. 南豊鉉・沈在箕(1976), 舊譯仁王經口訣硏究(其一), 『東洋學』 6輯, 檀國大 東洋學硏究所, 40~42면.

習을 마친 사람들이다. 口訣은 漢文學習의 初步的인 段階에서부터 익히는 것이므로 이를 습득한 사람들이 달리 새로운 表記法을 창안해 내지 않는 한 口訣에서 습득한 법칙을 우리말 表記에 응용할 것은 당연한 것이다. 이것이 鄕札과 吏讀의 表記構造가 '讀＋假'로 나타나게 한 源泉이니 鄕札과 吏讀의 表記構造는 口訣에서 온 것임을 말하여 주는 것이다.

Ⅳ. 用字法의 發達과 吐

앞에서 보아 온 바와 같이 借字表記法의 基軸은 口訣이다. 口訣의 '漢文構成素＋吐'가 借字表記의 用字法上으로는 '讀＋假'의 構造로 나타나는 것이다. 그러나 吐는 假字로 표기하는 것이 원칙이지만 그 예외가 있다. 鄕歌를 보면 語節 單位의 表記構造가 '假＋假'의 구조로 나타나는 경우도 있다. 鄕歌의 '假＋假'의 構造는 釋讀口訣에도 全訓讀表記가 있어 脈絡을 같이 하고 있다.[6] 그러나 이 맥락은 鄕札이나 吏讀에서 발달한 표기법이 오히려 口訣에 적용된 것이 아니냐는 의심을 자아낼 수도 있는 것이다. 이와 아울러 吐에도 讀字들이 사용되고 있다. 用字法의 原理는 이러한 의문들도 고려하면서 口訣을 바탕으로 借字表記法이 발달했다는 사실을 解明할 때 좀 더 분명해질 것이다.

借字表記法의 初期的인 形態는 이미 三國期의 金石文에서 발견되고 있다. 高句麗의 資料에서도 이 계통의 것이 발견되는데, 新羅의 자료와도 用法이 유사하여 新羅가 高句麗의 영향을 받았던 것만은 의심하기가 어렵지만, 全面的인 國語表記는 新羅統一 시대에 吐表記가 발달하면서 가능해진 것으로 믿어지는 것이다. 그러나 비록 三國期에 吐表記는 발달하지 않았지만 固有名詞를 주축으로 語彙表記에서 假字들이 사용되고 있음을 확인할 수 있다. 蔚州川前里書石追銘과 丹陽新羅赤城碑에 '波珍干支'

---

6 Ibid., 45면 이하.

가 나타나는 것이 그것이다. '波珍'은 이제까지의 考證으로 보아 '海'의 뜻인 'patɔr'로 읽힌 것이 확실한 것이다. '波'가 pa로 읽히는 것은 音假이고 '珍'이 'tɔr'로 읽히는 것은 訓假이다. 語彙表記에서 '波'가 'pa'로 읽히는 것과 같은 漢字音의 이용은 漢人들이 그들의 借用語를 표기할 때 漢字를 假借法으로 이용하는 것과 같아서 우리 固有의 방법이라 할 수는 없지만 '珍'이 'tɔr'로 읽히는 것과 같은 訓假는 우리의 독특한 용법인 것이다. 이 訓假의 이용이 있음으로써 音假에 있어서도 비록 그 出發은 中國에서 시작된 것이라 하여도 韓國化한 것이라 할 수 있는 것이다. 한편 이 訓假의 존재는 漢字의 訓讀法이 이미 이 시대에 형성되어 있었고 더 나아가서는 訓讀法을 확립시킨 釋讀法이 보급되어 있음을 말하는 것이 된다. 釋讀法은 漢文의 해석법의 하나이니 이것이 普遍化하였다면 이는 곧 釋讀口訣인 것이다. 다만 삼국시대에는 釋讀口訣은 存在하였어도 그 吐의 表記法은 발달하지 않았던 것으로 보이는 것이다. 이 시대에 吐表記가 발달하였다면 이 시대의 吏讀文表記에 나타날 법한 것인데 현재로서는 그러한 증거를 찾을 수가 없다.

　三國時代의 吏讀文들을 보면 '中', '以', '之', '者' 등과 같은 後代의 吏讀로 발달한 漢文의 虛辭字들을 볼 수 있다. 그러나 이들의 用法은 漢文과 國語에 대응하는 二言語對應의 범위에서 쓰였지 그 原意를 무시하고 쓰인 예는 없다. 즉 이들은 讀으로 쓰인 것이고 假로 쓰인 것은 아니다. 당시의 吏讀文은 漢文의 語順을 國語의 語順으로 배열한 형태를 띤 것으로 이 虛辭字들도 그 원칙에 따라 쓰인 것이다. 이것은 口訣에서 漢文의 虛辭들도 國語의 文法的 形式要素에 대응시켜 새기던 것을 吏讀文 表記에 그대로 이용한 것이니 당시에 釋讀口訣이 이미 발달하였음을 말하는 것이 된다.

　이와 같이 三國期의 借字表記法은 語彙表記의 단계에서는 假字들이 쓰였으나 文章表記의 段階에서는 吐表記가 발달되지 않았음을 보여 주고 있다.

吏讀文에서 吐表記가 나타나는 것은 新羅統一 이후인 8세기 중엽의 자료에서이다.[7] 최근 발견된 新羅華嚴經寫經造成記(755)는 이 사실을 분명히 하여 주고 있다.

　經 成內 法者 楮根中 香水 散尒 生張令內弥 然後中 若楮皮脫那……佛
菩薩像筆師走使人那 菩薩戒 授令弥(經을 만드는 法은 楮根에 香水 뿌려서
生長시키는 것이며 然後에 楮皮脫이나……佛菩薩像筆師走使人이나 菩薩
戒 받도록 하며)

여기서 밑줄 친 것이 吐이다. 이들은 모두 語節의 後尾部에 와서 國語
의 形式部를 나타내어 다음 語節과의 관계를 보여주는 吐이다. 三國期의
吏讀文에서는 발견되지 않던 吐가 이 시기의 吏讀文에 나타나고 있는 사
실은 7세기와 8세기 사이에 口訣에서의 吐表記가 발달했음을 말하여 주
는 것이다. 이 사실은 吐表記의 用字法을 보아도 알 수 있으니 이 吐表記
에서는 三國期의 語彙表記에서 볼 수 있었던 假字들과 文章表記에서 讀
字로 읽히던 虛辭字들이 함께 나타나고 있는 것이다.

이 吐들의 用字法을 살펴보면 '旀/며', '那/나'는 音假字이다. '者/은'는
漢語文法에서 前題를 나타내는 語氣詞로 기술되는 것이니 이것을 國語의
主題化添辭 '(으)ㄴ'에 대응시킨 것은 訓讀이다. '厼/금'은 '旀'의 略體字로
서 그 訓을 이용한 訓假字이다. '中/긔'는 두 가지로 볼 수 있다. '楮根中'
의 '中'은 訓讀字로도 볼 수 있고 訓假字로도 볼 수 있으나 訓讀字 쪽에
더 가깝다. 그에 비하여 '然後中'의 '中'도 訓讀의 영역을 완전히 탈피했다
고 할 수는 없으나, 訓假 쪽에 더 가깝다. 이는 이 '中'字가 讀으로부터
점차 假로 발전하고 있음을 보이는 것이니 讀과 假의 중간에 위치한다고
할 수 있다.

---

7 現在 그 最初의 모습을 보여주는 것은 745年의 无盡寺鍾銘이다.

이상에서 보면 吐에 나타나는 訓讀字는 모두 漢文의 虛辭字들이고 假字들은 音假字의 예로 보아 三國期의 語彙表記에서도 사용되던 것들임을 알 수 있다. 이 사실은 당시인들이 三國時代에 써오던 假字들과 文章表記의 虛辭字들을 이용하여 吐表記를 발달시켰음을 말하여 주는 것이다.

吐表記에 사용되는 用字法에는 音讀이 있을 수 없다. 國語의 文法的 形式部를 表記하기 위한 것이어서 假字들이 주축을 이룬다. 訓讀字는 國語의 文法的 形式部에 대응할 수 있는 虛辭字들에 한한다. 이 訓讀字들도 假字化한다. 앞에서 본 '中'자의 假字化가 이를 말해 준다. '以'자도 후세에까지 일반적으로는 訓讀字로 쓰이나 '幷以'와 같은 경우는 假字化한 것이다. 吐에 쓰이는 訓讀字는 비록 讀으로 읽혀도 漢文과의 有緣性을 쉽게 탈피할 수 있으므로 假字化할 소지가 풍부하다. 그러나 語節의 頭部에 쓰이는 讀字는 비록 訓讀된다 하더라도 漢文과의 有緣性이 살아 있어서 좀처럼 假字化하지 않는다. 그것이 假字化한다 하더라도 吐가 假字化하는 것과는 다른 조건에서 생기는 것으로 믿어진다. 예를 들면 民間語源的인 要素 같은 것이 그 한 조건이 될 수 있을 것이다.

용자법상 讀으로 읽히는 借字의 수는 原則的으로 制限이 없다. 다만 訓讀字는 國語語彙와의 대응이 용이한 常用字들이 쓰인다는 제한이 있으나, 그 制約은 弛緩된 것이어서 數的인 制約을 가하여 파악하기가 어렵다. 그러나 假로 읽히는 借字는 數的인 制約이 없을 수 없다. 특히 이것은 吐表記의 假字들에서 강하게 나타난다. 물론 그 표기를 사용하는 集團, 예를 들면 學派나 宗派 또는 社會集團이나 時代에 따라 變動은 있을 수 있어도 어느 범위에서 헤아릴 수 있는 數的인 制約이 있는 것이다.

이 吐가 表記者와 讀者를 연결하는 橋梁이 되어 왔으며 또한 오늘날 우리가 借字表記資料를 合理的으로 해명할 수 있는 발판이 되고 있는 것이다.

V. 結論

筆者는 借字表記法의 발달은 漢文學習方法과 밀접한 관계를 가지고 발달한 것으로 보고 있다. 이 학습방법으로 나타난 것이 口訣이다. 이 口訣이 借字表記法이 발달하는 기반이었던 것이다. 口訣의 吐 표기는 三國時代에는 발달되지 못했으나 7세기에서 8세기로 넘어오는 시기에 발달한 것으로 추정되는 것이다. 이 吐表記의 발달로 國語의 全面的인 表記가 가능해졌던 것이다.

이 글의 用字法의 원리도 이러한 생각을 기반으로 하여 논의해 온 것이다. 이제까지 논의한 것을 요약하면 다음과 같다.

借字表記의 用字體系는 音讀, 訓讀, 音假, 訓假로 나뉘는데, 이는 讀과 假의 原理에 의하여 動的으로 운영되는 것이다. 讀은 漢字가 본래부터 가지고 있는 漢文構成素로서의 中國的 要素이고 假는 이를 韓國化하여 表音符號化한 韓國的 要素이다. 用字法은 이 中國的 要素인 讀의 原理와 韓國的 要素인 假의 原理를 兩極으로 하여 運營되는 動的인 原理를 갖는 것이다.

이 動的인 原理는 스스로 曖昧性을 內包하는 것인데 이 曖昧性의 폭을 최소한으로 줄이는 것이 우리들의 主要 作業目標가 되어야 할 것이다. 이 폭을 줄여 주는 것의 하나가 借字表記의 '讀 + 假'의 構造이다. 이 構造는 鄕札과 吏讀에 나타나는 것이지만 口訣의 '漢文構成素 + 吐'의 構造와 일치하는 것이다. 口訣의 漢文構成素는 原則的으로 讀으로 읽히고 吐는 假로 읽히는 것이다. 吐 가운데도 訓讀字가 쓰이고 있다. 이는 漢文의 虛辭字들로 漢文을 釋讀할 때 國語에 대응시켜 읽던 데서 발전하여 吐表記에 이용된 것이다. 따라서 吐는 원칙적으로 假字가 쓰이지만 訓讀字가 쓰일 때는 漢文의 虛辭字에 한한다는 制約이 있다. 한편 이 吐에 쓰이는 訓讀字는 漢文構成 要素로서의 有然性을 탈피하여 흔히 訓假字로 轉用된다.

音節頭部의 讀字는 數的으로 일정한 制限이 없으나 吐表記의 假字는 數的인 制限이 있다. 이 吐가 表記者와 讀者를 연결하는 교량이 된 것이다.

▌『南廣祐博士華甲紀念論叢』, 1980. 10.
  2014년 3월 11일 修訂.

借字表記法의 固有名詞表記法에 미친 中國의 影響

I.

한자를 빌어 우리말을 表記하는 借字表記法은 固有名詞表記에서부터 발달하기 시작하였다. 한자가 이 땅에 언제 들어와 사용되기 시작하였는지는 확실하지 않으나 漢四郡이 설치되기 이전에 이미 한반도에 들어와 사용되었던 것으로 추정된다. 한자·한문의 수입과 그 사용은 우리 문화 발달의 여러 면에 영향을 미쳤지만 그 용도는 두 가지로 크게 나누어 생각해 볼 수 있다. 그 하나는 經典을 중심으로 한 中國古典의 학습과 이를 기초로 한 문학 활동이고 다른 하나는 사회의 다양화에 따라 요구되는 문서생활에서의 이용이다. 固有名詞表記法은 주로 후자의 용도에서 발달되었던 것이다. 그러나 문자생활은 한문의 학습을 기초로 하여 출발하는 것이므로 문서생활도 古典의 학습과 긴밀한 맥락을 갖고 발달하였을 것임을 배제할 수는 없을 것이다. 그러다가 문서생활의 틀이 잡히면서 固有名詞表記도 나름대로 독립된 영역을 형성하여 갔을 것으로 생각된다.

II.

현재 우리가 대할 수 있는 固有名詞表記 자료는 문서생활이 나름대로 확립된 후의 것으로 믿어진다. 이 가운데서도 『三國史記』와 『三國遺事』의 자료가 이 방면 연구의 중심이 되고 그 밖에 中國과 日本의 史書에 나타난 자료들도 참고자료로 이용되고 있다. 그러나 『삼국사기』나

『삼국유사』의 固有名詞表記는 각각 12세기와 13세기에 문자로 정착된 것이므로 固有名詞表記의 초기적인 모습을 찾기 위하여서는 원전에 대한 비판부터 거쳐야 할 것이다. 또 각 시대의 表記法의 積層으로 쌓여 있어 一作, 一云, 或作, 或云 등으로 표현되는 異表記가 시대에 따라 表記上 차이를 보이고 있는 점에도 주의를 하지 않으면 안 될 것이다. 中國의 여러 史書들은 시대의 변화에 따른 우리의 固有名詞表記의 변천상을 어느 정도는 보여주는 것으로 생각된다. 그러나 그 양이 한정되어 있는 데다가 우리의 기록을 단순히 옮겨 적은 것인지 그들 나름대로 기록한 것인지의 한계가 불분명하다. 또 우리의 사정을 모르는 이들이 轉寫하는 과정에서 적지 않은 오기도 범하고 있어서 이를 이용하는 데는 각별한 주의를 요하고 있다. 日本의 史書는 8세기의 『古事記』와 『日本書紀』가 우리의 固有名詞表記 자료를 보여주고 있다. 그러나 이 역시 우리의 기록을 옮겨 적은 것인지 그들 나름으로 윤색한 것인지가 분명치 않다.

각 시대의 생생한 固有名詞表記를 보여주는 것은 역시 金石文과 古文書 자료이다. 이 자료는 현재 삼국시대의 金石文만이 근 50種이 전하고 있다. 4세기 이후의 것만이 단편적으로 전하고 있어서 이 表記法의 발생기의 모습을 보여주는 데는 미흡하지만 비교적 이른 시기의 시대적 단면들을 보여주는 것이어서 귀중한 자료이다. 그러나 史書의 기록들에 비하면 양적으로 빈약하고 金石의 마멸과 異體字로 인한 判讀上의 어려움이 있어 안심하고 이용하기 어려운 문제점이 있다. 또 내용상으로도 史書는 비중 있는 것을 정리한 것이지만 金石文은 이러한 濾過를 거치지 않은 것이다. 이는 金石文이 갖는 장점일 수도 있으나 表記法上의 난맥을 가름하기 힘든 단점일 수도 있다. 개인의 일회적인 用字를 당시 表記法의 보편적인 현상으로 부각시킬 수도 있기 때문이다. 그러나 金石文은 기록 당시의 斷面과 시대적인 변천상을 생생하게 보여줄 수 있을 뿐만 아니라 더 나아가서는 史書들의 중요한 누락을 보충해 주기도 한다. 일례로 '牟羅'라는 단어는 『梁書』 新羅傳에 '城을 健牟羅라고 한다'고 하였고 『日本

書紀』에 우리의 지명으로 久斯牟羅, 久禮牟羅, 騰利枳牟羅, 包那牟羅, 牟雌枳牟羅, 伊斯枳牟羅 등으로 여러 번 나타난 것이다. 그러나 종래의 국내 기록에서는 전연 발견되지 않아 믿기에 躊躇스러움이 있었던 것인데 88년에 발견된 蔚珍鳳坪新羅碑에서 '居伐牟羅'라는 기록이 확인됨으로써 6세기 초에 '牟羅'라는 명사가 실제로 쓰이고 있었음을 확인시켜 준다. 이러한 예는 固有名詞表記法의 검토에서도 적지 않게 나타날 것으로 믿어진다. 이와 같이 국내의 史書나 그 밖의 旣存資料에 못지않게 金石文의 자료가 固有名詞表記法의 연구에서는 큰 비중을 차지할 것임에도 불구하고 현재까지 이를 이용하여 연구하려는 적극적인 시도가 이루어지지 않고 있다. 史書나 그 밖의 자료들이 우리의 固有名詞 연구에서 중요함을 부정할 수는 없지만 金石文의 자료가 그에 못지않게 혹은 그 이상으로 중요한 것임은 두말할 나위가 없을 것이다.

Ⅲ.

우리의 固有名詞表記의 발달에는 佛敎의 영향이 컸었던 것으로 일찍부터 믿어져 왔다. 中國에서 佛經을 梵語로부터 漢譯할 때 不飜語들을 表記하기 위하여 이용한 假借字들을 우리의 固有名詞들을 表記하는 데 사용하였다는 주장이 폭 넓게 믿어져 왔다. 기실 우리의 固有名詞 表記字들과 佛經의 不飜語 表記字들을 대조해 보면 공통되는 글자들이 적지 않게 나타나는 것을 쉽게 확인할 수 있다. 그러나 佛經의 假借字들이 우리의 固有名詞表記에 영향을 미쳤다는 주장은 日本에서 固有名詞를 表記하던 차자들이 佛經의 不飜語 表記字들과 광범위하게 일치하는 데서 나온 주장을 그대로 우리의 경우에 적용시킨 감이 없지 않다. 日本에서는 한자·한문의 보급과 佛敎의 보급이 거의 같은 시대여서 이와 같은 주장이 나올 수 있지만 우리의 경우는 日本과는 다른 점을 염두에 두지 않으면 안 된다.

한반도 내에 한문이 들어온 것을 漢四郡이 설치되기 이전으로 추정하고 고구려만 하여도 국초부터 문자를 사용하였다고 한 것을 보면 이것은 불교가 中國에 들어오기도 전에 이미 이 땅에 한문이 들어와 보급되어 있었음을 말하는 것이다. 또 고구려와 백제에 佛敎가 들어온 것이 4세기 후반이니 비록 이 이전의 자료가 없다 하더라도 우리의 문서 사용과 固有名詞表記法은 이미 佛敎가 들어오기 전에 틀이 잡혀 있었다고 보아야 할 것이다. 또 中國에 佛敎가 들어왔을 때 범어의 不飜語를 表記한 假借字들은 漢代의 官界에서 외국의 고유어들을 表記하던 假借字들을 이용하여 表記하였었다. 이러한 점에 착안하여 廣開土大王碑의 固有名詞 表記字와 『漢書』의 외국어 表記字 그리고 鳩摩羅什이 번역한 『妙法蓮華經』에 쓰인 不飜語表記字를 대조하여 우리의 固有名詞表記와 『妙法蓮華經』의 不飜語表記字들 가운데서 공통되는 假借字들은 漢代의 官界에서 외국의 固有名詞들을 表記하던 假借字와 공통됨을 확인한 것은 이 방면의 연구에 있어 자못 중요한 의미를 지닌다. 기실 佛經에서 不飜語를 表記하는 데 사용한 假借字들 가운데 우리의 固有名詞 表記字로서는 전연 사용되지 않은 것도 상당수에 이르고 있고 우리의 固有名詞表記에 사용된 차자들도 佛經의 不飜語 表記字들의 범위를 훨씬 넘어서 사용되고 있음을 확인할 수 있으니 우리의 固有名詞表記는 佛家의 不飜語 表記의 영향을 직접적으로 받지 않았다고 봄이 옳을 것이다. 따라서 日本의 경우는 佛經의 不飜語 表記의 영향을 받았을 가능성이 높지마는 우리의 경우는 佛敎가 수입되기 이전에 이미 固有名詞表記法의 틀이 잡혀 있었으므로 그러한 영향은 적었다고 보아야 할 것이다.

Ⅳ.

『三國史記』에는 景德王이 改名하기 전의 삼국의 舊地名들이 기록되어 있다. 이들이 신라의 表記냐, 삼국의 表記를 원형대로 옮겨 적은 것이냐의 검증은 이루어지지 못하였다. 부분적으로 차이가 있는 차자들의 성격이 밝혀지지 않고 있기 때문이다. 그러나 이 表記들을 개관하여 보면 삼국간의 차이보다는 공통성이 더 큰 것으로 믿어진다.

삼국시대 金石文 자료는 신라와 고구려의 자료가 비교적 많이 보존되어 있으나 백제의 자료는 극히 빈약하다. 이 빈약한 자료를 가지고 어떤 결론을 내리기에는 위험이 따르겠지만 그래도 확인되는 몇 예들을 보면 시사되는 바가 크다.

斯麻王(武零王陵誌石)
多利(同 銀釧銘)
奈祇城(砂宅智積碑)
砂宅智積(上同)
兒奄(建興銘金銅佛光背銘)
夫餘義慈(唐平百濟碑)
太子 隆(上同)
沙吒千福(上同)
延尒普羅(唐劉仁顯紀功碑)
古魯(上同)
任存(上同)

등이 현재 우리가 백제의 金石文에서 볼 수 있는 固有名詞 表記字들이다. 이 가운데 '智積, 義慈, 隆, 千福' 등의 인명은 한문식 이름으로 보이므로 이들을 제하면 固有名詞表記字들은 다음과 같다.

古 奈 多 魯 尒 羅 普 利 麻 扶 斯
沙 砂 兒 奄 餘 延 任 存 祇 宅 吒

이 가운데 柰는 신라의 奈와 같은 기원에서 나온 것이 후대에 와서 異體字로 교체된 것으로 생각된다. 扶는『삼국사기』의 고구려와 백제 본기에도 쓰인 글자이나 廣開土大王碑에는 夫로 쓰였다. 장식적인 요소로 扌가 가해 진 것으로 생각된다. 砂는 沙의 異體字인데 일반적으로는 沙가 쓰인다. 역시 장식적 의도가 내포된 것으로 생각된다. 宅은 吒와 통용된 것인데 이는 취향에 따라 달라진 것이 아닌가 한다. 이로 보면 6세기의 斯麻, 多利의 표기는 삼국의 金石文의 쓰임과 차이가 없으나 말기인 7세기에 와선 격조가 있는 차자들을 선택하여 쓰려고 한 듯한 의취가 보인다. 그러나 그 근본에 있어서는 신라 고구려와 공통되고 있음을 발견할 수가 있다. 이러한 공통성은 삼국의 表記法이 하나의 통로를 통하여 보급된 후에 후대로 오면서 다양화된 것으로 해석할 수 있게 하는 것이다. 여기서 고구려의 借字表記法이 백제와 신라로 전파되어 갔다는 사실을 감안하면 固有名詞表記法도 그와 같은 궤를 밟은 것이라는 사실을 이해할 수 있게 된다.

이러한 의미에서 廣開土大王碑의 固有名詞 表記字들을 검토하여 그 차자들이 보여주는 의의를 음미해 보는 것은 가치 있는 작업으로 생각되는 것이다. 이 碑에서 鄒자는 '鄒牟王, 彌鄒城, 就鄒城, 須鄒城' 등과 같이 자주 쓰인 차자에 속한다. 특히 鄒牟王은 牟頭婁墓誌에도 보이는데 이와 같이 始祖의 이름을 表記하는 데 사용한 것이 주목된다. 이 이름은 후대에는 朱蒙으로 表記되는 것을 보면 매우 이른 시기에 이 차자가 사용되다가 교체되었음을 말하여 준다. 신라의 기록에는 迎日冷水里碑에 末鄒, 丹陽新羅赤城碑에 鄒文村이 보이고『삼국사기』신라본기에는 味鄒尼師今, 鄒羅井이 보인다. 백제에서는『삼국사기』백제본기에 彌鄒忽이 보인다. 그런데 味鄒王은 一云 味照라고 하였고 味鄒忽은 후에 買召忽로 바뀐 것을 보면 신라와 백제에서도 鄒자는 매우 이른 시기에 사용되다가 교체된 차자임을 알 수 있다. 여기서 우리는 획도 단순하지 않고 일반적으로 사용되지도 않는 鄒자를 구태여 차자로 선택한 이유에 대하여 생각해 보게 된다. 한문에서도 이 글자는 地名을 表記하기 위하여 造字된 것이니 孟子의 탄생지로 유명하여 鄒孟이라 하면 맹자를, 鄒魯라 하면 孔孟을, 鄒魯學이라 하면 儒敎를 가리키는 데 사용되는 글자이다. 이러한 사실을 감안하면 이. 차자는 매우 이른 시기에 經學의 학습에서 익숙해진 글자가 固有名詞表記에 차용된 것으로 생각되는 것이다. 廣開土大王碑에는 이와 성격이 비슷한 차자가 또 있으니 嵒平道의 嵒가 그것이다. 이는 可나 嘉로도 쓰일 수 있는 것인데 구태여 벽자인 이 차자를 쓴 것은 아무래도 詩經이나 左傳과 같은 경서에 쓰인 것이 차용의 계기가 된 것으로 생각되는 것이다. 이러한 사실들은 우리의 借字表記가 中國의 假借表記의 방법을 응용하면서도 한편으로는 漢代부터 내려오는 經學의 영향을 받은 것으로 해석할 수 있게 하여 주는 것이다.

V.

우리나라 金石文의 書體들을 보면 각 시대마다 中國의 영향을 지속적으로 받아왔음을 볼 수 있다. 牟頭婁墓誌는 漢代의 書體를 보여주고 신라의 삼국시대 碑는 거의가 남북조 시대의 書體를 보여준다. 이러한 書體로 볼 때 中國 문화의 영향이 우리나라에 미친 속도가 얼마나 빨랐던가를 짐작할 수 있게 하지마는 이러한 영향이 固有名詞表記의 용자법에까지 신속하게 미친 것으로는 생각되지 않는다. 그러나 字形은 書體의 영향과 같은 궤를 밟아 전파된 듯 丹陽新羅赤城碑에는 北魏의 비문에서나 볼 수 있는 '처(妻)'자가 보인다. 이러한 영향은 省劃字의 경우도 같아서 신라 最古碑의 하나인 蔚珍鳳坪碑에 이미 條자의 省劃字인 条자가 固有名詞表記에 나타난다. 8세기의 것이기는 하지만 新羅華嚴經寫經造成記에서는 餘자 대신 余자를 쓰고 있다. 이러한 省劃字와 正字의 교체 사용은 固有名詞表記에 있어 획이 단순한 借字에 장식적인 요소를 덧붙여 보다 복잡한 자형을 만들어 사용하는 것과 궤를 같이 하는 것으로 해석된

다. 豆와 頭, 夫와 扶, 卑와 碑, 知와 智 등이 삼국시대의 固有名詞表記에
서 발견되는 자형들이다. 이러한 장식적인 자형은 高句麗를 卑下하기 위
하여 下句麗라고 한 것과 같은 의도적인 것도 있지마는 대체로는 수의적
으로 교체하여 쓰는 것이 일반적이다. 그러나 문서의 작성은 기록의 편
의를 꾀하는 것이 원칙이므로 복잡한 자형에서 단순한 자형으로 나아가
는 것이 일반적인 경향이다. 우리의 固有名詞表記는 上代로 올라갈수록
복잡한 자형을 썼음을 보여주고 있다. 가장 흔히 쓰이는

韓 羅 麗 濟 餘

등도 결코 단순한 자형이 아니거니와 廣開土大王碑에 쓰인

閣 幹 買 溝 鹽 盧 模 彌 蘇 孃 巖 鴨

등도 복잡한 자형이 선택되어 쓰인 것이다. 이러한 자형이 선택된 이유
가 무엇인지는 밝힐 수 없으나 신라의 삼국시대 金石文에서는 거의 안
쓰이는 것이다. 문서생활의 복잡화로 단순한 자형을 쓰는 경향으로 바뀌
어 간 것으로 생각되는 것이다. 이러한 과정에서 只자가 '기'음을 나타내
게 된 원인을 밝힐 수 있는 실마리를 찾을 수 있지 않을까 한다. 즉 『日
本書紀』의 騰利枳牟羅, 牟雌枳牟羅, 伊斯枳牟羅 등에 쓰인 枳는 극히 이
른 시기에 한반도에서 쓰인 固有名詞 表記字였는데 이의 생획자인 只
가 보편화되면서 쓰이지 않게 된 것이 아닌가 하는 것이다. 이 枳자는
삼국시대 金石文에서는 현재까지 확인되지 않고 있다.

▍『震檀學報』 68호, 震檀學會, 1989. 12.
　2014년 3월 16일 修訂.

『均如傳』에 대하여

I.

우리의 先人들이 수준 높은 문자생활을 하였었고 따라서 많은 記錄物들을 남겼었음은 현재 단편적으로 전하여 오는 자료들을 살펴보아도 능히 짐작하고도 남음이 있다. 어느 시대의 기록물이나 시간이 흘러가면 줄어들기 마련이지만 우리의 경우는 그 양에 비하면 특히 심하여 현재 남아 전하는 것은 九牛一毛에 지나지 않는다 하여도 지나치지 않을 만큼 희소하다. 그런 가운데서 高麗 初期의 향가가 실린 『均如傳』이 전하여진 것은 우리 국어 국문학도들을 위해서는 여간한 다행이 아닐 수 없다.

『均如傳』은 향가가 실린 문헌으로서는 『三國遺事』와 함께 쌍벽을 이루는 것이어서 국어 국문학도들이 소중하게 여기는 것이지만, 본래는 당시 우리 문화의 주류를 이루었던 불가에 관한 저술이어서 그 당시 문화의 단면을 상고하는 데도 매우 중요한 문헌이다. 이 문화적인 내용들은 여러 분야의 연구자들이 찾아내야 하겠지만, 여기서는 한 語學徒의 관점에서 이 책의 가치를 찾아보고자 하는 것이다.

『均如傳』의 원이름은 『大華嚴首座圓通兩重大師均如傳』으로 해인사 고려대장경의 補板 속에 들어서 전해진 것이다. 본래 卷子本으로 판각되었던 것으로 『釋華嚴敎分記圓通鈔』 제10권의 19葉에서 28葉까지의 분량이니 한 고승전의 傳記物로서는 그리 많지 않은 양이다.

그 내용은 본문을 10門으로 나누었고 그 앞뒤에 序와 後序를 붙였으니 모두 12門(항목)으로 나누어 볼 수 있다. 열거하면 다음과 같다.

赫連挺의 序

初 降誕靈驗分

二 出家請益分

三 姉妹齊賢分

四 立義定宗分

五 解釋諸章分

六 感通神異分

七 歌行化世分

八 譯歌現德分

九 感應降魔分

十 變易生死分

赫連挺의 後序

이들 각 항의 내용 가운데서 우리에게 중요한 사항들을 중심으로 정리하여 보기로 한다.

II.

赫連挺의 序와 後序에 의하여 이 책이 이루어지게 된 경위를 살펴보면 다음과 같다.

華嚴學이 이 땅에 처음 들어오게 된 것은 義湘에 의하여서였고 고려조에서 널리 보급되게 된 것은 均如에 의하여서였다. 그런데 崔致遠이 지은 義湘傳은 있으나 均如의 傳이 없어 애석해 하였었다. 근래에 殿中省內給事 康惟顯이 均如의 行績을 수집한 것이 있어 문장은 유려하나 탈루된 것이 많아 유감스러웠다. 咸雍 10년(1074, 고려 문종 28)에 대사 昶雲이 均如의 實錄舊藁를 보이면서 전기를 지어주기를 부탁함에 이듬해 봄에 이를 지어 序를 쓴다고 하였다. 後序에는 '咸雍十一年 正月 日 後序'라고 하였으니 이 傳은 1075년 정월에 완성된 것임을 알 수 있다. 이 책이 板刻된 것은 고려대장경이 새겨진 1250년 무렵일 것이니, 쓰여진 후 한 세기 반이 넘어서 오늘날 우리가 볼 수 있는 형태로 판각되어 전해진 것이다.

赫連挺은 高麗史에 그 이름이 두 번 나타나는데, 肅宗 5년(1100) 11월에 遼에 사신으로 보냈다는 기록과 숙종 즉위년(1105) 11월에 長樂殿學士 判諸學院事로 삼았다는 기록이다. 이로 보아 당시에 이름 높은 文士였었음을 알 수 있다. 『均如傳』의 서문에서는 前進士라고만 하였으니 그가 아직 젊었을 때에 이 傳記를 지은 것이다.

Ⅲ.

均如의 俗姓은 邊씨이고 휘가 均如이다. '圓通兩重大師'의 圓通은 그의 별칭으로 쓰였다. 天祐 20년(923, 신라 景明王 7, 고려 태조 6)에 黃州의 북쪽 荊岳山의 남녹에서 태어났다. 15세(志學之歲)에 復興寺(황해도 금천군에 있었다 함)의 識賢和尙에게 가서 배웠고 후에 靈通寺의 義順公에게서 교리를 익혔다.

신라 말 海印寺에 華嚴宗의 두 司宗이 있었는데 한 분은 觀惠公으로 甄萱의 福田이 되었고 한 분은 希朗公으로 고려 태조의 복전이 되었었다. 이에 따라 두 門徒가 갈리게 되니 전자를 南岳, 후자를 北岳의 法門이라 했다. 균여는 북악의 法孫으로서 두 법문이 하나로 돌아갈 것을 희망하여 교리를 세우고 宗旨를 정하니 국가에서 佛門의 급제자를 선발할 때 그의 교리를 정통으로 삼아 그 문하에서 王師, 國師, 大師, 大德들이 많이 배출되었다. 개보 6년(973, 광종 24) 6월에 歸法寺(개성에 있었음)에서 세상을 떠나니 수 51세요, 출가하여 入寂하기까지는 37년이다.(以上 降誕靈驗分, 出家請益分, 立義定宗分, 變易生死分 참조)

이로써 보면 균여는 한반도 중부지방에서 출생하여 성장하였고 주로

光宗朝에 활동한 인물이었다. 따라서 그가 지은 향가는 고려 초기의 中部地域方言을 반영하는 중요한 언어자료를 제공한다고 보아야 할 것이다. 국어사의 관점에서는 매우 중요한 시기의 鄕歌이다.

Ⅳ.

鄕歌인 普賢十願歌 11수는 歌行化世分에 실려 있다. 現傳하는 한 사람이 남긴 향가로는 가장 많은 분량이며 또 崔行歸의 漢譯詩가 있어 그 대의를 파악할 수 있기 때문에 향가해독의 열쇠는 여기서 찾게 된다. 11수의 명칭을 열거하면 다음과 같다.

禮敬諸佛歌	稱讚如來歌	廣修供養歌
懺悔業障歌	隨喜功德歌	請轉法輪歌
請佛住世歌	常隨佛學歌	恒順衆生歌
普皆廻向歌	摠結無盡歌	

이 노래들은 10구체의 定型을 갖춘 것인데 매구마다 떼어서 실었으므로, 구의 경계가 분명하니 해독이 그만큼 용이할 뿐 아니라 향가의 기본형식을 이해하는 표준도 된다.

均如는 外學으로서 詞腦에 익숙하였다. 그 서문에 사뇌는 세인들이 희롱하며 즐기는 도구이니 이에 의탁해서 世人들에게 華嚴思想을 쉽게 이해시키기 위하여 지은 것이라 하였다. 화엄경은 60권본, 80권본, 40권본이 있는데 40권본의 普賢行願品이 이 노래의 바탕이다.

이 노래는 당시 사람들의 입에 전파되어 墻壁에까지 쓰여지곤 하였었다. 노래에 神異함이 있다고 믿어져 널리 보급되었었다. 본래 均如의 傳記 속에는 가사가 실려 있지 않았던 것을 赫連挺이 편찬할 때 넣은 것이라고 하였다.[1] 그러나 그 노래에 대한 서문이 있는 것을 보면 기록으로 전하던 것을 옮긴 것임이 확실하니 原作의 모습을 그대로 지닌 것이라 하여도 좋을 것이다. 이 노래의 誤字에 대한 논의가 있으나 오자가 있다면 赫連挺이 편찬한 이후에 생긴 것일 것이다.

解釋諸章分에는 均如의 記釋 10종을 열거하고 있다. 열거하면 다음과 같다.

搜玄方軌記 10卷	孔目章記 8卷	五十要問答記 4卷
探玄記釋 28卷	教分記釋 7卷	旨歸章記 2卷
三寶章記 2卷	法界圖記 2卷	十句章記 1卷
入法界品抄記 1卷		

이 가운데 현재 海印寺藏板으로 전하는 것이 4종 있다. 그 跋記를 보면 모두 方言(우리말) 또는 羅言(신라어)이 들어 있었던 것을 삭제하였다고 하였다. 그런데 그 중 釋華嚴教分記 권3 가운데 단 두 줄 미만의 양이 吐가 삭제되지 않은 채 남아있는 것을 확인할 수 있다. 이 토를 검토하면 원문인 한문을 우리말로 풀어 읽기 위하여 붙인 것임을 알 수 있다. 즉 이 부분은 釋讀口訣을 나타내는 것이다. 이로써 보면 均如의 記釋들에 방언이 들어 있던 것을 삭제하였다고 한 것은 이 기석들이 주로 釋讀口訣을 기반으로 한 鄕札로 기록되어 있었던 것인데 토를 삭제하였다고 한 것으로 생각된다. 이 석독구결을 보면 비록 2행에 불과한 것이지만 그 표기법이 均如鄕歌의 표기법과 공통되고 있다. 일찍이 梁在淵선생은 균여의 이 記釋들이 鄕札로 기록되었을 것으로 추정한 바 있는데, 그 추정은 매우 示唆하는 바가 깊은 것이다. 비록 이 記釋들이 석독구결은 아니지만, 석독구결과 향찰은 表裏關係에 있기 때문이다. 『均如傳』의 향가와

---

1 '傳中不載歌詞 今錄付之.'라 한 것이 이를 말해 주는데 이는 康惟顯이 지은 傳에 빠져 있던 것을 赫連挺이 보충하였음을 말한 것이다.

記釋들은 고려 초의 국어자료를 제공하여 주었다는 점에서도 가치가 큰 것이지만 우리말 표기법의 발달과정을 合理的으로 설명하는 데도 중요한 가치를 갖는 것이다.

V.

이 향가에 대한 최행귀의 漢譯詩는 譯歌現德分에 실려 있다. 이 漢譯詩는 10구체의 향가를 七言八句의 漢詩로 번역한 것이므로 향가와 세부적인 표현까지 일치할 수는 없지만, 내용상으로는 직접 대응하는 것이어서 향가를 해독하는 데는 크게 도움이 되는 것이다.

이 譯詩의 서문에서는 후대의 기록에서는 찾아볼 수 없는 중요한 내용들을 전하고 있다. 이를 몇 항목으로 나누어 정리하면 다음과 같다.

1. 이 서문에는 지금은 잊혀졌지만 당시까지 유명했던 우리나라 詩僧들을 열거하고 있다.

우리나라에는 摩詞와 文則, 體元이 雅曲을 시작했고 元曉와 薄凡, 靈爽은 玄音을 보급시켰다. 定猷, 神亮과 같은 어진이는 玉韻을 드날렸고 純義, 大居와 같은 뛰어난 이는 瓊篇을 잘 지었다.

가 그것이다. 이 가운데 원효는 노래로써 속인들을 교화한 이로 널리 알려졌고 大居는 三代目을 편찬한 大矩和尙으로 추측되고 있다. 이로 보거나 또 이 글의 전후문맥으로 보아 이들은 모두 당시까지 작품이 전해져 온 향가의 명인들일 것이다.

2. 漢詩의 形式과 鄕歌의 形式을 대비하여 말함으로써 향가형식의 특징을 말하였다.

漢詩는 중국어로 엮었으므로 五言七字로 琢磨했고 鄕歌는 우리말로 배열했으므로 三句六名으로 切磋했다.

고 한 것이 그것이다. '三句六名'이 구체적으로 어떠한 형식이냐에 대한 논의는 현재 분분하지만, 당시 향가의 특징을 잘 나타낸 용어임에는 틀림없다.

　3. 향가의 가치를 높이 평가하는 당시인들의 인식을 보여 주고 있다.

　(漢詩와 鄕歌는) 聲音으로 논하면, 參星과 商星처럼 떨어져 있으므로 쉽게 구별될 수 있으나, 理致(내용)에 의거하면 창과 방패와 같아 强弱을 나눌 수가 없다.

고 하였고, 普賢十願歌에 대하여는

　11首의 鄕歌는 文詞가 맑고 글귀가 아름다워 그 작품됨을 詞腦라 칭하지만, 貞觀(唐의 年號)의 詞를 업신여길 만하고 정교하기 賦의 첫머리와 같아 惠明의 賦에 비교될 만하다.

고 하였다. 이러한 문학관은 후대의 유학자들에게서는 찾아보기 힘든 것으로 당시인들의 언어·문자관을 이해하는 데도 중요한 증언이 된다.

　4. 향찰과 한문의 차이에 대해서 설명했다.

　우리나라의 才子名公은 漢詩를 이해하고 읊을 줄 알지마는 저 나라의 鴻儒碩德들은 鄕歌를 이해하지 못한다. 하물며 漢文은 帝網이 交羅한 것과 같아서 우리나라에서 쉽게 읽히지만 鄕札은 梵書를 連布한 것과 같아서 중국인들은 알기 어렵다. 梁宋의 名作들은 자주 우리나라로 흘러 왔지만, 우리의 名作들은 저쪽으로 전해짐이 드물었다.

여기서 帝網交羅는 한문의 표의문자성과 그 국제적인 성격을 말한 것이고 梵書連布는 향찰의 표음문자성과 그 어순이 한문의 어순과 차이가 있음을 말한 것으로 생각된다. 鄕札이란 용어는 문헌상으로는 여기서 유일하게 쓰인 것인데, 현재 全面的인 國語表記 文章을 지칭하는 용어로 쓰이고 있다.

5. 薛聰에 대한 평가가 있다.

이것이 孔子가 이 땅에 살고자 했으나 우리나라에 오지 못한 것이 아니며 薛翰林이 儒學을 (우리말로) 바꾸려 했으나 번거롭게 쥐꼬리만 이루었던 것이 아니랴.

이 평가는 佛家에서의 均如의 공헌과 儒家에서의 薛聰의 공헌을 비교한 평가로 생각된다. 『三國史記』와 『三國遺事』에서 설총에 대하여 보다 자세하게 기술하고 있지만 이는 그보다 연대적으로 앞선 기록이고 차자표기의 성격도 말하고 있어서 重視해야 될 기록이다.

6. 普賢十願歌의 作詩年代를 보다 더 한정할 수 있게 해 준다.

普賢十願歌의 작시연대는 현재 정확하게 알 수 없다. 그런데 최행귀의 서는 '宋曆八年 周正月 日 謹序'라 밝히고 있어서 이보다 앞서 보현십원가가 지어진 것임을 말해준다. 宋曆八年은 967년이고 均如가 입적한 것은 973년이니 이 서문은 균여가 입적하기 6년 전에 쓰여 진 것이다. 이 이전에 균여의 普賢十願歌가 쓰여 진 것이라면, 이 작품은 10세기 5, 60

년대에 쓰여 진 것으로 보아야 할 것이다.

崔行歸는 신라 말에 入唐하여 과거에 급제했고 귀국하여서는 高麗에 歸依하여 文翰의 책임을 맡았던 崔彦撝의 아들로 그도 역시 중국에서 秘書郎까지 지냈었고 귀국하여서는 光宗의 倖臣이 되었다가 죄를 얻어 죽은 사람이다(고려사 권92). 譯歌現德分에는 翰林學士 內議承旨 知制誥란 그의 벼슬이름이 있어 당시에 뛰어난 文士였음을 알 수 있다. 이러한 사실들로 볼 때 그는 중국과 우리나라의 文物에 정통한 사람이어서 양국의 문물을 자신있게 비교하여 말할 수 있는 사람이었다고 하겠다. 이러한 점에서도 그의 서문은 가치가 큰 것이다.

이상에서 『均如傳』의 가치를 주로 국어학적인 측면에서 정리하여 보았다. 이 밖에도 이 자료의 가치는 여러 측면에서 검토해야 될 것이다. 그것은 필자가 미치기 어려운 영역이다. 앞으로 여러 연구자들에 의하여 다각적으로 검토되어야 할 것이다.

끝으로 이 문헌에 나타난 字體에 대하여 추가하여 두어야 하겠다. 이 문헌에는 仏(佛), 礼(禮), 无(無), 灯(燈), 体(體), 尽(盡) 등의 속자들이 보일 뿐 아니라, 보살의 약체자인 '卝'이 보인다. 이는 '菩'자와 '薩'자의 머리 부분을 따서 만든 글자이다. 이 약체자의 사용연대는 매우 이를 것으로 생각되는데 필자가 본 것으로는 이것이 가장 오래된 것이다. 이 약체자의 연대는 이 문헌이 판각된 연대인 13세기 중엽으로 보아야 하겠으나 공식적인 간행물에까지 이 자체가 쓰인 것을 보면 당시에는 극히 보편적으로 쓰였었던 것임을 알 수 있다. 이러한 약체자의 사용은 구결의 약체자 발달과도 밀접한 관계가 있을 것으로 생각되므로 매우 중요한 의미를 갖는다. 이 자체는 중국에서도 쓰였을 것으로 추측되는데 고대 일본의 자료에도 나타나고 있어서 문화적인 전파 과정을 고구하는 데도 중요한 것이다.

한편 市中에 유행하는 『均如傳』은 후대의 刷出本이어서 마모된 글자들이 적지 않게 나타난다. 이로 인하여 脫劃이 된 글자가 적지 않게 나타나는데 최근 초기의 印本인 月精寺 所藏本이 나와 그 탈획된 글자를 바로 잡을 수가 있게 되었다. 稱讚如來歌의 '間王冬留讚伊白制'의 '王'자로 알려진 것은 '毛'자에서 획의 일부가 탈락한 것임이 밝혀졌다. 月精寺 所藏本과 같은 초기 刷出本을 가지고 『均如傳』 전반을 새로 검토할 필요가 있음을 말해 주는 것이다.

參考文獻

金完鎭, 『鄕歌解讀法硏究』, 서울大學校出版部, 1980.

梁在淵, 均如大師硏究, 『中央大論文集』 4, 1959.

李載浩譯, 『三國遺事(附錄 均如傳)』, 韓國自由敎養推進會, 1967.

崔南善編, 『增補三國遺事(附錄 均如傳)』, 民衆書館, 1958.

黃浿江, 均如論, 『韓國文學作家論』, 螢雪出版社, 1977.

民族文化推進會影印, 『三國遺事(附錄 均如傳)』, 1973.

築島 裕, 『假名. 日本語の世界 5』, 中央公論社, 1981.

▌『국어생활』 12, 국어연구소, 1988. 3.
　2014年 5月 日 修訂.

密陽小台里 五層石塔 造成緣由記의 判讀과 解讀

Ⅰ. 序言

密陽小台里 五層石塔의 造成緣由記는 乾統玖年(1109, 高麗 睿宗 4年)에 기록한 吏讀文書로 12세기 초의 귀중한 國語史 資料이다.

필자가 이 자료를 처음 알게 된 것은 1982년 7월 단국대학교 국어국문학과 夏季 踏査 때이었다. 이 해의 답사는 密陽郡과 昌寧郡을 대상으로 하였었는데 당시 密陽郡廳의 文化弘報果에서 이 造成緣由記를 轉寫한 것을 볼 수 있었다. 보는 즉시 그것이 귀중한 국어사 자료라는 것을 알 수 있었으나 당시에 이 자료에 대하여 알고 있는 사람이 주위에 없어 더 이상 알아보지를 못하였다. 아마 이 해의 답사에서는 昌寧仁陽寺碑의 조사에 집중하였으므로 이 造成緣由記에 대하여 더 이상 관심을 기울이지를 못하였던 것 같다. 여러 해가 지나 李丞宰 교수가 高麗時代의 吏讀資料를 정리하여 나에게 보여 주었을 때 이 緣由記가 있음을 보게 되었으나 그 全文은 보지를 못하였다. 이 무렵 許興植 교수가 그의 編著『韓國金石全文』의 자료를 수집하면서 이 자료를 찾아내어 이승재 교수에게 제공하였던 것이 아닌가 한다. 그 후 '사단법인 한국미술사학회'에서 간행한 『考古美術』合輯本(1~2卷)(1979년 12月刊)의 第1輯에 실린 『考古美術』第五卷 第六・七號(通卷四十七・四十八)에 李弘稙 선생님이 '高麗堂塔造成緣由記 - 傳 密陽 小臺里 五層石塔 發見'이란 제목으로 이 造成緣由記의 史料的 價値와 특징을 설명하고 그 원본의 사진과 判讀文을 제시한 것이 있음을 보고 언젠가는 이를 정확하게 判讀하고 解讀하여야 하겠다는 의무감 같은 것을 갖게 되었었다.

이번 4월 19일(토)에 口訣學會의 月例發表會에서 이를 판독하고 그 解讀案을 제시하여 보고자 하여 그 글에 실린 사진을 검토하였으나 사진이 흐려서 올바른 판독을 할 수가 없었다. 그리하여 原本 寫眞에 대한 어떤 정보가 있을까 하여 李弘稙 선생님이 말한 東亞日報에 실린 '7月 5日'자 기사를 확인하여 보고자 하였다. 그러나 그 7월 5일이 어느 해인지가 알 수 없어 『考古美術』通卷四十七・四十八號(1964. 6・7)의 刊行年月日인 1964년 6월 이전의 7월 5일이면 1963년 7월 5일이 아닐까 하여 국립도서관에 가서 東亞日報의 1963년 7월 5일자의 記事를 찾아보았으나 이 탑에 관한 기사가 없었다. 혹시 1964년 7월 5일이 아닐까 하여 찾아보니 이 날은 일요일이어서 신문이 나오지 않는 날이었다. 그리하여 7월 4일 기사를 찾아보았으나 여기에도 이 탑에 관한 기사는 없었다. 생각다 못하여 李建植 교수에게 이를 검색하여 찾아 달라고 부탁을 하였다. 다음날 아침에 1964년 7월 5일이 아니라 7월 3일의 東亞日報 3면에 실려 있다는 전화를 받았다. 매우 고마운 일이었다. 그리하여 국립도서관에 가서 그 기사를 찾아보니 다음과 같은 기사와 함께 문서의 사진도 실려 있었다.

[淸道面 小台里 = 朴成東密陽駐在特派員發] 이곳 密陽군 淸道면 小台里 一〇三八 小台里 五층석탑(보물 三一二호)에서 사찰문권(寺刹文卷)이 발견되어 학계의 귀중한 사료(史料)가 될 것 같다.

이문서는 3・1운동 당시 동석탑의 최상층상윤부(相輪部)를 모단체에서 파괴할 때 나왔다는데 당시 이곳 小台里 金在燨씨(사망) 金秀龍(사망)씨의 손을 거쳐 현재 이곳 仁山里 冠牧동 金洪鉉(54)씨가 보관하고 있다. 가로 六〇센티, 세로四〇센티의 창호지에 붓으로 반초서로 쓴 동문서에 대해 이곳 교육청 李雲成(36)씨는 「이 문서는 高麗중엽(一一〇九 년대…高麗睿宗四年 3월)에 작성된 사찰문권으로 금당(金堂)석탑, 불기(佛器) 등의 조성연유문이 기록되어있고 문면에 皇龍寺라는 명문이 나타나 있어 그 문체와 내용이 귀중한 사료가 될 것 같다」고 말하고 있다.

또한 문서가 나온 五層석탑 근처에는 新羅 말기에서 高麗초엽에 天竹寺 (竹岩寺 · 天柱寺)가 있었다고 전해지고 있다.(사진=발견된 사찰문권)

* 원본대로 옮김.

이 기사를 보고 李弘稙 선생님의 글이 이 기사를 많이 참고한 것임을 알게 되었다. 그러나 마이크로 필름으로 작성된 이 기사에 실린 사진도 해상도가 낮아 도움이 되지를 않았다.

이 기사를 보기 전날 집에 돌아와 李弘稙 선생님의 글을 모은『한 史家의 流薰』(文學博士 南運 李弘稙 著 通文館刊, 1972. 5. 17 發行)이 생각나서 찾아보니 여기에 '高麗堂塔造成緣由記 - 傳密陽 小台里五層石塔發見'이라는 글이 실려 있었다. 이 책은 先生이 돌아가신 후 제자들이 편집한 것인데 이 緣由記를 읽어 보니 다음과 같은 오류가 있었다.

金堂一間佛坐卽造에서 '卽造'를 '郞造'로 誤記
'五誹'의 '誹'자 탈락
'香爐'의 香자 탈락
'一千百斤'을 '一千斤百'으로 순서의 오류
'次幸先'의 탈락

여기에도 이 造成緣由記의 사진이 있어 앞 책에서 안 보이던 글자들이 나와 있고 확인이 되지 않던 자형을 추측해 볼 수는 있었으나 해상도가 앞 책만 못하여 큰 도움이 되지 못하였다.

그 다음 李丞宰(1992)에서 말한 許興植 교수의『한국의 古文書』(1988, 대우학술총서 인문사회과학 30, 民音社)에 실린 '密陽五層塔造成記'의 판독을 보니 다음과 같은 변개가 있었다.

(1) 記→紀

(7) 施行緣由→ 施 緣由(1자 탈락)

(12) 尙?→齊

　여기서는『考古美術』合輯本에서 '尙?'으로 비정하였던 것을 齊로 고친
것은 올바른 것이었다. 許교수가 註에서 밝힌 해독 내용을 보이면 다음
과 같다.

　　吏讀로 쓰인 塔誌로서 淨兜寺五層石塔造成形止記와 상통한다.〈至今八
　壬午年入寺火香爲只 丁亥年元 發心爲只〉는〈이제까지 8년으로 壬午年에
　入寺火香하였고 丁亥年부터 發心하고〉로 해석된다. 1109년에 작성된 본문
　서는 住持가 入寺한 壬午年(1102)부터 8년 지났고, 丁亥年부터 發心하여 다
　음의 佛事를 이룩했다는 뜻으로 해석된다.

　이 編著에는 사진이 실려 있지 않아 그 판독의 眞僞를 가릴 수가 없었
다. 이에 그 全文의 판독을 위해서는 다른 길을 모색하지 않을 수 없었
다. 그리하여『考古美術』合輯本의 原本을 찾아보아야 할 것으로 생각되
었다. 그리하여 2014년 4월 11일(金)에 국립도서관에 가서 원본을 찾아
보았다. 처음에는 담당직원이 '고고미술'은 101호부터 도서관에 소장되
어 있고 그 이전의 것은 목록에 나오지 않는다고 하였다. 참으로 딱한
일이었다. 그리하여 이 도서관에 없다면 어디 가서 찾을 수 있겠느냐고
물었더니 담당직원이 '연속 간행물'이냐고 묻고 그 안에 考古美術同人會
에서 간행한『考古美術』第五卷 六, 七號가 있음을 확인하여 주었다. 그
리하여 연속간행물 열람실에 가서 그 원본을 대출하여 볼 수가 있었다.
　책을 펼쳐 보니 그것은 '사단법인 한국미술사학회'가 간행한 것과 같은
活字本이 아니라 가리방에 鐵筆로 긁어 써서 프린트한 판이었다. 이것을
'사단법인 한국미술사학회'가 활자본으로 改刊하면서 적지 않은 變改가

있었음이 확인되었다. 여기에 造成緣由記의 사진의 實物이 붙어 있는데 비록 크기는 명함판 정도로 작지만 매우 선명하였다. 이제까지 찾아다닌 보람이 있어서 그 기쁨이 넘치고도 남았다. 우선 李弘稙선생님의 글을 여기 옮기기로 한다.

지난 七月 五日 東亞日報에 보도된 바에 의하면 密陽郡淸道面小台里의 五層石塔 (樣式上 高麗塔으로 보며 宝物三一二号로 指定된 것)의 相輪部에서 一九一九年에 나온 造成記가 現在 全面仁山里의 金洪鉉氏에게 保管되어 있다한다. 黃壽永同人에 의하여 바로 密陽敎育廳 李雲成氏에게 連絡하여 그 全文의 謄寫가 入首되는 한편 東亞日報社에서 그 寫眞을 얻어서 判讀하게 되었는데 이것은 가로 60cm 세로 40cm 의 白紙에 半草書로 墨書한것이며 그 字樣은 若木淨兜寺石塔造成記와 비슷한 點이 있다. 高麗 前期의 墨書造成記가 여기에 또 하나 加해 졌으며 史料的 價値가 높다.

(1) 乾統玖年三月九日記

(2) 至今二百六新龍二年良中律業皇龍寺沙門惠

(3) 照亦住持爲乎矣亦中同寺依止重大師學先亦至今八

(4) 壬午年入寺火香爲只丁亥年元發心爲只金堂一

(5) 間佛坐卽造石塔五誶 ？ 新造鍮銅幷六十二斤

(6) 金堂塔各凩？香盧香盒幷柒捌斤五兩鐵物一千

(7) 百斤三寶內鍮鐙 一入十一斤幷 八 (以)施行緣

(8) 由

(9) 住持主法顯儀重大師學先

(10) 玆上幸冲次幸先次應連次元先等亦造成日

(11) 施行

(12) 同寺前住持(尙?)資法護重大師住持廿年

※ 괄호 속의 수자는 行의 차례 - 筆者記入

乾統九年은 遼天祚帝의 年号로서 高麗睿宗四年(一一0九)이며 이 해에서 二百六年前(즉 新羅孝恭王 八年 九0四) 新龍二年에 律業의 皇龍寺沙門惠照가 이 石塔이 세워진 절의 住持로 있었다는 것. 다음 同寺(皇龍寺)에 依止(寄寓의 뜻 淨兜寺塔記에도 있음)한 重大師學先이 八年前壬午(肅宗七年 一一0二)에 入寺火香하였고 丁亥年(睿宗二年 一一0七) 元(正月인 뜻인지?)에 發心하여 金堂一間, 佛坐를 卽造하고 石塔五誖 (?) —— 五層石塔이라는 뜻으로 諒解되지마는 誖 字는 未詳 —— 을 新造하였다는 것과 여기에 所用된 物名과 施行緣由者를 列記하고 있다.

李雲成氏의 通信으로서는 紙質이 새로운것 같다는 疑心이 있다하며 宝(實)物을 보지 못하여 未審하나 若木淨兜寺石塔形成記의 종이도 깨끗하며 또 筆致로 보아서 後代의 筆寫로 보고 싶지는 않다. 이 造成記가 小台里石塔에서 나온것이 確實하다면 高麗前期의 確實한 年代를 가진 石塔으로서 石塔樣式研究에도 貴重한 史料를 提供한 셈이다. 本文에서 吏讀로 생각되는 곳에 傍点을 表示하였으며(※여기서는 밑줄) 數三字 判讀못한것이 있는데 後考에 민다. 이 塔이 있는 寺名으로서 天竹寺, 竹岩寺, 天柱寺 등이 地方에서 伝해지고 있으나 不確實한 伝이다(三國遺事 卷一 天賜玉帶條에 眞平王이 創建한 內帝釋宮을 一名天柱寺라고 한다 하였으나 이것과는 別寺임은 分明하다).

이로써 이 造成緣由記가 12세기초의 資料라는 점과 그 史料的 價値를 알게 되었다. 현재 12세기의 吏讀資料로 알려진 것은 僧正景廉石棺銘(1102), 川北觀世音寺鐘銘(1107), 密陽五層石塔造成記(1109), 楊等寺半子(1160), 表忠寺含銀香垸(1177) 등 5점이다. 이들은 密陽五層石塔記를 제외하면 1, 2개의 吏讀를 보여 주는 것들인데, 그 吏讀도 다른 자료에 이미 쓰인 것이어서 새로운 내용을 보충해 주지 못하는 것들이다. 이에 비하면 密陽五層石塔記는 비교적 긴 내용이고 이홍직선생님이 지적한 바와 같이 字樣도 이 시대의 특징을 보여줄 뿐 아니라 전해 주는 내용도 비교적 다양하여 史料로서의 가치가 높다. 吏讀도 다른 자료에서는 나타

나지 않는 것들이 있을 뿐 아니라 표현도 새로워서 12세기를 대표하는
자료라고 할 만하다.

Ⅱ. 判讀

이 吏讀文에 사용된 字形은 다른 자료에서는 보지 못한 특수한 것들이
있어서 어느 면에서는 難解하다고 할 수 있다. 다행히 李弘稙 선생님의
判讀이 있어 이 자료를 이해하는 데 큰 도움을 주지만 誤讀된 것도 있고
後考로 미룬 것도 있다. 이 造成緣由記에 쓰인 字形들은 이 시대의 특징
을 보여 주는 것들이어서 세심하게 整理・記錄해야 할 가치가 있는 것으
로 생각되었다.

정리에 앞서 우선 전반적인 특징을 설명하기로 한다. 이 자료는 行書
體로 쓰여 진 것이다. 따라서 흘림체(草書體)가 많다. 字形이 주는 전체
적인 인상은 細筆로 쓴 淨兜寺造塔形止記보다는 근래에 새로 알려진 佛
國寺塔重修文書에 더 가깝다.

이 문서의 자형으로서 가장 특징적인 것은 '金'자를 邊으로 할 때 '汚'
자의 右邊을 따서 흘려 쓴 것과 같은 [字]자를 쓴 것이다. 이 [字]변은 鍮,
銅, 鐵, 鍖자에 쓰였다. 이는 이 문서의 金 변은 모두 이 자형으로 썼음
을 말해 준다. 施자의 변인 '方'도 이 金 변의 흘림체와 거의 비슷하여
[字]의 자양을 보여 주는데 획의 흐름에 차이가 있다.

1行의 玖자는 玖자를 쓰는 것이 일반적이다. 2行의 沙자는 문맥상으로
도 그렇게 판독할 수 있지만 같은 자형이 佛國寺塔重修記(圖1)에도 나온
다. 3行, 4行의 '爲'자는 고문서에서는 흔히 사용되는 초서체이다. 3行의
'矣'자는 당시에 일반적으로 사용되는 자형이다. 佛國寺塔重修記(圖2) 참
조. 3행의 孝(學)자는 근래까지도 자주 쓰이던 자형이다. 5行의 [字](誱)
자는 문맥상 이홍직 선생님의 말대로 層자이어야 하겠으나 자전에 없는
글자이다. 5行의 수자 '六十'은 [字]과 같이 合字로 썼는데 이러한 합자는

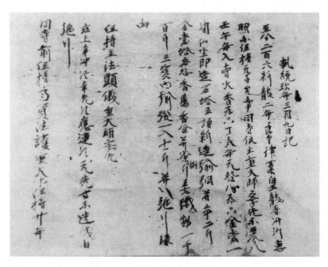

〈圖一. 小台里 五層 石塔 造成緣由記 全文〉

삼국시대부터 문서에서 자주 써 오던 관습이 이 시대에도 유지되고 있음을 보여 주는 것이다.

6行의 '柒'자는 그 어깨에 삭제부호인 'ㅅ'과 유사한 부호가 붙어 있다. 그 밑에 작게 ○표를 하였고 行의 밖에 '捌'자를 썼는데 이는 '柒'자를 삭제하고 그 자리에 '捌'자를 넣으라는 표시이다. 여기서 이 시대에 쓰던 삭제부호와 삽입부호를 볼 수 있다. 그 밑에 쓰인 '兩'자의 초서체는 佛國寺塔重修記(圖3)에도 나타나는 자형이다. 그러나 佛國寺塔重修記(圖3)의 '寺'자에 오히려 가까워 이 문맥이 아니면 '兩'자로 판독하기가 어렵다(圖三 佛國寺塔重修記(圖4) 참조). 그 밑의 鐵(鐵)자는 古字인 '鐵'자를 흘려 쓴 자형을 다시 단순화시킨 것인데 이 문맥이 아니고는 판독하기 어려운 字樣이다. 7行의 '鍮鑵'의 鑵자 역시 字典에 없는 자형이다. 甕으로 써야 할 글자를 鍮자에 이끌려 金변을 덧붙인 것으로 보인다. 같은 7 行의 '幷以'의 以자는 〈圖三 佛國寺塔重修記(圖5)〉에도 쓰인 자형이다. 이홍직 선생의 판독에서는 이를 'ㅅ'로 표시하고 괄호속에 '以' 자를 넣어 추정하였다.

10行의 等자는 佛國寺塔重修文書에 여러 번 나타난 자형이다.(圖三 佛國寺塔重修記(圖8, 9, 10) 참조). 그러나 이두문에서 等자는 흔히 12행의 자를 쓰고 있다. 佛國寺塔重修記에도 이 자형이 여러 번 나타난다.(圖三의 圖7, 11, 12 참조)

이홍직 선생의 判讀 가운데 잘못 된 것이 있다. 6行의 各자를 名자로 쓴 것은 筆耕師의 잘못일 것이다. 10行의 끝글자 日자는 由자를 잘못 판독한 것이다. 글자 왼쪽의 着墨이 흐려서 작은 사진판에서는 판독이 어려웠던 것이 아닌가 한다. 11行에서 施자로 판독한 것은 絶자로 보아야 할 것으로 생각된다. 7行의 施자와 字樣이 다를 뿐 아니라 문맥의 해석에서도 모순이 생긴다. 12行의 師자는 자형상 等자의 초서체가 분명하다. 佛國寺塔重修記(圖13)의 師자는 이와는 완연히 다르게 나타난다. 문맥상 이 글자를 師자로 읽어야 한다면 이 자형은 '師'자의 誤字로 보아야 한다.

이홍직 선생이 後考로 미룬 字形 가운데 6행의 제5자는 '尒자로 읽어야 한다. 밑부분의 '小'자의 모습이 분명하게 보인다. 글자의 머리 쪽에 덧칠이 있는데 이는 붓이 흔들린 것이 아닌가 한다. 이 글자는 尒으로 쓰이는 것이 일반적이다. 이 자리에는 吏讀字 尒(尒)을 써야 문맥의 해석이 자연스럽다. 12行의 는 齊자의 초서체로 구결에서 자주 쓰이는 자형이다. 이 시대의 이두문에서는 佛國寺塔重修記의 경우에서 본 바와 같이 구결자를 섞어 쓰는 관행이 있었으므로 아마도 이 字樣도 그 관행을 보여 주는 것이 아닌가 한다.

다음에 이 문서에 쓰인 중요한 字形을 색인하고 그 正字를 제시하기로 한다.

〈圖二. 小台里塔 造成緣由記의 字形 索引〉

一行; (統) (玖) (年)

二行; (龍) (中) (業) (沙) (門) (惠)

三行; (亦) (爲) (乎) (矣) (學)

四行; (亥) (發) (心)

五行; (間) (佛) (塔) (?) (造) (鍮)
(銅) (六十)

六行; (尒) (盧) (盒) (柒) (五兩) (鐵)
(物)

七行; (寶) (內) (瓮) (以) (施) (行)
(緣)

九行; (顯) (儀)

十行; (玆) (次) (次) (等)

十一行; (絶)

十二行; (齊) (資) (法) (等-師?) (二十)

〈圖三. 佛國寺塔重修記의 字形 索引〉

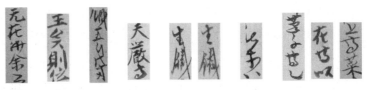

〈圖1〉 〈圖2〉 〈圖3〉 〈圖4〉 〈圖5, 6〉 〈圖7〉 〈圖8, 9, 10〉

〈圖11, 12〉 〈圖13〉

判讀; 圖1; 无在沙餘良   圖2; 王矣則位   圖3; 鐵五斤八兩

圖4; 天嚴寺   圖5, 6; 生鐵   圖7; 在等以

圖8; 菓子等乙   圖9; 在等以   圖10; 上等茱

圖11; 爲去乎等用   圖12; 去乎等用   圖13; 大師正均

Ⅲ. 解讀

이상의 判讀을 바탕으로 이 문서를 먼저 몇 개의 句節로 나누어 해독
하기로 한다.

句節1. 乾統玖年三月九日記

句節2. 至今 二百六新龍二年良中 律業皇龍寺沙門惠照亦 住持爲乎矣
       亦中

句節3. 同寺依止 重大師 學先亦 至今八壬午年 入寺火香爲只 丁亥年
       元 發心爲只

句節4. 金堂一間 佛坐 卽造 石塔五誂 新造 鍮銅 幷 六十二斤

句節5. 金堂 塔 各尒 香盧 香盒 幷 (柒)捌斤五兩 鐵物一千 百斤

句節6. 三寶內 鍮鎧 一 入十一斤

句節7. 幷以 施行 緣由

句節8. 住持主 法顯儀重大師 學先

句節9. 玆 上幸冲 次幸先 次應連 次元先 等亦 造成 由

句節10. 絶行

句節11. 同寺 前住持 齊資法護重大等 住持 廿年

句節1의 '乾統玖年'은 앞에서 이미 밝혀진 바와 같이 高麗睿宗 4년으로
1109년이다. 여기서의 '記'는 흔히 '記錄' 또는 '記錄이다'로 해석되는데
이 조성기에서는 특이하게 타동사로 쓰였다. 즉 뒤에 오는 '緣由'나 '由'를
목적어로 하는 타동사인 것이다. 이홍직 선생이 이 조성기를 '造成緣由
記'라고 한 까닭도 여기에 있는 것으로 생각된다.

句節2의 '至今 二百六新龍二年良中'은 '현제에 이르기까지 206년 전 新龍 2년에'로 풀이된다. '良中/아긔'는 처격조사로 현대어의 '-에'에 해당한다. 이 해는 904년으로 계산하였는데 '新龍'은 고증할 수 없는 年號이다. 唐의 연호에 '神龍'이라는 연호가 있으나 이는 705- 707년이어서 이 '新龍'과는 별개의 것이다. 律業은 戒律宗의 뜻으로 생각된다. 律師 慈藏과 맥락이 이어지는 것이 나닐까 한다. 皇龍寺는 전국의 사찰을 총괄하였으므로 여러 종파가 있었던 것으로 생각된다. 新羅華嚴經寫經造成記(755)는 皇龍寺의 緣起法師가 發願하였고 『華嚴文義要決』은 皇龍寺의 表員이 集成하였다고 한 것은 皇龍寺가 華嚴業도 중요한 業으로 관리하고 있었음을 말하여 주는 것이다. 이밖에도 法相宗이나 다른 종파들도 관리하였을 것으로 생각된다.[1] 여기서 '律業皇龍寺沙門惠照'라고 한 것은 皇龍寺가 律業의 사찰이란 뜻이 아니라 沙門 惠照가 律業僧임을 말한 것으로 생각된다. '亦'은 주격조사에 해당하는 이두이다. 住持는 불교사전에 '절에 살며 법을 護持한다'는 뜻으로 풀이하고 있다. 명사로는 '住持스님'을 가리키고 動詞로도 쓰인다.

爲乎矣亦中는 'ᄒᆞ온딕여긔'로 읽는다. 중세국어에서 이두의 '乎矣'는 '-오딕'로 읽히므로 乎를 '오'로 읽는 것으로만 생각하지만 古代의 吏讀에서는 동명사어미를 표기하지 않으므로 乎는 문맥에 따라 '호, 혼, 홇, 오, 온, 옳'과 같이 동명사어미를 살려서 읽어야 하는 경우가 많다. '矣/딕'는 의존명사 'ᄃᆞ'와 처격조사 '-이'가 결합된 것이 축약되어 이루어진 명사이므로 동명사어미의 수식을 받아야 한다. 따라서 '爲乎矣'는 'ᄒᆞ온딕'나 'ᄒᆞ옳딕'로 읽을 수 있다. 이는 이 시대의 釋讀口訣이 말하여 주고 있다.

a. 我1 無始灬ハ 已來ㅎ1ㅿ 飢餓乙 以三1入灬 故支 身乙 喪3ㅎ1ㅿ

1 大覺國師는 戒律宗, 法相宗, 涅槃宗, 法性宗, 圓融宗, 禪寂宗 등의 6宗을 모두 탐구하였다고 하였다. 許興植 編著(1984:531- 2).

數 ﾁ 無 ヒ リ ﾂ ﾌ ﾓ ﾌ ﾐ 〈화소10:9〉

b. 念 ﾉ 已 ﾆ ﾉ ロ ﾂ ﾋ [之] ﾘ 乙 <u>施 ﾉ ﾌ ﵲ</u> 心 ﾓ ﾅ 悔 ﾉ ﾌ 所 ﾓ 無 ヒ リ ﾂ ﾅ ﾌ
ﾍ 乙 〈화소 11:04〉

a)의 '已來 ﵲ ﾌ ﵲ/혼디'와 '喪 ﾓ ﵲ ﾌ ﵲ/잃아온디'는 'ﵲ/디' 를 동명사어
미 '-ﾌ/ﾆ'이 수식한 것이고 b)의 '施 ﾉ ﾌ ﵲ/홇디'는 'ﵲ/디'를 동명사어미
'ﾌ/ﾞ'이 수식한 것이다. 여기서의 'ﵲ/디'는 의존명사와 처격조사가 결
합되어 이루어진 명사이므로 'ﵲ ﾌ ﵲ/혼디'는 '한 것에 있어서'로 해석되
고 'ﾉ ﾌ ﵲ/홇디'는 '할 것에 있어서', '할 것에 대하여'로 해석된다. 중세
국어에서의 '(ㅎ)오디'는 설명의 전제를 나타내는 접속어미인데 이는 고
대국어의 이 형태가 발달하여 14세기경에 이루어진 것이다. 따라서 고대
국어를 반영하는 석독구결에서는 'ﵲ/디'가 반드시 동명사의 수식을 받고
있다. 이 조성연유기에 쓰인 爲乎矣亦中의 乎矣는 이 문맥에서 '旣定의
사실(과거)'을 나타내므로 '-온디'로 읽는 것이다. 亦中는 처격조사로 '良
中/아긔'와 같은 기능을 하는 것이다. '爲乎矣亦中/ㅎ온디여긔'는 '한 데
에 있어서', '한 데에다가' 정도의 뜻으로 해석할 수 있다.

句節3의 '同寺 依止'는 '皇龍寺에 依支하여 머무르다'의 뜻이다. 依止는
佛家에서 흔히 쓰는 용어로 淨兜寺造塔記나 佛國寺塔重修記에도 자주 나
타나고 있다. 흔히 '스승이나 高僧의 곁에 依支하여 머무르다'의 뜻으로
쓰이는데 여기서는 '사찰에 머무르다'의 뜻이다. '重大師'는 大師보다 높
은 지위에 있는 高僧을 말한다. 佛國寺塔重修記의 小名記에 쓰인 스님에
대한 칭호들을 보면 重大師, 大師, 大德, 和尙, 師의 순서로 나타나고 있
다. '學先亦'의 亦은 주격조사이다. '至今八壬午年'은 '지금에 이르기까지
8년인, 즉 8年 前인 壬午年'인데 이 해는 1102년이다. 이와 같은 표현은
長城白巖寺貼文(1378)에도 있다. '至今玖戊申七月分(지금에 이르기까지 9
년인 戊申年 7月分에- 1368年)'이 그것으로 '至今'은 ……年 前과 같은 뜻
이다(鮎貝房之進, 1934:594 ff.). '火香'은 長城白巖寺貼文에서 '焚修祝聖',

'香火祝聖', '火香爲/ㅎ-' 등으로 나타나고 있다. 佛家에서 香을 태우는 것은 부처님을 공양함을 말한다. '丁亥年'은 1107년으로 이 조성기를 쓰기 2년 전이다. '元'은 '비릇'으로 읽히고 '시작하다'의 뜻으로 풀이되는데 현대어로는 '(어느 때)부터'의 뜻에 해당하는 경우가 많다. 따라서 '丁亥年元'은 '丁亥年부터'로 해석된다.(cf. 南豊鉉 1975). '發心'도 佛家의 용어로 이 뒤에 기록된 佛事들을 조성할 의지를 내었음을 뜻한다.

'火香爲只 …… 發心爲只'의 爲只는 여기에 처음 나타나는 표현이다. 문맥으로 보아 사건이나 동작의 열거에 쓰인 것이 분명한데 'ㅎ기'로 읽어야 할 것으로 생각된다. '只/기'는 우선 중세어의 동명사어미 '-기'를 생각할 수 있는데 차자표기에서는 이 '只/기'의 용례가 확인되지 않고 있다. '사건(동작)의 열거'에 쓰이는 '只/기'라면 동명사어미로 보아야만 그 문법을 설명할 수 있을 것이다. 이 시대에 사건이나 동작의 열거에는 '-齊/제'나 '-遣/고'를 주로 써왔으므로 '-只/기'는 특이한 것이다. 앞으로 새로운 예들이 더 나와 그 문법과 정확한 의미가 밝혀지기를 기대한다.

句節4의 '金堂一間 佛坐 卽造'는 '金堂 한 칸과 佛座를 즉시 만들었다'로 해석된다. 여기서의 '一間'은 主佛을 모시는 건물 1棟을 말하는 것이 아닌가 한다. '佛座'는 불상을 안치하는 須彌壇을 가리키는 것으로 추측된다. '石塔五詐新造'는 '石塔 5층(?)을 새로 만들었다'로 해석된다. '石塔'은 보물312호로 지정된 小台里의 석탑을 가리키는 것이다. 詐 자는 석탑의 구조를 지칭하는 固有漢字가 아닌가 한다. '鍮銅 幷 六十二斤'은 金堂, 佛座, 石塔 5層의 조성에 들어간 鍮銅이 모두 62斤이란 뜻이다. '鍮銅'은 놋쇠를 말하는 것인데 이 시대에는 매우 귀한 금속이었던 것으로 추측된다. 幷은 '幷以/아ㅂ로(〉아오로)'에서 '以/로'의 표기가 생략된 것으로 이 문서에서는 '總'의 뜻으로 쓰였다.

句節5의 '金堂 塔 各ホ 香盧 香盒'의 '各ホ'은 釋讀口訣에서 '各ホ, 各彡 ホ〈화소12:12〉, 各彡各彡 ホ〈구인2:3〉, 各彡 ホ〈구인2:4〉' 등으로 표기되었다. 이것이 15세기에는 '제여곰'으로 나타난다. 이들을 종합하면 〈구

인) 의 '各彡各彡자'의 '各彡자/저의아금'이 가장 충실하게 그 音을 표기한 것이다. 이 吏讀文의 '各尒'은 이 '各彡자'을 줄여서 표기한 것으로 보아 '저의아금'으로 읽는다. 이는 현대어의 '各各'의 뜻이다. '金堂 塔 各尒 香盧 香盒'은 '金堂과 塔에 각각 香盧와 香盒을 만들어 배치하였다'의 뜻이다. '幷 捌斤五兩 鐵物一千 百斤'은 '(이 조성에 들어간 鍮銅)이 모두 8斤 5兩이고 (金堂, 佛座, 塔, 香盧, 香盒에 들어간) 鐵物은 1100斤'이라는 뜻으로 보아야 할 것이다.

句節6의 '三寶'는 '佛, 法, 僧'을 가리키지만 여기서는 '사찰 전체'를 가리킨다. '鍮鋧一 入十一斤'은 '(사찰 안에) 鍮銅으로 만든 鋧 하나를 넣었음. (유동의 무게는) 11근이다'로 해석된다.

句節7의 '幷以/아ㅂ로'는 '아울러서'의 뜻도 있지만 여기서는 '앞에서 열거한 여러 佛事를 모두 다 총괄하다'의 뜻으로 풀이하는 것이 문맥의 뜻에 맞는다.[2] '施行'은 '보시를 행하다'라고 하기보다는 '實行하다'의 뜻으로 보는 것이 맞는다. '緣由'는 佛家의 '因緣說'에서 나온 말이지만 여기서는 '事由'나 '과정'의 뜻으로 보는 것이 옳을 것이다. 흔히는 '形止'라고 하는데 이 문서는 '形止'와 같은 細細한 기록이 아니고 梗槪만을 요약한 기록이기 때문에 '緣由'라고 한 것으로 생각된다. 이 '緣由'는 句節1에 쓰인 '記'의 목적어로 보아야 이 이두문 전체의 意味均衡이 맞게 된다.

句節8의 '住持主'는 '주지님'의 뜻이다. '主/님'의 칭호는 薯童謠의 '善化公主主隱'에 쓰인 것이 알려져 있을 뿐이었었는데 하나 더 확인되는 것이다. '主'는 일본 자료에 의하여 *'니림'이었을 것으로 추정되고 있으나(金完鎭, 1980:95) 12세기에는 '님'으로 축약되었을 것이다. '法顯儀重大師'는 '學先'에 대한 칭호로 皇龍寺에서 받은 것이 아닌가 한다.

句節9의 '玆 上幸冲 次幸先 次應連 次元先 等亦 造成 由'는 '여기에 第1

---

2 '幷'자의 訓은 『三國史記 地理志』권34, 4a의 '比屋縣 本阿火屋縣 一云 幷屋'에 근거하여 '아볼'로 읽는다.

은 幸沖, 第2는 幸先, 第3은 應連, 第4는 元先 들이 造成한 緣由'로 해석된다. 茲는 '이 佛事에'의 뜻으로 重大師 學先이 주도한 佛事를 가리킨다. '上'은 '第一'과 같은 뜻으로 쓰였다. 南山新城碑(591)의 '郡上村主, 城作上, 面捉上, 郡中上人, 作上人, 郡上人'이나 明活山城作成碑(611)의 '郡中上人'의 '上'은 모두 '第一'의 뜻으로 쓰인 것이다. 由는 '緣由'를 줄인 것으로 앞의 緣由와 같이 句節1에 쓰인 '記'의 목적어가 된다. 이에 따라 종결사를 따로 쓰지 않았다.

句節10의 絶行을 '施行'으로 읽은 것은 아무래도 잘못으로 생각된다. '絶'의 字形이 7行의 '施'자와는 다를 뿐만 아니라 문맥의 뜻으로 보아도 맞지가 않는다. 7行에서는 '施行 緣由'라고 하여 '施行한 緣由'를 기록함을 나타내지만 句節10의 이 어사를 施行으로 보면 '緣由를 施行한다'의 뜻이 되어 논리상 뜻이 통하지 않는다. 이를 '絶行'으로 읽어도 뜻이 쉽게 풀리지는 않는다. '글의 行(줄)을 끊는다'로 해석할 수 있지 않을까 한다. '이 앞에서 말한 佛事를 시행한 연유에 대한 기록들은 여기서 끝남'을 말하고 다음에 기록하는 내용은 이 佛事와는 관계가 없음을 나타내고자 한 것이 아닐까 생각해 본다.

句節11의 '同寺前住持 齊資法護重大 等 住持卄年'은 '同寺의 前住持는 齊資. 法護, 重大 들이 住持하기 20年이다'로 해석된다. '大等'을 '大師'로 보면 '同寺의 前住持는 齊資法護重大師가 住持하기 20年이다'로 해석해 볼 수 있다. 이는 12行의 █자를 '等'으로 읽느냐 '師'로 읽느냐에 따라 달라지는 것인데 내용상으로는 후자의 해석이 자연스러운 것으로 생각되지만 █자를 '師'로 읽는 것은 무리이다. 혹 誤字일 가능성도 생각해 볼 수 있다.

Ⅳ. 結語

이제까지 해독한 것을 각 句節에 따라 정리하면 다음과 같다.

句節1. 乾統 9年(1109) 3月 9日에 (다음과 같은 施行緣由를) 記錄한다.

句節2. 지금(只今)에 이르기까지 206년인 新龍 2年(신라 孝恭王 8년, 904)에 戒律業의 皇龍寺 沙門 惠照가 住持한 데에다

句節3. 同寺(皇龍寺)에 의지하여 머물던 重大師 學先이 지금에 이르기까지 8년인 壬午年(1102)에 入寺하여 火香하였고 丁亥年(1107)부터 (다음과 같은 사업을 할 것을) 發心하였음.

句節4. 金堂 1 칸과 佛坐(須彌壇)를 즉시 만들고 石塔 5층을 新造하였다. 鍮銅(놋쇠) 총 62斤이 들었다.

句節5. 金堂과 塔에 각각 香爐와 香盒을 배치하였음. 총 (鍮銅은) 8斤 5兩이고 鐵物은 1100斤이다.

句節6. 三寶殿 안에 鍮鐙 하나. 11斤이 들었음.

句節7. 이들을 모두 아울러서 施行한 緣由(를 기록함)

句節8. 住持님은 法顯儀重大師인 學先임.

句節9. 여기에 제1승 幸冲, 제2승 幸先, 제3승 應連, 제4승 元先 들이 造成한 緣由(를 기록함)

句節10. 絶行; 조성기는 이 行(줄)에서 끝남.

句節11. 同寺의 前住持는 齊資, 法護, 重大 등이다. 住持하기 20年이다.
　　　　(齊資法護重大師)

이 造成緣由記에는 發願文, 施行過程, 施主秩 등이 보이지 않는다. 또 이 造成緣由記는 탑의 相輪部에서 나왔다고 한다. 이러한 造成記錄의 文書는 舍利函과 한 곳에 收藏되는 것이 일반적이다. 이런 점에서 볼 때 이 탑에는 이 문서 이외에도 造成形止記와 같은 主文書가 들어 있었을 것이다. 여기에는 이 佛事에 대한 세세한 기록과 많은 사람들이 참여한 施主秩 등이 있을 것이다. 이 造成緣由記는 짧은 기간 내에 여러 佛事를 완수한 住持僧 '學先'의 業績과 그를 따라서 참여한 스님들의 功德을 밝히기 위하여 따로 작성한 附屬文書로 생각된다. 高僧이 시행한 불사만을

기록한 예는 昌寧仁陽寺碑에서도 볼 수 있다.

이 문서에 쓰인 이두들을 들고 그 讀音을 보이면 다음과 같다.

良中/아긔; 처격조사   亦/이(혹은 '역'); 주격조사

爲乎矣亦中/ᄒ온 디여긔; 한 데다가

爲只… 爲只/ᄒ기… ᄒ기; 사건(동작)의 열거

元/비릇; …부터   幷以/아볼오; 아울러, 모두

各衣/저의아금; 각각   主/님; 존대 접미사

等亦/둘이; 들이(복수+주격)

參考文獻

국립중앙박물관·대한불교조계종(2009), 불국사석가탑 유물2-중수문서, (주)시
티파트너.

金完鎭(1980), 『鄕歌解讀法研究』, 서울大學校出版部.

南豊鉉(1975), 借字表記法의 '元'字攷, 『國語學』3. 國語學會. 『吏讀研究』(2000)에
再錄.

南豊鉉(2000), 『吏讀研究』, 태학사.

李丞宰(1992), 『高麗時代의 吏讀』, 태학사.

李弘稙(1964), 高麗堂塔造成緣由記, 『考古美術』第五卷 6, 7號, 考古美術同人會.

_____(1972), 『한 史家의 流薰』, 通文館.

許興植(1984), 『韓國金石全文』, 亞細亞文化社.

_____(1988), 『한국의 古文書』, 대우학술총서 인문사회과학 30, 民音社.

鮎貝房之進(1934), 長城白巖寺貼文及關文, 『雜攷-俗字攷, 俗文攷, 借字攷』, 國書刊
行會(1972刊).

■ 『口訣研究』33집, 2014년 8월 31일.

借字表記 資料의 研究史(1985년 現在)

Ⅰ. 序言

한자를 빌어 우리말을 표기한 것을 통틀어 차자표기라 한다. 종래 향찰, 이두, 구결, 고유명사 표기(어휘표기)라고 불러오던 것을 모두 포함하여 일컫는 말이다.

이 표기는 삼국 시대부터 19세기 말까지 연면히 사용되어 옴으로써 많은 국어사 자료를 남기고 있다. 특히 훈민정음 창제 이전의 국어사 연구는 이 자료가 절대적인 비중을 차지하게 된다. 그러나 상대로 올라갈수록 자료가 희소하고 표기체계가 복잡하여 오늘날 이를 연구하는 데는 많은 애로를 경험하게 된다.

이 표기는 천 수백 년간 여러 학문적인 배경 아래에서 사용되어 왔을 것이지만 정작 이를 이해할 수 있게 해 주는 우리 선인들의 관심이나 記述들은 극히 적고 단편적이다. 『史記』와 『遺事』에 인용된 金大問의 어원론은 신라 시대 학문의 한 소산으로 생각되는 것이고, 薛聰이 '以方音通會華夷方俗物名' 했다고 한 것은 오늘날의 字典의 성격을 띤 것으로 생각된다. 아마도 이는 중국의 訓詁·註釋學의 한국화에서 나온 업적일 것이다. 薛聰의 저술은 『遺事』 편찬 때까지도 '傳受不絶' 했다고 하였으니, 후인들의 업적도 당연히 있었을 것으로 믿어지지만 유감스럽게도 전하는 것이 없다. 훈민정음 창제 때에 설총의 이두를 鄙陋無稽하다고 하였지만 훈민정음 자체가 후대의 발전된 성리학을 배경으로 창제된 것이어서 그 이전에 訓詁·註釋學을 바탕으로 발달한 차자표기법 사용의 경험을 발전적으로 계승한 것으로 생각된다. 조선 초에는 儒家經典의 口訣制定 論議가 활발하였는데, 이것이 실학 시대에까지 계승되었음을 볼 수 있다. 이는 性理學의 韓國化 過程으로 생각된다. 이밖에 地理志의 고유 명사 표기, 특히 지명표기에 차자의 특수한 자음에 대한 설명이 있었으나 단편적인 것이었다. 차자표기는 19세기 말까지 사용되기는 하였으나, 漢學이 주류를 이루던 조선조에는 오랜 동안 주의를 끌지 못하다가 실학 시대에 다소의 관심이 기울여졌다. 18세기부터 정리된 것으로 보이는 吏讀學習書들은 이두가 보수성으로 말미암아 당시의 언어와 괴리가 생긴 데서 정리된 것이라고 볼 수 있지만 실학적인 학풍도 작용한 것으로 생각된다. 李義鳳의 『古今釋林』 중의 '羅麗吏讀', 具允明의 『典律通補』, 李圭景의 『五洲衍文長箋散稿』 중의 '語錄辯證說', 저자와 연대 미상의 『吏文襍例』, 『儒胥必知』, 『吏文大師』 등이 그것이다. 이들은 이두를 자수별로 분류하여 그 독법을 한글로 표시하고, 간혹 주석도 단 것이다. 이들은 후대의 것이지만 고대의 차자표기 자료를 해독함에도 필수적으로 이용될 기본 자료가 된다.

20세기에 들어와서 차자표기 자료가 현대과학적인 조명을 받게 된다. 이 연구는 鄕歌의 解讀이 주류를 이루면서 발전되어 왔으므로 먼저 이에 대한 연구사를 개관하기로 한다.

Ⅱ. 鄕歌 解讀의 硏究史

향가는 『均如傳』과 『遺事』에 기록된 이후 오랜 동안 무관심 속에 묻혀 있었던 것으로 보인다. 20세기에 들어와서 이에 대한 관심이 일기 시작하였는데 그것도 日本人 學者들에 의해서였다. 일본은 고대부터 발달하기 시작한 차자표기의 전통이 현대에까지 이어지고 있고, 비교적 풍부한 자료를 가지고 일찍부터 연구되어 왔기 때문에 같은 유형의 표기법으로 기록된 향가 해독에 비교적 쉽게 접근할 수 있었던 것으로 보인다.

金澤庄三郎, 前間恭作, 鮎貝房之進이 이 방면에 先鞭을 잡은 이들이었고, 申采浩도 같은 시기의 연구자였다. 이들은 處容歌를 중심으로 1편 내지 3편의 해독을 시도하였었다.

小倉進平에 와서 이 연구의 체계가 잡히게 되었다. 그는 1920년의 글에서 일본의 萬葉假名과 吏讀의 用字法을 對比하였다. 萬葉假名의 용자법에는 正音, 略音, 正訓, 義訓, 借訓, 戱書 등이 있는데, 이두에도 이것이 모두 있을 것이지만, 조사와 어미만을 기록하는 것이므로 義訓, 戱書는 나타나지 않는다고 하였다. 또 일본의 片假名과 口訣의 略體字와의 유사성에 관심을 보이기도 하였다. 그 후 鄕歌, 吏讀, 本草綱目啓蒙, 鄕藥採取月令, 鄕藥集成方 등 차자표기 자료 전반에 걸쳐 자료를 발굴하고 주해를 하였다.(小倉進平 1932, 1933) 그 가운데서도 1929년의 著書는 그의 대표적인 연구라고 하겠다. 향가 25수 모두를 해독하고 통일신라시대부터 근대까지의 이두를 수집하여 주해한 것이다. 그는 고대에는 향가, 이두, 인명, 지명의 書法(表記法)을 총칭하여 鄕札이라 불렀으리라 보았고, 또 鄕札은 그런 개념으로 쓰는 것이 온당하다고 하였다. 이것은 차자표기 전반을 하나의 틀로 묶어 이해하고 연구하여야 하리라는 그의 태도를 보인 것으로 생각된다.

그는 鄕歌解讀의 基本原則을

(1) 차자의 분류와 그 용법의 분류
(2) 향가에 딸린 해설문의 참고
(3) 古語의 文法 참고
(4) 方言의 참고

등으로 하였다. 이러한 방법에 의하여 歌意 전체의 윤곽을 잡을 수 있게 하였고 語節의 경계를 끊어 볼 수 있게 한 점에서 향가 해독에 공헌하였다. 또 향가의 형식에 4句體, 8句體, 10句體가 있음을 밝히고 표기법에서

末音添記法의 존재를 이해하고 있었다.

그러나 그의 시대에는 구체적인 해독을 할 수 있는 정밀한 연구가 뒷받침하질 못했었다. 그리하여 여러 사람의 비판을 받게 되었는데, 그 가운데서도 梁柱東(1935)의 비판은 가장 정곡을 찌른 것이었다. 그는 소창의 해독이 音數律에 맞지 않는 점, 音의 相通이란 개념을 남용한 점, 附帶된 解說文 파악에서 오류를 범한 점, 上代의 語法과 後代의 語法의 차이를 무시한 점 등을 들어 비판하고 그의『古歌硏究』(1942)에서 거의 전면적인 새로운 해독을 하였다. 그는 향가 해독의 기본적 태도로

(1) 借字解讀에서 귀납적인 번역을 기한 것
(2) 註釋에서 朝鮮朝 내지 麗代의 古語法을 참고한 것
(3) 가요로서의 音數律을 고려한 것

등을 제시하였다. (1)은 鄕歌의 用字를 語彙表記 자료, 金石文, 吏讀文에 나오는 차자의 용법을 근거로 귀납한 것이고, (2)는 조선 초의 한글 자료와『鷄林類事』의 어휘와 어법을 응용한 것을 말한 것이다. 이로써 鄕歌의 言語를 적어도 조선 초 이전의 국어에 맞추어 끌어 올릴 수 있었다. (3)은 향가의 음수율을 4·4조를 기본으로 하고 4·3조, 3·4조도 交用한 것으로 보았다.

또 향가의 用字法을

義字: 音讀, 訓讀, 義訓讀
借字: 音借, 訓借, 義訓借

로 보고 그 운용법을 正借, 轉借, 通借, 略借, 反切, 戱書로 분류하였다. 이것은 일본의 차자표기법을 참고한 것이지만, 그의 독창적 견해도 加味된 것이다. 또 차자의 연결에 있어 한 단어를 먼저 義字로 표시하고 末音

을 音借字로 添記함을 義字末音添記法이라 하였다. 이는 향가의 특징적인 표기법을 구명한 것이다.

그의 풍부한 고증과 表記體系의 理解는 鄕歌解讀史에 있어 길이 남을 업적을 이룩한 것이지만, 그의 연구에는 역시 시대적인 한계가 있었다. 이 시대에는 중세 국어에 대한 이해가 부족하였기 때문에 그가 고증의 자료로 삼았던 예들은 오류가 없을 수 없었다. 또 小倉進平보다는 相通의 한계를 제약하였으나 역시 그 조건이나 원인을 규명하지 못하였다. 또 15세기어의 현상을 신라시대에 있었던 것으로 이해하여 향가의 어형을 15세기의 어형으로 끌어 내린 예도 있었다. 그리하여 小倉進平에서와 같이 하나의 차자가 여러 음으로 읽히는 불합리성을 극복하지 못하였다.

이러한 불합리성에 대한 반성은 李崇寧(1955)에서 본격적으로 제기되었다. 그는 향가를 기록한 차자들이 임의의 가설에 牽強附會되기 위해 수개의 음으로 읽히는 것은 언어의 시대성을 분명히 파악하지 못하고 후대의 자료나 언어에 맞추어서 新羅語를 解讀하기 때문에 나온 것이라 하였다. 그리하여 향가의 해독은 新羅語의 再構와 함께 이루어져야 하며, 借字는 '一字一音의 原理'에 의하여 읽어야 함을 강력히 주장하였다. 그는 新羅의 表記體系를 固有名詞(지명, 인명, 관명)의 表記法과 文章(향가, 이두)의 表記法으로 분류하고 이 양자에 쓰인 表音文字體系가 同一起源에서 나온 것이라 하였다. 그리하여 향가 연구의 기초 작업으로 『史記』와 『遺事』, 그리고 후대의 地理志에 나오는 고유명사 표기의 차자를 정리하여 그 문자 체계를 수립하였다. 이것은 엄밀한 방법론에 의하여 향가를 해독하여야 한다는 것을 보인 것이니 이 이후 一字一音의 原理와 新羅語의 再構는 합리적인 방법으로 향가를 해독해야 한다는 기본 원리로 받아들여졌다.

1950년대 이후 국어학은 構造主義 言語學의 방법론이 수입되어 후기 중세국어의 음운론과 형태론에서 두드러진 성과를 거두게 되었다. 이를 바탕으로 고대 국어의 음운과 형태를 추정할 수 있는 터전이 마련되었고, 또『古語辭典』과『李朝語辭典』의 폭넓은 어휘 수집은 고대 국어의 어휘를 추정할 수 있는 폭을 넓혀 주었다. 한편 比較言語學的인 方法論과 Altai어의 비교연구에 대한 지식은 고대 국어의 연구에 있어서도 정밀성을 요구하게 되었고, 또 再構의 可能性에 있어서도 새로운 전망을 가질 수 있게 하여 주었다.

金完鎭(1957) 이후 향가와 15세기 국어에 쓰인 '-n, -l' 동명사 어미의 확인은 이러한 바탕에서 얻어진 성과였다.

李基文(1972b)에서는 漢字의 訓에 대한 연구가 고대국어의 재구와 향가의 해독에 중요한 공헌을 할 수 있음을 보여 주고 있다. 이는『訓蒙字會』를 비롯한 16세기의 한자 학습서에 나오는 化石化된 訓을 발굴하고『유사』등에 나오는 차자표기의 어휘자료를 분석하여 신라 시대의 훈을 재구한 것이다.

또 李基文(1961)은 處容歌가 '東京'이란 말이 쓰인 것으로 보아 麗代에 와서 변개된 것을『유사』에 실었을 것으로 보았는데, 이것은 향가가 일률적으로 신라어를 반영하리라는 통념에 대하여 의문을 제기한 것이다.

김선기(1972)는 원전비판의 문제를 제기하여 향가의 오자와 탈자를 찾아내려는 작업을 한 것이 두드러진다. 그는 東國正韻式 漢字音을 현실음으로 보고 이 음을 기초로 향가를 해독하려 한 점에서 특이한 입장을 취하고 있다.

향가가 慶州를 放射의 中心으로 한 시대에 쓰여 진 것이라는 점에 주목하여 慶尙道 方言을 기초로 하여 해독하려는 시도가 나왔다. 鄭然粲(1972)에서 그러한 시도를 볼 수 있거니와 徐在克(1977)에서 보다 적극적인 태도를 볼 수 있다. 서재극은 일자일음주의에도 비교적 충실하여 새로운 해독에도 공헌한 것이다.

향가해독의 이제까지의 연구 성과와 50년대 이후 국어의 연구성과를 망라하여 새로운 해독의 길을 개척한 것이 金完鎭(1981)이다. 그는 향가해독의 기준을

(1) 一字一音의 原理

(2) 訓主音從의 기준

(3) 脈絡一致의 기준

(4) 律調的 기준

으로 세우고 이 기준을 철저히 지킴으로써 종래에 미치지 못했던 면을 개척하였다. 또 원전비평을 통하여 향가 25수 가운데 33자의 오자를 정정하였다. 이는 합리적인 근거에 의한 것이어서 설득력이 있는 것이다. 또 원전의 字間空白에 유의하여 句의 境界가 아닌 곳에 나타나는 공백은 脫字가 있을 것으로 보고 이를 補入하였다. 좀 더 특징적인 것은 '攴'자와 '支'자를 구별하여 '攴'은 그 앞에 오는 글자를 훈으로 읽을 것을 指定해 주는 것이라는 指定文字說을 제기하였다. 우리가 이 연구를 초기의 해독과 비교해 보면 그동안의 향가 해독의 근거가 얼마나 豊富해졌고 또 그 방법론이 얼마나 精密化되었는가를 알 수 있게 된다.

Ⅲ. 吏讀의 研究

吏讀 역시 초기에는 일본인 학자에 의하여 연구되었다. 小倉進平 이외에 현저한 업적을 남긴 것은 鮎貝房之進(1934)이었다. 이는 삼국 시대부터 조선조 말기까지의 吏讀文과 俗漢文을 뽑아 이두와 한자 및 그 成語를 고증·해석함으로써 이두문 전체의 내용을 이해할 수 있게 한 것이다. 또 그의 『俗字攷』(1931)에서는 한국 한자를 俗字, 俗訓字, 俗音字로 나누어서 그 字形, 音, 訓이 중국의 한자와 다른 것에 대하여 고증하였다.

중추원에서 편찬·간행한 『校訂大明律直解』의 『吏讀略解』(1936)와 『吏讀集成』(1937)은 일종의 辭典으로서 이두의 독음을 달고 뜻을 풀이한 것이다. 이 독법은 이두 사용에 경험이 있는 민간인들의 지식이 많이 반영된 것으로 보이지만, 근대의 독법에 의한 것이어서 시대성이 고려되지 못한 것이었고, 그 뜻 역시 주로 문맥에 의지하여 풀이한 것이어서 기본적인 의미가 파악되지 못한 것이 많다. 그러나 이 시대까지 전해오는 吏讀의 讀法을 정리한 것이어서 이두연구의 基礎情報를 제공하여 준다. 이후 오랜 동안 이두의 연구는 부진한 상태에 있다가 50년대에 들어와 李丙燾(1957)에서 "壬申誓記石銘"이 해독되어 이것이 한자를 우리말 순서로 배열한 특수한 表記體임이 밝혀졌다. 이는 초기적인 이두문의 일종으로 보이는데, 兪昌均·姜信沆(1963)에서는 誓記體 表記라 하여 吏讀文 이전에 있었던 문장의 표기체계로 보았다.

김근수(1961)에서는 『大明律直解』 이후의 이두를 본격적 이두 시대라 보고 이 시대의 이두를 품사별로 나누어 그 독음과 뜻을 해석하였다. 18세기 이후의 吏讀目錄集들에 나오는 음을 近世音이라 하고 이를 참고하여 15세기 국어에 맞추어 그 원음을 구명하려 한 것이다. 이 시대의 이두를 품사별(기능별)로 나누고 중세 국어에 맞추어 연구한 것으로는 洪淳鐸(1974)과 張世憼(1970)의 것이 더 있다.

장지영·장세경(1976)은 처음으로 『이두사전』이란 명칭으로 편찬된 것이다. 전반부는 이론편으로 표기법과 어법을 설명하고, 후반부를 자료편이라 하여 사전으로써 편찬하였다. 전반부에서는 향가까지도 이두로 다루었으나 사전은 『大明律直解』 이후의 이두를 수집하여 독음을 달고 뜻을 해석한 것이다.

이상의 연구들은 『大明律直解』 이후의 자료를 시대적인 구별이 없이 통틀어서 중세 국어에 맞추어 설명하려는 경향이었다. 이러한 경향에 대하여 安秉禧(1977)에서는 『大明律直解』와 근대의 여러 고문서에 나오는 이두를 동일하게 다루는 것은 무모한 것이라 하고 수집된 이두에 대하여 연대를 분명히 밝히고 형태분석을 하여 그 구조를 해명해야 한다고 하였다. 이러한 태도로 『養蠶經驗撮要』와 『牛馬羊猪染疫病治療方』의 이두를 후기 중세 국어의 자료로서 연구하였는데 이러한 작업이 쌓임으로써 이두 자료는 국어사 연구에 정당하게 이용될 수 있는 것이라 하였다. 이것은 매우 타당한 방법론의 제시인 것이다. 이두가 보수성이 강하여 15세기 이전의 국어를 반영한다고 하더라도 이를 정당하게 이용하자면 15세기 이후의 이두 자료가 시대별로 분류되어 해명되어야 할 것이다.

筆者는 이두가 고대국어를 합리적으로 설명할 수 있는 기본 자료로 보고 우선 그 해독에 임하였다. 자료의 연대순으로 열거하면 丹陽新羅赤城碑(540년대), 南山新城碑(591), 新羅華嚴經寫經造成記(755), 昌寧仁陽寺碑(810), 醴泉鳴鳳寺慈寂禪師凌雲塔碑陰記(941), 松廣寺奴婢文書(1281)이다. 이 작업은 기록 내용을 바르게 해독함으로써 그 어법과 단어들을 후대의 그것과 대응시킬 수 있는 터전을 마련하고자 한 것이다. 이 자료는 후대의 기록이 아니라 각기 그 당시의 기록물이어서 그 표기법의 발달을 이해하는 데도 중요한 것이다.

Ⅳ. 固有名詞 表記의 研究

固有名詞(語彙)表記에 대한 연구는 초기에는 사학자들에 의해서 시작되었다. 이것은 우리의 古代史 내지 先史 時代의 부족한 자료를 극복하기 위함이었으니, 申采浩(1924)는 이 연구가 '地中古蹟을 발굴함에 비길 만한 조선사 연구의 비약(秘鑰)'이라고 하였다. 이어서 그 해석 방법을

    (1) 本文의 自證   (2) 同類의 傍證   (3) 前名의 遡證
    (4) 後名의 沿證   (5) 同名異字의 互證   (6) 異身同名의 分證

으로 제시하였다. 이는 매우 합리적인 방법의 제시였으나 이 시대는 국어사에 대한 이해의 부족으로 임의의 假定에 집착하여 오류를 범하기 쉬운 상황이었다. 그리하여 어떤 단어들이 외형상의 유사성이 있으면 모두 同類로 보고 이를 근거로 역사적 사실을 설명하려 하였으니 최남선의 "不咸文化論"(1925)은 그 극단적인 예라 하겠다.

이러한 방법론은 시간의 흐름에 따라 차츰 정밀화되어 갔지만 초기의 국어학에도 영향을 미쳤다. 小倉進平이나 梁柱東의 향가 연구에서 어휘 표기의 차자들이 서슴없이 이용된 것도 이러한 배경에서 나온 것으로 생각된다. 일반적으로 이 방면의 연구에 있어 國語學이나 史學이 어형과 어의를 동시에 밝히고자 하는 점에 있어서는 공통되지만 국어학에서는 어형에 나타나는 규칙성에 보다 많은 관심을 기울이고 사학에서는 그 어의가 사실과 어떤 관계에 있는가에 보다 많은 관심을 기울이게 된다. 그리하여 국어학에서는 사학에서 이룩한 폭넓은 작업에 감동하고 그의 힘을 빌게 되지만 그 어학적인 정밀성에 있어 회의를 느끼게 되는 것이다.

국어학이 語彙表記에 본격적인 관심을 기울인 것은 8 · 15 光復 이후가 아닌가 한다.

金亨奎(1949)에서는 『史記』의 지명에 대하여 먼저 景德王代의 地名變改의 특징을 밝혔다. 즉 舊地名이 1자에서 4자까지로 표기되던 것을 新地名에서는 州名은 1자로, 郡 · 縣名은 2자로 고쳤고, 신지명은 주로 아름다운 뜻을 가진 것으로, 구지명의 표음문자식을 신지명은 표의문자식으로 고쳤음을 밝혔다. 따라서 구지명을 무조건 신지명에 맞추어 해독하는 것은 지양되어야 한다고 하였다. 또 삼국의 언어가 차이가 있으리라는 가정을 하고 신라의 '火'(벌), 백제의 '夫里' 계통의 말과 고구려의 '忽' 계통의 말이 대응되어 특히 高句麗語와 新羅語에 차이가 있을 것으로 보았다.

앞서 든 李崇寧(1955)에서는 삼국의 지명과 인명에 대하여 구체적인 고증을 하기보다는 표음자의 전반적인 체계를 수립하고자 한 것이다. 여기서 한걸음 나아가 이 표음자를 바탕으로 하여 고대 국어의 음운 체계를 밝히고자 한 것이 兪昌均(1960a)에서였다. 이 연구는 이들 표음자를 廣韻(切韻系)에 쓰인 反切上字의 聲母 體系와 대비하여 지명표기자의 자음 체계를 추출하려는 시도였다. 이어 그는 〈1960b〉와 〈1961〉의 글에서 그 모음과 운미에 대해서도 같은 방법으로 대비하여 모음 체계와 음절말 자음 체계를 추출하려는 작업을 하였다. 이 작업은 지명을 개별적으로 고증하지 않았고 『史記』의 지명표기를 모두 新羅의 表記體系로 보아 일괄해서 다루었으나 뒤의 〈1980〉과 〈1983〉의 글에서는 개별적인 고증과 아울러 삼국의 지명이 각기 그 언어를 반영하는 것으로 보고 그 음운상의 특징을 탐색하여 체계화하려는 작업을 계속하고 있다.

『史記』의 지명 연구에서 괄목할 만한 성과를 거둔 것은 李基文(1967)에서였다. 이 연구는 『史記』의 지명을 주로 하고 內外史書의 기록을 참고하여 80여 단어의 고구려어를 얻었는데 이를 통하여 고구려어는 신라어에 가장 가깝고 또 신라어에 비하여 일본어와 Tungus어에도 가까운 위치에 있음을 밝혔다. 이 연구는 〈1968〉의 글에서 보다 구체적으로 고증되었는데, 여기서는 고구려어가 同系諸語와의 대응 이외에도 고아세아어족인 길랴크(Gylyak)어와도 일치되는 예를 가지고 있음을 제시하였다.

朴炳采(1968)에서는 『史記』 지리지의 지명 표기에서 '一云', '或云'이라 하여 두 개 이상의 표기를 보여 주는 것을 복수지명이라 하고 이에 중점을 두어 115개의 단어를 추출하였다. 이 중 신라, 백제어는 거의 전부가 신라어의 계통을 잇는 중세 국어와 연결이 되지만 고구려어는 약 65%가 연결이 가능하고 나머지는 일본어와 대응이 된다고 하였다. 또 백제어는 고구려어와 신라어의 중간에서 완충지대적 성격을 띤다고 하였다.

都守熙(1977)에서는 百濟語에 집중하여 고유명사 표기를 연구하고 있다. 먼저 국내외의 자료에서 백제어에 관한 고유명사를 모두 수집하여 재구가 가능한 70여 단어를 체언과 용언으로 나누어 고찰하였다. 이 연구에서는 현지답사를 통하여 조사한 小地名이 문헌상의 자료와 일치하면 보다 믿을만한 결론을 얻을 수 있을 것이라고 한 점이 주목된다. 이 연구는 이후에도 계속되어 상당한 성과를 거두어 가고 있다.

李炳銑은 처음(1973)에는 駕洛語에 범위를 좁혀서 연구하였었는데 후(1982)에 고대 국명과 지명 전체를 대상으로 범위를 넓혔다. asa(大)와 tara/tɔrə(地, 邑)계, kara(地, 邑)계, parə(地, 邑)계, kɔma(君)계, nara(主,

國)계, sara/sarə(首, 長)계로 나누어 고구한 것이 특징적인데, 이를 뒷받침하기 위하여 지명표기에 나타나는 음운 변화에 대해서도 논하였다. 또 『史記』에서 '一云, 或云, 一作'이라 한 표기에 대해서 고구한 것은 자료의 기본적 성격을 이해하고자 한 것이어서 문제를 제기하기에 충분한 것으로 생각된다.

이상 사서들에 기록된 어휘표기에 대한 연구는 후기로 오면서 보다 합리적인 고증을 꾀하고 있지만 아직도 연구자마다 자기 나름의 독특한 견해들을 밝히고 있는 것이 많아, 앞으로 보다 폭넓은 자료 수집과 정밀한 방법론을 기다리고 있는 분야라 생각된다.

語彙表記의 새로운 자료를 수집하여 독특한 시각으로 조명한 것이 崔範勳(1977)의 연구이다. 이는 금석문을 비롯하여 佛書 간행시의 施主秩, 고문서 등 삼국시대부터 19세기까지의 자료에 나오는 차자표기의 인명을 수집하여 분석한 것이다. 作名의 類型을 동물류, 식물류 등 13유형으로 나누어 인명의 어원을 추구하고 그를 표기한 문자 체계를 밝힌 것이다. 새로운 자료를 발굴하고 인명을 통한 어원론에 새로운 개척을 한 것인데 개개 자료의 출처가 불분명하고 시대성을 고려하지 않은 점이 아쉽다.

穀物名에 대한 연구는 李基文(1974)에서 이루어졌다. 15세기 초간본인 『衿陽雜錄』에 나타난 차자표기와 한글표기의 곡명을 통하여 Δ, ·, ㅸ 음의 쓰임, 어원 및 조어법의 특징을 논하였다.

『鄕藥救急方』의 鄕名에 대한 연구는 方鍾鉉(1963), 李基文(1963), 李德鳳(1963), 崔範勳(1977)의 연구가 있어 왔다. 특히 이기문(1963)에서 국어사적 가치가 크게 부각되어 전기 중세 국어의 음운을 연구하는 중요한 자료로 이용되었다. 이것이 필자(1981)에서 전면적으로 해독되고 어원이 밝혀져 借字表記法의 文字體系와 그 運用法을 체계적으로 이해할 수 있게 되었다.

V. 口訣의 研究

구결에 대한 연구는 오랜 동안 개념 규정과 자형상의 특징을 단편적으로 언급하는 정도에 머물러 있었다. 이 연구가 활기를 띠게 된 것은 舊譯 仁王經 釋讀口訣의 발견으로부터라 하겠다. 이는 上卷의 落張 5枚만이 발견된 것이지만 漢文의 行間에 차자로 토를 달아 이 經典을 우리말로 새겨 읽은 釋讀法을 보여 주는 口訣이다. 기록 연대는 1346년을 하한으로 하여 그 이전으로 소급될 것이지만 13세기경에 기입된 것으로 추정되고 있다. 비록 그렇다 하더라도 반영하고 있는 언어는 극히 보수적이어서 향가의 문법과 다분히 일치하고 있다. 따라서 고려시대의 유일한 구결이라 하더라도 늦어도 신라시대부터 쓰여 왔을 석독구결의 전통을 이어받은 것임을 알 수 있다. 토가 지시하는 대로 이 구결의 원문과 차자를 우리말 순서로 배열하면 '表意字 + 表音字'의 구조가 되어 향가의 표기법과 일치하게 된다. 이로 보면 한문 학습 과정에서 석독구결을 익힌 사람이 그 방법을 그대로 국어의 표기에 응용하면 곧 鄕札이 된다는 것을 알 수 있게 된다. 현재 이 구결은 만족할 만한 연구가 되어 있지 않지만 앞으로 차자표기 자료의 연구에, 특히 향가의 해독에 크게 공헌할 수 있을 것으로 보인다. 이 구결에 대하여는 沈在箕(1975)에서 소개가 되었고, 구체적인 연구는 南豊鉉·沈在箕(1976)에서였다. 그 후 필자는 〈1976〉의 글에서 그 부정법, 〈1977a〉의 글에서 '-之叱'의 기능, 〈1977b〉의 글에서 처격조사, 〈1979〉의 글에서 '叱'의 용법을 구명하였고, 沈在箕(1979)에서 '-尸'의 용법이 밝혀졌다. 그리고 李東林(1982)에서 口訣字의 추정과 아울러 전반적인 해석이 시도되었다.

후기 중세국어의 구결은 安秉禧(1977a)에서 그 國語史的인 價値가 부각되고, 그 문자체계가 구명되었다. 壬亂 이전의 간본과 기사자료에 나오는 차자표기의 구결을 분석하여 조사, 어미, 접사류에 쓰이는 차자를 기술한 다음, 차자체계와 그 성격을 밝혔다.

이로써 후기 중세국어 시대의 구결에 쓰인 차자 체계는 거의 밝혀졌으나 조선조의 많은 문헌에 쓰인 구결의 체계와 계통 및 변천은 아직도 정리되지 못한 채 남아 있다.

외국인들의 구결에 대한 연구는 中村完(1976)과 菅野裕臣(1981)의 것이 있다. 中村은 일본에 수장되어 있는 地藏經의 여러 이본에서 구결을 정리하여 형태론적으로 기술한 것이다. 菅野 역시 일본에 있는 여러 한국본의 구결을 모아 특히 약체자에 중점을 두어 기술하였다.

이러한 작업들은 상대의 구결을 연구하는 데도 기초가 된다.

Ⅵ. 借字의 字形 研究

차자의 자형에 대한 연구는 전술한 鮎貝房之進의 '俗字攷' 이후에 오랫동안 본격적인 연구가 없었다. 다만 다른 목적의 연구에서 단편적인 지적이 있어 왔다. 앞에서 말한 구결 연구에서 약체자를 고증하기 위한 것이 있었고 兪昌均(1980)에서『史記』의 지명표기에 나오는 韓國俗字에 대한 연구, 金完鎭(1980)에서 향가의 誤字를 정정하기 위한 연구가 있었다.

이를 비교적 깊게 연구한 것은 金鍾塤(1983)에서였다. 저서의 제목이 『韓國固有漢字研究』로 되어 있으나, 한문에서 사용된 한자가 아니라 차자표기와 그 밖의 실용문에 사용된 한자를 다룬 것이므로 실제로는 차자를 다룬 것이다. 한국의 固有漢字(借字)를 國字(造字, 字形), 國音字, 國義字로 분류하고 이들이 고유명사와 이두 표기에 쓰인 예들을 들어 기술하였다. 주로 근대의 자료를 대상으로 한 것이지만 上代의 借字를 연구할 수 있는 터전도 된다. 앞으로 이 방면의 연구, 특히 자형에 대한 연구는 차자표기 연구의 새로운 분야를 개척할 수 있을 것으로 기대된다.

Ⅶ. 日本 借字表記法과의 比較 研究

일본의 假名 表記法의 발달은 우리의 차자표기법과 밀접한 관계가 있다. 국어를 연구한 초기의 일본인도 이러한 공통성에 관심이 컸었지만, 일본의 국어학자들도 한자·한문을 한국으로부터 전수받았으며 초기의 萬葉假名의 기원이 한국의 固有名詞 表記와 직접적으로 맥락이 닿고 있음을 말하고 있다(築島裕, 1981). 이것은 李崇寧(1955)에서도 구체적으로 지적된 바가 있는 것이다. Murayama & Miller(1979)에서는 太安萬侶의 墓誌銘(8세기)에 나오는 '之'자와 Inariyama 古墳의 刀劍銘(471년 추정)에 나오는 '之'자와 '中'자의 용법이 우리의 초기 이두문의 용법과 일치하는 것을 들어 이 표기법의 한국적 성격을 밝혔다. 小川環樹(1980)도 中國文學者로서 같은 사실을 지적하고 있다. 藤井茂利(1981, 1982)도 推古期 遺文의 '之'와 上代 日本語表記의 '賜'가 우리의 古代表記의 그것과 일치함을 들어 일본의 借字表記法이 한국의 영향하에 발달한 것으로 보고 있다.

우리의 借字表記法과 일본의 그것을 본격적으로 비교 연구한 것은 李鍾徹(1983)에서였다. 이는 鄕歌와 萬葉集歌의 表記法을 비교 연구한 것으로는 최초이자 가장 구체적인 것이다. 먼저 韓·日 兩國 表記法의 역사적 관계를 논하고 이어서 차자 체계의 공통성을 구명하였다. 다음으로 차자의 운용법에서 末音添記와 頭音添記의 공통성을 논했는데, 특히 두음첨기는 종래 우리가 주목하지 못했던 사실을 밝힌 것이다. 앞으로 이 방면의 연구가 鄕歌와 萬葉集歌의 새로운 해독에 기여하게 될 것으로 기대된다.

Ⅷ. 文字史로서의 借字表記 研究

借字表記의 文字史 내지 表記法史에 대한 연구는 초기에는 대체로 鄕札·吏讀·口訣의 개념 파악에 머물러 있었다. 초기에는 借字表記 全般

을 吏讀라고 하여 왔으나, 현재는 吏讀를 實用文인 散文에 쓰인 우리말
로 한정하여 쓰고 있다.

俞昌均·姜信沆(1961)에서는 차자표기법의 발달과정을 固有名詞表記,
誓記體表記, 吏讀體, 鄕札體의 순서로 발달한 것으로 보았다. 朴炳采
(1967)에서는 한자 이용 발달 단계를 3단계로 보고 있다. 제1단계는 고유
명사 표기 단계(鄕札의 濫觴期)로 3, 4세기경에 발생한 것으로 보았다.
제2단계는 鄕札의 爛熟期로 이를 다시 前期는 접미사를 표기하는 단계(4
세기경에 발달하기 시작)이고 後期는 國語 全般을 表記하는 단계(5, 6세기
에 발달하기 시작하여 7, 8세기에 전성기를 이룸)로 보았다. 제3단계는 향찰
이 쇠퇴하고 이두가 이를 계승한 단계로 高麗朝 이후로 보았다. 이 연구
는 신라시대 이전은 향찰로 보고 고려시대 이후는 이두로 본 것이 특징
이다.

필자는 이에 대해서 ⟨1975⟩, ⟨1980⟩, ⟨1981⟩의 글에서 고구했는데
주로 한문의 학습방법인 口訣의 發達과 연결시켜 논의하였다. 그리하여
차자표기법의 발달 순서를 고유명사표기, 석독구결(口傳), 초기적인 이
두, 석독구결 및 이두의 吐表記, 그리고 鄕札의 순으로 보았다.

필자(1978)에서는 訓民正音과 借字表記法과의 관계를 고구하였는데
훈민정음은 정인지의 서문에 나오는 창제목적으로 보거나 15세기 문헌
의 기록들로 보아 차자표기법 사용의 전통을 훈민정음에 의하여 발전적
으로 계승하고자 한 것으로 보았다.

金完鎭(1983)에서는 훈민정음의 字形이 借字의 略體에서 나온 것이라
는 신설을 내놓고 있어 주목되고 있다. 中村完(1976a)에서는 차자표기에
대한 명칭이 시대적으로 변해 온 것에 주목하여 이 문자표기법에 대한
사회적인 인식이 어떻게 변화해 왔는가를 고구하였다.

IX. 앞으로의 과제

이제까지 차자표기에 대한 연구들을 극히 개괄적으로 살펴보았다. 앞으로의 방향에 대하여 몇 가지 생각해 보기로 한다.

(1) 현재 原典批判에 대한 작업이 극히 미약했던 것으로 보인다. 資料의 價値, 時代性, 誤記 등이 분명히 밝혀져야 할 것이다.

(2) 향찰, 이두, 구결, 어휘표기의 상호 관계가 구체적인 자료를 통하여 규명되어야 할 것이다.

(3) 자료의 발굴과 아울러 모든 자료가 쉽게 볼 수 있도록 목록화되어야 할 것이다.

(4) 후기중세국어에 대한 연구가 보다 밀도 있게 진행되어야 할 것이다. 현재로선 통사론, 어휘론 방면에서의 연구가 특히 차자표기를 뒷받침할 만큼 연구되어 있지 못한 것으로 생각된다.

참고문헌

金根洙(1961), 吏讀硏究, 『亞細亞硏究』 7.

金敏洙(1980), 『新國語學史』(全訂版), 一潮閣.

김선기(1972), 향가음독자 연구, 『明大論文集』 5, 明知大.

金完鎭(1957), -n, -l動名詞의 統辭論的 機能과 發達에 대하여, 『國語硏究』 2.

_____(1968), 高句麗語에 있어서의 t口蓋音化 現象에 對하여, 『李崇寧博士 頌壽紀念論叢』, 乙酉文化社.

_____(1980), 『鄕歌解讀法硏究』, 서울大 出版部.

_____(1983), 訓民正音制字經緯에 대한 새 考察, 『金哲埈先生 回甲紀念史學論叢』, 知識産業社.

金鍾塤(1983), 『韓國固有漢字硏究』, 集文堂.

金亨奎(1947), 三國史記의 地名攷, 『震檀學報』 16.

_____(1959), 『國語史』, 白映社.

南廣祐(1960),『古語辭典』, 東亞出版社.

南豊鉉(1974a), 古代國語의 吏讀表記,『東洋學』4.

_____(1974b), 十三世紀 奴婢文書와 吏讀,『論文集』8, 檀國大.

_____(1975), 漢字借用表記法의 發達,『國文學論集』7・8, 檀國大 國文科.

_____(1976), 國語 否定法의 發達,『文法研究』3.

_____(1977a), 鄕歌와 舊譯仁王經口訣의 '之叱'에 대하여,『언어』2-1.

_____(1977b), 國語 處格助詞의 發達,『李崇寧先生古稀紀念 國語國文學論叢』, 塔出版社.

_____(1978), 訓民正音과 借字表記法과의 관계,『國文學論集』9, 檀國大 國文科.

_____(1979a), 丹陽新羅赤城碑의 語學的 考察,『論文集』13, 檀國大.

_____(1980a), 口訣과 吐,『國語學』9.

_____(1980b), 漢字・漢文의 受容과 借字表記法의 發達,『'80學術大會發表論文』, 韓國精神文化研究院.

_____著(1981),『借字表記法研究』, 檀國大 出版部.

南豊鉉・沈在箕(1976), 舊譯仁王經의 口訣研究(其一),『東洋學』6.

都守熙(1975),『吏讀史研究』, 忠南大 人文科學研究所, 2-6.

_____(1977),『百濟語研究』, 亞細亞文化社.

_____(1984), A Study of Place Names of Paeckche,『朝鮮學報』113.

_____(1985), 백제어의 '己'에 대하여,『새결 박태권선생 회갑기념논총』.

朴炳采(1967), 韓國文字發達史,『韓國文化史大系』V, 高麗大 民族文化研究所.

_____(1968), 古代 三國의 地名語彙攷,『白山學報』5.

方鍾鉉(1963), 鄕藥名研究(遺稿),『一簑國語學論集』, 民衆書館.

徐在克(1975),『新羅鄕歌의 語彙研究』, 啓明大 韓國學研究所.

申采浩(1924a), 朝鮮古來의 文字와 詩歌의 發達, 東亞日報, 1924. 1. 1,『丹齋申采浩全集』(1979) 再錄.

_____(1924b), 古史上 吏讀名詞 解讀法(朝鮮史研究草), 東亞日報, 1924. 10. 20 ~11. 3.

沈在箕(1975), 舊譯仁王經上 口訣에 대하여,『美術資料』18, 國立博物館.

_____(1979), 動名詞의 統辭的 機能에 대하여,『文法研究』4, 塔出版社.

安秉禧(1977a),『中世國語口訣의 研究』, 一志社.

_____(1977b), 養蠶經驗撮要의 牛疫方의 吏讀研究,『東洋學』7.

_____(1983), 吏讀文獻 吏文大師에 대하여,『東方學志』38, 延世大 國學硏究院.

梁柱東(1935), 鄕歌의 解讀-特히 願往生歌에 대하여,『青丘學叢』19.

_____(1942),『朝鮮古歌硏究』, 博文書館.

俞昌均(1960a), 古代地名表記의 聲母體系,『論文集』3, 青丘大.

_____(1960b), 古代地名表記의 母音體系,『語文學』6.

_____(1961), 古代地名表記用字의 韻尾에 대하여,『論文集』4, 青丘大.

_____(1974), 回顧와 展望,『新羅時代의 言語와 文學』, 螢雪出版社.

_____(1980),『朝鮮古代 漢字音의 硏究(Ⅰ)』, 啓明大 出版部.

_____(1983),『朝鮮古代 漢字音의 硏究(Ⅱ)』, 啓明大 出版部.

俞昌均·姜信沆(1961),『國語學史』, 民衆書館.

劉昌惇(1964),『李朝語辭典』延世大 出版部.

李基文(1963), 十三世紀中葉의 國語資料,『東亞文化』1, 서울大 東亞文化硏究所.

_____(1967), 韓國語形成史,『韓國文化史大系Ⅴ』, 高麗大 民族文化硏究所.

_____(1968), 高句麗의 言語와 그 特徵,『白山學報』4.

_____(1970), 新羅語의 福〈童〉에 대하여,『국어국문학』49·50, 국어국문학회.

_____(1971), 語源數題,『金亨奎博士 頌壽紀念論叢』, 一潮閣.

_____(1972a),『國語史槪說(改訂版)』, 塔出版社.

_____(1972b), 漢字의 釋에 관한 硏究,『東亞文化』11.

_____(1974), 衿陽雜錄의 穀名에 대하여,『東洋學』5.

_____(1981), 吏讀의 起源에 대한 一考察,『震檀學報』52.

李德鳳(1963), 鄕藥救急方의 方中鄕藥目硏究,『亞細亞硏究』6-1, 6-2.

李東林(1982), 舊譯仁王經의 口訣解讀을 위하여,『論文集』21, 東國大.

李丙燾(1957), 壬申誓記石에 대하여,『論文集(人文·社會科學)』5, 서울大.

李炳銑(1973), 駕洛國의 國名·王名·姓氏名·人名의 表記와 金海地名攷,『論文集』5, 釜山大.

_____(1982),『韓國 古代 國名·地名硏究』, 螢雪出版社.

李崇寧(1953), 吏讀의 段·矣考,『歷史學報』, 歷史學會.

_____(1955a), 接尾辭 -b/p의 硏究,『震檀學報』17.

_____(1955b), 新羅時代의 表記法 體系에 관한 試論,『論文集(人文·社會科學)』2, 서울大.

_____(1956), 伊伐飡·舒發翰 音韻攷,『李丙燾博士 華甲紀念論叢』, 一潮閣.

李鍾徹(1983),『鄕歌와 萬葉集歌의 表記法 比較研究』, 集文堂.

장세경(1970), 吏讀研究,『論文集』4, 漢陽大.

장지영・장세경(1976),『이두사전』, 정음사.

鄭然粲(1972), 鄕歌解讀一斑,『鄕歌의 語文學的 研究』, 西江大 人文科學研究所.

崔南善(1925), 不咸文化論,『六堂崔南善全集』2, 玄岩社에 再錄.

崔範勳(1977a),『漢字借用表記體系研究』, 東國大 韓國學研究所.

_____(1977b), 高麗時代 借字法研究,『淵民 李家源博士 六秩紀念論叢 및 金聖培
      博士 回甲紀念論叢』.

洪淳鐸(1974),『吏讀研究』, 光文出版社.

管野裕臣(1981), 口訣研究(一),『東京外國語大學論文集』31.

藤井茂利(1981), 推古朝遺文의 文末表記에 쓰인 '之'에 대하여,『鹿兒島大學 薩摩
      路』26.

_____(1982), 上代日本의 補助動詞 '賜・給'의 表記,『論集』17, 鹿兒島大學文
      學科.

小倉進平(1920), 國語 및 朝鮮語를 위하여,『小倉進平博士著作集(京都大學文學
      部)』에 再錄.

_____(1929),『鄕歌 및 吏讀研究』, 上同.

_____(1932),「本草綱目啓蒙」에 引用된 朝鮮動植鑛物名, 上同.

_____(1933),「鄕藥採取月令」및「鄕歌集成方」에 나타난 朝鮮 動植鑛物名 解
      釋補遺, 上同.

小川環樹(1980), 稻荷山 古墳의 鐵劍銘과 太安萬侶의 墓地의 漢文에 있어서의
      Koranism에 대하여,『京都産業大學 國際言語科學研究所 所報』1.3.

鮎貝房之進(1931),『俗文攷 雜攷』, 國書刊行會影印(1972).

_____(1934),『俗文攷』, 上同.

中村完(1976a), 史的名詞 '吏讀'의 槪念과 그 意識에 대하여,『朝鮮學報』78.

_____(1976b), 朝鮮懸吐에 있어서 漢字로 나타난 文法語에 대하여,『言語學論
      叢』15, 東京敎育大學 言語研究會.

中樞院(1936),『校訂大明律直解』.

_____(1937),『吏讀集成』.

築島裕(1981),『假名, 日本語의 世界 5』, 中央公論社.

Shichiro Murayama And Roy Andrew Miller(1979), The Inariyama Tunulus

Sword Inscription, The Journal of Japanese Studies 5-2.

▌『國語學硏究史-흐름과 동향』(고영근 편), 학연사, 1985. 9.
　2014년 1월 6일 校訂.

제2부

中世國語篇

訓民正音의 創制目的
-借字表記法과의 관계를 중심으로-

I. 序言

이 글은 訓民正音이 그 創制 당시까지 쓰여 오던 借字表記法과 文化史的으로 어떤 關係에 있는가를 밝히어 訓民正音創制의 動機와 目的을 考究해 보려는 데서 쓰여진다. 이제까지 正音創制의 動機나 目的에 대하여는 여러 방면에서 논의하여 왔으나, 주로 漢文에만 대립시켜 고구해 왔고 借字表記法과 脈絡을 지어 고구하지를 못하였다. 그리하여 正音을 漢文에만 대립시킨 論議는 正音을 歷史的인 孤兒로 고립시키거나 正音創制의 일면만을 강조하는 獨斷論에 빠지는 결과를 초래했던 것이다.

正音創制 이전 우리의 文字生活은 漢文과 借字表記法에 의하여 영위되어 왔다. 한문의 사용은 中國語에 배경을 둔 文字生活이요, 차자표기법의 사용은 국어에 바탕을 둔 文字生活이었으므로 국어를 표기하는 訓民正音(이하 正音)의 創制 動機나 目的도 이들 중 어느 것과 직접적인 관계가 있을 것인가는 자명해질 수 있는 것이다. 正音創制 이후도 한문은 오히려 더 적극적으로 사용되어 왔고 正音은 그 補助的인 위치에서 사용되어 왔으므로 正音創制의 일차적인 動機나 目的을 차자표기법과 연결하여 고구하여야만 그 정당한 사실이 밝혀질 수 있을 것이다. 正音創制의 學問的 背景은 性理學이라는 사실은 이미 알려진 지 오래다.

그러나 借字表記法의 배경이 무엇인지는 아직 고구된 바가 없다. 正音創制의 學問的 背景이 性理學의 한 분야로서 합류된 聲韻學을 韓國化하는 데서 창제된 것이라면 借字表記法의 學問的 背景이 무엇인가에 대하여는 아직 아무도 고구하지를 못하였다. 正音의 배경이 性理學이었다면 차자표기법은 訓詁學과 唐의 經學을 수용하는 과정에서 발달한 것으로 생각되는 것이다. 이러한 學問的 背景의 차이로 두 表記體系에도 顯著한 차이가 생긴 것으로 생각된다.

여기서 借字表記法과 正音을 개괄적으로 비교하면 다음과 같다.

1. 借字表記法은 漢字의 表意性과 表音性 양면을 이용한 것이기 때문에 같은 글자라 하더라도 訓讀과 音讀으로 갈려 달리 읽힐 수가 있지만 正音은 반드시 1字 1音으로 읽힌다.

2. 借字表記法은 원칙적으로 音節 이상의 單位, 즉 音節이나 單語를 表記한 것이기 때문에 그 文字의 수가 일정하게 한정되어 있지 않지만 正音은 28字의 音素文字로 짜여 져 있다.

3. 借字表記法은 表記體系의 불완전성과 文語의 保守性으로 말미암아 현실언어를 완전히 표기할 수 없었으나, 正音은 현실언어를 배경으로 하여 새로 창제된 文字體系로서 국어를 자유자재로 표기할 수가 있었다.

4. 借字表記法은 漢文을 배경으로 발달하고 또 그에 의존해야만 習得할 수 있고 읽을 수가 있는 것이다. 따라서 國語의 言語能力 이외에 漢文과 漢字에 대한 어느 정도의 능력을 갖추어야만 사용할 수가 있지만 正音은 國語의 言語能力만 가지고 習得하여 사용할 수 있는 것이다.

이러한 차이는 이 兩者 사이에 表記法上 系統的 共通點이 없음을 말하는 것이다. 같은 언어를 표기하는 수단이 前代와 後代의 表記體系 사이에 상호 계통이 닿지 않는 것은 다른 歷史的인 理由도 있겠지만 이들 表記法을 創案한 學問的 背景이 다른 것이 중요한 요인이 될 것이다.

그러나 借字表記法이 사용되어 온 範圍와 正音이 創制된 후 사용되던 範圍를 대조할 때, 또 訓民正音의 御製序文이나 鄭麟趾의 序文 등을 검토할 때 正音이 借字表記法으로 수행되던 文化的 內容을 그대로 收容하여

文字生活을 圓滑히 할 수 있도록 창제된 것임을 발견하게 된다. 이 글에서는 正音創制 前後의 資料들을 가지고 이러한 사실을 구체적으로 고구하여 보고자 하는 것이다.

Ⅱ. 訓民正音의 創制目的

正音의 創制目的에 대하여는 그 보는 각도에 따라 異說들이 제기될 수 있으나 그 創制目的을 구체적으로 밝힌 것은 『訓民正音解例本』의 鄭麟趾 序文에 가장 잘 나타나 있다. 그 創制目的을 밝힌 글을 편의상 몇 개의 단락으로 나누어 열거하고 고구해 보기로 한다.

(1) 吾東方禮樂文章 侔擬華夏. 但方言俚語 不與之同. 學書者患其旨趣之難曉 治獄者病其曲折之難通.

(2) 昔新羅薛聰 始作吏讀 官府民間 至今行之. 然皆假字而用 或澁或窒 非但鄙陋無稽而已 至於言語之間 則不能達其萬一焉.

(3) 癸亥冬 我殿下創制正音二十八字 略揭例義以示之 名曰訓民正音. 象形而字倣古篆 因聲而音叶七調 三極之義 二氣之妙 莫不該括. 以二十八字而轉換無窮 簡而要 精而通 故智者不終朝而會 愚者可浹旬而學.

(a) 以是解書 可以知其義

(b) 以是聽訟 可以得其情.

(c) 字韻則淸濁之能辨

(d) 樂歌則律呂之克諧

(e) 無所用而不備 無所往而不達. 雖風聲鶴唳 雞鳴狗吠 皆可得而書矣.

(1)에서는 우리말과 中國語가 달라서 漢文만으로서는 學問과 治獄에 불편이 있음을 말함으로써 우리말을 표기할 文字의 必要性이 있음을 말한 것이다. 여기서는 漢文이 어려워서 이를 代置하기 위한 방편으로 正

音을 創制한다기보다는 오히려 그 학습을 보조하기 위하여 正音이 필요하다는 뜻을 비치고 있다.

(2)에서는 (1)에서 제기한 문제점을 덜기 위한 수단으로 薛聰이 吏讀를 지었으나 그것이 불완전한 것임을 들어 (3)에서 正音을 創制해야 할 필요성을 말하는 논거를 삼고 있다. 여기서 말하는 吏讀는 '廣義의 吏讀'여서 『大明律直解』에서 말하는 '方言文字'에 해당하는 것이다.[1] 즉 借字表記 전반을 가르치는 것이다.

(2)와 (3)은 서로 對立되는 內容을 담은 것이어서 正音이 吏讀(借字表記)를 대체하기 위한 것임을 말하고 있다. 이들을 條目別로 對比해 보면 다음과 같다.

1. 吏讀는 薛聰이 지었으나 正音은 君上인 世宗이 지었다.
2. 吏讀는 借字하여 사용하는 것이지만 正音은 象形而字倣古篆한 것이다.
3. 吏讀는 表記能力이 或澁或窒한 것인데 正音은 因聲而音叶七調하는 調和를 이룬 것이다.
4. 吏讀는 學問的 背景이 卑陋無稽한 것이지만 正音은 三極之義와 二氣之妙를 該括하고 있다.
5. 吏讀는 言語表記에 있어 萬의 一도 표기해 낼 수 없지만 正音은 28자뿐인데도 轉換無窮하고 簡而要·精而通하여 배우기가 쉬우므로 다음에 말하는 일을 할 수 있을 뿐만 아니라 必要한 것은 무엇이든지 적을 수 있으며 바람소리, 짐승 새의 울음소리까지 모두 表記할 수가 있다.

이와 같이 正音의 優秀性을 설명하기 위하여 吏讀와 대비시켜 말한 것

---

1 鄭麟趾序文은 많은 내용을 압축하여 넣은 것이기 때문에 그 用語들을 狹義로 解釋하면 그 意圖가 正確하게 파악되지 않는다. 여기서 말하는 吏讀는 口訣 鄕札 등 借字表記 全般을 代表하는 用語로 보아야 한다.

은 吏讀(借字表記)로서 표기되던 文化的인 內容을 보다 편리한 表記法으로 대체하기 위하여 正音을 創制한 것임을 말한다.

이러한 사실은 崔萬理 등의 反對上疏에 대한 世宗의 答辨에서도 확인할 수가 있다. 즉 反對上疏文 3항에서 薛聰의 吏讀가 비록 鄙俚하지만 漢字와는 본래 동떨어진 것이 아니기 때문에 역시 興學의 한 도움이 된다고 하였고 제4항에서는 刑獄의 平·不平은 獄吏의 如何에 달린 것이므로 刑殺獄辭를 吏讀나 漢字로 쓰는 대신에 諺文으로 쓴다고 하여 나을 것이 없다고 하였다. 이에 대하여 世宗이 吏讀를 만든 본의가 백성을 편안케 하려는 데 있다면 諺文도 백성을 편안케 하려는 데 本意가 있는 점에서는 다를 것이 없다고 한 반박과 內容上 일치하는 것이다.

鄭麟趾의 序文은 正音創制를 둘러싼 論爭에서 崔萬理 등의 反對上疏에 대한 反論의 性格을 띠고 있기도 한 것이다. 따라서 당시 正音創制의 目的은 이 두 글에 가장 잘 반영되고 있는데 爭點의 핵심이 正音과 吏讀 중 어느 것이 더 學問과 實用에 기여할 수 있는가에 집중된 것으로 보아서도 正音이 吏讀를 代替하기 위하여 創制된 것임을 알 수가 있다. 따라서 御製序文의 '國之語音異乎中國 與文字不相流通' 이하의 내용도 漢文을 代替하기 위하여 正音을 創制한다는 내용을 밝히고자 한 것이 아니라 단순히 漢文을 모르는 백성들에게 自己意思를 표기할 수 있는 수단을 제공하기 위하여 創制한다는 내용을 밝히고자 한 것이다. 이것은 과거 吏讀로서 이미 수행되어 오던 표기법의 전통을 계승하는 것임을 말한다.

Ⅲ. 正音과 借字表記法의 實用

앞에 든 鄭麟趾 序文에서 (3)의 (a), (b), (c), (d)는 정음 창제의 목적을 구체적으로 밝힌 것이다. 正音은 우리말을 표기할 수 있는 모든 능력을 갖추고 있어서 우리 국어로 표현할 수 있는 모든 文化的인 內容을 기록할 수 있는 것이지만 創制 당시에 생각하고 있던 正音 창제의 구체적인 목적은 時代的인 制約을 받아 이 네 개의 항목에 한정되어 있었던 것이다. (e)는 위에 제시한 구체적인 네 항목의 용도 이외에도 앞으로 나타날 수 있는 모든 文字生活에 이용할 수 있는 可能性을 말한 것이지만 추상적인 것이어서 그 具體性을 찾기가 어렵다.

이제 (e) 항을 제외한 네 항목을 그 항목별로 正音創制 전후에 있었던 사실들을 가지고 考究해 보기로 한다.

　(3)a. 以是解書 可以知其義

(3a)는 正音으로 書冊을 풀이하면 그 뜻을 쉽게 알 수 있다는 뜻이다. '以是解書'는 正音을 諺文이라고도 했으므로 '以諺文 解書'가 되어 곧 諺解라는 뜻이다. 그러나 '諺解'라는 말은 解書의 一種일 뿐 이 句節이 諺解에만 국한시킨 것은 아니다. '解'는 註解, 直解 등의 解이고 三國遺事의 薛聰이 '訓解六經文學'했다고 한 訓解의 解이다. 中國의 直解나 註解는 그들의 言語를 表記한 漢文으로 쓰기 때문에 우리나라에서도 그 方法을 그대로 답습하는 경우도 있지만 우리의 諺解, 直解, 訓解에 쓰인 '解'는 주로 漢文을 우리말로 解釋한다는 뜻으로 쓴 것이다. '書'는 이 당시로서는 漢書를 가리키는 것으로 보아야 한다. 이 漢書는 經·史類와 같이 純粹學問이나 敎養을 위한 것과 律書, 醫書, 兵書, 農書 등과 같이 실용을 위한 書籍들로 나누어 생각해 볼 수 있다.

正音創制 이전 우리 先人들의 解書 方法으로는 口訣과 飜譯이 있었다. 正音 이전의 口訣은 두 종류가 있으니 그 하나는 順讀口訣이요, 다른 하나는 釋讀口訣이다.[2] 順讀口訣은 正音 이전의 資料가 佛家의 것은 최근에 와서 알려졌고 儒家의 것은 전하는 것이 없으나 鄭夢周의 詩經 口訣이

---

2 口訣의 槪念은 南豊鉉·沈在箕(1976), 舊譯仁王經口訣硏究(其一), 『東洋學』 6집, 註 17을 보라.

있었다는 世祖때의 기록으로 보아[3] 高麗末에 이미 있었던 것이 확실하다. 釋讀口訣은 최근에 알려진『舊譯仁王經』의 口訣과 같은 것을 말함인데 漢文에 吐를 달아서 우리말로 새겨서 읽도록 된 口訣이다. 이 釋讀口訣은 13세기 중엽까지의 자료가 전하고 있고 그 이후는 順讀口訣만이 전한다. 飜譯은『大明律直解』,『養蠶經驗撮要』등과 같이 漢文을 吏讀로 풀이한 것이 있었다. 이들은 주로 실용적인 漢書들인데 正音創制 후에는『牛馬羊猪染疫病治療方』과 같이 過去의 慣習대로 吏讀로 飜譯되는 경우도 있으나 諺解되는 경우가 더 많아지게 되었다.

正音創制 이전의 解書方法은 正音創制 후에 口訣과 諺解로 이어진다. 順讀口訣은 오히려 더 活氣를 띠었으나 釋讀口訣은 衰退하고 그 전통을 諺解에 물려준다. 釋讀口訣의 흔적이 佛經類에 남아 있기는 하지만 舊譯仁王經 口訣에서와 같이 一貫性 있고 整然하게 表記되지 않는 것이 이를 말해 준다.

解書의 수단의 하나인 諺解라는 용어는 15세기에는 文獻上 나타나지 않고 16세기 문헌에서부터 나타난다고 한다. 15세기 자료에서는 題簽에 쓰인 경우도 있으나, 文獻上으로는 飜譯, 諺解, 飜書, 反譯, 諺釋, 諺譯 등의 용어로 나타나고 諺解라는 용어가 印刷上 나타난 것이 없다고 한다.[4] 그러나 '以是(諺文) 解書'는 곧 諺解라는 말로 줄일 수가 있는 것이어서 諺解라는 개념은 正音創制와 더불어 생겨난 것이라고 보아야 할 것이다.

諺解에는 正音 이전의 釋讀口訣과 飜譯이 合流되어 들어갔다. 특히 世祖朝의 佛經諺解는 釋讀口訣의 방법을 계승한 것으로 보인다. 이들 諺解는 축자적인 解釋으로 되어 있는데 이것은 그 順讀口訣을 결정한 다음 그 吐에 따라서 句節構成素들을 우리말로 옮긴 것이다. 順讀口訣은 釋讀

---

3 今禮曹 廣求本國先儒所定四書五經口訣與鄭夢周詩口訣.(『世祖實錄』卷37, 24a)

4 cf. 安秉禧(1976), 口訣과 漢文訓讀에 대하여,『震檀學報』41, 154면.

을 바탕으로 하여 결정되는 것이므로 그 吐에 따라 釋讀하는 형식을 취한 諺解는 곧 釋讀口訣의 내용과 일치하는 것이다. 16세기에 諺解된 것이기는 하지만 현재 우리가 볼 수 있는 儒家經典의 諺解에서 逐字的인 해석을 한 것도 이러한 전통을 이어받은 것으로 보아야 한다.

이러한 經書類의 諺解는 一字一句를 聖人의 말씀으로 여기게 되어 철학적인 깊이를 가지고 새기게 되므로 임의로 加減을 할 수 없는 것이다. 그러나 『釋譜詳節』과 같이 대중을 敎化하거나 醫書들과 같이 실용적인 目的으로 편찬된 諺解는 반드시 逐字的인 解釋을 하지는 않는다. 理解의 容易性이나 實用的 價値로 보아서 加減을 필요로 하는 것은 原文을 떠나서 補充 削除를 하는 경우가 흔히 있는 것이다. 이러한 언해들은 經書諺解類가 반드시 吐와 함께 印刷되는 것과는 對照的으로 吐가 없이 刊行되는 것이 원칙이다. 또 이러한 漢書들의 口訣에 대해서는 國家的인 次元에서 그 決定與否를 가지고 논란하지도 않았다. 그러나 經書類의 口訣은 그 결정을 위하여 많은 논란을 거치고도 어느 하나로 결정하기를 주저하는 愼重性을 보인다.

(3a)는 본래 同序文 (1)에서 말한 '學書者 患其旨趣之難曉'의 문제를 정음으로 해결할 수 있음을 밝힌 것이다. 이것은 崔萬理 등의 上疏文(『世宗實錄』 卷103, 20a)에서 吏讀가 비록 鄙俚하기는 하지만 吏讀로 인해서 漢文·漢字를 알게 되는 자가 많으므로 興學의 一助가 된다고 하면서 正音創制를 반대한 데[5] 대한 答辨이기도 한 것이다. 따라서 解書의 方便인 口訣과 諺解는 興學과 직접적인 관계를 맺고 있는 것이다. 이 가운데서도 구결은 대중을 상대로 하는 것이 아니라 知識層을 상대로 하는 것이기 때문에 대중을 상대로 하는 언해보다도 興學과의 關係가 보다 直接的

---

5 新羅薛聰吏讀 雖爲鄙俚. 然皆借中國通行之字 施於語助 與文字元不相離. 故雖至胥吏僕隷之徒 必欲習之. 先讀數書 粗知文字 然後乃用吏讀. 用吏讀者 須憑文字 乃能達意 故因吏讀而知文字者頗多 亦興學之一助也.

인 것이다. 朝鮮王朝는 建國理念의 基盤을 儒教에 두고 있기 때문에 佛經의 口訣에 대한 論議는 實錄에 언급되고 있지 않지만 儒教의 經典에 대한 口訣 論議는 오랜 동안 激論이 있었음을 보여주고 있다.

이 論難에서는 保守派와 進就派가 있어 일찍부터 대립하여 온 것으로 나타난다. 이를 보여주는 初期記錄은 世宗 10年 閏 4月에 世宗이 卞季良, 孟思誠과 나눈 대화에 나타나고 있다. 世宗이 卞季良에게

> 전에 太宗이 權近에게 五經의 吐를 지으라고 命했을 때 權近이 辭讓하다 못하여 詩·書·易의 吐만은 지었으나 禮記와 四書는 吐가 없다. 後學들이 혹 그 참뜻을 모르고 諸生들을 가르칠까 염려가 된다. 만약 이 吐에 따라서 가르친다면 어찌 유익하지 않겠는가.

하고 口訣(吐)의 決定이 현실적으로 중요함을 말하자 卞季良이 대답하기를

> 權近도 오히려 辭讓했는데 하물며 小臣이 하겠습니까? 四書는 臣이 어렸을 때 배웠습니다만, 禮記는 본래 배우지 못하였습니다. 또 禮記는 글에 瑣屑이 많은데다가 뜻 역시 곁으로 通하는 일이 있으므로 하나로 정하는 것이 不可합니다. 先儒 역시 이르기를 禮記는 漢儒가 灰盡되고 남은 것을 주어 모은 것이므로 未詳한 말이 많다고 하였으니 考定하기가 어려울 듯합니다.[6]

---

6 上語 卞季良曰 昔太宗命權近 著五經吐(凡讀書以諺語 節句讀者 俗謂之吐). 近讓之不得 遂著詩書易吐 唯禮記四書無之. 予慮後學 或失本意 以訓諸生. 若因此而教 豈不有益. 季良 對曰 近尙讓之 況小臣乎. 四書 臣於幼時學之 禮記則本不學. 且禮記文多瑣屑 而意亦旁通 不可執一以定. 先儒亦言 禮記 漢儒摭拾煨燼之餘 語多未詳 似難考定. 上曰 然.(『世宗實錄』卷40, 14a~b)

라 하였다. 여기서 當時의 大家들도 口訣을 정하는 데에 얼마나 愼重을 期했는가를 알 수 있으며, 같은 句節이라도 견해에 따라 달리 풀이할 수가 있는데 어느 하나로 정해야만 하는 데에 그 어려움이 있음도 알 수가 있다. 더욱이 이것은 國家的 次元에서 하는 것이기 때문에 단순히 개인의 의견에서 끝나지 않는 責任感도 강하게 작용하였을 것이다. 이러한 어려움 때문에 保守派와 進就派가 생겼던 것이 아닌가 한다. 卞季良의 말 다음에 右議政 孟思誠이

吐가 있으면 學者들이 着力해서 硏究하지 않을까 두렵습니다.

라고 하여 保守的인 態度를 보이는 데 대하여 世宗은

程·朱 역시 學者들이 經書의 奧旨에 未達할 것을 念慮한 까닭에 註解를 붙여 알기 쉽도록 하지 않았는가. 外方의 敎導들이 이 吐를 가지고 가르친다면 어찌 補裨됨이 없겠는가.[7]

라 하여 現實的으로 吐가 필요함을 力說하고 있다. 孟思誠의 保守的인 態度에 대하여 世宗이 進就的인 態度를 보여 준 것이다. 이러한 두 견해가 正音創制時까지 이어져서 崔萬理 등의 反對上疏文에 나타나고 있다. 反對上疏 第3項 끝에

厭舊喜新은 古今의 通患입니다. 이제 이 諺文은 新奇一藝에 지나지 않을 뿐이니 學問하는 데 損이 있고 治道에도 益이 없는 것입니다.[8]

---

7 右議政孟思誠曰 有吐 則臣恐學者不着力研究. 上曰 程朱亦慮 學者未達經書奧旨 故著註解 令其易知. 外方教導 若因此誨人 則豈無補乎.(上同)
8 厭舊喜新 古今通患. 今此諺文不過新奇一藝耳. 於學有損 於治無益. 反覆籌之 未見其可也.(『世宗實錄』卷103, 20b)

라 한 것은 正音이 興學과의 깊은 관계에서 논의되어 왔음을 보여 줄 뿐더러 保守的인 態度의 강경한 자세를 보여 준 것이다. 이에 대해서 世宗이 그 답변에서 특히 '厭舊喜新'이니 '新奇一藝'라 한 용어를 문제로 삼은 것을 보면 世宗의 興學에 대한 進就的 態度에 대하여 保守的 態度則이 曲解를 한 것에 감정이 상했었던 것으로 보인다. 正音과 興學과의 관계는 解書에 있고 解書의 手段은 口訣과 諺解에 있는 것인데 諺解는 口訣에 부수되는 면에서 興學에 관계되는 것이니 이 興學論爭은 世宗과 孟思誠의 대화에 직접 연결되는 것이다.

口訣을 興學의 도구로서 보다더 구체화시킨 것은 世祖이다. 世祖 11年 9月에는 鄭自英, 兪希益, 韓繼禧, 盧思愼, 姜希孟들로 하여금 周易口訣을 밤늦도록 論難케 하였고[9] 同 10月에는 世祖가 親히 程傳에 근거하여 御定 周易口訣을 만들었다.[10] 그리고 이것을 14年 昇遐할 때까지 權近의 口訣과 對照하여 그 安當性을 殿講日 때마다 諸臣들을 左右로 나누어 相互 論辨을 하도록 한 바 있다.[11]

이와 함께 世祖는 諸經書와 小學, 그리고 兵書의 口訣까지도 논의하고 또 새로이 짓거나 校正하도록 하였는데 이와 같은 사업은 興學에 그 목적이 있었던 것임을 世祖의 말에서 찾아 볼 수 있다. 世祖 11年 10月 丘從直과 鄭自英으로 하여금 易理를 論하게 하였던 바 양인의 爭難이 終日토록 결정나지 않는 것을 보고 즐거워하였다는 기록 다음에 世祖가 말하기를 '이 兩人이 學問을 참으로 안다고 하는 것은 아니다. 古人이 黃金으

---

9 庚午 … 夕 御不顯閣. 召成均司藝鄭自英 直講兪希益 吏曹判書韓繼禧 戶曹判書盧思愼 吏曹參判姜希孟 論周易口訣. 夜分乃罷.(『世祖實錄』 卷37, 9b)

辛未 … 上謂恒曰 昨與鄭自英 兪希益等 講論易理 夜深乃罷 其理無窮. 今在列朝臣 誰知易理者 其錄名 以啓.(上同 10a)

10 予觀易傳 程傳甚通 朱傳或礙 朱不及程大遠. 予故以程傳定口訣 使人將御定口訣 互相論辨.(『世祖實錄』 卷37, 12a)

11 御定周易口訣 與先儒陽村權近口訣 異處粘標 分授左右 每於殿講日 論難是非.(『世祖實錄』 卷37, 13a)

로 死馬를 산 것과 같이 이들을 이와 같이 대접하는 것은 千馬가 오기를 기다리는 것이다'라고 한 記錄이 있다.[12] 또 同年 11월에는 전에는 兼藝文 者들이 經書를 講할 때 未通者가 많았는데 이제는 모두 易理에 精通했으 니 이는 내가 勉勵한 공이라고 自讚한 기록도 있어[13] 이러한 口訣論爭을 일으킨 本意가 興學에 있었음을 알 수 있다.

이 口訣 論議 때에도 世宗時의 保守的 態度와 進就的 態度의 論難에 대한 기억이 남아 있었던 것으로 보이는데, 鄭自英이 權近의 口訣이 安當 함을 固執하자 安孝禮가 말하길 '이제 聖訓(世祖의 口訣)에 힘입어 發蒙 이 되었거늘 어찌 去舊就新하지 않느냐. 古人이 이르기를 神道이면 어찌 三年을 기다리느냐라 하였다. 父子之間에도 그렇거늘 하물며 師弟之間에 있어서랴'[14]하고 반박한 記錄이 있다. 이 속에는 弄調가 들어 있어 신중 한 발언으로는 볼 수 없는 것이다. 그러나 이러한 弄調 속에서 '世宗 - 正音 - 崔萬理'로 이어지는 線과 '世祖 - 御定口訣 - 鄭自英'으로 이어지는 線을 생각해 볼 수가 있다. 따라서 이 발언은 世祖가 世宗의 뜻을 받들어 進就的 態度에 입각해서 興學의 분위기를 조성하려고 한 의도를 당시인 들이 의식하고 있는 분위기를 파악하고서 한 말임을 알 수 있다.

여기서 正音이 과연 經書의 口訣에 사용되어 興學에 기여했는가가 문 제이다. 口訣에는 口訣의 略體字가 쓰이는 것이 일반이기 때문이다. 佛 經에서는 현존하는 刊經都監本들이 있어 분명히 正音으로 표기된 것을 알 수 있지만 興學에 직접 관계된 이 당시 儒經의 口訣은 현재 확인된

---

12 上數使從直自英論理. 數兩人各執所見 互相爭難 終日不決. 上樂之 稍存恩數以待之. 嘗日予非謂兩人眞知學問也 古人以黃金買死馬 彼兩人 皆儒家之老 吾所以接之如此者 欲待 千馬來爾.(『世祖實錄』卷37, 12b)

13 傳曰 曩者 兼藝文等 講經書 多有未通者. 今則皆能精於易理. 是皆我勉勵之功也.(『世 祖實錄』卷37, 20b)

14 自英恚曰 汝等所言雖是 而於吾耳甚非. 且吾早學陽村 其說與程氏合 故心以爲是. … 孝禮曰 陽村之說 豈盡爲是. 博士先生初受俗學. 今賴聖訓 旣已發蒙. 何不去舊就新. 古人 云 如其非道 何待三年. 子之於父尙然 況於師弟之間乎.(『世祖實錄』卷47, 13a)

자료가 없기 때문이다. 그러나 世祖의 御定口訣은 그가 지은 圓覺經의 口訣이 正音으로 표기된 것으로 보아 正音表記일 가능성이 많고 또 文宗 이 그 即位年에 正音으로『大學衍義』에다 語助를 써서 宗室 가운데 文理 가 통하지 못한 이들을 가르치려 했다는 사실로 보아도[15] 正音이 儒家의 經典에 분명히 사용되었음을 알 수 있다.

이 밖에 解書의 수단으로 口訣과 諺解가 아닌 양식으로 正音이 사용된 15세기의 예가 있다. 그것은 杜詩諺解 註釋文으로 漢文句와 正音을 혼용 한 문체이다. 이것이 借字表記로 기록되던 전통을 이은 것인지는 그 文 章表現樣式이 口訣이나 吏讀文에 비견되는 것으로 보아 그 解書方法의 하나였음을 의심할 수 없게 하는 것이다.

(3)b. 以是聽訟 可以得其情

(3b)는 글자대로만 풀이하면 '訓民正音으로 聽訟을 들으면 그 情實을 바르게 알 수 있다'는 뜻이다. 이를 글자대로만 보면 下情上達만을 말한 것이 되나, 실제로는 上旨下達까지도 포함하여 종래 吏讀로 써오던 모든 實用文을 正音으로 대체할 수 있음을 밝힌 것이다. 이 사실은 崔萬理 등 의 反對上疏에 잘 나타나 있다. 즉 吏讀가 벌써 行用된 지 수천 년에 簿 書期會 등과 같은 일에 防碍됨이 없었는데 무슨 일로 예부터 行用해 오 는 폐단이 없는 文字를 고치어 鄙諺無益한 文字를 만드느냐고 반대한 것 을 보면 吏讀로 써오던 簿書期會의 실용문을 正音으로 대체하려고 한 論 議가 있어 왔음을 알 수 있다.[16] 또 같은 上疏文에 刑殺獄辭 같은 것을 吏讀와 漢文字로 쓰면 文理를 알지 못하는 愚民들이 한 자의 差異로 혹

---

15 輪對御經筵 始講大學衍義. 上在東宮 命書筵官. 將大學衍義 以諺字書語助. 欲教宗室 之未通文理者.(『文宗實錄』卷5, 13)

16 而況吏讀行之數千年 而簿書期會等事 無有防礎者. 何用改舊行無弊之文 別創鄙諺無 益之字乎.(反對上疏 第3項)

冤을 품게 되지만 이제 諺文으로 써서 들려주면 비록 지극히 어리석은 백성이라도 모두 쉽게 깨달아서 억울하게 굴복되는 일이 없을 것이라고[17] 世宗이 말한 바 있다 하고 그에 대하여 反論을 편 것을 보면 世宗이 刑殺獄辭를 吏讀 대신 正音으로 쓰고자 했던 사실이 있었음도 알 수 있다. 이와 같이 吏讀를 正音으로 대체하기 위하여 世宗은 吏輩 十餘人을 모아 訓習까지 시켰던 것이다.[18] 崔萬理 등의 反對上疏에 대해서도 그 답변에서

　吏讀를 制作한 本意가 便民을 위한 것이 아닌가. 吏讀가 便民을 위한 것이라면 諺文도 便民을 위한 것이 아닌가. 너희들이 薛聰만을 옳다 하고 君上인 내가 하는 일은 그르다고 함은 어찌 된 일인가.[19]

라고 하여 吏讀를 正音으로 교체하려는 의도가 강력하였었음을 보여 주고 있다.

　그러나 당시로서는 正音으로써 吏讀를 代替하려고 하였던 의도가 있었음이 분명하지만 吏讀는 그 후에도 朝鮮朝 말까지 끊이지 않고 사용되어 왔던 것이다. 正音頒布 後 正音이 實用文에 사용된 實例는 자료가 제한되어 있어 어느 범위에서 얼마만큼 사용되었는지를 알 수 없으나『實錄』에 나타난 자료들을 보면 吏讀를 正音으로 대체하기 위한 積極的인 施行이 있었던 것 같지는 않다.

　正音이 頒布된 다음 달에 世宗이 臺諫들의 罪를 正音으로 써서 義禁府와 承政院에 보낸 것이 여러 장이나 되었다는 記錄으로 보아[20] 世宗이

　17 若曰 如刑殺獄辭 以吏讀文字書之 則不知文理之愚民 一字之差 容或致冤. 今以諺文 直書其言 讀使聽之 則雖至愚之人 悉皆易曉 而無抱掘者.(同上 第4項)
　18 今不博採群議 驟令吏輩十餘人 訓習.(同上 第5項)
　19 薛聰吏讀亦非異音乎. 且吏讀制作之本意 無乃爲其便民乎. 如其便民也 則今之諺文亦 不爲便民乎. 汝等以薛聰爲是 而非其君上之事 何哉.(『世宗實錄』卷103, 21a)

正音을 실무에 사용하였음을 알 수 있다.[21] 또 같은 해의 12月에는 吏科와 吏典의 人材를 뽑을 때 正音으로 시험을 보이라는 傳旨가 있었던 것으로 보아[22] 그 보급에 힘썼음도 알 수 있다. 世宗 31년 10월에는 領議政河演을 비방하는 壁上書가 正音으로 쓰여졌던 사실이 있고[23] 또 中宗 때의 記錄이기는 하지만 世宗 때 憲府門扉에 '脫汝之腮皮 作履而著之乎'라는 내용의 諺書가 貼付되었었다는 金光弼의 발언이 있다.[24]

이러한 기록들은 正音 이전 같으면 吏讀로 표기될 성질의 것이나, 이 정도의 사실을 가지고 世宗朝에 吏讀가 담당해 오던 簿書期會의 모든 實用文을 正音으로 대체하려고 했다고 볼 수는 없다. 吏讀를 正音으로 대체하기에는 正音 頒布 이후 世宗의 在位 기간이 너무도 짧았다. 頒布 후 불과 3年 동안에 土俗에서 生知習熟한 吏讀를 正音으로 대체하기에는 正音의 普及 자체가 전국적으로 미치지도 못하였을 것이다. 또 吏讀文에 사용되는 용어들은 漢字에 의지하여 理解되는 것이기 때문에 正音으로만 표기한다고 하여 愚民들이 이해할 성질의 것도 아니다. 여기에다 당시의 지식인들은 正音의 價値를 부정적으로 보는 경향이었기 때문에 世宗도 이보다 더 積極的으로 추진할 수는 없었을 것이다.

---

20 甲辰 上數臺諫之罪 以諺文書之. 命宦官金得祥 示諸義禁府承政院.(『世宗實錄』 卷114, 12a)

　　首陽大君傳上旨曰 爾等之言是矣. 然爾等不知予心. 乃以諭義禁府 諺文書示之曰 所犯如此其不罪乎.(上同)

　　丁未 右議政河演 右贊成金宗瑞 左參贊鄭苯啓. 臣等以爲憲府所啓之意美矣. 請賜優容. 命首陽大君 持數臺諫之罪諺文書數張. 示之曰 卿等未知予意而來 若詳觀此書 則可知矣.(『世宗實錄』 卷114, 13b)

21 이것은 單純히 正音을 實務에 사용했다는 데 그치는 것이 아니라 正音使用의 示範도 보이고 그 普及도 꾀한 것으로 볼 수 있다. 崔萬理等의 反對上疏文의 第4項에 나타난 世宗의 원래의 意圖를 실천해 보이려는 意圖도 강력히 나타나 있다.

22 傳旨吏曹. 今後吏科及吏典取才時 訓民正音 幷令試取. 雖不通義理 能合字者 取之.(『世宗實錄』 卷114, 28b)

23 人有以諺字 書壁上曰 河政丞且休妄公事.(『世宗實錄』 卷126, 2a)

24 光弼曰 … 世宗朝 許誠之奢靡 法司乃禁之. 以諺書貼于憲府門扉. 其書曰 脫汝之腮皮 作履而著之乎. 何爲至此甚耶.(『中宗實錄』 卷26, 6b)

世宗 이후의 歷代王들은 世宗에 대등할 만큼 正音에 대한 理想을 갖지 못하였던 것으로 보인다.

文宗 元年 11月에는 讓寧大君이 '金敬哉를 그 딸을 出嫁시키게 하기 위하여 上京토록 해 달라'는 請을 諺書短簡으로 啓請한 일이 있고[25] 端宗 元年에는 惠嬪이 諺文으로서 永豊君家로 移入하기를 啓請하였다는 기록이 있다.[26] 이러한 書信은 오늘날 우리가 볼 수 있는 告目類가 吏讀文으로 된 書信임을 감안할 때 正音 이전에는 吏讀로 記錄될 성질의 것이기는 하나 行政의 實用文이라기보다는 私信의 性格을 띠는 것이다. 이러한 私信類에는 正音의 品位를 추락시킨 경우도 있다. 즉 端宗 元年 4·5 兩日間에 房子들이 別監과 潛通하기 위하여 諺文으로 私信을 보낸 사건들이 義禁府의 啓達로써 問題되었던 것이 그것이다.[27] 이것은 事件도 事件이려니와 正音의 입장에서 보면 正音을 부정적으로 보도록 하는 한 요인이었음을 말해 준다.

成宗 때에 이르면 正音이 널리 普及되었고 그 實用文으로서 사용되는 범위도 윤곽이 잡혀 가고 있음을 볼 수 있다.

成宗 16년 7월에 時政에 대한 弘文館의 논박을 받은 諸臣들이 사퇴코자 啓請하였을 때 成宗은 政府를 소집하여 자기의 見解를 諺書로 보였다는 기록이 있다.[28] 이것은 世宗 28년 10월에 王이 臺諫들의 罪를 正音으

---

25 讓寧大君禔 以諺文書短簡 以啓. 其意則請使金敬哉上京 嫁其女子也. 下政府 議之. (『文宗實錄』卷10, 24b)

26 丁未 星原尉李正寧妻淑惠翁主 遣宦堅啓曰 母昭惠宮主 以病 出在疾病家 請入侍病. 惠嬪亦以諺文 啓請移入永豊君家(『魯山君日記』卷6, 6b)

27 侍女等 有留壽康宮者. 一侍女 以諺文 書阿之安否 送于惠嬪. 惠嬪達于內 下諺文于承政院. 其辭云 卯丹言 房子 者今 重非 加知等 欲通別監. 卽召議政府舍人 李禮長 議于堂上. (『魯山君日記』卷6, 1a)

辛丑 義禁府知事李不敏 將堂上議 啓曰 房子重非言 … 其後 與者今·加知等 會于侍女月桂房 請以諺文 寫書信 送于富貴云. 前日所諾筆 何不送乎. 如今空闕寂寞 可得相見乎. 者今 於某人 加知於某人 皆有書信 … (『魯山君日記』卷6, 5b)

28 命召政府 更示弘文館之疏 及沈澮等議. 又以諺書 示之曰 三公三孤 以弘文館之疏 而闔府辭職. 予甚驚駭. 以予之不善政事 多誤萬民 未受其澤 非宰相之罪也. …(『成宗實錄』卷

로 표기하여 臣下들에게 보였다는 記錄과 脈絡이 닿는 것이니 曲盡한 의사를 下達하기 위하여는 正音을 사용한다는 것이 傳統化되어 간 것으로 볼 수 있다.

일반적으로 婦女子들을 상대로 하는 實用文에서는 正音을 사용하고 있다. 婦女子들과 직접 意思疏通을 하기 위한 경우뿐만 아니라, 그들을 대상으로 朝廷에서 論議를 할 때도 正音을 사용하고 있다. 成宗 8년 3월 王이 廢妃論을 제기할 때도 正音으로써 그 懿旨를 편 일이 있다.[29] 또 13년 8월 廢妃論에 愼重論을 편 大司憲 蔡壽 등을 문책하는 내용을 成宗이 半漢半諺으로 하여 宰相에게 보인 일이 있다.[30] 이들은 愚民을 曉諭한다는 성격에서 발전된 것이지만 王室內의 婦女子들과 관련된 문제를 다룰 때는 正音을 사용한다는 성격도 나타내고 있는 것이다.

한편 王室의 內殿에서 政府에 의견을 펼 때도 正音을 사용하고 있다. 앞서 든 端宗 때 惠嬪의 啓請도 諺文을 사용한 것이지만 成宗 13년 8월 廢妃論에 대하여 政府에서 愼重論이 대두되자 大妃殿에서 尹妃의 罪狀을 알리는 글을 正音으로 써서 보낸 일이 있고[31] 明宗 20년 4월에도 大王大妃가 遺敎를 正音으로 써서 大臣들에게 내린 기록이 있다.[32] 이와 같이 內殿에서 政府에 의견을 펼 때 正音을 사용하는 것이 한 慣例가 된 듯 후세의 기록에서도 나타나고 있다.[33]

181, 8b)

29 丙申 命召曾經政丞 議政府六曹判書 大司憲大司諫鄭昌孫……文仲善 金孝江 偕到賓廳. 仲善賫諺文一紙 宣懿旨曰……中宮昔爲淑儀 事無過擧 主上重之 三殿亦重之 諸嬪之中 又爲居首 故冊封爲中宮 及自正位 事多有誤……(『成宗實錄』 卷78, 11b~12a)

30 傳曰 … 又以半文半諺小簡 下示宰相. 其意曰 蔡壽 景祐等事 予實痛心. 蔡壽其不云 國人擧皆恨惜之語乎. …其陰助明白(『成宗實錄』 卷144, 15b)

31 大妃殿出諺文書 付公弼還. 其辭云 今聞景祐事 至爲驚駭. 尹氏丁酉年三月得罪 而宰相等以爲 不可出也 其後尹氏自以爲 不得搖動我也 尤加暴惡.…(『成宗實錄』 卷144, 10b)

32 壬申 大王大妃 以一封書 下于大臣 乃諺書遺敎也 其敎曰…(『明宗實錄』 卷31, 21b)

33 宣祖때에도 다음과 같은 事實이 이러한 사실을 보여 준다.
恭懿殿 以諺書遺敎 有三事 一則云…(『宣祖實錄』 卷7, 21b)

王室의 婦女들에 관계된 正音의 사용이 正音 이전에 어떤 形態로 쓰였는지 알 수 없으나 이들이 實務的인 面에 사용되고 있다는 점에서 吏讀와의 관계가 있었을 것으로 믿어진다.

吏讀 대신 또는 吏讀와 並行하여 正音을 사용한 예가 있다. 成宗 3年 9月 節儉 諭旨를 새로 만들어 頒布할 때 이를 婦人小子들까지도 두루 알 수 있도록 正音으로 번역하여 印出 頒布하라는 명을 내린 일이 있다.[34] 正音 이전 같으면 吏讀로 밖에는 표기할 수 없는 성질의 것이다. 壬亂 때는 敎書나 榜文들을 吏讀와 正音으로 번역하여 村民들까지도 모두 알 수 있도록 하라는 敎旨를 내리고 있다.[35] 解得 계층은 다르지만 吏讀와 正音을 같은 目的에 並用한 예이다.

正音을 吏讀 대신 사용한다는 용도와는 별도로 正音이 보급되면서 그 實用的 效用性이 새로운 방면에서 발휘된 예가 있다. 成宗 9년 10월 工曹判書 梁誠之가 우리나라의 銃筒術이 倭人들에게 알려지면 국가에 크게 불리하니 兵器圖說에 실려 있는 五禮儀를 거둬들여 삭제한 다음 再頒布하고 그 銃筒制度는 御所 등 몇 要處에만 한 벌씩 보관하되 모두 正音으로 書寫하여 두고 漢字로 된 것은 모두 태워 버려야 한다는 上書를 올린 일이 있다.[36] 이는 國家的 機密을 지키기 위하여 正音을 사용하고자 한

---

34 議政府啓曰 自昔帝王 有志於保民興化者 莫不以窮行節儉爲先務. …聖上明知其然 首務節儉 躬行率之. 又嚴立科條 以禁制之. 又特降務本 節用. 傳旨 諄諄下諭 其爲國家萬世慮 至矣. 請令典校署 寫印傳旨 頒之漢城府諸道諸邑 懸于官門 坊市村落 閭巷. 上自大小朝臣 下至僻居小民 莫不知 聖上導民之至意. 各懷警省 毋令自貽困窮. 如是而猶有不悛者 是乃自速厥辜 刑之無赦何如. 命以諺字反譯 印出 頒中外 使婦人小子無不周知.(『成宗實錄』卷22, 2b ~3a)

35 上敎曰 黃海道敎書 己爲製進矣. 士人則自能解見 其餘人則恐不能知之. 此敎書則士人處曉諭. 又入吏讀 去其支辭 多作朝廷榜文. 又令義兵將 或監司等 飜以諺書 使村民 皆得以知事 議啓.(『宣祖實錄』卷29, 1a)

丙午 上敎曰 以諺書 多書榜文 送于宋言愼 曉諭民間. 聞柳成龍 得僧人往探北道云. 又以諺書 送之曉諭.(『宣祖實錄』卷29, 23a)

36 工曹判書梁誠之上書曰 … 臣又念火炮 軍國秘寶也 高麗末崔茂宣 始入元朝學之. 大明初高皇帝以防倭而賜之. 及我世宗朝 銃筒謄錄 散在私家者 盡收入內府. …乞命禮曹 內外

의견인데 吏讀와는 별도로 그 새로운 效用性을 개발한 것이다. 中宗 34
년 11월에는 中國을 往來하는 우리나라 사람이 國事를 누설하는 弊短이
있어 왔는데 典籍 朱良佑가 正音을 중국인들에게 가르쳤으니 所關事가
重大한 만큼 鞫問을 하라고 계청하여 治罪케 한 記錄이 있다.[37] 이들은
正音이 國家的 秘密을 유지하는 데 利用되어 왔음을 말하는 記錄들이다.

이와 같이 正音이 새로운 방면에서 實用的으로 利用되고 吏讀로 표기
되던 분야의 일부를 담당하기는 하였으나 吏讀를 완전히 대체하지는 못
하고 오히려 吏讀가 미치지 못하였던 分野를 補塡해 줌으로써 그 獨自的
인 領域을 확대하여 吏讀와 共存하는 결과를 가져 오게 되었다.

한편 吏讀는 그 영역의 일부를 正音에 물려 주긴 하였으나 正音보다는
社會的인 優位를 누리면서 사용되고 있었다. 오히려 吏讀의 領域은 正音
보다는 漢文(吏文)에 의하여 축소되고 있다.

世祖 3년 7월에는 吏科와 承陰出身者의 封贈爵牒은 吏文으로 쓰면서
東西班 五品 以下者의 告身牒은 吏讀를 襲用하는 것이 鄙俚하다는 吏曹
의 啓에 의하여 吏文으로 바꾸어 쓰도록 한 일이 있다.[38] 이와 같이 吏讀
는 그 領域을 吏文(漢文)에 빼앗겼고 다른 한편으로는 吏讀文 自體가 漢
文化되는 경향을 띠어 가게 되어 후대에 오면 漢文에 吐를 단 것에 不過
한 吏讀文을 흔히 볼 수가 있다.

正音의 創制는 결과적으로 漢文, 吏讀, 正音이 共存하는 結果를 만들어

官私所有 五禮儀 幷令收取. 所謂兵器圖說 盡削而復頒之. 又其銃筒制度 只留一件 藏于御
所 其餘外三史庫 東文樓 實錄閣 皆以諺字書寫 各藏一件. 稱臣堅封 承傳開閉. 軍器寺一件
亦書諺字 提調親封. 其前日漢字書寫者 悉令焚毁 以爲萬世之計 幸甚.(『成宗實錄』卷97, 4b～
5b)

37 乙卯 憲府啓曰 我國之人 往來中國者 漏說國事 在前不無. 若不知禁 後弊難測. 典籍
朱良佑 以諺字 敎誨上國之人 所關重大 請推鞫重論. 諫院啓曰 凡我國之事 雖小 不可傳說他
國. 典籍朱良佑 將我國諺字 傳敎上國 所關非輕. 請推鞫治罪 以懲後人. 答曰 朱良佑推之可
也.(『中宗實錄』卷92, 45a)

38 吏曹啓 吏科及承陰出身 封贈爵牒等項文牒 皆用吏文. 獨於東西班五品二下告身 襲用
吏讀 甚爲鄙俚. 請自今用吏文. 從之.(『世祖實錄』卷8, 19b)

냈고 이들에 대한 社會的인 觀念은 漢文, 吏讀, 正音의 順으로 優劣을 생각하게 되어 社會的인 階層과도 관련을 맺게 되었다. 즉 士類들은 漢文, 中人들은 吏讀, 婦女子나 庶民들은 正音으로 結付시키는 觀念들이 생겨나게 되는데 宣祖 때에 오면 이것이 좀 더 현저해진다. 宣祖 25年 壬亂 당시 백성들에게 教書를 내 보낼 때, 士人들은 스스로 理解할 수 있으니 原文대로 보내어 曉諭하라 하고 그 밖의 사람들은 이해하지 못할 듯하니, 吏讀를 넣어 榜文을 만들어 붙이고 義兵將과 監司들은 正音으로 飜譯하여 村民들도 모두 알도록 하라고 왕이 직접 명령한 일이 있다.[39] 이것은 이 당시에 이 表記手段을 이해할 수 있는 社會階層의 範圍를 말하여 주는 記錄이다.

世宗이 正音創制 때에 正音으로 吏讀를 대신하려고 하였던 理想은 오히려 漢文, 吏讀, 正音 三者의 共存을 가져왔고 후기에 올수록 이들을 社會的 階層과 결부시키는 觀念이 강하게 작용하는 결과를 낳게 한 것이 되었다.

(3)c. 字韻則淸濁之能辨

(3c)는 直譯하면 "漢字의 韻인 즉은 淸濁을 能히 辨別할 수 있다"가 된다. 이 句節은 文句들을 狹義로 해석하면 뜻이 通하지 않는다. 漢字의 韻은 狹義로 解釋하면 反切下字로 表示되는 部分이요, 淸濁은 反切上字에 해당되는 것이기 때문에 論理上 矛盾이 생긴다. 따라서 '字韻'은 漢字音으로 보고 '淸濁'은 漢字音 전반을 대표한 표현으로 보지 않으면 안 된다.
訓民正音 創制 전후의 漢字音에 대한 연구는 두 계열로 나누어진다. 하나는 太宗 6년 5월에 河崙이 撰한 『東國略韻』에서부터 『東國正韻』으로 이어지는 韓國漢字音의 整理이고[40] 다른 하나는 譯官들의 中國語 學習

---

39 註 35 참조.

256   제2부 中世國語篇

必要性에 따른 中國 現實漢字音의 정리이다. 후자는 事大를 위하여 당시 必須的으로 整理하지 않으면 안될 事情이 있었음이 실록의 여러 곳에 나타나고 있다. 訓民正音 創制後 이 사업은『洪武正韻譯訓』,『四聲通攷』, 『四聲通解』에까지 계속된다.

正音이 韓國漢字音과 中國漢字音을 표기하는 데 모두 사용되기는 하였으나 (3c)의 내용이 이 兩者를 모두 가리킨 것으로 보기는 어렵다. 오히려 (3c)는『東國正韻』의 漢字音을 가리킨 내용이라고 보아야 자연스럽다. 물론 正音의 創制가 中國韻學을 그 學問的 背景으로 한 것이기 때문에 中國 現實漢字音을 學習하기 위하여 사용될 것을 배제한 것은 아니지만 이 문제는 '無所用而不備 無所往而不達' 이하의 文句에 우회적으로 표현되어 있고 이 序文에서 직접적으로 다룬 것이 아니다. (3)a, b, d가 모두 大衆들의 當面한 國內 問題들만을 言及하고 있는데 (3c) 항만이 外國語表記의 問題까지도 든 것이라고 하면 內容上 均衡이 맞지 않을 뿐더러 다음과 같은 몇 가지 문제점이 있기 때문이다.

첫째로 '訓民正音'이란 名稱이 指示하는 內容이나 御製序文의 '民의 便於日用을 위한 것'이란 내용을 감안하여 볼 때 이들에게 譯官들이나 學者들에게 필요한 中國 現實漢字音까지를 가르칠 필요는 없는 것이다.

둘째로 訓民正音의 初聲(字母)體系는『東國正韻』의 字母體系와는 일치하나『洪武正韻譯訓』이나『四聲通攷』의 字母體系와는 일치하지 않는다는 점이다. 즉『四聲通攷』의 例에서는 齒頭와 整(正)齒音을 구별하였고 이것이『訓民正音 諺解本』에도 나타나 있는데『訓民正音 解例本』에는 이 구별을 하고 있지 않은 점이다. 이 구별은 中國漢字音을 위해서는 반드시 필요한 것이지만 韓國漢字音에서는 필요 없는 것이므로 解例本에

---

40 命印 左議政河崙撰進東國略韻 頒諸中外.(『太宗實錄』 卷31, 30a)
　이 東國略韻은 전하지 않기 때문에 반드시 韓國漢字音을 整理한 것이라 단정할 수는 없지만 '東國'이란 우리나라를 指稱한 表題가 있는 것으로 보아 譯官들을 위한 韻書가 아니라 韓國漢字音을 위한 韻書인 것으로 본다.

서는 구별하지 않은 것이다. 이에 대해서 일찍이 方鐘鉉 先生은

> 이것은 漢音의 齒頭와 整齒와의 二音을 國音으로 옮겨 쓸 때에 必要로
> 그 記號를 새로 制定한 것이니 國語音만을 論할 때에는 이것이 所用없으므
> 로 訓民正音에는 없었으나 四聲通攷와 같이 韻書의 漢字音을 表示하기 爲
> 한 책에는 이것에 들어맞는 새로운 文字가 없을 수 없는 터이라 그 必要에
> 서 생겨난 것이다.[41]

라 하여 正音이 國語音만을 表記하기 위하여 만들어진 것임을 말하고 있
다. 따라서 (3c)가 中國漢字音表記도 대상으로 한 條項으로 볼 수는 없는
것이다.

셋째로는 東國正韻式 漢字音이 諺解類에 사용되고 있다는 점이다. 諺
解는 직접 대중들을 교화하기 위한 것인 만큼 여기에 東國正韻式 漢字音
을 사용한 것은 正韻이라고 생각한 東國正韻式 韓國漢字音을 백성들이
배워서 日用할 수 있어야 한다고 믿었기 때문이다. 이것은 '訓民正音'이
란 명칭이나 世宗의 序文에서 말한 것을 직접적으로 보여 준 것이다.

이러한 사실들로 보아 (3c)는 東國正韻式 漢字音만을 말한 것이고 中
國의 現實漢字音까지도 포함하여 말한 것이 아님을 알 수 있다.

『東國正韻』의 漢字音이 비록 學問的인 바탕을 가진 體系的인 漢字音
이기는 하나 非現實的 韓國漢字音이었다는 사실은 여기서 새삼 말할 필
요가 없다. 『東國正韻』과 借字表記法과 어떠한 관계에 있는가가 우리의
관심거리이나 현재로선 이들과의 관계를 찾기도 어렵다. 다만 借字表記
法의 借字들이 韻書에 나타나는 反切字들을 많이 사용하고 있다는 점을
考慮해 볼 문제이다. 借字表記法의 借字들은 三國時代부터 써 온 것이기
때문에 15세기까지 여러 계통의 借字들이 利用되었을 것이다. 三國期의

---

41 方鐘鉉(1948), 『訓民正音通史』, 一成堂書店, 119면.

借字들은 대체로 中國人들이 佛經翻譯에서 梵語系統의 語辭들을 表記하는 데 사용하던 字들을 利用한 것이 特徵이다. 後代로 내려오면 특히 口訣의 借字에서 韻書의 反切字들과 共通되는 字들이 많아진다. 이러한 共通性이 우연에 의한 것이라고만 단정할 수는 없다.

借字表記法의 借字와 韻學과는 어떤 관계가 있음은 사실이나 그 關係의 深度가 不分明하다. 다만 正音을『訓蒙字會』에서는 '反切'이란 名稱으로도 불렀으므로 反切字들이 많이 사용된 借字表記法과 學問的 背景의 共通點이 있을 가능성이 있다. 그러나 正音創制의 學問的 背景이 韻學에 있었으니 (3c)가 系統이 單一하지 않은 借字表記法에 직접 관계된 것으로 보기는 어렵다.

(3)d. 樂歌則律呂之克諧

(3d)는 '音樂과 노래인 즉은 正音을 이용하면 律呂가 잘 조화된다'는 뜻이다. 律呂란 陽의 六律과 陰의 六呂가 합한 12律의 音階를 뜻하는 것이다. 여기서는 律과 呂가 잘 어울린다는 뜻이라고만 보기보다는 노래의 歌詞와 音階가 잘 들어맞는다는 뜻으로 보아야 한다.『樂學軌範』에는 우리나라의 音樂을 雅樂, 唐樂, 鄕樂으로 분류하였는데, (3d)의 樂歌는 주로 우리의 鄕樂에 해당하는 것으로 보아야 할 것이다. 樂歌는 歌詞의 各音節이 原則的으로 音階(律)에 대응하게 되는데 우리의 鄕樂歌詞는 漢字나 借字만으로는 音節을 正確히 記錄하여 樂譜에 記載하기가 어려운 苦衷이 있었을 것이다. (3d)는 正音이 이 문제를 해결해 줄 수 있다는 뜻을 밝힌 것이다.

訓民正音 이전 韓國鄕樂은 우리말로 불려졌을 것이나 이를 記錄하는 表記手段은 매우 不完全하였던 것으로 보인다. 景幾體歌의 표기에서 보면 安軸의 景幾體歌는 '景幾何如'로 표기하여 놓았으나 樂章歌詞의 翰林別曲은 '景 긔 엇더ᄒ니잇고'로 되어 있다. 전자는 4音節인데 후자는 8音

節로 되어 있다. 실제 노래에 있어서는 8音節로 불리는 것인데 漢字만으로 表記할 때는 4音節 밖에는 표기하지 않은 예이다. 물론 安軸의 景幾體歌는 歌意만을 重視한 후세의 기록이기 때문에 전체를 표기하지 않은 것이지만 이러한 예들이 이 밖에도 있기 때문에 이것은 表記法의 不安全性에 말미암은 것으로 보지 않을 수 없다. 『三國遺事』의 處容歌와 『樂學軌範』의 處容歌에서도 音節數의 차이가 나타남을 볼 수 있거니와 『實錄』의 納氏歌와 『樂章歌詞』의 納氏歌를 대조해 보아도 이러한 현상을 볼 수 있다. 일부만 대조해 보면 다음과 같다.

　　『太祖實錄』(卷4, 4a)
　　納氏恃雄强 入寇東北方 縱傲誇以力 鋒銳不敢當

　　樂章歌詞
　　納氏恃雄强ᄒᆞ야 入寇東北方ᄒᆞ더니 縱傲誇以力ᄒᆞ니 鋒銳타 不可當이
로다

『實錄』에서는 吐를 전연 달지 않았지만 『樂章歌詞』에서는 吐를 넣고 있다. 歌詞를 樂에 맞추자면 이 吐를 넣어야만 音律에 맞는 것이 된다. 作者도 처음 作詩할 때는 이 吐를 넣어서 노래했을 것이나 『實錄』에서는 이를 표기하지 않고 있다. 이것은 漢文만을 쓰는 『實錄』의 편찬태도에 말미암은 것이나 때에 따라서는 不完全하나마 우리말을 넣기도 한다.

　　於皇天眷東陲 生上聖濟危時 偉萬壽無疆
　　扶太祖代高麗 尊嫡長正天彝 偉萬壽無疆(以下略)(『世宗實錄』卷2,2a)

에서 '偉'는 우리말의 嗟辭이다. 이러한 嗟辭를 우리말로 넣었어도 이것이 노래로 불려질 때는 우리말의 吐가 들어갈 것인데 表記되어 있지 않다.

音律에 正確히 맞추기 위해서는 이러한 吐도 반드시 表記하여야 하는데 借字表記의 不完全性에서 또는 그 사용의 不便으로 因하여 생략함으로써 歌詞와 音律이 맞지 않는 현상을 빚었을 것으로 생각된다.[42]

이들은 漢詩를 바탕으로 한 作法이어서 句讀에 吐를 추측하여 삽입할 수 있지만 처음부터 우리말로 지어진 俗歌의 표기에서는 커다란 고충이 있었을 것이다. 世宗 15년 9월에는 禮曹에서 다음과 같이 採詩法을 啓請하여 결정한 것이 있다.

聲樂의 理致는 時政에 관계가 있는 것이다. 이제 慣習的으로 쓰고 있는 鄕樂 50여聲은 모두 新羅, 百濟, 高麗 時代의 民間俚語로 된 노래들인데 오히려 당시의 政治得失을 想見할 수 있어 足히 勸戒가 되고 있다. 우리 朝鮮王朝는 開國이래 禮樂이 크게 행하여져 朝廟雅頌之樂이 이미 갖추어져 있으나 民俗歌謠의 歌詞는 採錄하는 法이 없어 참으로 不便하다. 지금부터 옛 採詩法에 따라 各 道州縣으로 하여금 詩章과 俚語의 노래를 勿論하고 五倫을 바로 잡는데 관계되어 勸勉할 만한 것과 홀아비 홀어미의 民謠에 지나지 않는 것이라 할지라도 모두 찾아내어 每年 抄採하여 上送토록 할 것을 啓請하였다. 上이 許諾하다.[43]

이 記錄은 新羅, 百濟, 高麗의 歌謠가 宮中에서 불려지고 있을 뿐만 아니라 어떤 形態로든 記錄되어 있었음을 推測케 하고 또 全國의 俗謠를 採集하여 記錄할 만한 수단이 있었음을 말하여 주는 것이다. 이 俗謠는

---

42 이에 대해서는 姜信沆著(1973), 『四聲通解硏究』, 新雅社를 참조할 것.

43 禮曹啓 聲樂之理 有關時政. 今慣習鄕樂五十餘聲 並新羅百濟高麗時 民間俚語. 猶可想見當時政治得失 足爲勸戒. 我曹開國以來 禮樂大行 朝廟雅頌之樂已備. 獨民俗歌謠之詞 無採錄之法 實爲未便. 自今依古者採詩之法 令各道州縣 勿論詩章俚語 關係五倫之正 足爲勸勉者 及其間曠夫怨女之謠 未免變風者 悉令搜訪 每年歲抄採擇上送. 從之.(『世宗實錄』卷 61, 54b)

聲樂을 위한 것이기 때문에 한문으로 번역하는 것은 무의미하다. 우리말 그대로를 표기하여야 그 價値가 있다. 이 시대에 鄕歌表記 手段과 같은 借字法이 존재하였는가는 자료가 없어 단언하기는 어렵지만 적어도 그와 유사한 借字表記法은 존재하였다고 보아야 한다. 표기할 수단도 없는데 民謠들을 매년 上送하라는 것은 무리이기 때문이다. 그러나 이 표기법이 전국적으로 보급되어 통일성이 있었는가에 대하여는 懷疑的이 아닐 수 없다. 吏讀나 鄕札의 예로 보아 이 表記法도 文語의 保守性이 강하여 現實 言語로 된 民謠를 表記하기에는 不完全하였고 또 記事者에 따라 表記樣式이 달랐을 것을 추측하기에 어렵지 않다.

이러한 불편을 없앨 수 있는 것이 正音이란 것을 (3d)에서 밝힌 것이고 그것을 실천해 보인 것이 龍飛御天歌, 月印千江之曲이다. 그 뒤 이것은 『樂學軌範』과 『時用鄕樂譜』의 완성을 가져온 것이다. 따라서 (3d)는 前代에 借字로서 遂行해 오던 文化的인 內容을 訓民正音으로 대체하여 계승할 것을 밝힌 것이다.

Ⅳ. 結語

正音創制와 頒布는 그 動機와 目的이 달랐을 가능성이 없지는 않다. 그러나 正音創制 이전의 記錄이 없어 이 사실을 증명할 수 없으므로 그 頒布 內容이 담겨 있는 『解例本』에서 一次的으로 찾아야 한다. 그러나 이제까지 『解例本』의 序文은 이상하리만치 疎外되어 있었다. 그 結果 正音의 創制動機나 目的이 曲解된 채로 남아 있었다. 正音은 漢文을 배척하기 위하여 창제된 것도 아니요, 韓國漢字音을 整理하기 위하여서만 創制된 것도 아니다. 오히려 正音은 난해한 漢文을 쉽게 解釋하여 대중들에게 보급하여 그들의 漢文學習能力이나 敎養을 높이고 實用에 편리한 文字를 줌으로써 文化的인 政治를 하고자 한 것이 第一次的인 動機요, 目的이었다. 이 目的을 구체적으로 밝힌 것이 鄭麟趾 序文에 나오는 네

項目이다. 그 중 셋은 借字表記로 수행되어 오던 文化的인 內容을 쉬운 表記體系로 수용하고자 한 것이고, 다른 하나는 借字表記法과의 관계는 불분명하나 正音創制의 새로운 學問的 背景이었던 韻學에 根據하여 韓國漢字音을 體系化하여 普及하고자 한 것이었다. 體系化된 韓國漢字音을 보급한다는 것도 결국 興學의 一種이므로 正音의 創制와 頒布의 目的은 興學과 實用에 있었다고 할 수 있다. 즉 (3a)와 (3c)는 興學을 위한 것이요 (3b)와 (3d)는 實用을 위한 것이다.

正音創制 당시 世宗은 吏讀(借字表記)를 學問的으로 보나 實用的으로 보나 卑陋한 것으로 보고 이를 正音으로 대체하려고 하였다. 이 代替는 借字表記가 지니고 있던 모든 文化的인 傳統을 正音이 收容하는 것을 意味한다. 그러나 正音은 새로 창제되어 아직 보급되지 못한 것이기 때문에 전국적으로 보급되어 사용되고 있는 借字表記法을 일시에 대체할 수는 없었다. 正音頒布 3년 후 世宗이 昇遐하자 그의 이러한 理想은 변질되었다. 그리하여 正音이 普及되어 吏讀로서는 표기되지 못했던 새로운 영역에까지 擴大되어 쓰이기도 하였으나 正音, 吏讀, 漢文이 공존하는 결과가 되었고 이것이 社會階層과 結付되어 朝鮮朝末까지 이어지게 되었다.

▌ 訓民正音과 借字表記法과의 關係, 『國文學論集』 9輯, 檀國大 國語國文學科, 1978. 12.
'訓民正音의 創制目的'이라는 제목으로 『국어학의 새 지평』, 성재이돈주선생화갑기념논총, 태학사에 再錄.
2014년 3월 일 修訂.

素谷本 楞嚴經의 順讀口訣에 대하여

Ⅰ. 序言

口訣은 漢文에 우리말의 조사나 어미를 나타내는 吐를 달아 읽는 韓國式 漢文讀法이다. 우리 先人들은 극히 이른 시기부터 한문을 接해 왔고 이것이 생활에 뿌리를 내리기 시작하면서 漢文의 學習方法을 개발하여 왔다. 이 학습방법은 여러 유형이 있었을 것으로 생각되지만 그 가운데 가장 발달된 것이 오늘날 우리가 접하고 있는 順讀口訣이다. 특히 經書의 學習은 우리 선인들의 정신 세계와 신앙세계를 개발하여 교양 있는 생활을 영위하는 데 지대한 영향을 주는 것이었으므로 그 해독의 정확성이 요구되었다. 이에 따라 믿을 만한 解讀 方法이 요구되었고 高僧이나 學者들에 의하여 口訣이 著述되어 여러 사람들이 이를 기준으로 漢文을 학습하여 왔다. 오늘날 우리에게 전하는 구결은 각 시대마다의 漢文讀法을 보여 주는 것으로 매우 중요한 遺産이다.

이 구결은 佛家나 儒家의 經典研究를 위하여 중요한 자료가 되어야 할 것이지만 각 시대의 古語로 저술된 것이어서 이 방면의 연구에 조예를 쌓지 않은 이가 직접 이용하기는 어려운 형편이다. 현재 이 방면에서 자료를 발굴하면서 연구하고 있는 것은 오히려 國語史를 專攻하는 이들이다. 국어사의 체계적인 연구는 한 때 訓民正音 창제 이후에나 가능한 것으로 생각되기도 하였었다. 訓民正音 창제 이전은 연구자료가 절대적으로 부족한데다가 전해오는 자료도 借字表記로 된 것이어서 해독하기가 어려웠기 때문이었다. 근래에 와서 高麗時代의 口訣資料들이 발굴되면서 이 방면의 연구가 새로운 활기를 띠게 되었다. 우선 量的으로 풍부하여진데다가 그 자료가 나타내는 의미의 파악이 용이한 良質의 자료였기 때문이다.

이들 자료는 口訣學會 회원들에 의하여 발굴된 것으로 이번에 口訣資料叢書로 간행하려고 하는 것은 이른 시기의 順讀口訣인 麗末·鮮初의 것이다. 같은 經書의 구결이라 할지라도 기입하는 이에 따라 내용이 다르고 시대에 따라 표현이 다르므로 체계적인 연구를 위해서는 基準이 되는 구결을 선정하여 놓을 필요가 있다. 이 叢書는 그러한 요구에 부응하려는 의도도 갖고 있는 것이다.

Ⅱ. 書誌와 刊年

素谷本 楞嚴經의 口訣資料는 전에 安東本 楞嚴經으로 불려 오던 것이다. 이 구결을 학계에 처음 소개한 인연으로 전 소장자 朴東燮氏로부터 필자가 인수하게 된 것이다. 이 구결은 현재까지는 가장 이른 시기의 順讀口訣로 高麗時代 順讀口訣의 특징을 잘 보여준다.

이 책은 線裝本이지만 이는 근래에 개장한 것이다. 뒤에 소개할 祇林寺本으로 보아 본래는 胡蝶裝이었던 것으로 추정된다. 책의 크기는 24cm × 14cm이고 半廓은 19.4cm × 11.9cm이다. 上下에는 單邊을, 左右에는 雙邊을 둘렀다. 版心에는 黑口나 魚尾가 없이 '楞嚴'이란 冊名의 略號와 卷次가 있고 그 밑에 張次를 나타내고 있다. 그런데 卷三의 第5張과 6張에는 上下內向黑魚尾가 있고 第9張과 10張에는 이 魚尾가 둘씩 겹쳐 있다. 즉 冊名의 略號와 卷次를 두른 上下內向黑魚尾가 하나 있고 그 밑에 張次를 두른 上下內向黑魚尾가 또 있어 하나의 판심에 4개의 黑魚尾가 겹쳐 있는 것이다. 이는 매우 드문 예로 小字本 판본의 초기적인 모습이 아닌가 한다. 界線은 없고 半葉 15行, 1行 30字이다. 글자의 크기는 가로 세로 0.6cm로 字劃이 깨진 곳이 있으나 극히 드물고 전반적으로는

선명하다. 大文과 註의 글자 크기가 같고 註文은 大文의 끝 글자에서 두
칸 정도를 떼고 시작하여 줄이 바뀌면 大文보다 한 칸 내려서 썼다. 大文
과 註文을 이와 같이 구별한 楞嚴經은 후대의 국내 판본들에서도 흔히
발견되는 것으로 아마도 이 책이 그 효시가 되는 것이 아닌가 한다. 이러
한 版式은 종이를 아끼고 책의 부피를 줄이기 위한 데서 나온 것이다.
이 책의 第1卷은 제16장에서 끝나는데 제16장의 뒷면은 3行밖에 없으므
로 그 크기에 맞춰 종이를 잘라 사용하였다. 이는 한 면의 2/3에 해당하
는 종이를 아끼고자 한 것이다. 卷8과 卷9의 끝도 이와 같이 되어 있다.
紙質은 중국의 것으로 우리의 楮紙와는 달리 부스러지기가 쉽다. 慶北大
南權熙 교수에 의하면 竹紙의 基調에 桑과 楮가 약간씩 섞인 것으로 보
인다고 한다. 元代 중국 종이이다. 책은 全10卷 한 秩로 총 170여 장이었
던 것으로 추정되는데 그 가운데 30여 장이 落張이어서 현재 145장이
남아 있다. 吐는 책 전체에 빠짐없이 기입되어 있다.

이 책은 1988년 寶物 제959호로 지정된 慶州市 祇林寺의 毘盧舍那佛腹
藏典籍 가운데 제11번의 楞嚴經과 같은 판본이다. 文化財管理局의 動産
文化財指定報告書('88指定篇)에는 이 책을 다음과 같이 소개하고 있다.

數量: 6卷 2冊(卷四之七, 卷八之十)

規格: 25.5 × 15.6cm

紙質: 楮紙

形式: 蝴蝶裝

製作年代: 高麗恭愍王 19年(1370)

著者: 般刺蜜(唐), 戒環(宋)解

現狀: 木板本, 左右雙邊, 半廓 19.5 × 11.9cm, 無界, 半葉 15行 30字

이밖에 大文과 註의 표시나 字形이 완전히 본 소곡본과 일치하여 같은
판본임을 쉽게 알 수 있다. 이 책의 제7권말에는 印成 記錄이 墨書되어

있다.

竊爲
先亡父母往生淨界曁我亡耦李氏超生之
願印成楞嚴經一本小卷用薦
先逝者   庚戌年 六月 日 誌
                          居士林　桂

라 있다. 報告書에서 製作年代를 高麗 恭愍王 19年(1370)이라고 한 것은
이 印成 기록을 근거로 한 것이다.
또 이 책의 제10권 끝에는 다음과 같은 刊記가 板刻되어 있다.

此經此疏實入道之筌蹄 欲求修證者 不可斯須離於手也. 舊本字大 行脚
人難於賷持. 謹與國大夫人鄭氏 同願 細書鋟梓 印成二百件 廣施結緣云.
僧統 仲昷 道人 覺源 天明 同願盧氏 智月
                     至大二年 十月日誌.

이는 楞嚴經의 舊本이 글자가 커서 가지고 다니기가 어려웠으므로 작
은 글씨의 이 책을 國大夫人 鄭氏와 함께 發願하여 僧統 仲昷 등이 간행
한다는 내용이다. 그 연대가 至大 2年이니 고려 忠宣王 1년 1309년이다.
또 10卷末에는 다음과 같은 墨書가 있다.

正統元年 丙辰 七月 初十日
興德寺來

이는 이 책이 興德寺에서 간행되었음을 말하는 것이다. 興德寺는 세계
最古의 金屬活字本『直指心體要節』을 간행한 절이다. 이로써 이 楞嚴經

小字本은 1309년 淸州 興德寺에서 간행된 판본임을 알 수 있고 간행된 후 61년이 지나서 印成되어 1436년에 祇林寺로 온 책임을 알 수 있다.

素谷本 楞嚴經은 이 판본의 初刷本이다. 元 나라 시대에 중국에서 종이를 수입하여 인출한 책이니 이는 1309년에 처음 간행한 200부 가운데의 하나인 것으로 추정된다. 이에 따라 이 순독구결의 著述 年代도 14세기 초에 이루어진 것으로 본다.

Ⅲ. 表記法

이 책의 구결을 읽기 위해서는 우선 표기법에 대한 이해가 필요하다. 이 구결의 표기법을 문자체계와 그 운영법으로 나누어 설명하기로 한다.

1) 文字體系

이 구결은 대개의 記入吐가 그러하듯이 略體字가 주류를 이룬다. 이를 열거하되 먼저 字形들을 들고 斜線을 친 다음 그 讀音을 표시한다. 略體字는 正字를 괄호 속에 표시하고 訓假字는 그 글자의 머리에 *표를 붙인다.

1) 可/가   2) 去/거   3) 厶(去)/거
4) 古/고   5) ㅁ(古)/고   6) 果/과
7) ㅅ(果)/과   8) ㄱ(隱)/(으)ㄴ   9) 乃/나
10 又/ㄴ(奴)   11) 奴(奴)/ㄴ   12) ㄴ(尼)/니
13) *行/니   14) *ㅌ(飛)/ㄴ, 눌 15) *斤/눌
16) ㅣ(多)/다   17) 大/대   18) ナ(大)/대
19) *加/더   20) *ㄲ(加)/더   21) ㄱ/뎌
22) 底/뎌   23) ㄱ/뎡   24) 刀/도
25) 屮/두   26) ㅓ(地)/디   27) 矢(知)/디
28) *ㅅ/ㄷ, 들   29) *月/ㄷ, 둘   30) *ㅊ(苹)/ㄷ, 둘

31) *奚/디	32) *厶(奚)/디	33) ㄴ(으)ㄹ
34) 入(罒,羅)/라	35) 呂/려	36) 灬(灬)/로
37) 了/료	38) 쥐(利)/리	39) 禾(利)/리
40) ㅣ(利)/리	41) 亇/마	42) 广(麻)/마
43) 氵(彌)/며	44) 丆(面)/면	45) *火/블,불
46) 叱/入	47) 七(叱)/入	48) 氵(沙)/사
49) 舍/샤	50) 仚(舍)/샤	51) 西/셔
52) 所/소	53) 小/쇼	54) 二(禾)/시
55) 丶(是)/시	56) 肘(時)/시	57) 四/亽
58) 士/亽, 저	59) *白/솝	60) 生/싱
61) *氵(良)/아	62) *k(良)아	63) ㄆ(阿)/아
64) 方(於)/어	65) 才(於)/어	66) 仐(於)/어
67) 言/언	68) 言(言)/언	69) 一(亦)/여
70) 丷(亦)/여	71) 午/오	72) 卜(午)/오
73) 五/오	74) *丿(乎)/오	75) *丿(乎)/오
76) 卜(臥)/와	77) 衣/의	78) 氵(衣)/의
79) *ㅣ(是)/이	80) *丶(是)/이	81) 乙/이
82) 印/인	83) *上/자(저)	84) *第(第)/자(저)
85) *肘(時)/제	86) 下/하	87) 丿(乎)/호
88) 广/호	89) ㄹ(广)/호	90) *中/긔
91) *十(中)/긔, 긔	92) 去/히	93) *爲/훙
94) *丷(爲)/훙		

이상 모두 94자가 사용된 것이 확인된다. 順讀口訣의 경우 楞嚴經과 같이 분량이 많은 문헌이라도 60자 내외의 문자면 그 토를 충분히 기입할 수 있는데 94자나 되는 많은 문자를 사용한 것은 특이한 것이다. 하나의 음을 나타내는데 같은 글자의 이체를 많이 사용한 것이 그 중요한

요인이다. 같은 차자가 둘 이상의 자형으로 쓰인 것을 유형별로 나누어
보기로 하자.

(1) 正楷體와 略體가 함께 쓰인 것

　[2)圡　　3)土]　　　[4)古　　5)口]　　　[6)果　7)人]

　[17)大　18)尢]　　　[19)加　20)力]　　　[31)矣　32)厶]

　[46)叱　47)匕]　　　[49)令　50)厼]　　　[67)言　68)亠]

　[71)午　72)丷]　　　[77)衣　78)衤]　　　[88)戶　89)尸]

　[90)中　91)十]　　　[93)馬　94)丷]

　이상 14쌍이 正楷體와 略體가 함께 쓰인 것이다. 대개의 구결에서는
어느 한 쪽의 자형만이 쓰이는데 이와 같이 14쌍의 借字가 정해체와 약
체가 함께 쓰인 예는 드문 예이다. 이 문헌에서도 대개의 차자는 약체가
주로 쓰이고 정해체가 주로 쓰이는 것은 大, 言, 午, 戶의 4자이다.

(2) 같은 차자의 앞을 따느냐 뒤를 따느냐에 따라 자형이 달라진 것

　[10)入　11)氼]　　　[38)扌 39)才,　40)ㅣ] [61)氵　62)k]

　[64)㐱 65)才,　66)厼]　[69)亠　70)丷]　　　　[79)ㅣ　80)丶]

이상의 6종의 자형이 같은 차자에서 따오는 부위가 다름에 따라 달리
쓰인 것이다. 이러한 예도 다른 문헌에서는 찾기 힘든 것이다. 이 책에서
도 11), 62), 64), 70)의 자형은 사용예가 극히 적은 것이다. 11)의 경우
는 오직 1 예만이 확인되었다. 그러나 이러한 자형의 변이를 보여 주는
것은 이 구결의 기입자가 약체의 正字를 알고 있는데다가 일정한 자형을
사용하여야 하는 관습이 굳어지기 전의 모습을 반영하는 것으로 생각된

다. 이러한 점에서 이 구결은 順讀口訣 가운데서도 초기의 모습을 보여 주는 것으로 생각된다.

(3) 같은 차자의 略體가 여러 異形으로 변이한 것

[38)才   39)禾]   [64)方   65)才]   [74) /   75) ㅓ]

이 역시 구결의 자형이 굳어지지 않은 시대의 모습을 보여 주는 것이니 초기적인 특징이라 하겠다.

이와 같이 같은 차자가 둘 이상의 字形으로 나타나는 것과는 대조적으로 같은 音을 표기하는데 둘 이상의 서로 다른 차자가 쓰인 것들이 있다.

[12) ヒ(尼)/니   13) 行/니]

[21) ㄱ/뎌   22) 底/뎌]

[26) 地(地)/디   27) 矢(知)/디

[28) 人/ㄷ,들   29) 月/ㄷ,들   30) ㅎ(等)ㄷ, 둘]

[41) ↑/마   42) 广(麻)/마]

[54) 二(禾)/시   55) ヽ(是)/시   56) 肘(時)/시]

[57) 四/亽   58) 士/亽]

[61) 阝(良)/아   63) ア(阿)/아]

[71) 午/오,   73) 五/오   74) /(子)/오]

[79) 川(是)/이   81) 乙/이]

[83) 上/자(저)   84) 弓(第)/자(저)]

[87) /(子)/호   88) ア/호]

이러한 현상은 후대의 구결에서도 간혹 나타나긴 하지만 이와 같이 12쌍이나 되는 많은 예를 보여 주지는 않는다. 대체로 한 책의 구결에서는 어느 한 쪽의 차자로 통일되어 쓰이는데 이 구결에서도 그러한 경향은 있다. 일례로 '니'음의 표기에서는 'ㄴ'가 주로 쓰이고 '行'의 경우는 한 예만이 발견되었다.

이상의 예들은 한 흡의 표기에 여러 字形이 나타나는 예들인데 이 구결을 처음 읽는 경우에는 이로 말미암아 당황하는 경우가 있을 수 있다. 이와는 반대로 서로 다른 차자가 같은 자형으로 나타나는 경우도 있다.

[40) ㅣ(취)/리   79) ㅣ(是)/이]   [55) ﹨(是)/시   80) ﹨(是)/이]
[70) ﹃(亦)/여   94) ﹃(爲)/ㅎ]   [74) ノ(乎)/오   87) ノ(乎)/호]

55)와 80), 74)와 87)은 같은 글자에서 따온 약체이지만 하나는 음을 빌린 것이고 다른 하나는 훈을 빌린 것이어서 차자로서는 다른 것이다. 이로 인한 당혹감도 이 차자들이 분포에 따라 구별되므로 어느 정도 익숙해지면 해소된다.

이 책에 쓰인 차자 가운데 이 문헌에만 나타나고 다른 문헌의 순독구결에서는 좀처럼 확인되지 않는 차자는 다음과 같다.

13) *行/니   60) 坐/싱
81) ㄹ/이   84) *第(第)/자(저)

이 구결에서도 이들의 사용빈도가 높은 것은 아니다. '行/니'의 경우는 한 예만이 확인될 뿐이고 그 밖의 차자들도 같은 음을 나타내는 다른 차자들이 주로 쓰이는 편이어서 자주 쓰이는 것은 아니다. 그러나 '第(第)/자'와 같은 경우 舊譯仁王經 釋讀口訣에 나타나는 것임을 고려하면 이들 차자가 과거부터 쓰여 온 전통을 가진 것으로 생각된다.

이상으로 다른 구결에서는 볼 수 없는 특징을 이 구결이 가지고 있음이 확인되는데 이는 이 구결이 이전에 있었던 전통을 계승하였지만 그

가운데는 후대의 구결에서는 잊혀진 것이 있음을 보여 주는 것이다.

2) 文字體系의 運用

구결의 토는 記入吐와 印刷吐의 차이에 따라 그 문자체계의 운용이 다르다. 記入吐는 개인의 메모를 위하여 기입하는 것이므로 나타내고자 하는 어형만 재생할 수 있으면 그 정확한 표기를 반드시 요구하지 않는다. 따라서 하나의 토가 항상 일정한 모양으로 표기되지 않고 차자의 표음도 항상 일정하지가 않다. 인쇄토는 公的인 성격을 띠는 것이어서 이러한 變異가 적지만 역시 기입토의 관습을 완전히 벗어난 것은 아니다. 15세기의 한글토만이 변이가 거의 없이 하나의 토를 항상 일정하게 표기하는데 이는 한글의 문자체계가 우수한 데 말미암기도 한 것이지만 당시인들의 특별한 배려에 의한 것이다.

이 구결의 吐表記는 기입토의 전형이라 할 수 있을 만큼 많은 변이를 보여 준다. 그러나 그 변이의 類型을 보면 省略表記, 添加表記, 代表音의 轉用으로 나누어 볼 수 있다. 이에 따라서 문자체계의 운용 양상을 설명하기로 한다.

(1) 省略表記

기입토에서 가장 많은 생략표기를 보여 주는 것은 繫詞 '이'다. 이 구결도 예외가 아니어서 'ㅅ/이라, ㆍㅏ/이며, ㅌ/이니, ㅉ/이나, ㅣㅊㅣ/인댄, ㄹᅀ/이오' 등이 'ㅅ, ㆍㅏ, ㅌ, ㅉ, ㅣㅊㅣ, ᅀ' 등으로 표기된다. 이밖에도 계사의 생략표기는 광범위하게 나타나는데 문맥에 의하여 그 재생은 쉽게 되므로 읽는 데 불편은 없다. 이에 비하여 동사표시의 'ㆍㅣ/ㅎ-'의 생략은 매우 드물게 나타난다. 간혹 ㆍㅣᅀㅅ/ㅎ샤디, ㆍㅣㄴㆍㅣᅀ/홀ㅎ샤, ㅏㅌㆍㅣ ㅣ/딋ㅎ야, ㅅㆍㅣᅳᅀ마ㅣ/이라ㅎ여샷다 등이 'ᅀㅅ, ㆍㅣㄴᅀ, ㅏㅌㆍㅣ ㅣ, ㅅᅳᅀ마ㅣ' 등으로 표기되는 예를 만나게 된다. 이 경우 'ㆍㅣ'의 재생은 이 구결의 독법에 상당한 조예를 쌓은 후라야 가능하다.

계사 다음에 많은 생략을 보여 주는 것이 'ㄱ(隱)/(으)ㄴ'이다. 이 'ㄱ'의 쓰임은 다양한데 어떤 경우에나 생략되고 있다. 'ㄴㅓㄱ/란, ㅣㄴㆆㅓㄱ/홀저건'에서는 主題化添辭로 쓰인 것인데 이것이 'ㄴㅓ, ㅣㄴㆆㅓ' 등으로 생략된다. 'ㅎㅅㄱ/커든, ㅣㄱㅿㄱ/혼ㄷㄴ'에서는 조건법보조사로 쓰인 것인데 이것이 'ㅎㅅ, ㅣㄱㅿ' 등으로 생략된다. 또 'ㅅㆍㅈㄱ/이라ㅎ논, ㆍㅈㄱㅅㄱ/ㅎ논돈, ㆍㅈㄱㅊ/ㅎ논디'에서는 관형형어미로 쓰인 것인데 이것이 'ㅅㆍㅈ, ㆍㅈㅅ, ㆍㅈㅊ' 등으로 생략되기도 한다. 이밖에도 ㆍㅅㄱㅊ/ㅎ란대, ㆍㅅㄱㅜ/이언뎡 등이 ㆍㅅㅊ, ㆍㅅㅜ 등으로 생략되는 예가 자주 나타난다.

'ㄱ/(으)ㄴ'의 생략에 비하면 'ㄴ/(으)ㄹ'의 생략은 적은 편이다. ㅎㄱㄷㄴㄱ/컨마론, ㅣㄴㆆㅓㄱ/홀저건, ㆍㄴㅛㄴ/홀술 등이 'ㅎㄱㄷㄱ, ㅣㆆㅓㄱ, ㆍㅛㄴ' 등으로 생략되는 정도의 예가 나타난다. 'ㄴ/(으)ㄹ'의 생략표기가 적게 나타나는 것은 그 사용빈도가 떨어지는 데도 원인이 있다.

'ㄷ(叱)/ㅅ'의 생략표기도 간혹 나타난다. 'ㅔㅅㅌㄷㅅㅡ/이어닛다녀, ㆍㅁㄷㅌㅅㅡ/ㅎ려닛다녀'에 쓰인 'ㄷ/ㅅ'은 속격을 나타내는 것인데 생략되어 'ㅔㅅㄷㅅㅡ, ㆍㅁㄷㅅㅡ'로 표기된다. 'ㆍㅈㄷㄱ/ㅎ놋다, ㆍㅓㄹㄷㅁ/ㅎ리잇고, ㆍㅡㅿㄷㄱ/ㅎ여샷다'의 'ㄷ/ㅅ'은 보조어간인데 생략되어 'ㆍㅈㄱ, ㆍㅓㄹㅁ, ㆍㅡㅿㄱ'로 표기된다. 이 'ㄷ/ㅅ'은 사용빈도가 높고 그 생략되는 위치도 대개는 관용적인 것이어서 재생하는 데 큰 어려움은 없다.

이밖에도 단편적으로 생략되는 예들이 있다. 열거하면 다음과 같다.

'ㅑ/야'의 생략; ㆍㅑ/ㅎ야() ㅎ야) → ㆍ

'ㅑ/야'의 생략; ㆍㄴㅛㅑㄴ/홀제 → ㆍㄴㅛㄴ

'ㅡ/여'의 생략; ㆍㅡㅿㄷㄱ/ㅎ여샷다 → ㆍㅿㄷㄱ

'ㅑ/야'의 생략; ㆍㅑㄲ/ㅎ야도 → ㆍㄲ

'ㄹ/이'의 생략; ㆍㅓㄹㄷㅁ/이리잇고 → ㆍㅓㄷㅁ

'ㄷ/ㄴ'의 생략; ㆍㄴㄷㄴㅅ/ㅎ시ㄴㄴ라 → ㆍㄴㄷㅅ

'ㅔ/이'의 생략; ㅅㄱㅔㅿ/혼이라(호니라) → ㅅㄱㅿ

'ㅊ/ㅂ'의 생략; ㅁㅊㅿ/코ᄫᆞ라 → ㅁㄴㅿ

이 경우 그 생략을 재생하기 어려운 경우가 있다. 같은 계통의 다른 구결과의 대조에 의하여 어느 정도는 재생할 수 있으나 그렇지 못한 경우도 있으므로 解讀上 어려움을 겪는 경우가 있다.

(2) 音의 添記

차자표기에서 흔히 볼 수 있는 末音添記는 구결에서도 나타난다. 구결에서의 音의 添記는 이 말음첨기가 주류를 이루지만 음절의 頭音을 添記하는 예도 간혹 보인다.

末音添記로서 주목되는 것은 漢文構成素의 말음을 첨기하는 것이다.

身ㄴㅌ/身니니   塵ㄴㅌㅿ/塵니니라   便ㄴㄷㅌ/便니시니

身, 塵, 便은 토가 붙는 한문구의 마지막 구성소이고 그에 붙은 토의 첫 자는 계사 '-ㅔ/이'가 쓰여야 할 것인데 한문구성소의 말음 'ㄴ'을 첨기하게 되어 'ㅌ/니'가 쓰인 것이다. 한문 구성소의 말음을 첨기한 예는 다른 구결에서는 좀처럼 확인하기 힘든 것이니 이것도 初期的 順讀口訣의 한 특징이라 할 만하다.

'ㆍㅅㄱ/ᄒᆞ면'의 'ㄱ/ㄴ'은 'ㅅ/면'의 말음을 添記한 것인데 이러한 添記가 이 구결에서는 여럿 나타난다. 'ㆍㅅㄱㅑㄴ/ᄒᆞᄂᆞᆫ디'는 'ㄴ/이'가 'ㅑ/디'의 말음을 첨기한 것이고 'ㆍㄴㄹㅔ/ᄒᆞᆯ시'의 'ㅔ/이'는 'ㄹ/시'의 말음을 첨기한 것이다. 이들 토는 "ㆍㅅㄱㅑ", 'ㆍㄴㄹ'와 함께 사용되어 간혹 당혹감을 주기도 한다.

音節頭音의 添記는 'ㄱ/ㄴ, ㄴ/ㄹ, ㅌ/ㅅ'의 첨기가 확인된다. ㆍㄱㅌ/ᄒᆞ니 → ᄒᆞ니, ㅅㄱㅌ/혼니 → 호니, ㄴㄱㅌ/인니 → 이니 의 'ㄱ/ㄴ'은

'匕/니'의 두음을 첨기한 것이다. '乚灬/로, 乚亽ㄱ/란'의 '乚/ㄹ'은 '灬/로'와 '亽/라'의 頭音을 添記한 것이다. '去叱丶匕/커시니, 亽去叱丶匕/라커시니'의 '叱/ㅅ'은 '丶/시'의 두음을 첨기한 것이다. 이러한 두음첨기는 다른 구결에서는 거의 나타나지 않는 것이다.

(3) 代表音의 轉用

借字表記에서는 한 借字의 代表音이 그 쓰임에 따라 다른 音으로 교체되는 예가 있다. 이러한 현상은 이 구결에서도 흔히 나타난다.

국어의 문법적 형태는 그 분포에 따라 여러 이형태를 갖는데 구결에서는 이들을 하나의 차자로 표기하여 자연히 그 대표음이 여러 음으로 교체되는 결과가 된다. 일례로 대격조사는 'ᄋᆞᆯ, 을, ᄅᆞᆯ, 를, ㄹ' 등이 있는데 '乚/ㄹ' 하나로 표기한다. 이는 乚의 대표음 'ㄹ'이 여러 음으로 轉用되는 것으로 볼 수 있다. 이러한 전용은 이 밖의 조사와 어미의 표기에서도 흔히 나타난다.

차자표기에서는 대표음을 母音調和上 대립되는 모음으로 전용하여 사용하는 경우가 많다. '可匕/거니'의 '可/가'는 그와 모음이 대립되는 '거'음의 표기에 전용된 것이고 'ソ匕丶七去/ᄒᆞ니잇가'의 '去/거'는 그 대립모음인 '가'음의 표기에 전용된 것이다. 'ソ亠全七丨/ᄒᆞ여샷다'는 이 구결에서 널리 쓰이는 토이다. 이것이 간혹 'ソろ全七丨'로도 표기된다. 이는 'ろ/아'가 '야'음의 표기에 전용되었다가 다시 그와 모음이 대립관계를 이루는 '여'음의 표기에 전용된 것이다. '入'의 대표음은 '들'인데 '印入ソ全/인ᄃᆞᆯᄒᆞ샤'에서는 'ᄃᆞᆯ'로, 'ノㄱ入ㄱ/혼ᄃᆞᆫ'에서는 'ᄃᆞ'로, 'ソ入匕/ᄒᆞ드니'에서는 '드'음의 표기로 전용되었다. 'ホ/ᄃᆞᆯ' 역시 'ソ又ㄱホ灬/ᄒᆞ논ᄃᆞ로'에서는 'ᄃᆞ'로, '去ホㄱ/커든'에서는 '드'음의 표기에 전용되었다. '火'는 훈가자로 '블'이 원음인데 이것이 '口火亽/코ᄫᅳᆯ라'에서는 'ᄫᅳᆯ'로 쓰였다. 'ㅌ/ᄂᆞᆯ, 入/들, 月/ᄃᆞᆯ, ホ/ᄃᆞᆯ, 火/블'은 훈가자로 대표음의 말음이 'ㄹ'이지만 이를 탈락시키고 쓰는 것이 오히려 일반적이다. '可匕/카니, 去匕/커니, 令二匕/

커시니, ロ/코, 扌火七/티붓, 扌七ソろ/팃ᄒᆞ아'의 첫 글자들의 頭音은 본래 평음인데 이것이 유기음으로 전용되어 쓰인다. 구결에서 어간의 'ᄒᆞ-'가 줄어 뒤의 평음이 유기음화되는 현상이 이미 14세기에 있었음을 보여주는 것이기도 하다.

'ㄹ'과 'ㄴ'의 혼용에 의한 전용은 후대의 구결에서 흔히 볼 수 있는 것이다. 그러나 이 구결에도 이미 나타나고 있어 그 연원이 오래임을 알 수 있다. '乚'은 '롤'로도 쓰이는데 이것이 '去乚/커ᄂᆞᆯ, ソ亠丶乚/ᄒᆞ여시ᄂᆞᆯ'에서는 'ᄂᆞᆯ'음의 표기에 전용된다. 'ㅌ'는 'ᄂᆞ'의 표기에 쓰이지만 원음인 'ᄂᆞᆯ'로도 쓰인다. 이것이 대격의 'ᄅᆞᆯ'음의 표기에도 종종 전용된다. '又'는 'ソ又ㅅ/ᄒᆞ노라, ソ又ㄱ扌/ᄒᆞᆫ디'에서는 대표음 '노'로 쓰이지만 'ソ禾又所丶丨/ᄒᆞ리로소이다, 丶又ㄱ扌/이론디'에서는 '로'음의 표기에 전용된다. '灬/로'가 '노'음의 표기에 전용되어 'ソ灬七丨/ᄒᆞ놋다'의 표기에 쓰인 예도 있다. 또 'ㅅ/라'가 '나'음의 표기에, '乃/나'가 '라'음의 표기에 전용되기도 한다.

'ソ乚士丶/ᄒᆞᆯᄉᆡ'의 '士/ᄉᆞ'는 'ソ乚士丶/ᄒᆞᆯ제, ソ乚士ろ/ᄒᆞᆯ제, ソ乚士ラ/ᄒᆞᆯ제, ソ乚士ㄱ/ᄒᆞᆯ젠'에서는 'ᄌᆞ, 저'음의 표기에 전용된다. '이'음을 표기하는 데는 '이'음을 표기하는 차자를 전용하여 사용한다. 'ソ禾丶丨/ᄒᆞ리이다, 'ソㅌ刂丨/ᄒᆞᄂᆞ이다, 'ソ又士己丨/ᄒᆞ노ᄉᆞ이다' 등이 그것이다. '丨/다'가 '대'음의 표기에 전용된다. '刂ㄱ丨ㄱ/인댄, ソㄱ丨ㄱ/ᄒᆞᆫ댄' 등이 그러한 예이다. 드문 예로 '矣/ᄃᆡ'가 '디'음으로 전용되는 예가 있다. "ソ又ㄱ扌'를 'ソ又ㄱ矣'로 표기한 예가 간혹 나타난다. 이밖에 '印/인'이 '닌'음으로, 'ラ/ᄋᆡ, 의'가 '어'음의 표기에 전용되는 예들도 있다.

이러한 대표음의 전용은 모든 차자표기에 다 나타나는 현상이지만 이 구결에서는 특히 강하게 나타난다는 인상을 준다.

Ⅳ. 吐의 特性

順讀口訣의 토는 주로 조사와 어미를 표기하는 것이다. 이 구결의 토는 15세기국어보다 150년 가까이 앞서는 국어를 반영하고 있으므로 15세기국어와는 상당히 다른 言語現象을 보여 준다. 이에 따라 15세기 국어의 지식으로는 이해하기 힘든 토가 다수 나타난다. 이 현상은 조사보다는 어미에서 현저하게 나타나는데 여기서는 그러한 토를 소개하기로 한다.

한편 이 구결은 釋讀口訣에서 順讀口訣로 넘어 오는 중간과정을 보여주는 토들이 나타난다. 즉 순독구결은 한문구성소를 音讀하는 것이 원칙인데 이 구결은 일부 虛辭들을 訓讀하고 있어서 釋讀口訣의 성격이 보존되어 있음을 보여 준다. 먼저 이 현상에 대하여 소개하기로 한다.

(1) ㅅ者ㄱ/란

이는 한문의 '者'가 주제를 나타낼 때 음독하지 않고 '란'으로 훈독함을 보여 준다. 이 경우 者의 훈인 'ㅅㄱ/란'을 둘로 나누어 'ㅅ'는 者의 앞에, 'ㄱ'은 뒤에 현토한다. 이를 토가 붙은 순서대로 '라자(者)ㄴ'으로 읽으면 뜻이 통하지 않고 말도 되지 않으므로 훈독해야만 한다.

(1) a. 汝眼ㄱ 已知ㅊㅅㄱ 身合非覺ㅅ者ㄱ 既在虛空ㅛㅅㄱㅊ 自非汝體也ㅋㄷㅣ(1,9a,7)

a'. 而令身心ㄱ 分別ㆍ 有實ㅅ者ㄱ 言心 有分別ㅊㅌ…(2,7b,1)

이들은 'ㅅ者ㄱ'이 '란'으로 읽힘을 보여주는 예로 자주 나타난다.

b. 猶如世間 諸相ㆍ 雜和ㅛㅋ 成一體者ㅅㄱ 名和性ㅅㅁ 非和合者ㅅㄱ 稱本然性ㅅㅊㄱ(3,10b,5)

이는 (1a)와는 달리 者의 뒤에 'ㅅㄱ'이 현토된 것으로 이는 者를 음독한 다음 'ㅅㄱ/란'을 읽음을 보여주는 것이다. 같은 주제를 나타내는 者를 훈독도 하고 음독도 함을 보여 주는 것이다.

(2) ㅅ則ㄱ, ᅡ則ㄱ, ᄒ則ㄱ

則은 주제나 조건 또는 대조의 뜻으로 해석되는데 그 전후에 그 훈을 나타내는 토를 달아 훈독을 표시하고 則은 읽지 않는다.

(2) a. 若執兩 皆有知ㅅ則ㄱ 成兩體矣ㅊㅋㄴ丨(1,9a,8)

a'. 汝身ㅅ則ㄱ 今阿難身 空無所在矣ㅋㄴ丨(3,7b,2)

이들은 則이 'ㅅㄱ/란'으로 읽힘을 보여주는 예들이다.

b. 亡卽無見ㆍㅈᄉㄴ 誰明空色ㆍㅈᅡ則ㄱ 計色生眼處者ㆍ 妄也ㅋㄴ丨(3,3b,10)

c. 能聞ㄱ 無知ㆍᄒ則ㄱ 如草木ㆍᄒ(3,7a,3)

(2b)는 則이 '(ㆍㅈ)ᅡㄱ/(ᄒ리)온'으로 읽힘을, (2c)는 'ㆍᄒㄱ/ᄒ면'으로 읽힘을 보여 주는 예이다. 그러나 則은 후대의 구결에서와 같이 음독되는 예가 오히려 더 많이 나타남도 기억해 두어야 할 것이다.

(3) ㄱㅅ故ㅛ

이 시대에 因果關係를 나타내는 故의 훈은 여러 가지가 있지만 '---(으)ㄴ 드로'가 비교적 널리 쓰이는 훈이다. 이 구결에서는 故를 음독하는 경우가 대부분이지만 다음과 같이 訓讀하는 예도 적지 않게 나타난다.

(3) a. 認賊爲子ㆍᄒ 失汝元常ノㄱㅅ故ㅛ 受輪轉ㆍ巳ㄴㅅ(1,12b,4)

b. 知ㄱ 乃識之體ㅈㄱ故ㅛ 日知尙無成ロㄱ…(3,6b,11)

(3a)는 'ㅅ/ᄃ'와 '…/로'를 故의 앞뒤에 현토하여 이를 '(ᄒᆞᆫ)ᄃᆞ로'로 훈독함을 보여 주고 (3b)는 'ㅅ'를 생략한 점에서 다를 뿐 읽는 방법은 같다.

이상 漢文의 者, 則, 故가 음독되지 않고 훈독되는 예들을 들어 보았다. 그러나 이들은 음독되는 경우가 오히려 더 많다. 이러한 현상은 釋讀口訣에서 順讀口訣로 발달한 것이 그리 오래되지 않음을 보이는 것인데 한편으로는 순독구결에 섞여 있던 석독구결의 요소가 사라져 가고 있음을 보여 주는 것이기도 하다. 이러한 예들은 大邱本 楞嚴經에도 나타나 이들이 고려시대의 구결 가운데서도 이른 시기의 것임을 말하여 주는 것이다.

이 구결의 토 가운데 15세기 한글문헌에는 나타나지 않는 어미들을 열거한다. 괄호 속에 卷次, 張次, 行數를 표시한다.

ᄇᆢᆫㅣ/커시다(1,4b,3) ᄭᄀ二ᄉ/ᄒᆞ더시가(1,11a,11)

ノ ㅏ ㄷ/호니니(1,15b,6) 卯月二/인ᄃ녀(1,14b,15)

ㅓ ㄷ ᄭ ㅏ/딧ᄒᆞ니(1,9b,3) ᄭ二소 ㅏ/ᄒᆞ여샷다(1,9b,7)

ᄭ 罒 ᄀ ㅈ/ᄒᆞ슨뎌(1,15a,7) ᄭ ㅏ ㅗ ᄀ ㅈ/ᄒᆞ니손뎌(1,16a,11)

ᄭ二ㄷ加二ㅣ/ᄒᆞ엿더시다 ᄭ白ノㅏ/ᄒᆞ솝오니(1,10b,13)

ノ ᄀ二十ᄀ/혼여긴(1,7b,14) ᄂ소ᄇᆢ二ㅏ/이라커시니(1,6b,10)

ᄭ二소ㅣ/ᄒᆞ여란 尸 ㄴ上十/홀저긔(1,12b,12)

ᄭ 尸 斤 ㄷ/?(1,6a,10) ᄭ ᄀ ㄴ소ㅣ/혼란(1,16a,10)

ㅁ 火 ㅅ/코볼라(2,7b,9) ᄭ ㅅ소ᄇᆢ/ᄒᆞ드샤가(2,8a,3)

ᄭ 5 ᄒ/ᄒᆞ며히(2,9a,11) 卯ㅣᄭㅏ/인다ᄒᆞ니(2,9b,4)

ᄭㅑ ㄷ소ㅏ/ᄒᆞ아니어놀(2,10a,10) ᄭ ㅅ소ㄱ/ᄒᆞ드산(2,11b,11)

ㅁ 斤/코ᄂᆞᆫ?(3,1a,8) ᄭ 5 ᄀ/ᄒᆞ아혼(3,1a,10)

ノ ᄀ ㅣ/혼다(3,4a,6) ᄭ 呂 5/ᄒᆞ려며(3,7b,15)

ᄭ ㄴ ᄯ/홀오(3,6b,10) ᄭ ㄴ月二/홀ᄃ녀(3,11a,3)

ᄭ ㅑ ㅗ ㄷ ᄯ/ᄒᆞ두스니오(3,11a,5) ㅓ 火 ㄷ/티볏(4,8b,7)

ᄭ二ㄷ ᄯ/ᄒᆞ여니오(4,8b,7) 소ᄇᆢ소ᄇᆢ ㄷ/라커샤스니(4,9b,7)

이상의 토는 임의로 추출한 것이다. 이밖에도 많은 예가 있지만 이것만으로도 이 구결의 문법이 15세기의 그것과는 크게 차이가 있다는 것을 알 수 있다. 이들에 대한 문법적인 연구는 앞으로의 과제이다.

V. 結語

이 素谷本 楞嚴經과 같은 계통의 구결을 보여 주는 것이 大邱本 楞嚴經이다. 그런데 祇林寺本의 또다른 楞嚴經은 15세기 초(建文 3년, 1401년에 간행)의 구결인데도 이와 같은 계통의 구결을 보여 준다. 한편 같은 建文3年(1401)板인 宋成文本의 楞嚴經 口訣은 이들보다는 그 표기법이나 문법이 후대의 모습을 보여 주지만 刊經都監本 楞嚴經(1462)의 한글 구결보다는 先代의 문법을 보여 준다. 이로 보면 高麗末에서부터 朝鮮初에 이르는 시기의 구결이 적어도 3종이 있음을 알 수 있다. 이것은 구결이 시대에 따라, 또는 方言이나 學統에 따라 달라짐을 말하여 주는 것인데 현재는 素谷本의 구결이 가장 이른 시기의 구결을 보여 주고 있다.

같은 계통에 속하는 구결이라 하더라도 세부적으로는 차이가 있어 당시의 언어에 대하여 매우 중요한 정보를 제공해 주는데 같은 경전의 서로 다른 구결을 대조하여 연구하면 高麗末에서부터 朝鮮初에 이르는 동안에 국어가 발달해 온 과정을 매우 객관성 있고 치밀하게 기술할 수 있을 것으로 기대된다. 이것은 국어학이 당면한 훈민정음 이전의 국어를 연구하는 데 새로운 전기를 마련해 주는 것으로 믿어진다. 이 자료집의 간행을 계기로 이러한 성과가 빠른 시일 안에 이루어지기를 기대하여 마지않는다.

■ 『口訣資料集一 高麗時代 楞嚴經』, 韓國精神文化研究院編, 太學社, 1995. 5. 31.
  2014年 5月 3日 修訂.

『鄕藥集成方』의 鄕名에 대하여

I. 序言

『鄕藥救急方』의 跋文 첫머리에 '『鄕藥救急方』은 그 효력이 심히 神驗하여 우리나라 사람에게 이로움이 크다. 실려 있는 모든 약은 우리나라 사람이 쉽게 아는 것이고 쉽게 얻을 수 있는 것이다'라고 하였다.[1] 『鄕藥集成方』의 權採의 서문에는 '우리나라의 草木藥材들이 民生을 기르고 疾病을 치료하는 데 모자라는 바가 없다' 하고 또 '우리나라의 약 이름이 중국과 다른 것이 많아 醫術에 종사하는 자들이 어려움을 겪으매 主上께서 使臣에 딸려 醫官들을 중국에 보내어 醫書들을 널리 구하게 하고 또 그들이 중국의 大醫院에 나가 藥名이 잘못된 것을 考正하게 하였다'고 하였다.[2] 이는 이들 醫書들을 편찬하여 간행한 연유를 말한 것인데 한국인에게 잘 맞는 藥材들을 이 땅에서 쉽게 구하여 질병의 치료를 용이하게 하고자 하는 데서 이들 醫書들이 간행된 것임을 말한 것이다. 이들 책에서 鄕藥의 이름을 민간인들이 쉽게 알 수 있는 鄕名으로 표시하는 것도 이러한 목적에서 나온 것이다.

---

1 鄕藥救急方 其效 甚有神驗 利於東民 大矣. 所載諸藥 皆東人易知 易得之物.

2 惟我國天作一區 據有大東 山海寶藏之興 草木藥材之産 凡可以養民生 而療民疾者 蓋亦無不備焉. … 昔判門下臣權仲和 嘗加採輯 著鄕藥簡易方 其後又與平壤伯趙浚等 命官藥局更考諸方 又取東人修驗者 分門類編 鋟梓以行 自是藥易求 而病易治 人皆便之. 然方書之出於中國者尚少 藥名之異於中國者頗多. 故業其術者 未免有不備之嘆. 恭惟我主上殿下 特留宸慮 命揀醫官 每隨使如京 廣求方書. 且因申奏 就大醫院 考正藥名之謬.

현재 전하고 있는 醫書들에서 이 鄕名을 借字로 표기한 것은『鄕藥救急方』(13세기 중엽), 『鄕藥採取月令』(1431), 『鄕藥集成方』(1433)이 있다. 이들은 한글창제 이전의 鄕名을 보여 주는 것이어서 이 시대의 중요한 국어자료가 된다. 한글창제 이후에도 이 향명을 차자로 표기한 것은『村家救急方』(16세기 후반), 『牛馬羊猪染疫病治療方』(1541) 등이 있다. 이들은 그 양에 있어 앞의 자료에 미치지 못하는 것이다. 다만 鄕名의 후대 모습을 보여 주는 것이어서 15세기 이후 변천된 향명의 모습을 볼 수 있어 가치가 있다. 한글이 창제되면서 이들 향명은 한글로 표기되었다. 이 한글표기는 많은 문헌에 나타나지만 같은 계통의 의서인『救急簡易方』(1489)과『東醫寶鑑』(1613)에 가장 많이 나타나고『訓蒙字會』와『四聲通解』에도 적지 않게 나타난다. 이들 한글표기 자료는 차자표기보다 우리말의 표기가 정확하므로 표기가 정확하지 못한 차자표기의 향명을 해독하는 데 많은 도움을 준다. 한글 창제 이전에 기록된 차자표기의 향명은 이 한글자료를 근거로 해독함으로써 국어의 믿을 만한 연구자료가 되는 것이다.

향약은 주로 動物과 植物 그리고 鑛物로 이루어졌다. 따라서 이들의 향명은 이 시대의 이 계통 어휘를 연구하는 중요한 자료가 된다. 모든 新造語는 기존의 단어들과 有緣性을 가지고 만들어진다. 이는 어원론을 연구하는 중요한 단서가 되는 것인데 이 향명들은 이러한 어원론을 추구하기가 비교적 쉬운 자료이다. 이러한 語彙論的인 특징뿐만 아니라 音韻論이나 形態論의 중요한 정보도 제공하여 주는 것이다.

이 향명은 13세기 중엽에 기록된『鄕藥救急方』의 것이 지금으로서는 가장 이른 것이다. 그러나 이는 전하여 오는 자료의 制約에 말미암은 것이고 그 향명이 이루어진 역사는 이보다 훨씬 이른 것으로 생각된다.『鄕藥救急方』의 향명에는 국어가 그 原始祖語에서 분화되어 나올 때부터 사용되던 基礎語彙도 있지만 중국의 本草學의 영향으로 조어된 향명들도 많이 나타난다. 본초학을 기초로 한 향명들은 醫官들을 시험으로 발탁하는 제도가 확립되고 그 발탁된 의관들이 지방의 醫術人들을 교육하여 의술이 전국적으로 보급되어 갔을 때 그 명칭도 전국적으로 보급되어 간 것으로 믿어진다. 이런 점에서 향명의 연구는 우리의 본초학이 구체적으로 어떻게 발달되어 왔는가를 밝히는 데도 一翼을 담당할 수 있을 것이다.

Ⅱ. 『鄕藥集成方』의 鄕名 解讀

『鄕藥集成方』은 모두 85권으로 이루어졌는데 권76부터 권85까지가 鄕藥本草이다. 이는 우리나라에서 산출되는 藥材 630餘種에 대하여 해설한 것으로 藥材名, 鄕名, 藥味, 藥性, 效能, 각종 本草書의 설명, 採取時期 등을 기록하고 있다. 이 중 鄕名은 260여 종을 借字로 기록하여 놓은 것이다.

『鄕藥集成方』은 世宗 15년(1433)에 간행된 것이지만 유감스럽게도 그 初刊本은 전하지 않는다. 필자가 본 것은 高麗大學校 晩松文庫에 소장된 改刊本이다. 이는 1633년(仁祖 11, 崇禎 6)에 訓練都監에서 간행한 활자본이다. 그러나 이 판본은 초간본의 覆刻이 아니고 원본을 改修한 改刊本이기 때문에 그 과정에서 變改가 있었던 것으로 보인다. 향명은 각 藥材名 바로 위의 欄上에 기록되어 있다. 필자는 이 향명을 주 연구 대상으로 하였다.

필자가 본 다른 異本은 日本 東京의 國會圖書館의 所藏本이다.(이하 '동경본') 필자는 卷76에서부터 卷85까지의 10권을 4冊으로 묶은 것을 조사하였는데 이는 鄕藥本草의 부분에서 향명을 조사하기 위한 것이었다. 책의 형태는 四周雙邊에 12행 22자이고 板心은 上下黑口 內向黑魚尾이다. 韓楮紙인데 16세기의 간본에서 흔히 볼 수 있는, 종이를 이어서 사용한 것이 중간중간에 끼어 있다. 자형으로 보아 鑄活字本의 重刊本으로 보인다. 이러한 사실은 이 책이 壬辰倭亂 이전 16세기에 중간된 판본임을 말해 주는 것이다. 晩松文庫本은 향명을 난상에 기록하였으나 이 책은 藥材名을 陰刻하고 향명은 그 바로 밑에 二行細註의 小字로 陽刻하였다.

晩松文庫本과 이 책의 향명을 대조하여 차이점을 들면 다음과 같다.

晩松文庫本				東京本		
1)	缺			白堊	鄉名	白土(권77,19ㄴ)
2)	莐藬子	鄉名	目非□□ (권76,7ㄱ)	莐藬子	鄉名	目非也叱(권78,7ㄴ)
3)	沙蔘	□名	□德 (권78,28ㄱ)	沙蔘	鄉名	加德(권78,29ㄱ)
4)	缺			葫葽子	鄉名	羅耳實(권78,16ㄴ)
5)	缺			紫草	鄉名	芝草(권79,13ㄱ)
6)	京三稜	鄉名	牛天月乙(권79,24ㄱ)	京三稜	鄉名	牛夫月乙(권79,24ㄴ)
7)	蓋茊	鄉名	季奴(권79,26ㄱ)	蓋茊	鄉名	季奴只(권79,26ㄴ)
8)	白頭翁	鄉名	注乙花(권79,44ㄱ)	白頭翁	鄉名	注之花(권79,45ㄱ)
9)	缺			貫衆	鄉名	牛高非(권79,45ㄱ)
10)	蛇苺	鄉名	□□(권79,48ㄱ)	蛇苺	鄉名	蛇達只(권79,49ㄴ)
11)	酢漿草	鄉名	□僧牙(권79,50ㄴ)	酢漿草	鄉名	怪僧牙(권7952ㄱ)
12)	缺			燈心草	鄉名	古乙心(권79,53ㄴ)
13)	蘗木	卽	黃蘗也(권80,8ㄱ)	蘗木		黃蘗也(권80,8ㄱ)
14)	衛矛	鄉名	非帶會(권80,27ㄱ)	衛矛	鄉名	排帶會(권80,27ㄴ)
15)	缺			白鴿	卽	白鳩(권82,12ㄱ)
16)	缺			淡菜	鄉名	紅蛤(권83,20ㄱ)
17)	缺			覆盆子	鄉名	末應德達(권84,6ㄱ)
18)	缺			櫻桃	鄉名	伊士ㅅ叱(권84,6ㄱ)
19)	韭	鄉名	蘇□	韭	鄉名	蘇勃(권85,10ㄴ)

위의 예들은 晩松文庫本(崇禎本)이 개간될 때 빠진 鄉名의 일부, 脫字, 誤字를 東京本이 補充·修正하여 주는 것이다.

이는 1982년 필자가 同 圖書館을 방문하였을 때 조사한 것이어서 현재
로서는 미심적은 데가 없지 않다. 그러나 '紫草 鄕名 芝草, 貫衆 鄕名 牛
高非, 燈心草 鄕名 古乙心, 淡菜 鄕名 紅蛤, 覆盆子 鄕名 未應德達, 櫻桃
鄕名 伊士ㅅ叱'은 小倉進平(1936)에서 언급된 바가 있다.[3] 그가 대본으로
삼은『本草綱目啓蒙』에는 이들 향명이『鄕藥集成方』의 鄕藥本草에 있는
것으로 나와 있으나 그가 참고한 崇禎本(만송문고본과 같은 판본)에는 이
향명들이 없다고 하였다. 그는 이 차이에 대하여『本草綱目啓蒙』이『鄕
藥集成』이외의 자료에서 보충하고 이를 鄕藥本草의 이름을 빌려 표시
한 것으로 보았다. 그러나 이는 崇禎本이 초간본을 개간할 때 제외시킨
것이어서『本草綱目啓蒙』에서『鄕藥本草』의 것으로 표시한 것은 옳았던
것으로 보아야 한다.

『集成方』의 鄕名은 藥材名 다음에 '卽', '鄕名'으로 표시하였고 드물게
'鄕云'이라고 하거나 이러한 標識가 없이 든 것도 있다. 즉 '雲母 卽 石鱗,
'車轄 鄕名 車所也只'와 같이 표기한 것이 대부분이다. 이들은 漢藥材를
서민들이 쉽게 알 수 있도록 표시한 것으로 대개가 구어에서 사용하는
용어들이므로 그 표시의 차이에 구애받지 않고 향명으로 다룬다.

이 향명에 대한 연구는 일찍이 小倉進平에 의하여 전반적으로 연구된
바 있다.[4] 그러나 그의 연구는 국어의 시대적인 변화를 考慮에 넣지 않은
것이었기 때문에 표기 당시의 어형을 찾는 데까지는 이르지 못하였다.
그 후 方鐘鉉,[5] 南豊鉉,[6] 趙成五[7] 등에서 부분적으로 고찰된 바 있다. 이
역시『集成方』의 향명을 주대상으로 한 것이 아니기 때문에 체계적인 고

---

3 小倉進平(1936),『本草綱目啓蒙』に引用せられたる朝鮮動植鑛物名,『青丘學叢』10.
4 小倉進平(1936)의 前揭論文 및 小倉進平(1937),『鄕藥採取月令』及び『鄕藥集成方』
に現はれた朝鮮語, 動植鑛物名解釋補遺,『青丘學叢』14.
5 方鐘鉉(1963), 鄕藥名 硏究(遺稿),『一簑國語學論集』, 一潮閣.
6 拙著(1981),『借字表記法 硏究』, 檀大出版社
7 趙成五(1982),『鄕藥採取月令'의 借字表記體系 硏究』, 檀國大 大學院 碩士論文.

찰은 되지 못하였다. 이것이 전반적으로 연구된 것은 金斗燦(1983)에서였다.[8] 이 논문은 晩松文庫本에 나오는 252개의 향명을 고증하여 해독한 것으로 15세기 전반기의 어형을 비교적 정확하게 밝힌 것이다. 本攷에서도 이 견해를 많이 수용하였으나 몇 가지 태도를 달리한 점에서 차이가 있다. 金斗燦(1983)에서는 代表音의 轉用과 省略表記를 인정하지 않고 축자적으로 해독하였으나 이 글에서는 이러한 법칙을 인정하였다. 이밖에 고증을 달리한 것이 약간 있고 東京本에서 보충한 것이 더 있다.

이러한 태도로 필자가 새로 해독한 어형을 제시한다. 먼저 中國語의 藥材名과 『集成方』의 鄕名을 들고 『救急簡易方(救急)』, 『四聲通解(사성)』, 『訓蒙字會(훈몽)』, 『村家救急方(촌)』, 『東醫寶鑑(동의)』 등에서 그 향명을 추정하는 데 참고가 되는 어형을 한 예씩 제시한 다음에 그 해독의 어형을 제시하기로 한다. 필자가 해독한 어형에는 *표를 붙인다.

本草石部上品

1) 雲母	卽 石鱗(77,1ㄱ). 돌비늘(월석2, 35).	*셕린
2) 馬牙消	卽 焰消(77,3ㄴ). 염소;焰硝(동의, 탕3, 석부).	*염쇼
3) 白石英	卽 廣石(77,3ㄴ).	*광셕
4) 磁石	卽 指南石(77,6ㄴ). 지남셕(동의, 탕3, 석부).	*지남셕
5) 鍒鐵	卽 水鐵(77,9ㄱ).	*믈쇠
6) 礪石	卽 磨刀石(77,9ㄴ).	*마도셕
7) 車割	鄕名 車所也只(77,9ㄴ). 쇠야기 할;轄(훈몽,중26).	*술위소야기
8) 百舌鳥	卽 鶯(77,12ㄱ).	*잉
9) 伏龍肝	卽 釜底下土(77,12ㄱ). 오란솓미틔누른홁(동의, 탕1, 토부).	

8 金斗燦(1983), 『借字表記 鄕名의 通時的 硏究』 - 鄕藥集成方을 中心으로, 檀國大 大學院 碩士論文.

　　　　　*부뎌하토

10) 鑞墨　　　鄉名 鼎今音臺英(77,13ㄱ). 숟미터검더영;鑞墨(동의, 탕1,
　　　　　　　토부).　*솓금더영

11) 鉛丹　　　卽 黃丹(77,13ㄱ).　*황단

12) 銅青　　　鄉名 銅綠(77,16ㄱ). 一名 銅綠 : 銅青(동의, 탕3, 금부).
　　　　　　　*구리녹

13) 代赭　　　卽 朱石(77,16ㄱ). 됴혼쥬토(동의, 탕, 석부).　*쥬셕

14) 溫湯　　　卽 溫泉也(77,22ㄱ).　*온쳔

15) 白堊　　　鄉名 白土(동경본77,19ㄴ). 빅토(동의, 탕1, 토부).　*빅토

　　　本草草部　上品之上

16) 黃精　　　鄉名 竹大根(78,1ㄱ). 듁댓불휘(동의, 탕2, 초부).　*듁대불휘

17) 朮　　　　卽 白朮(78,5ㄱ). 삽듓불휘;白朮(동의, 탕2, 초부).　*백튤

18) 菟絲子　　鄉名 鳥麻(78,6ㄴ). 새삼(훈몽, 상8).　*새삼

19) 茺蔚子　　鄉名 目非也叱(東京本78,7ㄴ). 눈비앗(사해, 상9) 눈비엿
　　　　　　　(救簡2,73).　*눈비얏

20) 女萎 萎蕤　鄉名 豆應仇羅(78,7ㄴ). 둥구라(村家方).　*둥구라

21) 獨活　　　鄉名 地頭乙戶邑(78,9ㄴ). 쌋둘흡(동의, 탕2, 초부).　*쌋둘흡

22) 車前子　　鄉名 布伊作只(78,10ㄴ). 뵈땅이(救簡2,97).　*뵈짜기

23) 薯蕷　　　卽 山藥(78,11ㄱ).　*산약

24) 澤瀉　　　鄉名 牛耳菜(78,12ㄱ). 쇠귀ㄴ물불휘(동의, 탕2, 초부).　*쇼
　　　　　　　귀ㄴ물

25) 遠志　　　鄉名 阿只草(78,13ㄱ). 아기플불휘(동의, 탕2, 초부).　*아기플

26) 龍膽　　　鄉名 觀音草(78,13ㄴ). 과남플(동의, 탕2, 초부).　*관음플

27) 赤箭　　　卽 天麻苗也(78,15ㄱ). 텬맛삭(동의, 탕2, 초부).　*텬마묘

28) 菴藺子　　鄉名 眞珠蓬(78,15ㄴ). 진쥬봉(동의, 탕2, 초부).　*진쥬봉

29) 藍藤根　　鄉名 加士草(78,17ㄱ). 가스새(동의, 탕2, 초부).　*가스새

30) 藍實   鄕名 靑黛實(78,17ㄱ). 청딧즙(救簡2,84). *청디삐

31) 菥蓂子   鄕名 羅耳實(동경본, 권78,16ㄴ). 굴근나이삐(동의, 탕2, 초
         부). *나싀삐

32) 黃耆   鄕名 甘板麻(78,19ㄴ). 돈너삷불휘(救簡1,93). *돈널삼

33) 蒲黃   卽 蒲槌上黃粉(78,21ㄱ). 부들마치우흿누른ᄀᄅ(救簡2,89).
         *포퇴샹황분

34) 香蒲   鄕名 次乙皆(78,22ㄱ). 蒲黃;부들곳ᄀᄅ(상동). *줄기

35) 漏蘆   鄕名 伐曲大(78,22ㄴ). 졀국대(동의, 탕2, 초부). *벌곡대

36) 茜根   鄕名 高邑豆訟(78,24ㄱ). 곱도숑(救簡3, 28) 곡도숑(사해,
         하4). *곱도숑

37) 忍冬   鄕名 金銀花草(78,25ㄴ). 겨ᄋ사리너출(동의, 탕2, 초부).
         *금은화초

38) 蛇床子   鄕名 蛇都羅叱(78,26ㄱ). 비얌돌랏삐(동의, 탕2, 초부). *비
         얌도랏

39) 地膚子   鄕名 唐樜(78,26ㄴ). 댓뿌리삐(救簡3,108). *대뿌리

40) 茵蔯蒿   鄕名 加外左只(78,27ㄴ). 더위자기(동의, 탕3, 초부). *더위
         자기

41) 沙參   鄕名 加德(東京本78,29ㄱ). 더덕(훈몽,상7). *더덕

42) 徐長卿   鄕名 摩何尊(78,29ㄴ). 마하존불휘(救簡3,116). *마하존

43) 王不留行 鄕名 長鼓草(78,29ㄴ). 댱고새(동의, 탕3, 초부). *댱고새

   草部中品之上

44) 菜耳實   卽 蒼耳子(79,2ㄱ). 됫고마리(救簡2,94). *창싀삐

45) 括蔞根   鄕名 天叱月伊(79,4ㄱ). 하ᄂᆞᆯᄃᆞ래(救簡1,22). *하ᄂᆞᆯ돌이

46) 苦蔘   鄕名 板麻(79,4ㄴ). 쁜너삼(救簡1,98). *널삼

47) 當歸   鄕名 僧庵草(79,5ㄱ). 승암초(救簡6,91). *승암초

48) 通草   卽 木通(79,5ㄴ). 이흐름너출(救簡2,84). *목통

49) 芍藥　　　鄕名　大朴花(79,6ㄴ).　함박곳불휘(救簡6,7).　*한박곳

50) 蠡實　　　一名　馬藺子(79,7ㄱ).　붇곳불휘(救簡6,61).　*마린ᄌ

51) 瞿麥　　　鄕名　石竹花(79,7ㄴ).　셕듁화(동의, 탕3, 초부).　*셕듁화

52) 玄蔘　　　鄕名　能消草(79,8ㄱ).　릉쇼초(촌).　*능쇼초

53) 秦艽　　　鄕名　綱草(網의誤,79,9ㄱ).　망초불휘(동의, 탕3, 초부).　*망초

54) 百合　　　鄕名　介伊日伊(79,9ㄱ).　개나릿불휘(救簡2,11).　*개날이

55) 白芷　　　鄕名　仇里竹根(79,10ㄱ).　구리대(사해,상18).　*구리대불휘

56) 陰羊藿　　鄕名　三枝九葉(79,11ㄱ).　삼지구엽플(동의,탕3,초부).　*삼
　　　　　　　지구엽

57) 黃芩　　　鄕名　裏朽斤草(79,11ㄴ).　솝서근픐불휘(救簡2,107).　*솝
　　　　　　　서근플

58) 紫草　　　鄕名　芝草(동경본,권79,13ㄱ).　지최(동의,탕3,초부).　*지초

59) 前胡　　　鄕名　蛇香菜(79,13ㄱ).　샤양칫불휘(동의,탕3,초부).　*샤향치

60) 白鮮皮　　鄕名　撿花(79,14ㄱ).　검화(四解하,5).　*검화

61) 酸漿　　　鄕名　叱科阿里(79,14ㄴ).　쏘아리(동의,탕3초부).　*똬아리

62) 白薇　　　鄕名　百吉草又名竹葉細辛(79,16ㄱ).　마하죿불휘(救簡
　　　　　　　3,116)　*빅길초, 듁엽셰신

63) 惡實　　　卽　苦牛蒡實(79,16ㄴ).　쁜우웡삐(救簡2,67).　*쁜우방삐

64) 王瓜　　　鄕名　鼠瓜(79,18ㄱ).　쥐츳미汁瓜(사해,상65).　*쥐외

65) 地楡　　　鄕名　苽菜(79,18ㄴ).　외ᄂ뭀불휘(救簡6,34).　*외ᄂ물

大小薊根　　大薊鄕名大居塞小薊鄕名曹方居塞(79,19ㄱ)

66) 大薊　　　鄕名　大居塞; 한거싀(救簡3,97).　*한거싀

67) 小薊　　　鄕名　曹方居塞; 조방거싀(救簡3,97).　*조방거싀

68) 天麻　　　鄕名　都羅本(79,22ㄱ).　슈자희좃(동의,탕3,초부).　*도라본

69) 懷香子　　卽　茴香(79,22ㄴ).　회향(훈몽,상7).　*회향

70) 紅藍花　　卽　紅花(79,23ㄱ).　니싯곳(救簡 1,90).　*홍화

71) 京三稜　　鄕名　牛夫月乙(동경본 79,24ㄱ).　쇠부돌(촌).　*쇠부돌

72) 蘿摩子　　　鄕名 烏朴(79,24ㄴ). 새박너출(救簡6,48).　*새박

73) 鬱金　　　鄕名 深黃(79,24ㄴ). 심황(救簡2,117).　*심황

74) 薺苨　　　鄕名 季奴只(동경본79,26ㄴ). 계로기(사해,상27).　*계로기

75) 莪草　　　鄕名 蓼花(79,26ㄴ). 료화(救簡1,34).　*뇨화

76) 白藥　　　鄕名 犬矣吐叱(79,26ㄴ). 가희톱;白斂(동의,탕3,초부).　*
　　　　　　　　가히이톳

77) 莎草根　　卽 香附子(79,27ㄱ). 향부ㅈ(救簡2,108).　*향부ㅈ

78) 鱧腸　　　卽 旱蓮草(79,27ㄴ).. 한년초(동의,탕3,초부).　*한련초

79) 海帶　　　似多士摩藿而麤長(79,29ㄱ). 다스마며유;昆布(救簡2,80).
　　　　　　　*다스마며유

80) 半夏　　　雉毛奴邑(79,29ㄱ). 끠모롭불휘(救簡1,7).　*끠모롭

81) 大黃　　　將軍(79,30ㄱ). 쟝군플(동의,탕3,초부).　*쟝군

82) 葶藶　　　鄕名 豆音矣羅耳(79,31ㄱ). 돈두루믜나ᇫ(救簡1,7).　*두
　　　　　　　름의나ᇫ

83) 桔梗　　　鄕名 都乙羅叱(79,31ㄴ). 도랏(救簡2,65).　*도랏

84) 莨菪子　　鄕名 草牛黃(79,32ㄴ). 초우웡삐(동의,탕3,초부).　*초우황

85) 旋覆花　　鄕名 夏菊(79,33ㄴ). 하국(동의,탕3,초부).　*하국

86) 藜蘆　　　鄕名 朴草(79,34ㄱ). 박새(사해,상28).　*박새

87) 射干　　　鄕名 虎矣扇(79,34ㄴ). 범부체(동의,탕3,초부).　*범의부체

88) 靑箱子　　鄕名 白蠻月阿比(79,35ㄴ). 흰만ㄷ라미(救簡2,95).　*흰만
　　　　　　　둘아비

89) 白芨　　　鄕名 竹栗膠(79,36ㄱ). 대왐플(사해,하72).　*대밤플

90) 大戟　　　鄕名 柳漆(79,36ㄴ). 버들옷(동의,탕3,초부).　*버들옷

91) 澤漆　　　鄕名 柳漆苗(79,37ㄱ). 大戟苗也(동의,탕3,초부).　*버들옷삭

92) 羊躑躅　　鄕名 盡月背(79,38ㄱ). 진돌읫곳(救簡2,44).　*진돌비

93) 商陸　　　鄕名 這里君(79,39ㄱ). 쟈리군(사해,하7) 쟈리공불휘(동의,
　　　　　　　탕3보부).　*쟈리군

94) 天南星 鄕名 豆也末注作只(79,41ㄱ). 두야머주자깃불휘(救簡1,1).
   *두야머주자기

95) 羊蹄 鄕名 所乙串(79,41ㄴ). 솔옷(사해,상9). *솔곶

96) 萹蓄 鄕名 百節(79,42ㄱ). 온ᄆᆞ듭(동의,탕3초부). *온ᄆᆞ듭

97) 貫衆 鄕名 牛高非(권79,45ㄱ). 회초밋불휘(동의,탕3,초부). *쇠
   고비

98) 狶薟 鄕名 蟾矣衿(79,44ㄱ). 두터븨니블(사해,히85). *두텁의니블

99) 白頭翁 鄕名 注之花(동경본79,45ㄱ). 주지곳又 할미십가빗불휘(동
   의,탕3,초부). *주지곳

100) 鬼臼 天南星大者(79,45ㄴ). *텬남셩대쟈

101) 馬兜鈴 鄕名 勿兒隱冬乙乃(79,46ㄴ). 쥐방올(동의,탕3,초부). *몰
   순돌내

102) 藺茹 鄕名 吾獨毒只(79,48ㄱ). 오독ᄯᅩ기(동의,탕3,초부; 狼毒). *
   오독ᄯᅩ기

103) 蛇苺 鄕名 蛇達只(동경본79,49ㄴ). 비얌ᄯᅡᆯ기(救簡1,108). *비얌ᄯᅡᆯ기

104) 葎草 鄕名 汗三(79,48ㄴ). 한삼(훈몽,상4). *한삼

105) 鶴蝨 鄕名 狐矣尿(79,48ㄴ). 영의오좀플(救簡2,37). *영의오좀

106) 白附子 鄕名 白波串(79,49ㄱ). 힌바곳불휘(救簡2,6). *힌바곳

107) 蚤休 鄕名 躬身草(79,49ㄴ). *궁신초

108) 木賊 鄕名 束草(79,50ㄱ). 속새(동의,탕3,초부). *속새

109) 酢漿草 鄕名 怪僧牙(동경본79,52ㄱ). 괴승아(동의,탕3,초부). *괴
   승아

110) 夏枯草 鄕名 鷰矣蜜(79,51ㄱ). 져빗꿀(동의,탕3,초부). *져비의ᄭᅮᆯ

111) 山慈菰根 鄕名 馬無乙串(79,51ㄴ). 몰물옷(救簡6,19) 가치무릇(동의,
   탕3,초부). *몰물곳

112) 燈心草 鄕名 古乙心(동경본79,53ㄴ). 골속(동의,탕3,초부). *골속

113) 馬勃 鄕名 馬夫乙伐士叱(79,52ㄱ). ᄆᆞᆯ불버슷(동의,탕3,초부).

＊믈불버슷

114) 草三稜根　　鄕名 每作只根(79,52ㄴ). 미자깃불휘;三稜(동의,탕3,초부).
＊미자깃불휘

115) 萱草根　　鄕名 仍叱菜(79,53ㄱ). 넘ᄂ물(사해,하11) 넙ᄂ물(동의,탕
3,초부). ＊넛ᄂ물

木部上品

116) 栢實　　卽 側柏實(80,4ㄱ). 측빅나모여름; 側栢子(동의,탕3,목부).
＊측빅여름

117) 酸棗　　鄕名 三彌尼大棗(80,6ㄴ). 예춋씨(救簡1,114). ＊사미니대조

118) 蘖木　　卽 黃蘖也(80,8ㄱ). 황벽피(救簡2,109). ＊황벽

119) 牡荊實　　卽 楨荊 (80,11ㄱ). 卽 頑荊(월령,9월). ᄲ리;荊條(사해,하
47). ＊완형

120) 蔓荊實　　卽 僧法實(80,11ㄴ). 승법실(동의,탕3,목부). ＊승법실

121) 桑上寄生　　卽 桑樹上冬乙沙里(80,12ㄱ). ᄲᅩᇰ나모우희겨으사리(동의,탕
3,). ＊ᄲᅩᇰ나모우희 겨을사리

122) 蕪荑　　鄕名 楡醬 出江界(80,21ㄱ). 느릅나모; 楡(救簡1,114). ＊느
릅나모쟝

123) 枳實　　卽 樧子(80,22ㄱ). 선팅ᄌ(救簡1,114). ＊팅ᄌ

124) 茗苦木茶茗　　鄕名 眞茶(80,23ㄴ). 됴훈쟉셜차(우마,20). ＊춈차

125) 秦皮　　水靑木(80,24ㄴ). 므프레(훈몽,상6). ＊믈프레나모

126) 白棘　　鄕名 酸棗加柴(80,25ㄴ). 쉰대초;酸棗(훈몽,상6). ＊산조가싀

127) 鬱金香　　卽 深黃花(80,27ㄱ). ＊심황곳

128) 衛矛　　鄕名 排帶會(동경본80,27ㄴ). ᄲᅳ디회(동의,탕3,목부). ＊비
디회

129) 海桐皮　　鄕名 掩木皮(80,27ㄴ). 엄나모겁질(동의,탕3,목부). ＊엄나
모겁질

130) 合歡 　　　鄕名 佐歸木(80,27ㄴ). 자괴나모겁질(동의,탕3,목부). *자
　　　　　　　　귀나모

131) 虎杖根 　　鄕名 紺著(80,28ㄴ). 감뎃불휘(동의). *감뎌

132) 蜀椒 　　　鄕名 椒皮(80,30ㄱ). 죠피(훈몽,상6). *죠피

133) 郁李仁 　　鄕名 山梅子(80,34ㄱ). 묏이스랏 又名 산미즈(동의). *산
　　　　　　　　미즈

134) 槲若 　　　鄕名 所里眞木(80,34ㄴ). 소리춤나모(사해,허57). *소리춤
　　　　　　　　나모

135) 白楊樹皮 　鄕名 沙瑟木(80,35ㄱ). 사슷나모겁질(동의,탕3,목부). *사
　　　　　　　　슬나모

136) 橡實 　　　鄕名 加邑可乙木實(80,36ㄱ). 굴근도토리(동의,탕3,목부).
　　　　　　　*덥갈나모여름

137) 柘木 　　　卽 黃桑木(80,36ㄴ). 묏뽕(훈몽,상15). *황상목

138) 木槿 　　　鄕名 無窮花木(80,37ㄱ). 무궁화(동의,탕3,목부). *무궁화

人部

139) 婦人裩襠 　卽 中衣本(81,4ㄴ). 겨지븨듕의믿(救簡1,108). *듕의믿

獸部上品

140) 白膠 　　　卽 鹿角膠(81,8ㄱ). 녹각교(동의,탕2,수부). *녹각교

141) 酥 　　　　卽 酥油(81,9ㄴ). 수유(救簡1,88) 타락(훈몽,중11). *소유

獸部中品

142) 羚羊角 　　鄕名 山羊(81,22ㄱ). 산양의쁠(救簡1,25). *산양

143) 豚卵 　　　卽 家猪(81,29ㄱ). 돈텨불(동의,탕1,수부). *가돈

144) 鼺鼠 　　　鄕名 飛月阿未(81,37ㄴ). ㄴㄴ드라미(동의,탕1,수부). *눌
　　　　　　　　둘아미

145) 獖肉胞膏　　　鄕名 吾兒尼(81,36ㄱ).　오ᅀᆞ리(훈몽,상10).　*오ᅀᆞ리

146) 鼴鼠　　　　鄕名 豆地鼠(81,36ㄱ).　두디쥐(훈몽,상10).　*두디쥐

147) 豹皮　　　　鄕名 升量(81,38ㄱ).　승냥의가족(동의,탕1,수부).　*승량

148) 膃肭臍　　　卽云 海獺(81,38ㄱ).　*힛달

　　禽部上品

149) 白鵝膏　　　鄕名 家居有(82,4ㄱ).　집거유(법2,14).　*집거유

150) 鶩肪　　　　卽 鴨脂(82,4ㄴ).　집올히기름(동의,탕1,금부).　*압지

151) 鴈肪　　　　卽 鴈脂(82,5ㄴ).　기러기기름(동의,탕1,금부).　*안지

152) 伏翼　　　　鄕名 勃叱鼠(82,8ㄱ).　붉쥐(救簡6,68.).　*붏쥐

153) 溪鵝　　　　鄕名 豆音伏只(82,10ㄱ).　믌둙(두7,2) 믓둙(훈몽,상9).　*둄복

154) 練鵲　　　　鄕名 唐鵲(82,10ㄴ).　댓가치(동의,탕1,금부).　*댓가치

155) 鸕鷀屎　　　鄕名 加ケ五知(82,11ㄱ).　가마오디(훈몽,상9).　*가마오디

156) 鶉　　　　　鄕名 毛次羅只(82,11ㄴ).　뫼ᄎ라기(동의,탕1,금부).　*뫼ᄎ
　　　　　　　　　라기

157) 白鴿　　　　卽 白鳩(동경본,권82,12ㄱ).　흰집비둘기(동의,탕1,금부).
　　　　　　　　*빅구

158) 啄木鳥　　　鄕名 迪古里(82,12ㄱ).　뎌고리(훈몽,상8. 동의,탕1,금부).　*
　　　　　　　　뎌고리

159) 慈鴉　　　　鄕名 霧乙加ケ耳(82,12ㄱ).　골가마괴(훈몽,상9).　*물가마귀

160) 鵜鶘觜　　　鄕名 沙月鳥(82,13ㄱ).　사ᄃ새(훈몽,상9).　*사돌새

161) 鸛骨　　　　鄕名 大隱鳥(82,13ㄱ).　한새(훈몽,상8).　*한새

162) 鴛鴦　　　　鄕名 證隱鴦伊(82,13ㄴ).　증경이(동의,탕1,금부).　*증앙이

163) 魚狗　　　　鄕名 金鳥(82,13ㄴ).　쇠새(훈몽,상9).　*쇠새

164) 百舌鳥　　　一名斑鳩 狀如鴿項上有斑(82,14ㄱ).　괴꼬리(동의,탕1,금
　　　　　　　　부).　*반구

165) 鉤鵅　　　　鄕名 付凰(82,14ㄱ).　부훵이(훈몽,상8).　*부황

166) 杜鵑　　　　鄕名 接冬(82,14ㄴ).　졉동새(동의,탕1,금부).　＊졉동

蟲魚部　上品

167) 牡蠣　　　　鄕名 大屈乙曺介(82,17ㄱ).　굵죠갯거플(救簡1,25).　＊큰굴
　　　　　　　　　조개

168) 璚珆　　　　鄕名 代尾(82,21ㄱ).　딕미(사해,상43).　＊딕미

169) 桑螵蛸　　　鄕名 桑木上倘矣阿之家(82,21ㄴ).　뽕나모우희당의아지집
　　　　　　　　　(동의,탕2,충부).　＊뽕나모우희당의아지집

170) 石決明　　　鄕名 生鮑(82,22ㄱ).　싱포겁질(동의,탕2,충부).　＊싱보

171) 鱶魚　　　　鄕名 加母致(82,24ㄴ).　가모티(훈몽,상11) 가몰티(동의,탕2,
　　　　　　　　　어부).　＊가모티

172) 鮧魚　　　　鄕名 未由棄(82,25ㄴ).　메유기(훈몽,상11) 머여기;鮎魚(동
　　　　　　　　　의,탕2,어부).　＊미유기

173) 鱧魚　　　　鄕名 冬乙藍虛里(82,26ㄱ).　드렁허리(훈몽,상11).　동의,탕2,
　　　　　　　　　어부).　＊드람허리

174) 海豘魚　　　鄕名 勿乙可致(82,29ㄴ).　믈가치(동의,탕2,魚部).　＊믈가티

蟲魚部　中品

175) 蝟皮　　　　鄕名 高所音猪(83,1ㄱ).　고솜도티갓(救簡2,98).　＊고솜돝

176) 露蜂房　　　鄕名 牛蜂家(83,1ㄴ).　믈버릐집(救簡3,111).　＊쇠벌집

177) 蚱蟬　　　　鄕名 每阿未(83,5ㄱ).　미아미(훈몽,상12).　＊미아미

178) 蟬花　　　　卽 蟬脫(83,6ㄴ).　믹얌의허물(동의,탕2,충부).　＊션탈, ＊믹얌
　　　　　　　　　의허물

179) 蠐螬　　　　鄕名 久音方伊(83,6ㄴ).　굼벙이(훈몽,상11).　＊굼벙이

180) 烏賊魚骨　　鄕名 未起骨(83,7ㄱ).　미긔쎠(촌), 오증어쎠 미긔치(동의,
　　　　　　　　　탕2,어부).　＊미긔쎠

181) 鰻鱺魚　　　鄕名 蛇長魚(83,8ㄱ).　비얌댱어(救簡6,86).　＊비얌댱어

182) 蠶退　　鄕云 蠶出紙(83,10ㄱ). 누에삐낸죠히(救簡2,47). *누에삐
　　　　　　낸죠히

183) 緣桑螺　　卽 桑樹上螺(동경본83,10ㄴ).　뽕나모우희인는돌팡이(동의,
　　　　　　탕2,충부).　*상슈샹라

184) 蛞蝓　　鄕名 無殼月乙板伊(83,10ㄱ).　집업슨돌팡이(동의,탕2,충
　　　　　　부).　*집업슨돌팡이

185) 蝸牛　　鄕名 有殼月板伊(83,11ㄴ).　돌팡이(救簡6,60. 사해,하31).
　　　　　　*집진돌팡이

186) 石龍子　　鄕名 都馬蛇(83,11ㄴ).　도마비얌(훈몽,상12).　*도마비얌

187) 木䖝　　鄕名 登外ㅇ未飛者(83,13ㄱ).　등위;䖝(능9,68)　등의(훈몽,
　　　　　　상11).　*등위

188) 蚩䖝　　鄕名 登外(83,13ㄴ).　*등위

189) 鮫魚皮　　卽 沙魚皮(83,14ㄱ).　사어피(동의,탕2,어부).　*사어피

190) 鱵魚　　鄕名 所加里(83,14ㄴ).　소가리(동의,탕2,어부).　*소가리

191) 河狔　　鄕名 伏只(83,15ㄱ).　복(훈몽,상11).　*복

192) 鰡魚　　鄕名 水魚(83,15ㄴ).　슝어(동의,탕2,어부).　*슈어

193) 蠼螋　　鄕名 影汝訖(83,16ㄱ).　그르메너흐리(사해,상30).　*그르메
　　　　　　너흘

194) 蝦蟆　　卽 蟾(83,16ㄴ).　두터비(救簡1,111. 훈몽,상12).　*셤

195) 馬刀　　鄕名 馬十曹介(83,18ㄱ).　몰십죠개(동의,탕2,충부).　*몰십
　　　　　　조개

196) 蚌蛤　　鄕名 大朴曹介(83,19ㄱ).　바다굴근죠개(동의,탕2,충부).　*
　　　　　　한박조개

197) 淡菜　　鄕名 紅蛤(동경본83,20ㄱ).　홍합 又섭(동의,탕2,충부).　*홍합

198) 蟶　　鄕名 麻致(83,19ㄱ).　가리맏(사해,하53) 가리맛(동의,탕2,충
　　　　　　부).　*마티

199) 蛇蛻　　鄕名 蛇脫皮(83,20ㄱ).　비야픠헝을(동의,탕2,충부).　*비얌

의형올

200) 蝮蛇膽　　鄕名　毒蛇(83,21ㄴ). 독샤(구간6,54. 사해,상4). *독샤

201) 蠮螉　　　鄕名　所月伊蜂(83,22ㄴ). 바두리벌(사해,상5). *바둘이벌

202) 葛上亭長　鄕名　葛上加乙畏(83,23ㄱ). 츩곳(救簡3,11). *츩우희갈외

203) 蜈蚣　　　鄕名　眞乃(83,23ㄴ). 진에(동의,탕2,충부). *지네

204) 水蛭　　　鄕名　巨末伊(83,24ㄱ). 거머리(훈몽,상12). *거멀이

205) 斑猫　　　鄕名　加乙畏(83,24ㄴ). 갈외(동의,탕2,충부). *갈외

206) 田中螺　　鄕名　牛吾濃伊(83,25ㄱ). 우롱이;田螺(동의,탕2,충부). *쇠
　　　　　　　오롱이

207) 雀甕　　　鄕名　衰也只家(83,26ㄱ). 소야기(동의,탕2,충부). *쇠야기집

208) 蜻蛉　　　鄕名　馬叱同仇火乃(83,28ㄱ). 몰똥구으리(동의,탕2,충부).
　　　　　　　*몰똥구블레

209) 螻蛄　　　鄕名　求其乙波耳(83,28ㄴ). 도로래(사해,상36, 동의,탕2,충
　　　　　　　부). *구절바귀

210) 蠅　　　　鄕名　末仇里(83,29ㄱ). 머구리(동의,탕2,충부). *머구리

211) 衣魚　　　鄕名　　般多伊助音(83,30ㄴ). 옷스이예잇ᄂᆫ반대좀(救簡
　　　　　　　1,19). *반대좀

212) 壁錢　　　鄕名　猿蛛(83,31ㄱ). 납거믜(훈몽,상11. 동의,탕2,충부). *
　　　　　　　납거믜

213) 活師　　　鄕名　兀蒼伊(83,31ㄴ). 올창이(동의,탕2,충부). *올창이

果部 上品

214) 藕實　　　卽　蓮子(84,1ㄱ). 년ᄌ(救簡2,96). 년밤;蓮實(동의,탕2,과부).
　　　　　　　*년ᄌ

215) 鷄頭實　　鄕名　居塞蓮(84,5ㄱ). 거싀년밤;芡仁(동의,탕2,과부). *거
　　　　　　　싀련

216) 蓬蘽　　　鄕名　末應德達汝注乙(84,5ㄴ). 멍덕딸기(救簡6,12. 동의,탕

2,과부). *멍덕딸너줄

217) 覆盆子   鄕名 末應德達(동경본 84,6ㄱ). 나모딸기(동의,탕2,과부).
                  *멍덕딸

218) 櫻桃   鄕名 伊士ㅅ叱(동경본 84,6ㄱ). 이ᄉ랏(동의,탕2,과부). *이
                  ᄉ랏

219) 芋   鄕名 土卵(84,10ㄱ). 토란(사해,상34. 동의,탕2,채부). *토란

220) 烏芋   鄕名 吾乙未(84,11ㄱ). 올미(동의,탕2,채부). *올미

221) 胡桃   卽 唐楸子(84,15ㄴ). 당츄ᄌ(救簡2,36). *당츄ᄌ

222) 獼猴桃   鄕名 月乙羅(84,16ㄱ). ᄃ래(동의,탕2,과부). *둘래

223) 海松子   鄕名 佐叱(84,16ㄴ). 잣(동의,탕2,과부). *잣

     米穀部

224) 胡麻   卽 黑荏子(84,17ㄴ). 거믄춤뻬(동의,탕1,곡부). *흑심ᄌ

225) 麻蕡   卽 麻花上粉(84,18ㄴ). 삼곶우희누른ᄀᄅ(동의,탕1,곡부).
                  *마화상분

226) 飴糖   鄕名 余叱(84,20ㄴ). 엿(救簡6,5). *엿

227) 生大豆   卽 生大(84,21ㄱ). 흰콩;大豆(동의,탕1,곡부). *싱태

228) 秫米   卽 粟枯(84,24ㄱ). 출기장뿔(동의,탕1,곡부). *속고

229) 靑粱米   鄕名 生洞粘(84,24ㄴ). 싱동출(훈몽,상7. 동의,탕1,곡부). *
                  싱동출

230) 穬麥   鄕名 米麰(84,29ㄴ). 것보리(동의,탕1,곡부). *뿔보리

231) 蕎麥   鄕名 木麥(84,30ㄱ). 모밀(훈몽,상6). *모밀

232) 腐婢   卽 小豆花也(84,33ㄱ). 곶;小豆(훈정,해례). *쇼두화

233) 罌子粟   鄕名 羊古米(84,34ㄱ). 양고미뻬(동의,탕1,곡부). *양고미

     菜部 上品

234) 冬葵子   鄕名 阿郁(85,1ㄱ). 돌아욱뻬(救簡6,19. 동의,탕2,채부). *아욱

235) 蕪菁及蘆菔　蕪菁鄉名禾菁(85,1ㄴ). 쉿무수(훈몽,상7) 쉰무우(동의,탕2, 채부). *쉿무수

236) 瓜蔕　　　卽 眞瓜蔕(85,2ㄴ). 춤외고고리(동의,탕2,채부). *진과톄

237) 莧實　　　鄉名 非禀(廩)子(85,3ㄴ). 비름(훈몽,상7). *비름삐

238) 胡荽　　　鄉名 高柴(85,4ㄴ). 고시(훈몽,상7). *고시

239) 萊菔　　　鄉名 唐菁(85,5ㄴ). 댓무수삐;蘆蔔子(救簡1,36). *댓무수

240) 茬子　　　卽 水茬子(85,6ㄱ). 듧깨(훈몽,상7). *슈싑ㅈ

241) 黃蜀葵花　卽 黃葵花又名一日花(85,6ㄱ). 일일화(동의,탕2,채부). *황규화, 일실화

242) 蜀葵　　　卽 葵花(85,6ㄴ). 규화(훈몽,상4). *규화

243) 甛瓜　　　鄉名 眞瓜(85,6ㄴ). 춤외(동의,탕2,채부). *춤외

244) 胡瓜葉　　卽 苽(85,7ㄱ). 외(훈몽,상7). *고

245) 苦苣　　　鄉名 愁伊禾(85,7ㄴ). 싀화(救簡6,51). *쉬화

246) 薺　　　　鄉名 那耳(85,8ㄱ). 나이;薺菜(동의,탕2,채부). *나싀

247) 韭　　　　鄉名 蘇勃(85,10ㄱ). 부치;韭菜(동의,탕2,채부) 졸(物譜,蔬菜). *소볼

248) 薤　　　　鄉名 付菜(85,10ㄴ). 부치(救簡6,11. 훈몽,상7) 염교(동의,탕2,채부). *부치

249) 假蘇　　　鄉名 鄭芥(85,11ㄱ). 뎡가이삭(救簡2,65). *뎡가

250) 蘇　　　　卽 紫蘇(85,12ㄴ). 추쇠(救簡,1,102. 2,13). *ㅈ소

251) 水蘇　　　鄉名 水芳荷(85,13ㄴ). 믌왕하(사해,상40. 훈몽,상8). *믈방하

252) 香薷　　　鄉名 奴也只(85,14ㄱ). 노야기(救簡2,60). *노야기

253) 薄荷　　　鄉名 英生(85,14ㄱ). 영싕이(사해,하97). *영싕

254) 苦瓠　　　卽 苦瓢(85,15ㄱ). 쁜박(救簡6,29). *고표

255) 馬齒莧　　鄉名 金非廩(85,15ㄴ). 쇠비름(救簡6,50). *쇠비름

256) 葫　　　　蒜也(85,16ㄱ). 마늘(救簡1,32). *쉰

257) 蒜　　　　小蒜 鄉名 月乙賴伊(85,17ㄱ). 둘뢰(훈몽,상7). *둘뢰

258) 胡葱   鄕名 紫葱(85,17ㄴ). ᄌᆞ총(救急方,하76). *ᄌᆞ총

259) 蘩蔞   鄕名 鶏矣十加非(85,20ㄱ). 닭의십가비(동의,탕2,채부). *
닭익십가비

260) 白苣   鄕名 斜羅夫老(85,21ㄱ). 샤라부루(사해,상44. 훈몽,상14).
*샤라부루

261) 蕺   鄕名 滅乙(85,21ㄴ). 멸(사해,하73. 훈몽,상7). *멸

Ⅲ. 鄕藥名의 語學的 考察

1) 漢字語와 鄕名

集成方의 鄕名은 '卽', '鄕名', '一名' 등으로 표시하거나 표지가 없이 표
기한 경우가 있다. 이들의 차이에 대하여 생각해 보는 것이 이 문헌의
향명을 이해하는 데 도움이 된다.

'卽'은 원칙적으로 한자어를 표시한 것이다. 그리하여 이 해독에서는
이 '卽'으로 표시한 향명을 모두 音讀字로 읽었다. 그러나 이 표기 가운데
는 訓讀되어 고유어로 읽히던 것도 적지 않게 나타난다. 1)石鱗은 '돍비
늘', 5)水鐵은 '믈쇠', 178)蟬脫은 '미암의허물', 227)生太는 '눌콩', 254)苦
瓠는 '쁜박'을 표기하던 것인데 이를 '卽'으로 하여 한자어로 표시하였다.
이들 한자어는 중국어에는 없는 것이니 韓國漢字語라고 하여야 할 단어
들이다. '194)蝦蟆 卽 蟾에서 蟾은 고유어 '두터비'를 지시하기 위한 것이
지만 고유어 '두터비'가 있기 때문에 蟾이 한자어로 차용되기가 어려운
것이다. 이를 '卽'으로 표시하여 한자어로 본 것은 '두터비'를 배경에 깔
고 사용한 것이다. 이는 일반 言衆보다는 이 방면의 전문가를 대상으로
한 표현으로 보인다.

9)釜底下土, 33)蒲槌上黃粉, 183)桑樹上螺, 225)麻花上粉은 단어라기보
다는 약재를 지시하기 위하여 만든 句라고 하여야 할 것이다. 이는 한자
를 우리말의 어순으로 배열한 초기적인 이두문과 같은 성격을 띤 것이다.

'卽'으로 표시된 漢語 起源의 한자어이지만 그에 해당하는 고유어가 있는 경우도 많다. 17)白芷은 '삽둇불휘', 23)山藥은 '마ㅎ', 44)蒼耳子는 '됫고마리', 48)木通은 '이흐름너출', 63)苦牛蒡實은 '쁜우윙삐', 137)黃桑木은 '묏쌍', 224)黑荏子는 '거믄촘뻬', 244)苽는 '외', 256)蒜은 '마늘'과 같은 고유어가 있는 것이다. 이들 한자어도 일반 언중보다는 이 방면에 지식을 가진 사람들을 대상으로 한 한자어라고 하여야 할 것이다. 이에 해당하는 예는 150)鴨脂의 '집올히기름', 151)鴈脂의 '기러긔기름', 157)白鴿의 '흰집비둘기', 232)小豆花의 '퐃곶', 240)水荏子의 '듧깨' 등이 더 있다. ,

이에 대하여 69)茴香, 77)香附子, 78)旱蓮草, 116)側柏實, 118)黃蘗, 120)僧法實, 123)梔子, 127)深黃花, 140)鹿角膠, 141)酥油, 148)海獺, 189)沙魚皮, 214)蓮子, 241)黃葵花와 一日花, 242)葵花, 250)紫蘇 등은 그 고유어가 없는 한자어이다. 이 단어들은 이른 시기에 차용되어 이 시대에는 보편적으로 쓰이던 한자어여서 漢語藥材名에 대한 국어(한자어)로 취급한 것이다.

한편 고유어를 한문구의 구성소로 다룬 표현도 있으니 '79)海帶 似多士摩藿 而麤長(79,29ㄱ)'의 '多士摩藿'이 그것이다. 이는 '다ᄉ마머육'을 표기하던 것을 그대로 한문구에 사용한 것이다. 이는 한자어 '昆布'로 표현할 수 있음에도 불구하고 사용된 것이니 이 표기가 한문과 고유어의 경계를 엄격히 따지지 않고 대중의 이해를 위해 사용하는 관습에서 나온 것으로 생각된다. 이러한 표현은 『향약구급방』에서도 볼 수 있으니 이 문헌에서 비롯된 것은 아니다.

'一名'으로 표현된 것에는 50)蠡實 一名 馬藺子, 164)百舌鳥 一名 斑鳩가 있다. 이들은 漢語에서도 2개의 명칭을 갖는 것인데 국어에도 차용되어 보편화된 단어이므로 '卽'으로 표시하여도 좋은 것이다. 이들은 '붇곶불휘', '괴꼬리'와 같은 고유어를 가진 한자어이다.

'鄕名'이라 표시한 것은 대부분이 고유어이다. 그러나 15)白土/빅토, 28)眞珠蓬/진쥬봉, 37)金銀花草/금은화초, 47)僧庵草/승암초, 51)石竹花/

석듁화, 52)能消草/능쇼초, 53)網草/망초, 56)三枝九葉/삼지구엽, 58)芝草/지초, 59)蛇香茱/샤향치, 60)撿花/검화, 62)百吉草/빅길초, 又名 竹葉細辛/듁엽셰신, 73)深黃/심황, 75)蓼花/뇨화, 84)草牛黃/초우황, 85)夏菊/하국, 138)無窮花/무궁화 등은 한자어이다. 이밖에도 향명이라고 표시된 단어들이 漢字語인 예는 많다. 이들 가운데는 無窮花와 같이 우리말에서 조어된 韓國漢字語도 있을 것이나 대개는 이른 시기에 漢語에서 들어와 국어에 수용된 차용어이다.

'125)秦皮 水靑木/믈프레나모'와 '80)半夏 雉毛奴邑/끽모롭'은 鄕名이란 표시가 없으나 그 표시를 빠뜨린 것이다. '81)大黃 將軍/쟝군'도 그러한 표시가 없다. '將軍'이 한자어이지만 국어에 동화된 鄕藥名이므로 '鄕名'의 표시를 빠뜨린 것으로 생각된다.

이러한 사실들로 볼 때 '卽'과 '鄕名'의 표시는 漢字用語와 口語에서 쓰이는 用語를 구별한 것이다. 그러나 그 경계가 분명하지 않아 훈독자표기를 '卽'으로 표시한 것이 있고 漢字語를 '鄕名'이라고 표시한 경우도 있는 것이다. 이는 국어와 한문의 접촉현상에서 나오는 현상이다.

2) 『鄕藥採取月令』의 鄕名과의 비교

『月令』은 『集成方』과 같은 編纂線上에서 같은 編纂人들에 의하여 2년 먼저 이루어진 것이다. 따라서 두 문헌에 나오는 鄕名은 밀접한 관계를 갖는 것이 당연하다. 실제로 두 문헌의 鄕名은 표기상으로나 어형상으로 거의 일치하고 약간의 차이가 있을 뿐이다. 이 同異點에 대하여 검토하는 것이 이 향명의 國語史的인 성격을 이해하는 데 도움이 된다.

『月令』은 그 원본이 전하지 않고 筆寫本만이 둘 전한다. 하나는 1722년에 일본인 犬梅塢가 필사한 것이 日本의 國會圖書館에 소장되어 전하고 다른 하나는 이 책을 1931년에 일본인 早野龍三이 다시 필사한 것이 서울大學校圖書館에 소장되어 있다. 이들은 약재들을 採取 月別로 분류하여 漢語藥材名을 들고 그 밑에 차자로 표기된 鄕名을 적은 것이다. 그러나 이들은 한국어를 모르는 외국인이 옮긴 것이어서 誤寫가 있고 원본을 그대로 옮긴 것도 아닌 것으로 보인다. 그 序文에서 말한 '土產藥材數百餘種'도 160여 종만이 실려 있고 藥性이나 陰陽乾曝之法에 대한 설명도 없다. 이들은 필사시에 뺀 것으로 보인다. 또 그 필사의 원본에는 原所有者가 다른 책에 있는 향명을 옮겨 적은 것이 있었던 것으로 보이는데 이를 上層, 首書, 朱書라 표시하고 옮겨 적었다. 이들은 『鄕藥救急方』의 고려시대 鄕名과 일치하는 것이 많다.

이 上層, 首書, 朱書등으로 표시된 약재명을 제외하고 『集成方』의 향명표기와 대조한 결과를 보이면 다음과 같다.

(1) 향명의 표기는 두 문헌이 거의 일치한다.

18) 菟絲子 鄕名 鳥麻/새삼, 20) 萎蕤 鄕名 豆應仇羅, 36) 茜根 鄕名 高邑豆訟 등이 일치하고 심지어 79)海帶 似多士摩藿 而麤長과 같이 향명을 한문구에 넣어 사용한 것까지도 일치한다. 이와 같이 완전 일치하는 것이 90여 항이 된다.

(2) 『月令』에 있으나 『集成方』에 없는 향명들이 있다.

葛根	叱乙○夫乙田仲(월령,4월)	槐白皮	鄕名 槐花木皮(월령,무시)
狼毒	鄕名 吾獨毒只(월령,2월)	鹿角	卽 大鹿(월령,10월)
棠毬子	鄕名 地乙梨(월령,무시)	蛴螬	鄕名 代尾(월령,무시)
冬麻子	鄕名 吐乙麻(월령,9월)	茅香	白茅香(월령,5월)
白瓜子	冬瓜仁也(월령,무시)	石蜜	鄕云 石淸蜜 一名石飴(월령,무시)
蟾酥	卽 蟾眉上酥(월령,5월)	水萍	鄕名 魚食(월령,3월)
五倍子	一名文蛤一名百蟲倉(월령,무시)	熊膽	鄕名古音矣余老(월령,11월)
威靈仙	鄕名 車衣菜(월령,9월)	薏苡仁	鄕名 □乙梅(월령,7월)

紫石英 鄕名 紫水精(월령,무시)		自然銅 鄕名 生銅(월령,무시)
紫草 鄕名 芝草(월령,3월)		皂莢 鄕名 走葉木(월령,9월)
蒼茸(耳)葉 升古体(休)伊(월령,4월)		菖蒲 鄕名 松衣亇(월령,4월)
草烏頭 鄕名 波事(串)(월령,2월)		蓖麻子 阿次叱加伊(월령,무시)

이상 24항이다. 이 중에는『集成方』의 초간본에는 있었으나 중간본에
서 빠진 것도 있을 것이다. '鹿角 卽 大鹿', '茅香 白茅香'과 같은 것은 설
명이 필요 없다고 보고 삭제한 것으로 보인다. 또 狼毒의 鄕名 '吾獨毒只'
는『月令』과『集成方』모두에 藺茹의 향명으로 나와 있다. 李時珍의『本
草綱目』의 '藺茹'의 항에 보면 '今人往往皆呼其根爲狼毒. 誤矣.'라 하였고
狼毒의 항에서도 같은 설명을 하고 있다. 이로 보면 月令의 編纂時까지
는 狼毒과 藺茹를 같은 약초로 보았던 것을『集成方』의 시대에는 다른
것임이 판명되어 한 쪽의 향명만을 인정한 데서 차이가 생긴 것으로 보
인다.

(3)『月令』과『集成方』의 향명이 전혀 다른 경우가 있다.

莨菪子 一名 牛黃 天仙子(월령,5월)		鄕名 草牛黃(집성방79,32ㄴ)
白薇 鄕名 摩何尊(월령,3월)		鄕名 百吉草又名竹葉細辛(집 성방79,16ㄱ)
通草 鄕名 水左耳(월령,무시)		卽 木通(집성방79,5ㄴ)

『本草綱目』에 莨菪子의 별명으로 天仙子를 들고 있다. 우리의 향명을
『月令』에서는 牛黃이라 한 것은 오해하기 쉬운 것이고『集成方』의 草牛
黃이 본이름일 것이다.『月令』에서 白薇의 향명을 摩何尊이라 하였으나
『集成方』에서는 이를 徐長卿의 향명으로 하고 있다.『救急簡易方』(3,
116)에서 白薇의 향명을 '마하쥰불휘'라 하였고『東醫寶鑑』에서도 白薇의

향명을 '아마존'이라 한 것을 보면 廖何尊은 白薇의 향명이고 徐長卿의 향명은 아닐 것이다. 편찬과정이나 인쇄과정에서 잘못이 있었던 것으로 보인다. 通草의 鄕名을 水左耳라고 한 것은『月令』에 유일하게 나오는 것이다. 그 독법이나 어원을 고증할 수 없는 것이다. 木通은 흔히 사용되는 通草의 異名이다.

(4) 誤字로 인하여 차이를 보이는 것이 있다.

『月令』의 葛根의 鄕名 '叱乙○夫乙田仲'는 우리말을 모르는 사람이 전사한 것이어서 '叱乙叱夫乙旧伊/짌불귀'의 誤寫로 보인다. '불귀'는 '불휘'의 上代語로 추정된다.『集成方』의 '杜荊實 卽 槙荊 (80,11ㄱ)'에서 杜荊이란 약초는『本草綱目』에 나타나지 않는다. 杜衡이란 약재명이 있으나 이는 草部에 있고 뿌리를 약용으로 쓰지 열매나 씨를 쓰는 것이 아니므로 이와는 다른 것이다. '槙荊'의 '槙'도 字典에 없는 글자이다. 이는『月令』의 牡荊과 일치하는 것으로 보아야 할 것 같다. 牡荊 卽 頑荊(월령,9월)으로 볼 때 '槙荊'은 '頑荊'의 잘못으로 보인다.『月令』에서 商陸의 鄕名을 '這里居'라고 한 것은 집성방의 '商陸 鄕名 這里君(79,39ㄱ)'으로 보아 '這里君'의 잘못이다.『月令』에서 半夏의 鄕名을 '雉□邑(5월)'이라고 하였는데 □ 속의 글자는 毛자인지 奴자인지가 분명치 않다. 본래 두 글자가 들어가야 할 것인데 한 글자밖에는 들어 갈 수 없다. 이는『집성방』의 '半夏 雉毛奴邑(79,29ㄱ)'으로 보아 '毛'와 '奴'의 두 글자 가운데 하나를 빠뜨리고 다른 한 글자도 잘못 옮긴 것이다.

(5) 같은 語形을 표기한 것이지만 표기상 차이가 있는 것

馬兜鈴	鄕名 勿兒冬乙羅(월령,7월)	鄕名 勿兒隱冬乙乃(집성방79,46ㄴ)	
馬勃	鄕名 馬天(夫)乙茸(월령,무시)	鄕名 馬夫乙伐士叱(집성방79,52ㄱ)	
百合	鄕名 犬伊日(월령,2월)	鄕名 介伊日伊(집성방79,9ㄱ)	

<table>
<tr><td>罌子粟　鄕名　陽古米(월령,무시)</td><td>鄕名　羊古米(집성방84,34ㄱ)</td></tr>
<tr><td>衛矛　　鄕名　件帶檜(월령,9월)</td><td>鄕名　排帶會(집성방80,27ㄱ)</td></tr>
</table>

馬兜鈴의 鄕名은 『鄕急』에서 '勿兒隱提良'으로 표기되던 것이다. 『集成方』과 같이 '隱'이 있는 것이 더 충실한 표기이다. 羅는 이 시대의 차자표기에서 '乃/나'로도 표기될 수 있으므로 『集成方』의 표기가 부정확한 것은 아니다. 馬勃의 鄕名에서 '茸'과 '伐士叱'의 차이를 보인다. 訓讀字 표기와 音假字 표기의 차이로 같은 어형을 표기한 것이다. 百合의 鄕名에서도 '犬'과 '介伊'의 차이를 보인다. 역시 訓讀字와 音假字의 차이일 뿐 같은 어형의 표기이다. 罌子粟의 鄕名에서는 같은 音假字인 '陽'과 '羊'의 차이를 보인다. 어형은 일치한다. 衛矛의 鄕名에서는 '件'과 '排', '檜'와 '會'의 차이를 보인다. '件'의 훈은 '볼'이고 '排'의 음은 '비'이어서 공통되는 음을 찾을 수 있다. 동의보감에서 이 향명을 '비디회'라고 한 점을 보면 이들은 'ㅂ'음을 표기한 訓假字와 音假字의 차이임을 알 수 있다. '檜'와 '會'는 같은 음가자인데 會에 수식적으로 木을 첨가한 것이 檜이다. 月令에서는 雲母의 石鱗을 鄕名이라 하여 '돌비늘'로 읽고 있는데 『集成方』에서는 이를 '卽'으로 표시하여 음독하고 있다. 이는 같은 말을 어형을 달리 하여 읽은 것이다.

(6) 語形의 변화를 보여 주는 예가 있다.

『月令』에서 夏枯草의 鄕名은 '鷰蜜/져비꿀'이라고 하였다. 이를 『集成方』에서는 '鷰矣蜜/져비의꿀'로 표기하였다. 복합어에서 속격의 표지는 수의적으로 들어가므로 이러한 차이는 시대적인 변화를 보여 주는 것이라고 할 수 없다. 그러나 다음의 예들은 이와 성격을 달리 한다.

『月令』에서 茵蔯蒿의 鄕名은 '加火老只/더브로기'인데 『집성방』에서는 이를 '加外左只/더위자기'라 하였다. 『鄕急』에서 이 향명은 '加火左只/더블자기'이고 『東醫寶鑑』의 이 향명이 '더위자기'임을 고려할 때 『月令』의 향명은 '加火左只/더블자기'의 誤寫일 가능성이 있다.[9] '더블자기〉더위자기'는 국어의 음운사에서 설명되는 변화이니 그 변화의 경계가 되는 시기에 『月令』과 『集成方』의 편찬이 있었음을 보여 주는 예이다.

『月令』에서 天南星의 鄕名은 '豆也摩次作只'로 나타난다. 이는 『鄕藥救急方』의 '豆也ケ味火/두여맞블'이나 '豆也味次/두여맞'으로 보아 '두여맞자기'로 읽을 수 있다. 이 향명이 『集成方』에서는 '豆也未注作只/두여마주자기'로 나타난다. 『월령』의 이 향명은 『救簡』의 '두야머주자깃불휘(구간1,1ㄴ)'나 『東醫寶鑑』의 '두여머조자기(탕3,18ㄴ)'로 보아 『鄕急』과 『集成方』의 중간 단계에 있는 어형임을 보여 주는 것이다. 즉 이는 '두여맞'에서 접미사 '-ᄋ작'과 '-이'가 결합된 것인데 『鄕急』, 『月令』, 『集成方』의 각 형태는 이들의 발달과정을 보여 주는 것이다.

3) 『鄕藥救急方』의 鄕名과의 비교

『鄕急』은 13세기 중엽 高麗의 大藏都監에서 간행된 것이다. 『集成方』보다 2세기 앞서는 국어의 모습을 보여 주는 것이다. 이 『鄕急』은 148항의 향명을 보여 주는데 그 가운데 약재의 향명은 135항이 된다. 이들을 『集成方』의 향명과 대조하면 약 200년간에 나타난 변화를 볼 수 있다.

(1) 『鄕急』과 『集成方』의 향명표기가 완전히 일치하는 예는 몇 안 된다.

苦蔘　板麻(鄕急중,5. 목,3)　　鄕名 板麻(79,4ㄴ)　　鄕名 板麻(월령,3월)

蕎麥　木麥(鄕急목,8)　　　　鄕名 木麥(84,30ㄱ)

瞿麥　石竹花(鄕急중,5)　　　鄕名 石竹花(79,7ㄴ)

---

9 국어의 擬聲擬態語에 '더부룩(漢淸13, 26)이 있다. 이 어형이 어느시대까지 소급되는 것인지는 확실하지 않으나 15세기까지 소급될 가능성을 배제할 수는 없다. 그런 점이 '加火老只'를 誤寫라고만 볼 수 없게 하는 것이다.

萊菔	唐菁(鄕急목,8)	鄕名 唐菁(85,5ㄴ)	
露蜂房	亏蜂家(鄕急목,9)	鄕名 牛蜂家(83,1ㄴ)	鄕名 牛蜂家(월령,7월)
腐婢	小豆花(鄕急상,12. 목,8)	卽 小豆花也(84,33ㄱ)	卽 小豆花也(월령,7월)
射干	虎矣扇(鄕急상,16. 목,4)	鄕名 虎矣扇(79,34ㄴ)	鄕名 虎矣扇(월령,3월)
石決明	生鮑甲(鄕急중,2. 목,10)	鄕名 生鮑(82,22ㄱ)	鄕名 生鮑(월령,2월)
蘇	俗云 紫蘇實(鄕急목,9)	卽 紫蘇(85,12ㄴ)	
羚羊角	山羊角(鄕急목,11)	鄕名 山羊(81,22ㄱ)	卽 山羊(월령,무시)
遠志	非師豆刀草 又阿只草(鄕急목,2)	鄕名 阿只草(78,13ㄱ)	鄕名 阿只草(월령,8월)
地膚子	唐楄伊, 唐楄(鄕急중,23. 목2)	鄕名 唐楄(78,26ㄴ)	鄕名 唐楄(월령,7월)
澤瀉	牛耳菜(鄕急목,2)	鄕名 牛耳菜(78,12ㄱ)	鄕名 牛耳菜(월령,4월)
菟絲子	鳥伊麻(鄕急목,1)	鄕名 鳥麻(78,6ㄴ)	鄕名 鳥麻(월령,9월)
蒲黃	蒲槌上黃粉(鄕急상,14. 중,20)	卽 蒲槌上黃粉(78,21ㄱ)	鄕名 蒲槌上黃粉(鄕急중,22)
鶴蝨	狐矣尿(鄕急목,5)	鄕名 狐矣尿(79,48ㄴ)	鄕名 狐矣尿(월령,무시)
胡桃	唐楸子(鄕急하,2. 목,7)	卽 唐楸子(84,15ㄴ)	鄕名 唐楸子(월령,무시)
黃耆	甘板麻(鄕急중,14. 목,2)	鄕名 甘板麻(78,19ㄴ)	鄕名 甘板麻(月令,2월)

이상 18항의 표기가 서로 일치한다. 약 10% 남짓이 일치하는 셈이다. 이렇게 적은 일치는 13세기와 15세기 사이에서 향명이나 그 표기법이 대폭 바뀌었음을 말해 주는 것이다.

일치하는 예들도 전반적인 경향이 있음을 보여 준다. 訓讀字表記와 音讀字表記가 대부분을 차지하고 音假字表記는 '阿只草/아기플', '木麥/모밀', '矣/익, 의(속격조사)', '-伊/이' 정도인데 이 음가자표기도 일찍부터 이 단어의 표기에 관습적으로 사용되어 오던 것이다.

(2) 『鄕急』에 있는 향명이 『集成方』에는 없는 경우가 많다.

葛根　　叱乙根/즐불휘(鄉急目,3)

決明子　狄小豆/되꽃ㄱ(鄉急목,2)

戒火(景天)　塔菜/탑ㄴ물(鄉急목,2)

蚯蚓　　居兒乎/거ᅀᅵ호(鄉急목,10)

蒴莒　　蛇休草 又蛇避草(鄉急목,2)

糯米　　粘米/찰발(鄉急중,13. 목,8)

狼芽草　狼矣牙/일히의엄(鄉急목,5)

蘆根　　葦乙根/ᄀᆯ불휘(鄉急목,5)

鹿角　　沙蔘矣角/사ᄉᆞᆷ이뿔(鄉急목,11)

膽　　　与老/여로; 熊膽(鄉急목,10)

大麻子　与乙/열(鄉急하,4. 목,8)

大麥　　包來/보리(鄉急목,8)

大蒜　　ケ汝乙/마널(鄉急목,9)

麥門冬　冬沙伊/겨슬사리(鄉急목,1)

茅香　　置伊存/뛰잇(鄉急중,22)

木串子　夫背也只木實/부븨여기나모여름(鄉急목,7)

細辛　　洗心/셰심(鄉急목,2)

白斂　　犬伊刀叱草/가히돗플(鄉急중,2. 目4,)

蟾蜍　　豆何非/두허비(鄉急중,21. 목,10)

水藻　　勿/물(鄉急목,4)

升麻　　雉骨木 又雉鳥老草/끠됴로플(鄉急목,1)

菘菜　　無蘇/무수(鄉急하,11)

烏鷄　　黑鷄/검돍(鄉急상,14)

雄雀矢　雄鳥屎/슷새똥(鄉急상,16)

薏苡　　鄉名 伊乙每, 伊乙梅/이올믹(鄉急중,5. 목,2)

紫菀(反魂)　迫加乙/틱갈(鄉急상,16)

雀麥　　鼠矣包衣, 鼠苞衣/쥐(의)보리(鄉急상,18. 목,5)

楮	茶只葉/닥닙(鄕急하,5) 多只/닥(鄕急중,12. 목,6)
土芪	鼠瓜/쥐외(鄕急목,3)
柴胡	猪矣水乃立/돝의믈나리(鄕急하,7) 山叱水乃立/묏믈나리(鄕急목,4)
皂莢	注也邑/주엽(鄕急상,6.) 鼠厭木實/쥐염나모여름(향급목,7)
蜘蛛	居毛伊, 居毛(鄕急상,5. 목10)
蒺藜子	古冬非居參/고둘비거슴(鄕急목,2)
蒼耳	升古ケ伊, 刀古休伊/됫고말이(鄕急상,5. 목,2)
藊豆	汝注乙豆/너줄콩(鄕急목,8)
菖蒲	消衣ケ, 松衣ケ/숑의마(鄕急상,4. 목,1)
漆姑	漆矣於耳, 漆矣母/옷의어싀(鄕急중,6. 목,6)
蓖麻子	阿叱加伊, 阿次加伊實/아ᅎ가리삐(鄕急하,1. 목,5)
威靈仙	鄕名 豹尾草/표미초(鄕急하,5. 하,9) 能消/능쇼(鄕急하,5) 車衣菜/술의칙 (鄕急목,5)
鷄冠	鷄矣碧叱/돍의볏(鄕急상,9)

이상 40개 이상이 『鄕急』에는 있으나 『集成方』에 없는 것이다. 이는
두 문헌의 향명이 일치하는 예보다 배가 넘는 것이다. 이 가운데는 그
향명이 15세기에는 이미 없어졌기 때문에 그 약재의 漢語名만 사용한 것
이 있다. 決明子의 '狄小豆/되퐃ㄱ', 狼芽草의 '狼矣牙/일히의엄', 木串子
의 '夫背也只木實/부븨여기나모여름', 柴胡의 '猪矣水乃立/돝의믈나리',
漆姑의 '漆矣於耳, 漆矣母/옷의어싀' 등이 그러한 것이다. 升麻의 '雉鳥老
草/끽됴로플'은 그 후대형이 15세기에도 남아 있으나 救簡에 '승맛불휘'
가 나오는 것으로 보아 한자어로 대체되어 가고 있음을 알 수 있다. 細辛
의 '洗心/셰심', 皂莢의 '注也邑/주엽'은 본래 차용어이다. 이것이 15세기
에는 다시 그 본래의 한자어로 되돌아 간 것이다. 菖蒲의 '松衣ケ/숑의마'
는 15세기에도 쓰였으나 한자어가 오히려 더 널리 보급되었던 것으로
생각된다.

白斂의 '犬伊刀叱草/가히돗플'은 『月令』과 『集成方』에서는 白藥의 鄕名으로 쓰이고 있다. 白斂과 白藥은 유사한 점도 있으나 별개의 약재인 점이 밝혀짐으로써 白斂에는 이 향명을 안 쓴 것이다. 이는 향약에 대한 지식이 새로워지면서 그 구별을 엄격히 한 것으로 보인다. 이와 비슷한 것에 蒺藜子의 '古冬非居參/고둘비거슴'이 있다. 이 향명은 15세기에는 확인되지 않는 것인데 이 약재의 이름을 『村家方』과 『東醫寶鑑』에서는 '납거식, 납가식'로 부르고 있다. 集成方에서 이 '납가식'는 大薊(계)의 향명으로 쓰고 있다.

이밖에 糯米, 大麥과 같은 穀物은 이미 널리 알려져서 『集成方』에서는 향명을 따로 표기하지 않은 것으로 생각된다.

(3) 『鄕急』과 『集成方』의 향명이 서로 계통을 달리 하는 예들이 있다.

京三稜	結次邑笠(鄕急하,2) 結叱加次(鄕急목,4)	鄕名 牛夫月乙(79,24ㄱ)
韭	厚菜(鄕急상,5. 목,9)	鄕名 蘇勃(85,10ㄱ)
當歸	薰歸菜(鄕急중,15) 旦貴草(鄕急목,3)	鄕名 僧庵草(79,5ㄱ)
獨活	虎驚草(鄕急목,1)	鄕名 地頭乙戶邑(78,9ㄴ)
蕪荑	白楡實(鄕急목,6)	鄕名 楡醬 出江界(80,21ㄱ)
薄荷	芳荷(鄕急목,9)	鄕名 英生(85,14ㄱ)
蘩蔞	見甘介(鄕急목,9)	鄕名 鷄矢十加非(85,20ㄱ)
橡實	猪矢栗(鄕急목,7)	鄕名 加邑可乙木實(80,36ㄱ)
蠡實	筆花(鄕急목,3) 馬藺花(鄕急상,16)	一名 馬藺子(79,7ㄱ)
芋	毛立(鄕急목,7)	鄕名 土卵(84,10ㄱ)
郁李仁	山叱伊賜羅次(鄕急상,18) 山梅子(목,7)	鄕名 山梅子(80,34ㄱ)
薺苨	獐矣加次, 獐矣皮(鄕急상,1. 목,4)	鄕名 季奴只(79,26ㄱ)
蟾蜍	夫背也只(鄕急목,10)	鄕名 久音方伊(83,6ㄴ)
枳實	只沙里皮, 只沙伊(鄕急중,14. 목,6)	卽 橡子(80,22ㄱ)

車前子	吉刑荣實(鄕急목,1)	鄕名	布伊作只(78,10ㄴ)
通草	伊乙吾音蔓, 伊屹烏音(鄕急중,18. 목,3)	卽	木通(79,5ㄴ)
玄蔘	心廻草(鄕急목,3)	鄕名	能消草(79,8ㄱ)

　京三稜의 향명 '結次邑笠/민줍갇', '結叱加次/민줏갖'은『集成方』에서는 '每作只/민자기'로 바뀌어 草三稜의 향명으로 쓰였다. 橡實의 향명 '猪矣 栗/돍익밤'은 '도토리'로 바뀌에 橡實 전반을 가리키게 되었고『集成 方』의 '加邑可乙木實/덥갈나모여름'은 그 일종의 명칭으로 쓰인 것이다.

　韭의 향명 '厚荣/후치'는 韭에서 차용된 것인데『集成方』에서는 '付荣/ 부치'로 바뀌어 薤의 향명으로 쓰였다. '蘇扚'은 남해안 방언(진주 지역)에 '소프리'로 남아 있고 일부 방언에서는 '솔'로 바뀌어 쓰이고 있다.

　當歸의 향명 '黨歸荣/당귀', '旦貴/단귀'는 當歸의 차용어이고 '僧庵草/ 승암초'는 다른 계통에서 온 한자어이다. 薄荷의 향명 '芳荷/방하' 역시 薄荷의 차용어이고 '英生/영싱'은 다른 계통의 한자어이다. '방하'는 현대 까지 남아 쓰이지만 '당귀, 단귀'는 한자어로 되돌아갔다.

　蠡實의 향명 '筆花/붇곶'은 고유어이고 '馬藺/마란'은 한자어이다. 이들 은 15세기에도 사용되었는데『集成方』에서는 漢語 藥材名의 異稱인 '馬 藺'을 택했다. 郁李仁의 향명 '山叱伊賜羅次/묏이ㅅ랒'은 고유어이고 '山 梅子/산민ㅈ'는 한자어이다. 15세기에도 두 명칭이 類意語로 사용되었는 데『집성방』은 한자어를 택한 것이다.

　이들 가운데는『鄕急』에서의 명칭이 없어져 다른 명칭으로 바뀐 것이 있다. 芋의 향명 '毛立/모립'은 다른 식물의 명칭에 쓰이고 한자어 '土卵' 으로 대체되었다. 蘡簍의 '見甘介/보둘개', 薺苨의 '獐矣加次/노ㄹ익갖, 獐 矣皮/노ㄹ익갗', 蟳蟷의 '夫背也只/부븨여기', 枳實의 '只沙里/기사리'들도 없어지고 새로운 향명으로 대체되었다.

　獨活의 향명 '虎驚草'는 그 해독이 불분명하지만 '地頭乙戶邑/짯둘흡'의 선대형으로 생각된다.

(4) 같은 향명의 표기이지만 표기상의 차이를 보이는 것이 있다.

括蔞　天叱月乙(鄕急상,15) 天原乙(鄕急중,19)　　鄕名　天叱月伊(79,4ㄱ)

蠷螋　影亇伊汝乙伊(鄕急상,5) 影良汝乙伊(鄕急목,3)　鄕名　影汝訖(83,16ㄱ)

桔梗　道羅次(鄕急상,16.)　　　　　　　　　　鄕名　都乙羅叱(79,31ㄴ)

藍(實)　靑台(鄕急목,2) 靑苔(鄕急상,9)　　　　鄕名　靑黛實(78,17ㄱ)

鸕鷀屎　烏支，水鳥如鳧(鄕急상,6)　　　　　鄕名　加亇五知(82,11ㄱ)

大戟　楊等柒(鄕急상,4. 목,4)　　　　　　　　鄕名　柳漆(79,36ㄴ)

馬兜鈴　勿叱隱提阿(鄕急중,1) 勿兒隱提良(鄕急목,5)　鄕名　勿兒隱冬乙乃(79,46ㄴ)

牡蠣　屈召介甲(鄕急목,9)　　　　　　　　　　鄕名　大屈乙曹介(82,17ㄱ)

木賊　省只草(鄕急목,6)　　　　　　　　　　鄕名　束草(79,50ㄱ)

百合　犬伊那里根(鄕急중,2) 犬乃里花(鄕急.목3)　鄕名　介伊日伊(79,9ㄱ)

酸棗　三彌大棗(鄕急목,9)　　　　　　　　　鄕名　三彌尼大棗(80,6ㄴ)

商陸　者里宮根(鄕急상,16.)　　　　　　　　鄕名　這里君(79,39ㄱ)

藜蘆　箔草(鄕急목,4)　　　　　　　　　　　鄕名　朴草(79,34ㄱ)

蜈蚣　之乃(鄕急목10)　　　　　　　　　　　鄕名　眞乃(83,23ㄴ)

牛膝　牛膝草(鄕急목,1)　　　　　　　　　　鄕名　牛無樓邑(78,6ㄴ)

雀甕　所也只;蚝虫(鄕急목,10)　　　　　　　鄕名　衰也只家(83,26ㄱ)

葶藶　豆衣乃耳(鄕急하,4) 豆音矣薺(鄕急목,4)　鄕名　豆音矣羅耳(79,31ㄱ)

菟絲子　鳥伊麻(鄕急목,1)　　　　　　　　　鄕名　鳥麻(78,6ㄴ)

이들은 같은 향명이거나 약간의 변화를 겪은 것인데 표기하는 차자를
달리하거나 말음첨기의 유무와 같은 표기방식을 달리한 것들이다.

(5) 語形의 변화를 보여 주는 것이 있다.

冬葵子　常食阿夫實也; 葵子(鄕急목,9)　　　鄕名　阿郁(85,1ㄱ)

白苣	紫夫豆; 萵苣(鄕急목,9) 紫夫豆荣(鄕急하,10)	鄕名	斜羅夫老(85,21ㄱ)
半夏	雉矣毛老邑(鄕急상,8) 雉矣毛立(鄕急목,4)		雉毛奴邑(79,29ㄱ)
蝟皮	高參猪, 高參猪矣皮(鄕急중,14. 목,9)	鄕名	高所音猪(83,1ㄱ)
草三稜根	鄕名 每作只根(79,52ㄴ)	鄕名	每作只根(월령,2월)

冬葵子의 향명 阿夫實은 '아북삐'의 표기로 추정된다. 이것이 『집성방』에서는 '阿郁/아욱'으로 바뀌었음을 알 수 있다. 이는 앞의 모음 간에서 ㅂ〉ㅸ〉w의 변화가 15세기 초에 완성되어 있었음을 보이는 것이다. 이는 앞에서 본 '加火左只/더블자기〉加外左只/더위자기'의 발달과 궤를 같이 하는 것이다.

白苣의 향명 '紫夫豆/ᄌᆞ부두'는 '紫/ᄌᆞ + 夫豆/부두'의 복합이다. 『集成方』의 '斜羅夫老/사라부루'는 '斜羅/사라 + 夫老/부루'의 복합이므로 여기서 '부두〉부루'의 음운변화가 13세기와 15세기 사이에 일어난 것임을 확인할 수 있다. 종래 모음간의 'ㄷ〉ㄹ'의 변화를 고대국어 시대에 있었던 것으로 보아 왔는데 이를 수정할 수 있게 하여 주는 자료이다.

半夏의 향명이 『鄕急』에서 '雉矣毛老邑/ᄭᅴ의모롭', '雉矣毛立/ᄭᅴ의모립'으로 나타나는 것은 이 형태가 13세기에는 'ᄭᅴ의모롭'이었음을 말하는 것이다. 이것이 『集成方』에 와서 '雉毛奴邑/ᄭᅴ모롭'으로 나타나는 것은 '모롭〉모롭'의 변화가 있었음을 보여 주는 것이다. 이와 같이 양순음 앞에서 'ᄋᆞ〉오'의 변화를 보여 주는 것은 蝟皮의 향명 '高參猪/고숨돝'이 집성방에서 '高所音猪/고솜돝'으로 나타나는 데서도 확인할 수 있다.

『集成方』의 草三稜의 향명 '每作只/미자기'는 앞에서 말한 京三稜의 향명 '結次邑笠/매좁갇', '結叱加次/매줏갖'과 어원을 같이 하는 것이다. 이 향명에서 동사어간 '및-'과 그에서 파생한 '및읍'을 얻을 수 있는데 이는 '織造'의 뜻이다. 『鄕急』의 '結次邑笠/매좁갇', '結叱加次/매줏갖'은 이 풀로 '갇(笠)'이나 '雨衣'를 만들 수 있다는 本草學의 설명에 기초를 두고 조어된 것이다.[10] 이는 우리의 문화를 배경에 둔 조어가 아니므로 그 조어

의 기반이 약한 것이다. 그러나 이 명칭이 보급되어 있었으므로 동사어
간 '및-'에 접미사 '-악이'을 연결시킨 새로운 조어가 생긴 것이다. 이것이
집성방의 '每作只/믹자기'인데 그 어원도 상실되어 '每作只'로 표기된 것
으로 생각된다.

Ⅳ. 結語

『鄕藥集成方』은 훈민정음 창제 10여 년 전에 편찬되어 간행된 것으로
차자표기로 된 鄕名 250여 항을 보여 주는 중요한 중세국어의 자료이다.
이 자료에 대한 연구는 여러 업적들에 의하여 이루어졌으나 아직도 國語
史의 중요한 정보가 발굴되지 않은 채 남아 있다. 이 글에서는 우선 이
자료의 향명을 해독하여 보이고 이들이 나타내는 국어사적인 정보를 찾
아보려고 하였다. 그리하여 이 향명의 어학적 성격을 '卽'과 '鄕名'의 표시
를 가지고 찾아보았고 이어서 月令과 『鄕急』과의 비교로서 이 자료의 성
격을 밝히려 하였다. 『月令』과의 차이는 현저하지 않으나 『鄕急』과의 차
이는 큰 것이어서 13세기 중반과 15세기 초 사이에 커다란 변화가 있었
음을 확인할 수 있었다. 이러한 차이는 佛家의 口訣에서도 발견할 수 있
는 것이어서 아마도 軌를 같이하는 공통성이 있는 것이 아닌가 한다.
　이밖에 語彙論, 形態論, 音韻論에서의 발달 현상을 검토하였다. 이러
한 검토는 15세기 이후 19세기 말까지의 향명들과 결부시켜 연구하면
국어사의 중요한 정보를 더 얻을 수 있을 것이다. 이에 대한 앞으로의
연구가 기대된다.

■ 『震檀學報』 87, 震檀學會, 1999. 6. 30.
　2014년 3월 16일 修訂.

---

10 拙著(1981), 『借字表記法 硏究』, 檀大出版部, 30면 이하 참조.

中世國語의 擬聲擬態語

I. 序言

國語는 擬聲擬態語가 특별히 발달한 언어로 알려져 있다. 이 의성의태어가 中世國語에서 사용된 실태와 그 변천에 대하여 고구하고자 하는 것이 이 글의 목적이다.

擬聲擬態語는 onomatopoeia를 번역한 용어이다. onomatopoeia는 음성이 사물을 모방한 말을 가리키는 것이어서 단순히 擬聲語 또는 擬音語라고도 한다. 擬聲語와 擬態語는 이 擬聲擬態語에 속하는 下位槪念語이니 '뻐꾹뻐꾹', '딸그락딸그락'과 같이 사물의 소리를 모방한 단어를 擬聲語, '모락모락', '새콤새콤', '퀴퀴', '매끈매끈'과 같이 사물의 상태나 모양을 모방한 단어를 擬態語라고 한다. 擬態語는 인간의 五感 가운데 청각을 제외한 시각, 미각, 후각, 촉각에 의하여 모방한 단어들을 모두 가리킨다. 擬聲擬態語 가운데는 이밖에도 인간의 심리 내용을 모방한 擬情語라는 범주가 있다. '답답하다', '싱숭생숭하다' 등이 그것으로 이들을 擬態語로 넣을 수는 없다.

언어의 음성이 사물을 모방한다는 것은 바꾸어 말하면 음성이 표현력을 갖는 것이라고 할 수 있다. 이 표현력의 관점에서 보면 이 현상은 단어의 범주뿐만 아니라 文體的인 면에서도 나타나는 것이니 音色에 의한 어감의 표현이나 詩의 韻律과 같은 것이 그 대표적인 것이다. 그리하여 擬聲擬態語를 포함하여 음성이 표현력을 발휘하는 모든 현상을 통틀어 音聲象徵(sound symbolism)이라 하고 이에 의하여 이루어진 단어를 象徵

語(symbolic word)라고도 한다. 象徵語는 擬聲擬態語와 거의 같은 개념이지만 보다 포괄성이 있다.

音聲象徵을 意味論에서는 音韻論的 有緣性(phonological motivation)이라고 한다. 언어는 慣習的, 또는 恣意的인 것이어서 형식인 音相과 내용인 뜻 사이에는 필연적으로 맺어진 관계가 없는 것인데 언어 가운데는 언어 형식이 뜻을 자동적으로 설명하는 경우가 있다. 복합어나 파생어는 그 구성소들의 뜻이 어느 정도는 그 뜻을 설명해 주므로 이를 形態論的 有緣性이라 하는데 상징어는 語形을 이루는 音相이 語意를 반영하는 것이어서 음운론적 유연성이라 하는 것이다.

그러나 언어에 음운론적 유연성이 있다고 하더라고 언어의 본질은 관습적인 것이어서 평범한 문장이나 대화에서는 음상이 그 표현력을 발휘하지 못하고 관습적인 단어와 다름없이 사용된다. 상징어는 그 단어가 그 표현력에 알맞은 문맥에 쓰였을 때 표현력을 발휘하는 것이다. 문예 작품에 상징어가 자주 쓰이는 것은 이 때문이다. 상징어는 사람과 시간에 따라서도 달리 느끼게 된다. 동일한 象徵語라 하더라도 어떤 사람은 상징적 표현성을 즐기지만 다른 사람은 전연 느끼지 못하는 수가 있고 또 같은 사람이라도 순간적인 기분에 따라 달리 느끼기도 하는 것이다. 또 상징어는 언어의 관습성을 벗어나지 못하는 것이기 때문에 시대의 흐름에 따라 변화되기도 하는 것이다.

중세국어의 상징어는 문헌에 나타난 것을 대상으로 하여 고찰할 수밖에 없다. 그러나 우리의 중세국어 문헌은 諺解文이 주류를 이루고 문예적인 창작은 극히 한정되어 있기 때문에 당시의 살아 있는 상징어의 모습을 살피는 데는 한계가 있다. 다행히 杜詩諺解는 諺解이기는 하여도 詩를 번역한 것이므로 비교적 많은 상징어를 보여 주긴 하지만 이 역시 漢詩를 직역하였다는 한계가 있다. 또 당시의 자료들을 모두 수집하여 완벽하게 기술한 연구도 아직은 이루어지지 못하였다. 이 글에서는 현재까지 이루어진 성과를 중심으로 하고 필자가 평소에 관심을 가지고 생각해 오던 것을 얼마간 가미하여 기술하여 보기로 한다.

Ⅱ. 高麗時代의 擬聲擬態語

前期中世國語 時代인 高麗時代의 국어 자료는 극히 빈약하여 擬聲擬態語를 체계적으로 고찰할 만한 충분한 자료를 얻기 어렵다. 다만 후대의 의성의태어와 대비해 보면 이 시대의 것들이 구조상 큰 차이를 보이지는 않는다.

비교적 이른 시기의 의성의태어들은 의외의 기록에서 얻을 수 있다. 高麗史 世家 4, 顯宗 即位年條에 보면 顯宗이 千秋太后의 핍박을 받던 潛邸 시절, 꿈에 닭의 울음소리와 다듬이질 소리를 들었다고 한다. 術士에게 물으니 우리말로 풀어 해석하기를 닭의 울음소리는 '高貴位'이고 다듬이질 소리는 '御近當'이니 이는 곧 즉위할 조짐이라고 하였다. 이는 닭의 울음소리와 다듬이질 소리를 나타내는 의성어를 한자에 대응시켜 그 뜻을 풀이한 것이니 여기서 우리는 이 시대의 의성어를 확인할 수 있다. 高貴位는 모음조화에 어긋나는 것으로 보아 한자어에 대응시키기 위하여 어형을 약간 변경시킨 것으로 보인다. '고괴외'나 '구귀위'라는 어형이 있었던 것으로 보이는데 이는 음절의 첩용구조를 보여 주는 의성어로 현대어의 '꼬끼요'에 이어지는 것이다. 이 의성어는 고려시대 이후로는 나타나지 않다가 현대어에 와서 비로소 확인되는 것이어서 특히 귀중한 느낌이 든다. 御近當은 당시에 '어근당어근당'이라는 첩어가 있었음을 말하여 주는 것으로 이 역시 후대에는 나타나지 않는 것이다. 다듬이질 소리로는 경쾌하고 율동성이 있는 의성어이다. 이 전설이 11세기 초인 顯宗 시대에 이미 있었을 가능성이 높지만 후대에 생긴 설화라 하더라도 고려시대에 있었던 것만은 분명하니 매우 이른 시기에 후대의 語形과 類似한 構造를 가진 의성어를 확인한 것은 의성의태어 연구를 위하여 의의가 있다. 한편 王位는 天命에 의하여 정해지는 것이란 점에서 보면 이 설화

속에는 자연의 소리를 흉내 낸 의성어는 하늘의 意志와 통할 수 있다는 言語神聖觀이 나타나 있고 또 신라시대부터 닭을 신성하게 여겨오던 관념이 숨겨져 있는 것으로 생각된다.

高麗歌謠에 나타나는 의성어들은 고려시대인이 자연의 소리를 어떻게 모방하고 있는가를 보여 준다.

> 어긔야, 어강됴리, 아으 다롱디리 〈井邑詞〉
>
> 아으, 動動다리 〈動動〉
>
> 아으, 어와 〈處容歌〉
>
> 아으 〈鄭瓜亭〉
>
> 위 〈翰林別曲〉
>
> 아즐가, 위, 두어렁셩 두어렁셩 다링디리 〈西京別曲〉
>
> 얄리얄리 얄랑셩 얄라리 얄라 〈靑山別曲〉
>
> 다로러거디러, 더러둥셩 다리러디러 다리로디러 다로러거디러 다로러,
>
> 위 위 다로러거디러 다로러 〈雙花店〉
>
> 딩아돌하 〈鄭石歌〉
>
> 위 증즐가 〈가시리〉
>
> 위 덩더둥셩 〈思母曲〉

이들은 노래의 가락을 맞추기 위하여 들어간 擬聲語들이니 '어긔야', '아으', '어와', '위' 등은 흥에 겹거나 슬픔에 겨워 발하는 歎聲을 모방한 것이고 그 밖의 의성어는 북과 같은 打樂器나 가야금과 같은 絃樂器의 소리를 모방한 것이다. 이 의성어는 구어에서는 사용되지 않고 노래에서만 사용되는 것이어서 살아있는 의성어라고 하기는 어렵다. 그러나 악기의 의성어는 모음충돌이나 자음충돌 현상이 없이 부드럽고 흥겹게 흘러가는 리듬을 보여 주는 것이어서 이 시대의 의성의태어의 구조를 보여 준다. 이밖에 發聲의 주체를 나타내는 '접동새(鄭瓜亭)'가 있다. 후대에는

'솟적다새'로도 불린 '소쩍새'의 울음소리를 이 시대에는 '접동접동'으로 들었음을 말해 준다.

고려시대의 擬態語는 均如의 향가에 나오는 다음과 같은 것을 가장 이른 시기의 것으로 꼽을 수 있다. 恒順衆生歌에

法界居得丘物叱丘物叱　爲乙吾置同生同死

의 '丘物叱丘物叱/구믌구믌'이 15세기의 '구믈구믈'에 해당하고 현대국어의 '구물구물'에 이어지는 것이다. 10세기의 작품에서 象徵的 語根을 첩용한 어형을 발견하게 되어 현대국어의 상징어와 같은 구조를 확인할 수 있게 해 주는 단어이다. 均如의 향가는 문예작품임에도 불구하고 이 이상의 상징어를 보여 주지 않는다. 이밖에 의성의태어라고는 할 수 없어도 '塵塵', '刹刹', '佛佛', '念念'과 같은 疊語가 나온다. 이들은 비록 한문의 표현법에서 온 한자어이지만 같은 음절을 중복시킴으로써 數槪念의 增幅을 가져오는 한편 음의 諧調를 이루어 詩的인 표현 효과를 높여 주는 것이다.

13세기 국어의 자료인 鄕藥救急方에는 閻茹의 鄕名으로 '烏得夫得, 五得浮得'이 있다. 이는 '오독보독'이나 '우득부득'을 표기한 것인데 그 첩용 구조로 보아 상징어일 것으로 보인다. 15세기에는 '오독또기'로 바뀌어 첩용 구조에 변화가 생겼으나 역시 상징적인 구조는 유지되어 있다. 현대국어에도 '오독도기'로 남아 있는 단어이다.

이상이 고려시대의 의성의태어로 필자가 확인한 것이다. 양적으로 매우 빈약한 것이지만 상징어의 구조가 현대국어에 계승되고 있는 점이 확인되는 점에서 귀중하다 하겠다.

Ⅲ. 後期中世國語의 擬聲擬態語

후기 중세국어 시대인 15, 6세기의 擬聲擬態語 資料는 한글이 창제된 후이므로 高麗時代에 비하면 풍부한 편이다. 우선 자료부터 검토하기로 한다.

1) 擬聲語

의성어는 사물의 소리를 말소리로 모방한 것이기 때문에 어형과 뜻과의 유사성이 가장 가까운 것이다. 우선 인간이 감동이나 비탄으로 인하여 자연적으로 발하는 소리를 흉내낸 말을 살피기로 하자.

(1) 읻; 이는 상대를 誨諭하기 위하여 먼저 가벼운 질책을 할 때 내는 소리이다. 한문의 咄이나 嗚呼의 번역에 쓰였다. '읻 男子아 네 상녜 이룰 짓고 느외 년뎌 가디 말라(法2, 211)'

(2) 엥; 윗 사람에 대하여 고맙고도 감동스러워 내는 소리이다. '엥 올ㅎ시이다 世尊하(석보13, 47)'

(3) 헥; 蒙山法語(31)에 다음과 같은 설명이 있다. '喝온 헥 홀 씨니 비홇 사ᄅ미 혜아료미 다 뼈러디긔 우리틸 씨라.' 제자들이 정신이 들도록 스승이 외치는 소리이다.

(4) 화; 역시 蒙山法語(18)에 '囚地는 몯 어뎃던 거슬 어더셔 화 ᄒ논 소리라'라고 있다. 새로운 것을 깨닫고 감동하여 내는 소리이다.

이들은 현대어에서는 사용되지 않는 것이다. 한정된 범위에서 사용된 데다가 그 예가 적어 그 성격을 규명하기가 어렵다. 佛經飜譯에 나타난 것으로 보면 佛家에서 慣用하는 말일 가능성도 있다. 다른 단어들이 모두 유성음으로 끝나는데 (3)의 '헥'이 유독 무성음인 'ㄱ'으로 끝나는 것이 주목된다. 강렬하고 격한 내용을 담은 표현에 맞는 것으로 생각된다.

다음은 동물의 소리를 흉내낸 말이다.

(5) 삑; 이는 漢詩의 嚇자를 번역한 의성어로 사다새(淘河)라는 물새가 다른 새를 협박할 때 내는 소리라 한다. 莊子에 있는 故事를 응용한 杜甫의 시구에 사용되었다. '淘河ㅣ ᄂᆞᆫ 져비를 삑 ᄒᆞ더(杜25, 54)'.[1]

다음은 의성어가 發聲의 주체를 나타내는 것으로 발전한 것이다.

(6) 곳고리/鶯(杜21, 7)   (7) 씽/雉(龍歌88)

(8) 버국새/布穀(杜4, 19)   (9) 머구리/蛙(杜24, 41)

(10) 미야미/蟬(杜9, 34)   (11) 귓돌와미(杜7, 36)

이 동물과 곤충들의 울음 소리는 모두 疊語로 모방할 수 있는 것들이어서 '곳골곳골', '씽씽', '버국버국', '머굴머굴', '미얌미얌', '귓돌귓돌'과 같은 첩어가 이 당시에도 쓰였을 것으로 믿어진다.

(12) 수ᅀᅳ다, 수ᅀᅳ워리다, 수수워리다, 수수어리다; 이들은 동물뿐만 아니라 사람의 경우에도 쓰이는 것으로 多衆이 잡다하게 내는 소리를 흉내낸 것이다. 현대어의 '수선을 떨다'에 이 단어의 흔적이 남아 있다.

사물의 소리를 흉내낸 말은 다음의 두 단어와 첩어가 발견될 뿐이다.

(13) 워즈런; '어수선하게 소리나다'의 뜻이다. '차반 밍ᄀᆞᆯ 쏘리 워즈런ᄒᆞ거늘(석상9, 37)'

(14) 뚝~뚝뚝; '뚝'은 현대국어의 '툭'과 같은 것으로 폭발성을 흉내낸 말이다. '더오면 밤 구봃 제 더본 氣韻이 소배 드러 ᄀᆞᆺ 심통애 들면 뚝 뻐딜 씨니 이ᄂᆞᆫ 見性홇 젯 이룰 形容ᄒᆞ니라(蒙山44)'

뚝뚝은 첩어로 현대국어의 '툭툭'과 같은 것이다. 현재 15세기의 의성어로는 유일하게 확인된 첩어이어서 매우 귀중하게 생각되는 것이다. '셔와 긴괘 뚝뚝기 소리 나 震動ᄒᆞ야 ᄢᅵ야디여/橡柱 爆聲震裂(法2, 124)'

---

1 '삑'은 이 한 예뿐이고 杜詩諺解 影印本의 상태가 좋지 않아 '삑'로 읽기가 쉬우나 중간두시언해에는 '삑'으로 되어 있다.

이상 극히 적은 수의 의성어가 확인될 뿐이어서 이 시기의 의성어를 체계적으로 고구하기에는 부족하지만 구조상으로는 현대국어와 거의 일치한다.

2) 擬態語

의성어에 비하면 의태어는 많은 예가 나타난다. 그러나 그 의미가 현대어와 차이가 있는데다가 용례가 부족하여 정확한 의미를 포착하기 어려운 것도 있다. 五感에서 볼 때 의태어는 청각을 제외한 나머지 기관으로 감지되는 것을 모두 포함한다. 이에 따라 이 시대의 의태어를 각 感覺器官에 따라 분류하여 정리해 보기로 한다.

(1) 視覺에 의한 것

擬聲擬態語 가운데서는 시각에 의한 의태어가 가장 많이 나타난다. 이것은 인간이 시각에 의하여 가장 많은 인식을 하기 때문이다. 먼저 상태를 모방한 의태어부터 검토하기로 한다.

(15) 구즉~구즉구즉; 이는 '우뚝, 우뚝우뚝'에 가까운 뜻을 나타낸다. 다만 동물을 대상으로 하여 이들의 힘찬 외모를 묘사하는 데 쓰였다. '구즉구즉ᄒ야 피쏨 내는 물삿기 곧도다(杜22, 45)'

(16) 다복다복; 현대국어에도 그대로 쓰이는 말이다. '다복다복ᄒ야 프른 지치 빗나고(杜7, 37)' 여기서는 어린 벼포기가 물위에 솟아 있는 모양을 묘사한 것이다.

(17) ᄲᅩᄲᅩ시; '뾰죽뾰죽'에 가까운 뜻이다. 'ᄲᅩᄲᅩ시 銀漢에 냇도다(杜7, 37)'에 쓰인 것으로 벼의 모가 물위에 나와 있는 것이 뾰죽뾰죽하다는 뜻이다. 현대국어에는 이어지지 않는 의태어이다.

(18) 머훗머훗; 현대어에 이어지지 않는 의태어다. '머훗머흐시 무더미 서르 當ᄒ얏도다(杜25,7)'. 무덤이 겹겹이 잇달아 있는 모양을 나타낸다.

(19) 몰ᄀᆞ몰ᄀᆞ; '말긋말긋'에 이어지는 의태어다. 동사 '몱-'에서 파생된

것이다. '이 想 일 쩌긔 낫나치 보몰 ᄀ장 물ᄫ물ᄀ시 ᄒ야(월석8, 8)'.

(20) ᄌᄌ; '깨끗'에 이어지는 의태어이다. 그러나 그 쓰임은 상당한 차이가 있다. '淸風은 묽고 ᄌᄌᄒ 브ᄅ미라(월석8, 8)'.

(21) 솜솜; 현대국어의 '송송'에 이어지는 것이나 의미상 차이가 있다. 털이 가지런함을 나타낸다. '가히 터리 솜소미 이시면(救簡1, 8)'.

(22) 싁싁~싁싁; 어형상으로는 '씩씩하다'에 이어지지만 뜻은 '엄숙하다' 또는 '새롭다'여서 차이가 있다. '서리 후에 싁싁ᄒ도다/新(眞供)', '嚴은 싁싁홀 씨라(월석10, 70)'.

(23) 딕딕~칙칙~칙칙; 이들은 자음과 모음의 대립으로 어감의 차이를 나타내는 의태어이다. 어형상으로는 현대국어의 '칙칙하다'에 이어지는 것이지만 의미상으로는 차이가 있다. '칙칙하다'는 색깔이 짙은 것을 뜻하는데 15세기의 '딕딕' 등은 사물이 조밀한 것을 뜻하여 '빽빽하다'에 가깝다. '딕딕ᄒ 수프리/稠林(法1, 210)', '니피 칙칙ᄒ니/葉密(杜22, 4)', '니 …… 칙칙ᄒ샤/齒 …… 密(法7, 148)'.

(24) 특특; 어형상으로는 현대국어에 그대로 이어진다. 그러나 의미상으로는 약간의 차이가 있다. 현대국어에서는 주로 옷감이 치밀하게 짜여진 것을 '특특하다'고 하지만 15세기에는 구름이 짙게 낀 것을 나타낸다. '구루미 특특디 아니ᄒ면/雲不密則(법3, 10)'.

(25) 나볋바볋; '나볏나볏하다'에 이어지는 단어이다. 형용사 '넙-~납-(廣)'에서 파생된 단어이다. '나볋나벼디 사ᄒ라/切作片子(救簡1, 8)'.

이상은 象徵的 語根이 첩용되는 단어를 든 것이다. 다음은 첩용되지 않은 의태어들이다.

(26) 훤; 현대국어에 그대로 계승된다. '城밧 훤ᄒᆫ 짜해 가(석상6, 27)'.

(27) 훤츨; 어형상으로는 '훤칠하다'에 계승되는 것이지만 수식하는 대상에서 현대어와 차이가 있다. '훤츨ᄒᆫ 風烟 밧긔/浩蕩風烟外(杜21, 27)'.

(28) 아ᅀ라-; '아스라하다'에 이어지는 단어다. '아ᄼ란 南國에/杳杳南國(杜25, 28)'.

(29) 어득; '어둑하다'에 이어지는 단어이다. '히 어득ᄒᆞ야(杜7, 10)'.

(30) 흐슴츠러ᄒᆞ-; '흐슴츠러하다'에 이어지는 의태어이다. '河漢 ᄃᆞ리 흐슴츠러ᄒᆞ도다(杜24, 57)'.

(31) 도련; 둥근 것을 형용하는 말이다. 어형상으로는 '도렷하다'에 이어지지만 의미상으로는 '동그랗다'에 더 가깝다. '環은 도련ᄒᆞᆫ 구스리오 玦은 環 ᄀᆞᆮᄒᆞ디 ᄒᆞ녀기 이즈니〈楞嚴2, 87a〉'.

(32) 두두룩; 현대국어에 그대로 이어진다. '두두룩ᄒᆞᆫ 靑州옛 피오/坡陀靑州血, 坡陀ᄂᆞᆫ 高貌ㅣ라(杜24, 31)'. 현대어보다는 좀 더 높은 모양을 가리키는 것으로 보인다.

(33) 쑈론; '뾰죽하다'와 같은 뜻이다. '蜀ㅅ 뫼히 쑈론ᄒᆞ도다/蜀山尖(杜23, 42)'

(34) 구븐; '구붓하다'에 이어지는 의태어다. 형용사 어간 '굽-'에 '-읃'이 접미된 것이다. 상징적 표현력이 있다. '모기 구븐ᄒᆞ고(석상13, 53)'

(35) 우묵; 현대어에 그대로 이어진다. '빛보기 둗거우시고 우묵디 아니ᄒᆞ시고(法2, 15)'

다음은 동작의 모습을 모방한 의태어를 검토하자.

(36) 구믈~구믈구믈~구믈우믈; '구물구물'에 그대로 이어진다. 均如의 향가에도 나타난 의태어다. '구믈우믈'은 중세어의 음운법칙에 의하여 'ㄱ'음이 탈락한 것이지만 형태의 변화가 어감에도 변화를 주는 것이 아닌가 한다.

(37) 셜셜; 현대국어의 '설설'에 이어지는 의태어인데 모방의 대상은 다르다. '活潑潑은 셜셜 흐르는 믉겨레 비쵠 둘 비츨 닐온 마리니(蒙法43)'

(38) ᅀᅥᆷᅀᅥᆷ; '활활'에 가까운 뜻이다. '陽焰은 陽氣 ᅀᅥᆷᅀᅥᆷ 노는 거시니 거즛 거시라(金三5, 27)' 이 단어들은 어두에 'ᅀ'음이 쓰인 것이 예외적이다.

(39) 어른어른; 어형상으로는 현대어에 이어지는 것이지만 의미는 차이가 있다. 나뭇가지나 세월이 천천히 움직이는 모습을 나타낸다. '어른어른 ㅎ는 버듨 가지는 프르고(杜21, 15)', '時節이 어른어른 가: 荏苒(杜7, 36)'

(40) 너운너운; '너울너울'에 이어지지만 뜻은 '훨훨'과 같이 가볍게 나는 모양을 나타낸다. '너운너운 오는 구름ㅅ 氣運(杜9, 37)', '너운너운히 새 든니는 길ㅎ로(杜19, 30)'

(41) 이륵이륵; '반짝반짝'의 뜻이다. 어원적으로 '이글이글'에 이어질 가능성도 있다. '눌난 갈히 츤 서릿 비치 이륵이륵ㅎ니/露刀劍寒霜光焰焰(蒙法55)'

(42) ㅈ늑ㅈ늑; 현대어에 이어지지 않는 의태어다. '천천히'의 뜻이다.

(43) 줌줌; '잠잠하다'에 이어지는 것이나 주로 말이 없음을 나타낸다. '世尊이 줌줌ㅎ샤 말이디 아니ㅎ시니라(석상13, 46)'

(44) 잔죽고; '잠자코'의 뜻이다. '줌줌'과 어원이 같을 것인데 여러 단계를 거친듯 어형상의 차이가 크다. '須達이 잔죽고 스랑ㅎ더니(석상6, 25)'

(45) 스르르; '바람이 강하게 부는 모습'을 형용한 말이다'. 현대어의 '스르르'와는 거리가 먼 것으로 보인다. '하ㄹㄴ 뜯도 스르르히 ㅂ롬 부놋다: 天意颯風飆(杜24, 63)'

(46) 회로리ㅂ롬; '회오리바람'의 뜻이다. '회'는 '휘'와 대립된다.

(47) 힐후다; '부드럽지 않고 거슬리다'의 뜻이다. '難은 힐훌 씨라(法1, 32)'

(48) 곰죽; '감작감작'에 이어진다. 동사 '곰-'에서 파생된 것이다.

(49) 움즉; '움지기다'에 이어진다. '몸과 ㅁ슴괘 움즉디 아니ㅎ야 겨시거늘(석상13, 12)'

(50) 브즈런; '부지런하다'에 이어진다. '브즈러늘 뵈야시늘(法6, 125)'.

(2) 기타의 感覺器官에 의한 擬態語

視覺 이외의 감각기관으로 느낀 것을 표현하는 의태어는 본래 그 수가 적은 것이지만 문헌상으로도 적은 수가 나타난다.

(51) 축축~축축; 현대어에 그대로 이어진다. 觸覺에 의한 의태어이다. '支體 보드라오며 축축홀 시라/支體柔潤(원각3-2, 27)'. '濕生온 축축훈 디셔 날 씨오(석상19, 2)'

(52) 밋밋~밋밋; '밋밋하다'에 이어진다. '밋그럽-'과 같은 어원으로 觸覺에 의한 의태어이다. '머리터리 빗나시고 밋밋ᄒ시고(法2, 17)', '뉘 닐오더 밋밋ᄒ야 수이 비 브르ᄂ다 ᄒᄂ뇨(杜7, 38)'. '밋밋ᄒ-'는 '매끄럽다, 부드럽다'의 뜻이다.

(53) 흠흠; '함함하다'에 이어진다. '흠흠ᄒ다'도 있었을 것으로 추측된다. 觸覺에 의한 의태어이다. '터릿 비치 흠흠ᄒ고 조ᄒ시며(월석2, 58)'

(54) ᄀᅀ라기; '가시라기'에 이어진다. 어근으로 'ᄀ술-'을 추출할 수 있다. '까실까실하다', '깔깔하다'와 같은 어원이다. 'ᄀᅀ라기/芒(杜7, 18)'

(55) 옷곳~옷굿; '향기롭다'의 뜻이다. 현대국어에는 쓰이지 않는다. 嗅覺에 의한 의태어이다. '香온 호갓 옷곳훈 것분 아니라 고ᄒ로 맏ᄂ 거슬 다 니ᄅ니라(석상13, 39)', 'ᄀᄂ 프리 옷굿ᄒ고(重杜12, 36)'

(56) 뗇-~뗇-; 味覺에 의한 의태어로 '떫다, 텁다'에 이어진다. 'ㄷ'음과 'ㅌ'음의 대립을 보여 주는 드문 예이다. '澁은 뗇볼 씨라(월석17, 67)', '여러 가짓 쓰며 뗇본 거시(석19, 20)'

(57) 싀-~쉬-; '시다(酸)'에 이어지는 것으로 味覺에 의한 의태어이다. '싄 술/酸酒(南明上24)', '쉰 믈/酸水(龍5, 4)'

3) 擬情語

五感에 의하여 느낀 것을 나타내는 것이 아니라 우리의 심리작용으로 느낀 것을 나타내는 擬情語는 비교적 풍부한 편이다. 중세국어에서는 모음의 二肢的 對立에 의하여 표현되는 擬情語가 발달되어 있었다. 이에 대하여는 따로 논의하도록 하고 여기서는 그 밖의 의정어들만 검토하도록 한다.

(58) 갓갓; '가까스로'에 이어진다. '셟고 애왇븐 뜨들 머거 갓가스로 사니노니(석상6, 5)'

(59) 답답; 현대국어에 그대로 이어진다. 'ᄆᆞᅀᆞ미 답답ᄒᆞ야(杜7, 36)'

(60) 덛덛; '떳떳하다'에 이어진다. '덛덛ᄒᆞ야 變티 아니커늘(法1, 109)'

(61) 므리므리; '往往, 이따금'의 뜻이다. 이 단어는 비교적 자주 쓰인 말이어서 첩용이 아닌 '므리'라는 명사가 예측되기도 하지만 나타나지 않는다. 이런 점에서 시간에 대한 느낌을 나타내는 의정어로 생각된다.

(62) 숣숣; 현대어에는 이어지지 않는 의정어이다. 어떤 일을 똑똑히 깨달은 상태를 표현한다. 'ᄆᆞᅀᆞ미 숣숣ᄒᆞ야사(法5, 158)'

(63) 가ᄀᆞᆨ; '급하다'의 뜻이다. 'ᄒᆞ다가 ᄆᆞ슴 뿌미 가ᄀᆞᆨᄒᆞ면(蒙法7)'

(64) 과ᄀᆞᆯ-; 역시 '급하다'의 뜻이다. '柔和善順ᄒᆞ야 과ᄀᆞ르디 아니ᄒᆞ며(法5, 8)', '아쇠 져네 과글이 비롤 알하(월석10, 24)'

(65) 닶기-, 답끼-; '마음 속이 들볶여 답답하다'의 뜻이다. '더워 셜워 답껴 드로몬(法2, 131)', '窮子ㅣ 놀라 울어 닶겨 ᄣᅡ해 디여(法2, 240)'

(66) 못ᄃᆞᆰ; '마뜩하다'에 이어진다. '못ᄃᆞᆰᄒᆞᆫ 며느리(석상6,13)

(67) ᄣᅳᆫ; '간절하다'의 뜻이다. '法 爲호미 ᄣᅳᆫᄒᆞᆫ 디라: 爲法之切(法1, 170)'

(68) 고죽; '고작하다'에 이어진다. '精誠이 고죽하니(석상9.19)'

(69) 흐들; '술에 흠뻑 취한 상태나 마음이 흐뭇한 상태'를 나타낸다. '흐들어지다'에 이어지나 차이가 있다. '氣運이 흐들ᄒᆞ야(杜22, 43)'

(70) 믄득, 믄듯; 두 단어가 모두 '믄득'의 뜻이지만 약간의 차이가 있다. '믄득 現ᄒᆞ샤 ᄀᆞ장 放光ᄒᆞ시니(월석10, 6)', '믄듯 아ᅀᆞ라ᄒᆞ도다/忽杳冥(杜24, 5)'

(71) 이슥고; '이윽고'에 이어진다. '이슥고 부톄 드러 오나시놀(월석10, 8)'

이상 後期中世國語에 나타나는 의성의태어를 열거하였다. 이밖에도 의성의태어로 보이는 것이 더 있으나 생략하였다.

이 의성의태어를 보면 15세기에서부터 현대까지 음운의 발달법칙에 따른 변화는 있으나 큰 차이가 없이 어형과 의미가 이어져 오는 것, 어형은 이어지고 있으나 의미나 용법이 크게 바뀐 것, 의미는 이어지고 있으나 어형이 음운법칙으로는 설명되지 않는 차이를 보이는 것, 현대어에서는 전혀 사용되지 않는 것으로 나누어 볼 수 있다.

(1) 현대에까지 이어져 내려오는 것

곳고리	쎙	버국새	미야미	귓돌와미
뚝 ~~ 뚝뚝	축축	다복다복	믈ᄭ믈ᄭ	나쁜나쁜
ᄀᆞ스라기	휜	휜츨	어득	흐슴츠러ᅙ-
두두록	구븐	우묵	구믈 ~ 구믈구믈 ~ 구믈우믈
잔죽고	곰죽	브스런	촉촉 ~ 축축	밋밋 ~ 믯믯
흠흠	ᄀᆞᅀᆞ라기	鸙- ~鸙-	시- ~ 쇠-	갓갓
답답	덛덛	뭇둙	고죽	믄득 ~ 믄듯
이슥고				

(2) 의미나 용법이 현저하게 바뀐 것

수ᅀᅳ	직직 ~ 칙칙 ~ 칙칙		ᄌᆞᄌᆞ	싁싁 ~ 식식
특특	도렫	어른어른	좀좀	스르르
흐들				

(3) 어형이 현저하게 달라진 것

머구리() 개구리)	솜솜() 송송)	쏘론() 뾰죽)	썰썰() 설설)
너운너운() 너울너울)	이륵이륵() 이글이글)	회로리ᄇᆞ룸() 회오리바람)	

(4) 전혀 사용되지 않는 것

이	엥	헥	화	삑	워즈런
구즉 ~ 구즉구즉	머홋머홋	쏀쏀시	셤셤	ᄌᆞᆨᄌᆞᆨ	
옷곳 ~ 옷굿	힐후-	프리프리	歆歆	가ᄀᆞ	
과ᄀᆞᄅ	닳기-	ᄲᅳᆫ			

이 분류는 견해에 따라 약간의 차이는 있을 수 있다. 그러나 전반적인 흐름을 파악하는 데는 충분한 것으로 보인다.

이와 같이 정리하여 보면 의성의태어 71항목 중 35항만이 큰 변화가 없이 이어져 내려오고 나머지 36항은 변화를 입었거나 소멸된 것이다. 이러한 숫자는 다른 일반어사에 비하여 의성의태어가 변화의 폭이 큰 것임을 말한다. 의성의태어는 知的인 의미보다는 감동적 의미가 강한 것인데에 말미암는 것으로 생각된다. 일반적으로 의성의태어는 음성과 의미 사이에 긴밀하고도 자연적인 관계가 있어서 그 관계의 변화가 잘 일어나지 않을 것으로 생각하고 있다. 그러나 이 검토의 결과는 오히려 의성의태어일수록 변화를 쉽게 입는다는 사실을 확인시켜 준다. 감동적 의미는 개인에 따라서도 차이가 크고 시대에 따라서도 변동이 큰 것이므로 이러한 결과가 나오는 것이라 하겠다.

IV. 擬聲擬態語의 構造

1) 疊用

의성의태어는 다른 단어들과는 다른 구조를 가지고 있다. 그 가운데 가장 현저한 것이 音의 諧調를 이루기 위한 疊用이다. 이에는 語根의 疊用, 音節의 疊用, 單音의 疊用이 있다. 중세국어에 나타나는 이 현상들을 검토하기로 하자.

(1) 語根의 疊用

이에는 擬聲擬態的 語根의 첩용과 일반 어사의 첩용이 있다. 먼저 일반 어사의 첩용부터 살펴보기로 한다.

(가) 一般 語辭의 疊用

낫나치(〈낯낯;箇箇)   글그티(〈글글;端)   곧고대(〈곧곧;處處)
겹겨비(〈겹겹;重重)   갓갓(〈갓갓;種種)   나날(〈날날;日日)

이러한 첩용은 한자어에서 더 자주 나타난다.

| 漸漸 | 永永 | 綿綿 | 種種 | 各各 | 雙雙 | 微微 |
| 隱隱 | 殷殷 | 茫茫 | 草草 | 藉藉 | 悠悠 | 落落 |

15세기 문헌에는 이밖에도 많은 한자어 疊語가 나타나서 첩용현상은 국어보다도 한문에서 더 많이 쓰임을 보여 준다. 이 가운데는 중국어의 의성의태어도 있지만 국어에서는 漢字를 독립성이 있는 어근으로 보아야 하므로 일반어사의 첩용과 같은 것으로 다룬다.

이 일반어사의 첩용은 '1 槪念 + 1 槪念 = 2 槪念'이 아니라 무한한 개념의 合이 되는 의미의 강화이다. 이 강화의 수법이 동일 어형의 중복으로 나타난 것인데 이 현상은 언어활동의 다른 면에서도 찾아 볼 수 있다. 詩에 있어서의 韻의 첩용이나 운율의 첩용이 그것으로 이는 음의 諧調로 美的 感覺을 자극하는 것이다. 일반어사의 첩용도 이러한 음의 해조가 효과적으로 응용된 것이다.

(나) 擬聲擬態的 語根의 疊用

a) 동작의 지속이나 반복을 나타내는 것

구믈구믈	설설	셤셤	어른어른	너운너운
ᄌᆞᆨᄌᆞᆨ	뿍뿍	이륵이륵	반둑반둑(灼)	

b) 狀態의 持續이나 尤甚함을 나타내는 것

구즉구즉	직직 ~ 칙칙 ~ 칙칙		특특	다복다복
축축	싁싁	샛샛	흐웍흐웍(濃)	머훗머훗
나볃나볃	밋밋 ~ 믯믯	갓갓	답답	솝솝
흠흠	ᄌᆞᆨᄌᆞᆨ	물ᄌᆞᆨ물ᄌᆞᆨ	다폴다폴	아줄아줄
노혼노혼				

이러한 어근을 첩용하는 擬聲擬態語 중에서 동작이나 상태의 다양성을 나타내기 위하여 한 어근의 음을 다른 음으로 바꾸는 예가 있다.

구믈우믈(〈구믈구믈） 번들원들(〈번들번들） 브즐우즐(〈브즐브즐)

이들은 'ㄹ'음 뒤에서 'ㄱ'이나 'ㅂ'음이 탈락하는 음운법칙에 의한 것으로 볼 수도 있다. 그러나 어근과 어근 사이에는 휴지가 있을 수도 있고 또 동일한 어근의 첩용에서 음이 탈락하지 않는 예도 있어 단순한 음운법칙에 의하여 탈락한 것으로만 볼 수는 없는 것이다.

한쪽 어근의 음을 다른 음으로 바꾸어서 표현적 효과를 높이는 것과 같은 것으로 類似 槪念을 가진 類意語를 중복하여 표현한 예가 있다. '날혹ᄌᆞᆨ'이 그것으로 이는 'ᄌᆞᆨᄌᆞᆨ'의 앞부분을 '날호-'로 교체시켜서 표

현적 효과를 높인 것이다. 이 구성은 '날호×ᄌᆞᆨᄌᆞᆨ→날혹ᄌᆞᆨ'의 과
정을 거친 混成에 의하여 조어된 것이다.

(2) 音의 疊用

(가) 音節의 疊用

　　곱골외- ~ 굽굴위-　　　곳고리　　　　도도-(陸)　　　　두두룩
　　옷곳 ~ 웃굿　　　　　　스르르히　　　후로로ᄒᆞ-　　　괴외-

이 가운데는 파생에 의하여 첩용되는 것도 있으나 그 표현력은 기원적
인 첩용과 다를 것이 없다.

(나) 單音의 疊用

(A) 母音의 疊用

a) '오, 우'음의 疊用
　　보도롯　　　　　　　　쏘롯　　　　　소홈　　　　　　　우묵
　　수수워리-　　　　　　　부루트-　　　부우리

b) 'ᄋᆞ, 으'음의 疊用
　　ᄇᆞᄉᆞᆫ　　　　　ᄇᆞᄉᆞ와미-　　　ᄇᆞᄉᆞ차-　　　ᄀᆞ믄
　　흐슴츠러ᄒᆞ-　　　그슥　　　　　　브스왜-

c) '외'음의 첩용
　　괴외ᄒᆞ-

이는 '괴괴(ᄒ-)'에서 ㅣ 음 뒤의 ㄱ음이 탈락하여 형성된 어형으로 보인다.

(B) 子音의 疊用

    a) ㄱ음의 첩용; 가ᄀᄒ- 과글이/과굴이

    b) ㄷ음의 첩용; 다ᄃᆷ- 더듬- 두드리- 드듸- 디들-

    c) ㄹ음의 첩용; 회로리ᄇ롬

    d) ㅂ음의 첩용; 비븨- 범븨-(麻痺)

    e) ㅅ음의 첩용; 스싀로

    f) ㅈ음의 첩용; 잔죽고 지즈로 지즐앉-

    g) ㅎ음의 첩용; 힐후-

음절이나 단일음의 첩용도 동일음을 반복함으로써 음의 해조에 의하여 상징적인 표현력을 높이는 것이다. 그러나 어근의 첩용과 같이 체계적인 표현이 아니어서 개인에 따라 표현하거나 느끼는 정도에 차이가 있을 수 있다.

2) 音의 對立

현대국어에서는 자음과 모음의 대립에 의한 음성상징이 매우 발달되어 있다. 중세국어에서는 자음의 대립에 의한 음성상징이 현대국어에서와 같이 체계적으로 발달되지는 못하였다. 그러나 모음의 대립에 의한 음성상징은 현대국어보다 훨씬 더 정연한 체계에 의하여 넓은 범위에서 사용되었다.

(1) 子音의 對立

현대국어에 있어서는 '감감하다'에 대한 '캄캄하다'와 같이 平音과 有氣

흡의 대립에 의한 語感表現이나 '발갛다'에 대한 '빨갛다'와 같이 平音과 硬音의 대립에 의한 어감표현이 발달되어 있어 '子音加勢法則'이라고 불려지기도 하였다.

그러나 중세국어에서 이에 준할 만한 어감표현법은 매우 빈약하여 平音과 有氣音의 대립에 의한 것은 '직직(密)'에 대한 '측측~칙칙'과 '뗾-'에 대한 '뗾-'이 있을 뿐이고 平音과 硬音에 의한 것은 한 예도 발견되지 않는다. 다만 '그스-(牽)'가 '쓰스-'로 된 것을 어감표현을 위한 것으로 볼 수 있을 뿐이다. 그러나 이는 非擬聲擬態語였던 단어에서 수의적으로 나타나는 것이므로 체계적이지 못하다.

이와 같이 중세국어에서 자음의 대립에 의한 어감표현이 체계적이지 못한 것은 단순히 문헌의 제약으로 인하여 나타나지 않는다고 하기보다는 구조적인 이유가 있는 것으로 생각된다. 이 시대의 국어에서 유기음의 기능부담량이 평음에 비하여 훨씬 떨어지는 사실과 경음이 15세기에서 그리 멀지 않은 시대에 발달하기 시작하였다는 사실과 무관하다고는 할 수 없다.

이와는 달리 語根의 끝에 無聲子音이 쓰이느냐 有聲子音이 쓰이느냐에 따라 어감표현상 현저한 대립을 보여 주는 현상이 있다.

a) 'ㄱ' 말음

ᄀᆞ족	고족	곰족	ᄀᆞ둑	가곡
구즉	그슥	날혹ᄌᆞ늑	다복다복	믄득
반독	셕셕	아독	우묵	움즉
이슥고	이륵이륵	ᄌᆞ늑ᄌᆞ늑	직직	칙칙
축축	측훅-	뚝뚝	특특	혝
흐웍				

b) 'ㄷ' 말음

구븓   도렫   븓-   샏롣

c) 'ㅂ' 맏음
겹겹   답답   답샇-   붑괴-   즐급(드리우-)

d) 'ㅅ'맏음
ᄌᆞᆺᄌᆞᆺ   갓갓   기웃   넌즛   드믓
머흣머흣   믯믯   ᄊᆞᆺᄊᆞᆺ   싀틋   아룻(답-)
옷곳   짐즛   횟(돌-)   횟(두르-)

이상의 예들로 보면 이들 어근말의 무성음들은 '急하고, 斷絶되고, 激
하고, 정지되고, 메마른' 어감을 표현하는 데 효과적인 구실을 한다.

e) 'ㄴ'맏음
ᄀᆞ믄   너운너운   넌즛   노혼노혼   번득
번들원들   브즈런   어른어른   우션   워즈런
ᄠᆞᆫ   편(답-)   횐

f) 'ㄹ' 맏음
곱골(외-)   과글이   구믈구믈   다폴다폴   반둘원둘
서늘   셜셜   아줄아줄   흐들   횐츨

g) 'ㅁ' 맏음
니섬니서   더듬-   솜솜   섬섬   줌줌
흐슴(츠러)   흠흠

이 예들로 보면 앞의 무성음으로 끝나는 말들과는 반대가 되는 어감을

느낄 수 있으니 '느리고, 지속적이고, 부드럽고, 동적이고, 윤택한' 느낌을 받게 된다.

이러한 음의 표현력을 바탕으로 하여 다음과 같이 관습적인 단어에서 상징적인 단어로 파생되기도 한다.

ᄀ초-(備) → ᄀ족   ᄀᆷ-(瞬) → ᄀᆷ족

굽-(曲) → 구블   굽-/곱-(曲) → 굽굴위/곱골외-

번/반- → 번득/반득   싁-(酸) → 싁틋

아롬답- → 아롯답-   드믈- → 드믓-

기울- → 기웃-   도렵- → 도렫-

등이 그것이다. 이 가운데 '도렵-'과 '도렫-'은 같은 무성음으로 끝나는 것이지만 '도렵-'은 관습적으로 흔히 쓰이는 '-업-'이 접미된 것이고 '도렫-'은 상징적 표현을 위하여 '-얻-'으로 교체한 것이다.

(2) 母音의 대립

중세국어의 모음은 7모음체계로 이들이 모음조화에 의하여 양모음 'ᄋᆞ, 오, 아'와 음모음 '으, 우, 어' 그리고 중성모음 '이'로 나뉘어짐은 익히 알려진 사실이다. 이 모음조화에 의한 대립이 음성상징에도 그대로 적용되어 양모음과 음모음이 대립의 짝을 이룬다. 즉 'ᄋᆞ'는 '으'에 , '오'는 '우'에, '아'는 '어'에 대립되어 이들이 어감의 대립을 나타낸다. 우선 그 대립되는 語辭들을 열거하면 다음과 같다.

a) 'ᄋᆞ ~ 으'의 대립

ᄀᆞᆯ히- ~ 글희-(解)   ᄀᆞᆰ- ~ 긁-(搔)   ᄀᆞᆷ죽- ~ 금즉-

ᄀᆞᆺ- ~ 긋-(劃)   ᄂᆞᆰ- ~ 늙-(老)   ᄃᆞᆲ- ~ 듧-(穿)

ᄆᆞᆰ- ~ 믉-(稀)   믿밋 ~ 믯믯   ᄇᆞᅀᆞ- ~ 브ᅀᅳ-(碎)

붇- ~ 븓-(附)	븕- ~ 븕-(赤)	술- ~ 슬-(消)
술갑- ~ 슬겁-(慧)	시- ~ 싀-(酸)	식식 ~ 싁싁
즈르-~즈르-(絞)	찌- ~ 찍-(裂)	칙칙 ~ 칙칙
프르- ~ 프르-(靑)	퓌- ~ 픠-(發)	

b) '오 ~ 우'의 대립

고븨 ~ 구븨	요조숨 ~ 요주숨	곱- ~ 굽-(曲)
고족 ~ 구죽	녹- ~ 눅-(融)	노르- ~ 누르-(黃)
도련 ~ 두련-(圓)	도르- ~ 두르-	도탑- ~ 두텁-
도드록 ~ 두두록(凸)	몽기- ~ 뭉긔-(丸)	보드랍- 부드럽-
오목 ~ 우묵	옷곳 ~ 웃굿	옴죽옴죽 ~ 움즉
촉촉 ~ 축축	환- ~ 훤-	횟도르- ~ 횟두르-
도로 ~ 두루	돈가이 ~ 둗거이	

c) '아 ~ 어'의 대립

가폴 ~ 거플	갓 ~ 것(物)	갗 ~ 겇(皮)
마리 ~ 머리	가리- ~ 거리-(岐)	갇- ~ 걷-(收)
감- ~ 검-(黑)	갓ㄱ- ~ 것ㄱ-(折)	남- ~ 넘-(越, 餘)
다듬- ~ 더듬-(探)	짜디- ~ 뻐디-(裂)	막- ~ 먹-(聾)
발- ~ 벌-(排)	바히- ~ 버히-(斬)	반독 ~ 번득
반둘원둘 ~ 번들원들	밧- ~ 벗-(脫)	사놀 ~ 서늘
사리- ~ 서리-(蟠)	삭- ~ 석-(朽)	아독 ~ 어득
아줄 ~ 어즐(迷)	쟉- ~ 젹-(少)	파라ㅎ- ~ 퍼러ㅎ-(靑)
하야ㅎ- ~ 허여ㅎ-(白)	할- ~ 헐-(破)	반드시 ~ 번드시(宛)

이는 모음의 二肢的 대립에 의한 어감표현으로 새로운 어사가 파생되는 것이니 일종의 ablaut的 파생이다. 즉 '거플'에서 ablaut에 의하여 그

에 모음이 대립되는 '가폴'이 파생된 것으로 볼 수 있다. 위의 예들은 이 파생법이 매우 정연한 체계에 의하여 운영되는 생산성이 강한 조어법이었음을 보여 준다. 한편 이 정연한 체계에서 벗어나는 파생도 있으니 '죠고맛'에 대한 '져고맛', '효건'에 대한 '혀근'이 그것이다. 이들도 양모음과 음모음의 대립을 보여 주는 점에서는 같은 것이지만 모음대립의 쌍을 달리 하고 있는 것이다. 여기서 정연한 대립체계에 의한 어감표현을 직접대립이라 하면 예외적인 대립에 의한 어감표현을 간접대립이라 할 수 있는데 중세국어에서는 간접대립을 보여 주는 어사파생도 적지 않게 나타난다.

李崇寧선생은 이 대립에 의하여 나타나는 어감의 대립을 다음과 같은 표로 설명하였다.

輕薄系列(陽母音系列); 輕 明 淺 淸 薄 剛 近 親 密 小 少 狹 急 短 …
深重系列(陰母音系列); 重 暗 深 濁 厚 柔 遠 疎 粗 大 多 廣 緩 長 …

이 어감의 대립을 나타내는 단어는 문맥에서 묘사하는 대상을 달리 취하게 된다. 즉 '밧다'는 옷이나 갓과 같은 구체적인 대상을 벗는 경우에 쓰이고 '벗다'는 受苦나 죽사리와 같은 추상적인 대상을 벗는 경우에 쓰인다. 또 훈민정음 창제 초기의 문헌을 보면 '마리'는 거의 釋迦와 같은 尊者의 머리를 지칭할 때 쓰여 이것이 '머리'의 존대표현임을 보여 준다. 그러나 杜詩諺解에는 '마리'와 '머리'의 이러한 구별이 없고 '마리'는 詩文을 헤아리는 수량사로 쓰이고 있다. 이것은 이들의 의미가 변한 것이라고 하기보다는 어감표현의 대상에 차이가 생긴 것이라고 하여야 할 것이다. 이러한 어감표현의 대립을 보여 주던 의성의태어의 쌍이 후대로 오면 전연 별개의 단어로 바뀌어 그 대립의 흔적이 없어지는 예가 있다. 현대국어의 '삭다'와 '썩다'는 본래 이 대립에 의하여 파생된 것이지만 그 의미가 현저하게 달라졌고 그 어형까지도 바뀌어 상호간의 관계가 끊긴 것이다. '깎다'와 '꺾다'는 각기 '갓ㄱ-'과 '것ㄱ-'에서 발달한 것으로 비록 어형상으로는 대립을 이루는 것이지만 그 의미가 완전히 분화되어서 상호간의 관계가 끊긴 것이다. 이러한 현상은 이미 중세국어 이전부터 있었으니 '술다(銷) : 슬다(消)'에 대한 '술다(燒)'가 그것이다. '술다(燒)'도 본래는 '사라지다'의 뜻이었었는데 그 표현의 대상을 불에 의하여 사라지는 경우로 한정하였기 때문에 이미 이 시대에 별개의 단어가 된 것이다.

중세국어의 이 대립에 의한 파생법은 현대국어에서는 현저하게 약화되어 당시에 대립을 보여 주던 어사들이 소실되거나 개별단어로 발달하였고 첩어를 중심으로 한 의성의태어에 부분적으로 남아 있게 되었다.

3) 單一音의 語感表現

擬聲擬態語가 음을 이용하여 사물을 흉내 낸 것이라면 개개의 음성이 일정한 현상을 흉내내는데 효과적일 것임은 두 말할 나위가 없다. 일찍이 O. Jespersen은 [i]음이 작은 것을 상징한다고 하였다. 국어의 단일음이 일정한 상징성을 가지고 있음은 S. Martin이 논술한 바 있다. 그는 현대국어 음절말 유성자음들의 상징성을 다음과 같이 지적하고 있다.

-l(ㄹ); smooth, flowing, or liquid

-ng(ㅇ); round, hollow, or open

-k(ㄱ); abrupt, shrill, tight

-s(ㅅ); fine

-n(ㄴ); light

-m(ㅁ); spread

이 표현성은 앞으로 객관적인 타당성이 검증되어야 하겠지만 단일음이 일정한 표현력을 가지고 있음은 부정할 수 없다. 중세국어의 의성의태어에서 단일음의 상징성을 추출해 보면 다음과 같다.

‘오/우’ 음; 圓形感을 표현하는 것이어서 ‘도렵/두렵-, 도련/두련-, 보도 롯/보도록, 부리, 구븓-, 우묵, 우훔, 소옴’ 등은 外形이 둥근 것을 나타내 고 ‘구울-, 구믈구믈, 굿블-/굽슬-, 부릌-, 움ㅅ-, 움즉, 그울-’ 등은 圓形을 조건으로 하는 동작을 나타낸다.

‘외/위’ 음; 圓形性을 강하게 표현하거나 回轉運動을 나타낸다. ‘휘얻- ‘은 원형으로 비틀어진 상태를 나타내고 ‘회로리ㅂ룸, 횟돌/횟둘-, 뛰우- (跳), 붕괴-(沸), 허위-, 뷔틀-’ 등은 원형을 조건으로 한 운동이나 작용을 나타내되 ‘오/우’의 경우보다는 강하여서 회전성을 나타낸다.

‘와/워’ 음; 開口度가 큰 모음으로 호탕한 공간감을 나타낸다. ‘흐욱흐 욱, 훤, 훤츨, 워즈런, 화ㅎ다’ 등이 그 예이다.

‘의/의’ 음; 둘 이상의 사물이 교착된 상태나 混交되는 운동, 또는 교착 된 불쾌감을 나타낸다. ‘칙칙, 섯긔, 성긔, 설픠, 어긔-, 비븨-, 츽-, 흘긔 -, 삥의-, 므즤-, 얼의-’ 등은 상태나 동작을 나타내고 ‘믜-(憎), 뵈-(嫉), 므 싀엽, 싀틋, 더듸-, 서의-’ 등은 교착감을 나타내는 것이다.

‘ㅂ, ㅍ, ㅁ’ 음; 이 脣音들은 面積感을 표현한다. ‘다봇, 다복다복, 보도 롯’ 등은 ‘면적감 + 원형감’으로 球面을 나타내고 ‘비븨-, 범븨-, 뷔듣니-, 뷔틀-’ 등은 면적이나 구면을 조건으로 하는 운동이나 작용을 나타낸다. 또 ‘보ᄃ롭/부드럽-, 반독/번득, 반둘원둘/번들원들-, 번게’ 등은 표면이 圓滑, 柔軟함을 나타낸다.

‘ㅅ’ 음; 쇳가루가 흩어지는 듯한 鎖屑感을 바탕에 깔고 있어 ‘고스미-, 스르르히, 스러디다, 수ㅅ-, 사눌/서늘, 서의ㅎ-, 숨숨’에서와 같이 尖銳, 散 漫, 寒冷, 悽凉 등의 느낌을 준다.

‘ㄷ, ㅌ’ 음; ‘두드리-, 다듬-, 더듬-, 드듸-, 답답, 돋갑-, 두두록, 도련, 둗겁-, 특특, 뛰우-, 뚝뚝’ 등에서와 같이 ‘뭉뚱그려진 結集體의 體積感’을 나타낸다.

‘ㄴ’ 음; ‘너운너운, 노혼노혼, 어른어른, ᄀ문, 워즈런, 나븐나븐, 날호-, 사눌/서늘’ 등에서 볼 수 있는 바와 같이 ‘輕快하면서도 柔軟한 지속감’을 준다.

이러한 단음의 상징성은 개인에 따라 그 파악이 다르고 문맥에 따라 달리 나타날 가능성이 큰 것이어서 언중들이 공감하는 의미영역을 추출하기가 힘들다. 이러한 애매성을 극복하기 위해서는 현대국어를 대상으로 한 단음의 상징성을 추출하여야 할 것인데 현재 그러한 연구가 이루어지지 못하였다. 이것은 앞으로의 과제이다.

V. 結語

중세국어의 擬聲擬態語는 현대국어에 계승되고 있다. 그러나 子音의 三肢的 對立에 의한 어감표현, 즉 子音加勢法則은 아직 체계적으로 발달되어 있지 않았다. 이는 有氣音의 기능부담량이 극히 적었고 硬音이 15세기에서 그리 멀지 않은 시대에 발달하였다는 사실과도 軌를 같이 하는 것이다. 그러나 모음의 대립에 의한 어감표현은 매우 생산적이어서 광범위하게 쓰였었는데 현대국어에서는 쇠퇴하여 첩어를 중심으로 한 일부 의성의태어에 남아 있을 뿐이다. 의성의태어는 어감의 표현이 主機能이기 때문에 오히려 일반 어휘들보다도 변화를 입을 수 있는 가능성이 높다. 그리하여 현대에까지 계승되지 않는 의성의태어의 비율이 다른 일반 어사의 경우보다 높다. 이것은 음성상징도 관습성의 영역을 벗어날 수 없는 것임을 말하는 것이다.

의성의태어도 외국어의 영향을 받았을 가능성이 높다. '뻐꾸기'는 한문의 '布穀鳥'의 영향을 받은 것이 아닌가 한다. 한문의 의성의태적 첩어는 매우 풍부하므로 우리의 의성의태어가 그와 무관하다고 하기는 어렵다. 특히 우리 선인들의 漢詩에 漢文의 의성의태어가 자주 사용되었으니 그 영향이 국어에 끼쳤을 가능성은 적지 않을 것으로 생각된다.

고려시대에는 관습적이었던 단어들이 15, 6세기에 의성의태어로 발달한 예가 확인된다. 꿩은 고려시대에는 '꾀'였었음이 鄕藥救急方의 鄕藥名을 통하여 알 수 있다. 이것이 龍飛御天歌에 '꿩'으로 나타나 표현력이 있는 擬聲語로 발달하였음을 보여 준다. 도토리는 고려시대에는 '돝이밤'이어서 鄕藥救急方에서는 '猪矣栗'로 표기하였었다. 이것이 杜詩諺解에서는 '도토밤', '도톨왐'으로 동요하다가 訓蒙字會에서는 '도토리'가 되어 의태어로 발달하였다. '머구리'는 의성어인데 16세기경에 새로 등장한 '개구리'와 경쟁하다가 현재는 완전히 소멸되고 말았다. 이는 기존의 의성의태어가 없어지고 새로운 의성의태어가 발달한 예를 보여 주는 것이다.

訓民正音은 중국의 聲韻學을 소화하고 응용하여 창제된 것이다. 聲韻學은 性理學과 결부되어 陰陽五行의 이론을 음성학에 적용하고 있다. 따라서 모음을 陰과 陽으로 가르고 깊다거나(深) 얕다(淺)는 용어를 써서 그 성격을 설명하고 있다. 이는 음의 상징성을 근거로 말한 것이다. 또 喉音은 虛而通, 牙音은 似喉而實(후음과 같되 실하다), 舌音은 轉而颺, 齒音은 屑而滯, 脣音은 含而廣이라고 한 것도 같은 근거로 말한 것이다. 이는 당시인들의 언어관을 보여 주는 것이기도 한데 그 상징성의 근거가 무엇에 있는지 분명히 밝혀지지 않고 있다. 이러한 문제도 앞으로 우리가 고구해야 할 이 분야의 과제이다.

參考文獻

南豊鉉(1965), 15世紀國語의 音聲象徵 硏究, 『國語硏究』 13, 國語硏究會.

_____(1969), 母音의 音聲象徵과 語辭發達에 대한 考察, 『漢陽大創立30周年紀念論文集』.

李崇寧(1958), 音聲象徵再論, 『文理大學報』 7-1, 서울大文理科大學學藝部.

_____(1960), 國語에 있어서 母音의 音聲象徵과 音韻論的 對立과의 關係에 對하여, 『國語學論攷』, 東洋出版社.

鄭寅承(1938), 語感表現上 朝鮮語의 特徵인 母音相對法則과 子音加勢法則, 『한글』 6-9, 朝鮮語學會.

趙奎卨(1958), 疊用副詞의 考察, 『語文學』3, 語文學會.

Samuel E. Martin(1962), Phonetic Symbolism in Korean, UAS Vol.13.

▌『새국어생활』3-2, 국립국어연구원, 1993. 6.
　2014년 3월 5일 修訂.

母音의 音聲象徵과 語辭發達에 대한 考察

I. 序論

國語는 音聲的 資質이 語感表現에 效果的으로 作用하는 音聲象徵이 매우 發達한 言語이다. 이 音聲象徵을 史的으로 一瞥하면 오랜 慣習을 維持하여 왔음을 發見하게 된다. 現代國語는 子音의 象徵的 對立이 子音體系의 三肢的 對立과 一致하는 規則性을 띠고 있으나, 15世紀 國語에서는 子音의 體系的인 象徵的 對立은 보이지 않고 오히려 母音의 象徵的 對立이 간명한 體系에 依하여 드러나고 있음을 볼 수 있다.

일찍부터 國語 母音의 象徵的 對立은 母音調和上의 母音對立과 不可分의 關係에 있고, 母音調和的 對立은 母音體系上의 對立과 一致한다는 알타이 諸語의 一般論에 根據를 두고 檢討하여 왔다. 이것은 母音의 象徵的 대립이 起源的으로 母音體系上의 對立에서부터 發達하였으리라는 推定을 妥當化시킬 수 있는 것이다.

音聲象徵은 自然對象을 模倣하여 表現하려는 言衆의 原始的 衝動에 의하여 形成되는 것으로 意味와 音聲과의 必然的인 聯合을 條件으로 하는 것이다. 이 象徵的 意味와 音聲과의 聯合은 音聲資質에 대한 心理的인 印象을 바탕으로 하여 成立한다. 이 心理的 印象은 人間의 原始的 衝動에 依하여 形成되는 것이므로 人類 言語 一般에 共通되는 普遍性을 띠기도 한다. 이러한 觀點에서 볼 때 音聲象徵의 意味와 音聲과의 聯合은 必然的이요 自然的인 것이다. 그러나 音聲의 象徵的 體系나 象徵語도 言語의 形態로 反映된 以上 言語의 慣習性의 拘束을 벗어날 수는 없다. 音聲象徵

에 內包된 이 必然性과 慣習性이 相互 衝突함으로써 音聲은 그 象徵性을 喪失하거나 그 象徵體系의 變質을 입을 수 있게 된다. 이러한 觀點에서 보면 15世紀 國語에 나타난 母音의 象徵的 對立도 그 原始形態에서 相當한 變質을 거쳐 왔을 것을 推測하기에 어렵지 않다.

李崇寧선생님은 '母音調和와 音色의 兩者의 對立이 同起源의 分岐的 發達'이라고 한 바 있다.[1] 15世紀 國語의 母音의 象徵的 對立體系의 主軸은 母音調和의 母音對立體系와 一致한다. 따라서 母音調和의 對立體系가 母音體系의 對立과 一致하는 것이라면 母音의 象徵的 對立도 母音體系의 對立과 必然的인 關係를 맺고 發生하였으리라는 것은 推測하기에 어렵지 않다. 그러나 이 原始的 象徵性이 15世紀 國語에까지 原型대로 維持되어 왔다고 斷言하기는 어려운 것이다. 15世紀 國語의 資料로서 母音의 象徵的 對立에 依한 語辭分化의 樣相을 檢討할 때 그 對立體系는 매우 오랜 傳統을 가지고 있음을 보여 준다. 그리고 이 體系는 비록 部分的인 變質을 입었지만 現代國語에까지 維持되고 있음을 본다. 이것은 音聲象徵의 體系가 時代에 따라 變質되어 간다는 事實을 證明하는 것이다. 母音調和에 대해서도 과연 15世紀 國語의 母音調和가 母音의 構造的 體系와 一致하고 있느냐 하는 點에 있어서는 眞摯한 疑問이 提起되고 있다.[2]

意味論者들은 모든 새로운 語辭의 創造는 有緣的인 것이라고 한다.[3] 新語의 創造는 旣存의 言語形態나 또는 言語外的인 對象에 대하여 音韻論的이든, 形態論的이든 또는 意味論的이든 有緣性을 띠고 創造되는 것이다. 이렇게 創造된 新語는 言語의 慣習的인 構造 속에 들어오면서 그 有緣性을 喪失하거나 새로운 有緣性을 獲得함으로써 變質되는 것이다. 音聲象徵은 音韻論的인 有緣性을 가리킨 것이고 母音의 象徵的 對立體系

---

1 李崇寧(1960), 國語에 있어서 母音의 音聲象徵과 音韻論的 對立과의 關係에 대하여, 『國語學論攷』, 東洋出版社, 254면; 『心岳李崇寧全集4 音韻 V』, 한국학술정보(주), 107면.

2 李基文(1968), 母音調和와 母音體系, 『李崇寧博士頌壽紀念論叢』, 377~89면.

3 P. Guiraud(1955), *LA SEMANTIQUE*, 佐藤信夫 譯(1961), 『意味論』, 白水社, 27면.

는 이 有緣性의 獲得에 의하여 形成된 것이다.

母音體系의 對立과 母音調和的 對立 그리고 母音의 象徵的 對立이 起源的으로 一致하였었다면 時代의 變遷과 함께 이 三者는 各各 그들대로의 慣習的인 길을 밟아 分岐되었을 것이다. 音韻體系의 對立은 音韻自體의 生理에 依하여 그 對立體系가 構造的 變化를 입었고, 母音調和는 形態論的으로 反映된 것이어서 語形에 依支하여 分岐的 發達을 거쳤을 것이며, 象徵的 對立體系는 語形과 語意의 拘束을 받으며 獨自的인 길을 밟아 왔으리라고 推測되는 것이다. 따라서 音聲象徵은 共時的인 現象이며 이 共時的인 體系의 確立을 基礎로 한 史的 考察이 要求되는 것이다.

15世紀 國語에 있어서 母音의 象徵的 對立體系를 基盤으로 한 語辭의 生産力은 매우 强力하였고 또 이것은 오랜 傳統을 가졌었음을 보여 주고 있다. 이에 따라 從來 이 문제에 대하여서는 두 가지 입장에서 作業이 進行되어 왔다. 그 하나는 母音의 象徵的 體系를 確立하려는 것이었고,[4] 다른 하나는 이를 土臺로 한 國語의 語源을 探索하려는 作業이었다.[5] 그러나 이 두 作業은 各各 分離된 作業이었기 때문에 이를 묶는 作業이 要求되고 있다. 本稿는 15世紀 國語의 象徵的 對立體系를 確立하여 이를 土臺로 한 國語語源探究의 한 기틀을 마련하려는 데 있다. 이것은 筆者의 舊稿 '15世紀 國語의 音聲象徵 硏究(1965)'에 이어지는 작업이라고 하겠다.

---

4 李崇寧(1954), 音聲象徵論, 『文理大學報』, 서울대학교, 12~20면.
_____(1955), Ablaut 硏究, 『한글』 통권 109호, 12면 以下.
_____(1958), 音聲象徵再論, 『文理大學報』, 서울대학교, 9~15면.
_____(1959), '·' 音攷再論, 『學術院論文集』 제1집, 41~154면.
_____(1960), 國語에 있어서 母音의 音聲象徵과 音韻論的 對立과의 關係에 對하여, 『國語學論攷』.
5 李基文(1954), 語辭의 分化에 나타나는 ablaut的 現象에 對하여, 『崔鉉培還甲紀念論文集』, 177~218면.

II. 母音의 象徵的 對立體系

15世紀 國語의 母音의 象徵的 對立體系는 兩 系列의 直感的 語感表現 體系가 兩 系列의 對立 語辭에 反映되고 이 對立語辭는 象徵的 表現力을 띤 兩 系列의 母音이 相互交替됨으로써 生産되는 體系이다. 일찍이 '音色의 對立的 體系'를 樹立한 李崇寧선생님은 이 體系에 대하여

音色이란 sense의 差異를 具有한 것이고 나아가서 意味까지 對立하게 만드는 것이 國語의 音色의 對立인 것이다. 그 對立이 meaning에 어떠한 sense를 賦課하느냐는 다음과 같다.

輕薄系列:	輕	清	明	薄	剛	近	親	密	小	少	狹	急	短……
深重系列:	重	濁	暗	厚	柔	遠	疎	粗	大	多	廣	緩	長……

그리하여 여기서 母音의 對立이 ablaut的 對立으로 나타났다.

고 밝혔다.[6]

여기서 말한 '音色의 對立'이란 母音調和 體系上의 對立과 一致하며 '意味의 對立'이란 語感의 對立에서 二次的으로 發達한 知的 意味의 對立이다. 'ablaut的 對立'이란 兩系列 語辭의 形態論的 派生이 對立母音의 交替에 依한 것임을 가리킨 것이다. 이를 바탕으로 하여 象徵的 對立을 簡單히 體系化하면 다음과 같다.

---

6 李崇寧(1960), op.cit., 254~55면.

<象徵母音의 對立> <語感의 對立>   <語彙上의 對立>

ᄋᆞ 오 아(陽母音)……輕薄系列語感…밧다(脫),　도로혀(返),　놀곤(古)

｜ ｜ ｜　　　　　　　　　　　　｜　　　　｜　　　　　｜

으 우 어(陰母音)……深重系列語感…벗다(脫, 免), 두루혀(返廻), 늘근(老)

이 對立體系를 筆者는 直接對立體系라 부르고자 한다. 이 體系에서 母音의 象徵的 對立은 母音調和體系의 母音對立과 一致하며 意味의 對立은 兩 系列의 語感對立으로 나타난다. 語彙論的인 對立은 文法的 資質이 一致하는 兩系列의 語辭가 形態論的으로 對立하는 것이다. 이러한 直接對立體系는 15世紀 國語에서 母音의 象徵的 對立體系를 形成하는 根幹이 되는 것으로 이 音韻, 意味, 形態上의 整然한 對立을 直接對立體系의 三條件이라 할 만하다.

이 直接對立體系의 三條件에 어그러지는 一種의 例外的인 對立이 있다. 이러한 對立을 間接對立體系라고 부르고자 한다. 이 間接對立體系가 이루어지는 原因은 여러 條件이 있겠지만 表面으로 나타나는 것은 音韻論的인 間接性과 文法的인 間接性으로 나누어 생각할 수 있다.

15世紀 國語의 '죠고맛(小, 微)'에 대한 對立語辭는 '져고맛 또는 '져구맛이다.

져고맛 받 이러믈 다ᄉᆞ리고………죠고만 祿올 어더도 : 理小畦……得微祿(杜16, 65)

져구맛 모미 : 微軀(杜7, 4)

이 '죠고맛과 '져고맛(져구맛)'의 象徵的 對立은 語根母音 '오'와 '어'의 對立으로 나타난다. 이것은 母音의 상징적 對立이 母音調和上의 對立關係와 一致하지 않는 間接對立이다.

直接對立語辭는 그 子音組織이 相互 一致해야 한다. 'ᄉᆞᅀᅵ(間)'와 '숯

(間)'은 象徵的 對立體系에 依하여 派生한 것임이 分明하지만 그 語根의 子音組織이 一致하지 않는다. 이 子音組織의 間隙은 兩 語辭가 對立派生法에 의하여 形成된 후 語辭分化의 過程을 거치는 동안 二次的인 發達을 한 것이다. 그러나 兩 語辭는 共時的 對立體系의 範疇에서 상호 환기될 수 있는 것으로 보면 間接 對立語辭라고 할 수 있다.

'곱다(曲)'와 '굽다(曲)'는 直接對立體系의 三條件을 갖춘 것이다. 이에서 派生한 '고비'와 '구비'도 直接對立語辭이다. '굽다→곱다'의 派生을 象徵的 對立派生이라 하고,[7] '굽다→구비', '곱다→고비'의 派生을 文法的 派生이라 하여 區別지으면 '굽다'와 '고비'의 對立, '곱다'와 '구비'의 對立은 象徵的 對立派生과 文法的 派生을 거침으로써 文法的 資質이 一致하지 않는 間接對立을 이룬다. 이 경우는 間接對立의 形成을 可能케 하는 文法的 派生過程이 分明하게 나타난다.

15世紀 國語에서 '고돌파'의 쓰임은 다음과 같다.

衰殘혼 나해 이 모물 고돌파 든니노라 : 衰年强此身(杜7, 18)
네 일즉 흐던 如意 가지고 춤추믈 브티 들여서 고돌파 보노라 : 昔曾如意
舞 牽率强爲看(杜8, 50)

이 '고돌파'는 '굳다(固)'에서 對立的 派生을 한 副詞로 文法的 合成過程을 보여 주지 않는다. 이는 오히려 文法的 合成過程을 無視한 象徵的 間接對立이다.

---

7 이 派生法에 대하여는 內的派生法(Internal Change) 또는 母音交替(Ablaut)로 불려 왔다. 前者는 形態論에 重點을 둔 것이고, 後者는 有意的인 것과 偶然的인 것을 모두 包含하나 象徵的 對立派生은 有意的인 경우만을 包含함으로 區別지을 수 있다. 本稿에서는 象徵的 對立體系에 重點을 두는 데 이 體系는 音韻, 形態, 意味를 모두 包含하므로 이를 부각시키기 위하여 術語를 따로 정한다.

安秉禧(1967), 韓國語發達史(中), 『韓國文化史大系V, 言語·文學史』, 高大民族文化研究所, 251면 및 李基文(1954), op.cit., 李崇寧(1955), op.cit. 參照.

象徵的 對立語辭의 意味는 그 意語의 文化的, 社會的 背景과 言語構造 內에서의 環境에 따라 複雜한 樣相을 보인다. 그러나 이 兩 語辭를 하나의 範疇로 묶어 주는 意味論的인 對立은 輕薄系列語感과 深重系列語感으로 對立하는 象徵的 語感의 差異로 制限된다. 이 語感은 分化된 兩 語辭의 語源的 意味에 새로이 賦與된 것이다. 따라서 象徵的 意味對立은

語源的 意味 + 輕薄系列語感
語源的 意味 + 深重系列語感

의 對立으로 制限되어야 한다. 語源的 意味는 感動的 意味에 對立하는 知的 意味로 나타나는 것이 一般이며 또 兩 對立語辭를 하나의 體系로 묶는 中心意味가 된다.

이 語源的 意味에 象徵的 意味(語感)가 賦與됨으로써 兩 語辭의 意味變動에 差異가 생긴다. 現代 國語의 '촐랑거린다'와 '출렁거린다'는 15世紀의 象徵的 對立體系의 慣習을 維持하고 있는 語辭들이다. 이들은 本來 擬聲表現에서 發達한 象徵語이다. 이 擬聲表現이 意味上의 變動으로 擬態表現과 擬情表現으로 流動한다. 이것은 象徵的 對立體系로 묶여지는 範圍內에서의 變動이다. 이러한 意味 變動은 他 語辭와의 連結條件을 가지고 檢討하는 것이 效果的이다. 이 對立語辭의 連結條件 및 文體上에 나타나는 頻度는 다음과 같다.

1. 바닷물에 대하여서는 '출렁거린다'고 하지 '촐랑거린다'고 하는 例는 極히 드물 것이다. 따라서 頻度에 있어서도 '출렁거린다'가 優勢할 것이다.
2. 물통이나 병 속의 물에 대해서는 '출렁거린다'라고도 할 수 있고 '촐랑거린다'라고도 할 수 있다. 따라서 個人의 文體上의 差異가 頻度上 어느 한편으로 치우치는 수가 있겠지만 原則的으로 頻度上의 優劣을 따질 수 없는 것이다.

3. 輕薄한 사람을 輕蔑하여 말할 때는 '출랑거린다'고 하지 '출렁거린다'고 하지는 않는다. 따라서 이 경우는 '출렁거린다'와의 連結을 豫測하기 困難하다.

이러한 語辭 連結上의 差異는 語感差에 말미암은 것이지 語源的 意味의 差異에 말미암는 것은 아니다. 나아가서 이 兩 語辭가 象徵的 對立體系를 完全히 離脫하여 전연 別個의 語辭로 分化한 데서 생긴 差異는 더욱 아니다.

이 語辭 連結上의 意味를 把握하여 象徵的 對立語辭의 意味差를 究明하려는 試圖는 일찍부터 檢討되어왔다. 李崇寧博士는 '밧다'와 '벗다'의 쓰임을 15世紀 國語資料로써 檢討한 다음

意味의 決定은 文章에서 目的語를 基準으로 따져야 한다. '밧다'의 目的語는 '옷, 헝울' 等의 자기의 몸과 密接한 또는 가까운 具體的인 對象인 衣服이나 身體의 局部名이다. 그러나 '벗다'의 目的語는 '受苦, 죽사리, 길' 等의 自己의 몸과는 距離를 가진 抽象的인 對象이다. 따라서 '밧다'는 '脫'이요, '벗다'는 '免, 避'라는 意味의 分岐的 發達을 보여준다.[8]

고 하였다.

여기서 分岐的 發達이란 '밧다'와 '벗다'가 象徵的 對立體系에서 이탈하여 化石化하였음을 뜻하는 것은 아니다. '아'音과 '어'音의 音韻論的인 示差性을 明白히 하기 위하여 이 兩 語辭가 獨立된 意味를 保持함을 뜻한 것이다. 이 獨立된 意味는 語感의 差로 制限하여야 한다. 이들은 語感의 差로 區分되고 中心的 意味가 一致하기 때문에 文脈에서의 語辭連結에 있어서도 上記 現代語 '출랑거리다~출렁거리다'의 경우와 같이 서로 交

---

[8] 李崇寧(1960), op.cit., 256면.

叉되는 연결을 갖는다.

주오디 아니호야셔 힌 톳기롤 보노라 곳갈 <u>버서</u> 디요믈 온 버늘 디내노라
: 不眠瞻白兎 百過落烏紗 [烏紗는 帽也] 라 이는 돌보노라 울워니 곳가리
<u>버서딜시라</u>(杜15, 53)

王公ㅅ 알픽 곳갈 <u>밧고</u> 니마홀 내야셔 : 脫帽露頂王公前(杜15, 41)

蜀ㅅ 님그미 猜嫌을 <u>바스니라</u> : 蜀主脫猜嫌(杜21, 37)

이는 '밧다'와 '벗다'가 상호 交叉되는 쓰임을 보여 주는 것이다.[9] 이는
오히려 母音의 象徵的 對立體系로 묶이는 兩 對立語辭가 화자의 표현적
의지에 따라 意味上의 교차를 보여 주는 것이 된다.

이 語辭連結에 있어 象徵的 對立語辭의 意味를 特徵지워 주는 對象은
對立語辭가 他動詞일 때는 그 目的語로 나타나고 形容詞나 自動詞일 때
는 그 主語로 나타나며 名詞일 때는 그의 所有主로 나타나는 것이 一般的
이다. 이렇게 抽出된 對象에 依하여 對立 語辭의 象徵的 語感을 檢討하면
輕薄系列 語辭에 連結되는 대상어는 人間의 物質生活, 現實生活에 연계
된 뜻을 나타내거나 輕蔑的이고 指小的인 것을 뜻하는 語辭들이고 深重
系列 語辭에 連結되는 대상어는 人間의 精神的인 生活이나 抽象的인 生
活을 나타내는 것, 大凡하고 遠大한 것을 뜻하는 語辭들이다. 이것은 輕
薄系列 語感이 言衆의 主觀을 主軸으로 하여 內心的 方向으로 執着하고
深重系列 語感이 主觀을 主軸으로 하여 遠心的 方向으로 遊離됨을 말한
다. 따라서 輕薄系列은 細心·强迫하고, 深重系列은 大凡·寬柔한 느낌
을 주게 된다.

---

9 음성모음을 가진 '벗다'가 구체적인 대상인 '곳갈'을 벗고 양성모음을 가진 '밧다'는
추상적인 대상을 벗는 것은 모음의 '象徵的 對立'에 의한 의미 표현과 반대의 양상을 보인
다. 이를 '對立'에 대하여 '交叉'라고 부르기로 한다.

이들 兩 系列 語辭에 連結되는 대상어는 어느 한편은 制限된 數로 나타나고 어느 한편은 이러한 制限을 받지 않는다. 例를 들면 '사늘ᄒ다'는 '눈(眼)'이 主語로 되는 것을 條件으로 하여 나타나고 '서늘ᄒ다'는 氣候關係를 表現할 수 있는 것이면 어느 것이나 主語가 될 수 있는 따위이다. 이것은 그 語源的인 語辭가 輕薄系列母音을 가진 語辭로 遡及하느냐 深重系列母音을 가진 語辭로 遡及하느냐에 依하여 左右되기도 하고 二次的인 意味變化에 依하여 左右되기도 하나 一般的으로는 深重系列母音을 가진 語辭는 制限을 받지 않고 輕薄系列母音을 가진 語辭에 制限이 있다. 이와 같이 語辭連結上에 나타나는 意味變動은 語感의 差에 말미암은 것으로 共時的 對立體系의 範疇로 制限된 範圍內에서의 變動이지만 이것이 意味變化의 重要한 契機가 되기도 한다.

15世紀 國語의 '燒, 焚'의 뜻을 가진 '슬다'는 起源的으로 '슬다(銷)'와 對立하던 語辭였다.[10] 그러나 15世紀 國語의 象徵的 對立體系에서 '슬다'와 對立하는 것은 '銷'의 뜻을 가진 '슬다'이다.

    슬다(銷) : 훈 귓거시 스러 업디 아니ᄒ놋다 : 一鬼不銷亡(杜20, 37)
    슬다(銷) : 또 몰곤 ᄀᆞᄅᆞ미 나그내 시르믈 스로미 잇도다 : 更有澄江
            銷客愁(杜7, 2)
            내 시르믈 스노라 : 銷我憂(杜15, 43)
    슬다(燒) : 브리 스디 몯ᄒ며 므리 좀디 몯ᄒ며(月釋10, 7)
            모ᄆᆞᆯ 스ᄅᆞ샤디 : 然身(楞7, 17)

이 '슬다'의 두 意味는 多義(polysemy)的 意味差가 아니라, 同音異義語로서의 意味差를 보여 주는 것이어서 이 兩 語辭는 別個의 獨立된 語辭로 分化한 것이다. 同起源으로 遡及하는 兩語辭가 이와 같이 分化한 데

---

10 李基文(1954), op.cit., 193면.

는 語辭 連結의 慣習이 重要한 契機가 된 것이다. 未分化期의 '술다'에서 主語 '블(火)'과의 連結이 頻繁했던 '술다'는 이 連結이 慣用化함으로써 '燒, 焚'의 뜻으로 發展한 것으로 보인다. 번거로운 引用은 省略하나 이 '술다'의 意味가 '블'과의 連結을 條件으로 하여 活用된다는 점을 無視할 수는 없는 것이다.

따라서 '슬다(銷)'와 '술다(銷)'는 共時的 對立體系로 묶여지지만 '燒, 焚'의 뜻을 가진 '술다'는 '슬다(銷)'와의 對立關係를 벗어난 것이다. 이 경우 '슬다(銷)', '술다(焚)'에 대하여 우리는 語源的으로 遡及하여서만 意味對立을 설정해 볼 수 있다.

意味의 象徵的 對立에 있어 間接對立은 無意味하다. 이것은 象徵的 對立體系의 成立이 輕薄系列語感과 深重系列語感의 對立과 語源的 意味의 一致를 바탕으로 하는 것인데 여기에 第三의 意味要素가 介入한다는 것은 語源的 意味 卽 中心意味의 變化를 가리키게 되는 것으로 이것은 兩 語辭가 個別的인 獨立語辭로 分化하는 것을 뜻하기 때문이다. 象徵的 對立 語辭는 相互 有緣的인 것이다. 兩 語辭는 각기 相對되는 語辭의 資質을 바탕으로 하여 生命을 갖는다. 일례로 '아둑ᄒ다(冥, 昧)'는 '어득ᄒ다(暗, 昏)'가 이미 가지고 있는 音韻構造와 文法的 資質 및 그 意味範疇에 輕薄系列語感을 賦與함으로써 우리는 그 뜻을 理解할 수 있다. 따라서 '아둑ᄒ다'는 '어득ᄒ다'에 의하여 그 意味背景이 透明해지는 것이다. 이 것은 逆으로 '어득ᄒ다'의 경우에 있어서도 同一한 것이다. 따라서 이들 兩 語辭는 相互 對立的인 關係를 가지고 喚起되는 것이다. 또 象徵的 對立語辭의 對立은 相對的 關係이고 主從的 關係는 아닌 것이다. 語源的으로는 그 한 語辭가 旣存하고 다른 한편의 語辭가 그를 바탕으로 對立的 派生法에 의하여 生産될 수 있을 것이다. 일례로 語源的 語辭에서 輕薄系列 語辭가 對立的으로 生産되었다 하면 그 語源的 語辭는 輕薄系列語辭에 의하여 喚起되는 範圍에서는 自動的으로 深重系列 語感을 띠게 되는 制約을 받게 되는 것이다. 이러한 相對的인 有緣性은 兩 語辭가 각기 獨

自的인 意味發達을 거침으로써 喪失되어 간다. 이것은 이 兩 語辭가 象徵的 對立體系를 벗어나 慣習的인 化石으로 굳어짐을 뜻하는 것이다. 이것이 象徵的 對立의 本質인데 여기서 有緣性의 喪失은 第三의 意味가 介入하는 것과 一致하는 것이어서 이 第三의 意味가 介入하는 過程을 透視할 수 있다면 이것은 分化된 두 語辭의 語源的 意味對立을 찾는 것이 된다.

이러한 點에서 보면 '다ᄋ다(盡)'와 '더으다(增)'의 對立이나 '나(我)'와 '너(汝)'의 對立은 語源的인 대립이다. 15世紀 國語의 象徵的 對立體系에서 知的 意味의 對立을 이루어 反意語로 對立하는 예는 成立하기 어렵기 때문이다.

象徵的 語感의 差는 文法的 合成에도 影響을 미쳤다. '가리다(岐)'와 '거리다(岐)'는 象徵的 對立 體系로 制約되는 意味를 가지고 있었다.

가리다 : <u>가린</u> 길홀 맛나디 아니콰뎌 ᄒ실ᄊᆡ: 欲…不遭枝岐(楞1, 22)
거리다 : ᄯᅩ 두 가짓 <u>거린</u> 길히 잇ᄂᆞ니 : 復有二種岐路(楞9, 24)

이에서 '가락'과 '거리'가 派生되었다.

가락 : 시혹 가락 토ᄇ로 그려 : 或以指瓜甲而畵(法1, 21)
　　　 ᄀᆞᄅ치는 솑가라ᄀᆞᆯ 지스라 : 作標指(楞10, 42)
거리 : 陌온 져잿 가온딧 거리라(釋9, 1)
　　　 두 거리 논호ᄂᆞ니라 : 分二岐也(楞9, 15)
　　　 긼 거리롤 臨ᄒ야셔 : 臨岐(杜8, 21)

이 '가락'과 '거리'는 語源的으로 '分'의 뜻으로 遡及함으로써 同起源의 語辭임을 말해 준다. 여기서 '가락'은 작은 事物인 '指'로 分化하고 '거리'는 크고 大凡한 事物인 '길거리'로 分化한 것은 '가락'이 輕薄系列 語感에 의하여 生産되고 '거리'가 深重系列語感에 의하여 生産되었기 때문에 可

能한 것이다. 이와 같이 兩系列의 語感은 知的 意味를 分化하는 데도 영향을 미치게 되는 것이다. 이러한 分化 過程을 正確하게 遡及할 수 있다면 象徵的 對立體系에 의하여 分岐된 後 化石化한 많은 語辭의 語源을 새롭게 파악할 수 있을 것이다.

이상에서 15世紀 國語의 母音의 象徵的 對立體系를 直接對立과 間接對立으로 分類하고 이에 附隨된 意味의 語源的 對立을 設定하였거니와 이것은 象徵的 對立 體系의 共時論的인 理解를 바탕으로 하여 化石化한 語辭의 語源을 파악하는 데 도움이 될 것이다.

Ⅲ. 直接對立體系와 直接對立語辭

母音의 象徵的 對立體系의 核心은 直接對立體系이고 間接對立은 이 直接對立을 主軸으로 하여 變則的인 發達을 한 것이다. 直接對立의 三條件은 兩 對立語辭가 共時的 構造 속에서 緊密한 有緣性을 맺고 共存하게 하는 體系이다. 이러한 原則을 樹立하고 우리가 細部的인 作業에 들어갈 때 難關에 부딪히는 것은 文獻의 貧困으로 말미암아 對立의 限界를 決定짓기 어려운 點이다. 우리는 制限된 文獻에서 制限된 資料를 蒐集하여 歸納하는 方法에 依存할 수밖에 없는데 이 資料들이 意味의 特徵을 分明하게 지어줄 수 있을 만큼 豊富하게 나타나지 않기 때문이다. 語辭에 따라서는 그와 對立하는 語辭가 確實히 나타나리라는 豫測이 가는 데도 實際 文獻上으로는 나타나지 않는 경우와 文獻上에 한두 例가 나타날 뿐이어서 그것이 語源上의 對立인지 共時的인 對立인지 분간하기 어려운 例들이다. 이러한 어려움은 全體體系에서 歸納할 때 어느 정도 극복할 수 있지만 완전을 기하기는 어렵다.

이 意味問題에서 有緣性을 喪失하여 化石이 된 것이 分明한 것을 除外하고 語源的 意味의 一致를 遡及할 수 있고 形態上 對立이 分明한 直接對立語辭를 추리면 다음과 같다.

1) 用言

(A) 'ᄋᆞ~으'의 對立

ᄀᆞᆯ히다(分, 解, 擇)~글희다(解)　　ᄀᆞᆰ다(刮)~긁다(搔)

ᄀᆞᆷᄌᆞ기다(瞬)~금즈기다(瞚, 動)　　ᄀᆞᆺ다(切)~긋다(劃)

ᄂᆞᆰ다(古)~늙다(老)　　ᄠᆞ다, ᄯᆞ다~ᄠᅳ다(裂)

ᄃᆞᆲ다(穿)~듧다(穿)　　ᄆᆞᆰ다(淡)~믉다(稀)

ᄆᆡᆺᄆᆡᆺ(ᄆᆡᆽᄆᆡᆽ)ᄒᆞ다(滑)~믯믯(믲믲)ᄒᆞ다(滑)

ᄇᆞᅀᆞᄀᆞᆯ다(碎研)~브ᅀᅳᄀᆞᆯ다(碎研)

ᄇᆞᅀᆞ띻다(擣碎)~브ᅀᅳ딯다(擣碎)　　ᄇᆞᅀᆞ와미다(法 2 : 12)~브ᅀᅳ와미다

ᄇᆞᆺ(ᄇᆞᇫ)아디다(破碎)~브ᇫ어디다(碎)　　ᄇᆞᆮ다(攣)~븓다(依, 附, 着)

ᄇᆞᆮᄃᆞᆼ기다(攀)~븓ᄃᆞᆼ긔다(著)　　ᄇᆞᆰ다(丹)~븕다(赤)

ᄉᆞᆯ갑다(慧)~슬겁다(慧)　　ᄉᆞᆯ다(銷, 消)~슬다(銷, 消)

ᄉᆞ라디다(消滅)~스러디다(消滅)　　ᄉᆡ다(酸)~싀다(酸)

ᄉᆡᆨᄉᆡᆨᄒᆞ다(新)~싁싁ᄒᆞ다(嚴)　　ᄌᆞᄅᆞ다(絞)~즈르다(短, 折)

ᄢᅵ야디다(裂)~ᄢᅵ여디다(裂)　　ᄎᆡᆨᄎᆡᆨᄒᆞ다(密)~츽츽ᄒᆞ다(密)

ᄠᆞ다(裂)~ᄠᅳ다(裂)　　ᄑᆞᄅᆞ다(碧)~프르다(青)

ᄑᆡ다(發穗)~픠다(發)　　ᄒᆡ다(白)~희다(素)

(B) '아~어'의 對立

가리다(岐)~거리다(岐)　　갇다(收)~걷다(卷)

감다(玄, 黑)~검다(黑)　　갉다(削, 刮)~걹다(折)

남다(餘, 越)~넘다(過, 越)　　다ᄃᆞᆷ다(練, 研)~더듬다(探, 搜)

ᄣᅡ디다(綻)~ᄣᅥ디다(裂)　　막다(防, 塞)~먹다(聾)

발다(傍)~벌다(排)　　바히다(截, 斬)~버히다(割, 剪)

반ᄃᆞᆨᄒᆞ다(宛然)~번득ᄒᆞ다(歷然)

반ᄃᆞᆯ원ᄃᆞᆯᄒᆞ다(耿)~번들원들ᄒᆞ다(熠熠)

밧다(脫)~벗다(脫, 勉)　　밧기다(脫)~벗기다(脫)

사놀흐다(冷)~서늘흐다(寒, 凉, 冷)   사리다(蟠)~서리다(蟠)

삭다(消)~석다(腐, 朽)

아둑흐다(冥, 昏, 昧)~어득흐다(暗, 陰, 昏)

아줄흐다(冥, 昧)~어즐흐다(昏, 迷)   쟉다(微, 少)~젹다(小, 少, 微)

파라흐다(碧, 綠)~퍼러흐다(靑, 蒼蒼)

하야흐다(白, 皓)~허여흐다(白)

할다(訴, 毁)~헐다(破, 毁)

(C) '오~우'의 對立

곱다(曲)~굽다(曲, 屈)   고피다(曲)~구피다(曲, 枉)

곱골외다(曲戾)~굽구뤼다(枉)   고죽흐다(攪)~구즉흐다(嶷, 矯)

녹다(融)~눅다(稀)   노기다(融)~누기다(弛)

노르다(黃)~누르다(黃)   도렷흐다(團)~두렷흐다(圓)

도렵다(團)~두렵다(圓)   도르다(回, 廻)~두르다(揮)

도로혀다(廻)~두르혀다(廻)   도탑다(篤)~두텁다(厚)

도드록흐다(凸)~두두록흐다(凸)   몽기다~뭉긔다(摶, 丸)

보드랍다(軟)~부드럽다(軟, 柔)   오목흐다(拗)~우묵흐다(凹)

옷곳흐다(香)~웃굿흐다(杜重11, 36)   옴죽옴죽흐다(動)~움즉하다(動)

촉촉흐다~축축흐다(潤, 濕)

환흐다(楞3, 45)~훤흐다(曠, 谿, 寬)

횟도르다(廻)~횟두르다(周匝)

2) 體言

가플(鞘)~거플(皮)   갓(物)~것(物)

갖(皮)~겇(皮)   마리(頭, 首)~머리(頭, 首)

고비(曲)~구븨(曲)   요조숨(此頃)~요주숨(此頃)

3) 副詞

고즈기(竦)~구즈기(矯, 卓, 屹)	도로(反, 返)~두루(周)
도른혀(還)~두르혀(廻)	돈가이(篤, 敦)~둗거이(濃, 封)
반득기(必)~번드기(宛然)	반득시(必)~번드시(宛)
보드라이(軟)~부드러이(柔)	사눌히(冷)~서늘히(寒)
아득히(昏)~어득히(闇)	칙치기(密)~측측기(密)
하야히(白)~허여히(皓)	횟도로(廻)~횟두루(回)

이상은 龍飛御天歌(1445. A.D.)로부터 眞言勸供(1496. A.D.)에 이르기까지 約 50年間의 15世紀 文獻에 나타난 것이다. 이 기간 동안의 意味變化도 無視할 수는 없다. 그러나 그보다도 文獻의 性格에 따른 意味變動이 더 甚하다. 初期文獻의 '마리(頭, 首)'의 쓰임은 釋迦의 머리를 指稱할 때 쓰이는 것이 一般이다. 釋迦의 頭部를 '머리'로 表現한 例는 거의 찾아볼 수 없다. 이러한 事實은 初期 文獻에서 '마리'가 '머리'의 尊待表現임을 뜻한다. 이것이 杜詩諺解에서는 '曹霸의 그림 호모 흔마 마리 셰도다 : 曹霸丹靑已白頭(24, 64)'와 같이 나타나 單純한 語感上의 强調로만 쓰였고 '샐리 짓는 그른 즈믄 마리오 : 敏捷詩千首(杜21, 42), 官吏 뵈노라 지손 두 마리롤 보고 : 示官吏作二首(杜25, 24)'에서는 詩文을 헤아리는 數量單位로 쓰이고 있다. 이러한 變動은 象徵的 對立語辭의 特質이지만 文獻에 따른 의미 차이를 象徵的 對立 體系에서 完全히 離脫한 것으로 誤認하기 쉬운 것이다. 語感表現이 主가 되고 있는 이들 對立語辭가 個人의 主觀에 따라 變動이 생길 것은 當然하다. 이런 점에서 16世紀初期 文獻인 朴通事諺解나 訓蒙字會를 補充資料로 使用한다면 이 直接對立語辭는 훨씬 豐富해질 것이다.

그러나 이상의 資料만으로도 15世紀의 對立的 派生法의 生産力이 强力하였음을 充分히 짐작할 수 있다. 이 生産力은 用言에서 特히 强力하였으나 體言에서는 微弱하여 間接對立語辭를 합쳐도 10數例를 넘지 못한다. 副詞는 用言의 對立에서 文法的 派生法을 거쳐 形成된 것이다. 語辭에 따라서는 그 한편이 派生副詞를 갖는데 대하여 다른 한편은 이것이 缺如되어 있는 例가 있다.

아즐히(昧)　　아ᄃ기(昧)　　칙치기(密)　　반ᄃ개(必)　　바라(傍)

거두, 거도(卷)　　너무, 너모(過)　　싁싁기(嚴)　　축추기(濕)

등에 대립되는 것은 아직 발견되지 않고 있는데 이것은 文獻의 缺乏으로 나타나지 않는 경우도 있겠으나 다른 文法的 派生과 比較하면 語辭 自體의 資質에 原因이 있을 可能性이 높다.

接頭辭로서 直接對立을 이루는 것은 '횟~홧'만이 발견된다. 接尾辭의 對立은 語根에 從屬된 母音調和上의 對立이며 對立的 意味를 左右하지는 못한다. '옥/윽, 족/즉, 아ᄒ/어ᄒ, 안/언, 압/업, 이/의' 등이 그것이다.

對立을 이루는 語根의 母音은 主로 單母音이며 二重母音으로 '이 · 의, 외 · 위, 와 · 워, 야 · 여' 등이 쓰이고 있으나 頻度가 弱하다

이들 對立語辭는 語根構成에 있어 子音構造는 完全히 一致하고 母音의 交替만으로 對立을 이룬다. 語幹이 二音節 以上일 때는 母音調和法則이 지켜진다. 但 對立體系의 拘束을 받지 않는 複合語와 一部 接尾辭의 경우에는 예외이다. 경우에 따라서는 混成(blending)에 의하여 母音調和가 破壞될 수도 있고 이 破壞 自體가 語感表現을 위한 派生이 될 수도 있다.[11]

兩 對立語辭의 聲調는 一致하는 것이 原則이다. 語辭에 따라서는 聲調에서 甚한 變動을 보이는 것이 있다.

---

11 拙稿(1967), 15世紀國語의 混成語(blend)攷, 『국어국문학』 34, 35 合併號, 123~136면.

반득ᄒ-	~	번득하-(法序16, 楞4, 55)	
		번득ᄒ-(法5, 197)	
		번득ᄒ-(杜8, 67)	

반득기(法1, 97)		번드기(楞1, 17)
반득기(楞1, 17)	~	번드기(法7, 42)
반득기(杜16, 59)		번득히(楞2, 7)
반득시(杜24, 32)		번드시(楞3, 86)

이밖에 '아득ᄒ-~어득ᄒ-', '아득히~어득히', '아줄ᄒ-~어즐ᄒ-'의 對立도 甚한 聲調上의 變動을 보이는 것들로 이들은 複雜한 同語源語群을 이루고 있는 것들이다. 그러나 이러한 特殊한 語辭들을 除外하고는 그 聲調는 完全히 一致한다. 屈折時의 變動은 對立的 派生과는 無關한 것이다.

두 對立 語辭의 文法的 資質도 相互 一致하는 것이 原則이다. 이들 兩 語辭의 品詞는 完全히 一致하나 語辭에 따라서는 한편은 動詞로 자주 쓰이고 한편은 形容詞로만 자주 쓰이는 것이 있다. '곱다(曲)'와 '굽다(曲)'의 對立에서 '곱다'는 動詞로도 쓰일 수 있으나 形容詞로 쓰이는 것이 頻度上 優勢하고 '굽다'는 形容詞로 쓰일 수도 있으나 動詞로 쓰이는 것이 優勢하다.

곱다 : 니 ᄢᅵ 무더 검디 아니ᄒ고……곱디 아니ᄒ며(月釋17, 52) → 形容詞.
굽다 : 도틱랏 막대 디퍼 믌ᄀ술 구버셔(杜16, 70) → 動詞.
　　　道ㅣ 구브나 善호ᄆᆫ 이우지 업도다(杜16,: 6) → 形容詞.

이 語辭는 動詞와 形容詞의 限界가 不分明한 것이고 頻度上 어느 한편에 치우치는 것일 뿐 하나는 動詞로만 쓰이고 하나는 形容詞로만 쓰이는 것은 아니다. '녹다(融)'와 '눅다(稀)'의 對立은 動詞와 形容詞로 分離된 듯하나 '눅다'에 進行的 意味가 있음을 보면 資料의 不足에 말미암은 듯하다. 이밖에 '낡다~넘다', '늙다~늚다' 等의 對立에서 頻度上 치우치는 현상을 볼 수 있다.

對立語辭에 따라서는 한편은 自動詞로 한편은 他動詞로 치우쳐 쓰이는 것이 있다. 즉 '술다(銷)'는 他動으로 쓰이는 것만이 發見되며 '슬다(銷)'는 自動과 他動이 모두 나타난다. 이밖에 '뜨다(他)~뜨다(自, 他), 졌다(他)~잤다(自, 他), 도르다(他)~두르다(自)' 등이 있다.

이러한 現象들은 對立派生에 依하여 生産된 후 二次的인 發達에 의한 것으로 보인다.

이 語辭들의 個別的인 意味考察은 別稿를 要하므로 省略하거니와 原則的으로 語感上의 對立과 語源的 意味가 一致하는 範圍 內에서 直接對立體系로 묶여져야 한다.

이상 考察한 直接對立體系에서 對立과 合致의 條件을 생각할 수 있다. 이미 對立의 三條件은 밝혔으므로 合致의 條件만 간단히 要約하면

① 兩對立語辭의 子音組織과 聲調上의 合致
② 文法的 資質의 合致
③ 語源的 意味의 合致

이다. 이것은 直接對立體系가 對立의 條件과 함께 要求하는 合致의 條件이다.

Ⅳ. 間接對立體系와 間接對立語辭

間接對立體系는 直接對立體系를 기반으로 하여 成立한다. 間接對立이 直接對立의 三條件 중 어느 하나에 違背된다 하더라도 그 위배되는 條件

은 象徵的 對立의 制限을 받는 限 直接對立에 歸還하려는 牽引을 항상 받고 있다. '젹다(小, 微)'에 象徵的 意味로 對立하는 것은 '죠고맛', '죠고매'였다. 初期文獻에서는 이 兩 語辭의 對立만이 나타난다. 그러나 後半期의 文獻인 觀音經諺解에서 '쟉다'가 나타남으로써 '젹다'와의 直接對立을 보여 주고 있다. 또 15世紀 文獻에서 '혁다(小)'에 對立하는 語辭는 '횩다(小)'였다. '햑다'가 나타나는 것은 16世紀의 일로 이것도 間接對立에서 直接對立으로 歸還하려는 牽引力에 依하여 新造된 것으로 보인다. 象徵的 對立에 대한 言衆의 意識은 恒常 單純한 體系에 대한 認識이고 이 體系의 中心이 直接對立이기 때문에 이러한 현상이 생기는 것이다.

15世紀의 '밧다~벗다'의 對立이 現代國語에서 '벗다'로 合流된 것은 體系의 變化에 依한 것이다. 現代國語의 母音의 象徵的 對立은 一般的으로 語根의 疊用이나, 語根에 象徵的 接尾辭가 添加된 語辭에서 强力히 나타난다. 15世紀 母音의 象徵的 對立은 이러한 條件에 구애되지 않았던 것이다. 이러한 體系의 變質에 依하여 獨立된 分化의 길을 밟지 못했던 '밧다'가 消失된 것으로 보인다.

間接對立이 形成되는 動機는 單純하진 않다. 音聲象徵의 複雜한 표현 양식은 그 混亂의 첫째 動機가 될 것이다. 母音의 象徵的 對立을 위시하여 子音의 象徵的 對立, 個個 單一子音의 象徵性, 象徵的 接尾辭, 音의 連結에 依한 表現性은 모두 象徵的 語感表現으로 집중되고 있다. 이것은 外形의 限界를 混亂시키는 條件이 된다. 둘째로는 音韻論的인 發達이다. 直接對立에 의하여 形成된 對立語辭가 音韻論的인 條件에 依하여 語形이 變化하나 그 意味對立이 喪失되지 않는 경우이다. 셋째로는 兩 對立語辭로 表現意慾을 充足시키지 못할 때 第三의 對立語辭를 新造하는 경우이다. 넷째로는 直接對立의 三條件이 同時에 作用하지 못하는 경우이다. 音聲象徵의 表現力이 形態論的 對立條件을 無視하고 새로운 語辭를 創造함으로써 間接對立을 이루는 것이다.

이러한 間接對立의 形成 原因은 音聲象徵이 言語의 慣習性의 支配를

벗어나지 못하기 때문에 惹起되는 것으로 결국 象徵的 必然性과 慣習的
偶然性의 衝突에 의한 것이라고 하겠다.

母音調和的 對立母音과 象徵的 對立母音이 一致하지 않는 間接對立語
辭는 먼저 '보ᄃ랍다', '부드럽다', '바ᄃ랍다'와 같은 三肢的 對立에서부터
把握된다. 이들의 象徵的 意味는 文脈에서 主語와의 關係로 나타난다.

慈悲ᄒ야 부드러우메 일흔 전ᄎ로 : 失於慈柔故(楞9, 69)

그 ᄠ디 부드러워 괴외히 淸淨ᄒ야 : 其意柔軟寂然淸淨(法4, 63)

모든 功德 닷가 부드러이 和코 고디시ᄀ닌 : 諸有修功德 柔和質直者(法5,
166)

여슷 宮이 부드러우며 順ᄒ물 스승 사ᄆ니 : 六宮師柔順(杜8, 56)

이 '부드럽다'는 '性品이 부드러워 寬大하다'는 뜻으로 大凡한 性品을
表現한다.

ᄆᅀ미 질드러 보ᄃ랍다 ᄒ며 : 心調柔軟(法1, 216)

ᄠ디 보ᄃ라와 : 意柔軟(法5, 161)

보ᄃ라온 말로 : 以軟語(法2, 242)

보ᄃ라온 말ᄉ몰(杜16, 4)

손바리 보ᄃ라오샤미 觀羅綿 ᄀᇀᄒ사(法2, 12)

欅柳ᄂ 가지마다 보ᄃ랍고(杜7, 5)

보ᄃ라온 生菜ㅣ 됴ᄒ니롤(杜15, 9)

蕈이 보ᄃ라오닐 글히고(杜15, 25)

宮闕엣 전뫼ᄂ 보ᄃ라오미 소오미라와 ᄂ도다(杜20, 17)

이 '보ᄃ랍다'는 '마음, 뜻, 말소리 등' 抽象的인 對象을 模倣하는 데도
쓰이나 '손발, 欅柳, 生菜, 蕈, 솜, 떼(莎)' 등 具體的 事物의 擬態表現에

혼히 쓰인다. 이것은 '부드럽다'에서는 찾기 힘든 것이다.

主語(對象)와의 관계가 이렇게 나타나는 배후에는 '부드럽다'는 '大凡·溫和하고 客觀的, 傍觀的인' 表現態度, 卽 深重系列 語感이 있고, '보드랍다'는 '小心·纖細하고 主觀에 執着하는' 表現態度, 卽 輕薄系列 語感이 있는 것이다. 이에 대하여 '바드랍다'는 한층 더 主觀에 執着하여 强迫한 表現으로 發展한 것이다.

계신 짜히 便安ᄒ야 바ᄃ랍디 아니ᄒ시며(月釋2, 56)

堂舍ㅣ 노파 바ᄃ라오며 : 堂舍高危(法2, 103)

비록 바ᄃ라온 難ᄋᆞᆯ 디러도 바ᄃ라온 難 ᄃᆞ외요믈 아디 몯ᄒ며 : 雖臨危難 不知其爲危難(法5, 3)

時節이 바ᄃ라온 제 : 時危(杜7, 15)

時節이 바ᄃ라온 저긔 : 時危(杜21, 7)

이 '바드랍다'의 主語로는 '계신 곳, 難, 世間, 社稷' 등이 되고 特히 杜詩諺解에서는 '時節'이 많이 쓰인다. 뜻은 '危殆롭다, 脆弱하다'로 發達하였지만 '보드랍다', '부드럽다'와는 다음과 같은 連結로써 有緣性을 맺고 있음을 보여준다.

世間ᄋᆞᆫ 實로 바ᄃ라오며 보ᄃ라와 구드니 업스니라 : 世實危脆, 無牢强者(楞2, 4)

ᄒᆞ나히 바ᄃ라오며 부드러이 ᄃᆞ외도다 : 一危脆(杜24, 30)

이 '바ᄃ라오며 보ᄃ랍다'나 '바ᄃ라오며 부드럽다'는 意味의 疊用으로서 '반들원들'과 同一한 疊用表現法이다. 이러한 예들은 '바드랍다'가 意味上 '危殆롭다'의 뜻으로 발달했지만 이러한 表現의 바탕에는 象徵的 對立體系로 묶여지는 有緣性이 作用하고 있고 '보드랍다'와 비교할 때, 보다 强迫한 表現에서 發展한 것임을 알 수 있다. 여기서 우리는 '보드랍다 ~부드럽다'의 直接對立에 대하여 또 하나의 對立 '바드랍다'를 確認하게 된다. 이것은 母音調和의 母音對立과 一致하는 '오~우'의 直接對立에 대하여 '아'가 間接對立으로 成立함을 말하는 것이다.

이러한 對立은 이른바 의도법보조어간에 대해서도 再考할 契機를 마련해 준다. 周知하는 바와 같이 의도법보조어간 '우/오'는 一人稱 主語와의 連結이 頻度上 優勢하게 나타남으로써 이른바 一人稱活用과 對象活用 說을 낳게 하였다.[12] 이에 대하여 文脈意味를 觀察함으로써 一種의 意圖法으로 把握하려는 態度에서는 '話者의 主觀的 意圖'를 表現하는 것으로 結論짓고 있다.[13] 이 '오/우'가 話者의 主觀的 意圖를 表現하게 된 것은 輕薄系列語感을 表現하던 '오(우)'가 文法化한 것으로 보인다. 번거로운 用例는 피하거니와 이 '오(우)'가 介入됨으로써 主觀에 執着하는 內容이나 指小的 意味를 表現하게 됨을 看過할 수 없다. 이 '오(우)'에 대하여 보조어간 '-다~-더-'가 間接對立을 이룬다.

老父ㅣ 몰곤 새배 셴 머리롤 빗다니 玄都壇ㅅ 道士ㅣ 와 서르 보더라
: 老夫淸晨梳白頭 玄都道士來相訪(杜16, 32)

여기서 '-다'는 '-더-'와 對立됨을 볼 수 있다. 전자는 主觀으로 執着하고 후자는 客觀的 입장에 선다. 이는 '아(다)' 對 '어(더)'가 또 하나의 對立 '오(우)'에 맞서는 것이고, 이것은 '보드랍다' 對 '부드럽다'에 대한 또 하나의 對立 '바드랍다'(即 '오' 對 '우'에 대한 '아'의 對立)와 同軌의 對立인 것으로 볼 수 있다.

---

12 許雄(1959), 揷入母音攷 - 15世紀 國語의 一人稱活用과 對象活用에 對하여, 『서울大學校論文集 人文・社會科學編』 第7輯.

13 李崇寧(1960), Volitive form으로서의 Prefinal ending '-오/우-'의 介在에 對하여, 『震檀學報』 第21號.

圓脣母音 '오'가 輕薄系列語感에서 發達한 指小的 意味는 '이(此)' 對 '요'에서도 나타난다.

요 스의예(釋11, 19)   요 스의예(杜15, 12)

요 스이예(杜23, 10)   요 조움(杜8, 16)

요 주움(杜25, 9)   요 조움(杜21, 25)

에서 보는 바와 같이 '요'는 時間表現을 條件으로 하는 制限된 범위에서 쓰인다. 이러한 制約은 輕薄系列語辭가 갖는 一般的인 特性이다.

이 '오(우)'의 間接對立은 이밖에 'ᄌᆞᇫ~즁의'에 對한 '조술압다(宗要)', '즈슴(間)'에 對한 '조움(頃)~주움(際, 隔)', 'ᄌᆞᄅᆞ다(絞)~즈르다(夭, 短)'에 對한 '졸다(縮, 減)', '비븨다(비비다)(鑽)'에 대한 '부븨다(摩)'가 있으며 上記 '횩다(小, 微)'에 대한 '혁다(小, 微)', '젹다(小, 微)'에 대한 '죠고맛, 죠고매'도 이와 同軌의 것이다.

'파라ᄒᆞ다(碧, 綠)~퍼러ᄒᆞ다(靑靑)'는 'ᄑᆞᄅᆞ다(靑, 綠)~프르다(靑)'에 대한 間接對立語辭이다. 이 네 語辭 中 普遍的 意味를 갖고 널리 쓰이는 것은 '프르다'로써 이는 名詞 '플(草)'과 同語源인 것으로 알려져 있다. 이 '프르다'를 語源的 語辭로 보면 'ᄑᆞᄅᆞ다'는 이에서 象徵的 對立에 의하여 생산된 것이며, '파라ᄒᆞ다'와 '퍼러ᄒᆞ다'는 對立派生과 文法的 派生을 거친 語辭이다. 接尾辭 '-아ᄒᆞ-/-어ᄒᆞ-'는 心理的 未決이나 心理的 持續狀態를 表現한다.

곳 픰 歲月이 올마 가놋다 : 菁華歲月遷(杜 20 : 1)

顯現은 나담날씨오(月釋 10 : 49)

蓮花ㅣ 堀올 둘어 느러니 냇거늘(釋 11 : 27)

에 쓰인 '픰(프 + 엄)', '나담나(날 + 암 + 나)다', '느러니(늘 + 언 + 이)'의 '아-/어

-'나 '도렵다, 두렵다, 도렿ᄒ다, 두렿ᄒ다, 돋갑다, 돋겁다'의 '아-/어-'도 모두 同一起源으로 遡及하는 것으로 일찍부터 이 '아/어'에는 어떤 語感 表現의 機能이 있었던 것으로 推測된다. 이 '아-/어- + ᄒ-'는 色彩感의 表現에서 特히 發達하여

프라볼가ᄒ다(月釋2, 58)	볼가프라ᄒ다(月釋2, 58)
프러누러ᄒ다(杜16, 40)	누러ᄒ다(杜20, 27)
블거ᄒ다(救簡3, 79)	거머ᄒ다(杜20,: 27)

등으로 쓰인다.

'파라ᄒ다, 퍼러ᄒ다'는 이 '아ᄒ-/어ᄒ-'가 接尾된 文法的 派生을 거쳤지만 그 語根母音 '아/어'는 '프ᄅ다, 프르다'에서 對立派生을 한 것이다. 이에 대하여는 '프ᄅ다, 프르다'에서 '파라ᄒ다, 프러ᄒ다'가 먼저 生産되고 語根母音 'ᄋ, 으'가 後行하는 '아, 어'에 同化되어 '파라ᄒ다, 퍼러ᄒ다'가 發達한 것으로 보는 音韻論的 態度가 있으나[14] 이는 皮相的인 觀察이다. 이는 '보ᄃ랍다~부드럽다'에 對한 '바ᄃ랍다'의 對立派生과 同軌의 것으로 '아/어' 母音의 象徵的 機能에 의한 對立派生이다.

'아/어'에 依한 間接對立派生으로 生産된 語辭는 '븕다~븕다'에 대한 '벌거ᄒ다', '희다~희다'에 대한 '하야ᄒ다~허여ᄒ다' 等이다.

이 語辭들의 冠形形은 'ᄒ-'를 脫落시킨다.

퍼런 : 靑靑(杜 16 : 68)	하얀 : 素(杜 25 : 50)
해얀 : 白白(杜 23 : 31)	아ᅀ란 : 杳杳(杜 8 : 15)

母音調和의 中性母音 '이'가 母音의 象徵的 對立體系에서 차지할 位置

---

14 兪昌惇著(1961), 『國語變遷史』, 通文館, 212~13면.

는 未知에 屬한다. '이(此)~요(頃)'나 '비븨(비)다(鑽)~부븨다(摩)'가 있으나 이것이 '오(우)'의 象徵的 機能에 의한 것인지 아니면 '이'의 象徵的 機能에 의하여 成立되는 것인지 알 수 없다. 特異한 것은 '칙칙ᄒ다(密)~측측ᄒ다(密)'에 대한 '직직ᄒ다(密)'가 있으나 그 語感差를 밝히기에는 用例가 너무 적다.

이밖에 同一系列 母音 間에 交替를 보이는 것이 있다.

덮다(覆)~둪다(覆)   마술(署)~ᄆᆞ술(村)

ᄌᆞ올다(眠)~자다(寢)   헡다(散)~흩다(散)

늄(他人)~놈(者)   추리다(省)~차리다(省)

등인데 이들의 分化가 有意的 母音交替에 의하여 發達한 것인지, 偶然的 母音交替에서 二次的으로 發達한 것인지를 考慮해야 될 것이다.

文法的 資質이 一致하지 않는 間接對立語辭의 形成은 다음과 같이 把握된다. 直接對立語辭 X, Y가 있고 이에서 合成한 X', Y'가 또한 直接對立을 이룬다면

$$X \quad \sim \quad Y$$
$$\downarrow \qquad \downarrow$$
$$X' \sim \quad Y'$$

의 關係가 成立한다. 여기서 X와 Y'나 Y와 X'가 間接對立을 이루는 것으로 이 경우의 間接對立은 그 成立過程이 分明하게 把握된다. 그러나 言語의 歷史的인 發達은 X나 Y 중 하나가 消失되게 하고 X와 Y', 또는 Y와 X'의 間接對立만을 維持하게 된다. 語辭에 따라서는 X', X'', X'''……를 合成하고 X 自身은 消滅함으로써 Y에 대한 X', X'', X'''……의 間接對立

만을 成立시키기도 한다. 따라서 이 間接對立은 語源論의 問題가 多分히 介在하게 되는데 이는 오히려 語辭分化過程을 밝혀 주는 것으로써 國語 語源探索의 端緖를 提供하기도 한다.

그러나 여기에 語源論의 問題가 介在한다고 하여 共時的인 對立의 體系를 完全히 離脫한 것이라고 斷言하기는 어렵다. 世祖以前의 文獻에 나타나는 '고죡ᄒᆞ다'는 抽象的인 對象인 'ᄆᆞᅀᆞᆷ, 精誠'만을 主語로 取하는 擬情表現만으로 나타남으로써 擬態表現을 爲主로 하는 '구즉ᄒᆞ다(卓, 矯)'와의 對立與否를 把握하기 어렵게 하는 것이다. 이것이 杜詩諺解에서 '모몰 고ᄌᆞ기 ᄒᆞ야쇼ᄆᆞᆫ 간곡ᄒᆞᆫ 톳기ᄅᆞᆯ ᄉᆞ랑ᄒᆞᄂᆞᆫ ᄃᆞᆺ고 : 攫身思狡兎[攫ᄋᆞᆫ 苟勇反하니猶竦身也ㅣ라](杜16, 45)'와 같은 擬態表現을 보여 줌으로써 '구즉ᄒᆞ다'와의 對立을 確認시켜 준다. 이것은 兩 對立語辭가 分化하여 個別的인 發達을 거치는 동안 部分的으로는 有緣性을 喪失했지만 다른 한편으로는 兩 語辭의 對立을 喚起시킬 수 있는 共時的 體系가 살아 있음을 뜻하는 것이다.

間接對立의 또 하나의 要因은 象徵的 對立의 强力한 生産力이다. 즉 X 對 Y의 直接對立은 처음부터 결여하면서 X 對 Y', Y''……의 間接對立에 의한 合成이 成立되는 것이다. 一例로 '덥다(署, 熱)'는 '덥듯ᄒᆞ다, 덥달다(熱)……' 등을 合成시킴으로써 語感表現 方便을 삼고 있는데 이보다 더 强迫한 語感表現을 위하여 合成된 것이 '답답ᄒᆞ다, 답깝다, 닶기(답끼)다'이다. 이것은 直接對立語辭를 豫測할 수 없는 것으로 오히려 直接對立을 缺如하면서 間接對立이 成立된 것이다.

이러한 점을 감안할 때 語源論과 間接對立派生과의 限界는 有緣性의 成立與否로 귀착되나 그 한계의 不明確性을 배제하는 臨時的인 한 방편으로 語源的 意味가 일치하는 範圍로 擴大하여 檢討하게 된다.

'ᄒᆞᆫ갓(空)'은 'ᄒᆞᆫ(一) + 갓(物)'의 複合이다. '갓'은 '풍륫가ᄉᆞ로(月釋8, 8), 풍륫가시(釋6, 39)'의 '갓'으로 '것(物)'의 指小的인 表現이다. 따라서 'ᄒᆞᆫ갓'과 '것'은 間接對立으로 묶여진다. 'ᄀᆞᄅᆞ치다(敎指)'는 'ᄀᆞᄅᆞ + 치(養)다'의

複合이다. 'ㄱㄹ-'는 '그르다(解)'에서 對立派生法에 依하여 生産된 것으로 보인다. '싀자리다(酸澁)'는 '싀(酸) + 자리다'의 複合이고 이는 '싀다(酸)'와 間接對立을 이룬다. '즈릆길(間道), 즈르들다(搢), 즐어디다(夭, 短)'는 語根 '즈르'를 包含하는 複合인데 이는 '즈르다(短, 經)'로 遡及한다. '즈르다'의 쓰임은 'ᄆᆞᆾ매 즈러 죽고 : 竟短折(杜24, 22), 아홉 劫을 즐어나시니이다(月釋7, 29)'와 같다. 이는 'ᄌᆞᄅᆞ다(絞)'와 直接對立을 이루고 '졸다(縮, 減)'와 音韻論的인 間接對立을 이룬다.

'ᄀᆞ다(瞬)'는 'ᄀᆞᄌᆞ기다'를 生産하였는데 이는 '금즈기다'와 直接對立을 이룬다. 이로 보면 語形 *금다를 豫測할 수 있으나 아직 文獻에서 發見되지 않는다. 後期文獻에 나오는 '그믈다(松江歌辭), 그므록ᄒᆞ다(重杜1, 45)'는 이를 더욱 뒷받침한다. '그몸 : 晦(杜15, 31), 그뭄'은 이 '금다'에서 生産된 것으로 'ᄀᆞ다'와 間接對立을 이룬다. '쁨(隙), ᄢᅥ디다(陷), ᄢᅥᄇᆞ리다(撲滅)'는 'ᄢᅵ다'를 豫測하게 하고 이는 'ᄢᅵ다(孕, 柝, 剝)'와 對立을 이루는 것이 된다. '그슴, 그슴(限, 期)'은 '긋다(劃)'에서 派生한 것으로 'ᄀᆞ다(切)'의 間接對立語辭이다. '尾閭ᄂᆞᆫ 바ᄅᆞᆳ믈 ᄲᅡ디ᄂᆞᆫ 싸히라(楞9, 34)'의 'ᄲᅡ디다'는 'ᄲᅡ + 아디다'로 分析되는데 이는 'ᄀᆞᄅᆞᆷ므리 ᄢᅵ어늘 : 湖落(杜22, 45)'의 'ᄢᅵ다'와 同語源으로 推測된다. '아ᅀᆞ라히, 아ᅀᆞ라ᄒᆞ다(逈, 遙, 冥)'에 直接對立하는 語辭는 發見되지 않고 이에 間接對立을 이루는 '어스름(薄暮)'만이 發見된다. '덮다(覆, 蓋)'는 後期文獻의 '더펄가히(厖)'를 낳았다. 이로 미루어 '다폴다폴(重重), 답샇다' 등은 이 '덮다'에서 生産된 것임을 알게 된다. '너운너운(翩翩)'은 '븘나올(焰)'의 '나올'과 同語源이고, 'ᄲᅩᄲᅩ시(刺), ᄲᅩ롣ᄒᆞ다(尖), ᄲᅩ로디'는 '부릍다(跰)'와 間接對立을 이룬 것이다.

子音組織이 一致하지 않음으로써 間接對立을 이루는 것은 'ᄉᆞᅀᅵ(間)∼ᄉᆞᆺ(間)', 'ᄀᆞ(邊)∼긑(末)' 등이 흔히 指摘되는 것이고 '보오리(峰)'와 '부우리'의 대립도 여기에 들 것이다.

다음은 母音의 象徵的 對立派生과 文法的 合成이 복잡하게 混合을 이룬 것이다.

도련ᄒ다	두련ᄒ다
도렵다	두련두련ᄒ다
도르다	두렵다
도르혀	두르다
도로	두루
도로다	두루혀다
도로혀	두루힐후다
도로혀다	두르잇다
횟돌다	두르혀다
횟도르다	두르티다
횟도로	횟두르(루)다
횟도로혀다	횟두루잇다
횟두로티다	

이들 語辭들은 直接對立을 主軸으로 하여 복잡한 分岐的 發達을 한 것이다. 이들 各 語辭는 個別的인 意味範疇를 가지면서도 象徵的 對立體系에 의한 制限을 받는 것이다. 이들 中 상당수의 語辭가 消失되었다는 事實은 결코 우연한 일이 아니다. 象徵的 對立體系의 變質이 그 큰 要因이 된 것이다.

이들 兩 對立語辭의 語源的인 語辭가 輕薄系列 母音을 가진 語辭이냐 深重系列 母音을 가진 語辭이냐를 決定하는 問題는 單純하지가 않다. 이것은 各 對立語辭에 따라 달라질 것이다. '도련ᄒ다, 두련ᄒ다'의 語源的인 語辭는 '돌다(廻)'일 것이고, '도도록ᄒ다, 돋가이, 도탑다, 두두록ᄒ다, 둗겁다, 두텁다'의 語源的인 語辭는 '돋다(出)'로 보이는데 이들은 輕薄系列 母音을 갖는다. '반득ᄒ다, 반들원둘, 반득기, 반득시, 번득ᄒ다, 번들원들, 번드기, 번드시'는 '번ᄒ다'의 '번-'으로 遡及될 듯하다. '프르다, 프

르다, 파라ᄒ다, 퍼러ᄒ다'는 '프르다'가 語源的인 語辭이고 이는 '플(草)'
로 遡及하며, '붉다(丹), 블거ᄒ다, 벌거ᄒ다'는 '블(火)'로 遡及될 것이라
는 推測은 일찍부터 있어 왔다.[15] '희다, 하야ᄒ다, 희다, 허여ᄒ다'는 '희
다가 語源的인 語辭일 것이고 이는 '힉(日)'로 遡及될 것이다. '노ᄅ다, 누
르다, 누러ᄒ다'는 '누르다(黃)'가 語源的인 語辭일 것이고 이는 '누리(世)'
로 遡及될 可能性이 있다. 그러나 大槪의 對立語辭들은 이 程度의 推測도
不可能하게 한다. 이것은 兩 系列의 語辭가 恒常 對等한 資格으로 對立하
는 것을 原則으로 하여 發達한 所致가 아닌가 한다.

끝으로 이들 語辭들은 意味上 漢文의 影響을 입었을 可能性이 짙지만
그 語形은 모두 固有語辭라는 점을 지적하고 싶다. 漢字에서 發達하였을
가능성이 있는 것은 接頭辭로 쓰인 '횟―' 하나 뿐이다. 이는 '回, 廻'에서
發達하였을 可能性이 있으나 그것도 '回, 廻'가 完全히 固有語化한 後의
發達일 것이다.

V. 結論

國語의 母音은 音聲象徵的으로 對立하여 感動的 表現에 큰 구실을 하
였고 나아가서는 母音交替를 通한 語辭分化를 가져왔다. 이에 따라 國語
語源研究에서 이 문제에 대한 많은 관심을 기울여 왔는데 筆者는 語辭分
化의 出發이 語感表現에 있었고 이것이 二次的인 發達에 依하여 中心意
味까지를 分化시킨 것으로 把握하려 하였다.

그리하여 먼저 15世紀 國語의 象徵的 對立體系를 直接對立體系와 間接
對立體系로 區分하였다. 直接對立體系는, 音韻, 文法(形態), 意味에 있어
서 對立과 合致를 갖는 것이고 間接對立體系는 이 중 意味를 除外한 하나
以上의 條件이 合致되지 않으면서 對立體系의 範疇에 묶이는 것이다.

---

15 李基文(1954), op.cit., 193면.

이 間接對立體系는 象徵的 對立體系의 强力한 生産力에 의하여 語辭를 生産하기도 하나 대부분 直接對立體系에서 生産된 語辭들이 분화되어 가는 과정에서 對立을 보여 주는 것들이다.

이 語辭들의 語源的 語辭는 輕薄系列母音을 가진 語辭와 深重系列母音을 가진 語辭 중 그 어느 것으로도 遡及할 수 있는 可能性을 가지고 있다.

象徵的 對立體系는 現代 國語로 發達하는 동안 상당한 變質을 입었는데 이에 따라 많은 化石을 남겼다.

'마리~머리', '갖~겇', '깎다~꺾다', '남다~넘다', '삭다~썩다' 등이 그것이다.

이 對立語辭들에 대한 個別的인 意味考察을 綿密히 한다면 15世紀 이전에 분화한 語辭의 語源에 대해서도 상당히 有力한 解釋이 可能할 것이다.

▌『創立 30周年 紀念論文集』, 漢陽大學校, 1969. 5.
2014년 3월 4일 修訂.

民間語源 數題

Ⅰ. 序言

民間語源은 民衆語源 또는 通俗語源이라고도 한다. 言衆이 어원이 잊혀진 어형을 그와 유사한 다른 어형에 결부시켜 나름대로 해석하는 현상을 말하는데 대체로는 잘못된 어원을 부여하는 경우에 초점을 두어 말한다. 어휘의미론에서는 두 이름(name)의 유사성에 의하여 형태론적으로나 의미론적으로 새로운 有緣性을 획득하는 것을 말한다. 이는 언중이 단어를 쉽게 이해하고자 하는 심리에서 나오는 현상인데 語意의 공시적 현상이나 통시적 현상을 다루는 중요한 영역이 된다.

이 현상은 언어변화의 중요한 요인이 되므로 이를 이해하지 않고는 바른 어원을 파악할 수 없을 뿐만 아니라, 언어변화현상을 바르게 설명할 수도 없을 것이다. 필자는 이 현상을 鄕藥救急方의 鄕名을 해독하면서 몇몇 예를 언급한 바 있다. 이 글에서는 이와 중복되는 것도 있겠으나 설명이 미진했던 것을 좀 더 자세하게 할 수 있게 될 것이다. 이 밖의 것도 단편적이기는 하지만 논의하여 앞으로 이 방면의 연구에 한 보탬이 되었으면 한다.

II. 固有語에 나타난 民間語源

1) 곱, 곱똥, 곱돌, 곱창, 눈곱

'곱'은 사전에 '종기, 부스럼, 헌데 같은 데의 아구리에 끼는 골마지 모양의 물질'이라고 풀이되어 있다. 이는 그 본래의 어원적 의미가 잊혀지자 현재 사용되고 있는 현상만을 가지고 풀이한 것이다. 현대국어에서 '곱'과 같은 뜻을 가지고 이해되고 있는 단어가 '곱똥'이다. 사전에 '곱이 섞여 나오는 똥. 점액이 섞인 똥'이라고 풀이되어 있다. 그러나 현대의학이 발달하면서 이러한 질병도 거의 자취를 감추게 되었고 그에 따라 이 말들도 잊혀져 가고 있으니, '곱'과 '곱똥'의 관계를 이해하는 사람은 거의 없어져 가고 있다.

이 '곱'은 본래 동물의 脂肪을 가리키던 것이 은유적으로 사용된 것인데, 그 원래의 뜻이 소멸하자 별개의 단어로 분화된 것이다. 15, 6세기 자료에는

    (a) 도틱곱: 猪膏(救方上 84)

       곱 고: 膏(訓蒙中 25)

    (b) 머리옛 곱: 頭脂(杜諺 8,28)

       눈곱 치: 眵(訓蒙中 29)

와 같이 쓰였다. (a)는 15, 6세기에도 '곱'이 동물의 지방을 가리키던 말이었음을 보여주는 것이고 (b)는 이 말이 은유에 의하여 다른 사물에도 적용되었음을 보여 주는 것이다.

13세기 중엽의 『鄕藥救急方』에서는 滑石의 향명을 차자로 '膏石'이라 표기했다. 이는 '곱돌'을 표기한 것이니 그 어원을 알고 훈독자로 표기한 것이다. 滑石은 『鄕藥集成方』에 보면 갈증과 외상의 치료에 쓰이지만 종류가 여럿 있어서 녹색이나 청색의 것은 유독하고 백색의 것이라야만 쓰

인다고 했다. '곱돌'의 '곱'은 이 백색의 것을 지시하기 위하여 은유적으로 쓰인 것이니 이 命名에는 本草學의 지식이 바탕이 된 것으로 믿어진다. 현재 '곱돌'의 어원을 물어 보면 대체로 '곱다(麗)'에서 온 것이라고 답하고 있다. 이는 '곱'의 어원이 잊혀지자, 그와 어형이 유사한 '곱-(麗)'에 결부시켜 민간어원적으로 이해한 것이다.

'곱창' 역시 그 어원을 물으면 십중팔구는 꼬불꼬불하기 때문에 그와 같이 부른다고 답한다. 이는 소의 小腸으로 꼬불꼬불하기는 그 大腸도 마찬가지이니 유독 小腸만 '곱다(曲)'라고 하는 것은 그 어원을 잘못 이해한 것이다. 곱창은 다른 창자에 비하여 지방이 많은 것이니 '곱'의 원의가 살아 있을 때 지어진 이름이다. 곱창의 '곱'을 '곱-(曲)'에 결부시키는 것은 민간어원에 의한 해석이다.

'눈곱'의 '곱'의 뜻을 어원적인 뜻대로 이해하는 사람은 없을 것이다. 사전에 나타난 '곱'이나 '곱똥'의 뜻을 아는 사람은 이에 연관시켜 이해할 수도 있겠으나 대체로는 관습에 의하여 사용되고 있을 뿐이다.

이 예들은 현대에 와서 단어의 어원을 비록 민간어원적으로 이해하고 있지만, 어형의 변화는 초래하지 않은 예들이다.

2) 結次邑笠/미좁갇'과 '結叱加次/미좃갗

이들은 鄕藥救急方에 나오는 京三稜의 향명이다. 이 어형에서 '結次邑/미좁'과 '結叱/미좃'의 차이는 속격의 유무에 의한 차이일 뿐이다. 복합명사에서 속격의 출입은 13세기에도 수의적이어서 '結次邑笠'은 속격이 들어가지 않은 것이고, '結叱加次'은 속격이 들어간 것이다. 즉 '結次邑/미좁 + 叱/ㅅ'에서 형태음운상 '邑/ㅂ'이 탈락한 것이 '結叱/미좃'이다.

'미좁'은 현대국어의 '매듭'에 이어지는 말인데 京三稜에 대한 본초학의 지식에서 나온 것이다. 『本草綱目』(1590년 李時珍 撰)의 集解에 보면, 『本草拾遺』(8세기 陳藏器撰)에 '이 풀을 織造하여 기물을 만든다'고 한 기록이 나온다. '미좁'은 이 織造의 뜻에 해당하는 것이다.

'笠/갇'과 '加次/갓(갖)'의 차이가 관심의 주 대상이 된다. '笠'은 훈독자 표기로 원의를 살려 표기한 것이고, '加次'은 음가자표기로 '笠/갇'의 뜻을 갖는 것이 아닌데서 차이가 있다. 향약구급방에서는 薺苨의 향명을 '獐矣 皮/노르의갓(갖)'으로도 표기하고 '獐矣加次'으로도 표기하였다. 여기서 '加次/갓(갖)'이 '皮'의 뜻을 나타내는 것임을 알 수 있다. 따라서 '笠/갇'과 '加次/갓'의 차이는 동일한 약초를 당시인들이 달리 부르고 있음을 보여 주는 것이 된다.

이 차이는 민간어원에 의한 것으로 설명된다.

『圖經本草』(11세기 蘇頌撰)에는 京三稜이 莎草와 비슷하다고 하였고, 『本草綱目』의 '莎草 香附子'에 대한 설명에서는 이 풀로 갓(笠)과 雨衣를 만들 수 있어서 그 명칭이 나오게 된 것으로 설명하고 있다. 이로 보면 '結次邑笠/미좁갇'은 莎草(京三稜)가 갓(笠)을 짜는 재료가 되므로 명명된 것임을 알 수 있다. 한편 '結叱加次'은 '갓(皮, 가죽)'이 우의를 은유적으로 표현한 것이어서 이러한 용도에 바탕을 두고 있는 명칭임을 알 수 있다. 그러나 雨衣의 고유어는 '누역: 蓑(訓蒙中 15)'이어서 전기중세국어로 소 급한다 하더라도 우의를 '갓(皮)'에 비유할 필연성은 희박한 것이다.['갖 (皮)'은 우의로서는 실용성이나 보편성이 약한 것임도 참고해 볼 일이다.] 이러한 점을 고려할 때 우의를 '갖(皮)'으로 비유하게 된 것은 '結次邑笠' 의 '笠/갇'을 그와 어형이 유사한 '갖(皮)'에 결부시킨 민간어원적인 해석 에 말미암은 것임을 이해하게 된다. 즉 '結次叱笠'과 '結叱加次'은 동시에 명명된 것이 아니라 이미 '結次邑笠'이란 향명이 통용되다가 이에 대한 민간어원적인 해석으로 인하여 '結叱加次'이 새로이 생겨나서 13세기에 는 이 두 어형이 공존하였던 것이다.

이 民間語源은 본초학의 지식을 가진 지식인들에 의한 것임도 기억해 둘 만한 것이다. 이 말이 15세기에 '미자기'로 개신된 것은 '갇(笠)'과 '갖 (皮)'이 언중 속에서의 기반이 약해졌기 때문이다.

3) '蛇音置良只(茱)/ᄇ얌두러기(ᄂ돌)'과 '蛇都羅叱/ᄇ얌도랏'

이는 蛇床子의 향명이 13세기와 15세기 사이에 개신되었음을 보여주는 것이다. 전자는 『鄕藥救急方』에 나오는 향명이고 후자는 15세기 문헌인 『鄕藥採取月令』과 『鄕藥集成方』에 나오는 것이다.

『本草綱目』의 蛇床에 대한 釋名에서는 뱀이 흔히 그 밑에 누워서 그 씨를 먹기 때문에 나온 이름이라고 풀이하고 있다. 'ᄇ얌두러기'는 이러한 내용을 근거로 하여 지어진 이름임에 틀림없다. 우선 'ᄇ얌은 蛇床子의 '蛇'를 번역한 번역차용임을 알 수 있다. '두러기'는 '두르다(回, 圍)'에서 파생된 것이니 뱀이 흔히 그 밑에 누워 있다는 내용을 담은 것으로 볼 수 있다. 어쩌면 '床'의 고유어가 '두러기'였을 가능성도 있다. 그러나 이러한 본초학적 지식을 바탕으로 명명된 약초명은 서민들에게는 그대로 이해하기가 어려웠을 것이다. 뱀이 반드시 그 밑에 있는 것도 아닐 것이고 또 '뱀의 床'이라고 가정해 보아도 이해하기는 어려웠을 것이다. 그리하여 서민들의 식용으로 널리 쓰이고 또 약용으로도 쓰이는 '都羅叱/도랏'으로 대체된 것이다.

그러나 이 약초는 미나리과에 속하는 식물로서 그 외형이나 약성이 도라지와는 전연 닮은데가 없다. 이 약초가 도라지와 연결될 의미상의 근거가 없는데도 불구하고 그와 같은 명칭을 갖게 된 것은 '置良只/두러기'의 어원이 애매해지자 그와 어형이 유사한 '都羅叱/도랏'에 이끌려 민간어원적으로 해석한 결과에 말미암은 것이다. 이 민간어원은 서민들에 의하여 해석되어 語形의 改新을 초래한 것으로 이 어형이 굳어져 현대국어에까지 '뱀도랏'으로 이어지고 있다.

4) '猪矣栗/도티밤'과 '도토리'

이는 橡實의 향명이 13세기와 16세기 사이에 민간어원적인 요소가 가미되어 개신된 것이다. '猪矣栗/도티밤'은 『鄕藥救急方』에 나온 것이고 '도토리'는 『訓蒙字會』에 처음으로 나타난 것이다.

'猪矢栗'은 '돼지의 밤'이라는 뜻으로 도토리의 어원을 분명하게 보여주는 것이다. 이 말은 『杜詩諺解』에서는 '도토밤'과 '도톨왐'으로 나타나 두 어형이 공존하면서 어원적 의미가 동요되고 있음을 보여준다. 이 동요는 먼저 음운동화에 의하여 일어난 것이다. '도토밤'의 '도토'는 '도틱(돝익)'의 제 2음절 모음 'ᄋ'가 첫음절모음 '오'에 동화되어 나온 어형이다. 또 13세기와 15세기 사이에는 2중모음의 부음 'ㅣ(y)'음이나 'ㄹ'음 밑에서는 'b(ㅂ)〉β〉w'로 바뀌는 음운법칙이 성립되어 있었으므로 문헌상으로는 나타나지 않으나 *도틱왐도 존재했을 것으로 상정된다. 이 어형에서 '밤 (栗)'의 어원이 살아 있어 그를 살린 것이 '도토밤'이다. '밤'의 어원을 살릴 때, 부음 'ㅣ(y)'와 'ㅂ'은 분포상 제약을 받는 음운법칙이 있었으므로 'ㅣ(y)'를 탈락시킬 수밖에 없어 나온 것이 '도토밤'인 것이다. 이 어형에서는 '밤(栗)'에 대한 어원의식이 'ㅣ(y)'음 밑에서 일어나는 'b)β)w'의 음운법칙을 제어하는 힘으로 작용했으나 한편 '도토'는 '돝익(돝의 소유격)'의 어원이 상실되었음을 보여준다.

'도톨왐'은 '도틱밤)*도틱왐'의 과정을 거쳐 제 2음절이 첫음절에 동화된 다음 다시 'ㅣ(y)'가 'ㄹ'로 교체된 것이다. 이 교체는 두 가지로 설명할 수 있다. 그 하나는 당시에 'ㅂ[b]'이 β를 거쳐 w화하는 현상이 'ㅣ'와 모음 사이에서도 일어나고 'ㄹ'과 모음 사이에서도 일어나므로 'w(왐)' 앞의 'ㅣ'를 'ㄹ'로 잘못 유추한 것으로 설명할 수 있다. 즉 不正回歸 현상이다.

다음으로는 이러한 부정회귀의 원인이 무엇인가이다. '도토'는 이미 그 어원을 상실했을 뿐 아니라, 동일음의 첩용으로 음의 諧調를 이루어 새로운 상징성을 얻게 되었다. 그러나 이 상징성의 어원은 불분명한 것이었으므로 민간어원적인 해석의 여지가 생기어 'ㄹ'이 첨가된 것으로 보인다. 이 어형과 민간어원적으로 연합을 맺을 수 있는 어형으로는 '도톨도톨'의 어근 '도톨'을 상정할 수가 있으나, 이 어형은 문헌상 확인되지 않는다. 당시 이 어형과 민간어원적으로 연합될 수 있는 어형은 '돋다', '도도다', '도티다', '도탑다' 등이 있다. 또 '돋다'와 모음의 대립을 이루는 어형으로 '둗다'가 있을 수 있는데 문헌상으로는 나타나지 않는다. 그러나 이를 바탕으로 파생된 '豆等良只·置等羅只/두드러기'가 『鄕藥救急方』에 이미 나타나고 있다. 이 말은 현대국어의 '두드러지다'와 어원을 같이 하는 것으로 여기서 어근 '두들-'을 추출할 수 있고 또 '두들-'은 '둗-'과 '-을'로 분석할 수 있다. 접미사 '-을'은 상징적 어감을 증진시키는 것으로 '두두룩ᄒ다'(杜諺 24,31)에서도 발견할 수 있다. '두두룩'도 동일음의 첩용에 의한 음의 諧調로 상징적 표현력을 갖는 의태어인데, 제2음절 모음 '으'가 첫음절에 동화되어 '우'로 바뀐 것이어서 접미사 '-을'이 추출된다.

이와 같이 볼 때 '*도퇴왐'이 '도톨왐'으로 바뀐 것은 단순한 부정회귀가 아니라 '도토'를 민간어원적으로 해석하고 이것을 의태어로 파생시킨 결과로서 나온 것이다. '도톨'이 민간어원에 의하여 '돋다', '도도다', '도티다', '도탑다', '두텁다', '두들(어기)', '두두룩'과 연합을 맺어 의태어로서 확고한 기반을 얻게 되면 '왐'은 그 어원이 상실되어 단순히 '도톨'에 부가된 무의미한 요소가 되고 만다. 이에 따라 '도톨'을 상징적 어근으로 하여 새로이 파생시킨 것이 '도토리'이다.

'도토리'는 현대국어에서 대체로 '도톨도톨'에서 파생된 것으로 이해되고 있다. 그 어근 '도톨'은 '돋다'에서 파생된 것이다. 그렇다면 이것은 '도돌'이 되어야 할 것이다. '도톨이'는 그 어원이 '돝(猪)'에 있으므로 제2음절의 첫 음이 유기음화된 것을 설명할 수 있다. 그러나 '도톨도톨'의 제 2음절 첫 음이 유기음화된 것은 설명되지 않는다. 후기중세국어에 문헌상으로 이 어형이 나타나지 않지만 존재한다고 가정하더라도 이 유기음화를 설명하기 힘들 것으로 생각된다. 이런 점에서 보면 현대국어의 '도톨도톨'은 '도톨이'에 이끌린 어형이 아닐까 한다. 바꿔 말하면 '도톨도톨'에서 '도토리'가 나온 것이 아니라 '도토리'에서 '도톨도톨'이 형성되는 계기가 마련된 것으로 생각되는 것이다. '도토리'는 당시의 농촌에서는 널리 보급되어 있는 생활용어였음도 감안해야 될 것이다.

5) '닛므윰(齒齦)'과 '잇몸'

『訓民正音諺解』에 나오는 '닛므윰'이 민간어원에 의하여 현대국어의 '잇몸'으로 개신되었다는 것은 이미 잘 알려진 사실이다.(李崇寧 1961: 73 및 이남덕 1985: 17~8)

현대어 '잇몸'의 '몸'은 중세국어에도 존재하여서 '닛므윰'의 '므윰'과는 별개의 단어였음이 분명하다. 또 어형상 '므윰'과도 유사성이 있으니 '닛므윰'이 '잇몸'으로 개신된 것이 민간어원에 의한 것이라는 설명에 異論을 달 여지가 없다. 다만 '므윰'의 뜻이 미상으로 남아 있어서 이 개신이 민간어원에 의한 것이라는 것을 깨끗하게 설명하는 데는 미해결의 구석이 없지 않아 있는 것으로 생각된다.

'므윰'은 그 어형으로 보아 동사에서 파생된 것으로 파악된다. 훈민정음의 '닛므윰'은 같은 15세기에 '닛믜윰(簡易方 6,23)', '닛믜윰(救急方上 64)'으로 나타난 것이 알려져 있다. 16세기에는 '닛믜임(訓蒙上 26)'으로 나타나고 있는데 이는 동명사어미의 삽입모음이 쇠퇴하는 것과 궤를 같이한 어형으로 생각된다. 이러한 예들로 보면 그 어간은 '믜-'였음을 알 수 있다.

그러나 '믜다'는 15세기에 '미워하다(憎)', '머리가 빠지다(禿)', '미어지다(裂)' 등의 뜻을 나타내는 동음이의어들은 있으나, '닛믜윰'의 '믜윰'을 파생시켰다고 생각되는 '믜다'는 문헌상 나타나지 않는다. 이런 점으로 보면 이 단어는 15세기의 중부방언에서는 이미 소멸 내지는 쇠퇴되고 '닛믜윰'에만 화석화되어 남아 있게 된 것으로 생각된다.

이 단어의 흔적은 방언에서 찾아지는 것으로 생각된다. 지금도 남부지역의 어촌에서는 배를 만드는 것을 '배를 무운다'라고 한다. 또 널쪽을 깎아 통을 만드는 것을 '통을 민다'고 한다. 필자가 어렸을 때 경기도 지방에서 살았는데 그때만 해도 남도지방의 통장수가 마을을 돌면서 '통 미시오, 통 미시오'하고 외치는 것을 들은 기억이 새롭다. 이 '무으다', '미다'가 '닛믜윰'의 '믜윰'을 파생시킨 '믜다'의 후예로 생각되는 것이다.

'믜다'의 어원을 이렇게 생각할 때 그 뜻은 어떤 재료(주로 목재)를 이용하여 기구를 만든다는 뜻을 나타내는 동사로 생각된다. 따라서 그 명사형인 '믜윰'의 뜻은 그렇게 만들어진 기구, 즉 '틀(機)'과 유의어였을 것이다.

'닛므윰'은 근대국어에서는 '닛무윰(同文類解上 15)', '닛므윰(無寃錄 3,59)'으로 쓰인 것이 알려져 있다. 이로 보면 이 어형에 민간어원이 작용하여 '잇몸'으로 대체된 것은 18세기 말 이후의 일이 된다.

현대국어에서는 '잇몸'과 함께 그 유의어 '이틀(齒槽)'이 공존하고 있다. '이틀'은 옛 문헌에서는 발견되지 않은 것으로 보아 19세기 이후에 등장된 것으로 생각되는 것이니 '잇몸'과 거의 같은 시기에 조어된 것으로 생각된다. '닛믜윰'의 '믜윰'을 '틀(機)'과 같은 뜻으로 보면 '닛믜윰'은 곧 '이틀'과 같은 뜻이 되는 것이니 '이틀'은 '닛믜윰'의 의미면을 계승한 것으로 생각된다.

끝으로 '믜다'를 '기구를 만들다'의 뜻으로 보면 이는 그와 모음의 상징적 대립을 이루는 어형인 '민다(結)'와 어원을 같이 하는 단어였을 가능성이 있음을 부언해 둔다.

6) '아시바'와 '아시발'

이 예는 一石 李熙昇先生님의 강의에서 들은 것으로 기억된다.

'아시바'는 일본어의 '足場'에서 온 것으로 건물을 지을 때 발판을 놓기 위하여 임시로 가설한 구조물이다. 10여 년 전까지만 하여도 낙엽송을 재목으로 하여 새로 건축하는 건물의 외벽에 얽어맨 것이 흔히 사용되었다. 이러한 작업장에서 인부들이 사용하는 전문용어는 흔히 외래어가 사용되는데 '아시바'도 그 중의 하나이다. 그러나 외래어는 그 개념을 나타내는 근거가 약하기 때문에 민간어원적인 해석을 쉽게 받게 된다.

'아시바'도 그 기원적인 의미를 잃고 새로운 어원을 얻어 '아시발'이 되었다. 이 어형은 처음에는 '아시바를 매다', '아시바를 딛다'에서 '아시바를 하는 대격형이 '아시발'을 로 잘못 분석되어 나왔을 것이다. 그러나 이러한 誤分析에는 민간어원이 작용했고 또 민간어원에 의하여 그 어형이 우리말에서 유지될 수 있는 터전이 마련된 것이다.

'아시바'가 '아시발'로 바뀐 것은 원말에서 장소를 뜻하던 '바(場)'를 '足'을 뜻하는 '발'로 해석하고 원말에서 '足'을 뜻하던 '아시'를 방언 내지 속어인 '애시 당초'의 '애시(始)'의 뜻으로 해석한 것이다. 따라서 '아시발'을 '첫발(始足)'의 뜻으로 해석하여 '건물을 지을 때 처음에 발을 딛는 발판'과 같은 뜻으로 이해한 것으로 생각된다. 이렇게 해석하면 '아시발판'도 나옴직하나 그 실재여부는 미상이다.

Ⅲ. 漢字語에 나타난 民間語源

민간어원은 표기법에 나타나기도 하고 또 그에 의하여 助長되기도 한다. 우리는 일찍부터 한자와 한글을 병용해 왔다. 한글표기법으로 나타난 문헌에서의 민간어원은 아직 검토할 기회를 갖지 못하였다. 한자 사용에 의해서 생겨난 민간어원은 이미 논의된 바 있고 또 앞으로도 개척되어야 할 여지가 풍부한 영역으로 생각된다.

漢字는 표의문자로 글자 하나하나가 유의성을 지닌 형태소를 나타낸다. 따라서 이 문자로 표기된 말은 원칙적으로 그 어원적 의미가 나타나며 비록 이 글자를 表音字로 사용한 경우라도 表意性을 살려 이해하려는 경향을 보인다. 한자가 원칙적으로 표의문자라는 이 특성은 자연 민간어원을 수반할 소지를 갖게 된다. 우리말에서는 한문이 교양인의 언어로 사용되어 오는 동안, 언어현상을 이 문자에 결부시켜 이해하려는 경향이 나타나게 되었다. 이로 인하여 牽强附會의 語源說도 나오게 되었는데 그 가운데도 두드러진 것이 민간어원이다

남부방언의 '나락(稻)'을 '羅洛(靑莊館全書)' 또는 '羅祿(東賨錄)'에서 온 것이라 하여 신라시대의 祿俸制度에 결부시킨 것이 민간어원에 의한 것이라는 사실은 一石先生(1955:241)에 의하여 이미 잘 알려진 것이다. 이

밖에도 一石先生〈1944: 241-45〉에 의하여 논의된 18, 9세기의 어원론 가운데 민간어원에 해당하는 것을 추려 보면 다음과 같다.

'뭇(兄)'은 '孟'자의 音轉이고, '아이(弟)'는 '아츠'에서 온 것인데 이는 亞次의 音轉이며 '사롬(人)'은 'ᄆᆞ름'에서 전한 '舍音(샤름)'에서 온 것이라는 설(黃胤錫의 華音方言字義解).

'봄(春)'이 '本'에서, '여롬, 열호(夏)'가 '炎熱' 또는 '熱夏'(夏의 古音은 '호')에서, '겨슬(冬)'이 '居室'에서 'ᄀᆞ슬(秋)'이 '高秋'(秋의 古音은 '수')에서 왔다는 설(上同).

'범(虎)'이 '犯'에서, '조금(潮減)'이 '潮斬'에서, '꿈(夢)'이 '求陰'에서, '우음(笑)'이 '上(昏)音'에서 왔다는 설(李義鳳의 古今釋林 중의 東韓譯語).

'ᄯᅡ(地)'가 '多'에서, '물(水)'이 '沒'에서, '불(火)'이 '浮'에서, '쇠(金)'가 '燥'에서, '방아(舂)'가 '棒兒'에서, '호악(臼)'이 '護兒'에서, '방마(砧)'가 '棒摩'에서, '감(柿)'이 '甘'에서, '밤(栗)'이 '房'에서, '비(梨)'가 '白'에서, '보음(春)'이 '伏陰'에서, '열음(夏)'이 '熱陰'에서, '가월(秋)'이 '嘉月'에서, '계월(冬)'이 '計月'에서 왔다는 설(東言考略).

一石先生은 이들을 民間語源說 이상의 附會라고 하였다.

이러한 어원설은 당시인들이 사물에 접하는 태도의 일단을 보여주는 것이기는 하지만, 결과적으로는 우리말의 어형을 그와 음이 같거나 유사한 漢字에 결부시켜 어원을 해석하려고 한 민간어원의 소산이다. 이러한 민간어원은 지식인들 개인이나 그를 둘러싼 몇몇 사람의 해석이기 때문에 보편성이 약한 것이다. 따라서 언중의 언어생활 속에 뿌리박은 것이 아니어서 언어구조에 어떤 영향을 주질 못했고 언어의 개신에도 영향을 미친 것이 아니다.

茶山 丁若鏞의『雅言覺非』는 당시인들의 언어생활에 나타난 誤謬들을 많이 지적하고 있다. 이 지적 가운데는 당시인들의 문자생활에서 민간어원에 의하여 오류를 범한 예도 여럿 보여준다. 여기서 한자표기에 의하여 나타나는 살아 있는 民間語源을 확인할 수 있다.

1) 紫草와 芝草

紫草란 茈草이다. ……이로써 紬帛을 물들이는데 이를 華語에서는 '紫的'라고 한다. 우리나라에서는 訛傳되어 紫芝가 되었고(的은 본래 入聲이지만 華音으로는 芝와 같이 읽는다.) 또 바뀌어 芝草라 부르게 되었다. 어찌 잘못이 아닌가?(卷一, 紫草)

'紫的'는 근세중국어(華語)에서 紫草가 染料로 쓰인 것을 일컬은 것이다. 이는 국어에 'ᄌᆞ디(初刊朴通事上 47)'로 차용된 다음 'ᄌᆞ지(同文類解下 25)'를 거쳐 현대어의 '자주'로 바뀐 것이다. 현대어의 '지치'는 '芝草'에서 나온 것인데 '芝'는 '紫的'의 '紫/ᄌᆞ'에서 변한 '지'를 따온 것이니 어원적으로는 그렇게 표기할 근거가 없다. '芝'는 紫草와는 무관한 식물이기 때문이다. 茶山은 이 오류를 지적한 것이다. 이는 '지'음에 민간어원적인 해석이 가하여져 '芝'를 쓰게 된 것이고 또 이것이 어근으로까지 발전하여 芝草가 나온 것이다.

2) 帖裏와 天翼, 綴翼

'帖裏'는 戎車(싸움에 쓰이는 수레)의 복장이다. 續大典에는 '堂上官'은 남색의 帖裏를 입고 堂下官은 靑玄色의 帖裏를 입으며 動駕時에는 홍색의 帖裏를 입는다고 하였다. 그 글뜻이 역연한데, 今俗에서는 이를 天翼 또는 綴翼이라 잘못 쓰고 疏箚 등에도 쓴다.(卷二, 帖裏)

'帖裏'는 近世中國語인데 『朴通事』(上 72)에서는 '텰릭'이라 번역하였다. 이는 蒙古語 terlig에서 온 것이니 帖裏자체가 표의성이 있는지가 의심스럽다.(이기문 1965: 197) 따라서 한자로 天翼, 綴翼이라 쓴 것은 그 원말의 어원과는 무관한 것이다. '철릭(〈텰릭)'이란 어형에 맞추어 한자를 선택하였으되 '翼'을 쓴 것은 이것이 戎車의 복장이란 점에 맞추어 '빠르다'는 뜻을 民間語源的으로 나타낸 것이다. 天과 綴도 翼과 결합하면 유의적인 단위가 된다.

3) 額掩과 耳掩

額掩은 貂鼠로 만든 모자다. 華音으로 額은 耳와 같이 읽는데 우리나라에서 와전되어 耳掩이 되었다. 經國大典에는 堂上官은 貂皮耳掩이라 하고 堂下官은 鼠皮耳掩이라 하였으니 그 잘못의 연원이 이미 오래된 것이다. …… 이는 본래 이마를 덮을 수는 있어도 귀를 덮을 수는 없는 것이다. (卷二)

'額掩'은 近世 中國語에서 들어온 말이어서 전통적 한자음으로 차용한 것은 아니다. 현대어에서는 '아얌'으로 남아 있다. 額의 근세중국음이 '耳'에 가까워서 耳掩으로 표기되고 또 '귀를 덮는다'는 뜻으로 이해하기도 한 듯하다. 음의 유사성에 이끌려 표기자를 바꾸고 뜻까지도 이에 맞춰 이해하고 있으니 민간어원에 의한 와전이다.

4) 護項과 揮項

護項은 목을 두르는 毛幘(털로 만든 머리수건)이다. 華音에서는 護를 揮와 같이 읽는다(護의 음은 후). 우리나라에서는 와전되어 드디어 揮項이 되었다. 貴人의 것은 貂皮揮項이라 하고 賤人의 것은 鼠皮揮項이라 하니 그 잘못의 연원은 이미 오래다. ……(卷二)

'護項'은 현대어에서는 휘양(揮-)으로 남아 있다. 揮項은 목을 휘두른다는 뜻이니 목을 이 毛幘으로 휘감으면 결국 護項과 뜻이 같아진다. 그러나 '護'의 근세중국음이 '후'이어서 이에 府會하기 위하여 揮자를 썼으니 그 어원을 민간어원적으로 해석하여 쓴 것임이 분명하다.

5) 頭盔와 鬪具

頭盔를 鬪具라고 하는 것은 華音이 잘못 옮겨진 것이다.(華音으로 頭盔는 투귀) (卷二)

'투구'는 『龍飛御天歌』(52장)에서 한글로 표기되었던 것이다. 당시 한글로 표기한 중국어차용어는 이미 우리말에 동화된 단어임을 보여 주는 것이다. 후대에 이를 鬪具라고 표기한 것은 이 '투구'에 새로이 표의성을 부여하여 표기한 것이다. 이는 어원을 잃은 어형을 그와 유사한 새로운 어형(漢字)에 부회한 민간어원적인 이해의 결과이다.

6) 筮籬와 釣來

筮籬는 잘못 옮겨져 釣來가 되었다.(華音은 본래 '좌례'이다) (卷二)

이는 쌀을 이는 도구이니 釣來의 '釣'가 그 기능과 일치한다고 볼 수는 없으나 민간어원적으로 부회할 만한 충분한 의미상의 유사성은 있다.

7) 蜀黍와 垂穗

蜀黍는 잘못 옮겨져 垂穗가 되었다.(華音은 본래 '쑤슈'이다)

수수 가운데는 익으면 고개가 숙여지는 것도 있으나 익어도 이삭이 곧게 서 있는 것이 일반이다. 蜀黍의 近世 中國語音을 모델로 차용한 어형에 민간어원에 의하여 垂穗라고 부회할 만한 의미상의 근거는 있다.

8) 艄工과 沙工

艄工은 잘못 옮겨져 沙工이 되었다.(華音은 본래 '쵀궁'이다) (卷二)

'사공'이 일하는 물가는 모래밭이라고 생각하는 것이 당연하니 민간어원에 의하여 '艄'를 '沙'에 부회한 근거가 있는 것이다.

9) 玻瓈眼鏡과 麥鏡

玻瓈는 잘못 옮겨져 菩里가 되었다(華音은 본래 '보리'이다). 우리나라에서는 麥을 '보리'라고 한다. 그리하여 玻瓈眼鏡을 세속에서 麥鏡이라고 한다. 그 轉輾訛誤가 이와 같다.(卷二)

玻瓈와 麥은 의미상의 유사성을 찾기 힘들다. 그러나 차용어 '菩里(보리)'와 기존의 '보리(麥)'가 어형상 일치되므로 玻瓈眼鏡이 麥鏡으로까지 되었으니 전혀 어형에 이끌린 민간어원적 이해라고 하겠다. 민간어원의 한 요소인 의미상의 일치나 유사는 정도상의 문제여서 어형의 일치나 유사가 더 중요한 요소임을 이 예는 보여 준다.

10) 反切과 半截

反切은 翻切이다. 訓民正音의 字母 1행과 中聲 14행을 종이 하나에 기록하여 이를 反切이라 하였다. 字音(한자음)의 反切은 바로 한 글자의 음을 밝히는 것이다. 지금 사람들이 와전하여 半截이라 하고 종이 半截을 말하고 있으니 이러한 것을 이 글에 기록하는 것조차 잘못이다.(卷二)

反切本文表가 韓楮紙 반장에 기록된다고 이해하여 이를 半截로 파악하고 있음을 개탄한 것이다. 反切과 半截이 음(어형)이 같고 半截이 작은 종이라는 점에서 의미상의 공통성이 있어 민간어원이 생긴 것이다. 反切은 한자음을 표시하는 방법인데 한글이 한자음을 표시하는 데 쓰인다고 하여 '反切'이라고 하였던 것이다.

茶山은 근세중국어 직접차용어가 표기상 와전된 데 대하여 다음과 같이 말하고 있다.

이와 같은 類들은 가히 헤아릴 수 없다. 말로써 표현하면 잘못이 없는데 번역하여 글을 만들면 異物이 되고 만다. 무릇 物名이 流傳하는 것은 종들에게서 나오는 바가 많고, 文字로 번역하여 놓는 것은 모두 學士들에 말미암는다. 이로 보면 文物이 蒙昧한 데에 이르는 것은 모두 士大夫들이 거칠고 경솔한 탓이다.

이는 당시 지식인들의 책임을 물은 것이기도 하지만, 지식인들에 의해서 해석된 민간어원의 배경을 말하여 주는 것이기도 하다.

『雅言覺非』에는 민간어원에 의하여 와전된 한자어가 이밖에도 더 있다. 정리하면 민간어원의 유형을 밝히는데 도움이 될 것이다. 한자어에 나타난 민간어원에 대한 연구는 차자표기자료의 해독에도 직결되는 것이니 이 방면의 연구에서는 반드시 짚고 넘어가야 할 것임을 부언해 둔다.

參考文獻

金鍾權譯(1976), 『雅言覺非』, 一志社.

南廣祐(1973), 『補訂 古語辭典』, 一潮閣.

＿＿＿(1999), 『敎學 古語辭典』, 敎學社.

南豊鉉(1981), 『借字表記法硏究』, 檀大出版部.

劉昌惇(1964),『李朝語辭典』, 延大出版部.

李基文(1965), "近世中國語借用語에 대하여",『亞細亞研究』 8-2.

李男德(1985),『한국어 어원연구 1』, 이대 출판부.

李崇寧(1961),『中世國語文法』, 乙酉文化社.

李熙昇(1955),『國語學槪說』, 民衆書館.

S. Ullmann(1964), *Semantics. An Introduction*, Oxford Basil Blackwell.

■『國語學』 14호, 國語學會, 1985. 12.
　2014년 3월 14일 修訂.

16世紀初의 一明文 解讀

I. 序言

　이 글은 朝鮮朝 前期에 吏讀文으로 쓰여진 한 문서를 해독함으로써 앞으로 이 계통의 文書들을 용이하게 해독할 수 있도록 하고자 하는 데 목적이 있다. 조선조의 문서는 그 문서양식이나 이두식 표현법이 套式化되어 있어서 한두 문서에 대한 해독을 하게 되면 다른 문서에 대해서도 쉽게 해독할 수가 있으므로 이 글은 이 방면 연구에 어느 정도 도움이 될 것으로 믿는다. 이 글은 또 吏讀의 語法과 그 語源의 解明 및 이두문에 쓰이는 韓國式 漢字語의 뜻을 파악하는 데도 한 목적을 둔다.

　이두는 삼국시대에 발달하기 시작하였으나 근대적인 이두의 표현법을 갖춘 이두는 고려전기에 와서 성립되었고[1] 이것이 근대까지 관습적으로 이어져 온 것이다. 고려 초의 이두도 그 표현방법이 정밀화되기는 하였으나 前時代의 독법이나 표기법을 계승하였으므로 신라시대의 어법을 많이 담고 있고 또 그 표기양식이 근대적인 것으로 성립된 후에도 현실언어를 반영하여 변화를 입었으므로 어느 한 자료가 그 시대 언어의 단면을 반영한다고 볼 수가 없다.

　訓民正音 이후의 이두자료라 할지라도 훈민정음 이전의 語法을 반영하고 있으므로 15세기 이전의 문법을 연구하기 위하여서는 이두에 대한

---

　1 『高麗史』卷3, 成宗 6年 8月條에 '命李夢游 詳定中外奏狀 及行移公文式'이라 있다. 이 이후 고려시대의 이두문은 이 때에 제정된 양식이나 표현법을 따른 것으로 보인다.

연구가 필수적이다. 이두의 독법은 불행히 근대(17세기 이후)에 와서 한글로 표기된 자료가 남아 있고 그 이전의 것은 현재 전하는 것이 없으므로 이를 토대로 하여 연구하지 않으면 안 될 처지에 있다. 그러나 이 독법은 오랜 기간을 관습적으로 읽어 오는 동안에 와전된 것이 많고 조선조에 들어 와서도 현실언어의 영향으로 변질된 것이 있다. 따라서 15세기 이전의 국어를 연구하기 위하여서는 朝鮮朝 初期의 이두에서부터 근대까지의 이두를 정리하여 근대이두의 독법 속에 들어 있는 근대적인 요소를 抽出 消去하는 작업이 있어야 한다. 이 글은 이러한 작업도 고려한 것이다.

여기 소개・해독하는 明文은 금년(1978) 여름 국문과 하계답사 때 蔚珍郡 遠南面 梅谷里 英陽南氏宗孫(南斗烈)家에서 조사된 것이다. 이 南氏家는 이 집터에서만 22대를 살아오면서 그 선대의 文蹟들을 비교적 잘 보관해 오고 있다. 이 명문은 英陽南氏傳家彙編이라 題한 책에 실려 있는 것이다. 이 책은 1958년 南啓源氏가 家傳古蹟들을 정리한 석판본이다. 여기 실려 있는 永樂 18년(1420)의 王旨(武科紅牌)와 正統 7년(1442)의 宜人牒은 그 원본을 직접 보았으나 이 명문은 그 원 文書를 직접 확인하지는 못하였다. 그러나 앞의 王旨와 宜人牒의 보존이나 轉寫한 이 명문의 내용으로 보아 이 원 문서도 현재 보존되어 있을 것으로 믿어진다.

명문이란 말은 명백하게 밝히는 글이란 뜻으로 재산의 양도증서의 일종이다. 주로 財産을 매매할 때에 賣渡者가 買收者에게 넘겨주는 문서에 명문이란 말을 쓰고 있으나 차용증서의 경우나 許與文記의 경우도 명문이란 말을 쓰기도 한다. 여기 소개되는 명문은 자손에게 재산을 물려 주는 許與文記인데 '明文'이란 말을 쓴 것이다.

명문들은 영인되어 소개된 것도 많고 또 각 도서관에 보관된 것도 많이 있으나 壬亂 이후의 것들이 많고 그 이전의 것은 드문 편이다. 소개하는 明文은 '明文'이란 이름이 붙은 것 중에서 현재 알려진 것으로 가장 오래된 正德 3년(1508)의 것이다.

Ⅱ. 原文의 紹介

먼저 원문을 여기 소개하면 다음과 같다.

正德三年戊辰正月初三日長子南稜及末子種妻潘氏亦中明文

右明文爲臥乎事段他餘田民段五娚妹亦中各其已曾許與成給爲有在果但病女子段成雙不得分叱不喩矣身死後無所依托丁寧至極可慮是乎等乙用良四娚妹及孫子等聚會時右病女乙率居爲乎爲可否爲乎矣一無諾爲乎第亦中汝矣身亦長子以時率爲有昆其矣衿付家翁邊傳來奴安哲良妻幷産婢四今年三十三丙申生及右婢三所生奴德中年二丁卯生家前路下畓貳斗落只仇里員田壹合落只乙許給爲去乎後小生幷以子孫傳持鎭長使用耕作爲齊子種段末子以奴婢未準許與爲臥乎<u>木乙</u>用良右病女衿付婢四今壹所生奴貴孫年拾壹戊午生矣身乙許與爲去乎後所生幷以子孫傳持鎭長使用爲乎矣後次子孫等別爲所有去等此文字內事意乙用良告官辨正爲乎事亦在

財主	故忠順衛承義副尉南繼顏妻鄭氏(印)		
證保	故奉列大夫彦陽縣監朱善林妻南氏(印)		
證保	故進勇校尉	南得明妻南氏(印)	
	故承義副尉	南	種妻潘氏(印)
證保	幼學	南	(手決)
證保	生員	朱	(手決)
筆執	幼學	南	(手決)

이 중 誤字로 보이는 것은 밑줄 그은 "木乙"이다. "等乙"의 誤寫임이 확실하다. '等'字의 초서체가 '木'자와 유사한 데서 생긴 誤記이다. 이 밖에는 오자가 없는 것으로 보인다. 비교적 그 轉寫가 정확한 것이다.

Ⅲ. 解讀

이 명문은 財主인 南繼顔의 妻 鄭氏가 長子인 南稼와 末子 南種의 妻
인 潘氏에게 병이 있고 출가하지 못한 딸의 몫으로 그를 돌봐 줄 것을
부탁하면서 전답과 노비를 물려주는 내용으로 되어 있다.

편의상 몇 구절로 나누어 그 독법을 보이고 설명과 해석을 하기로 한
다.

> (1)　　　正德三年戊辰 正月 初三日 長子 南稼 及 末子 種妻 潘氏亦中
> 　　　　明文
> (讀法) 正德三年 戊辰 正月 初三日 長子 南稼 및 末子 種妻 潘氏여긔
> 　　　　明文

(1)은 이 명문의 제목이다. 고려시대의 許與文記(至元 18년의 松廣寺奴
婢文書나 至正 14년의 尹泳善씨 소장의 노비문서), 이조초기의 成給文書에
는 이 제목에 해당되는 부분을 行을 바꾸어 따로 내세우지 않고 본문
속에 '…(叱)段(똔)'의 형식으로만 나타내는데 이 명문이나 그 밖의 16세
기 명문들은 원칙적으로 제목을 따로 내세우고 있다. 문서양식의 한 발
전이다.

正德三年은 1508년, 중종 3년 戊辰年이다. '及'은 한자음대로 읽을 수
도 있으나 그 번역차용어 '맛'이 이미 15세기 문헌에 나타나므로 훈독자
로 읽어둔다. 동사어간 '및-'에서 파생된 부사로 음절말음 중화규칙에
의하여 '및'이 '맛'으로 발음된다. 이 문맥에서의 뜻은 조사 '와, 과'로 보
는 것이 좋다. '亦中'은 '여긔'로 읽어 왔다. 이는 '여긔'에서 발달한 것이
다. 여격으로서 현대 국어의 '에게'에 해당한다. '亦'은 音假字이고 '中'은
훈독자에서 訓假字로 발전한 것이다. '明文'은 '潘氏亦中'가 처격(여격)이
기 때문에 '明'을 동사로 풀이하는 것이 문법에 맞는다. 때로는 '亦中' 대

신 '處'를 써서 '某處 明文'으로도 쓰인다. 이때는 '明文'을 명사로 해독할 수 있다.

(1)을 해석하면 다음과 같다.

正德 3年(戊辰年) 正月 初3日에 長子 南稼와 末子 種의 妻 潘氏에게 밝히는 글

(2) 右明文爲臥乎事段

(讀法) 右 明文ᄒ누온 일ᄯᅡᆫ

(2)는 본문 전체의 주제이다. 고려시대나 조선 초기의 成給文書에서는 이 부분이 곧 제목이 된다. '爲臥乎'의 '爲'는 訓讀字로 'ᄒ'로 읽히고 '臥'는 訓假字로 '누'로 읽힌다. '乎'은 '온'으로 읽히는데 이것은 千字文 등에서 전통적으로 '온'으로 읽어 온 점에서 보면 훈가자로 생각된다. '爲臥乎/ᄒ누온'은 15世紀語에서 '臥/누'가 'ㄴ'로 바뀌었고 여기에 의도법보조어간 '오'와 동명사어미 'ㄴ'이 결합한 '乎/온'이 결합하여 'ᄒ논'이 되었다. 현대국어로는 의도법보조어간이 소거되어 '하는'이 된다. '爲臥乎(ᄒ누온)'은 15세기 이전의 문법인데 이두에서는 근대까지 사용되어 온 것이다. 문어의 보수성을 보여주는 것이다.

'事段'은 흔히 '事叱段'으로 표기되는데 여기서는 '叱/ㅅ'의 표기가 생략되었다. '事'는 훈독하여 '일', '段'은 음가자로 '단'으로 읽힌다. '단'은 의존명사 'ᄃ'와 처격조사 '아' 그리고 주제의 보조사 'ㄴ'이 결합되어 축약된 것이다. 'ᄃ'는 현대국어로 치면 '바로 그것'의 뜻이어서 의존명사 '것'보다는 강조의 뜻이 있고 처격조사는 의역하여 '그 경우'로 해석할 수 있는데 현대어로는 '일은' 정도로 해석하는 것이 이해하기가 쉽다.

(2)를 해석하면 다음과 같다.

'위의 明文을 하는(만드는) 일의 경우는(일은)'

(3)   他餘田民段五娚妹亦中各其已曾許與成給爲有在果

(讀法) 他餘 田民단 五娚妹여긔 各其 已曾 許與成給ᄒᆞ잇견과

'他餘'는 이 명문으로서 許與成給하려는 재산 이외의 것을 가리킨다. '田民'의 '田'은 '田畓'의 통칭이고 '民'은 노비를 가리킨 것이다. 이러한 명문에서 노비를 民으로 칭한 예들은 흔히 발견된다. '五娚妹亦中/여긔'는 '五娚妹에게'의 뜻이다. '各其'는 '各己'와 같은 뜻이다. '已曾'은 '이미 일찍이'의 뜻으로 '과거에'란 뜻이다. '許與'는 '주다, 물려준다'는 뜻이고 '成給'은 '成文給與'의 준 말로 '文記(證書)를 만들어서 재산을 급여하다'의 뜻이다. 따라서 '許與成給'은 '許與하기로 하고 文記를 만들어 給與한다'의 뜻이다.

'爲有在果'의 '爲有'은 모두 훈독자로 'ᄒᆞ잇'으로 읽는다. 이는 15세기의 'ᄒᆞ야잇-', '하얫-'에 해당되는 것인데 '爲有/ᄒᆞ잇-'은 보다 고대형으로 '어간+어간'의 복합형태를 취한 것이다. 15세기의 이에 준하는 '잇-'의 복합형태는 '뒷-(置+有)'에만 화석형으로 남아 있으나 이두에서는 고형을 유지하고 있는 것이다. 15세기의 '잇-(有)'에 해당하는 前代의 단어는 '겨-(在)'로서 고려후기에 와서 時相을 나타내는 문법적 형태로 '有'가 나타날 뿐, 그 이전에는 '在'만이 쓰였다. 따라서 '爲有/ᄒᆞ잇'의 연결형태는 15세기에서 멀지 않은 13·4세기보다 더 올라가지 않는다고 보아야 한다. '在'는 그 훈이 '겨-'인데 여기에 동명사어미 'ㄴ'이 첨가되어 '견'으로 읽는다. 이 '견(在)'은 '잇-(有)'의 前代形으로 '爲有'의 '有'와 같은 기능을 하는 것인데 '爲有在/ᄒᆞ잇견'으로 연결된 것은 '有'와 '在'를 기능상 다른 것으로 쓴 것임이 분명하다. 이 '爲有/ᄒᆞ잇'은 '과거'를 나타내고 '在/견'은 상태의 지속을 나타내는 것으로 보아야 한다. 따라서 '爲有在/ᄒᆞ잇견'은 '과거에 이루어진 것이 현재까지 지속되고 있음'을 나타내는 것으로 해석된다. '果'는 음가자로 '과'로 읽히는 것인데 환경에 따라서는 그 이형태인 '와'로도 읽힌다. '果/과'는 본래는 병렬접속조사였는데 이 문맥에서는

접속어미로 발달한 것이다.

(3)을 해석하면 다음과 같다.

'다른 남은 田畓과 奴婢는 五娚妹에게 각각 이미 許與하여 文記를 만들어 주었거니와'

(4)   但病女子段成雙不得分叱不喻
(讀法) 但 病女子단 成雙 모질똔 안디

'病女子'는 '병이 든 딸'이고 '段/단'은 '바로 그 경우에는'의 뜻이다. '成雙'은 成婚과 같은 뜻이다. '不得'은 근대 이두의 독법에 '모딜(典律通補)', '모질(儒胥必知)'로 읽어왔다. 전자는 구개음화에 역행하여 不正回歸한 형태이고 후자가 바른 독법이다. '不得/모질'의 '不'은 '몯'으로 훈독한 것이고, '得'도 훈독하여 '실-'로 읽은 것이다. 이에 따라 '*몯실'로 읽히다가 음운론적 변화로 인하여 '모질'로 굳어진 것이다. '몯실'은 고유어 형태소로 구성되었으나 한자어 '不得'의 번역차용어로 '得/실'로 보아 15세기 이전에 조어된 것으로 보아야 한다. 동사어간이 부사로 파생되는 조어법은 15세기에도 있었으나 상대로 올라갈수록 용언어간의 자립성이 강하여 고대어에서는 그 생산성이 매우 높았었다. '몯실'은 이러한 고대어의 문법에서 조어된 것이 근대의 이두에까지 이어져 온 것이다.

'分叱/똔'은 원칙적으로 '叱分'으로 표기되어야 하는데 筆執者의 취향에 따라 이와 같이 순서를 바꾸어 적기도 한다. 正音表記에 있어서도 필기할 때는 '분ㅅ'으로 적는 경우가 있다. 이 표기는 16세기 초에는 합용병서 'ㅅㅂ'이 된소리 표기임을 말하여 준다. 'ㅅㅂ'이 'sp'로 발음된다면 '分叱/분ㅅ'으로는 적을 수가 없기 때문이다. '叱/ㅅ'이 단순한 된소리 부호에 불과하기 때문에 이러한 도치된 표기가 가능한 것이다. '分'과 '叱'은 모두 음가자이다. '叱(즐)'이 'ㅅ'으로까지 축약된 과정에 대해서는 아직 규명이

되어 있지는 않으나 현재로서는 음가자 이외의 설명은 하기 어렵다.

'不喩'는 훈독자 '不/안'과 그 독법의 배경을 알 수 없는 '喩/디'의 결합으로 否定辭 '아니'의 뜻이다. '아니'는 명사부정(집이 아니다)과 동사부정(아니 먹는다)에 모두 쓰이나 이두에서는 명사문부정과 동사문부정이 구별되어 명사문부정에는 '不喩/안디'가 쓰이고 동사문부정에는 '不冬/안둘'이 쓰인다. 여기서는 '分叱/뿐'이 의존명사이므로 명사문부정사 '不喩'로 부정한 것이다.

(4)를 풀이하면 다음과 같다.

'다만 病든 딸의 경우에는 成婚을 못 시켰을 뿐 아니라'

(5) 矣身死後無所依托丁寧至極可慮是乎等乙用良

(讀法) 의몸 死後 無所依托 丁寧 至極 可慮이온둘쓰아

'矣身'은 음가자 '矣'와 훈독자 '身'으로써 '의몸'으로 읽힌다. '矣身/의몸'은 일인칭대명사로 '내 몸, 내 自身'이란 뜻으로 쓰였다. 이 吏讀는 고려시대의 자료에 이미 나타난다.

'無所依托'은 한문구로 '依托할 곳이 없어'의 뜻이다. 조선시대의 이두문에는 이와 같이 한문구가 흔히 쓰인다.

'是乎等乙用良'는 훈차자 '是/이', '乎/온', '等/둘', '用/쓰', '良/아'와 음차자 '乙/을'로 구성되었다. '是乎(이온)'의 '오'는 의도법보조어간이다. '等乙'의 '乙'은 '等'의 훈 '둘'의 말음과 중복되기도 하지만 대격조사를 표기한 것이다. '用良(쓰아)'는 한문의 '以'에 대한 번역차용어로서 생긴 말이다. 15세기에는 '뻐'로 나타나고 주로 조격을 지배하여 '-로뻐'로 쓰이나, 때로는 대격을 지배하여 '-ㄹ뻐'로도 쓰였다. 그러나 大明律直解나 고려시대 이두에서는 대격만을 지배하는 것으로 보아 '-ㄹ 쓰아'가 '-로뻐'로 교체된 것을 보여 준다. 따라서 '乙用良'는 현대국어로서는 '-로써'로 해석하여야 한다. '可慮是乎等乙用良'는 직역하면 '可慮인 것으로써'가 되나 의

역하면 '염려스러운 것이기 때문에'가 된다.

(5)를 해석하면 다음과 같다.

'내 자신이 죽은 後에는 依托할 곳이 없어 참으로 至極히 念慮스럽기 때문에'

(6)　四娚妹及孫子等聚會時右病女乙率居爲乎爲可否爲乎矣一無
　　　諾爲乎第亦中

(讀法) 四娚妹 밋 孫子等/들 聚會時 右 病女를 率居ᄒᆞ온삼 可否ᄒᆞ오ᄃᆡ
　　　一無諾ᄒᆞ온 第여희

'孫子等'의 '等'은 음독할 수도 있고 훈독할 수도 있다. 훈독한 것으로 보아 '들'로 읽는다.

'病女乙'의 '乙'은 대격조사이므로 그 쓰이는 자리에 따라서 'ㄹ, 롤, 를, 올, 을'로 읽히는 것이다.

'爲乎爲'은 근대이두에서는 쓰이지 않던 것이다. 따라서 그 독법도 새로이 추정해야 되는데 그 기능이나 차자의 성격으로 보아 'ᄒᆞ온삼'으로 읽는다. 大明律直解에 그 용례들이 있는데 한 예만 보이면 다음과 같다.

緦麻同姓八寸已上親屬乙 殺害爲乎爲 作謀爲旀 (緦麻同姓八寸 이상의 親屬을 殺害하기 위하여 作謀하며) (大明律15)

이와 같이 '爲乎爲'은 '하기 위하여', '하려고' 또는 '하도록'으로 풀이되어 '爲只爲(ᄒᆞ기암〈ᄒᆞ기삼〈ᄒᆞ기삼)'과 같은 뜻이다. '乎(온)'의 'ㄴ'도 동명사어미여서 '只(기)'와 같은 기능을 하는 것이다. '爲乎爲'은 여기서는 'ᄒᆞ도록'으로 풀이하는 것이 문맥상 부드럽다.

'爲乎矣'는 近古時代의 석독구결에서는 'ᄒᆞ온 ᄃᆡ'나 'ᄒᆞ옳 ᄃᆡ'로 읽히던 것인데 '乎矣'가 어미로 발달하면서 동명사어미 '-ㄴ'이나 '-ㅭ'이 탈락하여 15, 6세기에는 'ᄒᆞ오ᄃᆡ'로 발달한 것이다.

'一無諾爲乎/ᄒᆞ온'은 '한 사람도 承諾하지 않은'으로 해석된다.

'第亦中'는 '뎨여희'로 읽어야 한다. '第'는 음독자로 전통적 한자음 '뎨'로 읽힌다. '第'는 어떤 사건들이 순차로 일어날 때 한 사건이 끝나고 다음 차례로 새로운 사건이 진행될 것을 나타날 때 쓰인다. '一無諾爲乎第亦中'는 一無諾한 것이 이미 과거의 일로 끝났으므로 그 다음 차례로는 어떠한 일을 하겠다는 뜻이다.

(6)을 해석하면 다음과 같다.

'四男妹와 孫子들이 聚會했을 때에 위의 병든 딸을 率居하도록 可否를 물었으되 한 사람도 承諾하지 않은 때에(次第에)'

(7)   汝矣身亦長子以時率爲有昆

(讀法) 너의 몸이 長子로 時率ᄒᆞ잇곤

'汝'는 훈독자이고, '矣'는 음가자로 여기서는 속격조사로 쓰인 것, '身'은 훈독자이다. '亦'은 주격조사 '이'에 해당한다. 이 字는 음차자로 부사형접미사로도 쓰여 '여'로 읽히는데 이것이 주격조사를 표기하게 된 이유에 대해서는 아직 규명되지 않았다. 자료상으로는 11세기의 淨兜寺造塔記에서부터 나타나고 있으니 고려 초기나 그 이전의 국어를 반영하고 있는 것으로 보인다.

'長子以'의 以는 신라시대의 자료에 이미 이두로 쓰인 것인데 훈독자로 조격조사 '로'로 읽는다.

'時率'은 '현재 率居하고 있다'의 뜻이니 음독자들이다.

'爲有昆'의 '爲有(ᄒᆞ잇)'은 앞에서 설명하였다. 여기서는 '하고 있-'으로 해석하는 것이 '하였-'으로 해석하는 것보다 낫다. '昆'은 음가자로서 '곤'으로 읽힌다. 이는 지속상을 나타내는 접속어미 '고'와 주제화첨사 'ㄴ'의 결합이다. 형태상으로는 현대어의 '-고는'과 일치하나 문맥상 '-으니'로 해석하는 것이 자연스럽다.

(7)을 해석하면 다음과 같다.

'너의 몸이 長子로서 現在 率居하고 있으니'

(8)　　其矣衿付家翁邊傳來奴安哲良妻倂産婢四今年三十三丙申生
　　　　及右婢三所生奴德中年二丁卯生家前路下畓貳斗落只仇里員
　　　　田壹合落只乙許給爲去乎

(讀法) 저의 깃付 家翁邊 傳來 奴 安哲良妻 倂 産 婢 四今(年三十三 丙
申生) 밋 右婢 三所生 奴 德中(年二 丁卯生) 家前路下畓 貳말디
기 仇里員田 壹홉디기를 許給ᄒ거온

'其'는 훈차자로 근대이두 독법에서 '저'로 읽었다. 대명사로서 여기서
는 病女를 가리킨다. '矣'는 속격 '의'로 읽는다.

'衿付'의 '衿'은 훈차자로서 '깃'으로 읽는다. '遺産, 몫'의 뜻이다. 본래
遺産의 뜻이었다가 '몫'의 뜻으로까지 쓰이게 된 것으로 보면 15세기어의
동사 '깉-(遺)'이 그 어원으로 보인다. 15세기에는 '깉-'의 음절말자음 'ㅌ'
은 음절말에서 'ㄷ'으로 중화되어 '깃(衿)'의 'ㅅ'과는 구별되지만 동사에
서 명사로 파생될 때 자음교체가 일어났을 가능성이 있다. '衿'은 근대이
두에서는 흔히 쓰이지만 아직 이 자료 이전의 것은 확인하지 못하였다.
'付'는 여기서는 훈독인지 음독인지 분명하지 않지만 아직 훈독한 예를
발견하지 못하였다. 한자의 원의대로 쓰인 것은 분명하다. '衿付'는 '유산
으로 붙여 준'의 뜻이다.

'家翁'은 財主의 남편이다. '邊'은 초기에는 훈독했을 가능성도 있지만
음독자이다. '某에게 딸린'으로 풀이되어 재산의 유래를 밝힐 때 쓴다.

'倂'은 음독자로 쓰였다. '아울러'의 뜻이다.

'産婢'는 '낳은 계집종'이고 '四今'은 婢의 이름이다. '年三十三 丙申生'은
나이와 출생된 해의 간지를 밝힌 것으로 괄호 속에 넣을 사항이다. '年'은

문맥상 음독한다.

'三所生'은 세 번째의 所生을 말한다. '德中'은 인명이고 '年二 丁卯生'은 나이와 출생년의 간지이다.

'斗落只'는 훈독자 '斗', '落'과 음가자 '只'로서 '말디기'로 읽는다. 현대어 '마지기'의 원말로 '한 말을 심을 수 있는 면적'을 말한다.

'仇里員'은 지명으로 재산의 소재지를 가리킨 것이다.

'合落只乙'의 '合'은 음차자로서 '홉'으로 읽는다.

'爲去乎'의 '去'는 음가자, '乎'는 훈독자이다. 'ㅎ거온'은 '하는 것이니, 하거니와'로 해석된다.

(8)을 해석하면 다음과 같다.

'저(病女)의 몫으로 준 家翁에게 딸려 내려오는 奴인 安哲良의 처와 아울러 그가 낳은 婢 四今(나이 33세 丙申生)과 四今의 셋째 所生奴 德中(나이 2세, 丁卯生), 집앞 길 밑의 논 두마지기, 仇里員의 밭 한 홉지기를 許給하는 것이니'

(9)　　後所生幷以子孫傳持鎭長使用耕作爲齊

(讀法) 後所生 아오로 子孫 傳持 鎭長 使用 耕作ㅎ제

後所生은 물려준 노비들이 앞으로 낳을 소생들을 가리킨다.

'幷以'의 '幷'은 훈독자이고 '以'는 여기서는 훈가자로 쓰여 '幷'의 훈독 말음을 표기한 것이다. 합해서 '아오로'로 읽힌다.

'子孫'은 물려받는 노비의 자손들을 가리킨다.

'傳持'는 '대대로 전승해 가면서 지니다'의 뜻, '傳承執持'의 준말이다.

鎭長은 '鎭定하여 길이'라는 뜻이니 잘 보존하여 영구히 전하라는 부탁이다. 傳持, 鎭長은 이두에서나 쓰는 한국식 한자어이다.

'使用'은 '노비들을 부리라'는 뜻으로 使喚이라고 하는 경우도 있다.

'爲齊'의 '齊'는 음가자로서 '제'로 읽는다. '제'는 평서법종결어미로 쓰이는데 여기서는 간접적인 명령의 뜻이 있다.

(9)를 풀이하면 다음과 같다.

'(奴婢들의) 後所生까지 아울러서 子孫들을 대대로 이어 받아 가지고 잘 보존하여 長久히 부리고 耕作할 것.'

(10)   子種段末子以奴婢未準許與爲乎等乙用良

(讀法) 子 種돈 末子로 奴婢 未準 許與ㅎ온둘 쓰아

여기서부터 본문의 둘째 내용이 된다. 이 앞까지는 長子에게 재산을 許與하는 내용이고 여기서부터는 末子에게 許與하는 내용이다. 제목을 보면 末子는 요절한 듯 그의 처 반씨에게 許與하는 것이다.

'未準許與'는 '원칙적으로 許與해 주어야 할 것인데 그와 같이 하지 못하였다'는 뜻이다.

(10)을 해석하면 다음과 같다.

'아들 種은 막내로 노비를 원칙대로 許與하지 못하였기 때문에'

(11)   右病女衿付婢四今壹所生奴貴孫年拾壹戊午生矣身乙許與爲
        去乎

(讀法) 右 病女 깃付 婢 四今 壹所生奴 貴孫(年 拾壹 戊午生)의 몸을 許與
        ㅎ거온

'壹所生奴'는 '첫 소생인 奴'란 뜻이다.

'年 拾壹 戊午生'은 괄호 안에 들어갈 성질의 것이므로 '矣 身'은 貴孫에 이어져 '貴孫矣身'으로 읽어야 한다.

(11)을 해석하면 다음과 같다.

'앞의 病든 딸의 몫에 딸린 婢 四今의 첫 所生奴 貴孫(나이 11세, 戊午生)의 몸을 許與하는 것이니'

(12)　　後所生幷以子孫傳持鎭長使用爲乎矣

(讀法) 後所生 아오로 子孫 傳持 鎭長 使用ㅎ오디

이 표현은 (9)의 표현과 같다. 奴만을 許與하는 것이기 때문에 전답에
관계되는 말이 빠졌을 뿐이다.

(12)를 해석하면 다음과 같다.

'(貴孫의) 後所生까지 아울러서 자손들이 대대로 이어받아 가지고 잘
보존하여 장구히 부리되'

(13)　　後次子孫等別爲所有去等此文字內事意乙用良告官辨正爲乎
　　　　事亦在

(讀法) 後次 子孫等 別훈 바 잇거든 此 文字內 事意를 쓰아 告官辨正ㅎ
올 일여견

이 부분은 明文들의 결미부분으로서 거의 套式化되어 있다.

'別爲所有去等'은 '如有雜談者(雜談有去等)'이나 '爭望隅有去等' 등으로
표현하는 경우도 있다. 위에서 서술해 온 사실들에 대하여 '(자손들 가운
데서 異意를 제기하는) 별난 일이 있으면'하는 뜻이다. '別'은 정상에서 벗
어난다는 뜻이고 '爲'는 훈독하여 '훈'으로 읽는다. 구결에서는 '丷 1/爲隱'
으로도 표기하나 이두에서는 동명사어미를 따로 표기하는 예가 거의 없
고 '爲'자만으로 표시한다. '所'는 훈독하여 '바'로 읽는다. '有去等'은 '잇거
든(든)'으로 읽는데 '等'은 기원적으로는 훈독하여 '둘'로 읽히는 것이나
음절말 'ㄹ'을 탈락시키어 '드'음의 표기에 쓰이는데 여기에 주제의 보조
사나 대격조사 '-ㄴ', 'ㄹ'을 추가하여 사용하여 '든', '둘'로 읽히는 경우가
많다. 이두의 표기에서는 'ㄴ'과 'ㄹ'을 구체적으로 변별하여 표기하지 않
고 문맥에 따라 보충하여 읽는 것이 일반이다.

'此文字內'는 '이 文記 안에 있는'이란 뜻이다.

'事意乙'은 '事實의 뜻(意味)을'이란 뜻이고 '用良/쓰아'는 '로써'로 해석할 수도 있지만, 여기서는 '가지고'란 뜻으로 해석하는 것이 무난하다. '告官辨正'은 '관가에 고하여 정당함을 밝히라'는 뜻이다.

'爲乎'은 문맥상 장래의 일이기 때문에 'ᄒ욿'로 읽힌다. '乎'이 문맥에 따라 '온, 욿'로 읽히는 것은 '等'이 '돈, 둘'로 읽히는 것과 같다.

'事亦在(일여견)'의 '事'는 文의 흐름상 훈독한다. '亦在'은 근대 이두독법에서 '여견'으로 읽었다. 이는 淨兜寺造塔記 이후 근대까지의 이두 자료에 자주 쓰인 것이나, '亦'의 기능은 집어내기 어려우나 평서법종결어미로 읽는 것이 무난하다. '在'는 어간 '겨'에 동명사어미 '-ㄴ'을 붙여 '견'으로 읽는데 직역하면 '있음'이 된다. 그러나 '在'는 시간의 지속을 나타내고 여기서는 현재시상을 나타내므로 '事亦在'은 '일암', '것암' 정도로 해석하는 것이 무난하다.

(13)을 풀이하면 다음과 같다.

'이 후에 자손들이 별난 일을 하는 바가 있거든(異意 등을 제기하거든) 이 글 안에 있는 사실을 가지고 官에 告하여 정당함을 밝힐 것(밝히도록 할 것)'

Ⅳ. 結語

이제까지 해독한 것을 종합하면 다음과 같다.

正德 3년(戊辰年 1508) 正月 初 3일에 長子 南稼와 末子 (南)種의 처 潘氏에게 밝히는 글.

위의 明文을 하는(만드는) 것은 다른 전답과 노비는 五男妹에게 각각 이미 許與하여 文記를 만들어 주었거니와 다만 병 든 딸은 成婚을 못시켰을 뿐 아니라, 내 몸이 죽은 후에는 의탁할 곳이 없어 참으로 지극히 염려스러워 네 남매와 자손들이 聚會했을 때에 위의 病女를 率居하도록

可否를 물었으되 한 사람도 응낙하지 않은 때에 너의 몸이 長子로 현재 率居하고 있으니 저(病女)의 몫에 붙어 있던 家翁에게 딸려 내려오는 奴인 安哲良의 처와 아울러 그 소생인 婢 四今(나이 33세, 丙申生)과 四今의 셋째 소생인 奴 德中(나이 2세 丁卯生), 집앞 길밑 논 두 마지기, 仇里員의 밭 한 홉지기를 許給하는 것이니 그 後所生까지 아울러서 자손들이 대대로 이어받아 잘 보존하면서 長久히 부리고 경작하라. 아들 種은 막내로 노비를 원칙대로 許與하지 못하였기 때문에 위 病女의 몫에 붙인 婢 四今의 첫 所生인 奴 貴孫(나이 11세, 戊午生)의 몸을 許與하는 것이니 後所生까지 아울러서 자손들이 대대로 이어받아 잘 보존하여 장구히 부리되 이 후에 자손들이 별난 일을 하는 바가 있거든(이의를 제기하거든) 이 文記 안에 있는 사실을 가지고 관에 고하여 정당함을 밝힐 것.

이 명문은 조선조 명문의 전형을 보이는 것으로 이 밖의 명문들은 대체로 이 형식과 같은 양식으로 되어 있다. 따라서 이 명문을 해석하면 다른 명문들도 거의 해석할 수가 있다.

그러나 여기 쓰인 이두의 문법은 이 명문보다 前時代인 15세기 正音資料에도 나오지 않는 古語의 표현이 많다. 이것은 15세기 이전의 語法으로 이루어진 것이 관습적으로 전승되어 왔기 때문이다. 현재 비교적 정확하게 파악할 수 있는 국어의 어법은 15세기 訓民正音創制 이후부터이다. 따라서 15세기 국어의 어법과 비교해 가면서 그 先代의 음운이나 어법을 규명해 내어야 이 이두의 어법도 분명히 밝혀질 것이며 훈민정음 이전 시대의 국어사적 사실도 밝혀지게 될 것이다.[2] 이 문서는 경상북도

---

2 吏讀를 표기한 借字의 讀法을 다음과 같이 넷으로 나눈다.

音讀字: 借字를 漢字음으로 읽고 그 뜻도 漢字의 原意대로 해석하는 것.
訓讀字: 借字를 우리말로 풀어서 읽으며 그 뜻을 한자의 原意에 가깝게 사용하는 것.
音假字: 借字의 음만을 빌려서 쓰고 그 意味는 전연 고려하지 않는 것.

蔚珍郡 지역에서 작성된 것이다. 따라서 이 지역의 방언을 반영하고 있지 않을까 관심을 가지고 보았으나 이 이두문에서 방언적 요소는 발견하지 못하였다.

▌『檀園』 11號, 檀國大學校 學生會, 1979. 8. 31.

訓假字: 借字를 우리말로 새겨서 읽고 그 漢字의 原意는 전연 고려하지 않고 단순한 국어의 音의 記號로 사용하는 것.

16世紀 古文書의 吏讀文 解讀 二題

Ⅰ. 緒言

최근에 와서 우리의 古文書가 韓國精神文化研究院을 비롯한 여러 연구기관에서 集成되어 간행되고 있다. 그 가운데는 조선전기의 이두문도 다량 포함되어 있어 이두의 發達史를 연구하는 데 매우 중요한 자료를 제공하여 준다. 그러나 아직 이들 고문서의 이두가 치밀하게 고찰되지 못하여 이 시대 이두를 종합적으로 기술하는 작업이 이루어지지 못하고 있다. 高麗時代까지의 이두는 전해 오는 양이 빈약하여 그 시대의 言語相을 밝히는 데는 제한되어 있다. 이에 비하면 朝鮮時代의 이두는 양적으로 풍부한데다가 보수성이 강하여 先代의 모습을 거의 그대로 유지하고 있어서 先代 吏讀資料의 부족한 면을 보충하여 주기도 하고 이두 자체의 發達相을 반영하기도 하여 이 시대의 한글 자료에 나타나지 않는 모습들을 보여 주기도 한다. 이 글은 이러한 吏讀資料의 가치를 드러내는 작업의 하나로 이 시대 이두문 2점을 해독하여 그 언어적인 특징과 吏讀文書의 가치를 고구해 보고자 하는 데서 쓰여진다.

여기서 다루려는 이두문은 慶尙北道 盈德郡 丑山面 陶谷里에 世居하여 온 務安 朴씨의 것이다. 현재는 그 후손인 安東市 거주의 朴東爕씨가 소장하고 있다. 두 문서가 다 土地賣買文書인데 하나는 嘉靖 元年(1522)에 작성된 明文이고 다른 하나는 萬曆元年(1573)에 작성된 明文이다. 비록 짧은 明文이지만 16세기의 전반과 후반의 문서여서 양자를 대조해 볼 수 있는 점에서도 가치가 있다. 이 지역은 조선 초에는 寧海都護府에 속했고 安東文化圈에 속하는 지역이어서 이 지역의 고문서란 점도 유의할 가치가 있는 것으로 생각된다.

Ⅱ. 嘉靖元年의 明文

이 明文을 原形대로 옮기어 적고 해독을 하기로 한다.

	1	2	3	4	5	6	7	8	9	10	11	12	13	14	15	16	17	18	19	20
一.	嘉	靖	元	年	參	月	拾	陸	日	朴	榮	基	上	典	前	明	文			
二.	右	明	文	爲	臥	乎	事	叱	段	奴	矣	身	亦	貧	寒	所	致	以	還	上
三.	積	納	不	得	奴	矣	母	邊	傳	來	未	ㅅ	員	路	上	路	下	兩	畓	
四.	荒	租	參	斗	落	只	庫	乙	折	木	綿	柒	疋	半	捧	上	爲			
五.	遣	永	〃	放	賣	爲	白	去	乎	鎭	長	耕	作	敎	矣	後	次	奴		
六.	矣	同	生	族	類	等	亦	爭	望	隅	有	去	等	此	明	文	內			
七.	用	良	告	官	辨	正	爲	乎	事	是	亦	在								

畓 主 私 奴 朴 今 孫(手決)

證 保 儀 父 司 直 韓 玉 同(手決)

證 保 班 中 奴 金 同

筆 執 私 奴 尹(手決)

이 明文은 약간의 흘림체가 섞이기는 하였으나 전반적으로는 楷書로 썼다. 간혹 俗字로 쓰인 것이 있으나 여기서는 편의상 正字로 고쳤다. 각 行의 글자의 수는 차이가 있으나 실제의 文面에서는 각 行의 끝글자가 문서의 하단까지 나란히 내려 와 있어 지면의 끝과 행의 끝글자 사이에는 다른 글자를 더 써넣을 수 없이 되어 있다. 이것은 이러한 明文의 전형적인 양식이다. 위의 轉寫는 이러한 점에서 元文書에서 변형이 되었으므로 그 점에 대하여 간단히 설명하기로 한다.

二行의 제10자 奴는 빠뜨리고 썼다가 뒤에 揷入表示로 점을 찍고 小字로 써넣은 것이다. 제19자 還은 不자 밑에 辶을 받친 俗字로 쓰인 것이다. 三行의 제8자 邊도 寸자 밑에 辶을 받친 속자로 쓰인 것이다. 제12자는 羅자의 俗字 罗에서 앞부분을 생략한 것으로 고려시대의 구결에서 흔히 쓰인 것인데 간혹 鄕藥救急方과 같은 실용적인 한문에 쓰인 예도 발견된다. 이러한 문서에 사용된 것은 처음 확인된다.

이제 이 明文을 내용에 따라 단락을 짓고 해독하여 나가기로 한다.

(1) 嘉靖元年 參月 拾陸日 朴榮基上典前 明文

이는 이 明文의 제목이다.

嘉靖元年; 明나라 世宗의 연호로 그 元年은 中宗 17년, 1522년이다. 이 年記 뒤에는 흔히 이 해의 干支를 넣으므로 이 해의 간지 壬午年을 추가할 수도 있다. 參月 拾陸日은 陰曆이다.

朴榮基; 所藏者 朴東燮 씨의 말에 의하면 뒤의 명문에 나오는 朴毅長의 祖父가 된다고 한다.

上典前; 賣渡하는 이가 私奴이기 때문에 買受者를 높여서 붙인 칭호이다. 일반적으로는 某人處, 某人茂火(더불어)가 쓰인다.

明文; 어떤 사실을 밝히는 글이란 뜻인데 賣買文書에서는 賣渡人이 買受人에게 매도한 사실을 밝힌다는 뜻으로 쓰인다. 이밖에 許與文記 등도 재산을 나누어 주는 사실을 밝히는 것이므로 이 用語를 쓰는 경우가 있다.

嘉靖參拾柒年拾壹月初貳日 女婿 新及第 朴世廉亦中 別給
右 明文 爲臥乎事叱段 邇來 門戶 蕭索爲有如可 ---.[1]

1 嶺南大博物館編, 『古文書』, 201면.

이는 새로 及第한 朴世廉에게 奴婢와 田畓을 別給하는 문서인데 이를 '右 明文 爲臥乎 事'과 같이 明文이라고 하였다. 또

萬曆三十八年庚戌八月三十日外孫朴時英處別給明文
右明文事段 ---[2]

에서는 別給文書인데도 明文이라고 하였다. 이러한 사실로 보면 財産의 名義(所有)가 바뀌는 사실을 밝히는 글을 明文이라고 하였음을 알 수 있다.

(2) 右 明文爲臥乎 事叱段

右; 音讀과 訓讀이 모두 가능한 글자이다. '右良'을 『儒胥必知』에서는 '님의아'로 읽었고 『典律通補』에서는 '임의아'로 읽었다. 小倉進平은 이 '단어'가 15세기국어의 '임의(既)'와 관계가 있는 것으로 보고 '임의여'로 읽었다. 그러나 '良'은 '-아'로 읽히는 처격조사로 보아야 한다.[3] 그는 또 고려시대의 右如도 '임의여'로 읽고 右良과 같은 것으로 읽었으나 이는 '임의 다히'로 읽고 '위와 같이'로 해석해야 한다. '임(님)의아'에 右의 뜻 과 既의 뜻이 포함되어 있는지는 좀 더 뚜렷한 자료가 뒷받침해야 되겠다. 이 '임의'는 조선시대 이전에는 口語로 쓰인 단어였을 것이나 15세기 이후에는 이미 쇠퇴하여 이두에서만 보수적으로 쓰이고 있다. 그런 가운데 그 독음이 訛傳되었던 것으로 믿어진다. 또 고대에는 訓讀되던 차자가 조선조에 와선 音讀으로 바뀐 것이 많은데 이 차자도 그러한 예의

---

2 上揭書, 203면
3 拙稿(1977), 國語 處格助詞의 發達, 『國語國文學論叢』(李崇寧先生古稀紀念), 塔出版社, 참조.

하나로 이 명문에서도 음독된 것으로 보인다.

明文爲臥乎; 爲臥乎은『儒胥必知』에서 'ㅎ누온'으로 읽었다. 臥는 15세기 국어의 보조어간 'ㄴ'에 대응하고 '乎/온'은 의도법어미와 동명사어미가 결합된 형태이다. 따라서 爲臥乎은 15세기의 'ㅎ논(<ㅎㄴ온)'에 해당하고 현대어로는 '하는'에 해당한다. 이두에서 臥의 예는 鳴鳳寺慈寂禪師碑(941)에 처음 나타나는데 그 이후 조선조말까지 쓰여 왔고 '飛/ㄴ'의 용례는 보여주지 않는다. 그러나 고려시대 구결에서는 飛(ㄴ)의 약체자인 ㅌ가 쓰여 왔고 新羅時代의 이두에도 '飛/ㄴ'의 용례가 있다. 이두에서 '臥/누'의 분포를 보면 '乎/온'과 결합된 형태로만 나타나고 있어 이 '臥乎/누온'은 'ㄴ + 온'에서 'ㄴ'가 '온'에 동화된 형태가 아닌가 한다. 고대에는 'ㄴ + 온'이 '논'으로 축약되지 않고 'ㄴ'가 '온'에 동화되어 '누'로 실현되던 시기가 있었는데 이두에서는 이 형태가 굳어져 후대에까지 계승된 것으로 추정된다.

事叱段; '일ㅅ단'으로 읽힌다. 事는 본래 訓讀字였으나 한문의 釋讀法이 쇠퇴한 조선조에는 音讀되기도 하였다.[4] 구체적인 '일'을 나타내기보다는 어떤 사실을 지시하는 것이어서 '것'으로 해석하는 것이 자연스러울 때가 많다. 叱은 속격의 'ㅅ'을 나타낸 것으로 신라·고려시대에는 '之'가 쓰인 예도 있으나 극히 드물고 이 叱이 주로 쓰였다. '段/단'은 'ㄷ + 아 + ㄴ'으로 분석된다. 'ㄷ'는 의존명사로 객관적 태도를 나타내는 'ㅅ'에 비하여 강조의 뜻이 강하다. 'ㅅ'를 평범한 '것'으로 해석하면 'ㄷ'는 '바로 그것' 또는 '틀림없는 그것'과 같이 강조적인 뜻이 강한 것으로 해석해야 된다. '아'는 처격조사이고 'ㄴ'은 주제화 첨사이다. 따라서 段은 '---하는 경우에는'으로 해석할 수 있으나 事叱段의 경우에는 '바로 이 일은' 정도

---

4 「吏文大師」에 '報使教事/이샨일', '爲白臥乎事/ㅎ숣누온일'에서는 事를 훈독하였으나 '爲白乎事/ㅎ숣온ㅅ', '教事/이샨ㅅ'에서는 事를 같은 문맥임에도 불구하고 음독하였다. 전자가 재래의 독법이고 후자는 후대의 새로운 독법이다.

의 뜻으로 뜻을 강조하는 것으로 이해하는 것이 좋다.

이 (2)의 句는 이 명문 전체의 주제를 나타내는 부분으로 '위의 明文을 만드는 (바로) 이 일은' 으로 해석된다.

(3) 奴矣 身亦 貧寒 所致以 還上 積 納不得

奴矣 身亦; '奴이 몸이'로 읽힌다. '奴'는 賣渡者가 종의 신분임을 나타낸다. 상전과 떨어져 살면서 身貢을 바치는 外奴이다. '矣/의'는 有情物體言의 속격조사. '身/몸'은 '自身'의 뜻으로 '다른 사람으로 대신할 수 없는 자기자신'이란 뜻이다. 의미상으로는 '몸소'에 가까우나 쓰이는 문맥이 다르다. '亦'은 15세기의 주격조사 '-이'에 대응하는 데 'ㅌ只/익, 이기'로도 쓰이는 것을 보면 본래는 어말에 'ㄱ'음을 가지고 있었던 듯하다. 신라시대의 자료에는 나타나지 않고 고려 초의 이두문에서부터 나타나 후대에까지 쓰이고 있다. 고려시대의 구결이나 15세기 이후의 한글 자료에 '是/-이'로 나타나므로 그에 따라 읽는다.

貧寒 所致以; 以는 訓讀字로 조격조사 '-로'를 표기한 것이다. 이두에서는 원인을 나타내는 데 쓰이는 경우가 많다.

還上 積 納 不得; 還上는 '환자'로 읽힌다. '上'자가 '자, 저'로 읽히는 것은 고려시대의 구결 'ノㄴㅗ+/홀저긔'에서도 확인된다. 羅麗吏讀에서는 '還上捧上外上皆曰자'라고 하였는데 어떤 연유로 '上'자가 그와 같이 읽히는지는 설명할 수 없다. '還上/환자'는 '官家에서 民間에 곡식을 꾸어주었다가 가을에 받아들이는 것'을 가리킨다. 積은 音讀字로 '쌓이다'의 뜻이다. 還上를 제 때에 갚지 못하여 積滯된 것을 말한다. 納도 音讀字로 '納付하다'의 뜻이니 여기서는 관가에 납부하다의 뜻이다. 不得은 『儒胥必知』에서 '모질'로 읽었다. 得의 훈이 15세기에도 '실'이었으므로 不得은 '몯실'로 읽히다가 후대에 '모질'로 바뀐 것으로 믿어진다. 이 시대에는 이러한 사례가 자주 일어나서 積納不得이 하나의 숙어와 같이 쓰였던 것

이 아닌가 한다.

(3)을 풀이하면 '奴인 내 자신이 貧寒한 소치로 인하여 환자가 적체되어 갑지 못하였다'가 된다. 이것이 토지를 賣渡하는 사유로서 이 시대의 賣買明文에서는 賣渡하는 사유가 쓰이는 것이 원칙이다.

(4) 奴矣 母邊 傳來 未ㅅ員 路上路下 兩畓 荒租 參斗落只 庫乙

奴矣 母邊 傳來; 邊은 재산의 소유 과정을 밝힐 때 쓰이는데 母邊은 그 재산이 어머니쪽에 속해 있던 것임을 말한다.

未ㅅ員 路上路下 兩畓; 未ㅅ(羅)員은 토지가 위치한 지명이다. 員은 지명에 붙는 접미사이다. '곳'으로도 읽는 이가 있으나 이는 후대의 와전일 것으로 생각되고 본래는 관아에서 토지의 장부를 작성할 때 토지의 위치를 나타내는 데 사용하던 것이다. 기원적으로는 訓讀字일 가능성이 없지 않으나 이 시대에는 音讀字였을 것이다. 路上路下 兩畓은 '길위와 길아래에 나뉘어져 있는 두 논'의 뜻.

荒租 參斗落只; 租는 벼를 가리킨다. 租는 본래 官에 납부하는 구실(租稅)을 뜻하는 것인데 구실의 대표적인 것이 벼이므로 후대에 와서 그렇게 바뀐 것으로 생각된다. 이 租에는 正租와 荒租의 구분이 있다. 稅로 납부할 수 있도록 精製된 것이 正租이고 그런 精製를 거치지 않은 것을 荒租라고 한 것이 아닌가 한다. 즉 벼를 精製한 정도에 따라 이러한 구별이 생긴 것으로 생각된다. 斗落只는 '말디기'로 읽히는 것으로 현대어에서는 '마지기'로 바뀌었다. '落/디-'는 播種을 뜻하고 '只/기'는 명사파생 접미사로 '落只/디기'는 얼마만큼의 양을 파종할 수 있는 면적인가를 밝힐 때 쓰인다. 따라서 '石落只/섬디기, 斗落只/말디기, 升落只/되디기' 등의 단위가 흔히 나타난다.

庫乙; 庫는 '곳, 곧'으로 읽고 '장소'의 뜻으로 해석하여 왔다.[5] 후대의 이두에서는 庫와 叱을 合字하여 사용하기도 하여 이러한 독법을 뒷받침하고 있다. 이러한 문맥에서는 장소뿐만 아니라 數量의 뜻도 포함하는 것으로 보인다. '乙/을'은 대격조사이다.

(4)를 풀이하면 '奴인 나의 어머니쪽으로 전해오는 未羅員의 路上과 路下에 있는 두 논, 벼 3마지기의 곳(數量)을'이 된다.

(5) 折木綿 柒疋半 捧上爲遣 永 〃 放賣爲白去乎 鎭長 耕作 教矣

折; 音讀字이다. 價折이라고도 한다. 折에는 '꺾다'의 뜻 이외에 '판단하다'의 뜻이 있는데 이것이 값의 경우에는 '折衷하다, 환산하다'의 뜻으로 쓰인 것이다. 한자어 折給, 折價에서는 折이 '환산하다'의 뜻이고 折俸에서는 '깎다, 減損하다'의 뜻도 된다.

木綿; 한자어로 여기서는 木綿(棉)布의 준말이다. 구어에서는 '무명'으로 바뀌어 널리 쓰였었다. 조선조에는 이것이 화폐의 대용으로 쓰였다.

柒疋半; '일곱 필 반'의 뜻을 나타내는 音讀字들이다.

捧上爲遣; '받자ㅎ고'로 읽힌다. '捧/받-'은 訓讀字이고 '上/자'는 앞의 '還上/환자'에서 설명하였다. '捧上/받자-'는 買受人이 賣渡人에게 지불하는 것을 가리킨다. 遣이 '-고'로 읽히는 것은 고려 초의 이두에서부터 나타나 조선조말까지도 사용된 것이다.

爲白去乎; 'ㅎ숣거온'으로 읽힌다. 15세기의 '숩, 좁, 숩'은 객체존대법 어미라고 할 만큼 문맥에 존대의 대상이 분명히 나타나지만 여기서는 그러한 대상을 찾을 수 없다. '畓/논'이 그 목적어인데 자기 소유의 논을 존대한다고 할 수는 없다. 여기서는 上典인 買受者에 대한 謙讓의 조동사로 쓰였다. 16세기의 한글문헌에서는 보기 어려운 겸양표현이다. '去/-거'는 확인법어미이고 '乎/온'은 접속어미이다. 따라서 '爲白去乎/ㅎ숣거온'은 '하옵거니와'로 해석된다.

---

5 高正儀(1992), 『大明律直解의 吏讀 研究』, 檀國大大學院 36면 참조.

鎭長; 이러한 문서에 투식적으로 쓰이는 한국한자어이다. '鎭定시켜 長久히' 즉 '변함없이 오래오래'의 뜻이다.

耕作 教矣; 조선시대의 독법으로는 '耕作 이샤디'로 읽힌다. '教/이시-'는 'ᄒᆞ시-'와 같은 뜻을 나타내는 동사이다. 新羅·高麗 시대에는 '賜/ᄉ-'와 함께 쓰였지만 조선조의 이두에서는 '賜(ᄉ)시'는 전혀 나타나지 않고 '教'만이 쓰였다. 고려시대의 석독구결에서는 '教'에 해당하는 극존대의 조동사를 'ᆢ큐/기ᄉ' 또는 'ᆢ ᄅ/기시'로 표기하였다. 조선시대의 이두 학습서에서 '이시'로 읽은 것은 이 'ᆢ ᄅ/기시'가 와전된 것이다. '矣/디'는 접속어미로 쓰이는 것이지만 단락을 크게 짓는 것이어서 종결어미와 같은 것으로 보는 것이 문맥의 이해에 도움이 된다.

(5)를 풀이하면 '값을 折衷하여(환산하여) 무명 7疋 반을 받고 영영 放賣하옵거니와 鎭定하여 장구히 耕作하시되'가 된다.

(6) 後次 奴矣 同生 族類 等亦 爭望隅 有去等

後次; 後는 시간적으로 '뒤'라는 뜻이고 次는 '다음' 또는 '차례'의 뜻인데 정해진 시간이 아닌 '이 다음의 어느 때'의 뜻을 나타낸다.

同生 族類 等亦; 同生은 한 부모의 핏줄을 나눈 兄弟를 가리킨다. 族類는 일가친척들로 이 재산에 대하여 어떤 권리를 내세울 수 있는 사람들을 가리킨다. 等亦는 '둘이'로 읽히는 것으로 복수접미사와 주격조사이다.

爭望隅; 이는 하나의 숙어와 같이 쓰였다. 고려시대의 松廣寺奴婢文書(1281년)에는 爭望爲行隅로 나타난다. 爲行은 'ᄒᆞ니'로 읽히는 것으로 '어떤 행동(여기서는 爭望하는 행동)을 지속적으로 하는 것'을 가리킨다. 爲行이 고유어로 읽혔으면 隅도 고유어로 훈독되었을 가능성이 높고 그 뜻도 한문에서의 의미보다는 우리말의 관용적 의미로 쓰였을 것이다. 爲行이 없이 표기된 조선시대의 爭望隅는 음독되어 한자어로 굳어진 것으로 보인다. 그러나 隅자에 딸려 있던 고유어적인 뜻은 비록 그것이 음독되었어도 그대로 유지된 것으로 보인다. 隅는 문맥상 어떤 행위를 나타내는 것인데 15세기의 훈은 '모ᅙ', '구석'이니 이러한 종류의 행동은 '常道에서 벗어나는 행동'일 것이다. 爭望은 글자 그대로 '다투고 怨望한다'는 뜻이다.

有去等; '잇거든'으로 읽힌다. '있거든, 있으면'의 뜻이다.

(6)을 풀이하면 '이 후에 奴인 저의 형제들이나 일가친척들이 (이로 인하여) 다투고 원망하는 등 常道에서 벗어난 행위가 있으면'이 된다.

(7) 此 明文內 用良 告官 辨正爲乎 事是亦在

明文內; 內는 고려시대에는 '안ᅙ'으로 訓讀되었을 것이지만 이 시대에는 음독되었을 것이다. '內容'의 뜻이다.

用良; '쓰아'로 읽힌다. 良은 고려시대의 이두와 구결에서 접속어미 '-아/어'의 표기에 보편적으로 사용되던 것이 조선조의 이두에서도 그대로 仍用되었다.

告官 辨正爲乎; 辨正은 辨別로도 표현하고 약자로 써서 卞正으로 표기하기도 한다. '사리를 분별하다, 정당함을 밝히다'의 뜻이다. 爲乎은 'ᄒᆞ오-'로 읽히는데 여기서는 뒤의 '事/일'을 수식하고 장차 있을 일을 나타내는 것이므로 'ᄒᆞ올'로 읽힌다. 이 句節은 '官에 告하여 正當함을 밝힐---'로 풀이된다.

事是亦在; '일이여견'으로 읽힌다. '是/이'는 繫辭이다. '亦/여'는 평서법 종결어미인데 고려시대의 吏讀文과 釋讀口訣에서는 자주 발견되는 것이지만 13세기의 順讀口訣이나 15세기의 正音資料에서는 드물게 쓰이는 古形이다. '在/견'은 동사 '겨-'로 읽히는데 文末에서는 동명사어미 '-ㄴ'을 첨가하여 읽는다. 동작이나 상태의 지속을 나타내는 조동사에서 거의 어미와 같이 발달한 것이다. 이 형태는 15세기 국어에서는 거의 '잇-(有)'으로 대체되었고 존대법의 '겨시-'에 화석으로 남아 있을 뿐이다. 통사상

주목되는 것은 15세기의 '잇-'이나 '겨시-'는 동사의 어간이나 부사형에
연결되는 것인데 여기서의 '在/겨-'는 종결어미 '-亦/여' 다음에 쓰인 점이
다. 이러한 문법은 고려 초기 이후의 이두에서는 자주 발견되는 것이지
만 고려 말·조선 초의 口訣이나 正音資料에서는 발견되지 않는다.[6] 다
만 이두문에서 15세기는 물론 16세기까지도 보수적으로 쓰여오고 있다.
이 '是亦在/이여견'이 없어지면서 이 부분은 '告官 辨正爲乎 事' 또는 '告
官辨正事'와 같이 단순화되었다. 현대국어에서는 이 在의 표현법이 없어
져 그 뜻을 살려서 해석하기가 어렵다. 따라서 이 事是亦在의 해석은 '---
것이다' 정도가 될 것인데 문맥상에는 나타나지 않지만 '이러한 사실이
변함없이 지속되다'의 뜻이 '是亦在'에 들어 있는 것이다.

(7)을 풀이하면 '이 明文의 內容을 써서(가지고) 官에 告하여 正當함을
밝힐 것.' 정도가 된다.

(8) 畓主 私奴 朴今孫(手決). 證保 儀父 司直 韓玉同(手決). 證保
班中奴 金同. 筆執 私奴尹(手決).

이는 이 문서를 작성하여 매매를 성립시키는 데 참여한 사람들의 列名
이다. 토지의 매도자인 논임자(畓主), 보증인 2명, 집필자의 순으로 이름
을 쓰고 수결을 하였다. 土地賣買明文의 끝에는 대체로 이 사람들이 참
여하지만 매도자 1인의 이름과 수결만이 있는 경우, 매도자와 보증인이

---

6 종결어미 '-亦/여' 다음에 시간의 지속을 나타내는 '在/겨'가 쓰인 예는 醴泉鳴鳳寺慈
寂禪師凌雲塔碑陰記(941)의 고려 초기의 帖文에 처음 나타난다. 즉 '成造爲內臥乎亦在之/
成造ᄒᆞ느온(이)여겨다'가 그것으로 여기서는 종결어미 '亦/여' 다음에 '在/겨'가 쓰이고 그
뒤에 또 종결어미 '-之/다'가 쓰였다. 이 당시에는 이러한 표현이 자연스러운 口語的인 표현
이었던 것으로 믿어진다. 또 '亦/여'와 '在/겨'가 결합되었을 때 전자를 주격조사, 후자를
그 서술어로 해석할 가능성도 있으나 이 '是亦在/이여견'에서 볼 수 있는 바와 같이 '亦/여'
가 계사 다음에 쓰였으므로 주격조사가 될 수 없음도 확인할 수 있다. 拙稿(1994), 高麗初期
의 帖文과 그 吏讀에 대하여, 『古文書研究』 5, 韓國古文書學會, 9면 參照.

1인씩만 있는 경우, 매도자와 필집자만이 있는 경우도 있다. 필집자가 보증인을 겸하면 證筆이라고도 한다.

奴婢의 신분 표시에 있어 私奴와 班中奴로 표시하고 있는 점도 주목된다. 班中奴는 흔히 班奴라고도 하는데 私奴와의 차이가 무엇인지 아직 밝혀지지 않고 있다. 종래 班奴를 兩班家의 奴라고 본 견해가 있어 왔는데 이 班中奴란 표현은 班이 양반의 뜻이 아님을 말해 준다. 班中奴는 官에 어떤 사유로 등록된 奴婢가 아닌가 한다. 婢에도 班婢가 있어 婢와 구별되고 있다. 이 明文은 私奴가 畬主로서 논을 소유하고 있음을 말하여 주는데 이는 상전과 떨어져 살림을 하는 外奴이고 班奴는 주인과 함께 사는 종일 것이다.

용어에 있어 證保와 筆執은 현대어와 어순이 다르다. 筆執은 우리말 어순이다.

Ⅲ. 萬曆元年의 明文

먼저 원문대로 옮겨 적기로 한다.

```
        1  2  3  4  5  6  7  8  9  10 11 12 13 14 15 16 17 18 19 20
        21 22 23 24 25 26 27 28 29 30 31 32
一   萬 曆 元 年 癸 酉 拾 壹 月 貳 拾 日 幼 學 朴 毅 長 前 明 文
二.  右 明 文 爲 臥 乎 事 叱 段 畝 谷 里 居 百 姓 守 山 亦 多 供
      遝 上 後 逃 走 爲 去 乙 私 奴 末 叱
三.  山 亦 一 族 以 被 侵 同 守 山 家 代 及 籬 內 △ △ 山 麻 田
      貳 斗 落 只 幷 以 放 賣 爲 去 乙 矣 身
四.  亦 買 得 爲 要 以 烏 尒 項 只 員   字 畬 貳 斗 落 只 庫 乙
      折 木 綿 柒 疋 交 易 租 拾 石
五.  伍 升 木 貳 疋 等 乙 依 數 捧 上 爲 遣 永 〃 放 賣 爲 去 乎
```

　　　　子 孫 傳 持 鎭 長 耕 作 爲 乎 矣

六. 後 次 矣 徒 子 孫 等 亦 爭 望 隅 有 去 等 依 此 文 告 官 辨
　　正 事

　　　　　　　　畓 主 私 婢 介 今
　　　　　　　　證 保 三 寸 叔 母　　　　私 婢 春 伊(手決)
　　　　　　　　證 保 私 奴 末 叱　　　　　山(手圖)
　　　　　　　　筆 執 幼 學 李 英 春(手決)

앞의 明文은 私奴가 집필하였으나 이 明文은 양반인 幼學이 집필한 것
이므로 草書가 많이 쓰였다. 이 글에서는 모두 正字로 옮겼다. 第三行의
第16자와 17자는 문서의 磨滅로 판독되지 않으나 내용의 흐름을 이해하
는 데는 큰 지장이 없다.

　　문서의 양식은 앞의 嘉靖元年의 것과 거의 비슷하지만 내용에 있어 약
간의 차이가 있다. 앞의 문서에서와 같이 단락을 나누어 앞의 明文과 차
이가 있는 것을 중심으로 해독하여 나가기로 한다.

(1) 萬曆元年 癸酉　拾壹月貳拾日 幼學 朴毅長前 明文

　　萬曆元年 癸酉; 明나라 神宗의 年號로 그 원년은 1573년, 宣祖 6년이
다. 壬辰倭亂이 일어나기 19년 전이다.

　　幼學 朴毅長; 이 문서의 소장자 朴東燮 씨에 의하면 朴毅長은 앞의 明
文에 나온 朴榮基의 손자라고 한다. 이 명문을 만들 당시에는 幼學에 불
과했지만 宣祖 10년(1577)에 武科에 급제하여 1592년 壬辰倭亂 당시에는
慶州判官이었다. 이 때 戰功을 크게 세워 堂上官으로 특진되고 慶州府尹
이 되었다. 이 뒤에도 여러 전투에서 왜병을 무찔러 嘉善, 嘉義로 昇品되
었다. 1600년 慶尙左道兵馬節度使가 되었고 慶尙水使 등을 거쳐 5차례나
兵使를 지내는 동안 청렴하고 근신하였다고 하는 名將이다.

(2) 右 明文爲臥乎 事叱段

이 句는 앞의 명문에서 설명하였다.

(3) 畝谷里居 百姓 守山亦 多供還上後 逃走爲去乙 私奴 末叱山亦 一
族以 被侵 同 守山 家代 及 籬內△△山 麻田 貳斗落只 幷以 放賣爲去乙
矣身亦 買得爲要以

畝谷里居 百姓 守山亦; '畝谷里에 살던 百姓 守山이'로 해석된다. 한자
의 배열이 완전히 우리말 어순이다. 亦은 주격조사이다.
　多供還上後 逃走爲去乙; '還上을 많이 供給받은 後 逃走하였거늘'로 해
석된다. 多供還上는 한문의 어순이다. 供은 新增類合(羅孫本)에 '겻기 공'
으로 나와 있다. 이 '겻기'는 '供給'의 뜻인데 이는 베풀다의 뜻도 있지만
'공급받다, 덕을 보다'의 뜻도 가지고 있다. 여기서는 후자의 뜻이다. '爲
去乙/ᄒ거늘'의 乙은 '를'에서 '늘'음의 표기로 전용된 것이다.
　私奴 末叱山亦 一族以 被侵; '私奴인 末叱山(맛산)이 그 一族으로 侵害
를 입어'로 풀이된다. 亦은 주격조사, '以/로'는 조격조사로 資格의 뜻을
나타낸다.
　同 守山 家代 及 籬內△△山 麻田 貳斗落只 幷以 放賣爲去乙; '앞의 守
山의 집터 및 울안 △△山과 삼밭 2마지기를 모두 放賣하거늘'로 해석된
다. 幷以는 '아오로'로 읽히는데 '아울러, 함께, 모두' 등의 뜻이다. 여기서
는 앞에 열거한 것을 '모두 아울러서'의 뜻으로 쓰였다.
　矣身亦 買得爲要以; '내 자신이 (내가 직접) 買得하려고 하므로'로 해석
된다. 矣身亦는 '의몸이'로 읽히는데 '矣/의'는 일반적으로 속격조사이지
만 단독으로 쓰이면 '나의, 우리의'의 뜻이 된다. '身亦/몸이'는 '自身이'의
뜻이다. 買得爲要는 한문식 표현으로 보아 '買得의 必要가 됨'으로 해석
할 수도 있다. 그러나 大明律直解에

免罪爲要 回避爲在乙良 / 免罪ᄒ려 回避하견으란(名例律 本條別有罪名)

과 같은 용례를 보면 爲要는 'ᄒ려-'로 읽히어야 할 것이다. 구결에서 要가 '러, 려'로 읽히는 예가 있음도 참고가 된다. 여기서 '爲要/ᄒ려-'는 뒤에 조사 '以/로'가 오므로 동명사형으로 읽어 'ᄒ련'이 된다. 以는 조격조사로 여기서는 原因을 나타낸다. 그리하여 買得爲要以는 '買得ᄒ련으로'로 읽고 '買得하려고 하므로'로 해석해야 된다.

이상으로 (3)을 풀이하면 '畝谷里에 살던 百姓 守山이 還上(환자)를 많이 공급받은 後 逃走하였거늘 私奴 末叱山이(맛산)이 그 一族으로 侵害를 입어 앞의 守山의 집터와 울안의 △△山, 삼밭 2마지기를 모두 放賣하거늘 내 자신이 買得하려고 하므로'가 된다.

(4) 烏尔項只員　　字 畚貳斗落只 庫乙

'烏尔項只/오금목이'는 매도물이 있는 곳의 地名이다. 字는 官衙에 등록된 순서를 천자문의 순서에 따라 매긴 것인데 여기서는 그 천자문의 글자를 빼고 字자만을 썼다.

(5) 折木綿 柒疋 交易 租 拾石伍升 木貳疋等乙 依數 捧上爲遣 永 〃 放賣爲去乎 子孫 傳持鎭長 耕作爲乎矣

折木綿 柒疋 交易 租 拾石伍升 木貳疋等乙; '무명 7필로 절충한 것을 벼 10섬 5되와 무명 2필 등을 교역하여(바꾸어)'로 해석된다. 交易은 '바꾸다, 환산하다'의 뜻이다.

依數 捧上爲遣; '수량에 따라 받고'로 해석된다. 이는 환산된 수량을 정확하게 모두 받았음을 나타낸다.

子孫 傳持; '買受人의 자손이 대대로 전하여 지니고'의 뜻이다. 傳持는

한국한자어이다.

(6) 後次 矣徒 子孫等亦 爭望隅 有去等 依此文 告官 辨正 事

矣徒; '의내'로 읽힌다. '矣/의'는 1인칭 대명사이고 '徒/내'는 복수접미
사이다. 현대어로는 '우리네들'로 해석된다.

依此文; '이 글의 내용에 따라서'의 뜻이다. 앞의 명문에서 '此明文內
用良'라고 한 것을 漢文式으로 표현한 것이다.

(7) 畓主 私婢 介今. 證保 三寸叔母 私婢 春伊(手決). 證保 私奴
末叱山(手圖). 筆執 幼學 李英春(手決).

畓主, 證保, 筆執의 이름과 手決이다. 앞의 明文에서와 같다. 이 明文
의 奴婢들은 私婢와 私奴인데 이들 역시 外奴婢일 것으로 보인다.

IV. 結語

이제까지 16세기에 慶北 盈德郡 丑山面에서 쓰인 土地 賣買 明文 2편
을 해독하면서 거기에 쓰인 吏讀의 語學的인 특징도 함께 검토하였다.
끝으로 부분적으로 언급된 明文의 해석을 종합하고 이들 明文의 구성과
이두의 특징에 대하여 정리하기로 한다.

1) 嘉靖 元年의 明文

(1) 嘉靖 元年(1522) 3月 16日 朴榮基 上典앞 明文.
(2) 위의 明文을 하는 것은
(3) 奴인 제 自身이 貧寒한 所致로 還上(환자)를 積滯하고 納付하지 못
하여

(4) 奴인 저의 어미쪽으로 傳하여 내려오는 未羅員의 길 위와 길 아래의 두 논, 거친벼 두마지기의 곳을

(5) 무명 7필 반을 절충하여(환산하여) 받고 永永 放賣하옵거니와 鎭定하여 長久히 耕作하시되

(6) 이 후에 奴인 저의 형제들이나 일가친척들이 (이로 인하여) 다투고 원망하는 등 常道에서 벗어난 행위가 있으면 이 明文의 內容을 써서(가지고) 官에 告하여 正當함을 밝힐 것.

(7) 畓主 私奴 朴今孫(手決)

　　保證 儀父 司直 韓玉同(手決)

　　保證 班中奴 金同

　　執筆 私奴 尹(手決)

2) 萬曆 元年의 明文

(1) 萬曆 元年 癸酉(1573) 11月 20日 幼學 朴毅長앞 明文.

(2) 위의 明文을 하는 것은

(3) 畝谷里에 살던 百姓 守山이 還上를 많이 공급받은 후 逃走하였거늘 私奴인 末叱山(맛산)이 그 一族으로 侵害를 입어 앞의 守山의 집터 및 울안 △△山과 삼밭 2마지기를 모두 放賣하거늘 내자신이 買得하려고 하므로

(4) 烏尓項只(오금목이) 員의 △字畓 2마지기의 곳을

(5) 무명 7필로 절충하여 팔되 그것을 벼 10섬 5되와 무명 2필로 바꾸어 數量대로 받고 永永 放賣하거니와 子孫들까지 傳하여 지니고 鎭定하여 長久히 耕作하되

(6) 이후 어느 때라도 우리들의 子孫들이 다투고 怨望하는 등 常道에서 벗어난 행위가 있으면 이 문서에 의지하여 官에 告하여 正當함을 밝힐 것.

(7) 畓主 私婢 介今

保證 三寸叔母 私婢 春伊(手決)

保證 私奴 末叱山(手圖)

執筆 幼學 李英春(手決)

두 明文은 내용상 부분적인 차이는 있지만 문서의 構成樣式은 일치한다. 즉 이 明文은 賣渡人이 買受人에게 제공하는 형식으로 작성된 것으로 그 構成樣式은 다음과 같다.

(1)은 明文의 題目(연월일과 매수자의 이름이 들어간다.)

(2)는 明文의 주제

(3)은 매도하는 사유

(4)는 매도하려는 토지의 所在와 數量

(5)는 절충한(흥정한) 값을 받고 그 토지에 대한 경작권을 영원히 넘겨준다는 매도사실

(6)은 이 문서의 증빙서류로서의 가치와 그 보증.

(7)은 매매를 성립시킨 사람들의 署名이다.

이 明文에 나온 吏讀를 들고 그 중세국어형태와 뜻(기능 포함)을 정리하면 다음과 같다.

1. 名詞(代名詞 포함)

事/일   還上/환자   斗落只/말디기; 마지기

庫/곳   隅/모ㅎ   矣身/의몸; 내 자신   矣徒/의내; 우리들

2. 助詞

亦/이; 주격조사   矣/의; 속격   叱/ㅅ; 속격

乙/을; 대격   以/로; 조격조사   段/단; 것은, 경우에는

3. 動詞

爲臥乎/ᄒᆞ누온　　　　　　　奉上爲遣/받자ᄒᆞ고;받고

爲去乙/ᄒᆞ거늘　　　　　　　爲去乎/ᄒᆞ거온

爲白去乎/ᄒᆞᄉᆞᆸ거온; 하옵거니와　爲乎/ᄒᆞ올

爲要以/ᄒᆞ련으로; 하고자 하므로　爲乎矣/ᄒᆞ오ᄃᆡ

有去等/잇거든; 있거든, 있으면　用良/쓰아; 써서, (하)므로

敎矣/기샤ᄃᆡ　　　　　　　　是亦在/이여견; 인 것이다

4. 副詞

不得/몯실(모질); 不能　　　　幷以/아오로; 아울러, 모두, 함께

이밖에 韓國化된 漢字語들이 많이 쓰였다.

明文	積納	員	畓	荒租	折
木綿	鎭長	內	證保	筆執	私奴
班中奴	私婢	多供	家代	籬內	麻田
租	交易	依數	傳持		

등이 그것인데 이들은 이러한 문서에서 造語한 것도 있고 그 의미가 漢語의 본뜻에서 벗어나 우리의 문화에 동화되어 사용되는 것도 있다. 이 明文에는 한문의 어순으로 된 문맥이 있지만 대개는 우리말의 어순으로 되어 있음도 이들 吏讀文書의 한 특징이다.

이 吏讀 가운데는 16세기 국어적인 문법을 보여 주는 것이 있다. '爲白去乎/ᄒᆞᄉᆞᆸ거온'이 그것으로 현대어적인 謙讓法을 보여 주는 것이다. 한편 15, 6세기의 국어에서는 이미 없어진 고려시대의 문법을 보여 주는 형태가 보수적으로 쓰인 것이 있다. '是亦在/이여견', '爲要以/ᄒᆞ련으로', '敎矣/기샤ᄃᆡ' 등이 그것이다.

▋『韓日語學論叢(남학이종철선생회갑기념논총)』, 국학자료원, 1995. 10. 15.
2014년 4월 30일 修訂.

海南 埋香碑의 解讀

Ⅰ. 埋香碑의 발견과 판독

해마다 실시하여 온 단국대학교 문리과대학 국어국문학과의 1990년도 夏季踏査는 전라남도 해남군과 완도군으로 택하였다. 7월 24일 서울을 떠나 해남읍에 도착하여 우선 문화원을 방문하였다. 문화원의 관계자가 우리에게 먼저 보여 준 것이 '海南文獻集'이었다. 이 책은 1200면이 넘는 큰 책으로 해남군의 여러 곳에 산재한 역사적인 기록과 각 家門들이 소장하고 있는 옛 기록들을 수집하여 간단한 해설과 함께 영인한 것인데 일개 군의 文獻集으로는 드물게 보는 방대한 것이었다. 1989년 12월 30일 간행으로 되어 있으나 이때에 인쇄소에서 인수하여 배포하려고 준비 중에 있는 것이었다. 우선 그 목차를 훑어 내려가던 중 埋香碑라는 항목이 있어 주목하게 되었다. 매향비는 현재 14세기 초의 고려시대에서부터 15세기 조선 초기의 것들이 전국에서 발견되어 학계에 소개되어 있다. 이들은 당시인들의 신앙과 민속을 보여 주는 것이기도 하지만 문체상으로도 독특한 면을 보여 주는 것이어서 필자 나름으로는 일찍부터 관심을 가져오던 것이었다. 이 海南埋香碑는 호남지역에서는 유일한 것인데 아직 학계에 알려지지 않았으니 새로운 매향비의 예를 더해 주는 것이어서 흥미롭지 않을 수가 없었다. 해남문헌집에는 이 매향비에 대하여 다음과 같이 설명하고 있다.

(1) 소재지; 馬山面 孟津里 장군바위.

(2) 위치 내용; 마산면 맹진리의 萬垈山 북서쪽 능선에 있는 속칭 '장군바위'에 음각되어 있는 비문이다. 예로부터 이 장군바위에는 군량미 수천 석에 해당하는 보물이 숨겨져 있다는 전설이 전해 온다.

이 매향비문은 이 장군바위의 뒷편 작은 틈 사이 약간 안쪽으로 기울어진 자연 암벽에 10行 59字가 음각되어 있다. 본래 은폐할 목적에서였던지 풍우를 피할 수 있는 위치여서 비문은 잘 남아 있다. …… 이 매향의식에는 法覺의 주관하에 惠觀 등이 참여하였다고 기록되어 있다. 이 佛事를 주도한 香徒나 승려들은 현재로서는 근접한 隱蹟寺와 밀접하게 관련되었을 것으로 보인다.

이 뒤에 비문을 4행으로 실어 놓았는데 永樂 四年이란 구절이 있어 이 비가 1406년 조선 초 太宗 6년에 만들어진 것임을 알 수 있으나 판독하지 못한 글자가 있고 잘못 판독한 곳도 있는 듯, 뜻이 통하지 않는 곳이 있었다. 이런 상태로는 학계에 소개할 수가 없어 답사일정에 이 비문의 조사를 추가하기로 하였다.

이튿날 이 비문을 조사하기 위하여 해남읍에서 목포행 버스를 타고 孟津里로 향하였다. 예정대로 맹진리에 도착하여 장군바위를 물으니 그 위치와 비문이 있다는 사실까지도 이 마을에서는 잘 알고 있어서 친절하게 가르쳐 주었다. 장군바위는 옛날 나루터였던 곳에 놓인 孟津橋에서 서쪽을 향하여 오른쪽에는 바다, 왼쪽에는 萬垈山을 끼고 큰길을 따라 7, 8백 미터를 가면 왼쪽 만대산 중턱에 자리 잡고 있었다. 큰길에서 바라보면 빤히 보이는 곳으로 500미터 남짓한 거리에 있었다. 바다는 큰길에서 20미터가 안되는 곳에 있으니 이 근처에 향목을 묻고 장군바위에 올라가 비문을 새긴 것임을 쉽게 추측할 수가 있었다. 장군바위까지 올라가는 데는 억새와 가시나무들이 우거져 여학생이 낀 일행을 데리고 올라 가기는 쉽지 않았다. 바위까지 올라가서도 비문이 새겨진 곳을 찾기가 또 쉽지 않았다. 한참을 헤매다가 빠져나가기 힘들 만큼 좁은 바위틈을 들어가니 두 사람 정도가 운신할 만한 공간이 생기고 여기에 사방 2, 3평방미터는 됨직한 암벽이 앞으로 약간 숙여져 있었다. 이곳을 평평하게 다듬고 비문을 새긴 것이 보였다. 이것을 拓本하여 보니 다음과 같은 10행 59자의 명문이 드러났다.

竹 山 縣 東

村 座 具 浦

埋 香 置 彌 陀 香

徒 五 十 八 上 堂 一 面

千 人 同 發 願 碑 文

永 樂 四 年 丙 戌 三 月

二 十 三 日 立 碑

主 法 覺 因 緣 化

惠 觀 ホ 四 分 小 明

五 百 步

이 글자들은 모두 楷書로 쓰여졌으나 正字에서 한두 획을 생략하고 쓴 것도 있어서 이 당시의 실용문에 흔히 쓰이는 자형들임을 쉽게 확인할 수 있다. 여기서는 正楷體로 옮겨 놓았다. 해남문헌록에서는 제4행의 제8자를 '百'자로 판독하였고 제9행의 제3자에서부터 4자를 판독하지 못하여 결자로 남겨 놓았다. 이로 인하여 이 비문의 일부가 잘못 이해된 것으로 생각된다. 제9행의 제3자는 '等'자의 초서체에서 단순화된 자형으로 실용문에서는 삼국시대부터 쓰여 온 자형이다.

이 비문은 바위에 새긴 것이므로 원칙적으로는 岩刻이라고 하여야 하겠으나 내용 가운데 '碑文', '立碑'라고 한 표현들이 있는 것으로 보아 비문이라고 하는 것이 좋을 것으로 생각된다. 아마도 비석으로 새기기 위하여 문안을 작성하였다가 비석보다도 영구적으로 보존하기에 더 좋은 장군바위가 확인되자 처음에 작성한 문안을 그대로 새긴 것으로 생각된다. 즉 이 비문이 암각이기는 하여도 비문으로 작성된 것이기 때문에 비문으로 보는 것이 옳을 것으로 생각되는 것이다.

Ⅱ. 解讀

이 비문을 읽어 보면 正統的인 漢文은 아니라는 것을 쉽게 알 수가 있다. 그렇다고 吏讀가 들어 있는 우리말 표현도 아니다. 그리하여 이 비문의 내용을 해독하는 데는 상당한 시간이 소요되었다. 서울에 돌아와 탁본한 것을 표구하여 연구실에 걸어놓고 틈 있는 대로 들여다보면서 궁리하고 관계있는 자료를 검토한 결과 다음과 같은 해독이 正鵠에 가까울 것으로 생각되었다.

우선 비문의 내용을 이해하기 위하여 구절 단위로 띄우고 몇 개의 文으로 나누면 다음과 같다.

　　　문1; 竹山縣 東村 座具浦 埋香 置彌陀.
　　　문2; 香徒 五十八.
　　　문3; 上堂一面 千人 同發願 碑文.
　　　문4; 永樂四年 丙戌 三月 二十三日 立碑.
　　　문5; 主法 覺因 緣化 惠觀 等 四分.
　　　문6; 小明.
　　　문7; 五百步.

다음에 이 분류에 따라 각 구절별로 해석해 나가기로 한다.

竹山縣; 朝鮮初期 海南郡에 속했던 縣의 이름이다. 『世宗實錄』 地理志

의 海珍郡條에 보면

다음과 같은 설명이 있다.

海南屬縣二. 竹山本百濟古西伊縣. 新羅改固安縣, 爲陽武郡領縣. 高麗
改竹山, 爲靈岩任內.

라고 하였다. 이는 고려시대에는 竹山縣이 靈岩郡에 속했다가 조선 초에
는 海南郡에 속했었음을 말하여 주는 것이다. 이것이 新增東國輿地勝覽
(中宗 25)에 오면 廢縣이 되어 海南縣에 통합이 되었음을 볼 수 있다. 이
輿地勝覽 海南縣 古跡條에 보면,

竹山廢縣 在縣北十里. …… 高麗改今名 屬靈巖郡. 至本朝來屬.

이라고 하였다. 18세기 후기에 이루어진 輿地圖書를 보면 이 지역이 馬
浦面으로 되어 있는데 그 후 馬山面으로 바뀌어 오늘에 이른 것임을 알
수 있다.

東村; 이는 고유명사인 지명이라기보다는 글자대로 竹山縣의 동쪽에
있는 마을이란 뜻으로 봄이 좋을 것으로 생각된다.

座具浦; 이는 문헌상에 나타나지 않는 지명이다. 목포 앞에서부터 바
다가 灣을 이루면서 맹진교까지 들어오는데 맹진교에서 멀지 않은 장군
바위 앞바다가 이 座具浦일 것으로 추정된다.

埋香置彌陀; 이는 글자 그대로 '향을 묻고 阿彌陀佛을 배치하였다.'의
뜻이다. 여기서 한 文이 끝나게 되므로 정상적인 한문이라면 '埋香' 다음
에 '而'자가 들어가고 '置彌陀' 다음에도 '也'나 '矣'와 같은 語氣詞가 들어
갔어야 할 것이나, 변체한문이어서 생략되었다. 일반적으로 매향은 미륵
신앙에서 나오는 것이다. 固城三日浦埋香碑를 보면 '龍華會主인 彌勒이
下生하였을 때 함께 태어나 三寶를 공양하게 되기'를 발원하고 있고 泗川

埋香碑에도 '彌勒佛이 龍華樹 밑에 하생하였을 때 이 香을 가지고 공양할 수 있게 되기'를 발원하고 있다. 이로 보면 향을 묻었다는 표현 다음에 '阿彌陀佛을 배치하였다'는 표현이 이어지는 것은 한 계통의 내용이 이어진 것이 아님을 알 수 있다. '埋香'은 미륵신앙에 근거한 행사이지만 '置彌陀'는 그와는 성격을 달리하는 佛事이기 때문이다. '置彌陀'는 이 근처의 절에 阿彌陀佛을 새로 봉안했다는 사실을 말한 것으로 보아야 하는데 더 나아가서는 새로 절을 지었거나, 있었던 절을 重修했다는 내용도 담은 것으로 보아야 할 것이다. 이러한 점에서 海南文獻錄의 해설자가 이 매향비를 '근접한 隱蹟寺와 밀접히 관련되었을 것'으로 본 것은 옳은 것으로 생각된다. 따라서 이 비문은 '埋香'과 '置彌陀'의 두 행사를 기록한 것이고 '매향'만을 기록한 것이 아니라고 보아야 할 것이다.

香徒; 이는 이 佛事를 준비하고 끝마칠 때까지 참여하여 중요한 역할을 담당했던 사람들을 가리키는 것이다. 단순히 이들이 埋香에 참여했기 때문에 향도라고 한 것이 아니라 여러 사람이 모여 공동의 役事를 할 때 그에 참여한 중요 인물들을 향도라고 한 것이다. 醴泉開心寺石塔記(1010년)에는 매향과는 성격이 다른 造塔記인데도 '助香徒', 椎香徒'와 같은 직책명이 보인다. 근래에는 喪輿軍을 香徒라고도 하였다. 이로 보면 香은 어떤 儀式에서 향이나 향불을 올려서 그 의식에 참여하는 것을 뜻하고 徒는 뜻을 같이하는 사람들의 무리를 나타내던 것이 그 어원적 의미였을 것으로 추정할 수 있다.

上堂一面; 이는 행정구역 단위인 上堂面를 가리키는 것인데 一面이라고 한 것은 面 전체를 가리키는 것이다. 이는 물론 竹山縣에 속하는 面일 것이지만 다른 기록에서는 확인할 수 없는 지명이다. 輿地圖書에는 이 지역이 馬浦面으로 되어 있어 옛 이름과는 전혀 달리 나타나고 있다.

千人; 이는 구체적인 수치를 나타내는 것이 아니라 '어떤 무리의 전체나, 매우 많은 사람'을 가리키는 것이다. 泗川埋香碑에도

千人結契埋香願王文.

貧道與諸千人同發大願.

과 같이 쓰인 예들이 있어 이 당시 사람들이 쓰는 千人의 개념을 잘 보여
주고 있다.

同發願碑文; 이는 '함께 발원한 비문이다'로 해석된다. 완전히 우리말
의 어순으로 되어 있어서 이 비문을 대했을 때 처음에는 해석하기가 어
려웠던 곳이다.

永樂四年丙戌三月二十三日立碑; 이는 '1406년(영락 4, 太宗 6) 3월 23일
에 비를 세웠다'는 뜻이다. 이는 埋香과 置彌陀의 佛事가 끝나고 비문을
작성한 날짜일 것이니, 바위에 새긴 것은 이보다 좀 늦어서의 일일 것이
다. 일반적으로 佛家의 실용문에서는 年記가 글의 첫머리에 오고 그 다
음에 행사의 진행과정을 적는 것이 원칙인데 매향비들에서는 이 순서가
서로 바뀌어 있다. 이 매향비의 기술 방식도 비록 짧은 글이기는 하나
이러한 순서를 보여 주는 것이다.

여기까지가 이 비문의 본문이다. 다음은 이 행사에 참여한 사람의 이
름을 열거한 것이다.

主法 覺因 緣化 惠觀 等 四分; 이 구절의 앞부분은 인명을 열거한 것이
고 그에 이어지는 等은 복수를 나타내는 것이다. 四分은 '네 분(네 사람)'
을 뜻하는 것으로 보아야 할 것이다. 그러나 等자 앞의 8자는 네 사람의
이름으로 보기에는 안심이 되지 않는 또 하나의 질서가 있어 우리로 하
여금 곤혹을 느끼게 한다. 즉 主法, 覺因, 緣化, 惠觀을 각각 한 사람의
法名으로 보아 이것이 네 사람의 이름을 열거한 것이라고 볼 수도 있으
나, 主法을 主法僧, 緣化를 緣化僧으로 보아 두 사람의 이름만을 기록하
고 惠觀다음에 올 인명은 생략한 것으로 볼 수도 있는 것이다. 이 중 어
느 것이 옳다고 단정할 수는 없지만 후자를 택하면 緣化(僧) 다음에 올
인명을 等으로 대체하였다고 볼 수가 있어 이것이 순리적인 해석이 될

것으로 생각된다. 佛家에서 흔히 쓰는 主法, 緣化라는 職名을 무시하고 이것을 인명이라고 하기에는 모험이 따른다.

小明; 이는 이 비문을 바위에 새긴 刻工의 이름일 것이다. 이 역시 僧名으로 보인다. 碑文의 작성자일 가능성도 있다.

五百步; 이는 埋香과 置彌陀의 행사에 곁들여서 새로 결성한 寶나 절에 施納한 땅의 면적을 표시한 것으로 추정된다. 固城三日浦埋香碑에도 埋香을 한 다음 寶를 만들어서 田畓을 施納한 기록을 보여 주고 있다. 步는 길이의 단위로도 쓰이지만 면적의 단위로도 쓰이는 것이니 1步는 1坪과 같은 면적이다.

Ⅲ. 結語

위에서 이 매향비의 전반적인 해독을 시도해 보았다. 여기에 해독한 내용을 각 文별로 제시하면 다음과 같다.

문1; 竹山縣의 동쪽 마을에 있는 座具浦에 향을 묻고 아미타불을 배치하였다.

문2; 향도는 58명이다.

문3; 上堂 한 面의 모든 사람(千人)이 함께 발원한 비문이다.

문4; 영락 4년(병술년) 3월 23일에 비를 세웠다.

문5; 주법승은 覺因이고 연화승은 惠觀 등 네 분이다.

문6; (각자승은) 小明.

문7; 500평 (시납되었다.)

이 비문의 내용은 크게 두 단락으로 나누어 볼 수가 있다. 문1에서부터 문4까지가 한 단락이고 문5 이하가 다른 한 단락이다. 앞 단락이 매향과 아미타불을 배치한 과정을 설명한 것이고 뒤의 단락은 이 불사에 부수된 내용을 첨가한 것이다. 흔히 이러한 비문에는 발원의 내용이 들어있게 마련인데 이 비문에는 그 내용이 밝혀져 있지 않다. 발원을 하자면 두드러진 시주자가 있어야 할 터인데 이 불사는 그러한 시주자가 없이 이루어졌던 것이 아닌가 한다. 그러면 관례적인 발원을 하게 되는데 이것은 누구나 다 아는 사실이므로 생략한 것으로 생각된다. 이 비문은 또 짧은 문면에 많은 내용을 압축하여 넣었다. 당시인들은 이와 같이 압축하여 표현하여도 그 내용을 쉽게 파악할 수가 있었을 것이지만 당시의 불가 관행을 모르는 후대인에게는 이해하기 어려울 수밖에 없다. 이 글에서는 고려시대부터 전해 오는 여러 매향비들을 참작하여 이 생략된 부분도 재생하여 보려고 하였다.

이 비문은 한자나 한자어를 열거한 것이 많아 한문이나 우리말의 통사적인 특징을 보여 주는 예는 드물다. 그런 가운데도 '埋香 置彌陀'나 '立碑'와 같은 표현은 한문의 어순을 보여 주고 '千人同發願碑文'은 우리말의 어순을 보여 주어 이 비문이 전형적인 한문이 아니라 우리말의 요소가 간섭한 변체한문임을 보여 준다. 삼국시대의 변체한문은 이두문의 초기적인 모습을 보여 주다가 급기야는 이두문으로 발전한다. 통일신라시대와 고려전기는 이두문이 폭넓은 영역에서 사용되었었으나 고려 후기로 오면서 이두문은 점차 한문에 밀려 쇠퇴하게 된다. 우리의 매향비는 이두문이 한문에 밀려 쇠퇴하기 시작한 지 상당한 시간이 흐른 뒤에도 변체한문이 사용되었음을 보여 주는 것이다. 이것은 한문과 우리말이 병용되는 세계에서는 변체한문이 언제나 존재할 수 있음을 말하여 주는 것이다. 우리는 그러한 실례를 15세기 초의 이 매향비에서 새로이 확인한 셈이다.

▎『국어의 이해와 인식(갈음 김석득교수 회갑기념논문집)』, 한국문화사, 1991. 11.

鄕札表記의 『詩經釋義』에 대하여

Ⅰ. 序言

經典釋義는 退溪의 『四書釋義』와 『三經釋義』가 있는 것으로 알려져 있다. 이 釋義들은 國漢混用으로 한글을 사용하고 있다. 일례로 詩經 周南 葛覃三章의 '言告師氏 言告言歸'에 대한 釋義를 보면

氏끠 告ᄒ야 歸호ᄆᆞᆯ 告코라 호라. 或云 告코라 言호라.

와 같이 나타내고 있다.

이와는 달리 借字로 표기한 『詩經釋義』가 새로이 발견되었다. 이는 종래 알려지지 않았던 것으로 우선 借字表記法에 관심을 기울여 온 국어학도들의 비상한 관심을 끄는 것이다. 그러나 그 내용을 살펴보면 退溪의 그것과 차이가 커서 經典 硏究者들도 관심을 기울일 가치가 크다. 앞의 言告言歸에 대한 借字表記의 『詩經釋義』를 보면

氏月女 告爲也 歸飛乙 告爲羅 乎羅(1a)

와 같이 표기하였다. 이는

氏ᄃᆞ려 告ᄒ야 歸롤 告ᄒ라 호라

를 借字로 표기한 것이다. 退溪의 釋義와는 표현상으로도 차이가 있는데
특히 退溪의 '告코라'에 대하여 '告爲羅/ㅎ라'로 한 것이 눈에 띈다. '告코
라'는 方言的인 표현인듯 그 뜻이 쉽게 이해되지 않지만 '告ㅎ라'는 中央
語의 표현이어서 알기가 쉽다. 이밖에도 두 釋義는 내용상으로도 차이가
커서 양자를 비교하여 고구하면 經典의 내용을 이해하는 데도 중요할 뿐
아니라 우리 선인들의 經典研究史를 밝히는 데도 기여할 수 있을 것으로
믿어진다. 이 글에서는 우선 借字表記의 『詩經釋義』를 소개하고 그 역사
적인 가치에 대하여 고구해 보기로 한다.

Ⅱ. 體裁와 言語的 特性

이 借字表記의 『詩經釋義』는 金斗燦선생에 의하여 처음 학계에 소개
된 것으로 현재 그 複寫本만을 볼 수 있다. 木板本 1卷1冊으로 모두 52張
이고 半廓의 크기는 17.9 × 14.9cm 내외로 四周單邊이다. 每面 8行. 每行
17字. 小字註는 雙行이다. 上下內向花紋魚尾이고 版心題는 '詩釋'이라 하
였다. 刊年이나 著者에 대한 기록은 없으나 南權熙선생의 견해에 의하면
形態書誌學的으로 보아 16세기 후반의 것으로 보인다고 한다. 언어 현상
으로 볼 때도 16세기 후반의 국어를 반영하는 것으로 보이므로 우선 이
때에 저술되어 간행된 것으로 추정한다.

釋義의 성격은 退溪의 『經典釋義』 跋文에 잘 나타나 있다.

　　退溪先生 裒聚諸家訓釋 而證訂之. 又門人所嘗問辨者 而研究之.

즉 經典 가운데 難解한 곳에 대한 여러 학자의 訓註와 解釋들을 모아
서 증명하거나 門人들의 질문에 대하여 연구한 것이 釋義인 것이다. 諺
解는 經典의 모든 문장을 해석하는 것이지만 釋義는 經典 가운데 난해한
곳만 가려서 해석한 것이고 언해는 하나의 해석만을 하지만 釋義는 둘

이상의 해석을 실어 비교하기도 한
다. 이는 석의가 언해를 하기 위한
先行作業의 성격을 띠는 것임을 말
하여 주는 것이기도 하다.[1]

借字表記의 『詩經釋義』는 朱子의
『詩經集傳』을 底本으로 한 것이다.
이 集傳을 읽어가면서 原詩 가운데
난해한 곳은 우리말로 釋義를 하고
註釋 가운데 난해한 곳은 한문으로
註解하였다. 앞에서 葛覃章의 예로써
우리말로 釋義한 예를 보여 주었거니
와 『詩經集傳』의 關雎 第一章에는

『詩經釋義』의 第2張

　　烈女傳 以爲人未嘗見其乘居 而匹處者 蓋其性然也.(1a)

라는 주석이 나온다. 이 안에 쓰인 '匹處'에 대하여 『詩經釋義』에서는 다
음과 같이 주해하고 있다.

　　韻會 匹丈也 又合也 二也 偶也. 庶人夫妻相匹 雖單 通謂匹夫匹婦.(1a)

　이러한 『詩經集傳』에 대한 주해는 이밖에도 계속하여 나타나고 있어
이 釋義가 이 『集傳』을 底本으로 하여 쓰여진 것임을 말하여 준다.
　우리말로 해석할 때 원문에 두 글자 이상으로 된 단어는 그 끝 글자만

---

1 이러한 견해는 표현만 다를 뿐 여러 사람들의 견해가 일치하고 있다. 최현배의 '한글
갈'에서는 釋義는 '구결보다 한문의 배달삼기(朝鮮化)가 한 걸음 더 나아간 것'이라 하였고
李忠九(1990), 經書諺解 硏究(成均館大 大學院)에서는 '석의는 구결과 언해의 중간에 위치한
다고 할 수 있다'고 하였다.

을 표기한다. 卷耳의 제2장의 '陟彼崔嵬'의 해석은

底嵬亦伊陟古者爲尹(1a)

과 같이 되어 있다. 이는 '뎌 嵬예 陟고쟈 흐나'를 표기한 것인데 '嵬'는 '崔嵬'로 써야 할 것을 崔자를 약하고 쓴 것이다. 이러한 釋義 방법은 이 著述의 일관된 양식이다. 따라서 이 釋義를 읽을 때는 원문을 대조하여 생략된 글자를 확인하여야 이해할 수가 있다.[2]

원문에 대한 해석이 견해에 따라 둘 이상일 때는 두 견해를 다 기록하고 그에 대한 자기의 견해를 피력하였다. 燕燕 제4장의 '先君之思 以勗寡人'의 解釋은 다음과 같이 두 가지가 있음을 든 다음 저자의 견해를 들었다.

○ 君思乎勿以古晉人乙勗爲奴叱多 / [先]君 思호몰 뻐곰 [寡]人을 勗흐 놋다
○ 思且乎勿奴 / 思뎌 호ㅁ로
○ 前釋是 後釋曲(2b)

뒤의 것은 앞의 '思호몰 뻐곰(思하는 것 그것을 가지고)'에 대하여 '思하고자 하므로'로 해석하는 견해도 있음을 보인 것이다. 이에 대하여 著者는 '앞의 석의가 옳고 뒤의 석의는 왜곡되었다'라는 견해를 붙이고 있다. 이러한 釋義樣式도 적지 않게 나타나고 있다.

경우에 따라서는 여러 견해를 들고 그들이 옳고 그른 이유를 설명하기도 하였다. 小雅 蓼蕭 제3장의 '孔燕豈弟'에 대하여

---

2 이러한 양식은 退溪의 釋義도 같다. 앞으로 생략된 한자는 [ ]에 넣어 再生한 것임을 표시할 것이다. 앞의 '嵬'는 '[崔]嵬'와 같이 표시된다.

○ 孔屎燕爲也悌爲斗多 / 孔히 燕하야 悌호두다

○ 悌乎邑斗多 / 悌홈두다

○ 悌爲奴叱斗多 / 悌호놋두다

○ 前釋是也. 後二釋 皆非也. 小注 補氏曰 言既見君子 相與厚 爲燕飮 以嘉 其樂易之德 則美君子之德也. 中釋則言我情之樂易 失詩之意. 後釋則 言君子當燕而樂也. 小注 潘氏曰 甚燕而情樂易 則後釋似是. 然細考之 則 大不同. 潘氏之說 君子甚燕 而情樂易 無猜險也. 非言當燕而樂也.(16a)

와 같은 석의와 주해를 하였다. 이는 『朱子集傳』의 小注에 의하면 '孔燕 豈弟'의 뜻은 '我情之樂易'가 아니므로 두 번째 해석이 옳지 않고 '當燕而 樂'의 뜻도 아니므로 세 번째의 해석이 옳지 않다는 것이다.

또 原詩의 해석을 위한 여러 주해와 용례를 인용하기도 하였다. 簡兮 제1장의 '方將萬舞'에 대한 석의를 '舞乎羅/[萬]舞호라'로 하고 그 밑에 方 將에 대한 주석을 다음과 같이 달았다.

○ 小戎 方何爲期, 傳方將也 則方將爲一義. 北山 解我方將, 傳將壯也. 東坡詩 富貴未已今方將 皆有進而不已之意也.(3b)

이 주에 나타난 小戎과 北山은 詩經에 나오는 작품명인데 거기에 쓰인 方자와 將자에 대한 傳(『朱子集傳』)의 주석을 들어 설명하고 東坡의 詩에 나타난 용법도 보인 것이다.

주해에 따라서는 다른 경전의 내용을 인용하고 거기에 토를 달기도 하였다. 斯干 제7장에 대한 『朱子集傳』의 朱子註에 '故曰'로 시작되는 句 가 있다. 여기에 다음과 같이 토를 달고 있다.

○ 禮運王伊 前巫而後史爲旀 宗祝瞽侑伊 皆在左右於等 王伊 中爲舍 心 無爲也爲也 以守至正尼羅(19a)

이는 釋義 가운데는 口訣도 응용됨을 보여주는 것인데 이는 과거부터
의 전통에 의한 것으로 생각된다.

이 著述 가운데는 한문을 우리말로 해석하는 방법을 설명하는 예도
보여 준다. 汝墳 제1장의 '怒如調飢'에 대한 釋義를 한 다음에는 다음과
같은 설명을 붙이고 있다.

○ 大抵如字 在上則爲隱月叱 此類是也. 如字在下則月叱 論語恂恂如之
類是也.(1b)

이는 한문의 如자가 용언의 위에 있으면 '爲隱月叱/ᄒᆞ둧'과 같이 풀이
하고 밑에 있으면 論語의 '恂恂如之'의 경우와 같이 '月叱/둧'으로 해석한
다는 원칙을 말한 것이다. 이것은 한문에 대한 당시인들의 文法意識의
일단을 보여 주는 것이다.

이 釋義는 16세기의 것으로 추정되는 것이지만 신라시대부터 사용해
온 鄕札의 전통을 잇는 것이란 점에서 매우 귀중한 것이다. 이러한 점을
감안하면서 이 釋義의 表記法에 대하여 검토하기로 한다.

假字(표음문자)의 文字體系는 다음과 같다.

可/가	干/간	間/간	巨/거	去/거
季/겨	戒/겨	古/고	果/과	其/그
己/긔	其/기	只/기	艮/ᄀ	那/나
尹/나	乃/나	*女/녀	女/녀	奴/노
了/뇨	尼/니	飛/ᄂ	隱/ㄴ	多/다
夕/다	大/대	*加/더	底/뎌	丁/뎡
刀/도	斗/두	得/득	等/든	地/디
知/디	矢/디	陳/딘	*月/ᄃ,돌	代/뎌
羅/라	*女/러	女/려	奴/로	又/로

彔/록	里/리	飛/ㄹ	乙/ㄹ	亇/마
旀/며	面/면	毛/모	無/무	勿/ㅁ,믈,ㅁ
每/믜	未/미	音/ㅁ	*所/바	幡/번
甫/보	分/분	不/브	*火/브	非/비
邑/ㅂ	沙/사	舍/샤	鉏/서	西/셔
所/소	小/쇼	瑟/슬,스	時/시	士/ㅅ
叱/ㅅ	阿/아	*良/아	厓/애	也/야
羕/양	於/어	言/언	業/업	亦/여
五/오	吾/오	溫/온	臥/와	么/요
牛/우	矣/의	伊/이	應/ㅇ	左/자
者/쟈	*其/져	沮/져	且/져	助/조
早/조	注/주	卽/즉	則/즉	之/지
只/지	職/직	子/ᄌ	玆/ᄌ	差/차
初/초	此/ᄎ	次/ᄎ	他/타	打/타
吐/토	治/티	台/티	下/하	何/하
乎/호	屎/히	*爲/ᄒ		
ㄱ	굴	ㄹ	브	서
터	티	ㅌ	튼	

이 문자체계를 보면 구결의 문자체계와 매우 비슷하다는 것을 알 수 있다. 필자가 현재까지 구결에서 쓰인 예를 확인하지 못했던 借字는 다음과 같다.

干 間 季 戒 得 無 幡 甫 鉏 瑟 業 吾 么 友 左 且
助 早 注 卽 則 職 子 玆 差 初 此 次 他 打 治 台

이들은 국어의 문법형태의 표기, 즉 구결의 토표기에 사용될 기회가 없었던 차자들이다. 釋義에서는 조사나 어미 이외에 체언이나 용언 등 일반 어휘들을 사용하게 되므로 구결보다는 많은 차자가 필요하다. 이 가운데 '得, 無, 甫, 吾, 左, 者, 助, 注, 玆, 次, 打' 등은 비록 구결에서는 사용되지 않았어도 『鄕藥救急方』의 鄕名 표기에 사용된 것이어서 고려 시대부터 語彙表記에 사용되어 오던 차자이다. 이 밖의 차자들도 전통적으로 사용되어 오던 차자일 가능성이 높은 것이 있어서 이 釋義에서 처음 사용되는 借字는 불과 몇이 되지 않을 것으로 생각된다. 일례로 艮자가 차자로 사용된 예는 종래 확인되지 않던 것인데 새로 발견된 『瑜伽師地論』의 13세기 釋讀口訣에 사용된 예가 확인됨으로써 전통적으로 사용되던 차자가 자료의 빈곤으로 나타나지 않았던 것임을 알 수 있다.[3]

이들을 제외한 80여자가 구결의 차자와 일치한다는 것은 口訣과 釋義가 밀접한 관계에 있음을 말하여 주는 것이다. 口訣과 釋義는 經典의 해석을 위한 것이므로 동일인이나 같은 사회계층 사람들이 사용하는 것이어서 표기법상으로도 일치하는 것은 자연적인 이치라 하겠다. 釋義에 있어서도 조사나 어미를 표기하는 借字는 口訣의 吐表記 借字를 그대로 사용하고 있어서 많은 차자가 서로 일치하는 것이다.

이 문자체계에서는 訓假字의 사용빈도가 고려시대나 15세기의 구결에 비하여 크게 줄었음을 보여 준다. 假字들의 사용은 上代로 올라갈수록 訓假字의 비중이 높아지는데 이는 고려시대 중엽까지도 釋讀口訣, 즉 한문을 우리말로 새겨 읽는 방법이 주가 되었던 데에 말미암는다.

이러한 사실이외에 이 釋義와 口訣이 밀접한 관계에 있다는 사실을 보여 주는 것은 구결에 쓰이는 略體字가 쓰이고 있다는 것이다. 尹자는 那의 약체자로 쓰인 것이다. 乃가 '나'음의 표기에 쓰이는 것도 이 那자의

---

3 拙稿(1993), 『高麗本瑜伽師地論』의 釋讀口訣에 대하여, 『東方學誌』 81, 延世大國學研究院 參照.

오른쪽을 취한 데서 온 것이다. 8세기 신라시대의 이두에 이미 용례가 나타난다. 夕자는 多의 약체자로, 且자는 沮의 약체자로, 矢자는 知의 약체자로 그 정자와 함께 쓰였다. 彔자와 羕자도 비록 그 한자의 음대로 쓰인다고 하더라도 이들이 한문에서 흔히 쓰이는 한자가 아니라는 점을 고려하면 錄자와 樣자의 약체자일 가능성이 높은 것이다. 女자는 '녀'음과 '너'음의 표기에 쓰였다. 이 당시에 이 글자가 이 두 가지 음의 표기에 혼용될 음운론적인 이유는 없다. 女자가 '너'음의 표기에 쓰이는 것은 汝자의 약체자여서 그 훈을 차용한 것으로 보아야 한다.[4]

같은 글자가 둘 이상의 음으로 읽히는 경우는 여러 유형이 있다. 所자는 音假字와 訓假字로 쓰여 '소'와 '바'의 두 대표음을 갖는다. 其자 역시 같은 이유로 '기'와 '저'의 두 대표음을 갖는다. 只자는 '기'음과 '지'음의 두 대표음을 갖는데 '기'음은 전통적으로 쓰여 오는 것이고 '지'음은 당시의 현실 한자음에 따른 것인 듯 '眞只叱/진짓(51b)'으로 쓰인 예가 있다.[5]

音節頭音에서 'ㄴ'음과 'ㄹ'음이 교체되어 쓰이는 현상은 고려시대의 구결에서도 나타나지만[6] 16세기에 와서 그 현상은 더욱 두드러지게 나타난다. 이 釋義에서는 원음이 'ㄴ'음인 차자가 'ㄹ'음의 표기에 전용되는 경우가 많다.

女(녀 → 려); 五屎女/오히려(15b)   爲女了/ㅎ려뇨(1b)

女(汝)(너 → 러); 女戒尼羅/너겨니라(1b)   女無/너무(9b)

加不女/더브러   伊女月叱爲隱/이러틋ᄒᆞᆫ

奴(노 → 로); 爲奴叱刀多/ㅎᄂᆞᆺ도다(2a)

---

4 女자가 汝자의 略體자로서 '너'음을 나타낸다는 견해는 다음에 소개될 崔範勳(1982)의 書釋의 特殊口訣에 대하여, 『京畿大學論文集』 11에도 나타난다.

5 15세기에는 '진딧'이었는데 '眞只叱/진짓(51뒤)'은 구개음화된 형태이다. 이는 구개음화의 시대를 알려 주는 새로운 자료가 되기도 한다.

6 拙稿(1990), 高麗末 朝鮮初期의 口訣硏究, 震檀學報 69 參照.

爲里奴多/ㅎ리로다(1b)　　斗奴/두루(14b)

飛(ㄴ → ㄹ); 爲飛了爲旀/ㅎㄴ뇨ㅎ며(2a)　　爲飛隱/ㅎᄂᆞᆫ(2a)

歸飛乙告爲羅/歸롤 告ㅎ라(1b)　　尼飛里五/니ᄅ리오(1b)

鉏飛/서륵(11a)

'ㄹ'음이 'ㄴ'음으로 전용되는 예는 了자가 대표적이다. '於叱地爲了/엇
디ㅎ료(1b)'에서는 '료'음의 표기에 쓰였으나 '穿爲飛了/穿ㅎㄴ뇨(2a)'에서
는 '뇨'음의 표기에 쓰였다. '里/리'가 '나'음에 전용되는 것은 '阿里爲里阿/
아니 ㅎ리아(42b)'의 한 예가 확인되고 '尼/니'가 '리'음에 전용되는 것은
'作爲尼五/作ㅎ리오(21b)'의 한 예가 확인된다. 그러나 '尼/니'와 '里/리'는
거의 혼용되지 않았고 '那/나'와 '羅/라'의 경우는 항상 구별되어 쓰였다.
　　차자의 음절말 자음 'ㄹ'은 수의적으로 탈락되어 같은 차자가 두 가지
음절을 표기하게 된다. 月자가 'ᄃᆞ'와 '둘', 勿자가 'ᄆᆞ'와 '믈' 등의 음을
나타내는 것이 그것이다.

月; 毛叱爲乙月叱爲奴斗多/못홀 ᄃᆞᆺ ㅎᄂᆞ두다(14b)

旰爲隱月 於叱地爲了/旰ㅎ둘 엇디ㅎ료(1b)

勿; 勿隱得/ᄆᆞᆫ득(44a)

室飛乙築乎勿堵飛乙爲尼/室롤 築호믈 堵롤 ㅎ니(19a)

勿矣叱/믈읫(14b)

不자와 火자는 'ᄇᆞ'음의 표기로만 나타나는데 이는 '블'음을 표기할 기
회가 없었기 때문이다.

不; 衣飛乙 尼不隱 月叱 爲斗多/衣롤 니ᄇᆞᆫ ᄃᆞᆺ ㅎ두다(2a)

加不女/더ᄇᆞ러(3a)

火; 加火女/더ᄇᆞ러(23a, 49b)

瑟 역시 'ㄹ'음을 탈락시키고 'ㅅ'음으로 쓰인 예만 확인된다.

    瑟士奴 / 스스로(6a)(38b)(39a)

이 역시 '슬'음의 표기에 사용될 기회가 없었던 것이다.
艮은 'ㄴ'음을 탈락시킨 'ㄱ'음의 표기에만 사용되었다.

    醉厓爲艮乙艮台亦 / 醉애 흐귤 ㄱ틱여(22a)
    友爲乙其艮乙視乎隱代 / 友훌 저글 視혼디(37a)

戒자와 季자도 音節末의 'ㅣ'음을 탈락시키고 '겨'음으로만 쓰였다.

    行厓 露伊 多爲隱可 女戒尼羅 / 行애 露이 多혼가 너겨니라.(1b)
    王伊 聲伊 戒小未 駿屎 聲伊 戒舍叱多 / 王이 聲이 겨쇼미 駿히 聲이
겨샷다.(32a)
    我矣 甫阿乎奴 壯乎勿 鮮屎 女戒/我의 보아호로 壯호믈 鮮히 너겨(23b)
    壯乎勿 鮮屎 女季 力伊 … 剛爲隱地羅/壯호믈 鮮히 너겨 力이 … 剛혼디
라.(23b)

借字의 음이 母音調和上 對立되는 母音으로 轉用되는 현상은 주로 'ㅇ'
와 '으' 사이에서 나타난다. 勿자는 '勿隱得/믄득'에서는 '므'음을 나타내
는데 '多勿叱/다믓'에서는 '무'음을 나타낸다. 月자의 훈은 '둘'이어서 'ㄷ'
음을 나타내는데 '幡月叱/번듯'에서는 '드'음을 나타내고 있다. 士자는 '爲
乙士尼羅/훌시니라'에서는 'ㅅ'음을 나타내는데 '瑟士奴/스스로'에서는
'ㅅ'음의 표기에 쓰이고 있다. 每자의 원음은 '미'인데 '伊每/이믹'에서는
'믹'음의 표기에 전용되었다. 'ㅇ, 으' 음 이외에 대립모음으로 전용되는
예는 左자이다. '左音叱間/잠깐'에서는 '자'음을 나타내지만 '伊左伊/이제

(20앞)'에서는 '저'음의 표기에 전용된 것이 그것이다. 그러나 'ㅇ, 으'음 이외에 대립모음으로 전용되는 예는 아직 확인되지 않는다.

한글의 사용은 극히 적다. 다음의 예가 그 전부이다.

爲隱ᄀᄆ티/한ᄀᄆ티(4a)　　　外奴브터/솨로브터(4a)

서ᄅ(4a)　　　　　　　ᄀᄐ尼羅/ᄀᄐ니라(7a)

伊ᄀ톤/이 ᄀ톤(7a)　　　ᄀ治乎尼/ᄀ티 호니(11b)

ᄀ吐勿/ᄀ토몰(11b)

이로 보면 한글은 주로 'ㅇ'나 '으' 음절을 표기하기 위하여 사용된 것임을 알 수 있다. 訓讀字 사용이 쇠퇴하면 이들 음절을 표기할 만한 차자를 찾기는 쉽지 않았을 것이다. '티'는 治자로 표기할 수 있지만 앞의 'ᄀ'자에 이끌린 것으로 보인다. '터' 역시 적당한 한자가 없었을 것이다. '서ᄅ'는 '鉏飛'로 표기된 예가 여러 번 나타나지만 이 표기 역시 다른 문헌에서는 발견하기 힘든 것이다. 결국 차자로 표기하기가 쉽지 않은 음을 한글로 표기한 것과 앞에 쓰인 한글에 이끌려 사용된 두 경우가 있다. 이와 같이 한글이 제한된 범위에서 사용되었지만 차자표기를 주로 하는 문헌에 한글이 혼용됨으로써 이 자료의 時代性을 짐작할 수 있게 하여 주고 있다.

이 釋義에서 讀字(表意字)들은 거의 音讀字들이다. 그것은 原典의 한자들을 새기지 않고 석의에 옮겨 놓는 것을 원칙으로 하고 訓讀字의 사용이 쇠퇴하였기 때문이다. 앞에서 인용한

氏月女告爲也歸飛乙告爲羅乎/氏ᄃ려 告ᄒ야 歸를 告ᄒ라 호라(1a)

에서 [師]氏, 告, 歸는 원전에 있는 漢字를 그대로 옮겨 놓은 音讀字이다. 訓讀字들은 극히 한정된 범위에서 나타난다. 爲자는 '爲隱ᄀ티/ᄒᄀ티/호ᄀᄆ

티(4a)', '爲音叱己/홈끠(4b)에서는 訓假字로도 쓰이지만 대개는 'ᄒᆞ-' 동사 어간이나 접미사를 표기하는 訓讀字로 쓰이고 그 빈도 또한 높다. 如자는

道厓得地毛叱乎音如爲斗多/道애 得디 못홈 如ᄒᆞ두다(21b)

에서는 音讀字로 쓰였다. 이는 원전의 것을 그대로 옮겨 놓은 것이다. 그러나 '如叱去飛乙(3b)', '如叱地(5a)'와 같은 예는 如자의 훈 'ᄀᆞᆺ-(ᄀᆞᇀ-)'을 표기한 訓讀字로 쓰인 것이다. 以자는 '以古音/뼈곰'에서는 '뼈'로 훈독되기도 하였으나 흔히는 '以良/쓰아'의 형태로 쓰이는 훈독자이다. 이를 用자로 바꾸어 '用良/쓰아(44a)'로도 표기하였다. 이는 吏讀의 용법을 수용한 것이다. 이 시대의 諺解에는 그 축약형 '뼈'가 쓰이고 '쓰아'의 형태는 나타나지 않는다.

이상의 범위에서 훈독자가 사용되었으니 이 석의의 양으로 볼 때 극히 적은 수가 쓰인 셈이다. 이에 따라 末音添記의 예도 거의 나타나지 않는다.

차자표기의 구조는 어절을 단위로 하여 '讀字(表意字) + 假字(表音字)'의 구조를 이루는 것이 일반적이지만 訓讀字의 사용이 제한된 이 釋義에서는 그 원칙이 크게 흔들리고 있다. 앞의 '氏月女 告爲也 歸飛乙 告爲羅乎羅'에서는 '讀字 + 假字'의 구조가 잘 나타나 있지만 이러한 경우 어두에 쓰인 대부분의 讀字는 원전에서 인용한 音讀字이다. 이 밖의 경우에는 대개 語頭에서부터 假字로 표기되고 있다. 임의로 몇몇 예를 보이면 다음과 같다.

伊爲伊/이히(1a)	阿職/아직(1a)
於叱地爲了/엇디ᄒᆞ료(1b)	左音叱間/잠깐(1b)
阿尼里五/아니리오(1b)	女戒尼羅/너겨니라(1b)
業多/업다(1b)	尼飛里五/니ᄂᆞ리오(1b)

勿沙士奴/므서스로(2a)　　　　尼不隱/니븐(2a)

尼子乙去士乙/니줄거슬(2b)　　叱刀/쏘(2b)

沙音飛尼阿/삼ᄂ니아(2b)　　　古叱/곳(〈곧)(2b)

伊時旀/이시며(3a)　　　　　　毛叱乎未奴多/못호미로다(3a)

未叱/밋(3a)　　　　　　　　　加不女/더브러(3a)

爲音叱己/홈끠(4b)　　　　　　女其勿/너기믈(4b)

多勿叱/다못(8b)　　　　　　　於隱其伊/언제(11a)

刀伊亦叱去尼/되엿거니(13a)

　　이러한 표기는 다음과 같이 비교적 긴 구절을 假字로만 표기하는 예도
보여 준다.

　　亇爲隱 去時 阿尼羅 / 만한 거시 아니라(21a)
　　此乙下里 亇初阿 吾地 阿尼爲乙地於隱丁 / 출하리 마초아 오디 아니홀
디언뎡(15a)

　　이는 假字만으로서도 우리말을 완전히 표기할 수 있음을 보여 주는
것이다. 이러한 표기는 鄕札表記에서 사용되는 것이니 이 釋義가 그 후
대형인 16세기의 鄕札을 보여 주는 점에서 주목되는 것이다.
　　이 釋義에서는 16세기국어자료적인 특징을 많이 찾아 볼 수 있다.
　　우선 적은 양이지만 한글이 쓰였다는 것은 이것이 한글창제 후의 자료
라는 것을 말하여 준다. 차자표기에 한글이 간혹 섞여 쓰이는 것은 한글
창제 후의 記入吐에서도 발견되는 것이다. 그러나 이 석의와 같이 차자
표기를 주로 하는 인쇄물에 나타나는 것은 이것이 처음이니 이는 아무래
도 한글이 보편화된 후인 16세기의 자료임을 보여 주는 것이다.
　　차자 가운데 '이, ㅣ'음의 표기에는 '伊'자만이 쓰였다. 그리하여 주격조
사나 繫辭의 표기에 이 글자가 쓰였다. 이는 吏讀에서는 亦자와 訓假字

인 是자로 표기되던 것이고 口訣에서도 是자가 주로 쓰이던 것이다. 이 伊자가 이두와 구결에 나타나는 것은 16세기 이후의 일로 생각되는 것이다. 존경법의 '시'도 구결에서는 示자가 주로 쓰였다. 이 구결에서는 이 표기를 時자 하나로 일관하고 있는데 이 역시 이 석의의 16세기적 특징을 보여 주는 것이다.

形態論的으로 16세기의 특징을 보여 주는 것도 적지 않게 나타난다.

如叱地/굿디(〈굳)(5a)　　　毛叱/못(〈몯)(11a)　　　古叱/곳(〈곧)(2b)

등은 音節末의 'ㅅ'음과 'ㄷ'음이 중화되었음을 보여 주는 것인데 이 중화는 15세기 말에 시작되어 16세기에는 이미 보편화되어 있었던 현상이다.

15세기에 '드뷔-〉드외-'로 발달하였던 형태가 '刀伊亦叱去尼/되엿거니(13a)'와 같이 '되-'로 축약되었다. '드외-'가 '되-'로 축약된 예는 16세기 초부터 나타나는 것인데 이 석의에서는 '刀伊/되-'의 형태가 자주 쓰였다.

15세기의 '혼뼈'는 이 석의에서는 '爲音叱己/홈끠'로 나타난다. 이 역시 16세기의 국어를 보여주는 형태이다.

15세기의 'ᄒᆞᄫᅡ〉ᄒᆞ오ᅀᅡ'와 'ᄒᆞ올로'는 '乎五乙奴/호올로(38b)'와 '乎音左/홈자(6a)'로 나타난다. '호올로'는 16세기 후반에 나타나는 형태이지만 '홈자'는 18세기에나 나타나는 형태이다.

15세기의 '뵈(보)야ᄒᆞ로'는 16세기 초에 '뵈(보)야호로'로 나타나 'ᄒᆞ'가 뒤의 '로'에 동화되어 '호'로 바뀐다. 이 석의에서도 '甫也乎奴/보야호로(20a)'가 나타나는데 한편으로는 '甫阿乎奴/보아호로(20b)'도 나타난다. 후자는 不正回歸에 의한 것이다. 'ᄋᆞ'음이 '오'음에 동화되어 '오'음으로 바뀌는 예는 '刀奴亦/도로여(20a)'에서도 볼 수 있다. 이는 15세기의 '도ᄅᆞᅘᅧ'에서 발달한 것으로 제2음절 'ᄅᆞ〉로'의 발달이 그것이다. 제3음절 'ᅘᅧ'는 16세기에 '혀'로 발달한 용례가 알려져 있으나 '여'로 발달한 예는 좀 더 후대의 것이다. 이는 불완전한 표기에 말미암을 가능성도 있다.

어휘론적인 면에서 16세기국어의 현상으로 볼 수 있는 것은 '伊女隱古
奴/이런고로(30a)'이다. 15세기에 이는 '이런ᄃ로'로 쓰이던 것인데 故에
이끌려 '고'로 바뀐 것이다.

이상의 예들은 16세기 국어적인 특징을 보여주는 것인데 이 가운데서
도 '乎音左/홈자'와 '刀奴亦/도로여'의 예는 이 석의가 아무리 일러도 16
세기 말에나 이루어진 것임을 말하여 주는 것이다.

이 석의가 16세기 말기의 자료임에도 불구하고 매우 이른 시기의 古語
法을 보여 주는 경우가 있다.

이미 '以良/쓰아', '用良/쓰아'가 이두에서나 쓰이는 고형임을 말하였거
니와 이밖에도 다음과 같은 예들이 있다.

稷伊非奴所祀爲時飛奴去矣悔伊業鉏 / 稷이 비로소 祀ᄒ시ᄂ로 거의 悔
이 업서(33a)

에서는 동명사어미 '飛/ᄂ'가 쓰였고

謂乎代都厓遷爲羅乎飛乙曰乎代 / 謂호딕 都애 遷ᄒ라 호ᄂᆯ 曰호딕(21b)

에서는 동명사어미 'ㄴ'이 쓰이고 있다. 이러한 어미는 高麗時代口訣에서
는 자주 발견되는 것이지만 15세기 중엽만 하여도 거의 안 쓰이는 형태
이다.

庶治阿尼叱阿尼叱爲斗多/庶티 아닛 아닛 ᄒ두다(15a)
或斗承治阿尼叱阿尼叱爲奴叱斗多/或두 承티 아닛 아닛 ᄒ놋두다(21a)

에서는 '阿尼叱阿尼叱爲/아닛 아닛ᄒ-'의 否定法이 보인다. 이는 '아님이
아니다'의 표현인데 15세기에도 보기 어려운 옛문법이다.

한편 古語法과 新語法이 混淆된 형태도 나타난다.

爲奴叱刀多/ᄒᆞᆼ놋도다(6b)
爲奴叱斗多/ᄒᆞᆼ놋두다(6b)

와 같은 표현이 자주 나타난다. 이는 '爲奴叱多/ᄒᆞᆼ놋다'와 '爲刀(斗)多/ᄒᆞ
도(두)다'가 혼효된 것으로 현실적으로는 사용되지 않는 형태이다.

Ⅲ. 借字表記의 『書經釋義』와의 비교

借字表記의 『詩經釋義』와 같은 성격의 『書經釋義』가 앞에서 언급한
바와 같이 故崔範勳 교수에 의하여 學界에 발표된 바 있다.[7] 崔 교수가
作故하여 이제 그 원본은 볼 수 없게 되었으나 그가 소개한 내용을 보면
그의 『書經釋義』와 우리의 『詩經釋義』는 姉妹關係에 있는 것임이 분명
하다. 그가 소개한 『書經釋義』의 예문을 보면

入代亦 帝叱己 類爲時旀 宗乙 禋爲時旀 川乙 望爲時旀 神乙 偏爲時多

와 같이 되어 있다. 이는

드디어 帝의 類ᄒᆞ시며 宗을 禋ᄒᆞ시며 川을 望ᄒᆞ시며 神을 偏ᄒᆞ시다

를 표기한 것으로 그 表記法이나 表現이 『詩經釋義』의 그것과 같은 것임
을 말하여 주는 것이다.
이 석의의 形態書誌를 崔 교수는

---

7 崔範勳(1982), 前揭書.

木版本. 單卷. 61張

萬曆 18年(1590) 海州刊

半葉內匡 17.9×14.3cm. 4周單邊

每面 8行. 每行 大字 15字. 小字(夾註) 17字.

라 하였다. 책의 형태는 좀 더 자세하게 소개되지 않아 미심적은 데가
없지 않으나 우리의 『詩經釋義』와 다르지 않은 것으로 보인다.

　그는 이 釋義에 쓰인 語辭들을 品詞別로 분류하여 제시하였다. 여기
추려서 정리하면 다음과 같다.

　1) 名詞

(1) 沙飛未/사ᄅ미(人)　　(2) 古知/고디(處)　　(3) 伊乙/일(事)

(4) 可之/가지(種)　　(5) 去時/거시(者)　　(6) 注乙/줄

(7) 月叱/ᄃᆞᆺ(如)　　(8) 所伊/배(所)　　(9) 叱分/ᄲᅮᆫ

　2) 代名詞

(1) 牛里/우리(吾等)　　(2) 汝/너　　(3) 與己/여긔

(4) 氐己/뎌긔

　3) 數詞

(1) 爲隱/흔(一)　　(2) 斗/두(二)　　(3) 斗乙左伊/둘재

(4) 多士叱/다ᄉᆞᆺ(五)　　(5) 初叱/첫　　(6) 伐斤/버근(次)

　4) 動詞

(1) 尼乙五代/닐오디(謂)　　　　(2) 沙音地/삼디(爲)

(3) 阿乙旀/알며(知)　　　　(4) 斗未/두미(置)

(5) 女其知/녀기디(然)　　　　(6) 伊乙牛於/일우어(成)

(7) 租差西/조차셔(從)　　　　(8) 多士里亇伊/다스리매(理)

(9) 亇乙每阿勿㳿/말믹아ᄆ며(由)　　(10) 未赤知/미치디(及)

(11) 多勿叱伊刀所尼/다믓이도소니(與)　(12) 其許/져허(恐)

(13) 甫阿/보아(見)　　　　　　(14) 刀伊亦/되여

　5) 形容詞

(1) 伊西/이셔(有)　　　　　(2) 季時乙/겨실(在)

(3) 業士隱/업슨(無)　　　　(4) 阿尼尼/아니니(不)

(5) ᄀ튼/ᄀ튼며(如)　　　　(6) ᄀ叱地/ᄀ디(如)

(7) 沮斤/져근(少)　　　　　(8) 於叱加爲了/엇더ᄒ료

(9) 伊女乎勿奴/이러호ᄆ로　　(10) 阿次尼伊多/아ᄎ니이다(鮮)

　6) 副詞

(1) ᄀ壯/ᄀ장(最)　　(2) 去矣/거의(庶)　　　(3) 古叱/곳(卽)

(4) 其里/그리　　　　(5) 多/다(皆)　　　　(6) 加不女/더부러

(7) 叱刀/또(又)　　　(8) 入代亦/드더여　　　(9) 亇隱屎/만히(多)

(10) 未叱/밋(及)　　 (11) 毛隱沮/몬져(先)　　(12) 亇叱當伊/맛당이

(13) 盤月時/반ᄃ시　 (14) 非飛叱/비릇(始)　　(15) 非록/비록(雖)

(16) 沙飛/서르(相)　 (17) 瑟士奴/스스로(自)　(18) 五羅伊/오래(久)

(19) 伊每/이믜(旣)　 (20) 照古亇伊/죠고매(小)　(21) 爲勿㳿/ᄒ믈며

(22) 亇乙每沙亇/말믜사마(由)

이밖에 조사와 접미사의 예도 있으나 생략한다.

　위의 단어들은 우리의 『詩經釋義』에서도 거의 그대로 발견되는 것이다. 이 현상은 『書經釋義』의 문자체계를 검토하면 더 분명히 확인할 수 있다.

可/가	巨/거	去/거	季/겨	戒/겨
古/고	昆/곤	果/과	斤/근	己/긔
其/기	只/기	艮/ᄀ	那/나	乃/나
*汝/너	*女/너	女/녀	奴/노	了/뇨
尼/니	飛/ᄂ	隱/ㄴ	多/다	大/대
*加/더	刀/도	斗/두	*入/드	等/든
地/디	知/디	*月/ᄃ,둘	代/디	羅/라
*女/러	女/려	奴/로	彔/록	里/리
飛/ᄅ	來/리	乙/ㄹ	ケ/마	㫆/며
面/면	毛/모	聞/문	勿/므,믈,ᄆ	每/믜
未/미	音/ㅁ	*所/바	盤/반	伐/버
甫/보	不/브	*火/브	非/비	邑/ㅂ
沙/사	舍/샤	鉏/서	西/셔	所/소
小/쇼	瑟/슬,스	時/시	士/ᄉ	叱/ㅅ
阿/아	*良/아	厓/애	也/야	於/어
業/업	與/여	亦/여	五/오	溫/온
臥/와	么/요	牛/우	矣/의	伊/이
以/이	左/자	壯/장	者/쟈	*其/저
氏/저	沮/져	且/져	租/조	早/조
注/주	之/지	職/직	差/차	處/처
初/초	赤/치	次/ᄎ	他/타	打/타
治/티	河/하	許/허	乎/호	屎/히
*爲/ᄒ	ᄀ	ᄌ	지	치
코	ᄐ	ᄐᄉ		

이 문자체계에서 『詩經釋義』에 쓰이던 것이 나타나지 않는 것은 다음
과 같다.

干/간	間/간	尹/나	夕/다	底/뎌	丁/뎡	得/득	矢/디	陳/딘
又/로	無/무	幡/번	義/양	言/언	與/여	吾/오	且/져	助/조
卽/즉	則/즉	只/지	子/ᄌ	兹/ᄌ	此/ᄎ	吐/토	台/틱	下/하
何/하	ᄙ	ᄅ	ᄇ	서	터	티	튼	

이들을 보면 약체자는 『書經釋義』에 거의 쓰이지 않은 것으로 보인다. 그러나 女자가 '너'로 읽히는 것은 汝자의 훈인 점을 감안하면 전혀 안 쓰인 것은 아니다. 이밖에 구결에 쓰이는 차자는 丁, 言, 下일 뿐이고 語彙表記를 위한 차자들이 대부분을 차지한다. 語彙表記의 차자는 流動的인 것이어서 같은 어휘도 사용할 때마다 달리 표기되기도 한다. 따라서 어휘표기의 차자는 일정한 문자체계를 설정하기 어렵기 때문에 같은 사람이 쓴 문헌이라도 서로 완전히 일치하기를 기대하기는 어렵다.

한편 『詩經釋義』에 나타나지 않는 것이 이 석의에 나타나는 것은 다음과 같다.

昆	斤	*汝	*入	來	聞	伐	壯	氐	租
照	處	赤	許	ᄀ	지	치	코	ᄐ	

이 역시 어휘표기의 차자들이 주가 된다. 한글에서 차이가 나는 것은 이 문헌들이 차자표기를 주로 하고 한글표기는 부차적으로 사용하는 데 말미암는다.

이와 같이 두 문헌의 차자체계에 차이가 있다 하더라도 어휘표기의 차자를 제외하면 거의 공통되고 있다. 그러나 어휘표기에서도 두 문헌에 공통되는 예가 많이 나타나는 것이 주목된다.

可之/가지	去時/거시	注乙/줄	月叱/ᄃᆞᆺ
所伊/배	叱分/ᄲᅮᆫ	牛里/우리	爲隱/혼

多士叱/다쑷	尼乙五代/닐오디	沙音地/삼디	斗未/두미
女其知/너기디	伊乙牛於/일우어	甫阿/보아	刀伊亦/되여
伊西/이셔	季時乙/겨실	業士隱/업슨(無)	阿尼尼/아니니
去矣/거의	古叱/곳(卽)	加不女/더부러	叱刀/쪼
未叱/밋	毛隱沮/몬져(先)	非飛叱/비롯(始)	瑟士奴/스스로
伊每/이믜	爲勿旀/ㅎ물며		

　이들은 音假字만으로 표기된 단어들이면서도 두 문헌의 것이 공통되
는 것이다. 현재까지 우리가 알고 있는 借字表記資料에서는 두 문헌이
어휘표기에 있어 이만한 공통성을 보여 준 예가 없었다. 이 두 釋義가
한 사람에 의하여 저술된 것으로 결론을 내릴 수밖에 없다.

Ⅳ. 著者와 年代

　이 두 釋義가 한 사람에 의한 저술이고 그 연대가 16세기 후반이라면
그 著者와 年代를 추정해 볼 수 있을 것이다.
　『書經釋義』의 刊行年代를 崔範勳 교수는 앞에서 본 바와 같이 별다른
설명이 없이 萬曆 18年(1590) 海州에서 간행한 것이라 하였다. 이『書經
釋義』에 刊記가 있어 그에 의한 것이 아닌가 한다. 이 연대는 이 두 釋義
가 나타내는 言語現象과도 일치하는 것이어서 신빙성이 있어 보인다.
　그러면 그 저자는 누구일까? 이 시대에 이러한 저술을 할 수 있는 사
람이라면 어느 정도는 그 범위를 한정할 수 있을 것으로 생각된다.
　增補文獻備考 卷146의 藝文考五 儒家類의 항을 보면 釋義의 종류가 다
음과 같이 나타난다.

　　詩書釋義 文節公柳希春著
　　三經釋義一卷 文純公李滉撰

三四釋義一卷　上同

經書釋義

四書釋義一卷 文純公李滉撰

이 가운데 退溪의 釋義가 3種이 보이는데 그 중『四書釋義』는 退溪가 직접 저술한 것이 아니라 弟子들이 集錄한 것이다. 이러한 사실은 退溪의『經書釋義』跋文에 나타나 있다.

　　右經書釋義 惟我退溪先生 袞聚諸家訓釋 而證訂之. 又因門人所嘗問辨者而研究之. 皆先生手自淨錄者也. 壬辰兵燹之慘 手本亦失. 後學益爲之悵悵然.

　　戊申冬 崔監司瓘來至陶山 展謁祠宇 唯以釋義 傳後之意 丁寧反覆 而又送餉工之資. 於是求索士友間傳寫之本 略加讎校而刊之. 始役於己酉之春 三閱月而就緖. 噫 先生發輝經學之意 嘉惠後學之功 亦可因此而想之. 吾黨盖相與勉之哉. 門人琴應壎謹識.

이로 보면 退溪의『經書釋義』는 先生이 직접 깨끗이 기록해 놓은 것이 있었지만 불행히 壬辰亂 때에 없어지고 말았음을 알 수 있다. 또 戊申年(1608) 겨울에 監司 崔瓘의 주선으로 간행할 때 士友들간에 傳寫하여 가지고 있던 것을 모아서 약간의 수정을 가하여 이듬해(1609) 봄에 간행하였음도 알 수 있다.『三經釋義』는 이러한 설명이 없어 이와는 별도로 전해 온 것으로 보인다. 그리하여 일찍부터『三經釋義』와『四書釋義』가 있어왔는데 이것이 후대에 合本이 되어『三四釋義』가 된 것이 아닌가 한다. 이들은 현재 우리가 볼 수 있는 바와 같이 모두 한글로 기록되었던 것이어서 우리의 借字表記 釋義와는 계통을 달리 하는 것이다.

　著者를 알 수 없는『三經釋義』는 현재 알려진 것이 없어 그 성격을 알 수 없다. 주목을 끄는 것은 柳希春의『詩書釋義』이다. 借字表記의『詩

經釋義』와『書經釋義』가 동일인의 저술이라면 이것이 곧 眉巖 柳希春의
『詩書釋義』일 가능성이 매우 높다. 이 釋義의 명칭은『宣祖實錄』에도 다
음과 같이 나타난다.

卒副提學柳希春. 所著川海錄 讀蒙求 詩書釋義 朱子語類訓釋 綱目訓釋
及他餘平生著述 令全羅道 無遺上訟事 有旨.(『宣祖實錄』 卷14, 17a)

이는 宣祖13年 10月條의 기사로 1580년의 일이니 眉巖이 作故한 1577
년보다 3년이 지난 뒤의 일이다. 그의 遺著인『川海錄』,『讀蒙求』,『朱子
語類訓釋』,『綱目訓釋』 등과 함께 이『詩書釋義』가 宣祖의 有旨로 朝廷
에 들어왔음을 말하여 주는 것이다. 이때에 서울에 올라온『詩書釋義』가
중앙에서는 물론 멀리 海州에서도 간행되었던 것이 아닌가 한다. 당시
중앙에서 간행된 저술들이 지방의 官衙에서 복각되는 것은 흔히 있는 일
이었으므로 1580년에 중앙에 들어온 柳希春의『詩書釋義』가 1590년에
海州에서 간행되는 것은 충분히 있을 수 있는 일이다.

또 이 당시의 상황으로 보더라도 眉巖이 이 저술을 남겼을 가능성이
높다.

經書諺解는 이미 世宗 때부터 착수됐으나 여러 경로를 거쳐 宣祖 시대
에 들어와서야 적극적으로 추진되었음은 實錄 등의 기록을 통하여 잘 알
려져 있다. 이때에 眉巖은 退溪의 門人으로서 退溪, 栗谷과 함께 이 사업
의 추진 과정에서 가장 큰 役割을 하였다.[8] 그런데『宣祖實錄』에는 다음
과 같은 기사가 나타난다.

上於經席上 命柳希春 詳定四書三經吐釋. 希春對以力小任重 經書請命
他人.

---

8 李充九, 前揭書 四書諺解 및 三經諺解 항 參照.

又薦李珥. 上採用其言 亦命李珥 詳定經書吐釋(『宣祖實錄』卷10, 4a)

이는 四書의 吐釋은 眉巖이 담당했으나 經書(三經)吐釋은 栗谷이 담당했음을 보여 주는 기사이다. 이는 宣祖 9년(1576) 4월의 일로 眉巖이 작고하기 1년 전의 일이다. 이 당시 眉巖의 건강은 극히 나빠서 이로부터 2개월 후인 5월에는 身病으로 大司憲職을 물러났다. 이로 보면 眉巖이 『經書(三經)吐釋』을 詳定할 수 없었음은 건강상의 문제였고 그가 이 방면 연구에 조예가 없었다고는 할 수 없다. 이때에 그가 『經書吐釋』을 詳定할 수 없다 하여 栗谷을 대신 추천하였다면 그의 『詩書釋義』는 언제 저술되었을까 하는 의문이 제기된다.

眉巖日記草에 나타나는 그의 過眼書目을 藤本幸夫 교수가 조사한 바가 있는데[9] 여기에 나타나는 經典釋義 관계의 書目을 보면 다음과 같다.

易釋(李滉撰)	易書釋(李滉撰?)
詩釋(李滉撰?)	四書經書吐釋
四書經書口訣諺解	四書五經口訣諺解
四書輯釋章圖通義大成	尙書釋
詳定吐釋大學	書經講義
書釋(李滉撰)	大學口訣
大學釋疏	大學註吐
大學吐釋	大學通義
孟子釋疏	論語釋疏
四書輯釋	輯釋論語

이로 보면 그가 宣祖로부터 四書三經吐釋의 詳定을 명령받기 이전에

---

9 藤本幸夫(1983), 眉巖過眼書錄, 富山大學人文學部紀要 第七號.

退溪의『經典釋義』를 비롯하여 여러 종류의 釋義와 口訣, 諺解들을 검토 내지는 연구하고 있었음을 말하여 준다. 비록 그가 건강상『經書吐釋』을 詳定할 수 없다고 하였어도 실은 나름대로의『詩書釋義』는 이미 저술하여 가지고 있었던 것임이 분명하다.『四書三經吐釋』의 詳定의 命을 받고 眉巖은 그 해 5月에 大學釋疏를 進上하고 論語釋疏는 올리지 못하고 작고하였다는 기록이 있다.[10] 이는 眉巖이『四書三經吐釋』을 詳定하라는 命을 받은 宣祖 9年(1576) 4月 이후는 詩經과 書經의 釋義를 지을만한 여유를 갖지 못하였을 것임을 말하여 준다. 따라서 그의 詩經과 書經의 釋義는 1576년 4월 이전에 이루어진 것으로 보아야 한다.

V. 結語

經典의 諺解에 대하여 朴世采는 다음과 같이 말하고 있다.

우리나라의 經書의 口訣과 釋義는 중국에는 없는 것이다. 薛聰에게서 시작되어 鄭圃隱 權陽村에서 이루어졌다. 世祖朝에 이르러서 諸臣들에게 分命하여 口訣을 짓게 하였으나 오히려 사람들이 각기 著書가 있어서 의견들이 紛紜穿鑿하였다. 宣祖朝에 이르러서 局을 설치하고 신하들에게 명하여 여러 著書들을 참조하여 취할 것은 취하고 버릴 것은 버려 諺解를 지어 定하니 드디어 一代의 典範이 이루어졌다. 可히 盛大하다 하겠다.

(增補文獻備考卷243 藝文考二. 歷代著述)

이는 經書諺解가 이루어지기까지의 긴 과정을 극히 간단하게 요약한 것으로 이 사업이 儒學의 연구에 있어 얼마나 중요한 것이었나를 말하여 주는 것이다. 宣祖의 독려에 의하여 經書諺解 작업이 진행되는 동안 經

---

10 李忠九, 前揭書, 31면 이하.

典解釋에 대한 諸家의 異論을 수합하고 비판함으로써 바른 諺解의 길로 가려는 과정에서 이들 釋義가 이루어졌다. 이는 經典研究史에 있어 매우 중요한 위치를 차지하는 것이며 국어사의 자료로서도 큰 가치를 갖는 것이다. 이 시대의 釋義는 退溪의 四書와 三經의 釋義만이 현재 알려져 있는데 借字로 표기된 詩經과 書經의 釋義가 새로이 발굴되어 우리에게 참신한 자극을 준다. 이는 眉巖 柳希春의 著述로서 1576년 이전에 지어진 것으로 추정되는 것이다.

끝으로 이 釋義가 借字로 표기된 까닭과 함께 그 국어사적 의미에 대하여 논급할 필요성을 느낀다.

이 釋義가 차자로 표기된 것은 이 시대에 갑자기 이루어진 것이 아니라 오랜 문자생활의 전통을 계승한 것이다. 우리는 訓民正音이 창제되었어도 차자표기는 쇠퇴하지 않고 공존해 왔음을 알고 있다. 壬辰亂 때는 왕이 다음과 같은 명령을 내린 일이 있다.

上教曰 黃海道教書 己爲製進矣. 士人則自能解見 其餘人則恐不能知之. 此教 書則士人處曉諭. 又入吏讀 去其支辭 多作朝廷榜文. 又令義兵將 或 監司等 飜以諺書 使村民皆得而知之事 議啓(『宣祖實錄』 卷29, 1a)

이는 教書의 내용을 士人들에게는 漢文 그대로 알릴 것, 또 이 教書를 곁가지의 말은 덜어버리고 吏讀를 넣어 朝廷의 방문을 만들어 게시할 것, 村民들에게는 諺文으로 번역하여 모두 알리도록 할 것을 명한 것이니 이 당시 이미 사회적인 계층에 따라 漢文, 吏讀, 언문의 3중적인 문자생활이 이루어져 있었음을 말하여 주는 것이다. 이러한 문자생활은 『牛馬羊猪染 疫病治療方』의 漢文을 吏讀와 한글로 번역한 사실에서도 확인된다. 이러한 점으로 볼 때 諺解는 初學者들까지도 대상으로 하지만 釋義는 經典의 내용을 상당히 익힌 사람을 대상으로 하는 것이므로 당시로서는 借字로 表記하는 것이 오히려 당연한 것이라 하겠다.

釋義를 차자로 표기하는 것은 訓民正音 창제 이전에 이미 있었다고 보아야 한다. 薛聰이 六經文學을 우리말로 읽었다는 것은 釋讀口訣을 사용했던 것으로 믿어지지만 義湘과 均如의 記釋들이 '雜以方言'했었다는 것은 釋義를 차자로 표기했었음을 말하는 것이다.[11] 비록 佛家와 儒家의 차이가 있지만 儒家에도 이러한 전통이 없었다고 할 수는 없다. 13세기에 이루어진 『瑜伽師地論』의 釋讀口訣에서 吐表記에 사용된 '民'자가 이 『詩經釋義』에서 'ㄱ'음의 표기에 사용한 것은 단순한 우연이라고만 할 수는 없는 것이다. 비록 이 석의가 16세기의 자료로서 당시의 언어와 표기법을 반영하는 改新이 있었다고 하더라도 과거부터의 전통을 계승하고 있음을 보이는 것이다.

均如의 記釋을 梁在淵선생은 이미 鄕札이라고 하였거니와[12] 借字表記의 詩經과 書經의 釋義도 앞에서 검토해 온 바와 같이 우리말을 완전히 표기한 것이어서 鄕札로서의 손색이 없는 것이다. 이러한 점에서 시대별로 변천해온 鄕札의 한 모습을 이 借字表記의 釋義에서 확인할 수 있게 되었으니 그 국어사적인 가치가 또한 크다.

■ 『退溪學研究』 第7輯, 1993. 11.
　2014년 5월 1일 修訂.

---

11 拙稿(1988), 釋讀口訣의 起源에 대하여, 『국어국문학』 100, 국어국문학회 參照.
12 梁在淵(1959), 均如大師 研究, 『중앙대학교 논문집』 4 參照.

陶山書院本『小學諺解』에 대하여

Ⅰ.『小學諺解』의 編纂

陶山書院 所藏의『校正廳本 小學諺解』는 初刊本 全六卷四冊이 완전하게 보존되어 있다. 이것은 國內에서는 유일하게 그 完本이 보존되어 있는 것이다.[1] 이 책은 다음과 같은 內賜記를 가지고 있어 그 刊行年代를 알 수 있다.

> 萬曆十六年正月 日
> 內賜陶山書院『小學』諺解一件
>   左承旨臣朴(手訣)

萬曆 16년은 宣祖 21년으로 1588년이다. 그런데 李山海가 쓴 跋文은 '萬曆十五年丁亥四月上澣'으로 되어 있다. 內賜한 때를 刊行된 때로 보면 跋文을 쓴 후 근 10개월이 지나서 간행된 것이다. 이는 宣祖가 1584년(宣祖 17 甲申)에 校正廳의 설립을 命하고 文學之士를 모아 四書三經의 音釋을 校正하고 諺解하도록 한 후 4년 만에『小學諺解』만이 먼저 간행된 것이다. 四書三經의 諺解도 宣祖 21년(1588) 10월에 완료되기는 했으나 刊行된 것은 陶山書院藏本의 內賜記로 보아 이보다 2년 후인

---

1 安秉禧(1979), 中世語의 한글資料에 대한 綜合的인 考察,『奎章閣』3, 서울大圖書館 參照.

1590년이다.[2]

이 『小學諺解』는 四書諺解의 版本과 같이 庚辰字 鑄字本이다.

책의 크기: 22.9 × 36.0cm, 四周雙邊, 半郭: 17.1 × 24.8cm, 有界 10行 19
字, 上下白口, 內向三葉花紋魚尾이고 傍點이 쓰였다.

小學이란 말은 흔히 세 가지 뜻으로 쓰여 왔다. 그 하나는 小學堂, 즉
학교의 뜻이다. 이는 三代(夏·殷·周) 이전부터 있어온 중국 고대의 제
도로, 통상 8세에는 小學에 들어가고 15세에는 大學에 들어간다고 한 小
學이 그것이다. 둘째로는 漢文의 形·音·意를 연구하는 文字學을 가리
켜 小學이라고 하였다. 이는 漢代 이후부터 근대까지 쓰여 온 명칭이다.
그 다음이 朱子가 劉淸之(字는 子澄)의 도움을 받아 편찬한 책의 명칭이
다. 이를 朝鮮朝의 學者들은 『朱子小學』이라고도 하였다.

이 『朱子小學』은 小學堂의 學童들이 익혀야 할 내용을 經書와 諸史 및
家訓 등에서 추출하여 편찬한 것으로 內篇과 外篇으로 구성되어 있다.
內篇은 立敎, 明倫, 敬身, 稽古의 四項으로 되어 있고 外篇은 嘉言과 善行
의 二項으로 되어 있다. 朝鮮朝의 學者들은 이 『小學』을 人倫을 밝히는
根本이 되는 책이라 하여 愛親, 敬兄, 忠君, 弟長의 道理 등 儒敎의 根本
이 되는 내용이 모두 담겨져 있는 것이라 하였다.[3]

---

2 宣祖 12년 10월에 '甲申年 命設校正廳 聚文學之士 校正四書三經音釋 仍令諺解 至是
告訖. 堂上郞廳等 以次論賞(『宣祖實錄』 卷22, 26a)'이라 되어 있다. 여기서는 『小學諺解』에
대한 記事는 빠졌다. 그러나 『小學』 諺解跋文에는 ''小學』 一書 最切於人道…萬曆乙酉春
設校正廳 選儒臣若干人 釐正舊本…翌年夏事訖 卽繕寫投進'이라고 되어 있어 이 諺解가 校
正廳에서 이루어진 것임을 말하여 주고 있다.

3 明宗 6년 10월에 '傳于禮曹曰 小學乃明人倫之書 而愛親敬兄忠君弟長之道 無不備載.
故古者 人生八歲則皆入小學 敎之以灑掃應對進退之節 禮樂射御書數之文有 以收放心養德
性 以爲大學之基本矣.(『明宗實錄』 卷12, 29)라 되어 있다. 이와 類似한 내용은 實錄의 여러
곳에서 발견된다.

이 책은 朱子學과 더불어 일찍부터 우리나라에 들어와 읽혔을 것이나 文獻上으로 분명하게 확인되는 것은 高麗末 14세기라고 한다.[4] 朝鮮朝에 들어와 性理學이 國家의 中樞的인 學問이 되면서 선비들이 필수적으로 학습해야 할 책으로 지정되었고 朝鮮朝末까지 전국적으로 보급되어 학습되었다. 그러는 동안에 『小學』은 다음과 같이 3번 諺解되었다.

『飜譯小學』(中宗 13년, 1518)
校正廳本 『小學諺解』(宣祖 21년, 1588)
英祖版 『小學諺解』(英祖 20년, 1744)

이들은 같은 책이 時期를 달리하여 諺解되었기 때문에 國語의 變遷史를 연구하는 데 매우 중요한 자료가 될 뿐 아니라 우리의 儒學史가 발전한 軌迹을 보여 주기도 하는 것이어서 소중한 우리 文化의 遺産이라 하겠다.

Ⅱ. 小學之道의 展開

校正廳本 『小學諺解』는 16세기 후반의 國語를 반영하는 資料로서 中世國語와 近代國語를 境界 짓는 線上에 있는 것이기 때문에 일찍부터 國語學界의 주목을 받아 왔다. 특히 같은 책이 中宗朝에는 『飜譯小學』으로도 간행되었으므로 두 諺解書의 對照研究가 있어 왔고 앞으로도 이러한 연구는 지속되어야 할 것이다. 그러나 두 책은 단순히 言語的 차이만 있는 것이 아니라 諺解態度에 차이가 있는 것이므로 그 對照研究에는 이 점이 우선 고려되어야 할 것이다.

校正廳本의 凡例에는

---

4 金約瑟(1969), 小學書 및 小學에 대하여, 『국회도서관보』 6권2호 參照.

戊寅本(『飜譯小學』)이 사람들에게 쉽게 이해시키고자 하여 本文 글자의
뜻 이외에 註語도 함께 넣어 새겼으므로 繁雜함을 면치 못하였다. 이제는
이 枝辭들을 없애고 大文에만 의지하여 글자에 따라 새기고, 새겨서 통하지
못하는 곳이 있으면 分註를 내어 새긴다.

고 하였다. 李山海의 校正廳本 跋文에도 이와 같은 內容을 말하고 이것
이 임금(宣祖)의 뜻을 존중한 데서 온 것이라 하였다.[5] 이는 『飜譯小
學』이 意譯的인 태도를 취한 것이라면 校正廳諺解는 直譯的인 태도를 취
한 것임을 말하여 주는 것이다.

『宣祖實錄』을 보면 宣祖가 諸臣들과 家禮의 解釋에 대하여 의논하는
가운데 『飜譯小學』에 대한 얘기가 나왔을 때 '『飜譯小學』역시 잘못된
곳이 있다'고 지적한 적이 있다.[6] 宣祖의 이 指摘이 구체적으로 어떤 사
실을 가리킨 것인지 집어내긴 어렵지만 단순히 意譯的 態度만을 가리킨
것이라고 하기는 어렵다. 우선 『飜譯小學』은 그 底本을 『小學集成』으로
한 데 대하여 校正廳本은 『小學集說』을 底本으로 한 것에 유의할 필요가
있다. 『小學集成』은 世宗代에 이미 우리나라에 들어와 廣布되어 있었던
것이고 『小學集說』은 明의 程愈가 撰한 것인데 그 序文의 年代는 成化
22년(1486)으로 되어 있다.[7] 이 後代의 註解本인 『小學集說』의 견지에서
先代의 『小學集成』에 근거하여 諺解한 『飜譯小學』을 볼 때 誤譯으로 判
斷되는 것이 없지 않았을 것으로 생각된다. 또 『飜譯小學』이 간행된 이
후 退溪, 栗谷, 晦齋(李彦迪), 眉巖 등과 같은 大學者들이 나와 經書에 대
한 연구가 깊어졌다. 栗谷은 1579년(萬曆 7, 宣祖 12)에 당시까지의 중요

---

5 註 1 參照.
　6 金宇顒啓曰…己卯年嘗翻譯小學 然譯小學較易 家禮極難商酌 且己卯人材亦多 今日恐
未及也 不如姑勿爲之 使宝賢之書自在 知者知之而已 上曰 己卯翻譯 亦有誤處. 宇顒曰 誠然
今解家禮 恐誤處不止己卯也(『宣祖實錄』卷7, 64a)
　7 李忠九(1990), 『經書諺解研究』, 成均館大 大學院 博士學位論文, 26~46면 參照.

한 『小學註解書』의 내용을 取捨選擇하여 『小學集註』를 著述했다. 이것은 英祖版 『小學諺解』의 底本이 되었거니와 校正廳本 『小學諺解』에는 退溪의 弟子들이 대거 참여하여[8] 그의 學說이 크게 반영되었음을 말하여 주고 있다. 이러한 硏究들이 진행되는 과정에서 『飜譯小學』의 내용을 볼 때 誤謬로 판단되는 것이 또한 없지 않았을 것이다. 宣祖가 말한 『飜譯小學』의 잘못은 이러한 여러 관점에서 고구해야 할 것이다.

다음에, 『飜譯小學』은 意譯으로 하고 校正廳本은 直譯으로 한 까닭에 대하여 밝혀 두는 것이 두 版本을 이해하는 데 도움이 될 것이다. 본래 經書는 佛經諺解의 예로 볼 때 直譯을 하는 것이 원칙이다. 『小學』도 이 원칙에서 보면 直譯이 되었어야 할 것이다. 그럼에도 불구하고 『飜譯小學』이 意譯된 것은 이 책에 대한 當時人들의 해석이 독특했기 때문이다. 본래 『小學』은 '人生八歲入小學 十五入大學'이란 學制에서 小學堂의 敎材로서 편찬된 것이다. 朝鮮初期 權近의 勸學事目(太宗 7년, 1407)에서도 『小學』의 學習을 중시하여

京外의 敎授官들은 반드시 『小學』을 生徒들로 하여금 먼저 講하게 한 연후에 다른 책을 익히도록 허락해야 한다. 生員의 試驗에 응하여 大學에 들어가고자 하는 자는 成均正錄所로 하여금 먼저 이 책을 通했는지의 與否를 상고하고서 試驗에 응하도록 하는 것을 恒式으로 삼아야 한다.

고 하였다.[9] 이는 제도로 굳어져 지속되어 내려왔는데 후대로 오면 『小學』을 단순한 小子之學으로 보지 않고 늙을 때까지도 마땅히 배워야 할 것으로 인식하게 되었다. 그리하여 中宗 12년 11월 經筵官들은

---

8 校正廳의 諺解에 참여한 사람은 李山海의 跋文 다음에 列記되어 있다. 그 수는 모두 31명인데 그 가운데 退溪의 弟子는 趙穆등 모두 14명이나 된다(李忠九, 上揭書, 39면 參照).
9 『太宗實錄』 卷13, 14b 參照.

鄭麟趾는 平生토록『小學』을 손에서 놓지 않고 늙어서도 게을리 하지 않아 마침내 大人이 되었고 金宏弼도 力行孝弟해서 理學의 根本으로 삼 았다.

고 하였다.[10] 金宗直의 弟子인 金宏弼은 30세까지『小學』만을 익히고 다른 책을 읽지 않았으며 스스로를 小學童子라고까지 칭했다고 한다. 역시 金宗直의 제자들인 南孝溫, 姜應貞, 朴演 등은 成宗 때에 小學契를 만들어『小學』의 道理를 행할 것을 표방하였다.[11]

中宗朝에 들어와서『小學』의 學習이 强化되고 그 普及이 窮巷僻地에까지 미칠 것이 강조되었다. 이것은 國初부터 强調되어온 儒學이 16세기 초에는 거의 전국적으로 보급되어 갔음을 말하여 주는 것인데, 金宗直에서 金宏弼로, 金宏弼에서 趙光祖로 이어지는 學統과, 그 밖에 金宗直의 弟子들인 新進士類들의 영향이 또한 컸다. 역시 金宗直의 門人인 金安國은

옛사람이 이르기를 小學書는 父母와 같이 사랑하고 神明과 같이 恭敬할 책이다. 放心을 가다듬고 德性을 기르는 데 이보다 더 큰 것이 없다. 이제 만약 시골과 중앙의 모든 사람이 모두 알고 숭상하게 하면 自然히 教化가 大興해서 小學之道가 一世에 밝혀질 것이다.

라고 하였다.[12] 그는 특히 慶尙道 觀察使로 있을 때, 백성들을 教化함에 儒生들로 하여금 먼저『小學』을 講하게 하고 극진하게 誘掖하여 만약 터득의 기미가 있는 것을 보면 반드시 左右에 이끌어 두고 은근히 가르치

---

10 『中宗實錄』卷30, 47a, b 參照.
11 『成宗實錄』卷91, 29b 및『燕山君日記』卷31, 3b 參照.
12 『中宗實錄』卷26, 57a, b 參照.

니 선비들이 모두 즐거워하였다. 旌閭가 퇴폐된 것은 고치고 祭壇이 황
폐화된 것을 수리하였으며『呂氏鄕約』을 印刊하여 鄕里에 勸하고 忠臣孝
子의 후예들을 優待하였다.[13] 이로 인하여 一道의 教化가 크게 진작되어
당시 大衆教化의 한 표본으로 자주 일컬어졌다. 中宗 12년(1517) 7월에
는 弘文館에서 啓를 올리기를

　聖上께서 心學에 沈潛하시고 人倫을 돈독히 하는 데 힘쓰시어 이미『續
三綱行實』을 撰하도록 命하시고 또『小學』을 印出하여 中外에 널리 펴시
고자 하시니 그 뜻이 심히 盛大합니다. 그러나『三綱行實』에 실린 것은 모
두 變故나 어려움을 만났을 때 특별히 뛰어난 行爲를 한 것이지 日常的으로
행하는 道理는 아니므로 모든 사람에게 권할 만한 것은 아닙니다.『小學
書』는 日用에 緊切한 것이지만 글을 모르는 閭巷의 庶民과 婦人들은 읽어
익히기가 어렵습니다. 바라옵건대 여러 책 가운데서 日用에 가장 切實한
小學, 烈女傳, 女誡, 女則과 같은 類를 諺字로 飜譯, 印刊하여 中外에 頒布
하고 위로는 宮掖으로부터 朝廷의 卿士들의 집에 이르고, 아래로는 委巷小
民에 이르기까지 두루 알도록 講習함으로써 한 나라의 가정들이 모두 바르
게 되면 乖離된 氣運이 없어지고 하늘이 和應하여 사람마다 親함이 있을
것입니다라고 하였다. 이에 政院에 傳教하기를 '弘文館이 올린 啓의 뜻이
至當한 것이니 해당 部署에서 마련하여 시행토록 하라'고 하였다.[14]

이것은『飜譯小學』의 事業을 마련토록 命한 것인데 그 目的이 단순히
小學堂의 教材로서 사용되는 범위를 넘어 閭巷庶民과 婦人들까지도 教化
시켜 風俗을 刷新시키려는 것이었음을 말하여 준다. 이것은 趙光祖등의
至治主義의 一環에서 나온 것으로 생각되는데 그 영향인 듯 이 해 8월에

---

13 『中宗實錄』卷27, 47~48a 參照.
14 『中宗實錄』卷28, 21b~22a 參照.

는 中宗이 스스로 小學의 實踐을 중시하여 이 책을 進講토록 하였다.[15] 이때 趙光祖는 晝講에서

반드시 『小學書』를 窮巷僻村에까지 보급한 연후에 事父以孝, 事君以忠을 모두 알게 되면 先後次序가 밝게 갖추어질 것입니다. 世宗朝에는 小學之道에 專心하여 책을 中外에 頒布하였으나 近來에 사람들이 이를 誦習하지 않을 뿐 아니라 冊 역시 끊기었습니다. 뜻 있는 선비들이 몸소 행하고자 하여도 사람들의 嫌惡를 받기에 이르렀습니다. ⋯⋯ 이제 위(임금)에서부터 斷然히 이 책을 읽으면 士林들이 듣고 鼓舞振作되어 治理의 方便이 거의 바르게 될 것입니다.[16]

이듬해 7월 趙光祖는 임금이 몸소 실천한 결과를 다음과 같이 말하고 있다.

우리나라에서는 전에 小學을 괴이하고 헛된 學問과 같이 여기어 읽지 않았었습니다. 近日에 臣이 成均館에 돌아가 본즉 入學者가 모두 『小學』을 끼고 있고, 읽는 자도 전에 괴이하고 헛된 것이라고 하던 자가 많았습니다. 지금 읽지 않는 자들은 그 父兄이 잘못이라고 합니다. 그 源流를 생각해 보면 이는 임금께서 능히 好惡의 바름을 보이신 까닭입니다.[17]

이것은 『飜譯小學』 1천 3백 件을 印刊하여 朝廷의 臣下와 宗親들에게 나누어 준 직후의 상황이었다.[18] 이때는 新進士類들이 中宗의 知遇를 받아 時弊를 개혁하고자 하는 의지가 왕성하던 때였는데 趙光祖가 가장 有

15 『中宗實錄』 卷29, 51a~52b 및 53a 參照.
16 『中宗實錄』 卷29, 56a, b.
17 『中宗實錄』 卷34, 19a.
18 『中宗實錄』 卷34, 3a, 中宗 十三年 七月.

名하여 그를 본받고자 하는 사람이 많았다. 그리하여 年少之輩들이 小學 之道를 談論하여, 動作容止에 이르기까지 中度를 힘써서 戲謔하는 일을 하지 않았다. 性理學의 책을 끼고 있는 자는 비록 有名無實해도 道學之人 이라고 하였으므로 文官과 선비들이 읽는 것은 『近思錄』, 『小學』, 『大 學』, 『論語』 등의 책뿐이었다.[19] 이러한 분위기에서 小學之道가 强調되고 『飜譯小學』이 이루어졌기 때문에 己卯士禍로 新進士類들이 禍를 입고 쫓 겨난 후 『小學』은 取禍之書로 여겨 學習을 꺼리게 되었다. 中宗 16년 正 月 朝講에서 南袞은

얼마 전 年少한 무리들이 그 施行하는 바 움직임을 聖賢을 期約한다고 하였다. 그러나 位勢를 得함에 이르러서는 서로 朋黨을 이끌어 마침내는 일을 그르치어 政亂에 이르도록 하였다. 그리하여 국가에서는 부득이 加罪 하였을 따름이고 옛 도리가 그르다고 한 것은 아니었다. 지금의 선비들이 時弊를 생각지 않고 모두 잘못 罰하였다고 생각한다. 外方의 사람들은 간혹 小學之道를 행하는 것을 禁忌로 여기는데 이는 모두 國家의 本意를 모르는 것이다.[20]

라고 하였다. 이는 己卯士禍를 겪은 지 1년 남짓한 뒤의 상황이었다. 中 宗 38년 7월에는 金麟厚가 晝講에서 이르기를

己卯之人은 그 한때 한 일들은 비록 다 옳다고 할 수는 없지만 그 本心은 털끝만치도 나라를 속인 것이 없는데 끝내는 重罪를 입었습니다. 그 후 罪 를 입은 사람은 비록 大逆不道하여 죽어도 남을 만한 罪가 있는 자도 세월 이 오래되면 간혹 復職者가 있었는데 己卯之人은 아직 上恩을 입지 못하여

---

19 『中宗實錄』 卷34, 36a, b 參照.
20 『中宗實錄』 卷41, 22a.

臣은 홀로 편치가 못했습니다. 비단 이뿐만 아니라 한때 崇尙하던『小學』,
『鄕約』의 책을 모두 버리고 쓰지 않습니다. …… 지금의 儒者들이 世俗에서
崇尙하는 것에 빠져 읽어서는 안 될 책으로 여겨 내버리니 더욱 편치가 못
합니다.

라 하였고, 이어서 李彦迪이 말하기를

祖宗朝가 敎化를 밝히고 人倫을 도탑게 하는 것을 本으로 삼아 왔습니
다. 『小學』의 책과 같은 것은 取才時에 이르러서 모두 講하였고 飜譯三綱
行實 또한 中外에 頒布하여 勸勵했기 때문에 사람들이 善을 행하는 데 즐
거워하여 治政의 變則이 없었습니다. 殿下께서 卽位初에는 오로지 學問에
힘쓰고 四維를 돈독히 숭상하였기 때문에 그 遺風餘俗이 큰 變故에 이르지
는 않았었는데, 士林의 禍를 겪으면서 사람들이 모두 敎化에 대하여 말하기
를 꺼려 선비의 習慣의 訛謬와 風俗의 不明이 이에 이르렀으니 이 積弊를
하루아침에 변혁시킬 수는 없습니다.

라고 하였다.[21]

明宗 初에는 經筵에서 아침과 낮에는『小學』을, 저녁과 夜對에는『孝
經』을 講하도록 하였는데 이 經筵에서도 자주 이와 같은 논의가 있었다.
明宗 6년 9월에는 慈殿과 신하가 趙光祖가 죄를 입은 후『小學』의 가르
침이 쇠퇴한 것을 歎하고 小學敎育의 중요성에 대하여 논의하였는데 이
에 대하여 史臣의 解說은 저간의 사정을 간결하게 집약하고 있다.

己卯年間에, 趙光祖등이 小學之道를 부르짖음으로써 一時의 선비들이
일제히 사모해서 쏠리니 尺步를 옮기는 습관도 찬란하여 볼만하였다. 南袞,

---

21 『中宗實錄』卷101, 12a, b.

沈貞 등이 밤에 神武門으로 들어가 趙光祖등의 罪를 청하여 한때 淸流라고 불리던 이들이 혹은 죽고 혹은 귀양가서 남은 자가 없이 되었다. 이후부터 세상에서는 『小學』을 禍를 取하는 것으로 여기어 父兄은 이를 禁하고 師友는 경계하고 머리나 발의 태도가 혹 近似한 자가 있으면 小學之道라고 지칭하며 떠들어서 衆人들이 잘못이라고 하였다. 世道가 이에 이르렀으니 선비들의 習慣이 不美한 것이 또 어찌 괴이하다 하겠는가.

라 하였다.[22] 이밖에도 明宗實錄에는 趙光祖등의 被禍로 인하여 『小學』을 '生禍之書'[23]라 하고 심지어는 '殺人之毒藥'과 같이 여기는 父兄이 있다고도 하였다.[24]

이러한 점들로 볼 때 『飜譯小學』은 趙光祖를 중심으로 한 新進士類들이 儒教思想의 가장 기본이 되는 小學之道를 百姓들에게 教化시키려는 데서 飜譯된 것임을 알 수 있다.[25] 따라서 이 飜譯은 『(續)三綱行實圖』, 『呂氏鄕約諺解』, 『正俗諺解』, 그리고 간행되진 않았지만 女誡, 女則 등과 같은 次元의 教化를 목적으로 한 것이다. 또 그 讀者를 『小學』의 學童뿐만 아니라 위로는 宮中과 公卿大夫의 가정에서부터 아래로는 委巷小民에 이르기까지 男女老少를 모두 대상으로 한 것이다. 『飜譯小學』이 直譯을 하지 않고 意譯을 한 것은 이러한 여러 讀者層들이 原文인 漢文에 의지하지 않고도 그 내용을 이해할 수 있게 하고자 하는 데 있었던 것이다.

己卯士禍 이후 士林의 士氣는 沮喪되었으나 『小學書』등에 의한 教化는 지속적으로 장려되었다. 明宗 元年에는 窮巷僻村人들 가운데서 글을

---

22 『明宗實錄』 卷12, 20a, b.
23 『明宗實錄』 卷19, 50b.
24 『明宗實錄』 卷16, 24b.
25 『飜譯小學』의 作業에 참여한 사람은 南袞의 跋文 다음에 16명이 열거되어 있다. 그 가운데 趙光祖, 金正國, 孔瑞麟, 柳仁淑은 新進士類로 확인되는 사람들이다. 이들은 그 직책으로 보아 飜譯에 중요한 역할을 담당한 것으로 보인다.

解得하는 사람을 택하여 賤庶를 물론하고 學長을 삼아 그들로 하여금 開蒙敎誨하는 節目을 禮曹로 하여금 마련하라는 單子를 내렸고,[26] 明宗 6년 10월에도 『小學』의 敎誨節目을 자세히 마련하여 中外에 曉諭하라는 傳敎를 禮曹에 내렸다.[27] 이는 16세기 중엽에는 國初에 비하여 儒學의 敎化가 窮巷僻村에까지 보급되어 있었음을 말하는 것이다.

또 己卯士禍 이후에는 士林들이 政治의 濁流에 휘말리기보다는 學問的으로 연구하는 방향으로 나아갔기 때문에 經書에 대한 性理學的 硏究가 크게 발전하였다. 이러한 學問的 硏究態度는 經書의 諺解에 있어 經書의 奧旨를 잘못 해석할 우려가 있다고 하여 매우 愼重한 태도를 취하게 하였다. 이것이 經書들의 意譯을 피하고 直譯을 하게 하는 원리가 된다. 校正廳本의 『小學諺解』가 直譯的 態度를 취한 것은 『小學書』를 敎化書로 보지 않고 經書와 같은 硏究書로 본 態度이다. 이것은 『小學諺解』가 四書三經과 같이 校正廳에서 諺解되었다는 사실로도 짐작할 수 있다. 이러한 사실들로 볼 때 敎化書로서의 『小學』과 硏究書로서의 『小學』이 『飜譯小學』과 『校正廳本 小學諺解』의 중요한 차이점임을 알 수 있게 된다.

Ⅲ. 小學諺解의 語學的 특징

이 책에 대한 語學的인 考察은 이미 여러 先學들의 업적에서 정리된 바 있다. 여기서는 이 책의 索引을 맡았던 李建植 교수가 정리한 것을 토대로 몇 가지 특징을 열거하기로 한다.

먼저 다음과 같은 誤字들이 있음이 발견된다.

采치夏ᄌ肆ᄉ齊ᄒᆞᄂᆞᆫ→采치齊ᄌ肆ᄉ夏ᄒᆞᄂᆞᆫ(三, 18a)

---

26 『明宗實錄』 卷3, 91b 參照.
27 『明宗實錄』 卷12, 29a, b 參照.

冠과쁜이(六, 77b)

禮려를(六, 104a)

故근人인은(六, 105a)

본래 吐에는 傍點을 표시하지 않는 것이 원칙인데,

未 미 也 야 ㅣ 로이 ·다(四, 5b)

의 '·다'와 같이 사용된 것은 예외적이다. 한 예만이 발견되는 것이어서
誤字일 가능성도 있다.

△자는 '가슴열-, 나아가-, 우숨, ᄆᆞᅀᆞᆯ' 등과 같이 사용되고 있으나 혼란
이 심하여 이미 소실된 음임을 보여 준다. 강세의 첨사 '-ᅀᅡ'는 다음과
같은 여러 모습으로 나타난다.

a. 업이 너베아(題辭, 3b)   늣게아 오면(四, 33a)

b. 금지ᄒᆞ여사(五, 90b)

c. 우흘 닑에ᅀᅡ(五, 113b)   고텨지라 ᄒᆞ여ᅀᅡ(六, 77b)

ㆁ자는 終聲에서는 거의 정확하게 사용되었다. 그러나 初聲에서는

시서ᅌᅵ이다(二, 7b)

와 같은 重綴表記에서 예외적으로 사용된 예가 있다.

竝書는 ᄭᅵ, ᄯᅵ, ᄲᅢ, 씨, ᄠᅵ, ᄡᅵ, ᄢᅵ, ᄩᅵ, ᄧᅵ, ᄭᅵ 등이 쓰였다.

이ᄭᅳ며(題辭, 4a)   ᄲᅩᆷ(三, 22b)   ᄲᅵ리고(二, 5a)

ᄡᅳᆯ디니(二, 36b)   ᄠᅳᆮ(凡例, 1a)   ᄡᅳ면(凡例, 3a)

거슮쓰며(書題, 2a)　　　　呰(二, 7b)　　　　뼈디게(六, 36a)
빠디며(二, 8a)

여기서 各字竝書는 '쓰'만이 쓰였는데 이는 'ㅅ'의 合用竝書라고 볼 수
있으므로 各字竝書는 원칙적으로 안 쓰인 것으로 볼 수 있다.
　終聲은 八終聲字가 쓰였다. 그러나 'ㄷ'과 'ㅅ'은 混記되고 있다.

　　낟빗츨(一, 14a) → 눋비츨(六, 103a)

에서와 같이 주로 'ㅅ'이 'ㄷ'으로 바뀌고 'ㄷ'이 'ㅅ'으로 바뀌는 예는 거
의 없다. 다만

　　飮食 ᄀᆞᆮ튼 類에(六, 5b)

의 'ᄀᆞᆮ튼'은 'ᄀᆞᆺ튼 類(六, 10a)'로도 표기되어 'ㄷ'과 'ㅅ'이 혼용됨을 보여
준다.
　終聲의 竝書는 ㄺ, ㄻ, ㄼ, ㄳ, ㄾ이 쓰였다.

　　긁ᄉᆞ오며(二, 3a)　　　　옮ᄂᆞ니(五, 89b)　　　붋디(二, 39a)
　　고옳관원(五, 100b)　　　듨재ᄂᆞᆫ(五, 101b)

　'귓것싀게(五, 60a)'와 같은 重綴表記는 체언에서는 간혹 나타나나 용언
의 경우도

　　눕도 볼가 ᄒᆞ야 죽겨 묻고 가(五, 5a)

에서와 같이 드물기는 하지만 나타난다.

15세기에서는 볼 수 없는 分綴表記가 다음과 같이 나타난다.

험을(五, 22b) ← 허믈(累)

설으(六, 93b) ← 서르(相)

안임(六, 90a) ← 아님(不)

이밖에 子音同化에 역으로 유추되어 '옮ᄂᆞ니라'가 '옮ᄂᆞ니라(三, 3a)'로 표기된 예도 보인다.

漢字音의 初聲 'ㄹ'은 語頭에서 'ㄴ'과 混用되었다.

낭텽 : 郞廳(六, 104a) ∼ 랑텽이니(六, 116a)

녜도 : 禮道(五, 49a) ∼ 레도(六, 130a)

강논티(五, 2b) ∼ 강론ᄒᆞ야(六, 11b)

또 'ᄒᆞ거늘'이 'ᄒᆞ거를(四, 34b)'로 표기되어 'ㄴ'과 'ㄹ'이 혼용된 예가 있다.

'·'음이 제2음절에서 'ㅡ'음으로 바뀌는 경향은 이 책에서도 예외가 아니다. 제1음절의 'ᄒᆞᆰ'이 이미 '흙(六, 122a)'으로 바뀐 예도 보여 준다. 한편 주변음에 동화되어 '·'음이 'ㅗ'음으로 바뀐 예도 나타난다.

도로혀(五, 14a)   말솜(六, 10b)

語頭硬音化의 예는 다음과 같은 예가 있다.

ᄭᅮ짓디(六, 77b)   ᄭᅮ죵ᄒᆞ여(五, 102b)   ᄆᆞᄅᆞ 써흐러(五, 71b)

語頭激音化는 '코(二, 7a)'와 '풀(三, 17a)'의 예는 확인되나 '갈(刀)'의 격

음화는 나타나지 않는다. '늣곳출(六, 102b)'은 15세기에 '늣곶'으로 쓰이던 것으로 語末에서 激音化의 예를 보여 준다.

'시절'과 '시졀'은『飜譯小學』에서도 混用된 예들이 나타나는데[28] 이 책에서도 흔히 볼 수 있는 현상이다. 한편 '튜존ᄒ-(五, 45b)'와 '츄존ᄒ-(五, 107a)'가 함께 쓰이고 있어서 口蓋音化가 이미 일어난 것으로 생각해 볼 수 있으나 漢字語여서 단언하기에는 조심스럽다. 종래 '됴티(好)'가 '죠티(五, 87b)'로 쓰였다 하여 이 책에 이미 口蓋音化 현상이 나타난 것으로 본 것은 影印할 때 '됴티'가 잘못된 것으로 판명되었다.

鼻音에 의한 자음동화는 다음과 같은 예들이 있다.

놈눗가이(五, 8a)   cf. 놉폰(五, 19a)

감ᄂ니(五, 5a)   cf. 갑픔을(五, 75b)

인ᄂ(二, 40b)   cf. 잇ᄂ(四, 54a)

둔ᄂ(三, 26b)   cf. 듣ᄂ(二, 9a)

이밖에 15세기의 '녈가와'가 '열가와(六, 110b)'로 나타난 예가 있고, 접속어미 '-야'가 '오'음 뒤에서 '보와(四, 8a)(六, 8b), 두토와(四, 39a)'로 나타난 예가 있다.

공동격조사 '-와/과'는 다음과 같이 혼란된 용례가 있다.

개과(三, 26a) ~ 개와(四, 21b)

술과(四, 15a) ~ 술와(一, 7a)

샹ᄌ과(二, 50b)

相샹鼠셔과(五, 21a)

---

28 洪允杓(1984),『飜譯小學 卷之六·七』解題.

보조어간 '-거'와 '-더'는 '-시'와의 분포에서 15세기와 같이 그 先後가 일정치 않다.

　　　　티거시눌(四, 27b)　　　통달ᄒ거시눌(四, 2b)　　　묻거시든(二, 58a)
　　　　녀기더시니(五, 87a)　　　ᄀᆞᆲ더시다(三, 13b)

에 대하여

　　　　ᄒᆞ시거늘(四, 4a)　　　말ᄒᆞ시거든(二, 59a)　　　너기시던(二, 26b)

과 같은 예들이 나타나는 것이 그것이다. 특이한 예로 15세기에는 볼 수 없었던 '주시거시든(二, 12a)'과 같이 '-시-'가 중복된 용례가 나타나기도 한다.

의도법보조어간 '-오/우'의 사용은 혼란되어 이미 그 용법이 없어졌음을 보여 준다. 그러나

　　　　네 나조차 나가 도라오디 아니ᄒᆞ면 내 니 문을 지혀셔 <u>ᄇᆞ라다니</u>(四, 33a)

와 같은 예에서는 '-다'가 '-더'의 의도법 형태로 유지되고 있음을 보여준다.

15세기의 '밍ᄀᆞᆯ-'은 이 자료에서도 거의 그대로 유지되고 있으나

　　　　ᄆᆞᆫᄃᆞᆯ-(六, 106a)　　　민ᄃᆞᆯ-(六, 30b)

과 같은 新形이 등장하고 있다.

▌『小學諺解 附索引』, 檀國大學校 附設 退溪學硏究所, 1991. 7. 20.
　2014年 5月 3日 修訂.

索 引

索引 凡例

1. 語辭索引과 事項索引으로 나누었음.
2. 語辭索引의 배열순서는
    ㄱ. 한글, 口訣字, 漢字(借字)의 순서로 하였다.
    ㄴ. 漢字(借字)索引은 가나다順으로 배열하되 첫 한자의 획이 적은 것을 앞
       에 놓고 제2음절부터는 한자음의 가나다順으로 배열하였다.
3. 事項索引의 배열순서는
    ㄱ. 한글, 漢字(借字), 口訣字의 순서로 하였다.
    ㄴ. 音節을 단위로 하여 배열하되 한글표기어를 앞에 놓고 漢字(借字)表記語
       를 뒤에 놓았다.
    ㄷ. 漢字表記語는 그 첫 한자의 획이 적은 것에서부터 많은 것의 순으로 하
       였고 두 번째 한자부터는 한자음의 가나다順으로 배열하였다.

語辭索引

ㄱ

가곡   331, 333, 338
가곡ᄒ-   337
가라ᄆᆞᆯ(黑馬)   70
가락   360
가리- ～ 거리-(岐)   341
가리다(岐)   360
가리다(岐)～거리다(岐)   362
가리맏   298
가리맛   298
가마오디   296
가모티   297
가몰티   297
가ᄉᆞ새   289
가슴열-   487
가ᄋᆞᆯ(秋)   391
가치무릇   293
가폴(鞘)～거플(皮)   341, 363
가희톱;白斂   292
간쟈ᄆᆞᆯ(線臉馬)   70
갇다(收)～걷다(卷)   341, 362
갈   489
갈외   299
갈지게(黃鷹)   70
감(柿)   391

감다(玄, 黑)～검다(黑)   341, 362
감뎻불휘   295
갓(物)～것(物)   341, 363
갓ㄱ-   343
갓ㄱ- ～ 것ㄱ-(折)   341, 362, 367
갓갓   331, 332, 334, 335, 339
갖(皮)   384
갖(皮)～겇(皮)   341, 363, 379,
개구리   346
개나릿불휘   291
-거(보조어간)   491
거두, 거도(卷)   365
거리   360
거리다(岐)   360
거머리   299
거머ᄒᆞ다   373
거믄춤ᄢᅢ   300
거싀년밤   299
검화   291
것ㄱ-   343
것보리   300
게ᄋᆞᆯ(冬)   391
겨ᅀᅳᆯ(冬)   391
겨ᅌᅳ사리너출   290
겨지븨듕의민   295
겹겨비   334

겹겹 339

겻기 430

계로기 292

고도리(骨業頭) 70

고돌개(靴) 70

고돌파 354

고라몰(土黃馬) 70

고비 354

고비(曲)~구븨(曲) 341, 363

고솜도티갓 297

고시 301

고즈기(辣)~구즈기(矯, 卓, 屹) 364

고족 331, 332, 338

고족 ~ 구즉 341

고족ᄒ다 375

고족ᄒ다(攫)~구즉ᄒ다(巇, 矯) 363

고피다(曲)~구피다(曲, 枉) 363

곡도숑 290

곧고대 334

골속 293

곱 382, 383

곱- ~ 굽-(曲) 341

곱골(외-) 336, 339

곱골외다(曲戾)~굽구뤼다(枉) 363

곱다(曲) 354, 366

곱다(麗) 383

곱다 → 고비 354

곱다(曲)~굽다(曲, 屈) 363

곱도숑 290

곱돌 382, 383

곱똥 382

곱창 382, 383

곳고리 325, 332, 336

과그르- 331, 333

과글이/과골이 337, 339

과남플 289

괴꼬리 296, 303

괴승아 293

괴외(ᄒ)- 336

구렁몰(栗色馬) 70

구리대 291

구믈 328, 332

구믈구믈 323, 328, 332, 335, 339

구믈우믈(〈구믈구믈) 328, 332, 335

구블 328, 332, 339

구븨 354

구즉 326, 333, 338

구즉구즉 326, 333, 335

구즉ᄒ다(卓, 矯) 375

굳다(固) 354

굴근나이삐 290

굴근도토리 295

굵죠갯거플 297

굼벙이 297

굽-(曲) → 구블 340

굽-/곱-(曲) → 굽굴위/곱골외- 340

굽굴위- 336

굽다(曲) 354, 366

굽다 → 곱다 354

굽다 → 구븨 354

귁진(白角鷹) 70

귓것싀게 488

귓돌와미　325, 332

규화　301

그르다(解)　376

그르메너흐리　298

그몸　376

그모록ᄒ다　376

그믈다　376

그슴　376

그슥　336, 338

그슴(限, 期)　376

귿그티　334

금다　376

금즈기다　376

긋다(劃)　376

긔ᄌ 왕　66

기러기기름　296

기울- → 기웃-　340

기웃　339

ᄀᆞ독　338

ᄀᆞᄅ-　376

ᄀᆞ르치다(敎指)　375

ᄀᆞᄆᆞᆫ　336, 339

ᄀᆞᅀᆞᆯ(秋)　391

ᄀᆞᄉᆞ라기　332

ᄀᆞᅀᆞ라기　330, 332

ᄀᆞ족　338

ᄀᆞᄐᆞ/ᄀᆞᄐᆞ며(如)　465

ᄀᆞᄐᆞ尼羅/ᄀᆞᄐᆞ니라　458

ᄀᆞ壯/ᄀᆞ장(最)　465

ᄀᆞ叱地/ᄀᆞᆺ다(如)　465

ᄀᆞ治乎尼/ᄀᆞ티 호니　458

ᄀᆞ吐勿/ᄀᆞ토몰　458

ᄀᆞᆯ가마괴　296

ᄀᆞᆯ히다(分, 解, 擇) ~ 글희다(解)
　340, 362

ᄀᆞᆰ다(刮)~긁다(搔)　340, 362

ᄀᆞᆷ-(瞬) → ᄀᆞᆷ족　340

ᄀᆞᆷᄌᆞ기다(瞬)~금즈기다(瞚, 動)　362

ᄀᆞᆷᄌᆞ기다　376

ᄀᆞᆷ다(瞬)　376

ᄀᆞᆷ족　329, 332, 338

ᄀᆞᆷ족- ~ 금즉-　340

ᄀᆞᆺ(邊)　376

ᄀᆞᆽ- ~ ᄀᆞᆺ-(劃)　340, 362

ᄀᆞᆽᄀᆞᆽ　327, 332, 335, 339

ᄀᆞᆽ다(切)　376

ᄀᆞᆽ-(備) → ᄀᆞ족　340

ᄭᅡᆨ다~꺾다　379

ᄭᅳᇀ(末)　376

ㄴ

---(으)ㄴ ᄃᆞ로　280

나(我)　360

나날　334

나담나(낟+암+나)다　372

나락(稻)　390

나모ᄯᆞᆯ기　300

나볃나볃　327, 332, 335

나ᅀᅡ가-　487

나이;蕘荣　301

나친(鴉鷄)　70

날호-　335

날혹즈늑　335, 336, 338

남다(餘, 越)~넘다(過, 越)　341, 362,
　367, 379

납가시　313

납거시　313

납거믜　299

낫나치　334

너(汝)　360

너무, 너모(過)　365

너운너운(〉너울너울)　332

너운너운(翩翩)　329, 335, 339, 376

넌즛　339

넘ᄂ물　294

년밤　299

년즛　299

녇가와　490

노, 로(羅)　73

노릇다　378

노릇다(黃)~누르다(黃)　341, 363

노기다(融)~누기다(弛)　363

노야기　301

노혼노혼　335, 339

녹각교　295

녹다(融)　367

녹다(融)~눅다(稀)　341, 363

누러ᄒ다　373, 378

누르다(黃)　378, 378

누리(世)　378

누에ᄢ낸죠희　298

누역　384

눅다(稀)　367

눈곱　382

눈비얏　289

눈비엿　289

느러니(늘+언+이)　372

느릅나모　294

늘근(老)　353

니림(主)　209

니섬니서　339

니쉿곳　291

닛므윰(齒齦)　388, 389

닛므음　389

닛믜윰　388

닛믜윰　388, 389

닛믜임　388

ᄂ눈ᄃ라미　295

눌근(古)　353

늙다(古)~늙다(老)　340, 362, 367

늡(他人)~놈(者)　374

눗곳출　490

눗곳　490

ㄷ

다듬-　~ 더듬-(探)　341, 362

다듬-　337

다로러거디러 다로러　322

다리러디러 다리로디러　322

다링디리　322

다복다복 326, 332, 335, 338

다ᄉ마머육;昆布 292, 303

다ᄋ다(盡) 360

다풀다풀(重重) 335, 339, 376

답쌉다 375

답ᄭᅵ- 331

답답(ᄒ다) 331, 332, 335, 339, 375

답샹- 339, 376

닶기- 331, 333, 375

당츄ᄌ 300

대왐플 292

댓가치 296

댓무수삐;蘿葍子 301

댓ᄲ리삐 290

댱고재 290

-더 491

더덕 290

더듬- 337, 339

더러둥성 322

더블자기〉더위자기 309

더위자기 290, 308

더으다(增) 360

더펄가히(尨) 376

덛덛 331, 332

덥달다(熱) 375

덥듯ᄒ다 375

덮다(覆, 蓋) 376

덮다(覆)~둪다(覆) 374

뎌고리 296

뎐다:傳持 78

뎡가이삭 301

뎧(笛) 73

도도-(陸) 336, 386

도ᄃ록 ～ 두두록(凸) 341

도ᄃ록ᄒ다 377

도ᄃ록ᄒ다~두두록ᄒ다(凸) 363

도랏 292

도련(ᄒ다) 328, 332, 339, 377

도련ᄒ다(團)~두련ᄒ다(圓) 341, 363

도렵- → 도련- 340, 363

도렵다 377

도로 377

도로(反, 返)~두루(周) 341, 364

도로다 377

도로래 299

도로혀 377

도로혀다(廻)~두르혀다(廻) 363

도로혀(返) 353

도롱태(弄鬪兒) 70

도ᄅ다 377

도ᄅ다(他)~두르다(自) 341, 363, 367

도ᄅ혀 377

도ᄅ혀(還)~두르혀(廻) 364

도퇴곱 382

도마비얌 298

도탑- ～ 두텁- 341, 363

도탑다 377, 386

도토리 314, 346, 385, 387

도토밤 346, 386

도톨왐 346, 386, 387

도티다 386

독샤 299

돋가이 377

돋가이(篤)~돋거이(濃) 341, 364

돋다(出) 377, 386

돋틴불 295

돌다(廻) 377

돌비늘 288, 308

돌아욱삐 300

돝(猪) 387

됫고마리 290

됴훈쟉셜차 294

됴훈쥬토 289

두두록(ᄒ다) 328, 332, 336, 377, 387

두드리- 337

두디쥐 296

두렫ᄒ다 377

두렫두렫ᄒ다 377

두렵다 377

두루 377

두루혀(返廻) 353

두루혀다 377

두루힐후다 377

두르다 377

두르잇다 377

두르티다 377

두르혀다 377

두야머주자깃불휘 293, 309

두어렁셩 322

두여머조자기 309

두여멋 309

두터븨니블 293

두터비 298, 302

두텁다 377

둗겁다 377

듀셕(鍮錫) 73

듁댓불휘 289

드듸- 337

드렁허리 297

드믈- → 드뭇- 340

듧께 301

등구라 289

등위;疷 298

등의 298

디들- 337

딩아돌하 322

ᄃ래 300

ᄃ너삷불휘 290

ᄃ두루믜나ᅀᅵ 292

ᄃ뢰 301

ᄃ팡이 298

ᄃᆲ- ~ ᄃᆲ-(穿) 340, 362

ᄃᆰ의십가비 302

ᄃ미 297

ㄹ

ㄹ音表記의 尸 101

료화 292

룽쇼초 291

ㅁ

마눌 301
마리(頭, 首) 342, 364
마리 ~ 머리 341, 363, 379
마술(署)~ᄆᆞ술(村) 374
마하죶불휘 290, 291, 306
막- ~ 먹-(聾) 341, 362
망초불휘 291
머구리 299, 325, 332, 346
머리 342, 364
머여기;鮎魚 297
머훗머훗 326, 333, 335, 339
멍덕딸기 299
메유기 297
멸 302
모딜(不得) 405
모밀 300
몯실 405
몽긔- ~ 뭉긔-(丸, 搏) 341, 363
뫼초라기 296
묏뽕 295
무궁화 295
무으다 388
물(水) 391
므리므리 331, 333
므음 388
므프레 294
믄득 331, 332, 338
믄듯 331, 332
믈가치 297

뮳닭 296
뮳왕하 301
믓닭 296
믜- 388, 389
믜음 388, 389
믯믯 330, 332, 335, 339
미긔쪄 297
밋 402
ᄆᆞ술 487
ᄆᆞᆫ둘- 491
믈ᄌᆞᆾ믈ᄌᆞᆾ 326, 332, 335
믈쏭구으리 299
믈믈옺 293
믈버릐집 297
믈불버슷 293
믈십죠개 298
ᄆᆞᆰ- ~ ᄆᆞᆰ-(稀) 340, 362
ᄆᆞᆺ(兄) 391
ᄆᆞᆺ닭(혼) 331, 332
미다(結) 389
미아미 297
미암의허물 297
미야미 325, 332
미자기 384
미자깃불휘;三稜 294
미좁 383
밍굴- 491
믲믲 ~ 믯믯 332, 340
믲믲(믲믲)ᄒᆞ다(滑)~믯믯(믲믲)ᄒᆞ다
 (滑) 335, 362
믲믲 330

믿이스랏 295

ㅂ

바다굴근죠개 298
바드랍다 369, 370, 371, 373
바드리벌 299
바라(傍) 365
바오달(營) 70
바히다(截)~버히다(割) 341, 362
박새 292
반드개(必) 365
반드기 377
반드기(必)~번드기(宛然) 364
반드시 377
반드시(必)~번드시(宛) 341, 364
반둑 ~ 번득 341
반둑(ㅎ다) 338, 377
반둑반둑 335
반둘원둘 339, 370, 377
반둘원둘ㅎ다(耿)~번들원들ㅎ다(熠
    熠) 341, 362
반둑ㅎ다(宛然)~번득ㅎ다(歷然)
    341, 362
발다(傍)~벌다(排) 341, 362
밤(栗) 391
밧기다(脫)~벗기다(脫) 362
밧다(脫) 342, 353, 368
밧다(脫)~벗다(脫, 勉) 341, 362, 368
버국새 325, 332

버들옷 292
번/반- → 번득/반둑 340
번드기 377
번드시 377
번득(ㅎ다) 339, 377
번들원들(〈번들번들) 335, 339, 377
번ㅎ다 377
벌거ㅎ다 373, 378
범(虎) 391
범부체 292
범븨-(痲痺) 337
벗다(脫, 免) 342, 353, 368
보도롯 336
보드라이(軟)~부드러이(柔) 364
보드랍다 369, 370
보드랍다(軟)~부드럽다(軟, 柔)
    341, 363, 371, 373
보라매(秋鷹) 70
보리(麥) 395
보븨(寶貝) 73
보오리(峰) 376
복 298
봄(春) 391
뵈땅이 289
부드럽다 369, 370
부들곶ᄀᄅ 290
부들마치우횟누른ᄀᄅ 290
부루트- 336
부를다(跰) 376
부븨다(摩) 372
부우리 336, 376

부치;韭菜 301
부훵이 296
붇곳불휘 291, 303
불(火) 391
붑괴- 339
브스왜- 336
브즈런 329, 332, 339
브즐우즐(〈브즐브즐) 335
블(火) 359, 378
블거ᄒᆞ다 373, 378
븘나올(焰) 376
비단(匹段) 73
비름 301
비븨다(비ᄇᆡ다)(鑽) 337, 372
비븨(ᄇᆡ)다(鑽)~부븨다(摩) 374
비편(彼便) 73
ᄇᆞᄃᆡ회 294, 308
ᄇᆞᅀᆞ- ~ 브ᅀᅳ-(碎) 340
ᄇᆞᅀᆞᄀᆞᆯ다(碎研)~브ᅀᅳᄀᆞᆯ다(碎研) 362
ᄇᆞᅀᆞᆫ 336
ᄇᆞᅀᆞ띻다(搗碎)~브ᅀᅳ딯다(搗碎) 362
ᄇᆞᅀᆞ와ᄆᆡ- 336
ᄇᆞᅀᆞ와ᄆᆡ다~브ᅀᅳ와ᄆᆡ다 362
ᄇᆞᅀᆞ차- 336
ᄇᆞ얌두러기 385
ᄇᆞᆫ- 339
ᄇᆞᆫᄃᆞᆼ기다(攀)~븐ᄃᆞᆼ긔다(著) 362
ᄇᆞᆯ가ᄑᆞ라ᄒᆞ다 373
ᄇᆞᆰ다(丹) 378
ᄇᆞᆰ다(丹)~븕다(赤) 341, 362, 373
ᄇᆞᆰ쥐 296
ᄇᆞᆺ(ᄇᆞᇫ)아디다(破碎)~브ᇫ어디다(碎) 362
ᄇᆞᇀ다(攀)~븥다(依, 附, 着) 341, 362
ᄇᆡ(梨) 391
ᄇᆡ야ᄆᆡ헝을 298
ᄇᆡ얌댱어 297
ᄇᆡ얌돌랏ᄡᅵ 290
ᄇᆡ얌ᄠᆞᆯ기 293
ᄇᆡᆨ토 289
ᄈᆞᆲ- ~ ᄈᆞᆲ- 330, 332
ᄠᆞ다, ᄯᆞ다~ᄠᅳ다(裂) 362
ᄡᅳᆫ너삼 290
ᄡᅳᆫ박 301
ᄡᅳᆫ우웡ᄡᅵ 291
ᄡᅴᆨ 325, 333
ᄡᆞ리;荊條 294
ᄲᅡ디다(陷) 376
ᄲᅡᄇᆞ리다(撲滅) 376
ᄢᅳ다 376
ᄠᅳᆷ(隙) 376
ᄠᆡ다(孚, 柝, 剝) 376
ᄠᆡ- ~ ᄠᅴ-(裂) 341
ᄡᆞᆫ 331, 333, 339
ᄠᆡ야디다(裂)~ᄠᅴ여디다(裂) 362
ᄠᅮᆨ 325, 332
ᄠᅮᆨᄠᅮᆨ 325, 332, 335, 338
ᄠᆞ다(裂)~ᄠᅳ다(裂) 362, 367

ㅅ, △

사눌 ～ 서늘 *341*
사눌히(冷)～서늘히(寒) *364*
사눌ᄒ다 *358*
사눌ᄒ다(冷)～서늘ᄒ다(寒) *363*
사ᄃ새 *296*
사룸(人) *391*
사ᄉ나모겁질 *295*
사공(艄工) *395*
사리다(蟠)～서리다(蟠) *341, 363*
사어피 *298*
사오리(凳) *70*
삭다～썩다 *379*
삭다(消)～석다(腐, 朽) *341, 363, 370*
산미ᄌ *295*
산양의ᄈᆞᆯ *295*
삼꼿우희누른ᄀᆞᄅ *300*
삼지구엽플 *291*
삽둇불휘;白朮 *289*
새박너줄 *292*
새삼 *289*
샤라부루 *302*
샤양칫불휘 *291*
서늘(ᄒ다) *339, 358*
서릐 *458*
선텅즈 *294*
셕듁화 *291*
셥 *298*
소가리 *298*
소리춤나모 *295*

소야기 *299*
소프리 *314*
소홈 *336*
속새 *293*
솓미틱검더영;鐺墨 *289*
솔옷 *293*
솜솜() 송송) *327, 332, 339*
솝서근픐불휘 *291*
쇠(金) *391*
쇠비름 *301*
쇠새 *296*
쇠야기 할;轄 *288*
숑골(海靑) *70*
슐(俗) *73*
쇠귀ᄂᆞ물불휘 *289*
쇠부돌 *291*
수수어리다 *325*
수수워리다 *325, 336*
수스다 *325, 332*
수스워리다 *325*
수유 *295*
쉿무수 *301*
슈라(水刺, 御飯) *70*
슈자희촛 *291*
슝어 *298*
스르르(히) *329, 332, 336*
스싀로 *337*
슬다(銷) *358, 359, 367*
승냥의가족 *296*
승맛불휘 *312*
승법실 *294*

승암초 290

숯(間) 353, 376

싀- 330, 332

싀-(酸) → 싀틋 340

싀틋 339

싀화 301

싁싁기(嚴) 365

싁싁 327, 332, 335, 338

싄대초;酸棗 294

심황 292

시절과 시절 490

스라디다(消滅)~스러디다(消滅) 362

스싀(間) 353, 376

슬-~슬-(消) 341, 343, 362

슬갑-~슬겁-(慧) 341, 362

슬다(燒) 358

슬다(銷) 358, 359, 367

씗씗 331, 333, 335

시- 330, 332

시-~싀-(酸) 341, 362

시자리다(酸澀) 376

식식 327, 332

식식ᄒ다(新)~싁싁ᄒ다(嚴) 341, 362

싱동출 300

싱포겁질 297

ᄭᅮᆷ(夢) 391

씽 325, 332, 346

ᄭᅴ 346

ᄭᅴ모롭불휘 292

ᄯᅡ(地) 391

ᄯᅡ디다(綻)~ᄣᅥ디다(裂) 341, 362

ᄭᅡᆺ둘훕 289

ᄲᅢ디다 376

ᄲᅩ로디 376

ᄲᅩ론(〉ᄲᅩ죽) 328, 332, 339

ᄲᅩ론ᄒ다(尖) 376

ᄲᅩᆺ 336

ᄲᅩᄲᅩ시(刺) 326, 333, 376

ᄲᅪᆺᄲᅪᆺ 335, 339

ᄲᅩᆼ나모우희겨으사리 294

ᄲᅩᆼ나모우희당의아지집 297

ᄲᅩᆼ나모우희인ᄂᆫ돌팡이 298

ᄲᅥᆯᄲᅥᆯ 328, 332, 335, 339

ᄲᅥᆷᄲᅥᆷ 328, 333, 335, 339

슝(褥) 73

ㅇ

아기플불휘 289

아ᄃᆨ~어득 341

아ᄃᆨ 338

아ᄃᆨᄒ-~어득ᄒ- 366

아ᄃᆨᄒ다(冥, 昧) 359

아ᄃᆨᄒ다(冥, 昏, 昧)~어득ᄒ다(暗, 陰, 昏) 363

아ᄃᆨ기(昧) 365

아ᄃᆨ히(昏)~어득히(闇) 364, 366

아롭답-→아롯답- 340

아ᄉᆞ라ᄒ다(逈, 遙, 冥) 327, 376

아스라히 376

아스란 : 沓沓 373

아줄 ~ 어즐(迷) 341

아줄아줄 335, 339

아줄히(眛) 365

아줄ᄒ다(冥, 眛)~어즐ᄒ다(昏, 迷)
   363, 366

아마존 307

아시발 389, 390

아얌 393

아ᅀᅳ 322

아ᅀᅳ 다롱디리 322

아이(弟) 391

아즐가 322

아질게ᄆᆞᆯ(兒馬) 70

-아ᄒ-/-어ᄒ- 372

악대(犍犢) 70

애시(始) 390

얄리얄리 얄랑셩 얄라리 얄라 322

양고미ᄢᅵ 300

어강됴리 322

어긔야 322

어득 328, 332, 359

어른어른 329, 332, 335, 339

어스름(薄暮) 376

어와 322

엄나모겁질 294

엥 324, 333

여롬 391

연가와 490

열음(夏) 391

염교 301

염소;熖硝 288

엿 300

엿의오좀플 293

영셩이 301

예촛ᄢᅵ 294

오노,오니(筶) 70

오독ᄯᅩ기 293, 323

오란손미터누른흙 288

오랑(肚帶) 70

오목 ~ 우묵 341

오목ᄒ다(拗)~우묵ᄒ다(凹)   341,
   363

오ᅀᅳ리 296

오증어ᄢᅧ미그치 297

온ᄆ둡 293

온쳔 289

올미 300

올창이 299

옳ᄂ니라 489

옴죽옴죽ᄒ다(動)~움즉하다(動)
   341, 363

옷곳 330, 333, 336, 339

옷곳ᄒ다(香)~웃굿ᄒ다 341, 363

옷시예잇ᄂ반대좀 299

외 301

외ᄂ뭀불휘 291

요 싀예(釋11, 19) 372

요 시이예(杜23, 10) 372

요 조숨(杜8, 16) 372

요 조숨(杜21, 25) 372

요 주슴(杜25, 9) *372*

요조슴(此頃) ~ 요주슴(此頃) *341,*
  363

우룽이;田螺 *299*

우묵 *328, 332, 336, 338*

우션 *339*

우슴 *487*

우음 *391*

우틔(裳) *69*

움즉 *329, 338*

웃긋 *330, 333, 336*

위 *322*

워즈런 *325, 333, 339*

위 덩더둥셩 *322*

위 위 다로러거디러 다로러 *322*

위 증즐가 *322*

이륵이륵( ) 이글이글 *329, 332, 335,*
  338

이스랏 *300*

이슥고 *331, 332, 338*

이틀(齒槽) *389*

이흐름너출 *290*

익더귀(兎鶻) *70*

일일화 *301*

잇몸 *388, 389*

잉 *324, 333*

ㅈ

자괴나모겁질 *295*

자주 *392*

잔죽고 *329, 332, 337*

잣 *300*

쟈리공불휘 *292*

쟈리군 *292*

쟉다 *368*

쟉다(微) ~ 젹다(小) *341, 363*

쟝군플 *292*

제여곰 *208*

져고맛 *353*

져구맛 *353*

져빗꿀 *293*

젹다(小, 微) *368, 372*

절국대 *290*

절다몰(赤馬) *70*

졉동새 *297, 322*

조금(潮減) *391*

조방거싀 *291*

조슴(頃) ~ 주슴(際, 隔) *372*

조슬압다(宗要) *372*

졸다(縮, 減) *372, 376*

죠고맛 *353, 368, 372*

죠고매 *368, 372*

죠피 *295*

주시거시든 *491*

주지곳 又할미십가빗불휘 *293*

쥐방올 *293*

쥐촛미 *291*

즈르 *376*

즈르다(短, 經) *376*

즈르들다(揥) *376*

즈룸길(間道) *376*

즈슴(間) *372*

즐급(드리우-) *339*

즐어디다(夭, 短) *376*

증경이 *296*

지남셕 *288*

지즈로 *337*

지즐앉- *337*

지최 *291*

지치 *392*

직직 *327, 332, 335, 338, 374*

진돌욋곳 *292*

진에 *299*

진쥬봉 *289*

짐즛 *339*

집거유 *296*

집업슨돌팡이 *298*

집올히기름 *296*

ㅈ가(自家) *73*

ㅈ늑ㅈ늑 *329, 333, 335, 338*

ㅈ디(紫的) *73, 392*

ㅈ른다(絞) *376*

ㅈ른다(絞)~즈르다(短, 折) *341,*
　362, 372

ㅈ슷~즛의 *372*

ㅈ올다(眠)~자다(寢) *374*

ㅈ지 *392*

ㅈ총 *302*

줄다(細小) *67*

좀좀 *329, 332, 339*

ㅊ

차(茶) *73*

차반(茶飯) *73*

처(妻) *183*

천(錢 *73*

천량(錢糧) *73*

철릭(〈텰릭) *392*

쳥딧즙 *290*

초우웡찌 *292*

촉촉 *330, 332*

촉촉ㅎ다~축축ㅎ다(潤, 濕) *341,*
　363

출랑거린다 *355, 356*

출랑거리다~출렁거리다 *356*

쵸(燭) *73*

축추기(濕) *365*

축축 *330, 332, 335, 338*

출렁거리다 *355, 356*

츄존ㅎ- *490*

측빅나모여름; 側栢子 *294*

측ㅎ- *338*

츩곳 *299*

칙칙 *327, 332, 335, 338*

ㅊ리다(省)~차리다(省) *374*

츳쇠 *301*

출기장쌀 *300*

춤외 *301*

춤외고고리 *301*

칙치기(密) *365*

칙치기(密)~칙칙기(密) *341, 364*

칙칙 327, 332, 335

칙칙ᄒ다(密)~측측ᄒ다(密) 362, 374

ㅋ

코 489

ㅌ

타락(酸酪) 70, 295

텬맛삭 289

텰릭(帖裏) 70, 392

토란 300

투구 394

퉁(銅) 73

튜존ᄒ- 490

특특 327, 332, 335, 338

틀(機) 389

ㅍ

파라ᄒ다 372, 378

파라ᄒ다(碧, 綠)~퍼러ᄒ다(靑, 蒼) 341,363

퍼러ᄒ다 372, 378

퍼런 : 靑靑 373

펌(프+엄) 372

편(딥-) 339

프러누러ᄒ다 373

프르다 372, 377, 378

플(草) 372, 378

ᄑ라볼가ᄒ다 373

ᄑ라ᄒ다, 프러ᄒ다 373

ᄑ르다 372, 377

ᄑ르다, 프르다 373

ᄑ르다(碧)~프르다(靑) 341, 362

풀 489

ᄑᆺ;小豆 300

픠다(發穗)~픠다(發) 341, 362

ㅎ

하놃ᄃ래 290

하국 292

하야히(白)~허여히(皓) 364

하야ᄒ다 378

하야ᄒ다(白, 皓)~허여ᄒ다(白) 341, 363, 373

하얀 : 素 373

한거싀 291

한년초 292

한삼 293

한새 296

할다(訴, 毁)~헐다(破, 毁) 341, 363

함박곳불휘 291

해얀 : 白白 373

햑다 368

향부즈 292

허여ᄒ다 378

헐다(散)~흘다(散) 374

헥 324, 333, 338

혁다(小, 微) 368, 372

호병(華甁) 73

호악(臼) 391

(혼)드로 281

홍합 298

화 324, 333

환ᄒ다~휜ᄒ다(曠) 341, 363

황벽피 294

회로리ᄇ룸 329, 332, 337

회초밋불휘 293

회향 291

횟(돌-) 339

횟도로 377

횟도로(廻)~횟두루(回) 364

횟도로혀다 377

횟도ᄅᆞ다 377

횟도ᄅᆞ다(廻)~횟두르다(周匝) 341, 363

횟돌다 377

흑다(小, 微) 368, 372

후로로ᄒ- 336

훠(靴) 73

훤 327, 332, 339

훤츨 327, 332, 339

휘양(揮-) 393

횟(두르-) 339

횟두로티다 377

횟두루잇다 377

횟두르(루)다 377

흐들 331, 332, 339

흐슴(츠러) 339

흐슴츠러ᄒ- 328, 332, 336

흐웍 338

흐웍흐웍 335

흠흠 330, 332, 335, 339

희다 378

흰집비둘기 296

흰콩;大豆 300

힐후- 329, 333, 337

ᄒᆞ갓(空) 375

ᄒᆡ(日) 378

ᄒᆡ다 378

ᄒᆡ다(白)~희다(素) 362, 373

ᄒᆡᆫ만드라미 292

ᄒᆡᆫ바곳불휘 293

▌口訣字

ㄱ/가 269, 277

ㄱㅌ/거니 277

ㅅ(ㅊ)/거 269

ㅊ/거 269

ㅅㅌ/커니 277

ㅅㄱㄷㄱ 275

ㅅㄱㅼㄴㄱ/컨마ᄅᆞᆫ 275

ㅅㅅ 275

ㅅㅅㄱ/커든 275

去ホㄱ/커든 277
去乚/커늘 278
去二丨/커시다 281
去叱丶匕/커시니 277
令二匕/커시니 277
口(古)/고 269
口/코 278
口斤/코ᄂᆞᆫ? 281
口乚亽 276
口火亽/코ᄇᆞᆯ라 276, 277, 281
人(果)/과 118, 269
[欲]人ソ二尸入灬/과 ᄒᆞ실ᄃᆞ로 118
尒/금 173
ハ二/기시 425
ハ而/기ᄉᆞ 425
ㄱ(隱)/(으)ㄴ 269, 275
ㄱ入故灬 280
乃/나 269
女(奴)/노 269
又/노(奴) 269
匕(尼)/니 269
乇(飛)/ᄂᆞ, ᄂᆞᆯ 269, 277
斤/ᄂᆞᆯ 269
丨(多)/다 269
大/대 269
ナ(大)/대 269
力(加)/더 269
亍/뎌 269
底/뎌 269
丁/뎡 269
刀/도 269
斗/두 269
扌(地)/디 269
矢(知)/디 269
扌火七/티볏 278, 281
扌七阝 274
扌七ソ匕/딧ᄒᆞ니 281
扌七ソ阝/딧ᄒᆞ야 274
扌七ソ阝/팃ᄒᆞ아 278
入/ᄃᆞ, ᄃᆞᆯ 269, 277
ホ(等)/ᄃᆞ, ᄃᆞᆯ 269
ホ/ᄃᆞᆯ 277
月/ᄃᆞ, ᄃᆞᆯ 269, 277
矣/ᄃᆡ 270
厶(矣)/ᄃᆡ 270
亽(罖,羅)/라 270
罖 419
亽去全士匕/라커샤ᄉᆞ니 281
亽去叱丶匕/라커시니 277
亽ㄱ/란 279, 280
亽亠全叱丨 274
亽ソ又 275
亽ソ又ㄱ/이라ᄒᆞ논 275
亽ソ亠全叱丨/이라ᄒᆞ여샷다 274
亽者ㄱ/란 42, 279
亽則ㄱ 280
吕/려 270
灬(以)/로 270
刂(利)/리 270
禾(利)/리 270
乚/(으)ㄹ 270, 275
乚亽ㄱ/란 277

ㄴ…/로 277
ㄴ彡 275
ㄴ彡ㄱ/란 275
丁/료 270
广(麻)/마 270
亇/마 270
彡(彌)/며 270
彡則ㄱ 280
丁(面)/면 270
ㄲ(←邑) 100
火/블,불 270, 277
匕(叱)/ㅅ 270
叱/ㅅ 270
氵(沙)/사 270
솝(舍)/샤 270
金ㅿ 274
西/셔 270
所/소 270
小/쇼 270
丶(是)/시 270
二(示)/시 270
時(時)/시 270
時(時)/제 270
圡/ㅅ, 저 270
四/ㅅ 270
白/숣 270
生/싱 270
阝(阿)/아 270
良(良)/아 270
ㅏ(良)아 270
方(於)/어 270

才(於)/어 270
ㅅ(於)/어 270
言(言)/언 270
言/언 270
一(亦)/여 270
丷(亦)/여 270
五/오 270
ㅅ(午)/오 270
午/오 270
午則ㄱ 280
卜(臥)/와 270
衣/의 270
ㅋ(衣)/의 270
ㅋ匕丨(衣叱多)/잇다 42
丶(是)/이 270
丶乃/이나 274
丶又ㄱㅕ/이론디 278
丶匕/이니 274
丶ㄱ匕/인니 → 이니 276
丶ㄱㅊㄱ/인댄 274
丶厶/이라 274
丶厶ㅛㄷ匕/이라커시니 281
丶ㅕ匕ㅁ 275
丶ㅕㄹ匕ㅁ/이리잇고 275
丶彡/이며 274
丶厶ㄱ丁/이언뎡 275
丶厶丁 275
ㅣ(是)/이 270
ㅣ/이 118
ㅣㄱㅣㄱ/인댄 278
ㅣ厶匕ㅅ二 275

刂亽匕七入亠/이어닛다녀 275
己/이 270
己ㅅ則1 42
己午/이오 274
印/인 270
印丨ソ匕/인다ᄒᆞ니 281
印入ソ仐/인돌ᄒᆞ샤 277
印月亠/인ᄃᆞ녀 281
上/자(저) 270
弟(第)/자(저) 270
下/하 270
ノ(乎)/오 270
ノ(乎)/호 270
ㅎ(乎)/오 270
ノ匕匕/호니니 281
ノ匕亠(乎尼亦)/호니여 43
ノ1匕/혼니 → 호니 276
ノ1丨/혼다 281
ノ1入1/혼든 277
ㅎ1ム/혼듸 207
ノ1ム 275
ノ1ム1/혼던 275
ノ1ㅅ 276
ノ1亠(乎隱亦)/혼여 43
ノ1亠十1/혼여긘 281
ノ1刂ㅅ/혼이라(호니라) 276
ノ1弟十/혼 저긔 41
ノ尸ム/홇듸 207
ノ乚上十/홀저긔 422
ノ乚弟十 275
ノ乙弟十(乎乙第中)/홀저긔 42
ノ乚弟十1/홀저긘 275
ノ弟十1 275
尸(户)/호 270
户/호 270
户匕匕(戶尼尼)/호니니 42
户乚上十/홀저긔 281
兮/히 270
ソ 275
ソ(爲)/ᄒᆞ 270
ソ又1矢/ᄒᆞ논디 275, 278
ソ又1ま㇏/ᄒᆞ논디 276
ソ又1入1/ᄒᆞ논든 275
ソ又1ホ灬/ᄒᆞ논ᄃᆞ로 277
ソ又1月亠(爲奴隱月亦)/ᄒᆞ논ᄃᆞ녀 42
ソ又1矣 278
ソ又丨 275
ソ又矢 275
ソ又入 275
ソ又ㅅ/ᄒᆞ노라 278
ソ又士己丨/ᄒᆞ노ᄉᆞ이다 278
ソ又七丨/ᄒᆞ놋다 275
ソ匕士1了/ᄒᆞ니ᄉᆞᆫ뎌 281
ソ匕㇏七去/ᄒᆞ니잇가 277
ソ匕ノ1(爲尼乎隱)/ᄒᆞ니 혼 43
ソㅌ刂丨/ᄒᆞᄂᆞ이다 278
ソ1匕/ᄒᆞᆫ니 → ᄒᆞ니 276
ソ1丨1/ᄒᆞᆫ댄 278
ソ1灬(爲隱以)/ᄒᆞᆫᄋᆞ로 43
ソ1乚ㅅ1/ᄒᆞᆫ란 281
ソ1亠十(爲隱亦中)/ᄒᆞᆫ여긔 42

ッカニ亠/ᄒᆞ더시가　281

ッカ　275

ッ丰ヒ午/ᄒᆞ두ᄉᆞ니오　281

ッ人ヒ/ᄒᆞ드니　277

ッ人소亠/ᄒᆞ드샤가　281

ッ人소ㄱ/ᄒᆞ드샨　281

ッ人ㄱ大/ᄒᆞ란대　275

ッ呂ヒ人亠　275

ッ呂ヒヒ人亠/ᄒᆞ려닛다녀　275

ッ呂か/ᄒᆞ려며　281

ッ亠ヒ丨/ᄒᆞ놋다　278

(ッ才)午ㄱ/(ᄒᆞ리)온　280

ッ才乀丨/ᄒᆞ리이다　278

ッ才又所乀丨/ᄒᆞ리로소이다　278

ッ才ㄹ口　275

ッ才ㄹヒ口/ᄒᆞ리잇고　275

ッ尸月ヒ　281

ッㄴ소　274

ッㄴ二刂/ᄒᆞᆯ시　276

ッㄴㅗㄱ/ᄒᆞᆯ젠　278

ッㄴㅗㄴ/ᄒᆞᆯ술　275

ッㄴㅗ彡/ᄒᆞᆯ제　278

ッㄴㅗ彡乀/ᄒᆞᆯ제　275

ッㄴㅗ乀/ᄒᆞᆯ시　278

ッㄴㅗ彡/ᄒᆞᆯ제　278

ッㄴㅗ乀/ᄒᆞᆯ제　275, 278

ッㄴ午/ᄒᆞᆯ오　281

ッㄴッ소/ᄒᆞᆯᄒᆞ샤　274

ッㄴ月亠/ᄒᆞᆯ드녀　281

ッ乙ㄱ(爲乙隱)/ᄒᆞᆯ온　43

ッ乙亠丨(爲乙亦多)/ᄒᆞᆯ여다　43

ッ乙ㅗ十/ᄒᆞᆯ저긔　41

ッ乙ㅗ十(爲乙上中)/ᄒᆞᆯ저긔　42

ッ又兮(爲彌兮)/ᄒᆞ며히　42, 43

ッか刂/ᄒᆞ면　280

ッか兮/ᄒᆞ며히　281

ッ丁ㄱ/ᄒᆞ면　276

ッ소ㄱ人亠(爲舍隱入亦)/ᄒᆞ샨ᄃᆞ녀　43

ッ소厶/ᄒᆞ샤ᄃᆡ　274

ッ소ヒ丨　275

ッ乀ヒヒ人/ᄒᆞ시ᄂᆞ니라　275

ッ乀ヒ人　275

ッㅑし　275

ッ白ノヒ/ᄒᆞᆸ오니　281

ッ彡/ᄒᆞ아　275

ッㄴヒ소 匕/ᄒᆞ아니어ᄂᆞᆯ　281

ッ彡カ/ᄒᆞ아도　275

ッ彡소ヒ刂　277

ッ彡ッㄱ/ᄒᆞ아ᄒᆞᆫ　281

ッ亠ヒ午/ᄒᆞ여니오　281

ッ亠소ㄱ/ᄒᆞ여란　281

ッ亠소丨　275

ッ亠소ヒ丨/ᄒᆞ여샷다　42, 275, 277,
　281

ッ亠ヒ加二丨/ᄒᆞ엿더시다　281

ッ亠乀ㄴ/ᄒᆞ여시ᄂᆞᆯ　278

ッ罒ㄱㅂ/ᄒᆞᆫ뎌　281

十(中)/히, 긔　270

▌漢字 / 借字

可慮是乎等乙用良　406

可之/가지(種)　464, 467

可叱爲隱　170

可ㄴㅇㄱ　33

加德　286, 290

加ケ五知　296

加母致　297

加不女/더부러　465, 468

加士草　289

加外左只/더위자기　290, 308

加于/더욱　57

加乙畏　299

加邑可乙木實　295, 313, 314

加次/갓(笠)　384

加火老只/더브로기　308

加火左只/더블자기　50, 133, 308

加火左只/더블자기〉加外左只/더위자
　　기　316

茄子　131

家居有　296

家猪　295

舒平道　183

價折　424

各亇　208

各ㅈㅑ亇/저의아금　209

各各　334

各其　404

各亇/저의아금　208, 212

艮　457, 474

葛根　311

葛上加乙畏　299

甘板麻　290, 310

紺著　295

江南　73

綱草(網의 誤)　291

介伊日伊　291, 307, 315

去/거　120

去時/거시(者)　464, 467

去矣/거의(庶)　465, 468

巨末伊　299

居毛伊, 居毛　312

居毛伊/거뫼　132

居伐牟羅　179

居塞蓮　299

居兒乎/겸휘(蚯蚓)　65

居兒乎/거슈호　311

居柒夫/거칠부(荒宗)　67

居七夫智　157

件帶檜　308

健牟羅　178

乞供納米　78

芡仁　299

撿花　291, 304

怯仇兒(kekul)　72

怯怜口(ke ling kou)　71

犬矣吐叱　292

犬伊那里根　315

犬伊刀叱草/가히돗플　311, 313

犬伊日　307

見甘介/보돌개(?)(蘩蔞)　66, 313, 314

見賜　122

-遣/고　208

決明子　311

結叱/믯곳　383

結叱加次/믯곳갖　314, 316, 383, 384

結叱加次根　313

結次邑/믯즙　383

結次邑笠/믯즙갇　314, 316, 383, 384

結次邑笠根/믯즙갇불휘(京三綾)　65,
　316

更　94

耕作 敎矣　425

景 긔 엇더ᄒ니잇고　259

景 幾如何/景 긔 엇더ᄒ닛고　149

景幾何如　259

經之 成內 法者　111

戒　457

戒火(景天)　311

季　457

季奴只　286, 292, 313

季時乙/겨실(在)　465, 468

計會爲(ᄒ)-　78

繼願成畢爲(ᄒ)-　57, 78

鷄矣碧叱/ᄃ기벗(鷄冠)　50, 65, 132,
　312

鷄矣十加非　302, 313

古魯　181

古冬非居參/고ᄃ비거ᅀᅮᆷ　312, 313

古乙心　286, 293,

古音矣余老　305

古知/고디(處)　464

古叱/곳(〈곧)　461

古叱/곳(卽)　465, 468

古次左　67

告코라　448

告官 辨正爲乎 事　427

告官辨正(事)　413, 427

告爲羅/ᄒ라　448

苦牛蒡實　291

苦瓢　301, 302

苽　301

苽菜/외ᄂ몰(地楡)　51, 291

姑姑(kuku)　72

姑比　67

高貴位　66, 321

高所音猪　297, 316

高柴　301

高參猪/고ᄉᆞᆷ돝　316

高參猪矣皮　316

高邑豆訟　290, 305

庫乙　423

膏石　382

昆　408

昆布　303

公私分屬令是　169

供養爲/供養ᄒ-　125

果　404

廣石　288

怪僧牙　286, 293

槐花木皮　305

敎　94, 138

敎矣/기샤디　435

久禮牟羅　*179*

久斯牟羅　*179*

久音方伊　*297, 313*

仇里竹根　*291*

丘物叱丘物叱/구뭀구뭀　*323*

求其乙波耳　*299*

玖　*201*

蚯蚓　*311*

鳩目花/구목화(瞿麥)　*75, 133*

國法中分與　*93*

國朝以　*169*

郡上人　*210*

郡上村主　*210*

郡中上人　*210*

屈召介/굴조개　*132, 315*

躬身草　*293*

藭芎　*311*

勸善爲/ᄒ-　*57*

葵子　*315*

葵花　*301*

今日　*165*

尒/금　*99, 100, 101, 105, 117, 203*

衿　*409*

衿付　*409*

及/밋-　*54*

己只/ᄭᅵ지　*57*

其　*409, 455*

其里/그리　*465*

其許/저허(恐)　*465*

吉刑荣實　*314*

金非廩　*301*

金非陵音/쉬비름(馬齒莧)　*76*

金銀花草/금은화초　*290, 303*

金鳥　*296*

吉同郡　*158*

那(乃)/(이)나　*99, 110, 113, 173*

那演(nojan)　*71*

那耳　*301*

南無佛　*76*

狼矣牙/일히의엄　*311, 312*

乃　*113, 454*

內/아　*99, 124, 173*

奈(柰)　*182*

柰祇城　*181*

女　*455, 467*

女其知/너기디(然)　*464, 468*

年數(살)　*166*

念(ᄯᅥ)　*166*

念念　*323*

奴婢等乙　*169*

奴也只　*301*

奴矣 母邊 傳來　*423*

奴矣 身亦　*422*

鹿角 卽 大鹿　*306*

鹿角膠　*295*

能消/능쇼　*312*

能消草/능쇼초　*291, 304, 314*

尼乙五代/닐오ᄃᆡ(謂)　*464, 468*

多　*391*

多/다(皆)　*465*

多供還上後 逃走爲去乙　*430*

多利　*181, 182*

多勿叱/다못 457

多勿叱伊刀所尼/다못이도소니(與)
  465

多士里亇伊/다스리매(理) 465

多士摩藿 303

多士叱/다숫(五) 464, 468

多只/닥 312

茶只葉/닥닙 312

旦貴/단귀 314

旦貴草/당귀초(當歸) 75, 313

但 117

段/단 405, 421

達魯花赤(darughachi) 71

荅ᄿ(ㅎ)- 77

唐括[탕긔 69

黨歸菜 313, 314

唐鵲 296

唐菁 301, 310

唐楸子 300, 310

唐橲(伊) 290, 310

大居塞 291

大屈乙曺介 297, 315

大戟苗也 292

大鹿 305

大朴曺介 298

大朴花 291

大阿只 67

大隱鳥 296

大朱留王 89

代尾 297, 305

刀古休伊/됫고말이 133, 312

刀奴亦/도로여 461

刀伊/되- 461

刀伊亦/되여 465, 468

刀伊亦叱去尼/되엿거니 461

到內去 誓內 120

徒 442

徒/내 432,

都羅本 291

都羅叱/도랏 385

都馬蛇 298

都乙羅叱 292, 315

道羅次/도랏(桔梗) 50, 65, 315

莵絲子 鄕名 鳥麻/새삼 305

導行 78

禿魯花(tuluge) 71

毒蛇 299

讀 · 假構造 105

冬瓜 131

冬瓜仁也 305

冬沙伊/겨슬사리 132, 311

冬乙藍虛里 297

同發願碑文 443

同生 族類 等亦 425

東京 135, 169, 218

童巾 69

童巾山 69

動動다리 322

銅綠 289

銅靑 289

斗/두(二) 464

斗落只/말디기 410, 423

斗未/두미(置)　464, 468

斗乙左伊/둘재　464

豆　184

豆等良只 · 置等羅只/두드러기　387

豆漫(萬)　69

豆滿江　69

豆也亇次火/두여맞블　309

豆也摩次作只　209

豆也末注作只　293, 309

豆也味次/두여맞　133, 309

豆音伏只　296

豆音矢羅耳　292, 315

豆音矢薺　315

豆應仇羅　289, 305

豆衣乃耳　315

豆地鼠　296

豆何非/두허비　311

頭　184

頭盔　394

灯(燈)　193

等/ᄃ, 둘　126, 141

等亦/둘이　212

等乙　401

登外　298

騰利枳牟羅　179, 184

羅　184

羅洛(靑莊館全書)　390

羅祿(東實錄)　390

羅耳實　286

囉字　82

糯米　311

落落　334

落只/디기　423

狼矣牙/일히의엄　50, 66, 76

莨菪子　306

來ᄼᄒ(ᄒ)-　77

良/아　124, 420

良中/아긔　57, 111, 206, 207, 212

量ᄼᄒ　33

量乎音　170

量ᄼᄒ(ᄒ)-　77

麗　184

令　94, 122

令是/ᄒ이-　57

令只/시기　125

令只但　117

令只者/시긴　141

礼(禮)　193

彔　455

了兮/못히-　57

里/리　123

笠/갇　384

亇汝乙/마널　311

亇隱屎/만히(多)　465

亇乙每沙亇/말미사마(由)　465

亇乙每阿勿旀/말미아ᄆ며(由)　465

亇叱當伊/맛당이　465

馬尿木/ᄆ오좀나모(蔄蘆)　51

馬無乙串　293

馬夫乙伐士叱　293, 307

馬十曺介　298

馬藺/마린　314

馬藺子　291, 313

馬藺花　313

馬叱同仇火乃　299

馬天(夫)乙茸　307

麻致　298

麻花上粉　300, 302

摩何尊　290, 306

磨刀石　288

末仇里　299

末應德達　286, 300

末應德達汝注乙　299

末鄒　182

茫茫　334

網草/망초　291, 304

每阿未　297

每作只/믹자기　314, 316, 317

每作只根　294

埋香　444

埋香置彌陀　441

買得爲要(以)　430

買召忽　182

買忽一云水城　158

麥　395

麥鏡　395

猛安[밍간]　69

旀/며　141, 173

面捉上　210

綿綿　334

滅乙　302

明期　135, 169

明文內　426

明文爲臥乎　421

毛立　313, 314

毛隱沮/몬져(先)　465, 468

毛叱/못(〈몯)　461

毛次羅只　296

牟　89

牟羅　178

牟雌枳牟羅　179, 184

兒/짓　54

某處　明文　403

慕/그리-　134

慕呂-　86

慕呂白乎　134

慕呂白乎隱　85

慕呂白乎隱　47

模盧城　89

謀作大事　59

木串子/모관ᄌ(無患子)　75

木麥　65, 300, 309, 310

木綿　424

木通　290, 306, 307, 314

目非也叱　286, 289

沐浴令只/목욕시기　125

沒　391

蒙古語 terlig　392

旡(無)　193

無/없-　54

無殼月乙板伊　298

無窮花(木)　295, 304

無蘇/무수　311

無所依托　406

霧乙加亇耳　296

舞乎羅/[萬]舞호라　451

文ㅅ(ㅎ)-　77

文達節　92

文蛤　305

問/묻-　54

勿　311, 456, 457

勿兒冬乙羅　307

勿兒隱冬乙乃　293, 307, 315

勿兒隱提良　308, 315

勿兒隱提阿　76, 315

勿隱得/믈득　457

勿乙可致　297

物業　78

未ㅅ員 路上路下 兩畓　423

未起骨　297

未由棄　297

未赤知/미치디(及)　465

未叱/밋　465, 468

米麮　300

味/맛　54, 57

味照　182

味鄒尼師今　182

味鄒王　182

弥　99, 100

旀/며　116

彌/며, 금　100

彌鄒城　182

彌鄒忽　182

微微　334

民是　166

朴草　292, 315

箔草　315

反切　395, 396

半截　395, 396

斑鳩 狀如鴿 項上有斑　296

班奴　428

班婢　428

班中奴　428

般多伊助音　299

盤月時/반ᄃ시　465

勃叱鼠　296

發心　208

芳荷　75, 313, 314

放ㅅ(ㅎ)-　77

排帶會　286, 294, 308

排立令是白內乎矣　58

陪到爲(ㅎ)-　78

陪到爲賜乎事亦在等以　58

陪白/모리ᅀᆞ-　57

白/ᅀᆞ-　47, 54, 57, 94

白鳩　286, 296

白鬒月阿比　292

白茅香　305

白薇　306

白楡實　313

白朮　289

白土　286, 289, 303

白波串　293

百吉草/빅길초　304

百吉草又名竹葉細辛　291, 306

百節　293

百蟲倉 305

番瓶 72

幡月叱/번듯 457

伐曲大 290

伐斤/버근(次) 464

伐士叱 308

邊 409

變ᄼ(ㅎ)- 77

別爲所有去等 412

幷 54, 60, 138, 208, 410

幷以 57, 174, 202, 208, 212, 410, 430

倂 409

竝/다모기 141

病女子 405

甫阿/보아 465, 468

甫阿乎奴/보아호로 461

甫也乎奴/보야호로 461

菩里 395

菩提 76

輔翊國家 59

寶 444

攴자 219

伏奉宣旨 59

伏只 298

捧上/받자- 424

捧上爲遣 424

不 456

不矢刂ㅌㅌ 33

不得/모질 405

夫 184

夫里 222

夫背也只 313, 314

夫背也只木/부븨야기나모 66

夫背也只木實/부븨여기나모여름
    311, 312

夫餘義慈 181

夫乙田仲 305

夫作 48

付茱 301, 314

付凰 296

扶 182, 184

釜底下土 288, 302

復爲隱 170

北夫餘 89

分析爲(ㅎ)- 78

分叱/쌘 405, 406

焚修祝聖 207

不/안 406

不冬/안돌 406

不得 57, 405, 422

不喩 406

不知是飛叱 170

仏(佛) 193

佛 76

佛佛 323

佛座 208

佛體 47, 76, 77, 85

非彔/비록(雖) 465

非飛叱/비룻(始) 465, 468

非師豆刀草 又阿只草 310

非稟 301

卑 184

飛/乁　*121, 421, 462*

飛月阿未　*295*

碑　*184*

貧寒 所致以　*422*

士　*457*

寺谷中入成造　*55*

似多士摩藿而羅長　*292*

沙　*201*

沙工　*395*

沙器　*74*

沙器翁主　*74*

沙毛叱等耶　*48*

沙飛/서릭(相)　*465*

沙飛未/사릭미(人)　*464*

沙蔘矣角/사솜익뿔　*132, 311*

沙瑟木　*295*

沙魚皮　*298*

沙月鳥　*296*

沙音地/삼디　*464, 468*

沙叱千福　*181*

私奴　*428*

事　*57, 94, 138, 169*

事段　*403*

事是亦在　*426*

事亦在(일여견)　*413*

事意乙　*413*

事叱段　*403, 421*

使　*54, 94*

使用　*410*

使喚　*410*

舍音(샤름)　*391*

思ᄼ(ᄒ)-　*77*

砂　*182*

砂宅智積　*181*

蛇達只　*286, 293*

蛇都羅叱　*290, 385*

蛇音置良只(菜)/ㅂ얌두러기(乁물)
　　385

蛇音置良只菜實/ㅂ얌두러기乁물삐
　　(蛇床子)　*49, 76*

蛇休草 又蛇避草　*311*

蛇長魚　*297*

蛇脫皮(蛇蛻)　*50, 298*

蛇避草/ㅂ얌두러기플(莐藫)　*51, 66*

蛇香菜/샤향치　*291, 304*

斜羅夫老　*302, 316*

斯麻　*182*

斯麻王　*181*

賜　*99, 121, 227*

山梅子　*295, 313, 314*

山藥　*289*

山羊　*295, 310*

山羊角　*310*

山院名并十四郡縣契　*55*

山叱水乃立/묏믈나리　*312*

山叱伊賜羅次　*313, 314*

蒜也　*301*

酸棗加柴　*294*

三彌尼大棗　*294, 315*

三彌大棗　*315*

三寶　*209*

三枝九葉　*291, 304*

上 210

上堂一面 442

桑木上倘矣阿之家 297

桑樹上冬乙沙里 294

桑樹上螺 298, 302

常食阿夫實也 315

商陸 鄕名 這里君 307

生ㆍ(ㅎ)- 77

生大 300

生銅 306

生洞粘 300

生疑ㆍ(ㅎ)- 77

生太 302

生鮑 297, 310

生鮑甲 75, 310

西北行 92

鉏飛 458

鼠/쥐 134

鼠瓜/쥐외 312

鼠厭木/쥐염나모(皂莢) 75, 134

鼠厭木實/쥐염나모여름 312

鼠矣包衣 311

鼠苞衣/쥐(의)보리 311

鼠皮耳掩 393

薯童房乙 166

夕(←多) 455

石/돌ㅎ 57

石落只/섬디기 423

石練 78

石鱗 287, 302

石竹花 291, 303, 309

石淸蜜 一名石飴 305

善石得造 93

善化公主 165

蟬脫 297, 302

設比兒(ceber, cibir) 72

蟾 298

蟾眉上酥 305

蟾矣衿 293

涉之 92

成給 404

成內飛也/일이아ᄂ다 55

成內之 125

成是/일이- 57

成是 不得爲乎/일이 몯실ᄒ온 143

成是白乎/일이ᄉᆞᆯ온 143

成雙 405

城作上 210

成造爲賜臥亦之 55

成造爲臥乎亦在之 55, 142

省只草 315

洗心/셰심 75, 311, 312

小豆花 300, 310

小明 444

小蒜 301

所 412

所加里 298

所里眞木 295

所也只 315

所月伊蜂 299

所乙/솔 50

所乙串 293

所邑朽斤草/ᄉᆞᆸ서근플　*76*
所伊/배(所)　*464, 467*
消衣ケ　*312*
酥油　*295*
艄工　*395*
蘇勃　*286, 301, 313, 314*
束草　*293, 315*
速古赤(sigurchi)　*71*
粟枯　*300*
巽方在　*56*
孫子等　*407*
松衣ケ　*306, 312*
衰也只家　*299, 315*
水芳荷　*301*
水魚　*298*
水荏子　*301*
水鳥如覓　*315*
水左耳　*306, 307*
水鐵　*288, 302*
水青木　*294, 304*
水青木皮/믈프레나모거플　*51*
垂穗　*394*
修善僧　*57*
順可只/좇ᄋᆞᆷ직　*57*
須彌　*76*
須彌壇　*208*
須鄒城　*182*
愁伊禾　*301*
數要木/수유나모　*75*
隨願僧俗　*57*
淳淨爲/淳淨ᄒᆞ-　*125*
瑟士奴/스ᄉᆞ로　*457, 465, 468*
瑟砥sta　*83*
溼縛sva　*83*
升古ケ伊/뒷고마리　*50, 312*
升古体(休)伊　*306*
升落只/되디기　*423*
升量　*296*
僧法實　*294*
僧庵草　*290, 303, 314*
-尸　*225*
矢　*455*
示　*461*
是/이-　*126*
是ホ/인 ᄃᆞᆯ　*127*
是那　*113*
是亦在/이여견　*427, 435*
是而　*128*
是者/인ᄋᆞᆫ　*126*
是在/이겨-　*124, 126*
是在旀　*126*
始叱　*127*
施行　*209*
施ノア厶/ᄒᆞᇙᄃᆡ　*207*
時　*461*
時波赤(sibauchi，飼鷹者)　*71*
身/몸　*422*
身ヒヒ/身니니　*276*
身亦/몸이　*430*
心未　*47, 85, 86*
心未筆留　*134*
心未筆留 慕呂白乎隱　*166*

心廻草 314

深黃/심황 292, 304

深黃花 294

審是/슬피- 57

雙雙 334

兒奄 181

阿加赤(akhachi) 71

阿尼尼/아니니(不) 465, 468

阿尼叱阿尼叱爲/아닛 아닛ᄒ- 462

阿里爲里阿/아니 ᄒ리아 456

阿夫實 316

阿郁 300, 315, 316

阿乙㫆/알며(知) 464

阿之 67

阿志/아지 67

阿志君 67

阿只(氏)/아기(씨) 67

阿只草 289, 310

阿叱加伊 312

阿次加伊/아ᄌ가리 132

阿次加伊實/아ᄌ가리삐 312

阿次尼伊多/아ᄎ니이다(鮮) 465

阿次叱加伊 306

鴈脂 296

斡合[워허] 69

鴨脂 296

愛馬(aimag) 71

額掩 393

鶯 288

也/다 55, 114

夜入伊 135, 169

若國不安 大亂世 可容行誓之 94

若楮皮脫那 脫皮練那 102

羕 455

羊古米 300, 308

陽古米 308

楊等柒/버들옷 49, 76, 133, 315

於叱加爲了/엇더ᄒ효 456, 465

魚食 305

魚矣食/고기이밥(浮萍) 50

御近 66

御近當 321

掩木皮 294

業士隱/업슨(無) 465, 468

与老/여로 311

与乙/열 311

汝 408, 455, 464

汝注乙豆/너줄콩 312

如/다 99, 114

如有雜談者(雜談有去等) 412

如叱去飛乙 459

如叱地 459, 461

余 183

余叱 300

與己/여긔 464

餘 184

-亦/여 427

亦/이 57, 143, 212, 408, 422, 430

亦中 57, 207, 402

延尔普羅 181

然後中 99, 111, 173

蓮子 299

緣由　209

緣化僧　444

鷰蜜/져비꿀　308

鷰矢蜜　293, 308

念丁/념뎌　57

焰消　288

厭　134

永同郡　158

永永　334

英生　301, 313, 314

影亇伊汝乙伊　49, 65, 315

影良汝乙伊　315

影汝訖　298, 315

刈爲也　150

吾獨毒只　293, 305, 306

五得浮得　323

五羅伊/오래(久)　465

吾兒尼　296

吾乙未　300

吾火伊　68

烏尒項只/오금목이　431

烏得夫得　323

烏支　315

溫泉　289

兀蒼伊　299

瓮　202

鑒瓮　202

臥　403, 421

臥乎/누온　421

萵苣　316

頑荊　294

外奴브터/외로브터　458

蓼花　292, 304

邀是/뫼-　57

邀是白內叱乎亦在彌　58

欲/과　118

用/쁘-　54

用良　57, 58, 406, 413, 426, 459, 462

于/우　122

于達赤(亐丹赤)　71

亐蜂家　310

牛高非　286, 293

牛里/우리　464, 467

牛無樓邑　315

牛蜂家　297

牛夫月乙　286, 291, 313

牛膝草　76, 315

牛吾濃伊　299

牛耳菜　289, 310

牛黃　306

右/오힌　57

右良　420

右如　420

隅　425, 426

雄鳥屎/슷새똥　76, 311

元/비릇　54, 57, 127, 208, 212

元叱　127

猿蛛　299

願爲內木者/願ᄒ안든　55, 142

月　456, 457

月良　135, 169

月乙羅　300

月乙賴伊　301

月叱/듯　452, 464, 467

威靈仙　312

爲　94, 98, 125, 138, 458

爲去乙/ᄒᆞ거늘　430

爲去在乙/ᄒᆞ거견을　143

爲去乎　410

爲遣/ᄒᆞ고　143

爲內/ᄒᆞ아　141

爲內等者/ᄒᆞ안 ᄃᆞᆫ　127

爲奴叱多/ᄒᆞ놋다　463

爲刀(斗)多/ᄒᆞ도(두)다　463

爲㫆/ᄒᆞ며　141

爲勿㫆/ᄒᆞ몰며　465, 468

爲白去乎　424, 435

爲飛賜/ᄒᆞᄂᆞ손　121

爲賜　121

爲臥乎　403, 421

爲要以/ᄒᆞ련으로　435

爲有/ᄒᆞ잇-　404

爲有昆　408

爲有在/ᄒᆞ잇견　404

爲有在果　404

爲隱/ᄒᆞᆫ　464, 467

爲隱乥ᄀᆞ티/ᄒᆞᆫ乥ᄀᆞ티　458

爲隱月叱/ᄒᆞᆫ둧　452

爲乙士尼羅/ᄒᆞᆯ시니라　457

爲音叱己/ᄒᆞᆷ끠　459, 461

爲齊　410

爲只… 爲只/ᄒᆞ기… ᄒᆞ기　212

爲只爲(ᄒᆞ기암〈ᄒᆞ기삼〈ᄒᆞ기삼)　407

爲乎　413

爲乎爲　407

爲乎矣　407

爲乎矣亦中　206, 207, 212

葦乙根/골불휘　311

由　210

幼學　429

有/잇-　57

有ㄷㅏㄱㅏ　33

有殼月板伊　298

有去等　412, 426

有叱在彌　170

柳漆　292, 315

柳漆苗　292

悠悠　334

喩/디　406

楡醬　294, 313

遊行如可　135, 166, 169

鍮銅　208

鍮鉥鉹　202, 209

尹　454

栗/밤　159

律業　206

律業皇龍寺沙門惠照　206

隱/은　113

殷殷　334

隱隱　334

銀札思麻　72

乙/을　54, 57, 143

乙用良　406

音假字　168

邑→巴→ㄱ *100*

衣/이, 의 *111*

衣中/의긔 *111*

矣 *55, 118, 408, 409*

矣/디 *206, 425*

矣/이, 의(속격조사) *54, 57, 159, 310*

矣/다 *114*

矣徒 *432*

矣身/의몸 *406*

矣身亦 *430*

矣身亦 買得爲要以 *430*

依數 捧上爲遣 *431*

依止 *207*

已來ᄼᅵᄉ *207*

已曾 *404*

以 *54, 57, 94, 98, 110, 112, 138, 143, 172, 408, 422*

以古音/뼈곰 *459*

以良/쓰아 *459, 462*

以方音通會華夷方俗物名 *213*

以下爲名誓書石谷 *93*

以後中 / 以後에 *111*

亇/금 *110, 113, 203*

而/마리여 *128*

而叱/말잇 *128*

伊 *460*

-伊/이 *310*

伊ㄱ튼/이ㄱ튼 *458*

伊女隱古奴/이런고로 *462*

伊女乎勿奴/이러호므로 *465*

伊里干(irgen) *71*

伊每/이믜(旣) *457, 465, 468*

伊士ㅅ叱 *286, 300*

伊史夫智 *157*

伊斯枳牟羅 *179, 184*

伊西/이셔(有) *465, 468*

伊爲伊 *150*

伊乙/일(事) *464*

伊乙每, 伊乙梅/이을민 *311*

伊乙吾音蔓 *314*

伊乙牛於/일우어(成) *464, 468*

伊左伊/이제 *457*

伊屹鳥音 *50, 314*

耳 *138*

耳掩 *393*

吏讀字 亇(亇) *203*

李豆蘭 *69*

異斯(伊史)夫 *98*

異斯夫/이스부(苔宗) *67*

異ﾉﾉ(ᄒ)- *77*

移闌(이란) *69*

移闌豆漫[이란투먼] *69*

裏朽斤草 *291*

爾 *138*

弋只/익, 이기 *422*

紉出濶失[니쥐시] *69*

一間 *208*

一無諾爲乎/ᄒ온 *408*

日本書記의 ハトリ *90*

任存 *181*

入/들- *54*

入ヽ(ᄒ)- 77

入代亦/드디여 465

立是/셰- 57

仍叱茉 294

仍請爲(ᄒ)- 78

子孫 傳持 431

者/은 94, 98, 110, 112, 116, 138, 172, 173

者里宮/쟈리공(章柳根) 75, 315

(前)者更赤城烟去使之 93

紫夫豆/ᄌ부두 316

紫夫豆茉 316

紫蘇 301, 310

紫蘇實 310

紫水精 306

紫的 392

紫芝 392

紫草 392

紫葱 302

資利/ᄌ리 67

資利君 66

磁器 74

藉藉 334

犳尾草(威靈仙) 50

作 94

作ヽ(ᄒ)- 77

作上人 210

作爲尼五/作ᄒ리오 456

作作處中 進在之 99

蠶出紙 298

庄嚴令只/쟝엄시기- 125

長鼓草 290

長子以 408

將軍 292, 304

獐矣加次 313, 314, 384

獐矣皮/노ᄅ의갗 313, 314, 384

在/겨- 54, 123, 426, 427

在 98, 138, 413

在旀 126

哉 99, 109, 114, 116, 140

爭望 426

爭望隅 425

爭望隅有去等 412

爭望爲行隅 425

氐己/뎌긔 464

沮斤/져근(少) 465

這里居 307

這里君 292, 315

猪/돝 159

猪矣水乃立/돝의믈나리 312

猪矣栗 159, 313, 314, 346, 385, 386

猪觜虜子 72

楮根中/닥나무 뿌리에 111

楮皮脫 132

狄小豆/되ᄑ 51, 65, 311, 312

迪古里 296

赤牙縣 18

積納不得 422

田民 404

前乃(저나) 전에) 86

前衣 47, 85

傳承執持 410

傳持 *78, 410*

口(部) *100*

折 *424*

折價 *424*

折給 *424*

折俸 *424*

絶 *203*

節 *54, 92, 94, 137, 138*

粘米/출뿔 *76, 311*

漸漸 *334*

接冬 *297*

鼎今音臺英 *289*

精朸草/솝서근플 *51*

鄭芥 *301*

第亦中 *408*

齊 *109, 198, 203, 208*

濟 *184*

助在/돕견 *124*

助香徒 *442*

釣來 *394*

笊籬 *394*

租差西/조차셔(從) *465*

曹方居塞 *291*

鳥麻 *289, 305, 310, 315*

鳥朴 *292*

鳥伊麻/새삼 *49, 310, 315*

朝生暮落花子(牽牛子) *50*

照ヽ(호)- *77*

照(詔)羅赤(zarochi) *71*

照古ケ伊/조고매(小) *465*

種種 *334*

左 *457*

左音叱間/잠짠 *457*

佐歸木 *295*

佐叱 *300*

坐ヽ(호)- *77*

座具浦 *441*

主/님 *209, 212*

主法 *443*

主法僧 *444*

朱蒙 *182*

朱石 *289*

走葉木 *306*

住持 *206*

住持主 *209*

注也邑/주엽 *75, 134, 312*

注乙/줄 *464, 467*

注之花 *286, 293*

誅流員將矣 *169*

竹大根 *289*

竹山縣 *440*

竹葉細辛/듁엽셰신 *304*

竹栗膠 *292*

中 *92, 94, 98, 99, 137, 138, 172, 227*

中/긔, 킈 *54, 57, 110, 111, 141, 173, 270*

中衣本 *295*

重大師 *207*

衆 *33*

證隱鵀伊 *296*

證筆 *428*

之 *55, 92, 94, 98, 136, 137, 138, 172,*

227

之/다　114

之/ㅅ　57, 110, 111

之乃　315

-之叱　225

支자　219

只　99, 141, 208, 455

只里麻鍾子　72

只沙里/기사리　313, 314

只沙里皮　313

只火乙/기블　133

至今玖戊申七月分　207

至今八壬午年　207

至兮/니를히　57

地頭乙戶邑　289, 313, 314

地乙梨　305

芝草　286, 291, 304, 306, 392

知　184

知,智/디　123

枳　184

指南石　288

智　184

珍　90

眞瓜　301

眞瓜蒂　301

眞乃　299, 315

眞珠蓬　289, 303

眞只叱/진짓　455

眞茶　294

進/낫-　54

進在/낫겨　124

震動ㅸ(ㅎ)-　77

塵ヒヒㅅ/塵니니라　276

塵塵　323

盡月背　292

鎭長　425

叱　225, 421

叱刀/ᄯᆞ　465, 468

叱分　405, 464, 467

叱乙　305

叱乙根/즐불휘　65, 311

叱乙○夫乙田仲　307

叱乙叱夫乙旧伊/짔불귀　307

集會ㅸ(ㅎ)-　77

且　455

此文字內　412

次乙皆　290

車所也只　287, 288

車衣茱　305, 312

借字表記　105

刹刹　323

察剌(chara)　72

察渾(chakhun)　72

察渾盖兒　72

站赤(zamchi, 驛傳)　71

參職超授　59

菖蒲　312

蒼耳　312

蒼耳子　290

處/곧　57

千人同發願碑文　445

天南星大者　293

天麻苗 *289*
天仙子 *306*
天原乙 *315*
天翼 *392*
天叱月乙 *65, 76, 133, 315*
天叱月伊 *290, 315*
穿爲飛了/穿ᄒᆞᄂᆞ뇨 *456*
遷世爲/ᄒᆞ- *57*
綴翼 *392*
鐵자 *202*
帖裏 *392*
青台/청ᄃᆡ(青黛) *75, 134, 315*
青苔 *315*
青黛 *134*
青黛實 *290, 315*
体 *193*
初/비릇 *127*
初叱/첫 *464*
草牛黃 *292, 304, 306*
草草 *334*
椒皮 *295*
貂皮耳掩 *393*
蜀黍 *394*
追乎/좇오- *57*
椎香徒 *442*
鄒 *182*
鄒羅井 *182*
鄒牟王 *89, 182*
鄒文村 *182*
出ᄼ(ᄒᆞ)- *77*
出納所司 *59*
出納爲(ᄒᆞ)- *78*
就鄒城 *182*
側柏實 *294*
置等ᄉ只/두드러기 *133*
置良只/두러기 *385*
置彌陀 *442, 444*
置伊存/뻐잇 *311*
雉毛奴邑/ᄭᅴ모롭 *292, 304, 307, 316*
雉矣毛老邑/ᄭᅵ의모롭 *316*
雉矣毛立/ᄭᅵ의모립 *316*
雉鳥老草/ᄭᅴ됴로플 *312*
漆矣母/옷이어ᅀᅵ *76, 312*
漆矣於耳 *312*
他方ㄴ *33*
他方叱 *170*
他餘 *404*
脫脫禾孫(togtokhasun) *71*
脫皮練 *132*
塔菜/탑ᄂᆞ뭀(戒火) *66, 311*
太子 隆 *181*
苔宗 *157*
迨加乙/터갈 *311*
宅 *182*
㮇子 *294, 313*
土卵 *300, 313, 314*
吐乙麻 *305*
通草 *306*
鬪具 *394*
芭草 *131*
波事(串) *306*
波吾赤(bakhurchi) *71*

波珍/바돌 158, 172

波珍干支 90, 158, 171

玻瓈 395

玻瓈眼鏡 395

板麻/널삼 65, 132, 290, 309

八加赤(balgachi) 71

孛欒只鍾子 72

孛兒扎(bolzar) 72

片假名 105

便ヒニヒ/便니시니 276

平假名 105

布穀鳥 345

布伊作只 289, 314

包那牟羅 179

包來/보리 50, 311

蒲槌上黃紛 76, 290, 302, 310

豹尾草/표미초 312

匹處 449

必闍赤(bičyeči) 71

筆留 47, 85

筆花 313, 314

下ゝ(ᄒ)- 77

何如 165

夏菊/하국 292, 304

學先亦 207

汗三 293

旱蓮草 292

韓 184

韓楮紙 395

合 410

合落只乙 410

海獺 296

海帶 似多士摩藿 而麤長 305

海滄 158

解菜/힝치(薤) 65, 75

行/니 269, 273

行ゝ(ᄒ)- 77

香徒 442

香附子 292

香火祝聖 207

許與 404

許與成給 404

許初入仕 59

赫居世/블거니 67

現ゝ(ᄒ)- 77

形止 209

荊 294

乎 32, 99, 119, 206

乎五乙奴/호올로 461

乎音左/홈자 461

乎矣 206

狐矢尿 293, 310

虎驚草 313, 314

虎矢扇 292, 310

胡蘆 72

護項 393

忽/홀 158, 222

忽赤(忽只, 火里赤, khorchi) 71

紅蛤 286, 298

紅花 291

火 456

火(벌) 222

火香　207

火香爲/ᄒ-　208

火香爲只 …… 發心爲只　208

化ᄼ(ᄒ)-　77

禾菁　301

花尼赤(khonichi)　71

畫/그리-　134

還上/환자　422

還上 積 納 不得　422

還上捧上外上皆曰자　422

荒宗　157

黃葵花 又名一日花　301

黃丹　289

黃密/누른밀(黃蠟)　76

黃蘗　286, 294

黃桑木　295

廻之木/횟나모(槐)　75

茴香　291

厚朴/후치　75, 313, 314

揮項　393

黑鷄/검돍(烏鷄)　76, 311

兮/히　122

■乙梅　305

事項索引

ㄱ

假·假 98

假 + 讀의 構造 98, 171

假·讀의 表記 98

假名(가나) 79, 136

假名 表記法 227

假의 원리 130

假字 34, 91, 104, 105, 133, 138, 140, 141, 167, 172, 174, 454

假字法 173

假字化(音節文字化) 99, 106

假字(표음문자)의 文字體系 452

假借法 82, 104, 172, 189

假借字 82, 131, 179, 180

假借表記 183

歌詞와 音階 259

歌詞와 音律 261

歌草 44

歌行化世分 186, 188

駕洛語 223

各字竝書 488

角筆 153

간접차용어 73

刊經都監(本) 155, 248

刊經都監本 楞嚴經 282

間接對立(간접대립) 342, 354, 361, 368, 375, 376

間接對立語辭 354, 364

間接對立體系 353, 367, 378, 379

間接對立派生 373, 375

簡而要·精而通 240

葛項寺石塔記 139

甘山寺彌勒菩薩像造成記 139, 140

甘山寺阿彌陀如來像造成記 109

感動的 意味_ 333, 355

感動的 表現 378

感應降魔分 186

感通神異分 186

姜應貞 480

姜希孟 247

降誕靈驗分 186

綱目訓釋 470

개성방언 중심 61

거란 68

거란문자 12

激音化 490

甄萱 67, 187

結集體의 體積感 344

겸양법의 조동사 124

겸양표현 424

謙讓法 436

경주방언 중심 *61*

庚辰字 鑄字本 *476*

景幾體歌 *149, 259, 260*

景幾何如歌 *46*

景德王 *158, 180*

景德王代의 地名變改 *222*

經・史類 *242*

經書(三經)吐釋 *471*

經書口訣 *37*

經書類의 口訣 *244*

經書類의 諺解 *244*

經典釋義 *448, 469, 472*

經書諺解 *244, 470, 472*

經書의 口訣 *248*

經書의 學習 *265*

經典 *177*

經典釋義 *129, 150, 447, 471*

經學의 학습 *183*

經學・醫學博士 *20*

輕蔑的 *357*

輕薄系列 *352, 357, 342*

輕薄系列 母音 *358, 377, 379*

輕薄系列 語感 *355, 359, 360, 370*

輕薄系列 語辭 *357*

慶尙道 方言 *218*

慶讚詩腦歌 *45*

瓊篇 *190*

戒律宗 *206*

契丹文字 *12*

契丹前鋒元帥附馬書 *13, 25*

溪水詩 *27*

薊國大長公主 *72*

繫詞 이 *274*

鷄林類事 *61, 65, 74, 216*

고구려의 이두문 *137*

고구려의 借字表記法 *182*

고대국어 *148, 221*

고대국어의 음운 체계 *222*

고려대장경 *187*

고려시대의 고유어 *65*

고려시대의 擬態語 *323*

고려판 남명집 *43*

고문서 *144, 158, 185, 224*

고아세아어족 *223*

고유명사 표기 *213, 214, 223, 228*

古歌硏究 *216*

古今釋林 *159, 214, 391*

古今釋林 중의 東韓譯語 *391*

古今釋林의 羅麗史讀 *146*

古文書 *139, 178*

古事記 *178*

古語法 *463*

古語辭典 *218*

告急木契 *25*

告目 *145*

告目類 *252*

告身 *145*

告身牒 *255*

孤立語 *86*

孤立語表記 *170*

固城三日浦埋香碑 *441, 444*

固有名詞 *130, 179*

固有名詞 表記字　*179, 181, 184*

固有名詞表記　*12, 98, 105, 157, 177,*
　178, 179, 183, 184, 221, 228

固有名詞表記法　*177, 179, 180, 182,*
　217

固有名詞表記字　*90, 181*

固有語 官階名　*18*

固有漢字　*208*

高句麗語(고구려어)　*222, 223*

高麗歌謠　*322*

高麗堂塔造成緣由記　*195*

高麗大學校 晚松文庫　*285*

高麗圖經　*29*

高麗末 和寧府 및 開京戶籍文書　*142*

高麗末의 慈悲道場懺法　*155*

高麗史　*66, 158, 187*

高麗史節要　*158*

高麗時代 順讀口訣　*266*

高麗時代 口訣　*462*

高麗時代의 口訣資料　*265*

高麗의 漢文文藝　*30*

高麗版 南明集　*155*

高宗　*149*

穀物名　*224*

공동격조사　*490*

孔目章記　*189*

共時的 對立體系　*359*

共時的 對立體系의 範疇　*358*

共時的 體系　*375*

科擧制度　*19, 22*

관형형어미　*275*

官等名　*130, 157*

菅野裕臣　*226*

慣習的　*320*

慣習化　*101*

關東別曲　*149*

關文　*145*

關門城石刻　*139*

關驛江浦의 호칭　*19*

關雎 第一章　*449*

觀音草　*289*

觀惠公　*187*

廣開土大王碑　*88, 129, 136, 157, 180,*
　182, 183, 184

廣修供養歌　*148, 188*

廣韻　*222*

廣義의 吏讀　*51, 240*

廣學寶　*23*

교양인의 언어　*390*

교착감　*344*

교착된 상태　*344*

校里磨厓藥師坐像銘　*141*

校訂大明律直解의 吏讀略解　*219*

校正廳本 小學諺解　*475, 477, 479,*
　486

敎分記釋　*189*

敎書　*256*

敎書나 榜文　*254*

敎化書　*486*

膠着語　*87*

九經　*151*

口蓋音化　*490*

口訣(구결) *12, 30, 228, 129, 133, 136,*
 151, 170, 171, 175, 213, 225, 227,
 240, 242, 248, 265, 452, 472
口訣과 釋義 *454*
口訣과 諺解 *247, 249*
口訣의 略體字 *215*
口訣의 借字 *259*
口訣의 吐표기 *173, 175, 454*
口訣의 吐表記 借字 *454*
口訣字 *100, 225*
口訣資料叢書 *155, 266*
口傳되는 口訣 *90*
句讀 *129, 261*
句節構成素 *243*
丘從直 *247*
具允明의 典律通補 *214*
構造主義 言語學 *217*
鳩摩羅什 *180*
舊譯仁王經 *31, 87, 102, 152, 154, 170*
舊譯仁王經 口訣 *32, 36, 101, 170,*
 243
舊譯仁王經 釋讀口訣 *77, 153, 225,*
 273
救急簡易方 *159, 284, 288, 306*
국자감 *21, 23*
國子學 *22*
國立圖書館本 梵網經 *155*
國語語源探究 *351*
國語의 文法的 形式要素 *172*
國語의 變遷史 *477*
國語의 言語能力 *238*

國音字 *226*
國義字 *226*
國字 *14, 226*
國子學生 *22*
國風 *20*
國學 *21*
國漢混用 *146, 447*
國賢法師 *39*
郡・縣名 *222*
卷耳 *450*
權近 *37, 248*
權近의 口訣 *247*
權近의 勸學事目 *479*
權明利許與文記 *145*
歸法寺 *39, 187*
奎章閣本 楞嚴經 *155*
竅興寺鐘銘 *55, 110, 139, 142*
均如 *30, 44, 149, 186, 187, 188, 328*
均如의 記釋 *38, 151, 189, 474*
均如의 方言本 圓通記 *44*
均如傳 *43, 148, 149, 185, 187, 188,*
 193, 194, 214
均割의 뜻 *113*
극존대의 조동사 *425*
近思錄 *483*
近世 中國語音 *394*
金國 *68*
金石文(금석문) *139, 158, 171, 178,*
 179, 181, 184, 216, 224
金石文의 書體 *183*
金屬活字本 直指心體要節 *268*

金澤庄三郎 *215*

衿陽雜錄 *224*

琴瑟別給文記 *145*

己卯士禍 *483, 486*

己卯之人 *483*

祇林寺本 *266*

祇林寺本 楞嚴經 *155*

祇林寺의 毘盧舍那佛腹藏典籍 *267*

記(記釋) *30, 149, 190, 205*

記入吐 *34, 156, 269, 274, 460*

夔中立(樂人) *28*

길랴크(Gylyak) *223*

김근수 *220*

김선기 *218*

金寬毅의 說 *66*

金光礪男妹和解文記 *145*

金光弼 *251*

金宏弼 *480*

金大問 *213*

金斗燦 *288, 448*

金務許與文記 *144*

金富軾 *29*

金富儀 *28*

金富侑 *28*

金安國 *480*

金完鎭 *218, 226, 228*

金仁存 *28*

金麟厚 *483*

金宗直 *480*

金淮妻盧氏許與文記 *145*

金孝盧粘連文記 *145*

金孝之妻黃氏繼後立案 *145*

金亨奎 *222*

金黃元 *28*

ㄴ

남북조 시대의 書體 *183*

南啓源 *400*

南袞 *483, 484*

南權熙 *267, 448*

南權熙本(大邱本) 楞嚴經 *154, 281, 282*

南明集 *40*

南山新城碑(銘) *94, 138, 210, 221*

南氏奴婢文書 *142*

南岳 *187*

南闈遺書 *144*

南行月日記 *45*

南孝溫 *480*

納氏歌 *260*

內賜記 *475*

內心的 方向 *357*

內篇 *476*

論語 *483*

農桑輯要 *144*

農書 *242*

눈곱 *383*

ㄷ

多義(polysemy)的 意味差 358

丹陽新羅赤城碑(銘) 90, 102, 138, 157, 171, 182, 183, 221

單母音 365

單語 238

單音의 疊用 333, 336

單一音의 語感表現 343

唐文 43

唐樂 259

唐의 經學 238

대격조사 412

대립모음 277

大覺國師(義天) 30, 37, 39, 150, 152

大居 190

大矩和尙 190

大德 187

大明律直解 143, 220, 240, 243, 430

大師 187

大醫院 283

大字 12, 13

大藏經補板 32

大學 483

大學釋疏 472

大學衍義 249

大華嚴首座圓通兩重大師均如傳 185

代表音의 轉用 274, 277, 288

對立語辭 364, 366, 368, 379

對立派生(法) 364, 372, 373, 376

悼二將歌 45, 46, 148

陶山書院本 小學諺解 475

都守熙 223

都評省 52

道身章 38

兜率歌 147

圖經本草 384

禱千手觀音歌 147

독자 + 가자의 순서 134

讀字(표의자) 34, 47, 54, 99, 133, 138, 140, 166, 170, 173, 458

讀과 假 84, 130, 131, 175

讀 + 假의 구조 86, 98, 153, 169, 170, 175

讀字 + 假字 34, 35, 47, 48, 55, 170, 171, 459

讀蒙求 470

동명사어미 206, 388, 407, 412

동명사어미 -기 208

동명사어미 -ㄱ/ㄴ 207

동명사어미 ㅸ/ㅭ 207

동사문부정 406

冬壽墓誌 157

同系諸語 223

同語源語群 366

同音異義語 358

同音異字 132

同字異音 132

東國略韻 256

東國正韻 256, 257

東國正韻式 漢字音 218, 258

東言考略 159, 391

東醫寶鑑　284, 288, 306, 313

東韓譯語　159

動的인 原理　168

童蒙先習　156

童蒙須知　156

杜詩諺解　320, 364, 386

杜詩諺解 註釋文　249

頭音添記　227, 227

頭盔　394

藤本幸夫　471

藤井茂利　227

羅代鄕言　38, 46

ㄹ

羅麗吏讀　214, 422

羅言　189

呂氏鄕約諺解　485

路允迪　29

懶翁和尙　149

盧思愼　247

論語釋疏　472

楞嚴經　40

楞嚴經 小字本　268

楞嚴經의 順讀口訣　152

ㅁ

馬天牧佐命功臣錄券　144

摩詞　190

萬卷堂　15, 29

萬葉假名의 기원　227

萬葉假名의 용자법　215

萬葉集歌　227

晚松文庫本　286, 288

末音添記　86, 135, 216, 227, 276, 459

埋香碑　437

賣買明文　145, 423

孟思誠　245, 246

孟津里　438

孟初　28

면적감 + 원형감　344

面積感　344

명사문부정　406

明經(業)　20, 22, 23

明文(명문)　400, 402, 404, 412, 428,
　432, 434

明法業　23

明算業　23

明書業　23

明活山城作成碑(銘)　138, 210

鳴鳳寺慈寂禪師碑　142, 142, 421

모음체계　222

모음의 二肢的 對立　330, 341

모음충돌　322

母音交替　378

母音의 象徵的 對立　349, 350, 351

母音의 象徵的 對立體系　350, 352,
　373

母音의 象徵的 對立派生　376

母音의 象徵的 體系　351

母音의 疊用　336

母音調和　340, 350, 365, 373

母音調和上의 母音對立　277, 349,
　371, 457

母音調和의 對立(體系)　349, 350, 351

母音調和的 對立(母音)　349, 351, 369

牟頭婁墓誌　182, 183

慕竹旨郎歌　147

木簡　158

木契　25

蒙古新字　14

蒙古字　14

妙法蓮華經　180

无盡寺鐘銘　95, 139

戊戌塢作碑銘　138

武寧王誌石銘　157

문서생활　177, 184

문예 작품　320

문자 체계　217

문자체계와 그 운영법　269

문자표기법　228

문장의 종결형태　136

문화적인 내용　61

文官散階　18

文脈意味　371

文法意識　452

文法的 機能語　98, 102

文法的 資質　354, 359

文法的 派生　354, 372

文法的 合成過程　354

文法的 形態　108

文法的인 間接性　353

文法的 派生　372

文語의 保守性　238, 262

文字　238

文字史　227

文字生活　137, 177, 185, 237

文字言語(文語)　79

文字體系　225, 238

文字學　476

文章表記　91, 99, 104, 173

文章表記의 虛辭字　174

文宗　249

文則　190

味覺에 의한 의태어　330

眉巖　478

眉巖日記草　471

美的 感覺　334

民間俚語　261

民間語源　174, 381, 382, 383, 390,
　391, 395

民間語源說　391

民間語源的　384, 385, 386, 387, 393,
　394

民俗歌謠　261

民謠　262

民衆語源　381

閔漬　38

閔漬의 跋文　46

密陽五層塔造成記　141, 197, 200

ㅂ

朴炳采 223, 228

朴世采 37, 472

朴演 480

朴仁亮 27

朴通事 392

薄凡 190

反譯 243

反意語 360

反切 82, 216, 259

反切上字 89, 222, 256

反切字 258, 259

半漢半諺 253

發聲의 주체 325

發願文 211

方言 17, 149, 150, 151, 189

方言과 俗言 45

方言俚語 45

方言文字 240

方言本 31

方鐘鉉 224, 258, 287

放射의 中心 218

傍點 487

榜文 256

백제의 木簡 138

白巖寺貼文 142

百濟武寧王陵出土銀釧銘 137

百濟語 223

百濟의 이두문 93, 137

百濟七支刀銘 137

번역차용어 76, 385, 402, 405, 406

飜書 243

飜譯 242, 243

飜譯三綱行實 484

飜譯小學 477, 478, 479, 481, 482, 485, 486, 490

梵網經 155

梵書連布 43, 191, 192

梵語 179

梵語借用語表記 89

梵雲 31, 45

法界圖記 189

法界圖圓通記(法要) 38, 39

法相宗 206

法要 38

法融法師 38, 39

法華經 154

壁上書 251

변체한문 441, 445, 446

卞季良 246

變易生死分 186

別給文書 420

병렬접속조사 404

兵器圖說 254

兵書 242

兵書의 口訣 247

竝書 487

保守的인 態度 246, 247, 248

保守派 245

保守派와 進就派 246

補助語幹 120, 121, 275, 491

普皆廻向歌　148, 188
普賢十願歌　32, 44, 46, 48, 76, 84, 106, 134, 148, 188, 191, 192
普賢行願品　188
寶文閣　27
복수지명　223
複合語　320, 365
本草綱目　306, 383, 384, 385
本草綱目啓蒙　215, 287
本草書　75, 284, 285
本草拾遺　383
蓬左文庫　156
부정법　225
不讀字　42
不正回歸(부정회귀)　386, 387, 461
浮華之文　26
復興寺　187
簿書期會　249, 251
北岳의 法門　187
北魏의 비문　183
分岐的 發達　356, 377
分財記　145
分綴表記　489
不飜語　179, 180
佛家口訣　155, 156
佛家의 造成記　145
佛家의 한문보급　23
佛經口訣　155, 245
佛經飜譯　259
佛經諺解　155, 243
佛教　180
佛國寺無垢淨光塔重修記　142, 204
佛國寺西石塔重修形止記　142
佛國寺塔重修文書　201
佛名經寶　23
比較言語學的인 方法論　218
毘盧遮那佛像　110
鼻音에 의한 자음동화　490

ㅅ

詞腦(歌)　165, 188, 191
舍利函　211
四門學生　22
史記　213
史記의 지명표기　223, 226
史書　178, 179
四書三經　486
四書三經의 諺解　475
四書三經의 音釋　475
四書三經吐釋　471, 472
四書釋義　447, 469
四聲通攷　257, 258
四聲通解　257, 284, 288
沙宅智積碑銘　157
私學　22
社會的인 階層　256
社會的인 優越性　81
泗川埋香碑　441, 442
삭제부호인 ㅅ　202
算學　22

삼국의 舊地名 *180*

삼국의 金石文 *182*

삼국의 언어 *222*

三經釋義 *447, 469*

三句六名 *191*

三國史記 *37, 90, 180, 182*

三國遺事 *46, 146, 147, 148, 150, 158, 177, 178, 185, 192, 242*

三國遺事의 處容歌 *260*

三國志 *156*

三四釋義 *469*

三極之義 *240*

三代目 *190*

三寶章記 *189*

三肢的 對立 *349, 369*

三學 *22*

州府郡縣名 *19*

上代 日本語表記 *227*

上院寺鐘銘 *139*

上下內向黑魚尾 *266*

尙書都官貼文 *58, 141*

相對的인 有緣性 *359*

常隨佛學歌 *148, 188*

常用字 *174*

象徵語 *319, 320*

象徵的 對立 *352, 364, 368, 375*

象徵的 對立母音 *369*

象徵的 對立語辭 *355, 356, 359, 364*

象徵的 對立體系 *356, 360, 377, 378, 379*

象徵的 對立派生 *354*

象徵的 語感 *355, 357, 368*

象徵的 語根 *327, 387*

象徵的 必然性 *369*

象形而字倣古篆 *240*

詳校正本慈悲道場懺法 *155*

生産力 *379*

生禍之書 *485*

省略表記 *274, 288*

省劃字 *183*

徐兢 *29*

徐在克 *218*

書經釋義 *150, 463, 465, 467, 468*

書法(表記法) *215*

書傳大文 頭註本 *156*

書學 *22*

瑞鳳冢 *137*

瑞鳳塚銀合杅銘 *137*

誓記體 表記 *220, 228*

誓記體吏讀 *138*

薯童謠 *147*

釋讀(法) *133, 151, 170, 172, 225*

釋讀口訣(석독구결) *30, 35, 36, 47, 87, 90, 91, 94, 95, 98, 102, 103, 104, 105, 129, 148, 151, 153, 154, 170, 171, 172, 189, 206, 225, 228, 242, 243, 244, 279, 281, 407, 426, 454, 474*

釋譜詳節 *244*

釋義 *37, 149, 447, 448, 450, 454, 455, 458, 460, 468, 472, 473*

釋華嚴教分記圓通鈔 *31, 189*

釋華嚴教分記圓通鈔의 釋讀口訣　152

宣命書　105

宣祖實錄　470, 478

線　154

線裝本　266

禪林院鐘銘　110, 139

禪房寺塔誌石銘　139

屑而濡　346

楔形文字　79

薛聰　30, 37, 151, 192, 213, 240, 242,
　250, 474

薛聰의 吏讀　241

薛翰林　192

成均館　482

成給文(書)　145, 402, 403

性理學　237, 238, 477

性理學의 韓國化　214

性理學的 研究　486

城壁石刻銘　91

省試　21

星州石佛坐像背銘　55

聲韻學　237

聲調　365, 366

世祖　243, 247

世祖 - 御定口訣 - 鄭自英　248, 249

世宗　240, 246, 251, 258

世宗 - 正音 - 崔萬理　248

小字　12, 13

小字文書　13

小子之學　479

小倉進平　215, 217, 219, 222, 287

小川環樹　227

小台里塔造成緣由記　200, 203

小學　476, 477, 479, 480, 483, 484

小學契　480

小學堂　476, 479, 481

小學童子　480

小學書　485, 486

小學諺解　475, 476

小學의 教誨節目　486

小學의 學童　485

小學註解書　479

小學之道　482, 483, 484, 485

小學集說　478

小學集成　478

小學集註　479

小華集　27

所志類　145

素谷本 楞嚴經　154, 266, 282

俗歌　261

俗謠　261

俗字　219

俗字攷　219, 226

俗漢文　138, 219

續大藏經　24, 152

(續)三綱行實圖　485

孫穆　61

宋成文本 楞嚴經(口訣)　155, 282

松廣寺奴婢文書　60, 67, 78, 141, 221,
　425

松山村大寺鐘銘　139

鎖屑感　344

水湖志　157

修書院　21

修禪社(松廣寺)　60

搜玄方軌記　189

隨喜功德歌　148, 188

數字(어순)　101

順讀口訣　30, 35, 36, 37, 40, 129, 242, 154, 243, 265, 266, 272, 278, 279, 281, 426

純義　190

僧元歌　149

施主秩　211, 224

施行過程　211

時用鄉樂譜　262

時務策　22

詩, 賦, 頌　22

詩·書·易의 吐　245

詩經　150, 183

詩經과 書經의 釋義　472, 474

詩經口訣　37

詩經釋義　150, 447, 449, 463, 464, 465, 466, 467, 474

詩經集傳　449

詩釋　448

詩書釋義　469, 471

詩의 韻律　319

詩章과 俚語의 노래　261

詩正文　156

識賢和尙　187

申得淸　149

申采浩　215, 221

申欽의 跋　149

身貢　422

神亮　190

新刊農書輯要　143

新羅, 百濟, 高麗의 歌謠　261

新羅語　217, 218, 222

新羅의 古語　149

新羅의 吐表記　105

新羅의 表記體系　217, 223

新羅의 訓假字表記　91

新羅帳籍　110

新羅華嚴經寫經造成記　95, 103, 132, 173, 183, 206, 221

新龍二年　200

新語法　463

新制蒙古字(八思巴字)　14, 25

新造語　284

新增東國輿地勝覽　441

新地名　158, 222

新進士類　480, 482

新編諸宗敎藏總錄　150

實用文　142, 226, 228, 251, 253

心經附註　156

沈在箕　225

沈貞　485

沈之白開國元從功臣錄券　144

深重系列　352, 357, 342

深重系列 母音　358, 377, 379

深重系列 語感　355, 359, 360, 370

深重系列 語辭　357

十句章記　189

十句章圓通記　44, 149

雙冀　22

、ㅇ

雅樂　259

雅言覺非　159, 391, 396

樂歌　259

樂章歌詞　259

樂學軌範　259, 262

樂學軌範의 處容歌　260

安東文化圈　418

安民歌　147

安秉禧　220, 225

安養中初寺幢竿石柱記　109

安軸　149, 259, 260

安孝禮　248

알타이 諸語　349

暗誦하는 釋讀口訣　151

暗示的인 表記法　102

額掩　393

若木淨兜寺五層石塔造成記(形止記)
　55, 141, 199

略音　215

略借　216

略體(法)　100, 101, 271

略體字　34, 98, 101, 156, 226, 248,
　269, 454

양모음　340

양반 계층　145

兩言語 幷用人　77

梁書 新羅傳　178

梁誠之　254

梁在淵　149, 189, 474

梁柱東　164, 165, 166, 167, 216, 222

揚安普　15

養蠶經驗撮要　143, 144, 220, 243

養賢庫　21

讓寧大君　252

어사파생　342

御定周易口訣　247

御製序文　241, 257

語感表現　319, 378

語根의 疊用　333, 337

語頭激音化　489

語頭硬音化　489

語錄辯證說　214

語辭分化　350, 354

語順　98

語源論　213, 224, 284　375

語源上의 對立　361

語源的 意味　355, 356, 359

語源的 意味對立　360

語源的인 語辭　359, 377, 378, 379

語助　249

語彙論的인 對立　353

語彙表記　88, 89, 91, 98, 99, 104, 129,
　136, 157, 171, 172, 174, 213, 216,
　222, 224, 454, 467

言文一致　146

言語神聖觀　322

言語의 慣習性　*320, 349*

諺文　*241, 242, 250, 252, 253, 473*

諺書　*251, 252*

諺書短簡　*252*

諺釋　*243*

諺譯　*243*

諺解　*242, 243, 244, 448, 459, 472*

諺解類　*258*

諺解書　*159*

嚴仁變本 梵網經　*155*

여진 酋長 麻尸底　*68*

女誡　*481, 485*

女眞　*68*

女眞文字　*12, 13*

女則　*481, 485*

輿地圖書　*441*

輿地勝覽　*441*

歷代轉理歌　*149*

譯歌現德分　*186, 190, 193*

譯官들의 中國語 學習　*256*

逆讀點(返点)　*33, 101, 153,*

烈女傳　*481*

厭舊喜新　*247*

靈爽　*190*

詠小蛇詩　*27*

永川菁堤碑貞元銘　*99, 139*

永泰2年銘石造毘盧遮那佛造成記　*139*

英陽南氏傳家彙編　*400*

英陽南氏宗孫(南斗烈)家　*400*

英陽石佛坐像光背銘　*139*

英祖版 小學諺解　*477, 479*

迎日冷水里碑　*138, 182*

寧海都護府　*417*

靈潤　*31, 45*

靈通寺　*187*

禮敬諸佛歌　*134, 148, 188*

禮記와 四書　*245*

藝文考五 儒家類　*468*

醴泉開心寺石塔記　*141, 442*

醴泉鳴鳳寺慈寂禪師凌雲塔碑陰記
　　221

오코토(オコト)點　*101, 105*

五臺山寺迹　*38, 46*

五十要問答記　*189*

五言七字　*191*

五洲衍文長箋散稿　*214*

五洲衍文長箋散稿의 語錄辯證說　*146*

誤分析　*390*

玉韻　*190*

完顔希尹　*13*

王輪寺丈六像靈驗收拾記　*38, 45*

王師　*187*

王旨(武科紅牌)　*400*

外奴　*422*

外方의 敎導　*246*

畏吾兒(回鶻)字　*15, 16*

要義問答(錐洞記, 錐穴問答)　*30, 150,*
　　151

용언어간의 자립성　*405*

用字法　*35, 163, 164, 165, 166, 167,*
　　171, 174, 183

用字法의 原理　*171, 175*

用字法의 體系　163

龍飛御天歌　69, 262, 346, 364

牛馬羊猪染疫病治療方　143, 220, 243, 284, 473

遇賊歌　147

韻書　258

韻의 첩용　334

韻學　259, 263

蔚州川前里書石追銘　90, 93, 138, 158, 171

蔚珍鳳坪新羅碑　138, 179, 183

元曉　190

怨歌　147

原始祖語　284

原典批判　219, 229

圓覺經의 口訣　249

圓通兩重大師　187

圓形感　344

遠心的 方向　357

願往生歌　147

月令　304

月印千江之曲　262

月精寺 所藏本(균여전)　194

爲行/ᄒ니　425

有緣性　284, 370, 375, 381

有緣性의 喪失　350, 360, 375

有緣性의 獲得　350, 351

有意的 母音交替　374

柳希春의 著述　473

柳璥의 衛社功臣錄卷　58

柳自汾妻柳氏家舍賣買明文　145

柳希春　150, 469

兪昌均　222, 226

兪昌均・姜信沆　220, 228

兪希益　247

留記　81

瑜伽師地論　454

瑜伽師地論 卷3　154

瑜伽師地論 卷20　152

瑜伽師地論의 釋讀口訣　474

儒家經典의 口訣制定　214

儒家經典의 諺解　244

儒家口訣　156, 248

儒家의 典籍・文書　21

儒教　183, 245

儒教의 經典　245

儒胥必知　146, 214, 420, 421, 422

儒學　192

儒學史　477

遺事　213, 214, 218

類意語　335

六經文學　151, 474

六書　83

尹炯斗本 佛說四十二章經　155

栗谷　150, 471, 478

律呂　259

律師 慈藏　206

律書　242

律調的 기준　219

律學　22

殷正縣　18

殷豊縣　18

乙亥字本 書傳大文　*156*

음모음　*340*

음절경계　*135*

음절말 유성자음들의 상징성　*343*

음절말자음　*132, 222*

音, 訓, 讀, 假의 네 법칙　*167*

音假字(萬葉假名)　*104*

音假字　*35, 84, 99, 104, 131, 132, 133,*
　167, 174, 310, 455

音과 訓　*131*

音讀　*84, 133, 151, 164, 165, 166, 174,*
　175, 216, 279

音讀字　*35, 131, 132, 133, 165, 167,*
　168, 169, 302, 310, 458

音讀字의 體系　*132*

音律　*261*

音色　*319*

音色의 對立　*352*

音色의 對立的 體系　*352*

音聲象徵　*319, 337, 340, 349, 351, 368*

音聲象徵의 體系　*350*

音聲資質　*349*

音素文字(음소문자)　*136,　238*

音數律　*216*

音韻構造　*359*

音韻論的 有緣性　*320, 350*

音韻論的인 間接性　*353*

音韻論的인 發達　*368*

音의 對立　*337*

音의 相通　*216*

音의 添記　*276*

音節頭音의 添記　*276*

音節文字　*79, 130, 132, 136*

音節文字의 字形　*106*

音節의 疊用　*321, 333, 336*

音借　*164, 216*

의도법보조어간　*371, 403, 406, 491*

의성어　*321, 324*

冝人牒　*400*

意圖法　*371*

意味範疇　*359*

意味의 語源的 對立　*361*

意味의 疊用　*370*

意譯　*479*

義湘大師　*150, 151, 186, 474*

義湘傳　*186*

義順公　*187*

義字　*164, 165, 166, 216*

義字末音添記法　*217*

義天　*150*

義訓　*215*

義訓讀　*164, 165, 166, 216*

義訓借　*164, 166, 216*

儀軌　*159*

擬聲語　*319, 322, 346*

擬聲擬態語　*319, 321, 324, 326, 332,*
　334, 343, 345

擬聲擬態的 語根　*334, 335*

擬聲表現　*355*

擬音假字　*133, 134*

擬音讀字　*133, 134*

擬音語　*319*

擬의 原理　133

擬字　134

擬情語　319, 330

擬情表現　355, 375

擬態語(의태어)　319, 326, 387

擬訓假字　133, 134

擬訓讀字　47, 133, 134

醫方　20

醫卜　22

醫官　283, 284

醫書　242, 244, 283

醫業　23

懿旨　253

이남덕　388

이두사전　220

이두의 토　140

이두의 吐表記　228

이두의 학습서　146

이두자료　157

이름(name)　381

이형태　277

二氣之妙　240

二言語對應　165, 172

二重母音　365

以方言讀九經　30

以小事大　24

耳掩　393

吏科와 承陰出身者의 封贈爵牒　255

吏讀　12, 51, 108, 129, 133, 136, 137,
　　160, 170, 171, 175, 213, 215, 219,
　　227, 228, 240, 241, 251, 254, 262,

　　263, 432, 434

吏讀目錄集　220

吏讀文(이두문)　44, 51, 58, 78, 88,
　　108, 142, 172, 173, 216, 219, 249,
　　252, 255, 399, 417, 426

吏讀文書　195, 417

吏讀文字　94

吏讀文體　94

吏讀의 讀法　220, 400

吏讀의 語法　399

吏讀의 用字法　215

吏讀集成　219

吏讀表記構造　169

吏讀學習書　214

吏文　146, 255

吏文大師　146, 214

吏文襍例　146, 214

吏書　51, 52

李建植　196

李穀　29

李圭景　214

李奎報　38, 45

李基文　218, 223, 224

李德鳳　224

李東林　225

李夢游　52

李丙燾　220

李炳銑　223

李山海　475, 478

李穡　29

李崇寧　217, 222, 342, 350, 352, 356,

388

李承宰 197

李承休 37

李彦迪 484

李遇陽許與文記 145

李義鳳 159, 214, 391

李珥 150

李資諒 28

李藏用 38

李齊賢 26, 29, 66

李朝語辭典 218

李鍾徹 227

李弘稙 195, 197, 199

李和開國功臣錄券 144

移風易俗 21

異體字 178, 182

人名 157

因果關係 280

因聲而音叶七調 240

印刷吐 156, 274

일본어 223

일본의 차자표기법 216

일본의 漢文訓讀法 36

일자일음주의 218

一般 語辭의 疊用 334

一簑文庫本 圓覺略疏注經 155

一石先生 390, 391

一乘問答(道身章) 30, 150, 151

一乘法界圖圓通記 38, 149

一然 147

一字一音의 原理 217, 219

日本의 國會圖書館의 所藏本 285

日本書紀 90, 178, 184

日本語의 表記法 136

日本의 正倉院 140

日本의 借字表記 102

日本의 訓點法 101

日本의 訓點資料 101

壬申誓記石銘 94, 102, 132, 138, 220

入法界品抄記 189

立案文 145

立義定宗分 186

ㅈ

자음교체 409

자음충돌 322

子音加勢法則 338, 345

子音의 象徵的 對立 349

子音의 疊用 337

字間空白 219

字母體系 257

字韻 256

字典 213

字體 193

字吐 154

字吐釋讀口訣 154

自動詞 357

作名의 類型 224

姉妹齊賢分 186

恣意的 320

慈寂禪師凌雲塔碑陰記　52, 57
雜以方言　30
雜種言語的인 性格　88
장군바위　438
장식적인 자형　184
장지영·장세경　220
長吏　20
長城白巖寺貼文　207
長樂殿學士　187
張寬開國元從功臣錄券　144
張戩　220
張戩所志　142
張戩妻辛氏同生和解文記　144
張戩妻辛氏所志　145
張哲定社功臣錄券　144
再雕大藏經　24, 152
田養智妻河氏粘連文記　145
全訓讀表記　171
典律通補　146, 420
前間恭作　215
殿中省內給事 康惟顯　186
轉而屬　346
轉借　216
節儉 諭旨　254
点吐　154
点吐釋讀口訣　153, 154
鮎貝房之進　207, 215, 219, 226
접속어미　207, 405
接頭辭　365, 378
接尾辭　365, 372
丁若鏞(茶山)　159, 391, 396

正俗諺解　156, 485
正音, 吏讀, 漢文　263
正音　215, 237, 238, 240, 241, 242,
　　248, 249, 255, 256, 262
正音頒布　250
正音의 價値　251
正音의 創制目的　239
正音創制　242, 255, 256, 257, 262
正音創制의 目的　241
正音創制의 學問的 背景　259
正音表記　249
正倉院所藏 新羅帳籍　139
正倉院所藏 新羅出納帳　139
正倉院所藏 氈의 貼布記　139
正楷體　100, 101, 271
定猷　190
淨兜寺造塔記　78, 143, 408, 413
程愈　478
程傳　247
鄭瓜亭曲　45
鄭夢周　37
鄭夢周의 詩經口訣　242
鄭叙　45
鄭然粲　218
鄭仁卿政案　141
鄭麟趾 序文　228, 238, 239, 240, 241,
　　262
鄭自英　247, 248
鄭悛告身　144
鄭從雅半倘金海差帖　145
帝網交羅　191, 192

帝王韻紀　*37, 52*

祭亡妹歌　*147*

製述業　*23*

조건법보조사　*275*

조격조사　*112*

조동사　*123, 125*

조어법　*342*

助詞　*129*

造成記　*140, 142*

造成緣由記　*195, 197, 199, 201, 205, 211*

朝廟雅頌之樂　*261*

朝謝帖　*145*

朝鮮王朝實錄　*159*

朝廷의 방문　*473*

趙光祖　*480, 481, 482, 485*

趙溫賜牌文書　*144*

존경법　*461*

拙藁千百　*39*

左傳　*183*

주제의 보조사　*412*

主題化添辭(주제화첨사)　*275, 408, 421*

主從的 關係　*359*

朱良佑　*255*

朱子小學　*476*

朱子語類訓釋　*470*

朱子增損呂氏鄕約諺解　*156*

朱子學　*477*

州名　*222*

周本華嚴經 卷6, 22, 36, 57　*154*

周本華嚴經 卷33, 卷34　*154*

周易口訣　*247*

周易大文　*156*

朱子集傳　*451*

奏狀　*52*

註疏　*24*

註解　*242, 246*

竹溪別曲　*149*

準文法形態　*126, 128*

중국어 차용어　*68, 394*

중세 국어　*220, 223, 320*

중세국어의 擬聲擬態語　*345*

중인 계층　*145*

中國語　*237*

中國韻學　*257*

中國漢字音　*257*

中部地域方言　*188*

中자의 假字化　*174*

中性母音　*340, 373*

中心意味　*355, 356, 359, 378*

中央語　*448*

中原高句麗碑銘　*137, 157*

中初寺幢竿石柱記　*139*

中村完　*226, 228*

重刊警民編諺解　*156*

重陽詠菊詩　*27*

重綴表記　*487, 488*

增補文獻備考　*37, 468*

지명표기　*224*

지명표기자의 자음 체계　*222*

지방의 醫術人　*285*

지속상 *408*

旨歸章記 *189*

至治主義 *481*

地理業 *23*

地理志 *158, 214*

地藏經 *156, 226*

知的 意味 *333, 355, 361*

知的 意味의 對立 *360*

指小的 *357*

指小的 意味 *371*

指小的인 表現 *375*

指定文字說 *219*

智通 *150*

직접차용어 *73*

直讀 *36*

直譯 *479*

直接對立 *342, 361, 368, 376, 377*

直接對立語辭 *354, 361, 364*

直接對立의 三條件 *353, 361, 368*

直接對立體系 *353, 361, 367, 378, 379*

直指心體要節 *155*

晋本華嚴經 卷20 *154*

眞言勸供 *364*

眞興王巡狩碑 *157*

眞派 *31, 45*

進就的 態度 *246, 247, 248*

進就派 *245*

鎭墓北壁墨書 *157*

迭剌 *12*

ㅊ

차자체계 *225*

차자표기의 고유어 *159*

차자표기의 어휘자료 *218*

借用語 *97, 165*

借字 *131, 133, 164, 165, 166, 168, 170, 174, 216, 226, 240, 259*

借字의 代表音 *277*

借字의 略體 *228*

借字의 用字法 *131*

借字表記 *12, 175, 183, 213, 226, 227, 240, 249, 263, 265, 284, 474*

借字表記構造 *164, 166, 170*

借字表記法 *79, 80, 81, 88, 129, 135, 163, 164, 167, 170, 175, 177, 224, 228, 258, 259, 263*

借字表記法의 基軸 *171*

借字表記法의 用字法 *164*

借字表記法의 學問的 背景 *237*

借字表記 釋義 *469, 474*

借字表記의 書經釋義 *463*

借字表記의 詩經釋義 *447, 448, 449*

差帖 *145*

讚耆婆郞歌 *147*

懺悔業障歌 *148, 188*

昌寧仁陽寺碑 *109, 139, 195, 212, 221*

昶雲 *186*

採詩法 *261*

蔡忠順 *45*

冊封詔文 *24*

處容歌　135, 147, 168, 215, 218

川海錄　470

千字文　90, 403

天其　38, 39, 148

天柱寺　200

天竹寺　197

鐵佛造成記　139

添記　276

첩문의 양식　53

疊語　323

疊用　333

淸燕閣　27

淸州 興德寺　269

淸州牧官文書　142

菁堤碑貞元銘　110

菁州蓮池寺鐘銘　139

請佛住世歌　148, 188

請轉法輪歌　148, 188

體元　190

初期的 順讀口訣　276

初期的 吏讀文　93, 103, 109, 137, 140,
　220, 302

初期的인 釋讀口訣　94

初聲(字母)體系　257

初雕大藏經　24

草書體　100

觸覺에 의한 의태어　330

村家救急方　159, 284, 288

村家方　313

總結无盡歌　148, 188

최남선의 "不咸文化論"　221

崔萬理 등의 反對上疏文　241, 244,
　246, 250

崔範勳　224, 463

崔彦撝　193

崔沖　39

崔致遠　186

崔瀣　39

崔行歸　43, 148, 188, 190, 192, 193

推古期 遺文　227

鄒魯　183

鄒魯學　183

鄒孟　183

錐洞記　38, 150

築島裕　227

出家請益分　186

忠宣王　15

取禍之書　483

齒頭와 整(正)齒音　257, 258

七齋　21

稱讚如來歌　148, 188, 194

E

他動詞　357

脫脫禾孫(驛傳官)　26

探玄記釋　189

太師開國壯節 行狀　149

太安萬侶의 墓誌銘　227

太祖賜給旀致家垈文書　144

太祖賜給芳雨土地文書　144

太祖의 訓要十條　*68*

太學　*81*

泰封의 제도　*18*

土地賣買明文　*427*

吐(토)　*34, 91, 98, 99, 103, 129, 139, 140, 170, 171, 173, 174, 189, 225, 244, 246, 255, 261*

吐의 表記法　*104, 172*

吐表記　*30, 52, 99, 100, 142, 151, 171, 172, 173, 174, 274, 474*

吐表記의 假字　*174, 176*

吐表記의 用字法　*173*

通度寺國長生石標銘　*141*

通俗語源　*381*

退溪　*447, 473, 478*

退溪의 釋義　*448, 469*

표의문자　*133, 160, 222*

表記構造　*163, 168, 169, 170*

表記法　*171, 178, 269*

表記法史　*227*

表記法의 不安全性　*260*

表記體　*220*

表記體系　*163, 217, 238*

表語文字　*79, 83, 130*

表音文字　*132, 133, 160, 166*

表音文字性　*168, 192*

表音文字體系　*217*

表音文字表記體系　*106*

表音符號(化)　*166, 175*

表意文字性　*168, 192*

表意字 ＋ 表音字의 구조　*225*

標準的인 口訣　*103*

風謠　*147*

ᄑ

파리國立圖書館本 直指心體要節　*155*

파생어　*320*

派生副詞　*365*

判諸學院事　*187*

八關致語口號　*28*

八關會　*45*

八思巴文字(몽고문자)　*12, 14*

片假名　*215*

평서법종결어미　*410, 413*

平壤高句麗城壁刻字　*137*

표음문자식　*222*

ᄒ

下句麗　*184*

下情上達　*249*

何論業　*23*

河拱辰의 奏狀　*13*

河崙　*256*

河演　*251*

河源(龜童)所志　*145*

學校　*19*

한국 한자　*219*

한국의 古文書　*197*

한글 口訣 155

한글자료 160

한글토 274

한문본 九雲夢 156

한 史家의 流薰 197

한자어 疊語 334

漢代의 書體 183

漢文 17, 80, 130

漢文(吏文) 255

漢文, 吏讀, 正音 三者의 共存 255,
  256

漢文, 吏讀, 正音의 順 256

漢文構成素 + 吐 171, 170, 175

漢文構成素의 말음 276

漢文讀法 30, 129, 265

漢文普及 裝置 23

漢文의 의성의태어 345

漢文의 學習(方法) 103, 175, 177,
  228, 265

漢文의 韓國化 80

漢文의 虛辭字 175

漢文學習 168, 170, 171

漢文學習能力 262

漢文化 81, 255

漢四郡 177, 180

漢書 242

漢語藥材名 303

漢譯詩 148, 188

漢字 259, 260, 390

漢字語 136, 304, 390

漢字語化 17, 19

漢字音 172, 256

漢字의 韻 256

漢字의 表意性과 表音性 238

漢字의 訓 83, 90

漢字의 訓讀法 172

漢字借用表記法 129, 163, 165

韓繼禧 247

韓國固有漢字硏究 226

韓國金石全文 195

韓國俗字 226

韓國式 漢文讀法 265

韓國式 漢字語 399

韓國漢字語 78, 257, 263 302, 304

韓國漢字音의 整理 256, 262

韓國化된 漢字語 435

翰林別曲 29, 149, 259

韓昉 28

漢書 180

含而廣 346

咸通銘禁口銘 139

합당법의 조동사 124

合部金光明經 卷3 152, 154

合用竝書 488

合字 201

合致의 條件 367

恒順衆生歌 148, 188

海南埋香碑 437

海南尹氏奴婢文書 67, 142

解例本 257

解書의 方便 244

解書의 手段 247

解釋諸章分　186, 189

海東金石苑　92

海印寺　187, 189

行書體　201

行移公文式　52

行政文書　142

行政의 文體　94

行政의 實用文　252

향가 해독의 기본적 태도　216

향가 해독의 기준　218

향가의 문법　225

향가의 어형　217

향가의 표기법　225

향가의 형식　215

향약　284

향찰의 범위　44

鄉歌　135, 148, 164, 168, 169, 185, 188,
　190, 191, 215, 217, 218, 227, 328

鄉歌의 言語　216

鄉歌의 解讀　214

鄉歌表記　168, 262

鄉歌表記의 用字法　84, 218

鄉歌解讀史　217

鄉歌解讀의 基本原則　215

鄉名　284, 285, 304, 381

鄉名表記　44, 131

鄉樂　259, 261

鄉樂 50여 聲　261

鄉約　484

鄉藥救急方　44, 46, 65, 66, 75, 131,
　132, 133, 134, 159, 283, 284, 303,

305, 309, 323, 346, 381, 382, 383,
　385, 387, 419, 454

鄉藥名　159

鄉藥本草　285, 287

鄉藥集成方　159, 215, 224, 283, 284,
　285, 287, 288, 306, 317, 382, 385

鄉藥採取月令　159, 215, 284, 304, 385

鄉札　12, 43, 44, 48, 84, 129, 136, 146,
　149, 150, 151, 163, 170, 171, 175,
　189, 192, 213, 215, 225, 227, 228,
　240, 262, 460, 474

鄉札과 吏讀의 表記構造　171

鄉札의 爛熟期　228

鄉札의 전통　452

鄉札의 表記構造　35, 87, 153

鄉札體　228

鄉札表記法　45, 49, 51, 87

鄉札表記의 詩經釋義　447

鄉風體歌　45

虛辭字　98, 99, 104, 105, 172, 173,
　174, 175

許與文記　400, 402, 419

虛而通　346

許興植　195, 197

憲康王　147

獻花歌　147

惠保　39

赫連挺　148, 187, 186, 188, 189

玄晉　190

玄化寺　27, 45

玄化寺碑陰記　45

협의의 이두 *51*

形·音·意 *82*

形容詞 *327, 357*

形態論 *284*

形態論的 有緣性 *320*

形態論的 派生 *352*

形態書誌 *448, 463*

荊岳山 *187*

惠明의 賦 *191*

惠保 *38*

彗星歌 *147*

胡蝶裝 *266*

호탕한 공간감 *344*

好太王壺杅銘 *157*

護項 *393*

混交되는 운동 *344*

混成(blending) *336, 365*

混合表記 *83*

弘文館 *252, 481*

洪武正韻譯訓 *257*

洪淳鐸 *220*

化石化 *356*

化石化된 訓 *218*

華語 *17*

華嚴經 *148, 150*

華嚴經 卷14 *152*

華嚴經刊定記卷第五 *101*

華嚴經寫經 *109, 110*

華嚴經寫經造成記 *139, 140*

華嚴經疏 卷35 *152*

華嚴文義要訣 *154, 206*

華嚴思想 *188*

華嚴業 *206*

華嚴宗 *187*

華嚴學 *186*

華音方言字義解 *159*

皇龍寺 *206*

皇龍寺沙門惠照 *200*

皇龍寺의 緣起法師 *206*

皇龍寺의 表員 *206*

黃壽永 *199*

黃胤錫의 華音方言字義解 *391*

黃胤錫의 頤齋遺藁 *159*

回鶻文字 *12, 14, 15*

回謝文 *24*

回轉運動 *344*

會府(初試) *21*

晦齋(李彦迪) *478*

釋華嚴旨歸章圓通記 *149*

華嚴經敎分記圓通鈔 *149*

華嚴經三寶章圓通記 *149*

孝經 *484*

嗅覺에 의한 의태어 *330*

訓 *103, 132*

訓假 *84, 167, 168, 172, 175*

訓假字 *35, 90, 99, 104, 131, 132, 133,
167, 173, 269, 277, 454, 455, 459*

訓詁·註釋學의 한국화 *213*

訓詁學 *238*

訓讀 *84, 164, 165, 166, 167, 168, 175,
216, 279*

訓讀末音添記 *86*

訓讀字 *35, 55, 95, 108, 131, 132, 133, 138, 167, 168, 173, 174, 175, 458, 459*

訓練都監 *285*

訓蒙字會 *218, 259, 284, 288, 385*

訓民正音 *106, 163, 168, 213, 249, 256, 257, 258, 399, 473*

訓民正音의 御製序文 *238*

訓民正音諺解 *388*

訓民正音 諺解本 *257*

訓民正音 解例本 *239, 257, 262*

訓要十條 *16*

訓點 *105*

訓借 *164, 166, 167, 216*

訓解六經文學 *30, 242*

揮項 *393*

黑魚尾 *266*

興德寺 *268*

興學 *21, 248, 263*

興學과 實用(訓民正音) *263*

希朗公 *187*

戱書 *215, 216*

▶ 口訣字

ㅣ/(으)ㄴ의 생략 *275*

ㅌ/니의 생략 *275*

ㅑ/디의 말음 *276*

ㅅ의 대표음 *277*

ㄴ의 대표음 *277*

ㄴ/(으)ㄹ의 생략표기 *275*

火/ㅂ의 생략 *276*

ㄷ(叱)/ㅅ의 생략표기 *275*

ㄹ/시의 말음 *276*

ㅏ/아의 생략 *275*

ㅡ/여의 생략 *275*

ㄹ/이의 생략 *275*

ㅐ/이의 생략 *276*

▶ 기타

10句體 *190, 215*

12公徒 *22*

3중적인 문자생활 *473*

4句體 *215*

8句體 *215*

ablaut的 對立 *352*

ablaut的 파생 *341*

Altai어의 비교연구 *218*

Inariyama 古墳의 刀劍銘 *227*

-n, -l 동명사 어미 *18*

onomatopoeia *319*

S. Martin *343*

Tungus *23*